EDUGORILLA
PUBLICATION

UP NHM

लैब टेक्नीशियन

नवीनतम संस्करण
अभ्यास किट

10 टेस्ट्स
10 मॉक टेस्ट्स

वास्तविक परीक्षा प्रारूप पर आधारित टेस्ट

✓ पूर्णतः संशोधित और अद्यतन

✓ सभी बहुविकल्पीय प्रश्नो का विस्तृत विश्लेषण

शीर्षक	: **UP NHM लैब टेक्नीशियन**
लेखक का नाम	: **Mr. Rohit Manglik**
प्रकाशक	: **EduGorilla Community Pvt. Ltd.**
प्रकाशक का पता	: 12/651 प्रथम तल, अरविन्दो पार्क के सामने, निकट जामा मस्जिद, इंदिरा नगर लखनऊ, उत्तर प्रदेश, 226016, भारत।

कॉपीराइट EduGorilla

अस्वीकरण EduGorilla

रोहित मांगलिक
सीईओ, EduGorilla

प्रिय छात्रों,

एक बहुत ही प्रचलित कहावत है कि "सफलता उन्हीं को मिलती है जो उसके लिए कड़ी मेहनत करते हैं।" लेकिन मैंने लोगों को उनकी परीक्षाओं के लिए दिन-रात एक करके मेहनत करते हुए देखा है, पर फिर भी वे सफल नहीं हो पाते। तो वहीं दूसरी ओर, कुछ लोग बस आधी मेहनत करके परीक्षा में सफलता प्राप्त करते हैं। तो, क्या वे किस्मत वाले हैं? नहीं मेरा मानना है, कि ऐसा इसलिए है क्योंकि वे सिर्फ कड़ी नहीं बल्कि कुशल तरीके से अपनी तैयारी करते हैं। इसी तरह आपको भी अपनी परीक्षाओं की तैयारी के लिए अपनी योजना बनानी चाहिए, ताकि आपकी भी सफलता की संभावना बढ़ सके। तो तैयार हो जाइये EduGorilla के साथ अपनी परीक्षा में चयन होने की संभावना को 16 गुना बढ़ाने के लिए।

EduGorilla आपको न केवल कड़ी मेहनत करने में मदद करता है, बल्कि एक स्मार्ट और योजनाबद्ध तरीके से तैयारी करने में भी सहायता प्रदान करता है। EduGorilla की तैयारी पैकेज के साथ आप अपने परीक्षा में चयन होने के रास्ते को सहज और मनोरंजक बना सकते हैं। अपनी तैयारी के लिए सही रास्ता खोजना मुश्किल हो सकता है, यदि आप ये नहीं जानते कि आपको किस दिशा में जाना है। चिंता न करें हम आपके साथ खड़े हैं! EduGorilla आपकी सफलता में आपका मार्गदर्शक बनेगा। हमारे तैयारी पैकेज के साथ आप रणनीतिक रूप से तैयारी कर, अपनी परीक्षा में सिर्फ एक ही प्रयास में सफल हो सकते हैं।

EduGorilla के तैयारी पैकेज में शामिल हैं-

• टेस्ट सीरीज़   • किताबें

हमारे तैयारी पैकेज को सभी तरह के नये बदलवों, विशेषज्ञों की राय एवं छात्रों के प्रतिक्रिया के अनुसार तैयार किया गया है। जो आपको परीक्षा के प्रत्येक चरण की चयन प्रक्रिया को पार करने के योग्य बनाता है।

हमारी किताबें शिक्षकों और विशेषज्ञों द्वारा आपकी परीक्षा के लिए तैयार की गई हैं, 150+ वर्षों के अनुभव के साथ; ताकि आपको आसान, कुशल और प्रभावी शिक्षण प्रदान किया जा सके। हमारी स्मार्ट किताबें न सिर्फ आपको प्रश्नों के उत्तर देने की समझ देती हैं, अपितु आपके अभ्यास के लिए समान रूप के प्रश्न भी प्रदान करती हैं।

EduGorilla की सक्षम टेस्ट सीरीज आपको वास्तविक अनुभव और आत्मविश्वास प्रदान करती हैं, जिसके माध्यम से आप केवल एक प्रयास में अपनी ऑफलाइन अथवा ऑनलाइन परीक्षा पास कर सकते हैं। वर्तमान में हम 83,000+ मॉक टेस्ट्स और 1,440+ प्रतियोगी एवं शैक्षणिक परीक्षाओं की तैयारी कराते हैं।

अर्थात, EduGorilla आपकी तैयारी में आपकी सहायता करने का कोई भी मौका नहीं छोड़ता है और परीक्षा के सभी चरणों को कवर करता है, ताकि परीक्षा की तैयारी के लिए आपको कहीं और भटकना ना पड़े।

हम आपको डिफेन्स, बैंकिंग, टीचिंग और अन्य राष्ट्रीय एवं राज्य स्तरीय परीक्षाओं के लिए सम्पूर्ण तैयारी पैकेज प्रदान करते हैं। अत: इससे कोई फर्क नहीं पड़ता कि आप किस परीक्षा के लिए तैयारी कर रहे हैं, क्योंकि आप सफलता हासिल करेंगे।

आपको परीक्षा की शुभकामनाएं!

रोहित मांगलिक,
संस्थापक और मुख्य कार्यकारी अधिकारी, EduGorilla

प्रस्तावना

EduGorilla छात्रों को उनकी परीक्षा में सफल होने के लिए मार्गदर्शन प्रदान करता है। जिसको ध्यान में रखते हुए हमारे कुल 150+ वर्षों का अनुभव रखने वाले प्रतिष्ठित विशेषज्ञों ने कड़े प्रयासों के द्वारा "UP NHM : लैब टेक्नीशियन" को तैयार किया है। इस किताब के प्रश्नों को हाल ही में परीक्षा के पाठ्यक्रम और पैटर्न में हुए सभी बदलावों को ध्यान में रखकर बनाया गया है। वो प्रश्न जिनकी UP NHM लैब टेक्नीशियन परीक्षा में आने कि संभवना काफी प्रबल है, उनको इस किताब मे रखा गया है। आप EduGorilla की "UP NHM : लैब टेक्नीशियन" के माध्यम से अपनी सफलता की संभावना को 16 गुना बढ़ा सकते हैं।

EduGorilla ये अपनी संपूर्ण तैयारी पैकेज के माध्यम से साकार करता है। इस किट में आपको प्रश्न अच्छी तरह अवधारित एवं संरचित रूप मे मिलेंगे जिन्हे आपकी जरूरतों के अनुसार बनाया गया है। इसके माध्यम से आपको स्मार्ट तरीके से परीक्षा के लिए अभ्यास करने में मदद मिलेगी। साथ ही आपको सहायक, समाधान और स्मार्ट उत्तर पत्रिका भी प्रदान की जायेंगी। जिससे आप अपना मूल्यांकन स्वयं कर सकते हैं। आप स्वयं की समीक्षा कर, उन सभी बिन्दुओं पर खुद को बेहतर तरीके से तैयार कर सकते हैं।

EduGorilla आपको अपनी परीक्षा में सफ़लता दिलाने और आपके लक्ष्य को हासिल करने में आपकी सहायता करने का वादा करता हैं। हम अपने प्रतिभागियों पर पूरा भरोसा करते हैं और उन्हें मेरिट सूची के शीर्ष पर देखते हैं। शीर्ष स्थान की ओर आपका पहला कदम है हमारे साथ तैयारी शुरू करना। EduGorilla की "UP NHM : लैब टेक्नीशियन" की विशेषताएं कुछ इस प्रकार हैं।

➤ अच्छी तरह से शोध किया हुआ पाठ्यक्रम

➤ उच्च गुणवत्ता

➤ विस्तृत उत्तर और विश्लेषण

➤ स्मार्ट उत्तर पत्रिका

➤ परीक्षा सुसंगत प्रश्न

इस प्रकार EduGorilla आपकी तैयारी को मजबूत और आपको परीक्षा में सफल होने के योग्य बनाता है।

UP NHM लैब टेक्नीशियन
परीक्षा की योग्यता, परीक्षा पैटर्न, विषय को जानने
के लिए QR कोड को स्कैन करें।

Book ID: 1210

विषय-सूची

Discipline

Q.1 निम्नलिखित में से किसने ब्लड बैंक विकसित किया था?
A. सर अलेक्जेंडर गोडफ्रॉय
B. सर चार्ल्स रिचर्ड ड्रू
C. सर जॉन बिगिन्स
D. सर लुइस ब्रेल

Q.2 सबसे लोकप्रिय ज्ञात ब्लड ग्रुपिंग ABO ग्रुपिंग है। इसे ABO नाम दिया गया है न कि ABC, क्योंकि इसमें 'O' का अर्थ है:
A. आरबीसी पर कोई एंटीजन A और B नहीं है
B. आरबीसी पर A और B के अलावा अन्य एंटीजन
C. A और B प्रकार के जीन पर इस प्रकार की अधिकता
D. आरबीसी पर केवल एक एंटीबॉडी या तो-A या एंटी-B

Q.3 रक्तदान के दौरान रक्त के घटकों को हटाने को कहा जाता है:
A. साइटाफेरेसिस
B. प्लाज्माफेरेसिस
C. एफेरेसिस
D. ल्यूकेफेरेसिस

Q.4 एक व्यक्ति जिसका रक्त समूह AB है:
A. आरबीसी पर एंटीजन A और B और प्लाज्मा में एंटी-A और एंटी-B एंटीबॉडी दोनों
B. आरबीसी पर एंटीजन A और B लेकिन प्लाज्मा में एंटी-A और एंटी-B एंटीबॉडी नहीं
C. आरबीसी पर कोई एंटीजन नहीं होता है लेकिन प्लाज्मा में एंटी-A और एंटी-B दोनों एंटीबॉडी मौजूद होते हैं
D. प्लाज्मा में आरबीसी और एंटीबॉडी पर एंटीजन A

Q.5 रक्त समूह O वाला व्यक्ति निम्नलिखित में से किस प्रकार का रक्त प्राप्त कर सकता है?
A. समूह O, B और AB
B. समूह A, B और AB
C. समूह B और AB
D. समूह O केवल

Q.6 रक्तदाता का न्यूनतम वजन होना चाहिए:
A. 45 किलो
B. 35 किलो
C. 55 किलो
D. 60 किलो

Q.7 निम्नलिखित में से कौन-सा रोग युग्म रक्ताधान द्वारा फैल सकता है?
A. हैजा और हेपेटाइटिस
B. हेपेटाइटिस और एड्स
C. मधुमेह मेलेटरा और गलेरिया
D. हे फीवर और एड्स

Q.8 ABO ब्लड ग्रुपिंग सिस्टम निम्न पर आधारित है:
A. सतही लिपिड कोशिका झिल्ली पर मौजूद होते हैं
B. आरबीसी पर मौजूद सतही एंटीजन
C. सभी घटकों की प्रकृति
D. आरबीसी और डब्ल्यूबीसी की प्रकृति

Q.9 पूरे रक्त के 500 मिली में लगभग कितना प्लाज्मा होता है?
A. 100 से 150 मिली
B. 200 से 250 मिली
C. 300 से 350 मिली
D. 350 से 400 मिली

Q.10 रक्त आधान की प्रतिरक्षात्मक प्रतिक्रियाओं में _____ को छोड़कर सभी शामिल हैं।
A. एलर्जिक
B. अनैफिलैक्टिक
C. लीक एग्लूटीनिन
D. सर्कुलेटरी ओवरलोड

Q.11 ब्लड बैग को किस प्रकार की पैकिंग में रखा जाता है?
A. सिल्वर पेपर
B. प्लास्टिक पेपर
C. जिलेटिन पेपर
D. इनमें से कोई नहीं

Q.12 किन दो ABO फेनोटाइप के माता-पिता का मिलन संभावित रूप से सभी चार सामान्य रक्त प्रकारों के साथ संतान पैदा कर सकता है?
A. AB और O
B. AB और A
C. AB और B
D. A और B

Q.13 रक्त को कितने तापमान में स्टोर किया जाता है?
A. 2 से 6 डिग्री सेल्सियस
B. 2 से 8 डिग्री सेल्सियस
C. 2 से 12 डिग्री सेल्सियस
D. (A) और (B) दोनों

Q.14 सार्वभौम दाता और सार्वभौम स्वीकर्ता है:
A. O+ और AB-
B. O- और AB-
C. O+ और AB+
D. O- और AB+

Q.15 रक्तदान से पहले, इच्छित वेनिपंक्चर साइट को _____ युक्त स्क्रब विलयन से साफ किया जाना चाहिए।
A. हाइपोक्लोराइट
B. आइसोप्रोपाइल एल्कोहल
C. 10% एसीटोन
D. पीवीपी आयोडीन कॉम्प्लेक्स

Q.16 एक एंटीबॉडी की दो समान लाइट चेन्स _____ से संबंधित होती हैं।
A. केवल कप्पा
B. केवल लैम्बडा
C. लैम्बडा या कप्पा
D. इनमें से कोई नहीं

Q.17 लार में प्रमुख प्रतिरक्षी है:
A. IgA
B. IgD
C. IgC
D. IgM

Q.18 एंटीबॉडी की लाइट चेन्स और हैवी चेन्स _____ से जुड़ते हैं।
A. हाइड्रोजन बॉन्ड
B. हाइड्रोफोबिक बॉन्ड
C. डि-सल्फाइड बॉन्ड
D. आयोनिक बॉन्ड

Q.19 निम्नलिखित में से कौन सी टी सेल के विकास और परिपक्वता की प्रक्रिया है?
A. टी सेल रिसेप्टर की पुनर्व्यवस्था और कोरसेप्टर्स की अभिव्यक्ति
B. थाइमोसाइट्स वाले रिसेप्टर्स का सकारात्मक चयन जो स्वयं-एमएचसी अणुओं (एमएचसी प्रतिबंध) के लिए बाध्य करने में सक्षम हैं
C. नकारात्मक चयन सुनिश्चित करता है कि आत्मीयता रिसेप्टर स्वयं MHC या MHC एंटीजन कॉम्प्लेक्स समाप्त हो गया है (आत्म-सहिष्णुता)
D. उपरोक्त राभी

Q.20 एंटीजन इंटरेक्शन और सेकेंडरी सिग्नल की उपस्थिति के साथ TCR के जुड़ाव के बाद कौन सा साइटोकिन्स ऑटोक्राइन तरीके से कार्य करता है और T सेल प्रसार को प्रेरित करता है?
A. IL-1
B. IL-2
C. IL-3
D. IL-4

Q.21 निम्नलिखित में से कौन सा एंटीबॉडी मौजूद होने पर एक सक्रिय संक्रमण का प्रमाण प्रदान करता है?
A. IgG
B. IgM
C. IgD
D. IgE

Q.22 टी - लिम्फोसाइट में अक्षर टी संदर्भित करता है:

A. थाइमस   **B.** थाइरोइड   **C.** थैलेमस   **D.** टॉन्सिल

Q.23 मनुष्यों में इम्युनोग्लोबुलिन के कितने वर्ग मौजूद हैं?

A. 3   **B.** 4   **C.** 5   **D.** 6

Q.24 गामा इम्युनोग्लोबुलिन में कितने पॉलीपेप्टाइड चेन मौजूद हैं?

A. 5   **B.** 4   **C.** 6   **D.** 2

Q.25 निम्नलिखित में से कौन सा इम्युनोग्लोब्युलिन ब्रेस्ट मिल्क में सबसे बड़ा प्रतिशत बनाता है?

A. IgM   **B.** IgD   **C.** IgG   **D.** IgA

Q.26 प्रत्यारोपित ग्राफ्ट को निम्न कारणों से अस्वीकार किया जा सकता है:

A. कोशिका-मध्यस्थ प्रतिरक्षा प्रतिक्रिया
B. हास्य प्रतिरक्षा प्रतिक्रिया
C. सहज प्रतिरक्षा प्रतिक्रिया
D. निष्क्रिय प्रतिक्रिया

Q.27 ओरल पोलियो ड्रॉप्स में शामिल हैं:

A. हार्वेस्टेड एंटीबाडीज   **B.** एक्टिवेटिड पैथोजन्स
C. एटेन्यूएटेड पैथोजन्स   **D.** गामा ग्लोबुलिन

Q.28 एंटीबॉडी हैं:

A. प्रोस्टाग्लैंडीन   **B.** स्टेरॉयड
C. लाइपोप्रोटीन   **D.** ग्लाइकोप्रोटीन

Q.29 सक्रिय टी कोशिकाएं सक्रियण-प्रेरित कोशिका मृत्यु (AICD) से गुजरती हैं। निम्नलिखित में से कौन सा प्रभावक अणु है जो एआईसीडी के लिए प्रतिक्रिया है?

A. IL-2   **B.** फास / फास लिगैंड
C. IL-4   **D.** INF-γ

Q.30 रक्त प्लाज्मा में ग्लोब्युलिन जिम्मेदार हैं:

A. रक्षा तंत्र   **B.** खून का जमना
C. ऑक्सीजन परिवहन   **D.** आसमाटिक संतुलन

Q.31 यदि आपके मुंह से लिया गया तापमान __________ है, तो आपका स्वास्थ्य सेवा प्रदाता यह मानेगा कि आपको बुखार है।

A. 98.7 डिग्री फारेनहाइट (37 डिग्री सेल्सियस)
B. 99 डिग्री फारेनहाइट (37.2 डिग्री सेल्सियस)
C. 99.5 डिग्री फारेनहाइट (37.5 डिग्री सेल्सियस)
D. 100.4 डिग्री फारेनहाइट (38 डिग्री सेल्सियस)

Q.32 बिलीरुबिन एक अपशिष्ट उत्पाद है जो निम्न के टूटने के दौरान निकलता है:

A. मस्तूल सेल   **B.** आरबीसी
C. डब्ल्यूबीसी   **D.** प्लेटलेट्स

Q.33 वायरस या बैक्टीरिया के संक्रमण से बुखार हो सकता है। बुखार के और क्या कारण हो सकते हैं?

A. कैंसर   **B.** शल्य चिकित्सा
C. कुछ दवाइयाँ   **D.** तापघात

Q.34 हेमोलिटिक पीलिया निम्न कारणों से होता है:

A. जिगर का रोग
B. एरिथ्रोसाइट का तेजी से विनाश
C. आंतों का रोग
D. इनमें से कोई नहीं

Q.35 पित्त नली में रुकावट के कारण होने वाली पीलिया को निम्न भी कहा जाता है:

A. हेमोलिटिक पीलिया   **B.** हेपैटोसेलुलर पीलिया
C. कोलेस्टेसिस   **D.** इनमे से कोई भी नहीं

Q.36 सलीवा का प्रयोग ___ के लिए किया जाता है।

A. बैक्टीरिया या कवक का चयन और निदान करें जो फेफड़ों या वायुमार्ग में संक्रमण का कारण हो सकता है
B. देखें कि क्या फेफड़ों की पुरानी बीमारी खराब हो गई है
C. देखें कि संक्रमण के लिए उपचार काम कर रहा है या नहीं
D. ऊपर के सभी

Q.37 स्पुटम कल्चर में कितने अलग-अलग रंग होते हैं?

A. 7   **B.** 6   **C.** 8   **D.** 5

Q.38 निम्नलिखित में से कौन सा बिलीरुबिन से सबसे ज्यादा सम्बंधित है?

A. आरबीसी   **B.** टी - कोशिकाएं
C. लिम्फोसाइट्स   **D.** बी - कोशिकाएं

Q.39 कुछ बच्चों को बुखार के कारण दौरा पड़ सकता है (ज्वर का दौरा पड़ना)। ये अक्सर हानिरहित होते हैं, और ________ आयु के बच्चों में सबसे आम हैं।

A. नवजात से 6 महीने की   **B.** 6 महीने से 5 साल की
C. 6 से 8 साल की   **D.** 11 से 14 साल की

Q.40 मलेरिया के संबंध में निम्नलिखित कथनों में से एक का चयन करें।

A. मलेरिया पैदा करने वाले फ्लैगेलेटेड प्रोटोजोआ परजीवी यकृत कोशिकाओं में अलैंगिक रूप से प्रजनन करते हैं और संक्रमित मानव के आरबीसी में यौन रूप से प्रजनन करते हैं।
B. मलेरिया परजीवी मच्छर के शरीर के भीतर गुणा करके स्पोरोज़ोइट्स बनाता है जो उसकी आंत में जमा हो जाते हैं।
C. गैमेटोसाइट्स नामक यौन चरण संक्रमित मानव की लाल रक्त कोशिकाओं में विकसित होते हैं और मादा एनोफिलीज मच्छर द्वारा रक्त भोजन के साथ ग्रहण किए जाते हैं।
D. मादा एडीज मच्छर की लार ग्रंथियों से परिपक्व संक्रामक चरणों के बाद निषेचन और विकास परजीवी का पलायन होता है।

Q.41 निम्नलिखित में से कौन सा प्लाज्मोडियम एसपीपी दुनिया भर में सालाना उच्चतम मृत्यु दर के लिए जिम्मेदार है?

A. पी. नोलेसी   **B.** पी. फाल्सीपेरम
C. पी. मलेरिया   **D.** पी. विवैक्स

Q.42 निम्नलिखित में से कौन सा प्लास्मोडियम एसपीपी भारत में अधिक संक्रामक है?

A. पी. विवैक्स और पी. फाल्सीपेरम
B. पी. ओवेल और पी. फाल्सीपेरम
C. पी. मलेरिये और पी. विवैक्स
D. पी. फाल्सीपेरम

Q.43 निम्नलिखित में से कौन सा मानव रोग वेक्टर एनोफिलीज मच्छर से फैलता है?

A. डेंगू   **B.** मलेरिया
C. फाइलेरिया   **D.** इंसेफेलाइटिस

Q.44 निम्नलिखित में से कौन सी एक रूपात्मक विशेषता है जो पी. विवाक्स और पी. ओवले को अन्य मानव मलेरिया परजीवियों से अलग करती है?

A. मौरर डॉट्स
B. शफनर डॉट्स
C. रिंग स्टेज
D. केले के आकार के गैमेटोसाइट्स

Q.45 शफनर डॉट्स (आरबीसी) रक्त के नमूने में पी. विवैक्स और पी. ओवाले की विशेषता है, और मौरर डॉट्स निम्नलिखित में से किस मलेरिया परजीवी में देखे जाते हैं?

A. पी. नोलेसी

B. पी. मलेरिया और पी. फाल्सीपेरम

C. पी. फाल्सीपेरम

D. पी. मलेरिया

Q.46 कैल्शियम आपके शरीर में इनमें से कौन सा कार्य _______ करता है।

A. मजबूत हड्डियों और दांतों को विकसित करता है और उन्हें स्वस्थ रखता है

B. आपको सामान्य हृदय गति बनाए रखने में मदद करता है

C. आपकी मांसपेशियों को काम करने में मदद करता है

D. उपरोक्त सभी

Q.47 एक पदार्थ जो रक्त बफर अनायन नहीं है?

A. क्लोराइड

B. बाइकार्बोनेट

C. फारफेट

D. प्रोटीनेट

Q.48 निम्नलिखित में से कौन सा हाइपरयूरिसीमिया का कारण नहीं है?

A. लेस्च-न्यहान सिंड्रोम

B. गुर्दे प्रतिधारण

C. कार्बनिक अम्लीयता

D. प्राथमिक गाउट

Q.49 जीवित कोशिकाओं को देखने के लिए निम्न में से किसका उपयोग किया जाता है?

A. SEM

B. TEM

C. फेज कंट्रास्ट माइक्रोस्कोप

D. उपरोक्त सभी

Q.50 रोगी हाइपोगोनाडिज्म, पनपने में विफलता, स्वाद की हानि और स्थिरता बनाए रखने में असमर्थता से पीड़ित था। यह कमी दर्शाता है:

A. जिंक

B. क्रोमियम

C. कॉपर

D. पोटैशियम

Q.51 निम्नलिखित में से कौन सा डार्क फील्ड माइक्रोस्कोपी के बारे में सही है?

A. कंडेनसर में 'स्टॉप' नामक डिस्क जोड़ने से ब्राइट फील्ड को डार्क फाइल्ड बना दिया जाएगा

B. स्टॉप डिस्क केंद्रीय क्षेत्र से प्रकाश के प्रवेश को रोकता है और वस्तु प्रकाश की किरण से प्रकाशित होती है

C. प्रकाश नमूने के किनारों से परिलक्षित होता है और अंधेरे पृष्ठभूमि में उज्ज्वल दिखाई देता है

D. ऊपर के सभी

Q.52 निम्नलिखित में से कौन हाइपोथियोसाइनाइट उत्पन्न करता है और ग्लाइकोलाइसिस को रोकता है?

A. लैक्टोफेरिन

B. लाइसोजाइम

C. पेरोक्सीडेज

D. सेक्रेटरी IgA

Q.53 क्रोनिक रीनल फेल्योर और हड्डियों में दर्द के रोगी को किस विटामिन की कमी होगी?

A. विटामिन A

B. विटामिन B

C. विटामिन C

D. विटामिन D

Q.54 क्रिएटिनिन क्लीयरेंस का उपयोग _______ के लिए किया जाता है।

A. गुर्दे के रक्त प्रवाह का अनुमान

B. ग्लोमेरुलर निस्पंदन दर का अनुमान

C. नेफ्रोलिथियासिस का मूल्यांकन

D. इनमें से कोई भी नहीं

Q.55 आपको क्या लगता है कि 70 किलो के आदमी में कितना आयरन होता है?

A. 4 ग्राम

B. 3 ग्राम

C. 5 ग्राम

D. 2 ग्राम

Q.56 सेल की आंतरिक संरचना का अध्ययन करने के लिए प्रयुक्त इलेक्ट्रॉन माइक्रोस्कोप _______ है।

A. फेज कंट्रास्ट माइक्रोस्कोप

B. ट्रांसमिशन इलेक्ट्रॉन माइक्रोस्कोप

C. सरफेस इलेक्ट्रॉन माइक्रोस्कोप

D. लाइट माइक्रोस्कोप

Q.57 विकारों के उपचार के लिए किन तत्वों और यौगिकों का उपयोग किया जाता है?

A. नाइट्रोजन

B. लिथियम

C. सोडियम

D. पोटैशियम

Q.58 यदि हाइपोनेट्रेमिया वाला रोगी हाइपरवोलेमिक है (अर्थात द्रव अधिभार है), निम्नलिखित में से कौन से संभावित कारण हैं?

A. हाइपोथायरायडिज्म

B. पैंक्रिअटिटिस

C. कोंजेस्टिव हार्ट फेलियर

D. लीवर सिरोसिस

Q.59 निम्नलिखित में से कौन सी दवाएं हाइपोनेट्रेमिया का कारण बताई गई हैं?

A. बेंड्रोफ्लूज़ाइड

B. सीतालोप्राम

C. नेपरोक्सन

D. ऊपर के सभी

Q.60 हाइपरनेट्रेमिया के बारे में निम्नलिखित में से कौन से कथन सत्य हैं?

A. हाइपरनेट्रेमिया के संकेत और लक्षण मुख्य रूप से न्यूरोलॉजिकल होते हैं

B. डायबिटीज इन्सिपिडस हाइपरनेट्रेमिया का एक संभावित कारण है

C. 148 mmol/L के सीरम सोडियम वाले रोगी को उपचार के लिए तुरंत द्वितीयक देखभाल के लिए भेजा जाना चाहिए

D. (A) और (B) दोनों

Q.61 निम्नलिखित में से कौन सी दवाइयाँ हाइपरनाटेमिया का कारण बताई गई हैं?

A. लिथियम

B. फुरोसेमाइड

C. प्रेडनिसोन

D. ऊपर के सभी

Q.62 हाइपोकैलेमिया के हृदय संबंधी प्रभावों के बारे में निम्नलिखित में से कौन सा कथन सत्य है?

A. हाइपोकैलेमिया कार्डियक संकेतों और लक्षणों से जुड़ा नहीं है

B. ईसीजी परिवर्तन आमतौर पर हाइपोकैलिमिया के साथ नहीं देखे जाते हैं

C. हृदय संबंधी लक्षण तब तक स्पष्ट नहीं होते जब तक कि सीरम पोटेशियम <2.5 mmol/L न हो

D. हल्के हाइपोकैलेमिया अंतर्निहित हृदय रोग वाले लोगों में जीवन धमकाने वाले कार्डियक अतालता का कारण बन सकता है

Q.63 निम्न नैदानिक परिदृश्यों में से कौन सा हाइपोकैलिमिया का संभावित कारण है?

A. तीव्र आंत्रशोथ

B. एक सप्ताह के लिए एक मूत्रवर्धक का प्रयोग

C. आहार में अपर्याप्त पोटेशियम

D. ऊपर के सभी

Q.64 यदि हाइपोकैलिमिया का कोई स्पष्ट कारण नहीं मिलता है, तो निम्न में से कौन सा रक्त या मूत्र परीक्षण उपयुक्त हो सकता है?

A. सीरम मैग्नीशियम

B. सीरम बाइकार्बोनेट

C. सीआरपी और ईएसआर

D. (A) और (B) दोनों

Q.65 हाइपरकेलेमिया के बारे में निम्नलिखित में से कौन सा कथन सत्य है?

A. स्यूडोहाइपरकेलेमिया, नमूनाकरण या विश्लेषण त्रुटि के कारण होता है, उच्च सीरम पोटेशियम परिणाम का एक सामान्य कारण है

B. सीरम पोटेशियम> 6.0 mmol/L वाले रोगियों के लिए ECG की सिफारिश की जाती है

C. दवाएं शायद ही कभी सीरम पोटेशियम के स्तर में वृद्धि का कारण होती हैं

D. (A) और (B) दोनों

Q.66 रक्त रोग जो हीमोग्लोबिन जीन में उत्परिवर्तन की घटना के कारण होता है:

A. लेकिमिया
B. रक्तस्राव विकार
C. थैलासीमिया
D. हेपेटाइटिस

Q.67 ल्यूकेमिया को ___ के नाम से भी जाना जाता है।

A. त्वचा कैंसर
B. रक्त कैंसर
C. फेफड़े का कैंसर
D. गुर्दे का कैंसर

Q.68 लसीका ऊतक कोशिकाओं या अस्थि मज्जा में कैंसरयुक्त उत्परिवर्तन दोषपूर्ण _____ की ओर जाता है।

A. एग्रानुलोसाइट्स
B. एरिथ्रोसाइट्स
C. ल्यूकोसाइट्स
D. थ्रोम्बोसाइट्स

Q.69 निम्नलिखित में से किसके लिए "व्हाइट सेल" शब्द लागू नहीं होता है?

A. एरिथ्रोसाइट
B. ल्यूकोसाइट
C. लिम्फोसाइट
D. मोनोसाइट

Q.70 हेमोस्टेसिस प्रक्रिया में, बाह्य और आंतरिक मार्गों के परिणामस्वरूप क्या बनता है?

A. फाइब्रिन
B. थ्रोम्बिन
C. एक प्लेटलेट प्लग
D. प्रोथ्रोम्बिनेज़

Q.71 रक्त द्वारा श्वसन गैसों के परिवहन के संदर्भ में सही कथन की पहचान करें।

A. ऑक्सीजन के परिवहन के लिए कार्बन डाइऑक्साइड और कार्बोनिक एनहाइड्रेज़ के परिवहन के लिए हीमोग्लोबिन आवश्यक है।

B. कार्बन डाइऑक्साइड के परिवहन के लिए ऑक्सीजन और कार्बोनिक एनहाइड्रेज़ के परिवहन के लिए हीमोग्लोबिन आवश्यक है।

C. रक्त द्वारा केवल ऑक्सीजन का परिवहन होता है।

D. रक्त द्वारा केवल कार्बन डाइऑक्साइड का परिवहन होता है।

Q.72 रक्त सीरम में क्या पाया जाता है जो रक्त प्लाज्मा में भी पाया जाता है?

A. रक्त कोशिका
B. प्लेटलेट्स
C. प्लाज्मा प्रोटीन
D. थक्के के कारक

Q.73 रक्त के वर्णन में "गठित तत्व" शब्द का क्या अर्थ है?

A. श्वेत रक्त कोशिकाएं, लाल रक्त कोशिकाएं और प्लेटलेट्स
B. रक्त प्लाज़्मा
C. रक्त सीरम
D. रक्त में क्लॉटिंग कारक

Q.74 एसिड-फास्ट स्टेन तकनीक उन रोगियों में एक महत्वपूर्ण नैदानिक उपकरण है जिनको _____ है।

A. न्यूमोनिया
B. डिप्थीरिया
C. यक्ष्मा
D. मस्तिष्कावरण शोथ

Q.75 प्रभावकारक लिम्फोसाइटों का निर्माण _____ में होगा।

A. अस्थि मज्जा
B. थाइमस
C. परिशिष्ट
D. (A) और (B) दोनों

Q.76 यह सूजन का एक मुख्य संकेत नहीं है:

A. लालपन
B. जलन
C. दर्द
D. ऑप्सोनाइजेशन

Q.77 मुख्य लिम्फोइड अंग क्या है जहां लिम्फोसाइटों सहित सभी रक्त कोशिकाएं उत्पन्न होती हैं?

A. प्लीहा
B. थाइमस
C. लिम्फ नोड्स
D. अस्थि मज्जा

Q.78 निम्न में से कौन एरिथ्रोसाइटोसिस का कारण नहीं है?

A. धूम्रपान
B. पॉलीसिथेमिया वेरा
C. ईपीओ-उत्पादक ट्यूमर
D. अल्कोहल

Q.79 आपकी रोगी, एक 34 वर्षीय महिला, थकान और सुस्ती पेश करती है। आप उसकी पूर्ण रक्त गणना में निम्नलिखित पर ध्यान दें:

	परिणाम	संदर्भ अंतराल
हीमोग्लोबिन	92 ग्राम/लीटर	$115 - 165$ ग्राम/लीटर
लाल कोशिका गिनती	$2.3 \times 10Â^1Â^2$/लीटर	$3.9 - 5.0 \times 10Â^1Â^2$/लीटर

निम्नलिखित में से कौन सा सूचकांक एनीमिया के प्रकार के बारे में सबसे अधिक जानकारी प्रदान करेगा?

A. हेमेटोक्रिट (Hct)
B. मीन सेल वॉल्यूम (MCV)
C. पैक्ड सेल वॉल्यूम (PCV)
D. रेड सेल डिस्ट्रीब्यूशन विड्थ (RDW)

Q.80 निम्नलिखित में से कौन सा पूर्ण एरिथ्रोसाइटोसिस (हीमोग्लोबिन और लाल कोशिका गिनती में वृद्धि) का कारण है?

A. पॉलीसिथेमिया वेरा
B. डिहाइड्रेशन
C. आयरन डेफिशियेंसी
D. हेमोलिसिस

General Aptitude / Reasoning / General Awareness / Basic Computer knowledge

Q.81 एक ट्रेन एक स्टेशन से निकलती है और 40 किमी/घंटा चलती है। 2 घंटे के बाद, दूसरी ट्रेन उसी स्टेशन से निकलती है और एक निश्चित चाल से एक ही दिशा में चलती है। यदि दूसरी ट्रेन 4 घंटे में पहली ट्रेन के समीप आती है, तो दूसरी ट्रेन की चाल क्या है?

A. 55 किमी/घंटा
B. 50 किमी/घंटा
C. 60 किमी/घंटा
D. 65 किमी/घंटा

Q.82 तीन निष्पक्ष सिक्के उछाले जाते हैं। कम से कम 2 चित आने की प्रायिकता क्या है?

A. $\frac{1}{4}$
B. $\frac{1}{2}$
C. $\frac{1}{3}$
D. $\frac{1}{8}$

Q.83 पाँच क्रमागत विषम संख्याओं का औसत 51 है। सबसे बड़ी और सबसे छोटी संख्या में क्या अंतर है?

A. 3
B. 7
C. 8
D. 11

Q.84 एक त्रिभुजाकार मैदान का आधार इसकी ऊंचाई का तीन गुना है। यदि मैदान की जुताई की लागत 36.72 रु/हेक्टेयर की दर से 495.72 रु है, तो उस त्रिभुजाकार मैदान की ऊंचाई और आधार ज्ञात कीजिए: (1 हेक्टेयर = 10000 वर्ग मी)

A. 480 मी, 1120 मी
B. 400 मी, 1200 मी
C. 300 मी, 900 मी
D. 250 मी, 650 मी

Q.85 एक कांच का विक्रय मूल्य 1965 रुपये है और हानि 25% है। यदि विक्रय मूल्य 3013 रुपये है तो लाभ प्रतिशत कितना है?

A. 13%   **B.** 10.4%   **C.** 15%   **D.** 20%

Q.86 प्रसन्ना मेरे घर से पश्चिम की ओर 15 मी दूर गया, फिर बाएं मुड़ गया और 20 मी चला गया। वह फिर पूर्व की ओर मुड़ गया और 25 मी दूर गया और अंत में बायीं ओर मुड़ गया और 20 मी चला गया। वह अपने घर से कितनी दूर था?

A. 10 मी   **B.** 20 मी   **C.** 30 मी   **D.** 40 मी

Q.87 एक पूर्ण वर्ग के रूप में सबसे नजदीकी में आने वाला वर्ष है:

[Uttarakhand Public Service Commission (UKPSC), 2016]

A. 2027   **B.** 2030   **C.** 2025   **D.** 2032

Q.88 एक कार्यात्मक घड़ी सुबह 10 बजे दिखाती है। उसी दिन शाम 6 बजे दिखाने के लिए इसकी घंटे की सुई कितनी डिग्री घूमेगी?

A. 120°   **B.** 240°   **C.** 360°   **D.** 550°

Q.89 निर्देश: दिए गए प्रश्न का उत्तर देने के लिए निम्नलिखित जानकारी का ध्यानपूर्वक अध्ययन कीजिये।

M 1 E & D 2 G 9 $ F @ 4 N Z W © 8 C Y A * 6

यदि उपरोक्त क्रम में सभी संख्याओं को छोड़ दिया जाता है, तो निम्नलिखित में से कौन दायें ओर से दसवां होगा?

A. $ **B.** D   **C.** F   **D.** Z

Q.90 दीपक राजू का परिचय कराते हुए कहता है, "वह मेरे पिता के पिता की पौती का पति है" राजू दीपक के साथ कैसे संबंधित है?

[RRB (NTPC), 2017]

A. दामाद   **B.** जीजा   **C.** बेटा   **D.** भाई

Q.91 उत्तर प्रदेश सरकार ने राज्य में सभी प्रकार की जमीनों को चिह्नित करने के लिए एक अद्वितीय __-अंकों का यूनिकोड जारी करने की एक प्रणाली शुरू की है।

A. 12   **B.** 14   **C.** 16   **D.** 18

Q.92 भारत का सर्वोच्च न्यायालय कानून या तथ्य _____ के मामलों पर भारत के राष्ट्रपति को सलाह देता है।

A. अपनी पहल पर (व्यापक जनहित के किसी भी मामले में)
B. अगर वह इस तरह की सलाह चाहता है
C. नागरिकों के मामलों में ही
D. उपरोक्त में से कोई नहीं

Q.93 खिज्र खान निम्नलिखित में से किस वंश का था?

[UPSSSC Forest Guard, 2018]

A. गुलाम वंश   **B.** खिलजी वंश
C. सैय्यद वंश   **D.** शाह वंश

Q.94 जो भू-आकृतियाँ उभरी और चपटी हैं, उन्हें वर्गीकृत किया गया है

A. पहाड़ी   **B.** पठार   **C.** मैदान   **D.** घाटी

Q.95 उच्च शिक्षण संस्थानों के मूल्यांकन और मान्यता को मजबूत करने के लिए गठित पैनल के प्रमुख के रूप में किसे नियुक्त किया गया है?

A. के. राधाकृष्णन   **B.** कस्तूरी रंगन
C. अमिताभ कांत   **D.** वी. के. पॉल

Q.96 लॉगिन नाम और पासवर्ड के सत्यापन को निम्न के रूप में जाना जाता है:

A. विन्यास   **B.** सरल उपयोग
C. प्रमाणीकरण   **D.** लॉगिन

Q.97 इन्टरनेट ब्राउजर विंडो को फुल-स्क्रीन पर करने के लिए __________ की (Key) उपयोग की जाती है।

[Rajasthan Police Constable, 2020]

A. F8   **B.** F9   **C.** F10   **D.** F11

Q.98 एप्लीकेशन सॉफ्टवेयर का एक उदाहरण कौन-सा है?

A. डाटा प्रोसेसिंग   **B.** प्रॉसेसिंग यूनिट
C. कंट्रोल यूनिट   **D.** एमएस वर्ड

Q.99 निम्नलिखित में से कौन-सा एमएस एक्सेल (MS Excel) में वैध फंक्शन नहीं है?

A. SUM()   **B.** COUNT()
C. SUBTRACT()   **D.** COUNTA()

Q.100 माइक्रोसॉफ्ट पावरपॉइंट में नयी प्रेजेंटेशन बनाने के लिए निम्न में से कौन सा शॉर्टकट है?

[Allahabad High Court ARO, 2020]

A. Alt + W   **B.** Ctrl + Q   **C.** Alt + H   **D.** Ctrl + N

// स्मार्ट उत्तर पुस्तिका //

सही उत्तर — उन छात्रों का प्रतिशत जिन्होंने प्रश्नों का सही उत्तर दिया था।

छोड़ दिया — उन छात्रों का प्रतिशत जिन्होंने प्रश्नों को छोड़ दिया था।

प्रश्न संख्या	उत्तर	सही उत्तर / छोड़ दिया	प्रश्न संख्या	उत्तर	सही उत्तर / छोड़ दिया	प्रश्न संख्या	उत्तर	सही उत्तर / छोड़ दिया	प्रश्न संख्या	उत्तर	सही उत्तर / छोड़ दिया	प्रश्न संख्या	उत्तर	सही उत्तर / छोड़ दिया	प्रश्न संख्या	उत्तर	सही उत्तर / छोड़ दिया
1	B	43.18 % / 1.02 %	18	C	62.99 % / 1.65 %	35	C	56.09 % / 1.2 %	52	C	54.43 % / 1.58 %	69	A	11.07 % / 4.24 %	86	A	80.82 % / 0.0 %
2	A	61.48 % / 1.04 %	19	D	23.59 % / 4.38 %	36	B	69.49 % / 1.66 %	53	D	56.83 % / 1.77 %	70	D	41.92 % / 1.26 %	87	C	87.22 % / 0.0 %
3	C	81.2 % / 0.0 %	20	B	57.37 % / 1.17 %	37	B	76.01 % / 0.0 %	54	B	16.01 % / 4.67 %	71	B	58.08 % / 1.93 %	88	B	88.54 % / 0.0 %
4	B	55.39 % / 1.74 %	21	B	46.85 % / 1.16 %	38	A	55.75 % / 1.58 %	55	C	56.67 % / 1.44 %	72	C	50.42 % / 1.5 %	89	C	88.32 % / 0.0 %
5	D	89.16 % / 0.0 %	22	A	65.96 % / 1.28 %	39	B	11.18 % / 3.36 %	56	B	65.19 % / 1.02 %	73	A	79.51 % / 0.0 %	90	B	80.71 % / 0.0 %
6	A	50.13 % / 1.16 %	23	C	45.54 % / 1.83 %	40	C	68.58 % / 1.36 %	57	B	48.36 % / 1.81 %	74	C	60.62 % / 1.86 %	91	C	62.96 % / 1.83 %
7	B	49.61 % / 1.75 %	24	B	55.3 % / 1.81 %	41	B	62.63 % / 1.46 %	58	C	53.89 % / 1.09 %	75	D	63.72 % / 1.56 %	92	B	26.59 % / 3.95 %
8	B	64.76 % / 1.19 %	25	D	56.27 % / 1.41 %	42	A	57.55 % / 1.34 %	59	D	28.46 % / 3.49 %	76	D	42.73 % / 1.48 %	93	C	54.97 % / 1.17 %
9	B	11.66 % / 3.33 %	26	A	58.82 % / 1.95 %	43	B	83.0 % / 0.0 %	60	D	54.73 % / 1.46 %	77	D	55.96 % / 1.27 %	94	B	40.44 % / 1.3 %
10	D	43.28 % / 1.53 %	27	C	11.36 % / 4.29 %	44	B	41.06 % / 1.1 %	61	D	45.39 % / 1.21 %	78	D	46.22 % / 1.29 %	95	A	41.95 % / 1.34 %
11	A	53.98 % / 1.02 %	28	D	46.64 % / 1.64 %	45	C	69.68 % / 1.16 %	62	D	50.79 % / 1.4 %	79	B	67.08 % / 1.09 %	96	C	32.2 % / 4.58 %
12	D	77.73 % / 0.0 %	29	B	78.67 % / 0.0 %	46	D	63.59 % / 1.24 %	63	D	12.85 % / 4.94 %	80	A	51.16 % / 1.34 %	97	D	76.2 % / 0.0 %
13	A	52.9 % / 1.63 %	30	A	65.86 % / 1.98 %	47	A	83.07 % / 0.0 %	64	D	53.67 % / 1.91 %	81	C	81.76 % / 0.0 %	98	D	65.23 % / 1.08 %
14	D	50.78 % / 1.02 %	31	B	66.66 % / 1.26 %	48	A	61.48 % / 1.8 %	65	D	50.28 % / 1.01 %	82	B	87.05 % / 0.0 %	99	C	66.52 % / 1.35 %
15	D	47.81 % / 1.06 %	32	B	85.23 % / 0.0 %	49	B	68.57 % / 1.91 %	66	C	24.54 % / 4.08 %	83	C	89.35 % / 0.0 %	100	D	56.82 % / 1.81 %
16	A	64.69 % / 1.4 %	33	B	61.3 % / 1.25 %	50	A	58.61 % / 1.92 %	67	B	60.14 % / 1.16 %	84	C	85.21 % / 0.0 %			
17	A	44.0 % / 1.89 %	34	B	12.88 % / 3.08 %	51	D	43.56 % / 1.06 %	68	C	60.07 % / 1.56 %	85	C	78.01 % / 0.0 %			

//संकेत और समाधान//

1. ब्लड बैंक का विकास सर चार्ल्स रिचर्ड ड्रू ने किया था।

चार्ल्स रिचर्ड ड्रू, अफ्रीकी अमेरिकी सर्जन और शोधकर्ता जिन्होंने अमेरिका के पहले बड़े पैमाने पर रक्त बैंक का आयोजन किया और हावर्ड विश्वविद्यालय में काले चिकित्सकों की एक पीढ़ी को प्रशिक्षित किया, उनका जन्म 3 जून, 1904 को वाशिंगटन, डीसी में हुआ था।

अत: विकल्प (B) सही है।

2. सबसे लोकप्रिय ज्ञात ब्लड ग्रुपिंग ABO ग्रुपिंग है। इसे ABO नाम दिया गया है न कि ABC, क्योंकि इसमें 'O' का मतलब RBC पर कोई एंटीजन A और B नहीं होना है।

ABO रक्त समूहन जीन। द्वारा नियंत्रित होता है, और इसके तीन अलील IA, IB और i होते हैं। एलील IA और IB विभिन्न प्रकार की चीनी बनाते हैं और एलील I चीनी नहीं बनाता है। एलील IA और IB i पर प्रभावी हैं, इसलिए जब IA और i मौजूद होते हैं तो केवल IA व्यक्त किया जाएगा और IB और i के मामले में भी ऐसा ही होगा। लेकिन जब IA और IB एक साथ उपस्थित होते हैं तो दोनों को एक ही समय में व्यक्त किया जाता है। इस वजह से तीन अलग-अलग एलील हैं जिनमें छह अलग-अलग जीनोटाइप और चार अलग-अलग फेनोटाइप हैं। उदाहरण के लिए, रक्त समूह 'A' वाला एक पुरुष रक्त समूह 'B' वाली महिला से शादी करता है, फिर A रक्त समूह वाले रक्त समूह को जीन IA द्वारा एन्कोड किया जाता है और B के लिए एंटीबॉडी होती है और B रक्त समूह वाली महिला में जीन IB के साथ B एंटीजन होता है। और एंटीबॉडी A। जब दोनों का विवाह हो जाता है, तो संतान का रक्त समूह A, B और AB हो सकता है, क्योंकि उनके पास A और B एंटीजन और A और B एंटीबॉडी दोनों होते हैं।

अब, ABO ब्लड ग्रुपिंग का नाम इसलिए रखा गया है क्योंकि O यहाँ RBC पर कोई एंटीजन नहीं है। एक रक्त समूह में A एंटीजन होता है और B एंटीजन में B एंटीजन होता है, जबकि B रक्त समूह में आरबीसी पर A और B दोनों एंटीजन होते हैं।

अत: विकल्प (A) सही है।

3. रक्तदान के दौरान रक्त के घटकों को हटाने को एफेरेसिस कहा जाता है।

एक तकनीक जो कुछ बीमारियों के इलाज के लिए दान किए गए रक्त घटकों को अलग करती है। सिकल सेल रोग, ल्यूकेमिया, मायस्थेनिया ग्रेविस और अन्य रक्त विकारों वाले लोगों के लिए। इस प्रक्रिया में दो से चार घंटे लगते हैं और यह नियमित रक्तदान के समान है।

अत: विकल्प (C) सही है।

4. ब्लड ग्रुप AB वाले व्यक्ति में आरबीसी पर एंटीजन A और B होते हैं लेकिन प्लाज्मा में एंटी-A और एंटी-B एंटीबॉडी नहीं होते हैं।

रक्त समूह प्रणाली एंटीजन और उनके एंटीबॉडी की उपस्थिति या अनुपस्थिति के आधार पर बनाई जाती है और रक्त समूह का नाम आरबीसी पर एक प्रकार के एंटीजन की उपस्थिति पर आधारित होता है।

- यदि रक्त समूह A है, तो इसमें उनके आरबीसी की सतह पर एंटीजन A और सीरम में एंटी B एंटीबॉडी होते हैं।

- यदि रक्त समूह B है, तो इसमें उनके आरबीसी की सतह पर एंटीजन B और सीरम में एंटी-A एंटीबॉडी होते हैं।

- यदि रक्त समूह O है, तो उनके आरबीसी की सतह पर कोई एंटीजन मौजूद नहीं है, और इसमें सीरम में एंटी एंटीबॉडी और एंटी B एंटीबॉडी दोनों होते हैं।

अत: विकल्प (B) सही है।

5. रक्त समूह O में एंटीबॉडी A और B दोनों होते हैं, लेकिन एंटीजन नहीं होते हैं। इस प्रकार यह एक सार्वभौमिक दाता है, लेकिन O के अलावा किसी अन्य रक्त समूह को स्वीकार नहीं कर सकता।

अत: विकल्प (D) सही है।

6. रक्तदाता का वजन कम से कम 45 किलो होना चाहिए।

साथ ही वह मधुमेह या रक्तचाप जैसी समस्याओं का रोगी नहीं होना चाहिए। एक बार रक्तदान करने के 56 दिनों बाद दूसरा रक्तदान किया जा सकता है। सबसे खास बात रक्तदान करने से न तो कमजोरी आती है और न ही इससे सेहत को कोई नुकसान होता है।

अत: विकल्प (A) सही है।

7. हेपेटाइटिस और एड्स ऐसा रोग युग्म है जो रक्त आधान से फैल सकता हैं।

- हेपेटाइटिस और एड्स संक्रामक रोगों के समूह से संबंधित हैं जो वायरस से प्रेरित होते हैं।

- हेपेटाइटिस हेपेटाइटिस वायरस के कारण होता है और रक्त आधान और यौन संपर्क के माध्यम से फैलता है।

- एड्स एचआईवी (ह्यूमन इम्युनोडेफिशिएंसी वायरस) के कारण होता है और यह रक्त आधान, यौन संपर्क और बच्चों को स्तनपान कराने वाली मां से फैलता है।

अत: विकल्प (B) सही है।

8. ABO ब्लड ग्रुपिंग सिस्टम आरबीसी पर मौजूद सतह एंटीजन पर आधारित है।

ABO रक्त समूह प्रणाली मानव रक्त का वर्गीकरण है जो लाल रक्त कोशिकाओं के विरासत में मिले गुणों के आधार पर होता है, जैसा कि एंटीजन A और B की उपस्थिति या अनुपस्थिति से निर्धारित होता है। ये एंटीजन लाल कोशिकाओं की सतह पर ले जाए जाते हैं जो चार मुख्य के अनुरूप होते हैं। रक्त समूह: A, B, O, या AB।

अत: विकल्प (B) सही है।

9. पूरे रक्त के 500 मिली में लगभग 200 से 250 मिली प्लाज्मा होता है।

प्लाज्मा की एक इकाई का आयतन 200-250 मिली होता है। वयस्कों के लिए प्रारंभिक अनुशंसित खुराक 10 मिली/किग्रा है, और बाल रोगियों के लिए 10-15 मिली/किग्रा है।

अत: विकल्प (B) सही है।

10. रक्त आधान की प्रतिरक्षात्मक प्रतिक्रियाओं में सर्कुलेटरी ओवरलोड को छोड़कर सभी शामिल हैं।

रक्त घटक आधान की प्रतिक्रियाएं हल्के से लेकर संभावित घातक तक हो सकती हैं। आधान से जुड़े संचार अधिभार (TACO) एक सामान्य आधान प्रतिक्रिया है जिसमें फुफ्फुसीय एडिमा मुख्य रूप से मात्रा की अधिकता या सर्कुलेटरी ओवरलोड के कारण विकसित होती है।

अत: विकल्प (D) सही है।

11. ब्लड बैग को सिल्वर पेपर पैकिंग में रखा जाता है।

सिल्वर की जीवाणुनाशक गतिविधि अच्छी तरह से प्रलेखित है। संक्रमण को कम करने या रोकने में इसका लाभ कई अनुप्रयोगों में देखा जा सकता है, जिसमें जलने और पुराने घावों के लिए एक सामयिक उपचार के रूप में और अस्थायी और स्थायी चिकित्सा उपकरणों दोनों के लिए एक लेप के रूप में शामिल है।

अत: विकल्प (A) सही है।

12. A और B दो ABO फेनोटाइप्स के माता-पिता का मिलन संभावित रूप से सभी सामान्य चार रक्त प्रकारों के साथ संतान पैदा कर सकता है।

प्रत्येक व्यक्ति प्रत्येक माता-पिता से एक ABO जीन (A, B, या O) प्राप्त करता है। एक साथ विचार करने पर, दो जीन ABO फेनोटाइप निर्धारित करते हैं। इस तरह की समस्या को एक साधारण पनेट स्क्वायर (नीचे देखें) का उपयोग करके हल किया जा सकता है, जहां विभिन्न पैतृक संयोजनों का उपयोग करके संतानों

के संभावित फेनोटाइप भरे जाते हैं। यह देखने के लिए विभिन्न संयोजनों को आजमाएं कि क्या कोई आपको चारों प्रकारों की संभावना देता है। जब आप ऐसा कर रहे हों, तो केवल होमोजीगस पेरेंटल जीनोटाइप का उपयोग करने के चक्कर में न पड़ें। याद रखें, दो एलील प्रत्येक जीन बनाते हैं, और "O" एलील शांत है। इसलिए, रक्त समूह फेनोटाइप "A" के माता-पिता, उदाहरण के लिए, "AA" या "AO" का जीनोटाइप हो सकता है। यदि आप "AO" को एक माता-पिता के लिए जीनोटाइप और दूसरे के लिए "BO" के रूप में मानते हैं, तो सभी चार रक्त प्रकार संतानों में संभव हैं, जैसा कि नीचे दी गई तालिका में दिखाया गया है।

	B	O
A	AB	AO
O	BO	OO

अत: विकल्प (D) सही है।

13. लाल रक्त कोशिकाओं और पूरे रक्त को हमेशा ब्लड बैंक के रेफ्रिजरेटर में + 2 डिग्री सेल्सियस से +6 डिग्री सेल्सियस पर रखना चाहिए। इसे कमरे के तापमान पर ही संग्रहित किया जाना चाहिए। ब्लड बैंक रेफ्रिजरेटर तापमान की निगरानी और अलार्म सिस्टम से लैस हैं और पूरे उपकरण में ठंडी हवा का समान वितरण सुनिश्चित करने के लिए पंखे हैं।

अत: विकल्प (A) सही है।

14. सार्वत्रिक दाता और सार्वत्रिक स्वीकर्ता O- और AB+ हैं।

रक्त समूह O- सार्वत्रिक दाता है क्योंकि इसमें न तो रक्त समूह के लिए प्रतिजन होता है और न ही इसमें Rh कारक के लिए प्रतिजन होता है। इसलिए, यह किसी भी इम्यूनोजेनिक प्रतिक्रिया का आह्वान नहीं करेगा। AB+ सार्वभौम स्वीकर्ता है क्योंकि इसमें दोनों प्रतिरक्षी, प्रति-A और प्रति-B और साथ ही Rh प्रतिजन हैं।

अत: विकल्प (D) सही है।

15. रक्तदान से पहले, इच्छित वेनिपंक्चर साइट को पीवीपी आयोडीन कॉम्प्लेक्स युक्त स्क्रब विलयन से साफ किया जाना चाहिए।

पोविडोन आयोडिन (पो-वी-डॉन आह-उह-दीन) का उपयोग संक्रमण के जोखिम को कम करने के लिए त्वचा पर किया जाता है। इस दवा का उपयोग सर्जिकल हैंड स्क्रब के रूप में और संक्रमण को रोकने में मदद करने के लिए सर्जरी से पहले त्वचा और आंख की सतह को धोने के लिए भी किया जाता है।

अत: विकल्प (D) सही है।

16. एक एंटीबॉडी की दो समान लाइट चेन्स केवल कप्पा से संबंधित होती हैं।

कप्पा मुक्त लाइट चेन परीक्षण एक त्वरित रक्त परीक्षण है जो आपके रक्त में कुछ प्रोटीनों को मापता है। इन प्रोटीनों के उच्च स्तर का मतलब हो सकता है कि आपको प्लाज्मा सेल विकार है। यदि आपको हड्डी में दर्द या थकान जैसे लक्षण हैं तो एक स्वास्थ्य सेवा प्रदाता कप्पा मुक्त लाइट चेन परीक्षण का आदेश दे सकता है।

अत: विकल्प (A) सही है।

17. लार में प्रमुख प्रतिरक्षी IgA है।

IgA या इम्युनोग्लोबुलिन A एक एंटीबॉडी है जो श्लेष्म झिल्ली के प्रतिरक्षा कार्य में महत्वपूर्ण भूमिका निभाता है। IgA लगभग 5-15% एंटीबॉडी पूल का प्रतिनिधित्व करता है और या तो मोनोमर या डिमर (1) के रूप में मौजूद होता है। IgA लार, आँसू, दूध और आंतों के रस जैसे श्लेष्म स्राव में प्रमुख एंटीबॉडी है।

अत: विकल्प (A) सही है।

18. एंटीबॉडी की लाइट चेन्स और हैवी चेन्स डाइ-सल्फाइड बॉन्ड से जुड़ती हैं।

प्रत्येक IgG अणु में दो हैवी चेन्स और दो लाइट चेन्स होती हैं। दो हैवी चेन्स एक दूसरे से डाइसल्फ़ाइड बॉन्ड द्वारा जुड़ी होती हैं और प्रत्येक हैवी चेन एक डाइसल्फ़ाइड बॉन्ड द्वारा एक लाइट चेन से जुड़ी होती है।

अत: विकल्प (C) सही है।

19. स्तनधारियों में टी सेल के विकास और परिपक्वता की प्रक्रिया भ्रूण के यकृत में हेमेटोपोएटिक स्टेम सेल (HSC) से शुरू होती है और बाद में अस्थि मज्जा में होती है जहां HSC बहुशक्तिशाली मूलों में अंतर करता है।

अत: विकल्प (D) सही है।

20. IL-2 साइटोकिन्स एक ऑटोक्राइन तरीके से कार्य करता है और एंटीजन इंटरेक्शन और सेकेंडरी सिग्नल की उपस्थिति के साथ TCR के जुड़ाव के बाद T सेल प्रसार को प्रेरित करता है।

साइटोकिन्स जैसे IL-2, IFN-γ, और TNF-β, कोशिका-मध्यस्थ साइटोटोक्सिसिटी में महत्वपूर्ण भूमिका निभाते हैं, और अतिसंवेदनशीलता में देरी करते हैं।

अत: विकल्प (B) सही है।

21. शरीर में 5 तरह के एंटीबॉडी मौजूद होते हैं। ये IgG, IgM, IgD, IgE और IgA हैं। इन सभी एंटीबॉडी का विशिष्ट कार्य होता है। IgG एंटीबॉडी शरीर के तरल पदार्थ में सबसे प्रचुर मात्रा में एंटीबॉडी है। यह बैक्टीरिया और वायरल संक्रमण से लड़ता है। IgM एंटीबॉडी पहला एंटीबॉडी है जो विदेशी निकायों या एंटीजन के खिलाफ कार्य करने के लिए उत्पन्न होता है। यह तीव्र संक्रमण के दौरान उत्पन्न होने वाली पहली एंटीबॉडी है। इसलिए, रक्त में IgM एंटीबॉडी की उच्च सांद्रता एक सक्रिय संक्रमण का प्रमाण प्रदान करती है। हालांकि, IgG की उच्च सांद्रता इस बात का प्रमाण देती है कि व्यक्ति को अतीत में संक्रमण हो चुका है। IgA एंटीबॉडीज गैस्ट्रोइंटेस्टाइनल ट्रैक्ट, रेस्पिरेटरी ट्रैक्ट, लार, आंसू की म्यूकस मेम्ब्रेन लाइनिंग में उच्च सांद्रता में देखे जाते हैं। IgE एंटीबॉडी एलर्जी प्रतिक्रियाओं से जुड़ा हुआ है।

अत: विकल्प (B) सही है।

22. लिम्फोसाइट्स एक प्रकार की श्वेत रक्त कोशिकाएं होती हैं जिनकी बाहरी कणों से लड़ने में बहुत महत्वपूर्ण भूमिका होती है। टी कोशिकाएं एक प्रकार की लिम्फोसाइट होती हैं। वे अस्थि मज्जा में पाए जाने वाले हेमटोपोइएटिक स्टेम सेल से उत्पन्न होते हैं। लिम्फोसाइट्स अस्थि मज्जा को छोड़ देते हैं और परिपक्वता के लिए थाइमस ग्रंथि में चले जाते हैं। इसलिए, उन्हें अपना नाम, टी - लिम्फोसाइट्स मिलता है।

टी-लिम्फोसाइट्स प्रतिरक्षा प्रतिक्रिया में एक महत्वपूर्ण भूमिका निभाते हैं। कोशिका की सतह पर टी-सेल रिसेप्टर की उपस्थिति के कारण उन्हें अन्य लिम्फोसाइटों से अलग किया जा सकता है। वे अग्रदूत कोशिकाओं के रूप में उत्पन्न होते हैं जो अस्थि मज्जा से प्राप्त होते हैं। फिर, वे थाइमस ग्रंथि में जाने के बाद कई अलग-अलग प्रकार की टी कोशिकाओं में विकसित होते हैं। थाइमस छोड़ने के बाद भी उनका भेदभाव जारी रहता है।

अत: विकल्प (A) सही है।

23. इम्युनोग्लोबुलिन के पाँच वर्ग हैं जो मनुष्यों में मौजूद हैं।

एक एंटीबॉडी (AB), जिसे इम्युनोग्लोबुलिन (Ig) के रूप में भी जाना जाता है, मुख्य रूप से प्लाज्मा कोशिकाओं द्वारा निर्मित एक बड़ा, वाई-आकार का प्रोटीन है जो रोगजनक बैक्टीरिया और वायरस जैसे रोगजनकों को बेअसर करने के लिए प्रतिरक्षा प्रणाली द्वारा उपयोग किया जाता है। एंटीबॉडी टुकड़ा एंटीजन-बाइंडिंग (फैब) चर क्षेत्र के माध्यम से रोगजनक के एक अद्वितीय अणु को पहचानता है, जिसे एंटीजन कहा जाता है।

प्रतिपिंड विभिन्न किस्मों में आ सकते हैं जिन्हें आइसोटाइप या वर्ग के रूप में जाना जाता है। प्लेसेंटल स्तनधारियों में, पांच एंटीबॉडी आइसोटाइप या IgA, IgD, IgE, IgG और IgM के रूप में जाने जाने वाले वर्ग हैं।

अत: विकल्प (C) सही है।

24. एंटीबॉडी इम्युनोग्लोबुलिन या गामा ग्लोब्युलिन होते हैं जो बड़े, वाई-आकार के प्रोटीन होते हैं, जो प्लाज्मा कोशिकाओं द्वारा उत्पादित होते हैं जिनका उपयोग प्रतिरक्षा प्रणाली द्वारा बैक्टीरिया और वायरस जैसे रोगजनकों की पहचान करने और उन्हें बेअसर करने के लिए किया जाता है। ये प्रतिजन की प्रतिक्रिया में उत्पन्न होते हैं। एंटीबॉडी में आमतौर पर 4 चेन, दो बड़ी हैवी चेन और दो छोटी लाइट चेन होती हैं।

अत: विकल्प (B) सही है।

25. IgA इम्युनोग्लोब्युलिन ब्रेस्ट मिल्क में सबसे बड़ा प्रतिशत बनाता है।

इम्यूनोग्लोब्युलिन A (IgA) एक एंटीबॉडी रक्त प्रोटीन है जो आपकी प्रतिरक्षा प्रणाली का हिस्सा है। आपका शरीर बीमारी से लड़ने में मदद करने के लिए IgA और अन्य प्रकार के एंटीबॉडी बनाता है। IgA की कमी होने का मतलब है कि आपके रक्त में IgA का स्तर कम है या नहीं है।

अत: विकल्प (D) सही है।

26. कोशिका-मध्यस्थ प्रतिरक्षा प्रतिक्रिया के कारण प्रतिरोपित ग्राफ्ट को अस्वीकार किया जा सकता है।

गुर्दा प्रत्यारोपण की स्वीकृति या अस्वीकृति विशिष्ट इंटरफेरॉन पर निर्भर करती है। (i) भले ही किडनी प्रत्यारोपण उचित हो, प्राप्तकर्ता को लंबे समय तक इम्यूनो-सप्रेसेंट लेने की आवश्यकता हो सकती है। (ii) ग्राफ्ट अस्वीकृति के लिए कोशिका-मध्यस्थ प्रतिरक्षा प्रतिक्रिया जिम्मेदार है।

अत: विकल्प (A) सही है।

27. ओरल पोलियो ड्रॉप्स में एटेन्यूएटेड पैथोजन्स होते हैं।

ओरल पोलियो वैक्सीन (ओपीवी) में जंगली पोलियोवायरस के साथ संक्रमण के बाद प्रतिरक्षा प्रतिक्रिया की नकल करने की क्षमता के आधार पर चुने गए तीन सेरोटाइप में से प्रत्येक के जीवित क्षीण पोलियोवायरस उपभेदों का मिश्रण होता है, लेकिन केंद्रीय तंत्रिका तंत्र में फैलने की घटनाओं में काफी कमी आती है।

अत: विकल्प (C) सही है।

28. एंटीबॉडी ग्लाइकोप्रोटीन हैं।

इम्यूनोग्लोबुलिन, जिसे एंटीबॉडी के रूप में भी जाना जाता है, प्लाज्मा कोशिकाओं (श्वेत रक्त कोशिकाओं) द्वारा निर्मित ग्लाइकोप्रोटीन अणु हैं। वे विशेष रूप से बैक्टीरिया या वायरस जैसे विशिष्ट एंटीजन को पहचानने और बाध्य करने और उनके विनाश में सहायता करके प्रतिरक्षा प्रतिक्रिया के एक महत्वपूर्ण हिस्से के रूप में कार्य करते हैं।

अत: विकल्प (D) सही है।

29. सक्रिय टी कोशिकाएं सक्रियण-प्रेरित कोशिका मृत्यु (AICD) से गुजरती हैं। फास / फास लिगैंड प्रभावक अणु है जो AICD के लिए एक प्रतिक्रिया है।

फास / फास लिगैंड अन्योन्यक्रिया β-कोशिका एपोप्टोसिस और भड़काऊ स्थितियों के तहत आइलेट चोट का एक सामान्य प्रभावकारी तंत्र है, और प्रतिरक्षा होमियोस्टैसिस का शारीरिक मॉडुलन, जिसमें असामान्य ऑटोइम्यून प्रतिक्रियाओं का नियंत्रण शामिल है। टी कोशिकाओं की सक्रियण-प्रेरित कोशिका मृत्यु (AICD) परिधीय प्रतिरक्षा प्रणाली को विनियमित करने की एक प्रक्रिया है। एक टी सेल का भाग्य विभिन्न उत्तेजनाओं, जैसे एंटीजन, साइटोकिन्स और केमोकाइन से प्राप्त कई संकेतों द्वारा नियंत्रित होता है।

अत: विकल्प (B) सही है।

30. मानव रक्त प्लाज्मा में ग्लोब्युलिन मुख्य रूप से शरीर के रक्षा तंत्र में शामिल होते हैं। इम्युनोग्लोब्युलिन जैसे ग्लोबुलिन एंटीबॉडी के रूप में कार्य करते हैं जो बैक्टीरिया, वायरस और विषाक्त पदार्थों को नष्ट करते हैं जो बाहर से रक्त में प्रवेश कर सकते हैं।

अत: विकल्प (A) सही है।

31. यदि आपके मुंह से लिया गया तापमान 99 डिग्री फारेनहाइट (37.2डिग्री सेल्सियस) है तो आपका स्वास्थ्य सेवा प्रदाता यह मानेगा कि आपको बुखार है।

यदि तापमान आपके सामान्य तापमान से ऊपर है लेकिन 100.4 डिग्री फारेनहाइट (38डिग्री सेल्सियस) से कम है, तो इसे निम्न-श्रेणी का बुखार कहा जाता है। एक निम्न-श्रेणी का बुखार हल्का होता है, और अधिकांश स्वास्थ्य सेवा प्रदाता इसे चिकित्सीय महत्व का नहीं मानते हैं। शरीर का सामान्य तापमान 98.6 डिग्री फारेनहाइट (37डिग्री सेल्सियस) होता है, लेकिन यह एक व्यक्ति से दूसरे व्यक्ति में 1 से 2 डिग्री तक भिन्न हो सकता है। आपका सामान्य तापमान भी सुबह जल्दी कम हो सकता है और देर दोपहर में अधिक हो सकता है। जब आप बीमार नहीं होते हैं तो कई दिनों तक इसे दिन में कई बार लेकर आप अपना सामान्य तापमान पा सकते हैं।

अत: विकल्प (B) सही है।

32. बिलीरुबिन एक अपशिष्ट उत्पाद है जो आरबीसी के टूटने के दौरान निकलता है।

बिलीरुबिन, पित्त का एक भूरा-पीला वर्णक, कशेरुकियों में यकृत द्वारा स्रावित होता है, जो ठोस अपशिष्ट उत्पादों (मल) को उनके विशिष्ट रंग देता है। यह अस्थि मज्जा कोशिकाओं और यकृत में लाल-रक्त-कोशिका (हीमोग्लोबिन) के टूटने के अंतिम उत्पाद के रूप में उत्पन्न होता है।

अत: विकल्प (B) सही है।

33. वायरस या बैक्टीरिया के संक्रमण से बुखार हो सकता है। सर्जरी से बुखार हो सकता है।

बुखार कई अन्य बीमारियों का एक सामान्य लक्षण है। ल्यूपस जैसी सूजन संबंधी बीमारियां बुखार का कारण बन सकती हैं। कर्क भी बुखार का कारण बन सकता है। उदाहरण हैं रक्त और लसीका ग्रंथियों का कैंसर जैसे ल्यूकेमिया या लिंफोमा। बड़ी सर्जरी के बाद कई लोगों को एक या दो दिन तक बुखार रहता है, जिसमें संक्रमण का कोई संकेत नहीं होता है। इसे "पोस्टऑपरेटिव फीवर" कहा जाता है। और कई दवाएं बुखार का कारण बन सकती हैं, जैसे कि दर्द की दवाएं, मूत्रवर्धक, एंटीसेज्योर दवाएं, शामक और एंटीहिस्टामाइन। हीटस्ट्रोक एक जीवन-धमकाने वाली स्थिति है जो तब होती है जब कोई व्यक्ति उच्च गर्मी के संपर्क में आता है और उनका तापमान बढ़ता है और नीचे नहीं जाता है। यह तब हो सकता है जब कोई वयस्क या बच्चा गर्म कार में हो या बिना छाया वाले गर्म दिन में बाहर हो। अन्य लक्षणों में गर्म त्वचा, पसीने की कमी और भ्रम या बेहोशी शामिल हैं। यदि किसी व्यक्ति को हीटस्ट्रोक है, तो 911 पर कॉल करें। व्यक्ति को छाया में ले जाएं और मदद आने तक उस पर स्प्रे करें या पानी से नहलाएं।

अत: विकल्प (B) सही है।

34. हेमोलिटिक पीलिया एरिथ्रोसाइट के तेजी से विनाश के कारण होता है।

हेमोलिटिक एनीमिया एक विकार है जिसमें लाल रक्त कोशिकाएं बनने की तुलना में तेजी से नष्ट हो जाती हैं। लाल रक्त कोशिकाओं के विनाश को हेमोलिसिस कहा जाता है। लाल रक्त कोशिकाएं आपके शरीर के सभी हिस्सों में ऑक्सीजन ले जाती हैं। यदि आपके पास लाल रक्त कोशिकाओं की सामान्य से कम मात्रा है, तो आपको एनीमिया है।

अत: विकल्प (B) सही है।

35. पित्त नली में रुकावट के कारण होने वाले पीलिया को कोलेस्टेसिस भी कहा जाता है।

इंट्राहेपेटिक पित्त प्रणाली की हानि के कारण पित्त प्रवाह में व्यवधान को आम तौर पर कोलेस्टेसिस कहा जाता है। कोलेस्टेसिस सीरम यकृत एंजाइमों में असामान्यताओं के रूप में उपस्थित हो सकता है जैसे उच्च बिलीरुबिन, क्षारीय फॉस्फेट स्तर और पीलिया और प्रुरिटिस हो सकता है।

अत: विकल्प (C) सही है।

36. एक सलीवा कल्चर का सबसे अधिक उपयोग किया जाता है:

- बैक्टीरिया या कवक का चयन और निदान करें जो फेफड़ों या वायुमार्ग में संक्रमण का कारण हो सकता है

- देखें कि क्या फेफड़ों की पुरानी बीमारी खराब हो गई है
- देखें कि संक्रमण के लिए उपचार काम कर रहा है या नहीं

एक सलीवा कल्चर अक्सर एक अन्य परीक्षण के साथ की जाती है जिसे ग्राम स्टेन कहा जाता है। ग्राम स्टेन एक परीक्षण है जो संदिग्ध संक्रमण के स्थान पर या शरीर के तरल पदार्थ जैसे रक्त या मूत्र में बैक्टीरिया की जाँच करता है। यह आपको होने वाले विशिष्ट प्रकार के संक्रमण की पहचान करने में मदद कर सकता है।

अत: विकल्प (B) सही है।

37. स्पुटम कई अलग-अलग रंगों में से एक हो सकता है। रंग आपके संक्रमण के प्रकार की पहचान करने में मदद कर सकते हैं या यदि कोई पुरानी बीमारी बदतर हो गई है:

- स्पष्ट: इसका आमतौर पर मतलब है कि कोई बीमारी मौजूद नहीं है, लेकिन बड़ी मात्रा में स्पष्ट स्पुटम फेफड़ों की बीमारी का संकेत हो सकता है।a
- सफेद या ग्रे: यह भी सामान्य हो सकता है, लेकिन बढ़ी हुई मात्रा का मतलब फेफड़ों की बीमारी हो सकता है।
- गहरा पीला या हरा: इसका मतलब अक्सर जीवाणु संक्रमण होता है, जैसे निमोनिया। सिस्टिक फाइब्रोसिस वाले लोगों में पीले-हरे रंग का स्पुटम भी आम है। सिस्टिक फाइब्रोसिस एक विरासत में मिली बीमारी है जो फेफड़ों और अन्य अंगों में बलगम का निर्माण करती है।
- ब्राउन: यह अक्सर धूम्रपान करने वाले लोगों में दिखाई देता है। यह भी काले फेफड़े की बीमारी का एक सामान्य लक्षण है। काले फेफड़े की बीमारी एक गंभीर स्थिति है जो कोयले की धूल के लंबे समय तक संपर्क में रहने पर हो सकती है।
- गुलाबी: यह फुफ्फुसीय एडिमा का संकेत हो सकता है, एक ऐसी स्थिति जिसमें फेफड़ों में अतिरिक्त द्रव का निर्माण होता है। कंजेस्टिव हार्ट फेल्योर वाले लोगों में पल्मोनरी एडिमा आम है।
- लाल: यह फेफड़ों के कैंसर का शुरुआती संकेत हो सकता है। यह फुफ्फुसीय एम्बोलिज्म का संकेत भी हो सकता है, एक जीवन-धमकी वाली स्थिति जिसमें एक पैर या शरीर के अन्य भाग से खून का थक्का ढीला हो जाता है और फेफड़ों की यात्रा करता है। यदि आपको लाल या खूनी स्पुटम वाली खांसी हो रही है, तो 911 पर कॉल करें या तत्काल चिकित्सा की तलाश करें।

अत: विकल्प (B) सही है।

38. आरबीसी बिलीरुबिन से सबसे ज्यादा सम्बन्धित है।

बिलीरुबिन (बिल-इह-रू-बिन) एक पीले रंग का वर्णक है जो लाल रक्त कोशिकाओं के टूटने के दौरान बनता है। बिलीरुबिन यकृत से होकर गुजरता है और अंततः शरीर से बाहर निकल जाता है। बिलीरुबिन के सामान्य से अधिक स्तर विभिन्न प्रकार के यकृत या पित्त नली की समस्याओं का संकेत दे सकते हैं।

अत: विकल्प (A) सही है।

39. कुछ बच्चों को बुखार के कारण दौरा पड़ सकता है (ज्वर का दौरा पड़ना)। ये अक्सर हानिरहित होते हैं, और 6 महीने से 5 साल की उम्र के बच्चों में सबसे आम हैं।

ज्वर का दौरा तब होता है जब बुखार से पीड़ित बच्चा होश खो देता है और उसके हाथ और पैर कांपने लगते हैं। ज्वर का दौरा कुछ सेकंड, एक या दो मिनट या 15 मिनट तक रह सकता है। वे अक्सर 6 महीने से 5 साल की उम्र के बच्चों में होते हैं जिन्हें 100°F (37.8°C) और 102°F (38.9°C) के बीच बुखार होता है। लेकिन ये किसी भी स्तर के बुखार के साथ हो सकते हैं। तापमान तेजी से बढ़ने पर ज्वर का दौरा पड़ने की संभावना अधिक होती है। ज्वर का दौरा अक्सर हानिरहित होता है, और यह मिर्गी का संकेत नहीं है।

अत: विकल्प (B) सही है।

40. "गैमेटोसाइट्स नामक यौन चरण संक्रमित मानव की लाल रक्त कोशिकाओं में विकसित होते हैं और मादा एनोफिलीज मच्छर द्वारा रक्त भोजन के साथ ग्रहण किए जाते हैं।" मलेरिया से संबंधित है।

रक्त भोजन के दौरान, एक मलेरिया-संक्रमित मादा एनोफेलीज़ मच्छर मानव मेजबान में स्पोरोज़ोइट्स का टीका लगाती है। मेरोज़ोइट्स लाल रक्त कोशिकाओं को संक्रमित करते हैं। रिंग स्टेज ट्रोफोज़ोइट्स स्किज़ोन्स में परिपक्व होते हैं, जो मेरोज़ोइट्स को विसर्जित करते हैं।

अत: विकल्प (C) सही है।

41. पी. फाल्सीपेरम दुनिया भर में सालाना उच्चतम मृत्यु दर के लिए जिम्मेदार है।

पी. फाल्सीपेरम सबसे घातक मलेरिया परजीवी है और अफ्रीकी महाद्वीप पर सबसे अधिक प्रचलित है। पी. विवैक्स उप-सहारा अफ्रीका के बाहर अधिकांश देशों में प्रमुख मलेरिया परजीवी है।

अत: विकल्प (B) सही है।

42. भारत में पी. विवैक्स और पी. फाल्सीपेरम आमतौर पर अधिक संक्रामक हैं।

केवल चार प्रकार के प्लास्मोडियम परजीवी मनुष्य को प्रभावित करते है जिनमें से सर्वाधिक खतरनाक प्लास्मोडियम फाल्सीपेरम तथा प्लास्मोडियम विवैक्स माने जाते हैं, साथ ही प्लास्मोडियम ओवेल तथा प्लास्मोडियम मलेरिये भी मानव को प्रभावित करते हैं।

अत: विकल्प (A) सही है।

43. मलेरिया जीनस एनोफिलीज की मादा मच्छरों द्वारा मनुष्यों में फैलता है। मादा मच्छर अंडे के उत्पादन के लिए रक्त भोजन लेती हैं, और ये रक्त भोजन परजीवी जीवन चक्र में मानव और मच्छर होस्ट्स के बीच की कड़ी हैं।

अत: विकल्प (B) सही है।

44. पी. विवैक्स की सबसे विशिष्ट विशेषताएं एरिथ्रोसाइट साइटोप्लाज्म के ऊपर बढ़े हुए संक्रमित एरिथ्रोसाइट्स और ग्रैन्यूल की उपस्थिति हैं, जिन्हें 'शफनर डॉट्स' कहा जाता है।

पी. ओवले में लम्बी होस्ट एरिथ्रोसाइट्स बनाने की प्रवृत्ति भी अधिक होती है। पी. मलेरिया की पहचान कॉम्पैक्ट परजीवी (सभी चरणों) से होती है और यह मेजबान एरिथ्रोसाइट को नहीं बदलता है या वृद्धि का कारण नहीं बनता है।

अत: विकल्प (B) सही है।

45. मौरर डॉट्स पी. फाल्सीपेरम में देखे जाते हैं।

मौरर के फांक एरिथ्रोसाइट के साइटोसोल में झिल्ली-सीमित रिक्तिकाएं या बोरी जैसी संरचनाएं हैं, जो परजीवी द्वारा आक्रमण के तुरंत बाद बनती हैं, जो गिमेसा से सने हुए रक्त स्मीयरों में नीले बिंदुओं के रूप में दिखाई देती हैं।

अत: विकल्प (C) सही है।

46. कैल्शियम आपके शरीर के लिए कई तरह से महत्वपूर्ण है। यह आपकी हड्डियों, हृदय, नसों, मांसपेशियों और रक्त की मदद करता है।

कैल्शियम एक खनिज है जो अक्सर स्वस्थ हड्डियों और दांतों से जुड़ा होता है, हालांकि यह रक्त के थक्के जमने में भी महत्वपूर्ण भूमिका निभाता है, मांसपेशियों को अनुबंधित करने में मदद करता है, और सामान्य हृदय ताल और तंत्रिका कार्यों को नियंत्रित करता है।

अत: विकल्प (D) सही है।

47. क्लोराइड एक रक्त बफर अनायन नहीं है।

क्लोराइड एक हलाइड अनायन है, जब क्लोरीन एक अनायन बनाने के लिए एक इलेक्ट्रॉन उठाता है। मानव मेटाबोलाइट के रूप में एस्चेरिचिया कोलाई

मेटाबोलाइट और एक कॉफ़ैक्टर के रूप में इसकी भूमिका है। यह एक हलाइड अनायन और एक मोनोआटोमिक क्लोरीन है।

अत: विकल्प (A) सही है।

48. लेस्च-न्यहान सिंड्रोम हाइपरयुरिसीमिया का कारण नहीं है।

लेस्च-न्यहान सिंड्रोम, शरीर बहुत अधिक यूरिक एसिड (हाइपयूरीसीमिया) एकत्र करता है। एसिड त्वचा, हाथों और पैरों में छोटे पत्थरों या क्रिस्टल (यूरेट) में फंस जाता है। ये क्रिस्टल जोड़ों में जलन पैदा कर सकते हैं और एक प्रकार का गठिया पैदा कर सकते हैं जिसे गाउट कहा जाता है।

अत: विकल्प (A) सही है।

49. जीवित कोशिकाओं की कल्पना करने के लिए एक चरण विपरीत माइक्रोस्कोप का उपयोग किया जाता है।

चरण कंट्रास्ट माइक्रोस्कोपी, पहली बार 1934 में डच भौतिक विज्ञानी फ्रिट्स ज़र्निक द्वारा वर्णित, एक विपरीत-बढ़ाने वाली ऑप्टिकल तकनीक है जिसका उपयोग पारदर्शी नमूनों की उच्च विपरीत छवियों का उत्पादन करने के लिए किया जा सकता है, जैसे कि जीवित कोशिकाएं (आमतौर पर संस्कृति में), सूक्ष्मजीव, पतले ऊतक स्लाइस, लिथोग्राफिक पैटर्न, फाइबर, लेटेक्स फैलाव, कांच के टुकड़े और उपकोशिकीय कण (नाभिक और अन्य ऑर्गेनेल सहित) है।

अत: विकल्प (C) सही है।

50. हाइपोगोनाडिज्म जिंक की कमी का एक प्रमुख लक्षण है।

हालांकि स्टेरॉयड एक भूमिका निभा सकता है, यह अनुमान लगाया गया था कि हाइपोगोनाडिज्म हाइपोथैलेमिक डिसफंक्शन के कारण होता है और कम इंसुलिन जैसे विकास कारक 1 (IGF-1) स्तरों से जुड़ा होता है। जिंक अनुपूरण द्वारा वृषण विकास को बचाया जा सकता है।

अत: विकल्प (A) सही है।

51. यह आमतौर पर स्पाइरोकेट्स का निरीक्षण करने के लिए उपयोग किया जाता है यह अपवर्तक सूचकांक को नमूना विपरीत में परिवर्तित करता है, यह इलेक्ट्रॉन माइक्रोस्कोपी का एक प्रकार है यह प्रतिदीप्ति माइक्रोस्कोपी का एक प्रकार है यह 1 माइक्रोमीटर से कम की वस्तुओं को हल कर सकता है।

अत: विकल्प (D) सही है।

52. पेरोक्सीडेज हाइपोथियोसाइनाइट का उत्पादन करता है और ग्लाइकोलाइसिस को रोकता है।

हाइपोथियोसाइनाइट अवरोधकों का वर्णन किया गया है। उदाहरण के लिए CN⁻, एक कमजोर एसिड बफर, विघटित कार्बोनेट, अतिरिक्त हाइड्रोजन पेरोक्साइड की उपस्थिति में।

अत: विकल्प (C) सही है।

53. क्रोनिक रीनल फेल्योर और हड्डियों के दर्द वाले रोगी में विटामिन D की कमी होगी।

क्रोनिक रीनल फेल्योर के मामलों में, किडनी में कैल्सीट्रियोल का संश्लेषण कम हो जाता है जो हड्डियों के निर्माण के लिए आवश्यक है। इस स्थिति को रीनल रिकेट्स (रीनल ओस्टियोडिस्ट्रॉफी) के रूप में जाना जाता है। कैल्सीट्रियोल के प्रशासन द्वारा इसका इलाज किया जा सकता है।

अत: विकल्प (D) सही है।

54. ग्लोमेरुलर निस्पंदन दर (जीएफआर) का अनुमान लगाने के लिए क्रिएटिनिन क्लीयरेंस एक व्यापक रूप से इस्तेमाल किया जाने वाला परीक्षण है। क्रिएटिनिन कंकाल की मांसपेशी और आहार मांस से क्रिएटिन के चयापचय से प्राप्त होता है; यह अपेक्षाकृत स्थिर दर पर संचलन में जारी किया जाता है और इसमें एक स्थिर प्लाज्मा सांद्रता होती है।

अत: विकल्प (B) सही है।

55. एक आदर्श व्यक्ति जो 70 किलो का होता है उसमें लगभग 90 ग्राम सोडियम, 5 ग्राम आयरन, 170 ग्राम पोटैशियम और 0.06 ग्राम कॉपर होता है। हम कह सकते हैं कि क्षार धातुओं का एक बड़ा जैविक महत्व है।

अत: विकल्प (C) सही है।

56. सेल की आंतरिक संरचना का अध्ययन करने के लिए इस्तेमाल किया जाने वाला इलेक्ट्रॉन माइक्रोस्कोप ट्रांसमिशन इलेक्ट्रॉन माइक्रोस्कोप है।

ट्रांसमिशन इलेक्ट्रॉन माइक्रोस्कोप का उपयोग पतले नमूनों (ऊतक वर्गों, अणुओं, आदि) को देखने के लिए किया जाता है, जिसके माध्यम से इलेक्ट्रॉन एक प्रक्षेपण छवि उत्पन्न कर सकते हैं। टीईएम पारंपरिक (यौगिक) प्रकाश सूक्ष्मदर्शी के कई तरीकों से अनुरूप है।

अत: विकल्प (B) सही है।

57. लिथियम कार्बोनेट एक दवा है जिसका उपयोग उच्च रक्तचाप के लिए अवसादग्रस्तता विकारों के इलाज के लिए किया जाता है लिथियम क्लोराइड का उपयोग उपचार के रूप में भी किया जाता है। लिथियम का सीधे सेवन नहीं किया जा सकता क्योंकि इसका शरीर पर प्रभाव पड़ता है।

अत: विकल्प (B) सही है।

58. हाइपरवोलामिक रोगी में हाइपोनेट्रेमिया के संभावित कारण लीवर सिरोसिस और कंजेस्टिव हार्ट फेलियर थे। अन्य कारण गुर्दे की विफलता और नेफ्रोटिक सिंड्रोम हैं।

अग्नाशयशोथ हाइपोवोल्मिया से जुड़ा होता है। हाइपोथायराइडिज्म हाइपोनेट्रेमिया का एक संभावित कारण है लेकिन यह आवश्यक नहीं है कि हाइपोवोलामिया से जुड़ा हो।

अत: विकल्प (C) सही है।

59. बेंड्रोफ्लूज़ाइड, सीतालोप्राम, नेप्रोक्सन के कारण हाइपोनेट्रेमिया होने की सूचना है।

मूत्रवर्धक लगभग 20% लोगों में हाइपोनेट्रेमिया का कारण बनते हैं जो उन्हें लेते हैं, और लूप मूत्रवर्धक के बजाय गंभीर हाइपोनेट्रेमिया को थियाजाइड में अधिक देखा जाता है। एसएसआरआई उन्हें लेने वाले एक-तिहाई लोगों में हाइपोनेट्रेमिया का कारण बनते हैं। पुराने रोगियों और हाइपोनेट्रेमिया से जुड़ी अन्य दवाएं लेने वालों में एसएसआरआई शुरू करने से पहले और कई हफ्तों के बाद सीरम सोडियम के स्तर की जाँच की जानी चाहिए। NSAIDs जल प्रतिधारण को बढ़ावा देकर (गुर्दे की नलिकाओं में पानी की पारगम्यता बढ़ाकर) हाइपोनेट्रेमिया पैदा कर सकता है। ट्राईसाइक्लिक एंटीडिप्रेसेंट कई अन्य दवाओं में से एक हैं जो हाइपोनेट्रेमिया से जुड़ी हैं।

अत: विकल्प (D) सही है।

60. एक रोगी को उपचार के लिए द्वितीयक देखभाल के लिए भेजा जाना चाहिए यदि उसका सीरम सोडियम ≥ 155 mmol/L है यदि न्यूरोलॉजिकल लक्षण मौजूद हैं गा रोगी व्यतस्थित रूप से अस्वस्थ है या यदि मौखिक पुनर्जलीकरण संभव नहीं है तो स्तर तेजी से बढ़ रहे हैं। हाइपरनेट्रेमिया के संकेत और लक्षण मुख्य रूप से न्यूरोलॉजिकल होते हैं और इसमें सुस्ती, कमजोरी और चिड़चिड़ापन शामिल हो सकते हैं। अधिक गंभीर हाइपरनेट्रेमिया या सोडियम स्तर में तेजी से वृद्धि के साथ, यह मरोड़, दौरे, कोमा और मृत्यु में प्रगति कर सकता है।

हाइपरनेट्रेमिया का कारण आमतौर पर नैदानिक मूल्यांकन और इतिहास से प्राप्त होता है। शुद्ध पानी के नुकसान से जुड़े होने पर, डायबिटीज इन्सिपिडस (या तो न्यूरोजेनिक या नेफ्रोजेनिक) एक कारण हो सकता है। ऑस्मोलैलिटी टेस्ट (सीरम या मूत्र) को प्राथमिक देखभाल सेटिंग में शायद ही कभी करने की आवश्यकता होती है।

अत: विकल्प (D) सही है।

61. दवाएं जो हाइपरनेट्रेमिया का कारण बन सकती हैं, जिनमें लिथियम, लूप डाइयुरेटिक्स (जैसे फ्यूरोसेमाइड) और कॉर्टिकोस्टेरॉइड्स (जैसे प्रेडनिसोन)

शामिल हैं। क्रोनिक लिथियम थेरेपी की सबसे आम जटिलता नेफ्रोजेनिक डायबिटीज इन्सिपिडस (शुद्ध पानी की कमी के कारण) है। लूप डाययुरेटिक्स, मैनिटोल, यूरिया, कॉर्टिकोस्टेरॉइड्स और उच्च प्रोटीन सप्लीमेंट जैसी दवाएं भी हाइपरनेट्रेमिया (हाइपोटोनिक द्रव हानि के कारण) का परिणाम हो सकती हैं। अमोक्सिसिलिन को हाइपरनेट्रेमिया से संबद्ध होने के लिए नहीं जाना जाता है।

अत: विकल्प (D) सही है।

62. हाइपोकैलेमिया हाइपोटेंशन ब्रैडीकार्डिया या टैचीकार्डिया समय से पहले आलिंद या वेंट्रिकुलर बीट्स वेंट्रिकुलर अतालता और कार्डियक अरेस्ट से जुड़ा हो सकता है। विशेषता प्रगतिशील ईसीजी परिवर्तनों को सीरम पोटेशियम स्तर की गिरावट के रूप में देखा जा सकता है लेकिन कोई कट-ऑफ स्तर नहीं है जिस पर वे स्पष्ट हो जाते हैं। हालांकि, यह अनुशंसा की जाती है कि सीरम पोटेशियम <3.0 mmol/L वाले रोगियों में ECG किया जाए।

अन्यथा स्वस्थ लोगों में हल्के हाइपोकैलिमिया को अक्सर अच्छी तरह से सहन किया जाता है, हालांकि सह-रुग्णता वाले लोगों में विशेष रूप से उच्च रक्तचाप, अंतर्निहित हृदय रोग या यकृत सिरोसिस वाले लोगों में यह जीवन-संकट वाले कार्डियक अतालता, अचानक मृत्यु और शायद ही कभी यकृत कोमा की बढ़ती घटनाओं से जुड़ा होता है।

अत: विकल्प (D) सही है।

63. हाइपोकैलेमिया गैस्ट्रोइंटेस्टाइनल ट्रैक्ट जैसे तीव्र गैस्ट्रोएंटेरिटिस और मूत्रवर्धक जैसे दवाओं के उपयोग के साथ मूत्र पोटेशियम विसर्जन में वृद्धि के कारण हो सकता है। मूत्रवर्धक प्रेरित हाइपोकैलिमिया आमतौर पर उपचार के पहले दो हफ्तों के भीतर होता है।

आहार में पोटाशियम का कम सेवन हाइपोकैलिमिया का एक दुर्लभ कारण है, लेकिन एक साथ मूत्रवर्धक लेने वाले रोगियों में एक महत्वपूर्ण कारक हो सकता है, उदा. एक "चाय और टोस्ट" आहार पर एक बुजुर्ग रोगी या कम कैलोरी वाले तरल प्रोटीन पेय के आहार पर तेजी से वजन घटाने का लक्ष्य रखने वाले व्यक्ति में।

टेस्ट-ट्यूब हेमोलिसिस स्यूडोहाइपरकेलेमिया से जुड़ा होता है न कि हाइपोकैलिमिया से।

अत: विकल्प (D) सही है।

64. यदि हाइपोकैलेमिया का कोई स्पष्ट कारण नहीं पाया जाता है तो अतिरिक्त रक्त और मूत्र परीक्षण उपयोगी हो सकते हैं। मूत्र में पोटेशियम उत्सर्जन (हालांकि सामान्य व्यवहार में शायद ही कभी किया जाता है) और सीरम मैग्नीशियम सांद्रता (हाइपोमैग्नेसीमिया की जांच के लिए) को मापना उचित हो सकता है। सीरम बाइकार्बोनेट का स्तर यह निर्धारित करने में मदद कर सकता है कि क्या एसिड-बेस डिसऑर्डर में मेटाबॉलिक अल्कलोसिस मौजूद है। अस्पष्टीकृत हाइपोकैलिमिया सीआरपी और ईएसआर दोनों का एक साथ अनुरोध करने का संकेत नहीं है।

अत: विकल्प (D) सही है।

65. किसी भी ईसीजी परिवर्तन या लक्षणों के साथ सीरम पोटेशियम ≥ 7.0 mmol/L या पोटेशियम ≥ 5.5 mmol/L वाले रोगियों के लिए तत्काल माध्यमिक देखभाल की सिफारिश की जाती है।

स्यूडोहाइपरकेलेमिया अलग-अलग बढ़े हुए पोटेशियम स्तर का एक सामान्य कारण है। हेमोलिसिस जैसे संभावित कारणों पर चर्चा करने के लिए पोटेशियम के किसी भी स्तर> 6.0 mmol/L के लिए प्रयोगशाला से संपर्क करने की सलाह दी जाती है, खासकर अगर अप्रत्याशित हो।

6.0 mmol/L से अधिक सीरम पोटेशियम स्तर वाले रोगियों के लिए ECG की सिफारिश की जाती है। हाइपरकेलेमिया में ईसीजी परिवर्तन आमतौर पर इस स्तर से नीचे नहीं देखे जाते हैं। एक बढ़ा हुआ सीरम पोटेशियम स्तर आमतौर पर किसी दवा के प्रतिकूल प्रभाव या रोग प्रक्रिया के द्वितीयक होने के कारण होता है।

अत: विकल्प (D) सही है।

66. रक्त रोग जो हीमोग्लोबिन जीन में उत्परिवर्तन की घटना के कारण होता है, थैलासीमिया है।

थैलासीमिया कोशिकाओं के डीएनए में उत्परिवर्तन के कारण होता है जो हीमोग्लोबिन बनाता है - लाल रक्त कोशिकाओं में पदार्थ जो आपके पूरे शरीर में ऑक्सीजन ले जाता है। थैलासीमिया से जुड़े म्यूटेशन माता-पिता से बच्चों में आते हैं।

अत: विकल्प (C) सही है।

67. ल्यूकेमिया को रक्त कैंसर के नाम से भी जाना जाता है।

ल्यूकेमिया शरीर के रक्त बनाने वाले ऊतकों का कैंसर है, जिसमें अस्थि मज्जा और लसीका प्रणाली शामिल है। कई प्रकार के ल्यूकेमिया मौजूद हैं। बच्चों में ल्यूकेमिया के कुछ रूप अधिक सामान्य हैं। ल्यूकेमिया के अन्य रूप ज्यादातर वयस्कों में होते हैं।

अत: विकल्प (B) सही है।

68. लसीका ऊतक कोशिकाओं या अस्थि मज्जा में कैंसरयुक्त उत्परिवर्तन दोषपूर्ण ल्यूकोसाइट्स की ओर जाता है।

ल्यूकोसाइट आसंजन की कमी (एलएडी) सिंड्रोम प्रतिरक्षा प्रणाली को प्रभावित करने वाले दुर्लभ विकारों का एक समूह है। एलएडी सिंड्रोम को उन दोषों की विशेषता है जो प्रभावित करते हैं कि सफेद रक्त कोशिकाएं (ल्यूकोसाइट्स) कैसे प्रतिक्रिया करती हैं और घाव या संक्रमण की साइट पर जाती हैं।

अत: विकल्प (C) सही है।

69. "व्हाइट सेल" शब्द एरिथ्रोसाइट्स पर लागू नहीं होता है क्योंकि यह एक लाल रक्त कोशिका है। लाल रंग के वर्णक हीमोग्लोबिन की उपस्थिति के कारण इसे व्हाइट सेल नहीं माना जाता है।

अत: विकल्प (A) सही है।

70. हेमोस्टेसिस प्रक्रिया में, बाह्य और आंतरिक मार्गों के परिणामस्वरूप प्रोथ्रोम्बिनेज़ बनता है।

फैक्टर VIIa फैक्टर X को फैक्टर Xa में सक्रिय करता है। यह वह बिंदु है जहां बाहरी और आंतरिक दोनों रास्ते एक हो जाते हैं। बाह्य मार्ग को चिकित्सकीय रूप से प्रोथ्रोम्बिन समय (पीटी) के रूप में मापा जाता है।

अत: विकल्प (D) सही है।

71. रक्त द्वारा श्वसन गैसों के परिवहन के संदर्भ में "कार्बन डाइऑक्साइड के परिवहन के लिए ऑक्सीजन और कार्बोनिक एनहाइड्रेज़ के परिवहन के लिए हीमोग्लोबिन आवश्यक है।" सही कथन है।

- शरीर में अधिकांश ऑक्सीजन (लगभग 98%) हीमोग्लोबिन द्वारा ले जाया जाता है, जो लाल रक्त कोशिकाओं के अंदर पाया जाता है।

- रासायनिक रूप से संशोधित रूप में कार्बन डाइऑक्साइड का परिवहन कुल कार्बन डाइऑक्साइड परिवहन का लगभग 70% है और कार्बोनिक एनहाइड्रेज़ नामक एंजाइम द्वारा कार्बन डाइऑक्साइड रूपांतरण को बाइकार्बोनेट में परिवर्तित करके प्राप्त किया जाता है।

- प्रोटीन बाध्य रूप में कार्बन डाइऑक्साइड का परिवहन कुल कार्बन डाइऑक्साइड परिवहन का लगभग 20% होता है और कार्बन डाइऑक्साइड के हीमोग्लोबिन (कार्बामिनोहेमोग्लोबिन) के प्रतिवर्ती बंधन द्वारा प्राप्त किया जाता है।

अत: विकल्प (B) सही है।

72. प्लाज्मा प्रोटीन रक्त सीरम में पाया जाता है जो रक्त प्लाज्मा में भी पाया जाता है।

प्लाज्मा रक्त में उपलब्ध एक तरल पदार्थ होता है। इसका 92 फीसदी भाग पानी होता है। प्लाज्मा में पानी के अलावा प्रोटीन, ग्लूकोस मिनरल, हार्मोंस,

कार्बन डाइऑक्साइड होते हैं। शरीर में कार्बन डाइऑक्साइड का परिवहन रक्त के प्लाज्मा द्वारा होता है।

अत: विकल्प (C) सही है।

73. शब्द "गठित तत्व" का अर्थ रक्त के वर्णन में श्वेत रक्त कोशिकाओं, लाल रक्त कोशिकाओं और प्लेटलेट्स से है।

गठित तत्व प्लाज्मा में निलंबित कोशिकाएं और कोशिका के टुकड़े हैं। गठित तत्वों के तीन वर्ग एरिथ्रोसाइट्स (लाल रक्त कोशिकाएं), ल्यूकोसाइट्स (श्वेत रक्त कोशिकाएं), और थ्रोम्बोसाइट्स (प्लेटलेट्स) हैं।

अत: विकल्प (A) सही है।

74. एसिड-फास्ट स्टेन एक प्रयोगशाला परीक्षण है जो यह निर्धारित करता है कि क्या ऊतक, रक्त या शरीर के अन्य पदार्थ का एक नमूना बैक्टीरिया से संक्रमित है जो यक्ष्मा (टीबी) और अन्य बीमारियों का कारण बनता है।

अत: विकल्प (C) सही है।

75. प्रभावकारी लिम्फोसाइटों का निर्माण अस्थि मज्जा और थाइमस में होगा।

लिम्फोसाइट्स थाइमस और अस्थि मज्जा (पीला) में विकसित होते हैं, इसलिए उन्हें केंद्रीय (या प्राथमिक) लिम्फोइड अंग कहा जाता है। नवगठित लिम्फोसाइट्स इन प्राथमिक अंगों से परिधीय (या द्वितीयक) लिम्फोइड अंगों में चले जाते हैं।

अत: विकल्प (D) सही है।

76. ऑप्सोनाइजेशन सूजन का एक मुख्य संकेत नहीं है।

ऑप्सोनाइजेशन एक प्रतिरक्षा प्रक्रिया है जो फागोसाइट्स द्वारा उन्मूलन के लिए बाह्य रोगजनकों को टैग करने के लिए ऑप्सोनिन का उपयोग करती है। ऑप्सोनिन के बिना, जैसे कि एक एंटीबॉडी, रोगज़नक़ और फ़ैगोसाइट की नकारात्मक रूप से चार्ज की गई कोशिका भित्ति एक दूसरे को पीछे हटाती है।

अत: विकल्प (D) सही है।

77. अस्थि मज्जा मुख्य लिम्फोइड अंग है जहां लिम्फोसाइटों सहित सभी रक्त कोशिकाओं का उत्पादन होता है।

अस्थि मज्जा, एक प्राथमिक लिम्फोइड अंग, सभी रक्त कोशिकाओं का उत्पादन करने वाला एकमात्र है, जो कि ल्यूकोसाइट्स, एरिथ्रोसाइट्स और थ्रोम्बोसाइट्स हैं।

अत: विकल्प (D) सही है।

78. क्रोनिक हाइपोक्सिया (जैसे धूम्रपान), पॉलीसिथेमिया वेरा और एक ईपीओ-उत्पादक ट्यूमर एरिथ्रोसाइटोसिस के सभी महत्वपूर्ण कारण हैं। अल्कोहल एरिथ्रोसाइटोसिस से जुड़ा नहीं है।

अत: विकल्प (D) सही है।

79. मीन सेल वॉल्यूम का उपयोग यह निर्धारित करने के लिए किया जाता है कि क्या एनीमिया माइक्रोसाइटिक नॉर्मोसाइटिक या मैक्रोसाइटिक है - यह एनीमिया के कारण की पहचान करने में पहला कदम है।

हेमेटोक्रिट और पैक्ड सेल वॉल्यूम पर्यायवाची हैं। ये एनीमिया में कम हो जाएंगे, हालांकि महत्वपूर्ण जानकारी प्रदान नहीं करेंगे। लाल कोशिका वितरण चौड़ाई लाल रक्त कोशिकाओं के आकार में भिन्नता को दर्शाती है। हालांकि यह परिणाम उपयोगी है लेकिन यह MCV जितनी जानकारी प्रदान नहीं करता है।

अत: विकल्प (B) सही है।

80. पॉलीसिथेमिया वेरा एरिथ्रोसाइटोसिस का एक महत्वपूर्ण कारण है।

निर्जलीकरण से हीमोग्लोबिन और हेमेटोक्रिट में वृद्धि हो सकती है, हालांकि लाल कोशिका की संख्या सामान्य (सापेक्ष एरिथ्रोसाइटोसिस) हो जाती है। आयरन की कमी और हेमोलिसिस दोनों ही एनीमिया का कारण बनते हैं न कि एरिथ्रोसाइटोसिस का।

अत: विकल्प (A) सही है।

81. 2 घंटे में पहली ट्रेन द्वारा तय की गई दूरी = 40 × 2 = 80 किमी

मान लीजिए कि दूसरी ट्रेन की चाल x किमी/घंटा है

प्रश्नानुसार

चाल = दूरी / समय

$\Rightarrow (x - 40) = \dfrac{80}{4}$

$\Rightarrow x - 40 = 20$

$\Rightarrow x = 20 + 40$

$\therefore x = 60$ किमी/घंटा

अत: विकल्प (C) सही है।

82. यहाँ,

$$S = \{TTT, TTH, THT, HTT, THH, HTH, HHT, HHH\}$$

माना E = कम से कम दो चित प्राप्त करने की घटना

$$= \{THH, HTH, HHT, HHH\}$$

$$\therefore P(E) = \frac{n(E)}{n(S)} = \frac{4}{8} = \frac{1}{2}$$

अत: विकल्प (B) सही है।

83. माना संख्याएँ $x, x + 2, x + 4, x + 6$ और $x + 8$ हैं।

प्रश्न के अनुसार,

$$\frac{[x+(x+2)+(x+4)+(x+6)+(x+8)]}{5} = 51$$

$$\Rightarrow 5x + 20 = 255$$

$$\Rightarrow x = 47$$

इसलिए, आवश्यक अंतर $= (47 + 8) - 47 = 8$

अत: विकल्प (C) सही है।

84. मैदान का क्षेत्रफल $= \dfrac{495.72}{36.72} = 13.5$ हेक्टेयर

$= 135000$ मी²

$h = x, b = 3x$

$\frac{1}{2} \times b \times h = 135000$

$\frac{1}{2} \times x \times 3x = 135000$

$x = 300$ मी

और आधार $= 3x = 900$ मी

अत: विकल्प (C) सही है।

85. प्रश्नानुसार,

कांच का विक्रय मूल्य = 1965 रुपये

और हानि = 25%

$$\therefore CP = \frac{1965}{75} \times 100 = 2620 \text{ रुपये}$$

यदि विक्रय मूल्य = 3013 रुपये

$$\therefore \text{ लाभ } \% = \frac{(3013 - 2620)}{2620} \times 100$$

$$= \frac{3930}{262} = 15\%$$

अतः विकल्प (C) सही है।

86.

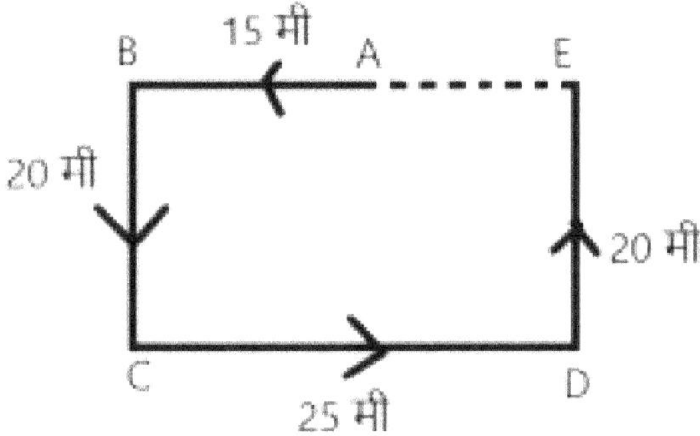

प्रसन्ना की गति को चित्र में दिखाया गया है।

इसलिए, प्रसन्ना की उसके घर A से दूरी,

$$= AE = (BE - BA)$$

$$= (CD - BA) \quad (\because BE = CD)$$

$$= (25 - 15) \text{ मी}$$

$$= 10 \text{ मी}$$

अतः विकल्प (A) सही है।

87. पूर्ण वर्ग - एक दी गई संख्या जिसे समान संख्या प्रणाली से किसी संख्या के वर्ग के रूप में व्यक्त किया जा सकता है।

इसलिए, निकटतम आने वाला वर्ष जो पूर्ण वर्ग होगा $= 2025$

जिसकी वर्ग संख्या 45 है।

$\therefore$ अगला आने वाला वर्ष 2025 है।

अतः विकल्प (C) सही है।

88. घंटे की सुई 12 घंटे में $360°$ चक्कर लगाती है।

रात 10 से 6 बजे तक 8 घंटे हैं।

तो यह डिग्री को कवर करता है: $\frac{360}{12} \times 8 = 240°$

अतः विकल्प (B) सही है।

89. दी गई श्रृंखला:

बायीं ओर M 1 E & D 2 G 9 $ F @ 4 N Z W © 8 C Y A * 6 दांयी ओर

यदि सभी संख्याओं को छोड़ दिया जाता है:

M E & D G $ F @ N Z W © C Y A *

दायें ओर से दसवां अक्षर F है।

अत: विकल्प (C) सही है।

90. निम्नलिखित प्रतीकों का उपयोग करके वंश वृक्ष तैयार कर सकते हैं:

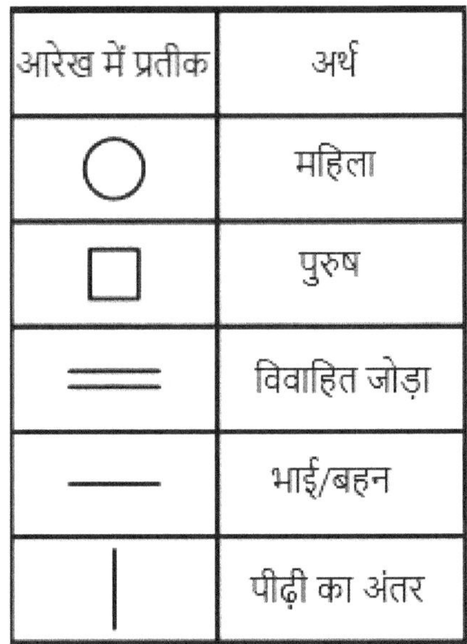

आरेख में प्रतीक	अर्थ
◯	महिला
☐	पुरुष
=	विवाहित जोड़ा
—	भाई/बहन
│	पीढ़ी का अंतर

दीपक अपने पिता की बेटी के विषय में बात कर रहा है, जो उसकी बहन होगी। इसलिए राजू उसकी बहन का पति है, दीपक, राजू का जीजा है।

तो, संभावित वृक्ष आरेख है:

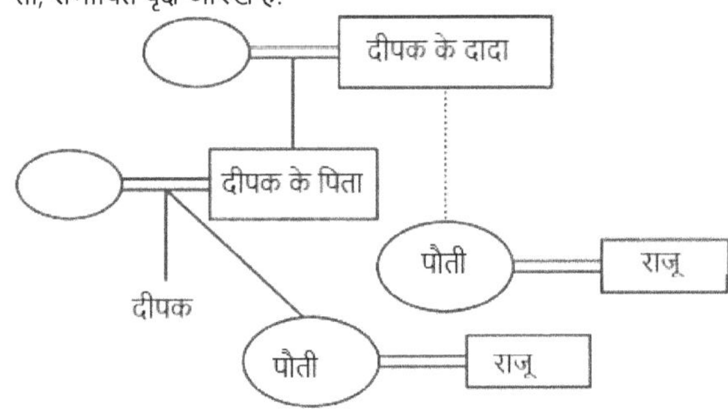

इसलिए, दीपक, राजू का जीजा है।

अतः विकल्प (B) सही है।

91. उत्तर प्रदेश सरकार ने राज्य में सभी प्रकार की भूमि को चिह्नित करने के लिए अद्वितीय 16 अंकीय यूनिकोड की एक प्रणाली शुरू की है।

सभी प्रकार की आवासीय, कृषि और व्यावसायिक भूमि को चिन्हित करने के लिए राजस्व विभाग द्वारा यूनिकोड उपलब्ध कराया जाएगा। पहले छह अंक भूमि की जनसंख्या पर आधारित होंगे जबकि अगले चार अंक भूमि की विशिष्ट पहचान का निर्धारण करेंगे। यूनिकोड में 11 से 14 तक के अंक राज्य में भूमि के विभाजन की संख्या होगी।

यूनिकोड के अंतिम दो अंकों में उस श्रेणी का विवरण होगा, जिसके माध्यम से आवासीय, कृषि और वाणिज्यिक भूमि की पहचान की जाएगी।

अत: विकल्प (C) सही है।

92. भारत का सर्वोच्च न्यायालय कानून या तथ्य अगर वह इस तरह की सलाह चाहता है के मामलों पर भारत के राष्ट्रपति को सलाह देता है।

भारतीय संविधान का अनुच्छेद 143 सर्वोच्च न्यायालय के सलाहकार क्षेत्राधिकार को प्रदान करता है। भारतीय संविधान के अनुच्छेद 143 के अनुसार, राष्ट्रपति कानून के किसी भी प्रश्न या सार्वजनिक महत्व के तथ्य पर

सर्वोच्च न्यायालय की राय ले सकता है, जिस पर वह इस तरह की राय प्राप्त करना समीचीन समझता है।

अतः विकल्प (B) सही है।

93. खिज्र खान सैय्यद वंश का था।

सैय्यद वंश दिल्ली सल्तनत का चौथा राजवंश था, जिसके चार शासक थे जिन्होंने 1414 से 1451 तक शासन किया था। यह तैमूर के आक्रमण और तुगलक वंश के पतन के बाद उत्तरी भारत में दिल्ली सल्तनत का शासक वंश था। वह तुगलक शासक, फिरोज शाह तुगलक के अधीन मुल्तान का सूबेदार था।

अतः विकल्प (C) सही है।

94. एक पठार एक समतल, ऊंचा भूभाग है जो कम से कम एक तरफ के आसपास के क्षेत्र में तेजी से ऊपर उठता है। पठार हर महाद्वीप पर पाए जाते हैं और पृथ्वी की भूमि का एक तिहाई हिस्सा लेते हैं। वे पहाड़ों, मैदानों और पहाड़ियों के साथ चार प्रमुख लैंडफॉर्म में से एक हैं।

अतः विकल्प (B) सही है।

95. केंद्र सरकार ने उच्च शिक्षण संस्थानों के मूल्यांकन और मान्यता को मजबूत करने के लिए एक उच्च स्तरीय पैनल का गठन किया है। समिति का गठन आईआईटी कानपुर के बोर्ड ऑफ गवर्नर्स के अध्यक्ष के राधाकृष्णन की अध्यक्षता में किया गया है। वह आईआईटी काउंसिल की स्थायी समिति के अध्यक्ष भी हैं।

अतः विकल्प (A) सही है।

96. लॉगिन नाम और पासवर्ड के सत्यापन को प्रमाणीकरण के रूप में जाना जाता है। उपयोगकर्ता प्रमाणीकरण एक ऐसी प्रक्रिया है जो किसी डिवाइस को किसी नेटवर्क संसाधन से जुड़ने वाले व्यक्ति की पहचान को सत्यापित करने की अनुमति देती है।

अतः विकल्प (C) सही है।

97. इन्टरनेट ब्राउजर विंडो को फुल-स्क्रीन पर करने के लिए F11 की (Key) उपयोग की जाती है। F11 की (Key) को Shift, Ctrl, Alt कीज (Keys) के साथ जोड़कर उपयोग किया जा सकता है।

एमएस वर्ड में F11 कीज (Keys) के कुछ उपयोग:

- SHIFT + F11 = पिछले स्थान पर जाना
- CTRL + F11 = स्थान लॉक करना
- CTRL + SHIFT + F11 = स्थान को अनलॉक करना
- ALT + F11 = माइक्रोसॉफ्ट विजुअल बेसिक कोड को दिखाना
- ALT + SHIFT + F11 = माइक्रोसॉफ्ट विजुअल स्टूडियो कोड को दिखाना

अतः विकल्प (D) सही है।

98. एप्लीकेशन सॉफ्टवेयर का एक उदाहरण एमएस वर्ड है।

एप्लिकेशन सॉफ़्टवेयर एक प्रकार का सॉफ़्टवेयर या प्रोग्राम है जिसे किसी विशिष्ट कार्य को पूरा करने के लिए डिज़ाइन किया गया है। पहला यूजर सिस्टम सॉफ्टवेयर के साथ डील करता है उसके बाद वह एप्लीकेशन सॉफ्टवेयर से डील करता है। इसे एंड-यूज़र प्रोग्राम या प्रोडक्टिविटी प्रोग्राम के रूप में भी जाना जाता है।

एप्लीकेशन सॉफ्टवेयर के उदाहरण - वर्ड प्रोसेसिंग सॉफ्टवेयर, स्प्रेडशीट सॉफ्टवेयर, प्रेजेंटेशन, ग्राफिक्स, सीएडी/सीएएम, ईमेल भेजना आदि।

अतः विकल्प (D) सही है।

99. SUBTRACT() एमएस एक्सेल (MS Excel) में वैध फंक्शन नहीं है।

एक सेल में दो या दो से अधिक संख्या घटाना:

1. किसी भी रिक्त सेल पर क्लिक करें, और फिर सूत्र प्रारंभ करने के लिए एक समान चिह्न (=) टाइप करें।
2. बराबर चिह्न के बाद, कुछ संख्याएँ टाइप करें जो ऋण चिह्न (-) से पृथक होती हैं। उदाहरण के लिए, 100-50-30
3. रिटर्न बटन दबाएं, परिणाम 20 प्राप्त होता है।

अतः विकल्प (C) सही है।

100. माइक्रोसॉफ्ट पावरपॉइंट में एक नयी प्रेजेंटेशन बनाने के लिए शॉर्टकट Ctrl + N है।

माइक्रोसॉफ्ट पावरपॉइंट एक सॉफ्टवेयर एप्लीकेशन है जो विशेष रूप से स्लाइड के रूप में टेक्स्ट, एनिमेशन के साथ डायग्राम, इमेज और ट्रांजिशनल इफेक्ट आदि का उपयोग करके डेटा और जानकारी प्रस्तुत करने के लिए उपयोग किया जाता है। इसका उपयोग व्यक्तिगत और व्यावसायिक उद्देश्यों के लिए प्रेजेंटेशन्स करने के लिए किया जाता है।

अतः विकल्प (D) सही है।

Discipline

Q.1 निम्नलिखित में से कौन-सा कथन पूर्ण रक्त गणना का उद्देश्य है?

A. रोगी के स्वास्थ्य की समग्र रिपोर्ट देने के लिए

B. चिकित्सा स्थितियों का निदान करने में मदद करने के लिए

C. चिकित्सा उपचार कैसे काम कर रहा है, इसकी निगरानी के लिए

D. उपरोक्त सभी

Q.2 निम्नलिखित में से कौन सा कथन बढ़े हुए न्यूट्रोफिल का कारण है?

A. गर्भवती महिलाओं में न्यूट्रोफिल अधिक होता है।

B. किसी प्रकार की सर्जरी होने पर न्यूट्रोफिल बढ़ने का खतरा होता है।

C. हार्ट अटैक होने या दिल का दौरा पड़ने पर न्यूट्रोफिल की मात्रा बढ़ सकती है।

D. उपरोक्त सभी

Q.3 निम्नलिखित में से कौन फैगोसाइटोसिस में सक्षम हैं?

A. बेसोफिल

B. इओसिनोफिल

C. लिम्फोसाइट

D. न्यूट्रोफिल

Q.4 निम्नलिखित में से कौन-सा कथन न्यूट्रोफिल कम होने का क्या कारण है?

A. अप्लास्टिक एनीमिया से

B. खून में बोन मैरो का उत्पादन

C. दोनों (A) और (B)

D. इनमे से कोई नहीं

Q.5 रक्त के थक्के का बनना निम्न में से किस नाम से जाना जाता है?

A. रक्त स्कंदन

B. कीमोटैक्सिस

C. ल्यूकोपोइज़िस

D. एरिथ्रोपोएसिस

Q.6 निम्न में से कौन सा श्वेत रक्त कोशिकाओं का कार्य है?

A. ऑक्सीजन का परिवहन

B. होमियोस्टेसिस बनाए रखना

C. संक्रमण से बचाव करना

D. हीमोग्लोबिन का निर्माण करना

Q.7 निम्नलिखित में से कौन-सा कथन लिम्फोसाइट के कम या अधिक होने का कारण है?

A. एक नई दवा की प्रतिक्रिया

B. कुछ प्रकार के कैंसर, जैसे ल्यूकेमिया या लिम्फोमा

C. दोनों (A) और (B)

D. इनमे से कोई नहीं

Q.8 स्कंदन की प्रक्रिया को प्रतिष्ठित रूप से कितने मार्गों में विभाजित किया गया है?

A. 3
B. 5
C. 2
D. 4

Q.9 लिम्फोसाइट कोशिकाओं के कम या अधिक होने पर होने वाला रोग ____________ है।

A. लिम्फोसाइटोसिस

B. न्यूट्रिपेनिया

C. हीमोफीलिया

D. इनमे से कोई नहीं

Q.10 निम्नलिखित में से कौन-सा लिम्फोसाइट का प्रकार है?

A. B लिम्फोसाइट

B. T लिम्फोसाइट

C. NK सेल

D. उपरोक्त सभी

Q.11 एकमात्र रक्त कोशिकाएं जिन्हें प्रतिरक्षा प्रणाली के एक भाग के रूप में नहीं देखा जाता है, वे ______ हैं।

A. वसा कोशिकाएं

B. ग्लायल कोशिकाएं

C. ओस्टियोसाइट्स

D. लाल रक्त कोशिकाएं

Q.12 जब शरीर बहुत अधिक न्यूट्रोफिल उत्पन्न करता है तब शरीर में क्या होता है?

A. न्यूट्रोफिलिया

B. घातक रक्ताल्पता

C. थैलेसीमिया

D. उपरोक्त सभी

Q.13 __________ एक रक्त विकार है जो तब होता है जब आपका अस्थि मज्जा बहुत अधिक लाल रक्त कोशिकाओं का उत्पादन करता है।

A. पॉलीसिथिमिया वेरा

B. जीर्ण माईलोजेनस रक्त कैंसर

C. एसेंशियल थ्रोम्बोसाइटोसिस (ET)

D. इनमें से कोई भी नहीं

Q.14 पूर्ण रक्त गणना परीक्षण क्या मापता है?

A. श्वेत रक्त कोशिकाएं

B. लाल रक्त कोशिकाएं

C. मीन कॉर्पसकुलर वॉल्यूम (MCV)

D. उपरोक्त सभी

Q.15 PCV की माइक्रो हेमेटोक्रिट विधि में प्रयुक्त ट्यूब है:

A. विंट्रोब ट्यूब

B. वेस्टनग्रिन ट्यूब

C. क्वान ट्यूब

D. कैपिलरी ट्यूब

Q.16 रक्त की थैली में रक्त के लिए CPDA की मात्रा __________ होती है।

A. 450 मिली रक्त के लिए 63 मिली

B. 350 मिली रक्त के लिए 49 मिली

C. (A) और (B) दोनों

D. इनमें से कोई भी नहीं

Q.17 CPDA-1 में रक्त की भंडारण अवधि ________ है।

A. 28-35 दिन
B. 7-14 दिन
C. 1 साल
D. 10 दिन

Q.18 एक मरीज की पूर्ण रक्त गणना (सीबीसी) के परिणाम वापस आ गए हैं। कौन सा परिणाम पॉलीसिथिमिया प्रदर्शित करता है?

A. आरबीसी 10 मिलियन
B. डब्ल्यूबीसी 15,000
C. प्लेटलेट्स 600,000
D. आरबीसी 2.5 मिलियन

Q.19 निम्न में से कौन सा रक्त दाताओं के लिए निश्चित मानदंड है?

A. कम से कम 16 वर्ष की आयु होनी चाहिए, या राज्य के कानून के अनुसार होनी चाहिए

B. अच्छे स्वास्थ्य में होना चाहिए

C. वजन कम से कम 110 पाउंड होना चाहिए

D. उपरोक्त सभी

Q.20 नवजात शिशुओं में रक्त की मात्रा ______ होती है।

A. 70 मिली / किग्रा शारीरिक भार

B. 80-90 मिली / किग्रा शारीरिक भार

C. 80 मिली / किग्रा शारीरिक भार

D. 60 मिली / किग्रा शारीरिक भार

Q.21 संग्रहित रक्त में WBC के कारण रक्त आधान की सबसे सामान्य जटिलता:

A. पित्ती

B. फिब्राइल नॉन हेमोलिटिक ट्रांसफ्यूजन रिएक्शन

C. आधान प्रेरित तीव्र फेफड़े की चोट

D. तीव्रग्राहिता

Q.22 रक्त समूह प्रणाली जहां एंटीजन RBC झिल्ली पर अधिशोषित हो जाता है:

A. P प्रणाली

B. MN प्रणाली

C. LI प्रणाली

D. केल प्रणाली

Q.23 दाता लाल कोशिकाएं जो निम्नलिखित के बाद प्राप्तकर्ता के रक्त समूह को ग्रहण करती हैं:

A. डोनर में लूथरन एंटीजन

B. Le एंटीजन

C. RH एंटीजन

D. MNS एंटीजन

Q.24 लाल कोशिका P एंटीजन इसके लिए सेलुलर रिसेप्टर है:

A. HIV वायरस

B. HTLV वायरस

C. पारवो वायरस

D. उपर्युक्त में से कोई नहीं

Q.25 ट्रांसफ्यूजन प्रेरित तीव्र फेफड़े की चोट (TRALI) के कारण होता है:

A. दाता रक्त में HLA या न्यूट्रोफिल एंटीजन के लिए ट्रांसफ्यूज्ड एंटीबॉडीज

B. ट्रांसफ्यूज्ड किए गए डब्ल्यूबीसी के साथ प्रतिक्रिया करने वाले रोगी के एंटीबॉडी

C. फेफड़ों में तरल पदार्थ का अधिक होना

D. उपरोक्त सभी

Q.26 रक्तदान के लिए किस सुई का प्रयोग किया जाता है?

A. 21 गेज   B. 10 गेज   C. 16 गेज   D. 23 गेज

Q.27 ब्लड बैंकिंग में निम्नलिखित में से कौन सा परीक्षण किया जाता है?

A. किसी भी अप्रत्याशित लाल रक्त कोशिका एंटीबॉडी के लिए स्क्रीनिंग जो प्राप्तकर्ता में समस्या पैदा कर सकती है

B. Rh टाइपिंग (सकारात्मक या नकारात्मक प्रतिजन)

C. दोनों (A) और (B)

D. इनमें से कोई भी नहीं

Q.28 ब्लड ट्रांसफ्यूजन के लिए स्क्रीनिंग टेस्ट निम्न का पता लगाने के लिए किया जाता है:

A. HBV

B. HIV

C. ट्रेपोनेम्स

D. उपरोक्त सभी

Q.29 क्रॉस मैचिंग में बोवाइन एल्बुमिन की सघनता है:

A. 32 %   B. 22 %   C. 100 %   D. 50 %

Q.30 एक सामान्य ऑटो एंटीबॉडी प्रकार:

A. एंटी P   B. एंटी I   C. एंटी IH   D. एंटी LE

Q.31 __________ में आपके नमूने को प्रयोगशाला में ले जाया जाता है और जीवाणुओं के विकास को प्रोत्साहित करने के लिए एक विशेष वातावरण में रखा जाता है।

A. AFB स्मीयर परीक्षण

B. AFB संस्कृति परीक्षण

C. दोनों (A) और (B)

D. इनमें से कोई भी नहीं

Q.32 रक्त में बिलीरुबिन का सामान्य स्तर क्या है?

A. 5.0 mg/dl

B. 1.0 mg/dl

C. 1.2 mg/dl

D. 3.0 mg/dl

Q.33 यदि आपको सक्रिय टीबी के लक्षण हैं तो हमें AFB परीक्षण की आवश्यकता कब होती है?

A. खांसी जो तीन सप्ताह या उससे अधिक समय तक रहती है

B. खांसी में खून और/या थूक आना

C. छाती में दर्द

D. उपरोक्त सभी

Q.34 क्रिएटिनिन क्लीयरेंस का उपयोग __________ के लिए माप के रूप में किया जाता है।

A. केशिकागुच्छीय निस्पंदन दर

B. गुर्दे की उत्सर्जन दर

C. निष्क्रिय गुर्दे का उत्सर्जन

D. दवा चयापचय दर

Q.35 यदि आप बैक्टीरिया की कोशिका भित्ति के द्रव्यमान का आकलन करना चाहते हैं, तो इसके लिए कौन सा सूक्ष्मदर्शी सर्वोत्तम है?

A. कन्फोकल माइक्रोस्कोप

B. हस्तक्षेप माइक्रोस्कोप

C. प्रतिदीप्ति माइक्रोक्रोकोप

D. कन्फोकल माइक्रोस्कोप

Q.36 उच्च रक्त बिलीरुबिन में बांटा गया है:

A. 1   B. 2   C. 3   D. 4

Q.37 बाल चिकित्सा टीम पूछताछ करती है कि क्या संभावित विषम CRP परिणाम के लिए कोई विश्लेषणात्मक कारण हो सकता है। CRP परख के लिए किट सम्मिलन मुख्य प्रकाश पथ पर 90 पर रखे गए 840 nm पर एक डिटेक्टर मापने वाले प्रकाश का वर्णन करता है। किस विश्लेषणात्मक तकनीक के उपयोग में आने की संभावना है?

A. बाइक्रोमैटिक स्पेक्ट्रोफोटोमेट्री

B. डेरिवेटिव स्पेक्ट्रोस्कॉपी

C. नेफेलोमेट्री

D. टर्बिडीमेट्री

Q.38 फॉस्फेट को अमोनियम मोलिब्डेट के साथ रंगहीन परिसर के गठन से मापा जा सकता है। किस तरंग दैर्ध्य (nm) पर इस तरह के एक परिसर को आम तौर पर मापा जाएगा?

A. 330-390   B. 410-470   C. 480-540   D. 550-610

Q.39 एक 27 वर्षीय महिला जो लंबे समय से क्रोन की बीमारी से पीड़ित है, जो कई वर्षों से घर में पैरेन्टेरल पोषण प्राप्त कर रही है, त्वचा पर दाने के साथ प्रस्तुत करती है। उनकी क्लिनिकल टीम सोचती है कि इसका स्वरूप पेलाग्रा के समान है। किस विटामिन की कमी सबसे अधिक कारण हो सकती है?

A. बायोटिन

B. नियासिन

C. पायरिडॉक्सिन

D. राइबोफ्लेविन

Q.40 इनमें से कौन सी दवा प्रोलैक्टिन के स्तर को कम करने की संभावना है?

A. अरिपिप्राज़ोल

B. क्लोरप्रोमज़ीन

C. फ्लुपेंथिक्सोल

D. रिस्पेरिडोन

Q.41 विभिन्न नैदानिक परिस्थितियों में जैव रासायनिक परीक्षण के प्रदर्शन का आकलन करने के लिए विभिन्न मापदंडों की गणना की जा सकती है। स्क्रीनिंग में, परीक्षण की नैदानिक विशिष्टता को कैसे परिभाषित किया जाता है?

A. सभी प्रभावित व्यक्तियों की पहचान की गई, जिन्हें कुल सकारात्मक परिणामों से विभाजित किया गया।

B. पहचान किए गए सभी प्रभावित व्यक्तियों को इस स्थिति वाले कुल लोगों से विभाजित किया गया।

C. सभी सही परिणाम, अध्ययन किए गए विषयों की कुल संख्या से विभाजित।

D. सभी स्वस्थ व्यक्तियों की पहचान की गई, जिन्हें अप्रभावित कुल संख्या से विभाजित किया गया।

Q.42 किस प्रकार की माइक्रोस्कोपी का उपयोग आमतौर पर वायरस का निरीक्षण करने के लिए किया जाता है?

A. डार्क फील्ड
B. यौगिक
C. फेस कंट्रास्ट
D. इलेक्ट्रॉन

Q.43 इलेक्ट्रॉन माइक्रोस्कोपी के लिए ऊतक ___________ में तय किए जाते हैं।

A. 4% ग्लूटाराल्डिहाइड
B. 95% शराब
C. 20% फॉर्मेलिन + 10% एल्कोहल
D. 20% ग्लूटाराल्डिहाइड

Q.44 आपको क्या लगता है कि 70 किलो ग्राम के आदमी में कितना आयरन होता है?

A. 4 ग्राम **B.** 3 ग्राम **C.** 5 ग्राम **D.** 2 ग्राम

Q.45 क्लिनिकल बायोकेमिस्ट की प्राथमिक जिम्मेदारी क्या है?

A. स्क्रीनिंग, निदान, प्रबंधन और रोग प्रक्रियाओं की निगरानी के लिए रोगी प्रयोगशाला परीक्षणों की व्याख्या।
B. संदर्भ अंतराल, व्याख्यात्मक टिप्पणियों और महत्वपूर्ण मूल्यों के चयन और सत्यापन के माध्यम से प्रयोगशाला सेवा का उपयोग करने वाले अन्य पेशेवरों के लिए व्याख्यात्मक मार्गदर्शिकाओं का विकास।
C. अस्पताल और सामुदायिक सेटिंग्स दोनों में पॉइंट-ऑफ-केयर परीक्षण कार्यक्रमों के लिए निरीक्षण और मार्गदर्शन प्रदान करें।
D. उपरोक्त सभी

Q.46 यदि किसी व्यक्ति का वजन 75 किग्रा है, तो मानव शरीर में कितना सोडियम होगा?

A. 40 ग्राम **B.** 30 ग्राम **C.** 90 ग्राम **D.** 70 ग्राम

Q.47 तीव्र अग्राशयशोथ के नैदानिक निदान के लिए कौन सा एंजाइम उपयोगी है?

A. लाइपेस
B. क्रिएटिनिन फॉस्फोकाइनेज
C. एमाइलेस
D. दोनों (A) और (C)

Q.48 उच्च स्तर के पोटैशियम का उपयोग करके ___________ का इलाज नहीं किया जाता है।

A. हाइपोकैलिमिया
B. मांसपेशी में संकुचन
C. जुकाम
D. श्वसन पक्षाघात

Q.49 निम्नलिखित में से कौन सा तंत्र प्लाज्मा कैल्शियम एकाग्रता में कमी के लिए योगदान देता है?

A. आंत पर विटामिन D की क्रिया
B. आंत पर पैराथायराइड हार्मोन की क्रिया
C. गुर्दे पर पैराथायराइड हार्मोन की क्रिया
D. गुर्दे पर कैल्सीटोनिन की क्रिया

Q.50 जीवित कोशिकाओं को देखने के लिए _______ का उपयोग किया जाता है।

A. SEM
B. TEM
C. फेज कंट्रास्ट माइक्रोस्कोप
D. उपरोक्त सभी

Q.51 यकृत पीलिया के रोगी में मल का मिट्टी का रंग _______ की अनुपस्थिति का कारण होता है।

A. बिलीरुबिन
B. यूरोबायलिनोजेन
C. स्टर्कोबिलिनोजेन
D. हीमोग्लोबिन

Q.52 थूक में देखे जाने वाले परजीवी ___________ होते हैं।

A. पैरागोनिमस
B. स्ट्रॉन्लॉइड्स स्टर्कोरैलिस लार्वा
C. वेस्टमनी अंडे
D. उपरोक्त सभी

Q.53 पित्त नली में रुकावट के कारण होने वाले पीलिया को भी इस रूप में जाना जाता है:

A. हेमोलिटिक पीलिया
B. हेपैटोसेलुलर पीलिया
C. कोलेस्टेसिस
D. इनमें से कोई नहीं

Q.54 बिलीरुबिन एक पीले रंग का वर्णक है जो ___________ के टूटने के दौरान बनता है।

A. मस्तूल कोशिकाएं
B. लाल रक्त कोशिकाएं
C. श्वेत रुधिराणु
D. प्लेटलेट्स

Q.55 ___________ परजीवियों की संख्या की गणना करना संभव बनाता है और मलेरिया उपचार की प्रभावशीलता की निगरानी के लिए तेजी से नैदानिक परीक्षणों की तुलना में अधिक उपयोगी है।

A. ट्रांसमिशन इलेक्ट्रॉन माइक्रोस्कोपी
B. रक्त स्लाइड माइक्रोस्कोपी
C. दोनों (A) और (B)
D. इनमें से कोई नहीं

Q.56 जब ___________ तो मलेरिया परजीवी को रोगी से प्राप्त करना सबसे अच्छा होता है।

A. तापमान बढ़ने के एक घंटे बाद
B. तापमान तेजी से बढ़ रहा है
C. 24 घंटे के बाद जब तापमान सामान्य हो
D. तापमान सामान्य होने के बाद

Q.57 मलेरिया परजीवी निदान के मामले में अच्छे परिणाम के लिए माइक्रोस्कोप की देखभाल कैसे करनी चाहिए?

A. कवक के विकास को रोकना
B. धूल और ग्रीस हटाना
C. माइक्रोस्कोप का परिवहन
D. उपरोक्त सभी

Q.58 निम्न में से कौन सा रक्त स्लाइड माइक्रोस्कोपी द्वारा ली गई मोटी रक्त फिल्मों में परजीवी प्रजातियों की उपस्थिति है?

A. मलेरिया परजीवी स्पष्ट रूप से देखे जा सकते हैं, हालांकि वे सफेद रक्त कोशिकाओं की तरह छोटे दिखाई देते हैं।
B. कुछ ट्रोफोज़ोइट्स के साइटोप्लाज्म के बारीक छल्ले अधूरे या टूटे हुए दिखाई देते हैं।
C. लाल रक्त कोशिकाओं की स्पष्ट अनुपस्थिति शफ़नर डॉट्स को विशेष रूप से फिल्म के मोटे हिस्सों में देखना मुश्किल बनाती है।
D. उपरोक्त सभी

Q.59 थूक परीक्षण का उद्देश्य निम्नलिखित में से कौन सा है

A. निचले श्वसन पथ के संक्रमण और कुछ अन्य बीमारियों के कारणों का पता लगाना
B. नैदानिक उपचार की प्रभावशीलता की निगरानी के लिए एक प्रभावी उपकरण भी प्रदान करना
C. (A) और (B) दोनों
D. इनमें से कोई भी नहीं

Q.60 _________ मलेरिया निदान में फ्लोरोसेंटली लेबल वाले एंटीबॉडी का उपयोग कर प्रजातियों की पहचान करने के लिए विशेष रूप से उपयोगी है।
A. कन्फोकल माइक्रोस्कोप
B. चरण कंट्रास्ट माइक्रोस्कोप
C. प्रतिदीप्ति माइक्रोस्कोप
D. इनमें से कोई भी नहीं

Q.61 प्यूरुलेंट थूक के निर्वहन में एक ही समय पर मुंह भर जाता है, जो _____________ के लिए एक बड़ा लक्षण है।
A. प्रथम चरण के फेफड़े के फोड़े
B. द्वितीय चरण के फेफड़े के फोड़े
C. निमोनिया
D. दमा

Q.62 निमोनिया की विशेषता थूक _________ है।
A. दुबला, खराब कफ निस्सारक और पारदर्शी
B. म्यूकोप्यूरुलेंट पीला-हरा
C. पुरुलेंट थूक हरा
D. खूनी थूक

Q.63 "जंग" थूक के रूप में खूनी थूक _________ की विशेषता है।
A. तीव्र और पुरानी ब्रोंकाइटिस
B. निमोनिया
C. फेफड़े का फोड़ा और गैंग्रीन
D. फेफड़े का क्षय रोग

Q.64 निम्नलिखित में से कौन सा बिलीरुबिन परीक्षण में शामिल है?
A. लिवर फ़ंक्शन परीक्षण
B. एल्बुमिन और कुल प्रोटीन
C. पूर्ण रक्त गणना
D. उपरोक्त सभी

Q.65 एक अस्पताल में तपेदिक संक्रमण की व्यापकता का आकलन करने के लिए उपयुक्त परीक्षण _________ है।
A. मास मिनिएचर रेडियोथेरेपी
B. थूक परीक्षा
C. ट्यूबरकुलिन टेस्ट
D. नैदानिक परीक्षण

Q.66 _______ एंटीबॉडी आपके शरीर में कीटाणुओं के संपर्क में आने के बाद बनने वाले पहले इम्युनोग्लोबुलिन हैं।
A. IgG   B. IgE   C. IgA   D. IgM

Q.67 नीचे उल्लिखित किस एंटीबॉडी में अधिकतम आधा जीवन होता है?
A. IgM   B. IgG1   C. IgE   D. IgG3

Q.68 मानव शरीर में एंटीबॉडी _________ हैं।
A. प्रोस्टाग्लैंडिंस   B. स्टेरॉयड
C. लाइपोप्रोटीन   D. ग्लाइकोप्रोटीन

Q.69 निम्नलिखित में से कौन सा सामान्य स्वप्रतिरक्षी रोग है?
A. टाइप 1 मधुमेह   B. रूमेटाइड गठिया
C. मल्टीपल स्क्लेरोसिस   D. उपरोक्त सभी

Q.70 निम्नलिखित में से कौन सा एंटीबॉडी B कोशिकाओं पर व्यक्त प्रमुख प्रतिजन रिसेप्टर है?
A. IgM   B. IgE   C. IgG   D. IgA

Q.71 इम्युनोग्लोबुलिन _________ में इम्युनोग्लोबुलिन की उच्चतम मात्रा होती है।
A. IgE   B. IgG   C. IgM   D. IgA

Q.72 उनके बढ़ते आणविक भार के अनुसार एंटीबॉडी का सही क्रम क्या है?
A. IgM > IgA> IgG > IgD > IgE
B. IgM > IgA > IgE > IgD >IgG
C. IgM > IgA > IgE > IgG > IgD
D. IgM > IgG > IgA > IgD > IgG

Q.73 ___ आमतौर पर वायरस के हमले के समय प्रतिरक्षा प्रणाली द्वारा निर्मित पहला एंटीबॉडी होता है।
A. IgD   B. IgM   C. IgG   D. IgA

Q.74 लसीका प्रणाली का एक प्रमुख कार्य _______ है।
A. रक्त परिसंचरण
B. हृदय प्रणाली में ऊतक द्रत की वापसी
C. पोषक तत्वों का वितरण
D. गैस वितरण

Q.75 B कोशिकाएं प्रतिजनों के प्रति निम्नलिखित में से किस तरीके से प्रतिक्रिया करती हैं?
A. प्राथमिक प्रतिरक्षा प्रतिक्रिया
B. माध्यमिक प्रतिरक्षा प्रतिक्रिया
C. (A) और (B) दोनों
D. इनमें से कोई नहीं

Q.76 _________ प्रतिरक्षा प्रणाली का हिस्सा हैं और अस्थि मज्जा में स्टेम सेल से विकसित होते हैं।
A. B लिम्फोसाइट   B. T लिम्फोसाइट
C. NK कोशिकाएं   D. इनमें से कोई नहीं

Q.77 T-लिम्फोसाइट्स प्रतिरक्षा प्रणाली को विफल कर देता है जिससे व्यक्ति अन्य सभी _______ के प्रति संवेदनशील हो जाता है।
A. बीमारी   B. वायरस   C. बैक्टीरिया   D. कवक

Q.78 मानव शरीर में प्रतिपिंडों की निम्नलिखित में से कौन-सी भूमिका है?
A. एंटीबॉडी रक्त और म्यूकोसा में स्रावित होते हैं, जहां वे रोगजनकों और विषाक्त पदार्थों जैसे विदेशी पदार्थों को बांधते और निष्क्रिय करते हैं।
B. एंटीबॉडीज लिसिस द्वारा जीवाणु कोशिकाओं को नष्ट करने के लिए पूरक प्रणाली को सक्रिय करते हैं।
C. (A) और (B) दोनों
D. इनमें से कोई नहीं

Q.79 गदि आपके रक्त में एंटीथागरोग्लोबुलिन एंटीबॉडी पाए जाते हैं, तो गह निम्न में से किस थायराइड समस्या का संकेत दे सकता है?
A. हाइपरथायरायडिज्म   B. हाइपोथायरायडिज्म
C. हाशिमोटो की बीमारी   D. उपरोक्त सभी

Q.80 निम्नलिखित में से किस स्थिति का मोनोक्लोनल एंटीबॉडी उपचार कर सकता है?
A. रूमेटाइड गठिया
B. दिल की बीमारी
C. मल्टीपल स्क्लेरोसिस (MS)
D. उपरोक्त सभी

General Aptitude / Reasoning / General Awareness / Basic Computer knowledge

Q.81 एक टैंक को पाइप A द्वारा 2 घंटे और पाइप B द्वारा 6 घंटे में भरा जा सकता है। सुबह 10 बजे पाइप A खोला गया था। यदि पाइप B को सुबह 11 खोला जाता है, तो टैंक को कितने समय में भरा जाएगा?

A. 12.45 A.M.   B. 5 P.M.

C. 11.45 A.M.   D. 12 P.M.

Q.82 यदि साधारण ब्याज पर एक निश्चित राशि 3 वर्षों में 690 रुपए और 5 वर्षों में 750 रुपए हो जाती है, तो मूलधन क्या है?

A. 500 रुपए   B. 550 रुपए   C. 600 रुपए   D. 650 रुपए

Q.83 एक नाव की गति 20 किमी प्रति घंटा है, और धारा की गति 2 किमी प्रति घंटा है। नाव कितने घंटे में 198 किमी धारा की दिशा में तय करेगी?

A. 11 घंटे   B. 6 घंटे   C. 9 घंटे   D. 15 घंटे

Q.84 निम्नलिखित प्रश्न में प्रश्नवाचक चिन्ह '?' के स्थान पर क्या आयेगा?

$$\sqrt{400} \times 2 - 30 = \sqrt{256} - 12 + ?$$

A. 4   B. 6   C. 8   D. 3

Q.85 दोनों संख्याओं का महत्तम समापवर्तक 7 है। निम्नलिखित में से कौन-सा इन दोनों संख्याओं का लघुत्तम समापवर्त्य हो सकता है।

A. 161   B. 872   C. 587   D. 697

Q.86 यदि TOUR को 1234, CLEAR को 56784 और SPARE को 90847 लिखा जाता है, तो CARE का कूट ज्ञात कीजिए।

[Intelligence Bureau Security Assistant, 2017]

A. 1247   B. 4847   C. 5247   D. 5847

Q.87 निर्देश: दिए गए कथन (कथनों) और निष्कर्षों को ध्यानपूर्वक पढ़िये और चयन कीजिए कि कौन से निष्कर्ष दिए गये कथनों का तार्किक रूप से अनुसरण करता है।

कथन:

I. सभी बोतल प्लास्टिक हैं

II. कुछ बैग प्लास्टिक हैं

निष्कर्ष:

I. कुछ बैग बोतल नहीं हैं

II. कुछ प्लास्टिक बैग नहीं हैं

A. केवल निष्कर्ष I अनुसरण करता है

B. केवल निष्कर्ष II अनुसरण करता है

C. कोई भी अनुसरण नहीं करता है

D. सभी अनुसरण करते हैं

Q.88 निर्देश: निम्नलिखित प्रश्न में, शब्दों के उस जोड़े की पहचान करें जिसका संबंध प्रश्न जोड़े के समान है।

पंखा : गर्मी

A. पानी : पीना   B. प्रकाश : दिन

C. पढ़ाना : छात्र   D. भोजन : भूख

Q.89 निर्देश: निम्नलिखित प्रश्न में, एक कथन और उसके बाद I और II से अंकित दो निष्कर्ष दिए गये हैं। आपको दिए गये कथनों को सत्य मानना है, भले ही वे ज्ञात तथ्यों से अलग प्रतीत होते हों। निर्णय कीजिए कि दिये गये निष्कर्षों में से कौन-सा निष्कर्ष कथन का तार्किक रूप से अनुसरण करता है।

कथन: पिछले साल, भारत में कुल दुर्घटनाओं की संख्या 464,674 थी, जिसमें 148,707 यातायात से संबंधित मौतें हुईं।

निष्कर्ष:

I. कुछ यातायात दुर्घटनाएँ घातक थीं।

II. इतनी अधिक संख्या के लिए सड़क की खराब हालत भी जिम्मेदार थी।

A. यदि केवल निष्कर्ष I अनुसरण करता है।

B. यदि केवल निष्कर्ष II अनुसरण करता है।

C. यदि न तो I और न ही II अनुसरण करता है।

D. यदि I और II दोनों अनुसरण करते हैं।

Q.90 निर्देश: निम्नलिखित चार संख्या युग्मों में से तीन एक निश्चित तरीके से एक समान हैं, और एक भिन्न है। दिए गए विकल्पों में से विषम का चयन कीजिए।

A. 9 : 90   B. 7 : 56   C. 5 : 30   D. 8 : 66

Q.91 उत्तर प्रदेश का राज्य वृक्ष _______ है।

A. बरगद का पेड़   B. अशोक का पेड़

C. आम का पेड़   D. उपरोक्त में से कोई नहीं

Q.92 2022 में केलिफोर्निया में आयोजित स्क्रीन एक्टर गिल्ड अवार्ड्स में किसने आउटस्टैंडिंग परफॉर्मेंस बाय अ फीमेल एक्टर इन अ लीडिंग रोल का पुरस्कार जीता?

A. जेसिका चैस्टेन   B. ब्राइस डलास हॉवर्ड

C. डायने क्रूगर   D. मैकेंजी फॉय

Q.93 किस राज्य ने "रणजी ट्रॉफी 2022" का खिताब जीता है?

A. बिहार   B. मध्य प्रदेश   C. महाराष्ट्र   D. उड़ीसा

Q.94 कौन सा देश 2022 में अंतर्राष्ट्रीय सौर गठबंधन की पांचवीं सभा का मेजबान है?

A. बांग्लादेश   B. भारत   C. नेपाल   D. थाईलैंड

Q.95 तीज एक हिंदू त्योहार किस देवी को समर्पित है?

A. लक्ष्मी   B. सरस्वती   C. पार्वती   D. दुर्गा

Q.96 WORM का अर्थ है:

[Allahabad High Court Review Officer (RO), 2019]

A. राइट वन्स, रीड मेनी

B. राइट रीड मेमोरी

C. वाइप ओनली रीड मेमोरी

D. रीड राइट मेमोरी

Q.97 निम्नलिखित में से कौन निर्देश चक्र का एक भाग संचालन नहीं है?

[Allahabad High Court Review Officer (RO), 2019]

A. फेच   B. इनडायरेक्ट

C. एग्जीक्यूट   D. मेमोरी

Q.98 निम्नलिखित में से कौन सा वेब ब्राउज़र नहीं है?

A. गूगल क्रोम   B. मोज़िला फ़ायरफ़ॉक्स

C. इंटरनेट एक्स्प्लोरर   D. फाइल एक्स्प्लोरर

Q.99 इनमें से कौन सा शब्द/व्यंजक कंप्यूटर के कीबोर्ड से संबंधित नहीं है?

[Rajasthan Police Constable, 2020]

A. कर्टी   B. फंक्शन की

C. न्यूमेरिक कीपैड   D. मास्टर की

Q.100 निम्नलिखित में से कौन-सा आक्रमण-आधारित जाँच वेबइंस्पेक्ट नहीं कर सकता है?

A. क्रॉस-साइट स्क्रिप्टिंग   B. डायरेक्टरी ट्रैवर्सल

C. पैरामीटर इंजेक्शन

D. इंजेक्टिंग शैल कोड

// स्मार्ट उत्तर पुस्तिका //

सही उत्तर: उन छात्रों का प्रतिशत जिन्होंने प्रश्नों का सही उत्तर दिया था।

छोड़ दिया: उन छात्रों का प्रतिशत जिन्होंने प्रश्नों को छोड़ दिया था।

प्रश्न संख्या	उत्तर	सही उत्तर / छोड़ दिया	प्रश्न संख्या	उत्तर	सही उत्तर / छोड़ दिया	प्रश्न संख्या	उत्तर	सही उत्तर / छोड़ दिया	प्रश्न संख्या	उत्तर	सही उत्तर / छोड़ दिया	प्रश्न संख्या	उत्तर	सही उत्तर / छोड़ दिया	प्रश्न संख्या	उत्तर	सही उत्तर / छोड़ दिया
1	D	24.09 % / 3.04 %	18	B	62.29 % / 1.89 %	35	B	52.8 % / 1.3 %	52	D	79.81 % / 0.0 %	69	D	68.55 % / 1.2 %	86	D	83.9 % / 0.0 %
2	D	65.16 % / 1.3 %	19	D	76.95 % / 0.0 %	36	B	77.39 % / 0.0 %	53	C	42.31 % / 1.63 %	70	A	78.58 % / 0.0 %	87	C	82.36 % / 0.0 %
3	D	61.02 % / 1.68 %	20	B	80.46 % / 0.0 %	37	C	29.16 % / 4.91 %	54	B	81.49 % / 0.0 %	71	C	48.52 % / 1.86 %	88	D	81.63 % / 0.0 %
4	C	61.61 % / 1.39 %	21	B	44.29 % / 1.52 %	38	A	51.99 % / 1.52 %	55	B	57.25 % / 1.57 %	72	B	24.26 % / 4.74 %	89	A	81.78 % / 0.0 %
5	A	89.18 % / 0.0 %	22	C	47.76 % / 1.77 %	39	B	14.62 % / 3.07 %	56	B	51.85 % / 1.63 %	73	B	42.39 % / 1.66 %	90	D	23.66 % / 5.0 %
6	C	68.42 % / 1.4 %	23	B	67.94 % / 1.47 %	40	A	84.51 % / 0.0 %	57	D	47.4 % / 1.57 %	74	B	77.88 % / 0.0 %	91	B	42.53 % / 1.13 %
7	C	42.08 % / 1.13 %	24	C	87.52 % / 0.0 %	41	D	46.08 % / 1.82 %	58	D	66.76 % / 1.83 %	75	C	64.12 % / 1.1 %	92	A	60.37 % / 1.52 %
8	A	16.3 % / 3.27 %	25	A	17.62 % / 4.18 %	42	D	76.48 % / 0.0 %	59	C	53.99 % / 1.27 %	76	B	48.38 % / 1.99 %	93	B	86.46 % / 0.0 %
9	A	89.61 % / 0.0 %	26	A	50.73 % / 1.99 %	43	D	51.81 % / 1.89 %	60	C	63.5 % / 1.31 %	77	A	58.52 % / 1.69 %	94	B	48.34 % / 1.76 %
10	D	42.78 % / 1.21 %	27	C	44.46 % / 1.55 %	44	C	45.16 % / 1.4 %	61	B	69.91 % / 1.94 %	78	C	14.62 % / 3.42 %	95	C	13.04 % / 3.54 %
11	D	76.71 % / 0.0 %	28	D	60.55 % / 1.52 %	45	D	10.76 % / 4.44 %	62	B	77.59 % / 0.0 %	79	D	63.7 % / 1.38 %	96	A	40.51 % / 1.47 %
12	A	59.37 % / 1.56 %	29	B	67.44 % / 1.11 %	46	C	79.85 % / 0.0 %	63	B	59.89 % / 1.84 %	80	D	57.89 % / 1.89 %	97	D	53.1 % / 1.72 %
13	A	52.38 % / 1.72 %	30	B	84.53 % / 0.0 %	47	D	56.48 % / 1.63 %	64	D	77.24 % / 0.0 %	81	C	88.53 % / 0.0 %	98	D	53.56 % / 1.98 %
14	D	66.64 % / 1.85 %	31	B	79.97 % / 0.0 %	48	C	64.81 % / 1.28 %	65	C	88.73 % / 0.0 %	82	C	89.47 % / 0.0 %	99	D	52.21 % / 1.38 %
15	D	47.73 % / 1.78 %	32	C	77.22 % / 0.0 %	49	D	55.35 % / 1.59 %	66	D	49.33 % / 1.7 %	83	C	81.92 % / 0.0 %	100	D	80.55 % / 0.0 %
16	C	65.51 % / 1.1 %	33	D	42.36 % / 1.31 %	50	C	54.15 % / 1.59 %	67	B	55.03 % / 1.01 %	84	B	81.05 % / 0.0 %			
17	A	40.59 % / 1.89 %	34	A	78.97 % / 0.0 %	51	C	57.65 % / 1.78 %	68	D	82.01 % / 0.0 %	85	A	84.68 % / 0.0 %			

//संकेत और समाधान//

1. पूर्ण रक्त गणना के उद्देश्य:

- **रोगी के स्वास्थ्य की समग्र रिपोर्ट देने के लिए:** पूर्ण रक्त गणना (CBC) को अक्सर एक पूर्ण चिकित्सा परीक्षा के एक भाग के रूप में अनुशंसित किया जाता है। यह आपके डॉक्टर को आपके संपूर्ण स्वास्थ्य का विश्लेषण करने में मदद करेगा।

- **चिकित्सा स्थितियों का निदान करने में मदद करने के लिए:** यदि आप बीमार हैं, तो आपका डॉक्टर समस्या या अंतर्निहित चिकित्सा स्थिति या बीमार पड़ने के संभावित एटियलजि का निदान करने में मदद करने के लिए पूर्ण रक्त गणना (CBC) करने की सलाह देगा और रक्त में डब्ल्यूबीसी की गिनती निर्धारित करने में मदद करेगा। यह तब किया जाता है जब रोगी थकान, बुखार, कमजोरी, या यहां तक कि आंतरिक रक्तस्राव के लक्षणों का अनुभव कर रहा हो।

- **चिकित्सा उपचार कैसे काम कर रहा है, इसकी निगरानी के लिए:** एक पूर्ण रक्त गणना (CBC) केवल कुछ चिकित्सा उपचारों की निगरानी कर सकता है। यह डॉक्टरों को यह निगरानी करने की अनुमति देता है कि उपचार और दवा (RBC और WBC कि गिनती) पर आपकी रक्त गणना संख्या कैसे प्रतिक्रिया करती है, इसके आधार पर उपचार कितनी अच्छी तरह काम कर रहा है।

- **अपनी चिकित्सा स्थिति की निगरानी के लिए:** यदि आप एक ऐसी चिकित्सा स्थिति से पीड़ित हैं जो आपके RBC को प्रभावित करती है, तो आपका डॉक्टर आपके रक्त कोशिकाओं की संख्या की निगरानी के लिए CBC की सिफारिश करेगा। यह उचित दवा या आहार के साथ स्थिति को प्रबंधित करने में मदद करेगा।

अतः विकल्प (D) सही है।

2. शरीर में न्यूट्रोफिल की मात्रा 70% से अधिक होने पर इसे मेडिकल भाषा में न्यूट्रोफिलिया कहा जाता है। निम्न कारणों से शरीर में न्यूट्रोफिल बढ़ सकता है:-

- गर्भवती महिलाओं में न्यूट्रोफिल अधिक होता है।

- किसी प्रकार की सर्जरी होने पर न्यूट्रोफिल बढ़ने का खतरा होता है।

- हार्ट अटैक होने या दिल का दौरा पड़ने पर न्यूट्रोफिल की मात्रा बढ़ सकती है।

- अत्यधिक मात्रा में सिगरेट का सेवन करने या तनाव, डिप्रेशन से ग्रसित होने पर न्यूट्रोफिल का स्तर बढ़ सकता है।

- किसी दिन नियमित से अधिक व्यायाम करने पर शरीर में न्यूट्रोफिल की मात्रा बढ़ने का खतरा होता है।

- जब किसी व्यक्ति को बैक्टीरियल इंफेक्शन होता है तो न्यूट्रोफिल बैक्टीरिया से लड़ता है जिसके दौरान शरीर में न्यूट्रोफिल की मात्रा बढ़ जाती है।

अतः विकल्प (D) सही है।

3. न्यूट्रोफिल फैगोसाइटोसिस में सक्षम है। न्यूट्रोफिल बैक्टीरिया और कवक को मारने और पचाने के लिए फागोसाइटोसिंग द्वारा जन्मजात प्रतिरक्षा प्रणाली की रक्षा की पहली पंक्ति प्रदान करते हैं। प्रतिरक्षा प्रणाली की कई प्रकार की कोशिकाएं फागोसाइटोसिस करती हैं जैसे न्यूट्रोफिल मैक्रोफेज डेंड्राइटिक कोशिकाएं और बी लिम्फोसाइट्स।

अतः विकल्प (D) सही है।

4. जब शरीर में न्यूट्रोफिल की मात्रा 30% से कम होती है तो इस स्थिति को मेडिकल भाषा में न्यूट्रोपेनिया कहते हैं। न्यूट्रोफिल कम होने के कई कारण होते हैं जिसमें मुख्य रूप से निम्न शामिल हो सकते हैं:-

- खून में बोन मैरो का उत्पादन होता है, इसलिए बोन मैरो सही से काम नहीं करने पर न्यूट्रोफिल घटने का खतरा बढ़ सकता है।

- अप्लास्टिक एनीमिया से पीड़ित मरीज में न्यूट्रोफिल की मात्रा कम हो सकती है।

- अगर किसी व्यक्ति का कीमोथेरेपी उपचार चल रहा है तो उपचार के दौरान दिए जाने इंजेक्शन के कारण शरीर में न्यूट्रोफिल की मात्रा घट सकती है।

अतः विकल्प (C) सही है।

5. रक्त के थक्के का बनना रक्त स्कंदन के नाम से जाना जाता है। रक्त स्कंदन रक्त की वह प्रक्रिया होती है जिसके द्वारा वह द्रव की अवस्था से अर्ध-ठोस (जैल) की अवस्था में चला जाता है और एक जमावड़ा या थक्का बना लेता है। यह रक्तस्तम्भन के लिए आवश्यक है जिसमें घाव लगी हुई किसी रक्त-वाहिका से खून का बहाव रोका जाता है। स्कंदन के लिए रक्त के बिम्बाणु (प्लेटलेट) सक्रीय होकर एक-दूसरे से चिपकने लगते हैं और साथ-साथ फाइब्रिन भी जमा हो जाता है। यदि स्कंदन ठीक से न हो तो घाव से रक्त बहता रहता है जो प्राणी के लिए बहुत हानिकारक हो सकता है (या मृत्यु का कारण भी बन सकता हे)। यदि यह स्कंदन किसी मुख्य रक्त-वाहिका में अकारण हो जाए तो रक्त-बहाव को बाधित करता है। यह विकृत प्रक्रिया थ्रोम्बोसिस कहलाती है और यह भी हानिकारक या जानलेवा हो सकती है।

अतः विकल्प (A) सही है।

6. WBC (श्वेत रक्त कोशिकाएं) प्रतिरक्षा प्रणाली से जुड़ी होती हैं। उनका प्राथमिक कार्य हमलावर रोगजनकों और अन्य बाहरी जीवाणुओं से संक्रमण से बचाव करना है जो बीमारी का कारण बन सकता है। श्वेत रक्त कोशिकाएं शरीर की प्रतिरक्षा प्रणाली का हिस्सा हैं। वे शरीर को संक्रमण और अन्य बीमारियों से लड़ने में मदद करते हैं। श्वेत रक्त कोशिकाओं के प्रकार ग्रैन्यूलोसाइट्स (न्यूट्रोफिल, इयोस्नोफिल्स और बेसोफिल), मोनोसाइट्स और लिम्फोसाइट्स (T कोशिकाएं और B कोशिकाएं) हैं।

अतः विकल्प (C) सही है।

7. लिम्फोसाइट की सामान्य सीमा 800 से 5000 लिम्फोसाइट्स प्रति मिलीलीटर रक्त में भिन्न होती है। यह श्वेत रक्त कोशिकाओं (WBC) की संख्या का मुख्य रूप से 18% से 45% है। लिम्फोसाइट की संख्या भी व्यक्ति की उम्र के अनुसार बदलती रहती है। लिम्फोसाइट के कम या अधिक होने का कारण:

- एक नई दवा की प्रतिक्रिया

- हाल ही में संक्रमण हुआ था (आमतौर पर वायरल)

- कुछ प्रकार के कैंसर, जैसे ल्यूकेमिया या लिम्फोमा

- एक चिकित्सा स्थिति जो लंबे समय तक चलने वाली सूजन का कारण बनती है, जैसे गठिया

- आघात जैसी गंभीर चिकित्सा बीमारी

अतः विकल्प (C) सही है।

8. स्कंदन की प्रक्रिया को प्रतिष्ठित रूप से 3 मार्गों में विभाजित किया गया है: आंतरिक मार्ग, बाह्य मार्ग और अंतिम सामान्य मार्ग।

- आंतरिक मार्ग में फैक्टर I, II, IX, X, XI और XII शामिल हैं। क्रमशः, प्रत्येक का नाम फाइब्रिनोजेन, प्रोथ्रोम्बिन, क्रिसमस फैक्टर, स्टुअर्ट-प्रॉवर फैक्टर , प्लाज्मा थ्रोम्बोप्लास्टिन और हेजमैन फैक्टर है।

- बाहरी मार्ग में फैक्टर I, II, VII और X शामिल हैं। फैक्टर VII को स्थिर फैक्टर कहा जाता है।

- अंतिम सामान्य मार्ग में, प्रोथ्रोम्बिन को थ्रोम्बिन में बदल दिया जाता है। जब फैक्टर X या तो आंतरिक या बाह्य मार्गों से सक्रिय होता है, तो यह प्रोथ्रोम्बिन (जिसे फैक्टर II भी कहा जाता है) को सक्रिय करता है और इसे फैक्टर V का उपयोग करके थ्रोम्बिन में परिवर्तित करता है।

अतः विकल्प (A) सही है।

9. लिम्फोसाइट कोशिकाओं के कम या अधिक होने पर होने वाला रोग लिम्फोसाइटोसिस है। लिम्फोसाइट कोशिकाएं शरीर में एंटीबॉडी के निर्माण के लिए सहायक होती हैं। लिम्फोसाइट की सामान्य सीमा 800 से 5000 लिम्फोसाइट्स प्रति मिलीलीटर रक्त में भिन्न होती है। यह श्वेत रक्त कोशिकाओं (WBC) की संख्या का मुख्य रूप से 18% से 45% है।

लिम्फोसाइटोसिस के लक्षण गर्दन क्षेत्र, बगल और आपके पेट के पास लिम्फ नोड्स में सूजन हैं। अन्य लक्षणों में सांस की तकलीफ, तेज दर्द, बुखार, रात को पसीना, भूख न लगना, थकान, संक्रमण, मतली, उल्टी आदि शामिल हैं। लिम्फोसाइटोसिस का निदान CBC (पूर्ण रक्त गणना) रक्त परीक्षण द्वारा किया जाता है। CBC हमें रक्त में सफेद रक्त कोशिकाओं की संख्या और सफेद रक्त कोशिकाओं में मौजूद लिम्फोसाइटों को निर्धारित करने में मदद करता है।

अतः विकल्प (A) सही है।

10. लिम्फोसाइट एक प्रकार की श्वेत रक्त कोशिका (ल्यूकोसाइट) है जो अधिकांश कशेरुकियों की प्रतिरक्षा प्रणाली में होती है।

लिम्फोसाइट तीन प्रकार के होते हैं:

- B लिम्फोसाइट
- T लिम्फोसाइट
- NK सेल

अतः विकल्प (D) सही है।

11. एकमात्र रक्त कोशिकाएं जिन्हें प्रतिरक्षा प्रणाली के एक भाग के रूप में नहीं देखा जाता है, वे लाल रक्त कोशिकाएं हैं। लाल रक्त कोशिकाएं हमारे फेफड़ों से हमारे शरीर के बाकी हिस्सों में ऑक्सीजन ले जाती हैं। फिर वे वापसी की यात्रा करते हैं, कार्बन डाइऑक्साइड को वापस हमारे फेफड़ों में ले जाकर साँस छोड़ते हैं।

अतः विकल्प (D) सही है।

12. न्यूटोफिलिया तब होता है जब आपका शरीर बहुत अधिक न्यूट्रोफिल पैदा करता है। न्यूट्रोफिल सफेद रक्त कोशिका का एक प्रकार है। आपकी श्वेत रक्त कोशिका की गिनती में सामान्य रूप से पाँच प्रकार की श्वेत रक्त कोशिकाएँ होती हैं, जिनमें आपके अधिकांश श्वेत रक्त कोशिकाओं के लिए न्यूट्रोफिल का हिसाब होता है। न्यूट्रोफिल आपको संक्रमण से लड़ने में मदद करते हैं।

अतः विकल्प (A) सही है।

13. पॉलीसिथिमिया वेरा एक रक्त विकार है जो तब होता है जब आपका अस्थि मज्जा बहुत अधिक लाल रक्त कोशिकाओं का उत्पादन करता है। यह आपके अस्थि मज्जा को बहुत अधिक लाल रक्त कोशिकाएं बनाने का कारण बनता है। ये अतिरिक्त कोशिकाएं आपके रक्त को गाढ़ा करती हैं, इसके प्रवाह को धीमा कर देती हैं, जिससे रक्त के थक्के जैसी गंभीर समस्याएं हो सकती हैं।

जीर्ण माईलोजेनस रक्त कैंसर: यह ब्लड कैंसर आपकी श्वेत रक्त कोशिकाओं को प्रभावित करता है।

पॉलीसिथिमिया वेरा: यह एक रक्त विकार है जो तब होता है जब आपका अस्थि मज्जा बहुत अधिक लाल रक्त कोशिकाओं का उत्पादन करता है।

अतः विकल्प (A) सही है।

14. पूर्ण रक्त गणना परीक्षण एक रक्त परिक्षण होता है, जिसमे एक नर्स आपके हाथ की नस से आपके खून का नमूना लेगी। इस नमूने को समीक्षा के लिए एक प्रयोगशाला में संसाधित किया जाएगा। इस पूर्ण रक्त गणना परीक्षण से पहले किसी विशेष आहार का पालन करने की आवश्यकता नहीं है। एक पूर्ण रक्त गणना निम्नलिखित के स्तर को मापती है:

- श्वेत रक्त कोशिकाएं
- लाल रक्त कोशिकाएं

- मीन कॉर्पसकुलर वॉल्यूम (MCV)
- हीमोग्लोबिन
- हेमटोक्रिट
- प्लेटलेट्स

अतः विकल्प (D) सही है।

15. PCV की माइक्रो हेमेटोक्रिट विधि में कैपिलरी ट्यूब का उपयोग किया जाता है। पैक्ड सेल वॉल्यूम (PCV) कोशिकाओं से बने रक्त के अनुपात का माप है। PCV को एक कैपिलरी ट्यूब (जिसे माइक्रोहेमेटोक्रिट ट्यूब के रूप में भी जाना जाता है) में सेंट्रीफ्यूज हेपरिनिज्ड रक्त डालकर माइक्रोहेमेटोक्रिट द्वारा निर्धारित किया गया था, कैपिलरी ट्यूब को इसकी लंबाई के 75% तक भर दिया गया था, जिसे प्लास्टिसिन से सील कर दिया गया था और 10,000 RPM पर माइक्रो हेमेटोक्रिट सेंट्रीफ्यूज में सेंट्रीफ्यूज किया गया था। पांच मिनट में, यह रक्त को परतों में अलग कर देता है।

अतः विकल्प (D) सही है।

16. रक्त की थैली में CPDA की मात्रा 450 मिली रक्त के लिए 63 मिली और 350 मिली रक्त के लिए 49 मिली है। साइट्रेट-फॉस्फेट-डेक्सट्रोज (CPD) एडेनिन और अतिरिक्त डेक्सट्रोज के साथ पूरक थक्का-रोधी का उपयोग रक्त के शेल्फ-जीवन को बढ़ाने के लिए किया जा रहा है। लाल रक्त कोशिका सांद्रण को CPD में 4°C पर 21 दिनों के लिए और CPDA-1 में 35 दिनों के लिए संग्रहित किया जा सकता है।

अतः विकल्प (C) सही है।

17. CPDA-1 में रक्त की भंडारण अवधि 28-35 दिन होती है। CDPA-1 कुछ हेमेटोलॉजिकल मापदंडों पर संग्रहीत रक्त प्रेरित प्रभाव है। अधिकांश रक्त संग्रह बैग में 63 mL CPDA एंटीकोआगुलेंट होता है जो एंटीकोआगुलेंट के लिए पर्याप्त होता है और 28-35 दिनों तक 450 mL± 10% रक्त में रक्त कोशिकाओं की व्यवहार्यता सुनिश्चित करता है जब रक्त 2–8 डिग्री सेल्सियस पर संग्रहीत होता है।

अतः विकल्प (A) सही है।

18. एक मरीज की पूर्ण रक्त गणना (सीबीसी) के परिणाम वापस आ गए हैं। डब्ल्यूबीसी 15,000 पॉलीसिथेमिया प्रदर्शित करता है। पॉलीसिथेमिया एक प्रकार का रक्त कैंसर है। यह आपके अस्थि मज्जा को बहुत अधिक लाल रक्त कोशिकाएं बनाने का कारण बनता है। ये अतिरिक्त कोशिकाएं आपके रक्त को गाढ़ा करती हैं, इसके प्रवाह को धीमा कर देती हैं, जिससे रक्त के थक्के जैसी गंभीर समस्याएं हो सकती हैं।

अतः विकल्प (B) सही है।

19. अपने लिए रक्तदान करना ऑटोलॉगस डोनेशन कहलाता है। स्वयंसेवी रक्त दाताओं को निम्नलिखित सहित कुछ मानदंडों को पूरा करना होगा:

- कम से कम 16 वर्ष की आयु होनी चाहिए, या राज्य के कानून के अनुसार होनी चाहिए
- अच्छे स्वास्थ्य में होना चाहिए
- वजन कम से कम 110 पाउंड होना चाहिए
- डोनेशन से पहले दी जाने वाली फिजिकल और हेल्थ हिस्ट्री की परीक्षा पास करनी होगी

अतः विकल्प (D) सही है।

20. नवजात शिशुओं में रक्त की मात्रा 80-90 मिली/किग्रा शारीरिक भार होती है। नवजात शिशुओं को 1 से 2 घंटे के लिए 10 से 15 मिली /किग्रा (अधिकतम 20 मिली /किग्रा) की खुराक पर लाल रक्त कोशिका आधान प्राप्त होता है और आधान 4 घंटे के भीतर पूरा किया जाना चाहिए। ऐसा अनुमान है कि इस खुराक से नवजात शिशु का हीमोग्लोबिन स्तर लगभग 2 से 3 g/dL तक बढ़ जाता है।

अतः विकल्प (B) सही है।

21. संग्रहीत रक्त ज्वर गैर हेमोलिटिक आधान प्रतिक्रिया में WBC के कारण रक्त आधान की सबसे सामान्य जटिलता। आधान के लिए सबसे आम तत्काल प्रतिकूल प्रतिक्रियाएं बुखार, ठंड लगना और पित्ती हैं। सबसे संभावित महत्वपूर्ण प्रतिक्रियाओं में तीव्र और विलंबित रक्तलायी आधान प्रतिक्रियाएं और रक्त उत्पादों के जीवाणु संदूषण शामिल हैं।

अतः विकल्प (B) सही है।

22. रक्त समूह प्रणाली जहां प्रतिजन RBC झिल्ली पर अधिशोषित हो जाता है, LI प्रणाली है। LI एंटीजन प्रणाली एक मानव रक्त समूह प्रणाली है जो क्रोमोसोम 6 पर एक जीन पर आधारित है और इसमें L एंटीजन और I एंटीजन शामिल हैं। L एंटीजन सामान्य रूप से सभी वयस्कों में लाल रक्त कोशिकाओं की कोशिका झिल्ली पर मौजूद होता है, जबकि I एंटीजन भ्रूण और नवजात शिशुओं में मौजूद होता है।

अतः विकल्प (C) सही है।

23. दाता लाल कोशिकाएं जो Le एंटीजन के बाद प्राप्तकर्ता के रक्त समूह को ग्रहण करती हैं। ओ-नकारात्मक और ओ-पॉजिटिव दाताओं को पूरे रक्त या डबल लाल कोशिकाओं को दान करने के लिए भर्ती किए जाने की संभावना है। टाइप ओ नकारात्मक, जिसे अक्सर "सार्वभौमिक" रक्त कहा जाता है, हमेशा मांग में होता है क्योंकि ओ नकारात्मक लाल रक्त कोशिकाओं को उनके रक्त प्रकार की परवाह किए बिना किसी को भी स्थानांतरित किया जा सकता है।

अतः विकल्प (B) सही है।

24. रेड सेल P एंटीजन पारवो वायरस के लिए सेलुलर रिसेप्टर है। P एंटीजन में एरिश्रोसाइट सतहों पर पाए जाने वाले तीन ABH रक्त समूह से संबंधित एंटीजन होते हैं और इसमें तीन शर्करा गैलेक्टोज, N-आइसोसेटाइल-गैलेक्टोसामाइन और एन-एसिटाइल-ग्लूकोसामाइन शामिल होते हैं।

अतः विकल्प (C) सही है।

25. ट्रांसफ्यूजन प्रेरित तीव्र फेफड़े की चोट (TRALI) दाता रक्त में HLA या न्यूट्रोफिल एंटीजन के लिए ट्रांसफ्यूज्ड एंटीबॉडी के कारण होती है। किसी भी रक्त उत्पाद की एक यूनिट के हिस्से का आधान TRALI का कारण बन सकता है। तंत्र में रक्त की इकाई में कारक शामिल हो सकते हैं, जैसे कि एंटीबॉडी और जैविक प्रतिक्रिया संशोधक। इसके अलावा, अभी तक एक रोगी की बीमारी में वर्णित कारक स्थिति के लिए पूर्वनिर्धारित हो सकते हैं।

अतः विकल्प (A) सही है।

26. रक्तदान के लिए 21 गेज सुई का प्रयोग किया जाता है। ये सुइयाँ नियमित रक्त निकालने और वेनिपंक्चर के लिए उपयोग की जाने वाली सुइयों की सबसे आम गेज हैं। गेज काफी छोटा है जिसमें उपयोग के दौरान कोई महत्वपूर्ण दर्द या परेशानी नहीं होती है।

अतः विकल्प (A) सही है।

27. ब्लड बैंकिंग में निम्नलिखित टेस्ट किए जाते हैं:

- टाइपिंग: ABO समूह (रक्त प्रकार)
- Rh टाइपिंग (सकारात्मक या नकारात्मक प्रतिजन)
- किसी भी अप्रत्याशित लाल रक्त कोशिका एंटीबॉडी के लिए स्क्रीनिंग जो प्राप्तकर्ता में समस्या पैदा कर सकती है
- हेपेटाइटिस वायरस B और C, ह्यूमन इम्युनोडेफिशिएंसी वायरस (HIV), ह्यूमन T-लिम्फोट्रोपिक वायरस (HTLV) I और II, सिफिलिस, वेस्ट नाइल वायरस, चगास रोग सहित वर्तमान या पिछले संक्रमणों की जांच
- दान किए गए रक्त में मौजूद किसी भी T-लिम्फोसाइट्स को निष्क्रिय करने के लिए रक्त कोशिकाओं का विकिरण किया है।

अतः विकल्प (C) सही है।

28. HBV, HIV और ट्रेपोनेम्स का पता लगाने के लिए रक्त आधान के लिए स्क्रीनिंग टेस्ट किया जाता है। एंजाइम-लिंक्ड इम्यूनोसॉर्बेंट एसे (एलिसा) का उपयोग करके HIV, HBV और HCV की जांच की गई। ट्रेपोनिमा पैलिडम संक्रमण की उपस्थिति का मूल्यांकन रैपिड प्लाज्मा रीगिन (RPR) का उपयोग करके किया गया था।

अतः विकल्प (D) सही है।

29. क्रॉस मैचिंग में बोवाइन एल्ब्यूमिन की सघनता 22% है, जिसका उपयोग रक्त समूह सीरोलॉजी में गहनता और निलंबन माध्यम के रूप में किया जाता है। अभिकर्मक एंटीबॉडी अनुमापन के लिए उपयुक्त है। बोवाइन सीरम एल्ब्यूमिन मीडिया हैं, जिनका उपयोग सीरोलॉजिकल परीक्षणों में एक शक्तिवर्धक के रूप में किया जाता है। इन अभिकर्मकों को जोड़ने से प्रतिक्रिया माध्यम का ढांकता हुआ स्थिरांक बढ़ जाता है, जो बदले में लाल कोशिकाओं की जीटा क्षमता में कमी का कारण बनता है।

अतः विकल्प (B) सही है।

30. एक आम ऑटो एंटीबॉडी प्रकार एंटी। है। IgM और IgG ऑटोएंटीबॉडी सबसे प्रचुर मात्रा में हैं। IgM स्वप्रतिगिंड स्वस्थ व्यक्तियों में भी मौजूद होते हैं और इसलिए उन्हें अक्सर कम रोगजनक माना जाता है।

अतः विकल्प (B) सही है।

31. AFB कल्चर परीक्षण में आपके नमूने को एक प्रयोगशाला में ले जाया जाता है और बैक्टीरिया के विकास को प्रोत्साहित करने के लिए एक विशेष वातावरण में रखा जाता है। एक AFB कल्चर सकारात्मक रूप से टीबी या अन्य संक्रमण के निदान की पुष्टि कर सकता है। लेकिन किसी संक्रमण का पता लगाने के लिए पर्याप्त बैक्टीरिया विकसित होने में 6-8 सप्ताह लगते हैं।

अतः विकल्प (B) सही है।

32. रक्त में बिलीरुबिन का सामान्य स्तर 1.2 mg/dl होता है। बिलीरुबिन एक पीले रंग का वर्णक है जो लाल रक्त कोशिकाओं के टूटने के दौरान बनता है। बिलीरुबिन यकृत से होकर गुजरता है और अंततः शरीर से बाहर निकल जाता है। बिलीरुबिन के सामान्य से अधिक स्तर विभिन्न प्रकार के यकृत या पित्त नली की समस्याओं का संकेत दे सकते हैं।

अतः विकल्प (C) सही है।

33. यदि आपको सक्रिय टीबी के लक्षण हैं तो आपको AFB परीक्षण की आवश्यकता हो सकती है। इसमे शामिल है:

- खांसी जो तीन सप्ताह या उससे अधिक समय तक रहती है
- खांसी में खून और/या थूक आना
- छाती में दर्द
- बुखार
- थकान
- रात को पसीना
- अस्पष्टीकृत वजन घटाने

अतः विकल्प (D) सही है।

34. क्रिएटिनिन क्लीयरेंस का उपयोग ग्लोमेरुलर निस्पंदन दर के माप के रूप में किया जाता है। क्रिएटिनिन कंकाल की मांसपेशियों में क्रिएटिन के चयापचय से प्राप्त होता है और आहार मांस से इसे अपेक्षाकृत स्थिर दर पर संचलन में छोड़ा जाता है और इसमें स्थिर प्लाज्मा सांद्रता होती है।

अतः विकल्प (A) सही है।

35. आइए हम बैक्टीरिया की कोशिका भित्ति के द्रव्यमान का अनुमान लगाना चाहते हैं, तो उसके लिए इंटरफेरेंस माइक्रोस्कोप सबसे उपयुक्त माइक्रोस्कोप है।

इंटरफेरेंस माइक्रोस्कोपी प्रकाश को दो अलग-अलग बीमों में विभाजित करने के लिए एक प्रिज्म का उपयोग करता है जो तब नमूने से गुजरता है। इस प्रकार यह दो बीमों के पुनर्संयोजन पर अपवर्तक सूचकांक में अंतर को मापने पर आधारित है। हस्तक्षेप तब होता है जब एक प्रकाश पुंज दूसरे के सापेक्ष मंद या उन्नत होता है।

अतः विकल्प (B) सही है।

36. उच्च रक्त बिलीरुबिन को 2 में बांटा गया है अर्थात गैर-संयुग्मित और संयुग्मित। कुछ बिलीरुबिन रक्त में एक निश्चित प्रोटीन (एल्ब्यूमिन) से बंधे होते हैं। इस प्रकार के बिलीरुबिन को असंयुग्मित कहा जाता है। प्रत्यक्ष बिलीरुबिन बिलीरुबिन का रूप है जो ग्लूकोरोनिक एसिड के साथ संयुग्मित होता है और पित्त में उत्सर्जित होता है। इस मेटाबोलाइट का मापन बढ़े हुए बिलीरुबिन से जुड़ी कई रोग अवस्थाओं के निदान और निगरानी में सहायता करता है।

अतः विकल्प (B) सही है।

37. बाल चिकित्सा टीम पूछताछ करती है कि क्या संभावित विषम CRP परिणाम के लिए कोई विश्लेषणात्मक कारण हो सकता है। CRP परख के लिए किट सम्मिलन मुख्य प्रकाश पथ पर 90 पर रखे गए 840 nm पर एक डिटेक्टर मापने वाले प्रकाश का वर्णन करता है। नेफेलोमेट्री उपयोग में होने की संभावना है। नेफेलोमेट्री रक्त में इम्युनोग्लोबुलिन नामक कुछ प्रोटीनों के स्तर को जल्दी और सही तरीके से मापने के लिए एक प्रयोगशाला परीक्षण है। इम्युनोग्लोबुलिन एंटीबॉडी हैं जो संक्रमण से लड़ने में मदद करते हैं। यह परीक्षण विशेष रूप से इम्युनोग्लोबुलिन IgM, IgG और IgA को मापता है।

अतः विकल्प (C) सही है।

38. फॉस्फेट को अमोनियम मोलिब्डेट के साथ रंगहीन परिसर के गठन से मापा जा सकता है। इस तरह के एक जटिल को आम तौर पर 330-390 तरंग दैर्घ्य (nm) पर मापा जाएगा। अमोनियम मोलिब्डेट मोलिब्डेनम का एक स्रोत है जो कई हाइड्रेट रूपों में मौजूद है। यह टोटल पैरेंट्रल न्यूट्रिशन (TPN) के समाधान के लिए एक योज्य के रूप में अंतःशिरा में दिया जाता है। मोलिब्डेनम एक आवश्यक तत्व है जो ज़ैंथिन ऑक्सीडेज, सल्फाइट ऑक्सीडेज और एल्डिहाइड ऑक्सीडेज सहित एंजाइमों में मौजूद होता है।

अतः विकल्प (A) सही है।

39. एक 27 वर्षीय महिला जो लंबे समय से क्रोन की बीमारी से पीड़ित है, जो कई वर्षों से घर में पैरेन्टेरल पोषण प्राप्त कर रही है, त्वचा पर दाने के साथ प्रस्तुत करती है। उनकी क्लिनिकल टीम सोचती है कि इसका स्वरूप पेलाग्रा के समान है। इसका सबसे बड़ा कारण नियासिन विटामिन की कमी है। नियासिन की कमी से पेलाग्रा होता है, एक ऐसी स्थिति जिसके कारण धूप के संपर्क में आने वाली त्वचा के क्षेत्रों पर एक काला, कभी-कभी पपड़ीदार दाने विकसित हो जाते हैं; जीभ की चमकदार लाली; और कब्ज / दस्त। गंभीर नियासिन की कमी के अन्य लक्षणों में शामिल हैं: अवसाद, सिरदर्द।

अतः विकल्प (B) सही है।

40. एरीपिरपाजोल प्रोलैक्टिन के स्तर को कम करने की संभावना है। अपने आंशिक डोपामाइन एगोनिस्ट प्रभाव के कारण, एरीप्रिप्राजोल आमतौर पर प्रोलैक्टिन के स्तर में वृद्धि नहीं करता है। यह एंटीसाइकोटिक-प्रेरित हाइपरप्रोलैक्टिनीमिया वाले रोगियों में स्तर को कम करता है। तो एक प्रतिस्पर्धी D2 प्रतिपक्षी की अनुपस्थिति और डोपामाइन की उपस्थिति में, एरीप्रिप्राजोल एक कार्यात्मक प्रतिपक्षी के रूप में कार्य कर सकता है और इस प्रकार प्रोलैक्टिन के स्तर को बढ़ा सकता है।

अतः विकल्प (A) सही है।

41. विभिन्न नैदानिक परिस्थितियों में जैव रासायनिक परीक्षण के प्रदर्शन का आकलन करने के लिए विभिन्न मापदंडों की गणना की जा सकती है। स्क्रीनिंग में, एक परीक्षण की नैदानिक विशिष्टता परिभाषित की जाती है कि सभी स्वस्थ व्यक्तियों की पहचान की जाती है, कुल अप्रभावित संख्या से विभाजित किया जाता है। माइक्रोबियल पहचान के लिए जैव रासायनिक परीक्षण सबसे महत्वपूर्ण तरीकों में से एक हैं। नियमित जैव रासायनिक परीक्षणों में

कार्बोहाइड्रेट किण्वन, मिथाइल रेड, साइट्रिक एसिड उपयोग और हाइड्रोजन सल्फाइड उत्पादन के परीक्षण शामिल हैं।

अतः विकल्प (D) सही है।

42. इलेक्ट्रॉन प्रकार की माइक्रोस्कोपी का उपयोग आमतौर पर वायरस का निरीक्षण करने के लिए किया जाता है। वायरस बहुत छोटे होते हैं और उनमें से अधिकतर केवल TEM (ट्रांसमिशन इलेक्ट्रॉन माइक्रोस्कोपी) द्वारा देखे जा सकते हैं। इसलिए TEM ने वायरोलॉजी में एक बड़ा योगदान दिया है जिसमें कई वायरस की खोज, विभिन्न वायरल संक्रमणों का निदान और वायरस-होस्ट सेल इंटरैक्शन की मौलिक जांच शामिल है।

अतः विकल्प (D) सही है।

43. इलेक्ट्रॉन माइक्रोस्कोपी के लिए ऊतक 4% ग्लूटारलडिहाइड में तय किए जाते हैं। इलेक्ट्रॉन माइक्रोस्कोपी के लिए क्रोमैटिन कोर कणों को ठीक करने के लिए ग्लूटारलडिहाइड और फॉर्मलडिहाइड का उपयोग किया गया है। ग्लूटारलडिहाइड केवल प्रोटीन को क्रॉसलिंक करता है जबकि फॉर्मलडिहाइड प्रोटीन और डीएनए को क्रॉसलिंक करता है।

अतः विकल्प (D) सही है।

44. एक आदर्श व्यक्ति, जो 70 किलो ग्राम का होता है, उसमें लगभग 90 ग्राम सोडियम, 5 ग्राम आयरन, 170 ग्राम पोटैशियम और 0.06 ग्राम कॉपर होता है। हम कह सकते हैं कि क्षार धातुओं का एक बड़ा जैविक महत्व है।

अतः विकल्प (C) सही है।

45. क्लिनिकल बायोकेमिस्ट की प्राथमिक जिम्मेदारियों में शामिल हैं:

- स्क्रीनिंग, निदान, प्रबंधन और रोग प्रक्रियाओं की निगरानी के लिए रोगी प्रयोगशाला परीक्षणों की व्याख्या।
- संदर्भ अंतराल, व्याख्यात्मक टिप्पणियों और महत्वपूर्ण मूल्यों के चयन और सत्यापन के माध्यम से प्रयोगशाला सेवा का उपयोग करने वाले अन्य पेशेवरों के लिए व्याख्यात्मक मार्गदर्शिकाओं का विकास।
- नैदानिक सहयोगियों के परामर्श से, परीक्षण एल्गोरिदम का विकास, कार्यान्वयन और निगरानी, उपयुक्त परीक्षण टर्नअराउंड समय, अभ्यास दिशानिर्देश और देखभाल मार्ग।
- अस्पताल और सामुदायिक सेटिंग्स दोनों में पॉइंट-ऑफ-केयर परीक्षण कार्यक्रमों के लिए निरीक्षण और मार्गदर्शन प्रदान करें।
- यह सुनिश्चित करने के लिए कि नीतियों और प्रक्रियाओं का विकास और कार्यान्वयन कि प्रयोगशाला उच्च गुणवत्ता वाली जानकारी उत्पन्न करती है, और नियामक आवश्यकताओं और अभ्यास के मानकों को पूरा करती है।
- परीक्षण विधियों और इंस्ट्रूमेंटेशन का चयन।
- रोगी देखभाल और स्वास्थ्य देखभाल संसाधनों के उपयोग को अनुकूलित करने के लिए संभावित नए परीक्षणों के वैज्ञानिक और चिकित्सा मूल्य का आकलन, मौजूदा परीक्षणों के चल रहे मूल्य का मूल्यांकन।
- शिक्षण और अनुसंधान।

अतः विकल्प (D) सही है।

46. अगर किसी व्यक्ति का वजन 75 किग्रा है, तो मानव शरीर में 90 ग्राम सोडियम होगा। एक आदर्श व्यक्ति, जो 75 किग्रा का है, में लगभग 90 ग्राम सोडियम, 5 ग्राम आयरन, 170 ग्राम पोटैशियम और 0.06 ग्राम कॉपर होता है। हम कह सकते हैं कि क्षार धातुओं का एक बड़ा जैविक महत्व है।

अतः विकल्प (C) सही है।

47. तीव्र अग्नाशयशोथ के नैदानिक निदान के लिए लाइपेसऔर एमाइलेज उपयोगी हैं। सीरम एमाइलेज और लाइपेस पेट दर्द वाले रोगियों में तीव्र अग्नाशयशोथ के लिए जैव रासायनिक मार्कर के रूप में प्राप्त होने वाले सामान्य

परीक्षण हैं। हालांकि, इन परीक्षणों की व्याख्या मुश्किल हो सकती है क्योंकि कई गैर-अग्नाशयी स्थितियां असामान्य सीरम एमाइलेज और लाइपेस स्तरों [1,2] के साथ उपस्थित हो सकती हैं।

अतः विकल्प (D) सही है।

48. उच्च स्तर के पोटैशियम का उपयोग करके जुकाम का इलाज नहीं किया जाता है।

मांसपेशियों की कमजोरी, पक्षाघात संबंधी इलियस, एसिडोसिस, ईसीजी असामान्य 38, सूजन आंत्र रोग, श्वसन पक्षाघात, क्षारमयता, कार्डियक आगे, गुर्दे की क्षति, मांसपेशियों में संकुचन और हाइपोकैलेमिया का उच्च स्तर के पोटेशियम का उपयोग करके इलाज किया जाता है।

अतः विकल्प (C) सही है।

49. गुर्दे पर कैल्सीटोनिन की क्रिया प्लाज्मा कैल्शियम सांद्रता में कमी में योगदान करती है। कैल्सीटोनिन का मुख्य काम आपके रक्त में कैल्शियम के स्तर को कम करना है (आपकी हड्डियों में नहीं)। यह इसे दो मुख्य तरीकों से करता है: कैल्सीटोनिन ओस्टियोक्लास्ट्स की गतिविधि को रोकता है (ब्लॉक करता है) जो कोशिकाएं हैं जो हड्डी को तोड़ती हैं। जब ओस्टियोक्लास्ट आपकी हड्डी को तोड़ते हैं तो आपकी हड्डी से कैल्शियम आपके रक्तप्रवाह में निकल जाता है।

अतः विकल्प (D) सही है।

50. फेज कंट्रास्ट माइक्रोस्कोप का उपयोग जीवित कोशिकाओं को देखने के लिए किया जाता है। यह एक कंट्रास्ट-बढ़ाने वाली ऑप्टिकल तकनीक है जिसका उपयोग जीवित कोशिकाओं, सूक्ष्मजीवों, पतले ऊतक स्लाइस, लिथोग्राफिक पैटर्न, फाइबर, लेटेक्स फैलाव, कांच के टुकड़े, और उपकोशिकीय कणों (नाभिक और अन्य अंग सहित) जैसे पारदर्शी नमूनों की उच्च-कंट्रास्ट छवियों का उत्पादन करने के लिए किया जा सकता है।

अतः विकल्प (C) सही है।

51. यकृत पीलिया के रोगी में मल का मिट्टी का रंग स्टर्कोबिलिनोजेन की अनुपस्थिति का कारण होता है।

फेकल यूरोबिलिनोजेन जिसे स्टर्कोबिलिनोजेन के रूप में जाना जाता है, एक रसायन है जो आंत में बैक्टीरिया द्वारा बनाया जाता है। यह टूटे हुए हीमोग्लोबिन का उपोत्पाद है। यह स्टर्कोबिलिनोजेन की रासायनिक प्रतिक्रिया है जो मल को मिट्टी का रंग देती है। मानव शरीर में पिगमेंट बिलीरुबिन हीम के टूटने से बनता है; बिलीरुबिन के साथ प्रतिक्रिया के रूप में आंतों के मार्ग में स्टर्कोबिलिनोजेन का उत्पादन होता है। स्टर्कोबिलिनोजेन या तो यकृत या गुर्दे से उत्सर्जित होता है। हालांकि, आधे से अधिक यूरोबिलिनोजेन यकृत में पुन: परिचालित होता है और फिर आंत में बदल जाता है।

अतः विकल्प (C) सही है।

52. पैरागोनिमस, स्ट्रॉन्गिलोइड्स स्टेरकोरेलिस लार्वा और वेस्टर्मनी अंडे थूक में देखे जाने वाले विभिन्न परजीवी हैं। थूक की सूक्ष्म परीक्षा का उपयोग पैरागोनिमस वेस्टर्मनी अंडे, स्ट्रॉन्गिलोइड्स स्टर्कोरेलिस लार्वा, एस्केरिस लुम्ब्रिकोइड्स लार्वा, हुकवर्म लार्वा और शायद ही कभी एंटामोइबा हिस्टोलिटिका की पहचान करने के लिए किया जाता है।

अतः विकल्प (D) सही है।

53. पित्त नली में रुकावट के कारण होने वाले पीलिया को कोलेस्टेसिस भी कहा जाता है। इंट्राहेपेटिक पित्त प्रणाली की हानि के कारण पित्त प्रवाह में व्यवधान को आम तौर पर कोलेस्टेसिस कहा जाता है। कोलेस्टेसिस सीरम यकृत एंजाइमों में असामान्यताओं के रूप में उपस्थित हो सकता है जैसे ऊंचा बिलीरुबिन, क्षारीय फॉस्फेट स्तर और पीलिया और प्रुरिटिस हो सकता है।

अतः विकल्प (C) सही है।

54. एक बिलीरुबिन परीक्षण आपके रक्त में बिलीरुबिन के स्तर को मापता है। बिलीरुबिन एक पीले रंग का वर्णक है जो लाल रक्त कोशिकाओं के टूटने के

दौरान बनता है। बिलीरुबिन यकृत से होकर गुजरता है और अंततः शरीर से बाहर निकल जाता है।

बिलीरुबिन के सामान्य से अधिक स्तर विभिन्न प्रकार के यकृत या पित्त नली की समस्याओं का संकेत दे सकते हैं। कभी-कभी, लाल रक्त कोशिकाओं के विनाश की बढ़ी हुई दर के कारण उच्च बिलीरुबिन स्तर हो सकते हैं।

अतः विकल्प (B) सही है।

55. ब्लड स्लाइड माइक्रोस्कोपी से परजीवियों की संख्या की गणना करना संभव हो जाता है और यह मलेरिया उपचार की प्रभावशीलता की निगरानी के लिए तेजी से नैदानिक परीक्षणों की तुलना में अधिक उपयोगी है। यह एक स्थापित अपेक्षाकृत सरल तकनीक है जो स्थानिक देशों में अधिकांश लैबौरेटोरियन द्वारा जानी जाती है। ऐसे क्षेत्रों में माइक्रोस्कोपी एक मानक तकनीक है जिसका उपयोग अन्य बीमारियों (जैसे तपेदिक) के निदान के लिए अक्सर समान सुविधाओं और उपकरणों का उपयोग करने वाले समान श्रमिकों द्वारा किया जाता है।

अतः विकल्प (B) सही है।

56. जब तापमान तेजी से बढ़ रहा हो तो मलेरिया परजीवी को रोगी से प्राप्त करना सबसे अच्छा होता है। जब यह मेरोजोइट चरण में मानव शरीर के अंदर जाता है तो वे रक्तप्रवाह में प्रवेश करते हैं और आरबीसी को तोड़ते हैं और तेज बुखार और अंततः तापमान में वृद्धि से अलग होते हैं। इस समय अधिकांश परजीवी रक्तप्रवाह के चारों ओर लटके रहते हैं इसलिए रोगी से रक्त का नमूना लेने का यह सबसे अच्छा समय है।

अतः विकल्प (B) सही है।

57. मलेरिया परजीवी निदान के मामले में अच्छे परिणाम के लिए माइक्रोस्कोप की देखभाल:

धूल और ग्रीस हटाना: दिन के दौरान, जब माइक्रोस्कोप उपयोग में नहीं होता है तो लेंस को धूल जमने से बचाने के लिए इसे एक साफ कपड़े या प्लास्टिक के कवर से ढक कर रखना चाहिए। रात भर या यदि माइक्रोस्कोप लंबे समय तक अप्रयुक्त रहता है तो इसे अपने बॉक्स के अंदर दरवाजे को कसकर बंद कर देना चाहिए।

कवक विकास को रोकना: गर्म, नम जलवायु में, लेंस और प्रिज्म पर कवक वृद्धि आसानी से स्थापित हो जाती है। फफूंदीय वृद्धि समस्याओं का कारण बनती है और इतनी खराब हो सकती है कि माइक्रोस्कोप का उपयोग नहीं किया जा सकता है। ऐसे मामलों में प्रभावित सतहों को साफ करना पड़ सकता है और आमतौर पर निर्माता द्वारा किया जाने वाला काम जो समय लेता है और महंगा हो सकता है।

सूक्ष्मदर्शी को ले जाना: सूक्ष्मदर्शी को प्रयोगशालाओं के बीच या क्षेत्र में ले जाते समय यह सुनिश्चित करना महत्वपूर्ण है कि यह अपने बॉक्स के अंदर ठीक से सुरक्षित है। ऐसा करने का सबसे अच्छा तरीका माइक्रोस्कोप के आधार या पैर में बॉक्स के तल में छेद के माध्यम से सुरक्षित डिवाइस को पेंच करना है। जब यह सही ढंग से किया जाता है तो माइक्रोस्कोप अपने बॉक्स में कठोरतम सड़क पर भी कठोर रहता है।

अतः विकल्प (D) सही है।

58. लाल और सफेद रक्त कोशिकाओं की उपस्थिति पतली और मोटी फिल्मों में भिन्न होती है जिसे रक्त स्लाइड माइक्रोस्कोपी द्वारा लिया जाता है, इसलिए मलेरिया परजीवी की उपस्थिति में भी अंतर होता है। मोटी रक्त फिल्मों में परजीवी प्रजातियों की उपस्थिति:

- मलेरिया परजीवी स्पष्ट रूप से देखे जा सकते हैं, हालांकि वे सफेद रक्त कोशिकाओं की तरह छोटे दिखाई देते हैं।

- कुछ ट्रोफोज़ोइट्स के साइटोप्लाज्म के बारीक छल्ले अधूरे या टूटे हुए दिखाई देते हैं।

- लाल रक्त कोशिकाओं की स्पष्ट अनुपस्थिति शफ़नर डॉट्स को विशेष रूप से फिल्म के मोटे हिस्सों में देखना मुश्किल बनाती है।

- लाल कोशिकाओं के 'भूत' को फिल्म के किनारे के पास परजीवियों के आसपास देखा जा सकता है। यह आपके निदान में सहायता करेगा।
- P फाल्सीपेरम के माउरर फांक धब्बेदार मोटी फिल्मों में दिखाई नहीं देते हैं।

अतः विकल्प (D) सही है।

59. थूक परीक्षण का उद्देश्य निचले श्वसन पथ के संक्रमण और कुछ अन्य बीमारियों के कारणों का पता लगाना है। यह नैदानिक उपचार की प्रभावशीलता की निगरानी के लिए एक प्रभावी उपकरण भी प्रदान करता है। रोगी को निमोनिया होने पर स्पुटम कल्चर सबसे आम परीक्षण है जिसे करने की आवश्यकता होती है। इसका उपयोग वायुमार्ग या फेफड़ों के संक्रमण के कारण बैक्टीरिया या कवक की पहचान करने के लिए किया जाता है।

अतः विकल्प (C) सही है।

60. प्रतिदीप्ति माइक्रोस्कोप एक विशेष रूप से मलेरिया निदान में फ्लोरोसेंटली-लेबल एंटीबॉडी का उपयोग करके प्रजातियों की पहचान करने के लिए उपयोगी है।

एक प्रतिदीप्ति माइक्रोस्कोप एक ऑप्टिकल माइक्रोस्कोप है जो कार्बनिक या अकार्बनिक पदार्थों के गुणों का अध्ययन करने के लिए बिखरने, प्रतिबिंब, और क्षीणन या अवशोषण के बजाय प्रतिदीप्ति का उपयोग करता है।

अतः विकल्प (C) सही है।

61. प्यूरुलेंट थूक के निर्वहन में एक ही समय पर मुंह भर जाता है, जो द्वितीय चरण के फेफड़े के फोड़े के लिए एक बड़ा लक्षण है। द्वितीयक फोड़े फेफड़ों में शुरू होने वाले संक्रमण के अलावा किसी और चीज के कारण होते हैं। उदाहरणों में शामिल हैं: फेफड़े में बड़े वायुमार्ग की रुकावट। फेफड़ों में सहवर्ती रोग। शरीर के अन्य भागों से संक्रमण जो फेफड़ों में फैलता है।

अतः विकल्प (B) सही है।

62. निमोनिया की विशेषता बलगम म्यूकोप्यूरुलेंट पीले-हरे रंग की होती है। निमोनिया के सामान्य लक्षणों में शामिल हैं: एक खांसी - जो सूखी हो सकती है, या गाढ़ा पीला, हरा, भूरा या खून से सना हुआ बलगम (कफ) पैदा कर सकती है। थूक जो थोड़ा मोटा और बादलदार या अपारदर्शी (म्यूकोप्यूरुलेंट) होता है। यदि आपको कोई संक्रमण है तो आप देख सकते हैं कि आपके थूक का रंग या तो पीले या हरे रंग के साथ गहरा हो रहा है।

अतः विकल्प (B) सही है।

63. "जंग" थूक के रूप में खूनी थूक निमोनिया की विशेषता है। रंग, मात्रा, स्थिरता और गंध सहायक होते हैं: म्यूकोप्यूरुलेंट थूक आमतौर पर बैक्टीरियल निमोनिया या ब्रोंकाइटिस में पाया जाता है; अल्प पानीदार थूक अक्सर एटिपिकल निमोनिया में नोट किया जाता है; न्यूमोकोकल न्यूमोनिया में "जंग" थूक देखा जाता है; और करंट-जेली या गहरे लाल थूक से क्लेबसिएला निमोनिया का पता चलता है।

अतः विकल्प (B) सही है।

64. बिलीरुबिन परीक्षण में निम्नलिखित परीक्षण शामिल हैं:

- लिवर फंक्शन टेस्ट: रक्त परीक्षण जो आपके रक्त में कुछ एंजाइम या प्रोटीन को मापते हैं।
- एल्बुमिन और कुल प्रोटीन: एल्बुमिन के स्तर, यकृत द्वारा बनाए गए प्रोटीन और कुल प्रोटीन से पता चलता है कि आपका यकृत कितनी अच्छी तरह से कुछ प्रोटीन बना रहा है। ये प्रोटीन आपके शरीर को संक्रमण से लड़ने और अन्य कार्य करने के लिए आवश्यक हैं।
- पूर्ण रक्त गणना: यह परीक्षण आपके रक्त के कई घटकों और विशेषताओं को मापता है।
- प्रोथ्रोम्बिन समय: यह परीक्षण प्लाज्मा के थक्के के समय को मापता है।

अतः विकल्प (D) सही है।

65. एक अस्पताल में तपेदिक संक्रमण की व्यापकता का आकलन करने के लिए उपयुक्त परीक्षण ट्यूबरकुलिन परीक्षण है।

ट्यूबरकुलिन टेस्ट एक समुदाय में तपेदिक के प्रसार का आकलन करने के लिए उपयोगी एकमात्र परीक्षण है। किसी व्यक्ति में क्षय रोग का निदान करने के लिए थूक परीक्षण का उपयोग किया जाता है।

अतः विकल्प (C) सही है।

66. IgM एंटीबॉडी आपके शरीर में कीटाणुओं के संपर्क में आने के बाद बनने वाले पहले इम्युनोग्लोबुलिन हैं। वे अल्पकालिक सुरक्षा प्रदान करते हैं जबकि आपका शरीर अन्य एंटीबॉडी बनाता है। IgM एंटीबॉडी आपके रक्त और लसीका द्रव (एक पानी जैसा तरल पदार्थ जो आपके शरीर के सभी हिस्सों में संक्रमण और बीमारियों से लड़ने वाली कोशिकाओं को ले जाता है) में होता है।

अतः विकल्प (D) सही है।

67. एंटीबॉडी IgG1 में अधिकतम आधा जीवन होता है। IgG1 मानव सेरा में सबसे प्रचुर मात्रा में IgG उपवर्ग है और वायरल रोगजनकों के खिलाफ एंटीबॉडी प्रतिक्रियाओं की मध्यस्थता के लिए महत्वपूर्ण है। यह अपने चर डोमेन के माध्यम से घुलनशील प्रोटीन और झिल्ली प्रोटीन एंटीजन को बाध्य करके और जन्मजात प्रतिरक्षा प्रणाली के प्रभावकारक तंत्र को सक्रिय रूप से सक्रिय करता है।

अतः विकल्प (B) सही है।

68. मानव शरीर में एंटीबॉडी ग्लाइकोप्रोटीन हैं। एंटीबॉडी प्रोटीन होते हैं जो आपकी रक्षा करते हैं जब कोई अवांछित पदार्थ आपके शरीर में प्रवेश करता है। आपकी प्रतिरक्षा प्रणाली द्वारा निर्मित एंटीबॉडी इन अवांछित पदार्थों को आपके सिस्टम से खत्म करने के लिए बांधते हैं। एंटीबॉडी के लिए एक और शब्द इम्युनोग्लोबुलिन है।

अतः विकल्प (D) सही है।

69. स्वप्रतिरक्षी रोग तब होता है जब शरीर की प्राकृतिक रक्षा प्रणाली आपकी अपनी कोशिकाओं और विदेशी कोशिकाओं के बीच अंतर नहीं बता पाती है, जिससे शरीर गलती से सामान्य कोशिकाओं पर हमला कर देता है।

सामान्य स्वप्रतिरक्षी रोग:

- टाइप 1 मधुमेह
- संधिशोथ (RA)
- सोरायसिस / सोरियाटिक गठिया
- मल्टीपल स्क्लेरोसिस
- प्रणालीगत एक प्रकार का वृक्ष
- सूजा आंत्र रोग
- एडिसन के रोग
- ग्रेव्ज रोग

अतः विकल्प (D) सही है।

70. IgM एंटीबॉडी B कोशिकाओं पर व्यक्त प्रमुख प्रतिजन रिसेप्टर है। IgM B कोशिकाओं द्वारा परिपक्व होने पर बनाई गई इम्युनोग्लोबुलिन की पहली श्रेणी है, और यह B-सेल सतह पर एंटीजन रिसेप्टर के रूप में सबसे अधिक मौजूद रूप है।

अतः विकल्प (A) सही है।

71. इम्युनोग्लोबुलिन IgM में इम्युनोग्लोबुलिन की उच्चतम मात्रा होती है। अपने बड़े आकार के कारण, IgM ज्यादातर अंतःवाहिकीय होता है और प्रतिजनों के लिए कम बंधुता रखता है। चूंकि पेंटामेरिक IgM में 10 एंटीजन बाध्यकारी साइटें हैं, इसमें IgG की तुलना में एंटीजन के लिए उच्च अम्लता

(समग्र बंधन शक्ति) है और पूरक प्रणाली और एग्लूटिनेशन के उत्कृष्ट उत्प्रेरक के रूप में कार्य करता है।

अतः विकल्प (C) सही है।

72. IgM का क्रमशः पेंटामर या हेक्सामेर के लिए लगभग 900 या 1050 kDa का आणविक भार होता है।

IgA का आणविक भार 385 kDa और औसत सीरम सांद्रता 0.05 mg / mL है। IgA लार, आँसू कोलोस्ट्म, आंतों, जननांग पथ और श्वसन स्राव में पाए जाने वाले स्रावों में प्रमुख एंटीबॉडी है।

IgE एक मोनोमर है। इसमें 188 kDa का आणविक भार और 0.00005 mg / mL का सीरम सांद्रण है।

IgD का आणविक भार 180 kDa है।

IgG एंटीबॉडी बड़े अणु होते हैं, जिनका आणविक भार लगभग 150 kDa होता है, जो दो अलग-अलग प्रकार के पॉलीपेप्टाइड श्रृंखलाओं से बना होता है।

इसलिए, सही क्रम IgM > IgA > IgE > IgD > IgG है।

अतः विकल्प (B) सही है।

73. IgM आमतौर पर पहला एंटीबॉडी होता है जो किसी वायरस के हमले के समय प्रतिरक्षा प्रणाली द्वारा निर्मित होता है। एक सकारात्मक IgM परीक्षण इंगित करता है कि आपको हाल ही में संक्रमित या टीका लगाया गया हो सकता है और आपकी प्रतिरक्षा प्रणाली ने टीकाकरण का जवाब देना शुरू कर दिया है या आपकी प्रतिरक्षा प्रणाली ने वायरस का जवाब देना शुरू कर दिया है।

अतः विकल्प (B) सही है।

74. लसीका प्रणाली का एक प्रमुख कार्य हृदय प्रणाली में ऊतक द्रव की वापसी है। लसीका प्रणाली पूरे शरीर में नाजुक नलियों का एक नेटवर्क है। यह तरल पदार्थ (लिम्फ कहा जाता है) को निकालता है जो रक्त वाहिकाओं से ऊतकों में लीक हो गया है और इसे वापस लिम्फ नोड्स के माध्यम से रक्तप्रवाह में खाली कर देता है।

अतः विकल्प (B) सही है।

75. B कोशिकाओं की सतहों पर रिसेप्टर्स होते हैं जहां एंटीजन संलग्र होते हैं। बी कोशिकाएं विभिन्न प्रतिजनों को पहचानना सीखती हैं और प्रत्येक पर हमला करने के लिए विशिष्ट एंटीबॉडी का उत्पादन करती हैं। B कोशिकाएं एंटीजन को दो तरह से प्रतिक्रिया देती हैं:

- प्राथमिक प्रतिरक्षा प्रतिक्रिया: जब एक प्रतिजन एक रिसेप्टर से जुड़ जाता है, तो आपकी बी कोशिकाएं उत्तेजित होती हैं। कुछ बी कोशिकाएं मेमोरी कोशिकाओं में बदल जाती हैं। अन्य बी कोशिकाएं प्लाज्मा कोशिकाओं में बदल जाती हैं। प्लाज्मा कोशिकाएं उस विशेष एंटीजन के लिए विशिष्ट एंटीबॉडी बनाती हैं जिसने इसे उत्तेजित किया। उस विशिष्ट एंटीबॉडी के पर्याप्त उत्पादन में कई दिन लग सकते हैं।
- द्वितीयक प्रतिरक्षा प्रतिक्रिया: यदि आपकी B कोशिकाएं उस प्रतिजन का फिर से सामना करती हैं, तो स्मृति कोशिकाएं इसे याद रखती हैं और गुणा करती हैं। वे प्लाज्मा कोशिकाओं में बदल जाते हैं और जल्दी से सही एंटीबॉडी का उत्पादन करते हैं।

अतः विकल्प (C) सही है।

76. T लिम्फोसाइट प्रतिरक्षा प्रणाली का हिस्सा हैं और अस्थि मज्जा में स्टेम सेल से विकसित होते हैं। वे शरीर को संक्रमण से बचाने में मदद करते हैं और कैंसर से लड़ने में मदद कर सकते हैं। इसे T सेल और थाइमोसाइट भी कहा जाता है।

अतः विकल्प (B) सही है।

77. T-लिम्फोसाइट्स प्रतिरक्षा प्रणाली को विफल कर देता है जिससे व्यक्ति अन्य सभी बीमारियों के प्रति संवेदनशील हो जाता है। T कोशिकाएं प्रतिरक्षा प्रणाली की प्रतिक्रिया का समन्वय करती हैं और उन कोशिकाओं को मार देती हैं जो SARS-CoV-2 वायरस से संक्रमित हो गई हैं। एक टीका जिसने शरीर को SARS-CoV-2 के खिलाफ अधिक T कोशिकाएं बनाने के लिए प्रेरित किया, वह विभिन्न प्रकार के वेरिएंट के कारण होने वाली बीमारी को रोकने में मदद कर सकता है।

अतः विकल्प (A) सही है।

78. एंटीबॉडी की भूमिकाएं, जो एंटीजन के साथ एक विशिष्ट कार्य हैं, पूरक की सक्रियता, एफसी रिसेप्टर्स के बंधन और ट्रांसप्लासेंटल और इम्यूनोरेग्यूलेशन।

मानव शरीर में एंटीबॉडी की भूमिका:

- एंटीबॉडी रक्त और म्यूकोसा में स्रावित होते हैं, जहां वे रोगजनकों और विषाक्त पदार्थों जैसे विदेशी पदार्थों को बांधते और निष्क्रिय करते हैं।
- एंटीबॉडीज लिसिस द्वारा जीवाणु कोशिकाओं को नष्ट करने के लिए पूरक प्रणाली को सक्रिय करते हैं।
- शरीर में विभिन्न प्रकार के एंटीजन के खिलाफ एंटीबॉडी पहले से मौजूद हैं।

अतः विकल्प (C) सही है।

79. यदि आपके रक्त में एंटीथायरोग्लोबुलिन एंटीबॉडी पाए जाते हैं, तो यह थायराइड की समस्याओं का संकेत दे सकता है, जिनमें निम्न शामिल हैं:

- हाइपरथायरायडिज्म
- हाइपोथायरायडिज्म
- हाशिमोटो की बीमारी
- ग्रेव्स रोग
- सबस्यूट थायरॉयडिटिस
- ल्यूपस
- टाइप 1 मधुमेह

अतः विकल्प (D) सही है।

80. मोनोक्लोनल एंटीबॉडी आपके शरीर के एंटीबॉडी के क्लोन होते हैं जो एक प्रयोगशाला में बनाए जाते हैं, जो आपकी प्रतिरक्षा प्रणाली को उत्तेजित करने के लिए होते हैं। थेरेपी के रूप में मोनोक्लोनल एंटीबॉडी कुछ अन्य प्रकार के उपचारों की तुलना में अधिक लक्षित हैं और कुछ कैंसर सहित कुछ प्रकार की बीमारियों के इलाज में अधिक सफल रहे हैं।

प्रत्येक प्रकार के मोनोक्लोनल एंटीबॉडी एक विशिष्ट प्रतिजन को लक्षित करते हैं। नतीजतन, मोनोक्लोनल एंटीबॉडी कई स्वास्थ्य स्थितियों का इलाज कर सकते हैं, जिनमें निम्न शामिल हैं:

- कैंसर
- रूमेटाइड गठिया
- दिल की बीमारी
- मल्टीपल स्केलेरोसिस (MS)
- नासूर के साथ बड़ी आंत में सूजन
- ल्यूपस
- क्रोहन रोग
- सोरायसिस
- अंग प्रत्यारोपण अस्वीकृति

अतः विकल्प (D) सही है।

81. A द्वारा 1 घंटे में भरा गया भाग (अर्थात 11 A.M.) तक $= \dfrac{1}{2}$

A और B द्वारा भरा हुआ भाग 1 घंटे (60 मिनट) में $= \dfrac{1}{2} + \dfrac{1}{6} = \dfrac{3+1}{6} = \dfrac{2}{3}$

A और B द्वारा $\dfrac{1}{2}$ भाग भरने में लगने वाला समय

$= \dfrac{60 \times 3}{2} \times \dfrac{1}{2}$

$= 45$ मिनट

∴ टैंक 11.45 A.M. में भर जाएगा।
अतः विकल्प (C) सही है।

82. दिया हुआ,

राशि 3 वर्षों में 690 रुपए है।

राशि 5 वर्षों में 750 रुपए है।

यदि 3 वर्ष की राशि को 5 वर्ष की राशि से घटाया जाता है, तो 2 वर्ष का साधारण ब्याज प्राप्त होगा।

2 वर्षों का साधारण ब्याज $= 750 - 690 = 60$ रुपए

1 वर्ष का साधारण ब्याज $= \dfrac{60}{2} = 30$ रुपए

3 वर्षों का साधारण ब्याज $= 30 \times 3 = 90$ रुपए

मूलधन $= 3$ वर्षों की राशि $- 3$ वर्षों के लिए साधारण ब्याज

मूलधन $= 690 - 90 = 600$

अत: विकल्प (C) सही है।

83. दिया है:

नाव की गति = 20 किमी/घंटा

धारा की गति = 2 किमी/घंटा

हम जानते हैं:

दूरी = गति × समय

धारा की दिशा में गति = नाव की गति + धारा की गति

धारा की दिशा में गति = 20 + 2 = 22 किमी/घंटा

∴ आवश्यक समय $= \dfrac{198}{22} = 9$ घंटे

अतः विकल्प (C) सही है।

84. दिया गया है:

$\sqrt{400} \times 2 - 30 = \sqrt{256} - 12 + ?$

$\Rightarrow 20 \times 2 - 30 = 16 - 12 + ?$

$\Rightarrow 40 - 30 = 4 + ?$

$\Rightarrow 10 - 4 = ?$

$\Rightarrow ? = 6$

∴ प्रश्नवाचक चिन्ह (?) के स्थान पर 6 आयेगा।

अत: विकल्प (B) सही है।

85. दिया गया है,

दोनों संख्याओं का महत्तम समापवर्तक $= 7$

जैसा कि हम जानते हैं,

लघुत्तम समापवर्त्य = महत्तम समापवर्तक $\times$ सह-अभाज्य संख्या

लघुत्तम समापवर्त्य हमेशा महत्तम समापवर्तक से विभाज्य होगा।

विकल्प (A):

$161 \div 7$

भागफल $= 23$

शेषफल $= 0$

विकल्प (B):

$872 \div 7$

भागफल $= 124$

शेषफल $= 4$

विकल्प (C):

$587 \div 7$

भागफल $= 83$

शेषफल $= 6$

विकल्प (D):

$697 \div 7$

भागफल $= 99$

शेषफल $= 6$

∴ इन दोनों संख्याओं का लघुत्तम समापवर्त्य 161 है।

अत: विकल्प (A) सही है।

86. TOUR के लिए कोड है:

T	O	U	R
1	2	3	4

CLEAR के लिए कोड है:

C	L	E	A	R
5	6	7	8	4

SPARE के लिए कोड है:

S	P	A	R	E
9	0	8	4	7

इसी तरह,

CARE के लिए कोड है:

C	A	R	E
5	8	4	7

इसलिए, '5847' सही उत्तर है।

अत: विकल्प (D) सही हैं।

87. दिए गए कथनों के लिए न्यूनतम संभावित वेन आरेख इस प्रकार होगा:

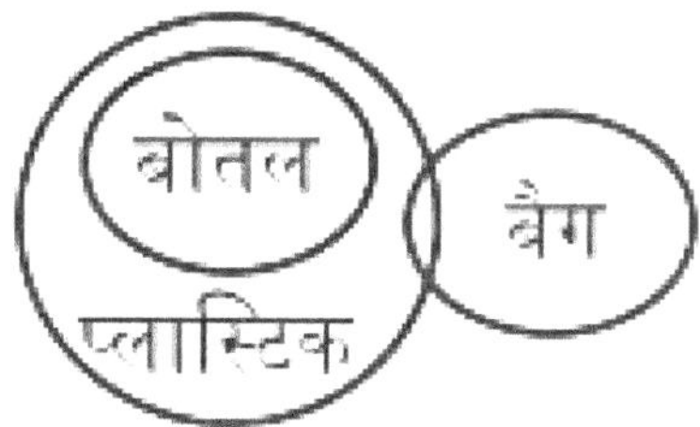

I. कुछ बैग बोतल नहीं हैं → असत्य (बोतल और बैग के बीच कोई सीधा संबंध नहीं है इसलिए यह संभव हो सकता है लेकिन निश्चित नहीं है, इसलिए, गलत))

II. कुछ प्लास्टिक बैग नहीं हैं → असत्य (जैसा कि "कुछ बैग प्लास्टिक हैं" इसलिए कुछ प्लास्टिक बैग हो सकते हैं जो संभव हो सकते हैं लेकिन कुछ प्लास्टिक बैग नहीं हैं यह निश्चित नहीं है, इसलिए, गलत)

इसलिए,कोई भी अनुसरण नहीं करता है।

अत: विकल्प (C) सही है।

88. जब गर्मी होती है तो पंखा हमें ठंडा रखने के लिए हवा का संचार करता है। इसी तरह हम अपनी भूख मिटाने के लिए खाना खाते हैं।

अत: विकल्प (D) सही है।

89. कथन में, यह स्पष्ट रूप से उल्लेख किया गया है कि यातायात से संबंधित मौतें थीं और सड़क की खराब स्थिति के बारे में कोई जानकारी नहीं दी गई है, इसलिए, केवल निष्कर्ष. अनुसरण करता है।

अत: विकल्प (A) सही है।

90. यहाँ तर्क है:

पहली संख्या × (पहली संख्या + 1) = दूसरी संख्या

विकल्प (A): $9:90$

अब, तर्क का अनुसरण करने पर:

$9 \times (9 + 1) = 9 \times 10 = 90 =$ दूसरी संख्या

यह विकल्प स्वरूप का अनुसरण करता है।

विकल्प (B): $7:56$

$7 \times (7 + 1) = 7 \times 8 = 56 =$ दूसरी संख्या

यह विकल्प स्वरूप का अनुसरण करता है।

विकल्प (C): $5:30$

$5 \times (5 + 1) = 5 \times 6 = 30 =$ दूसरी संख्या

यह विकल्प स्वरूप का अनुसरण करता है।

विकल्प (D): $8:66$

$8 \times (8 + 1) = 8 \times 9 = 72 \neq$ दूसरी संख्या

यह विकल्प स्वरूप का अनुसरण नहीं करता है।

इसलिए, युग्म " $8:66$ " विषम है।

अत: विकल्प (D) सही है।

91. उत्तर प्रदेश का राज्य वृक्ष अशोक का पेड़ है। उत्तर प्रदेश दिवस 24 जनवरी को मनाया जाता है। 24 जनवरी 1950 को, संयुक्त प्रांत का नाम बदलकर उत्तर प्रदेश रखा गया। इसका गठन 1 अप्रैल 1937 को संयुक्त प्रांत के रूप में किया गया था। उत्तर प्रदेश का क्षेत्रफल 2,40,928 वर्ग किमी है। उत्तर प्रदेश की जनसंख्या 19,9,812,341 है।

अत: विकल्प (B) सही है।

92. 2022 में केलिफोर्निया में आयोजित स्क्रीन एक्टर गिल्ड अवार्ड्स में जेसिका चैस्टेन आउटस्टेंडिंग परफॉर्मेंस बाय अ फीमेल एक्टर इन अ लीडिंग रोल का पुरस्कार जीता।

कैलिफोर्निया में स्क्रीन एक्टर गिल्ड अवार्ड्स का आयोजन किया गया। जेसिका चैस्टेन (द आइज ऑफ टैमी फेय) ने आउटस्टेंडिंग परफॉर्मेंस बाय अ फीमेल एक्टर इन अ लीडिंग रोल का पुरस्कार जीता। विल स्मिथ (किंग रिचर्ड) ने आउटस्टेंडिंग परफॉर्मेंस बाय अ मेल एक्टर इन अ लीडिंग रोल का पुरस्कार जीता। CODA ने आउटस्टैंडिंग परफॉर्मेंस बाय अ कास्ट इन अ मोशन पिक्चर का पुरस्कार जीता, जिसमें यूजेनियो डर्बेज, डैनियल दुराण्ट, एमिलिया जोन्स आदि शामिल थे।

अत: विकल्प (A) सही है।

93. मध्य प्रदेश ने बेंगलुरु के एम चिन्नास्वामी स्टेडियम में फाइनल में मुंबई को छह विकेट से हराकर "रणजी ट्रॉफी 2022" का खिताब जीत लिया है। मुंबई और उत्तर प्रदेश ने दूसरा सेमीफाइनल खेला जो एक ड्रॉ था और इसने अपनी पहली पारी की बढ़त के कारण फाइनल में मुंबई को आगे बढ़ाया।

अत: विकल्प (B) सही है।

94. अंतर्राष्ट्रीय सौर गठबंधन की पांचवीं सभा की मेजबानी 17-20 अक्टूबर, 2022 को नई दिल्ली में भारत द्वारा की जानी है।

केंद्रीय बिजली और नवीन और नवीकरणीय ऊर्जा मंत्री आरके सिंह ने आईएसए की पांचवीं विधानसभा के कर्टन रेज़र का अनावरण किया। भारत आईएसए विधानसभा के अध्यक्ष का पद धारण करता है। पांचवीं विधानसभा तीन महत्वपूर्ण मुद्दों: ऊर्जा पहुंच, ऊर्जा सुरक्षा और ऊर्जा संक्रमण पर आईएसए की प्रमुख पहलों पर विचार-विमर्श करेगी।

अत: विकल्प (C) सही है।

95. तीज त्यौहार विवाहित महिलाओं के लिए एक महत्वपूर्ण त्यौहार और बहुप्रतीक्षित मानसून त्यौहार है। यह मानसून के दौरान भगवान शिव और देवी पार्वती के पवित्र मिलन और प्रकृति के उत्कर्ष को मनाने के लिए समर्पित है। "तीज" का तात्पर्य तीसरे दिन अमावस्या के बाद और तीसरे दिन पूर्णिमा के बाद होता है। तीज त्यौहार व्यापक रूप से उत्तरी और पश्चिमी भारत में मनाया जाता है।

अत: विकल्प (C) सही है।

96. WORM का अर्थ राइट वन्स, रीड मेनी है।

यह एक ऑप्टिकल डिस्क तकनीक है जो यूज़र्स को केवल एक बार डिस्क पर डेटा राइट करने की अनुमति देती है।

- डेटा राइट करने के बाद, यह स्थायी हो जाता है और इसे कितनी भी बार पढ़ा जा सकता है।

- डेटा WORM उपकरणों पर स्टोर किया जाता है।

- यूज़र्स को गलती से संवेदनशील जानकारी को मिटाने या बदलने से रोकने के लिए इन उपकरणों में स्टोर्ड डेटा एक नॉन रीराइटेबल फॉर्मेट में होता है।

अत: विकल्प (A) सही है।

97. मेमोरी निर्देश चक्र का एक भाग संचालन नहीं है।

कंप्यूटर की मेमोरी यूनिट में रहने वाले प्रोग्राम में निर्देशों का एक क्रम होता है एक बुनियादी कंप्यूटर में, प्रत्येक निर्देश चक्र में निम्नलिखित चरण होते हैं:

- मेमोरी से निर्देश फेच करना।

- निर्देश को डिकोड करना।
- मेमोरी से प्रभावी एड्रेस पढ़ना।
- निर्देश एग्जीक्यूट करना।

अत: विकल्प (D) सही है।

98. फाइल एक्सप्लोरर वेब ब्राउज़र नहीं है। फाइल एक्सप्लोरर फोल्डर का एक समावेश होता है। वेब ब्राउजर एक एप्लीकेशन है। हम सूचना के लिए इंटरनेट पर विभिन्न पेजों को जोड़ने के लिए इसका उपयोग करते हैं। इसका उपयोग FTP सर्वर पर डेटा अपलोड या डाउनलोड करने के लिए किया जा सकता है। मोज़िला फ़ायरफ़ॉक्स, गूगल क्रोम, माइक्रोसॉफ्ट इंटरनेट एक्सप्लोरर, ऐप्पल सफारी और ओपेरा ब्राउज़र कई सामन्तया उपयोग किए जाने वाले वेब ब्राउज़र हैं।

अतः विकल्प (D) सही है।

99. मास्टर की कंप्यूटर के कीबोर्ड से संबंधित नहीं है।

- कीबोर्ड एक इनपुट डिवाइस है जिसका उपयोग कंप्यूटर में किया जाता है।
- इसमें फंक्शन की, न्यूमेरिक कीपैड और कर्टीं कीपैड जैसी विभिन्न की होती हैं।
- कंप्यूटर कीबोर्ड में मास्टर की जैसी कोई की नहीं होती है।

अतः विकल्प (D) सही है।

100. वेबइंस्पेक्ट क्रॉस-साइट स्क्रिप्टिंग, डायरेक्टरी ट्रैवर्सल और पैरामीटर इंजेक्शन जैसे सामान्य हमलों का प्रयास करके जांच कर सकता है कि वेब सर्वर ठीक से कॉन्फ़िगर किया गया है या नहीं। लेकिन यह सर्वर में दुर्भावनापूर्ण शेल कोड को इंजेक्ट नहीं कर सकता है।

अतः विकल्प (D) सही है।

Discipline

Q.1 ABO और Rh रक्त समूहों के प्रतिजन __________ पर मौजूद होते हैं।

A. प्लाज्मा
B. श्वेत रक्त कोशिकाओं
C. लाल रक्त कोशिकाओं
D. प्लेटलेट्स

Q.2 निम्नलिखित में से किसका रक्त बैंक में आधान संबंधी संक्रमण के रूप में परीक्षण नहीं किया जाता है।

A. हेपेटाइटिस ए
B. मलेरिया
C. एड्स
D. एचआईवी

Q.3 दो रक्त परीक्षण कौन से हैं?

A. Rh और ABB
B. ABO और Rh
C. ABO और Rn
D. ABC और Rh

Q.4 थक्का बनने के समय का सामान्य समय होता है:

A. 02-08 मि.
B. 03-06 मि.
C. 04-05 मि.
D. 06-08 मि.

Q.5 रक्त समूह की खोज किसने की?

A. थॉमस कूली
B. कार्ल लैंडस्टीनर
C. कैमिलो गॉल्जी
D. अर्नेस्ट हैकल

Q.6 Rh कारक की खोज __________ में हुई थी।

A. 1930 के दशक
B. 1940 के दशक
C. 1950 के दशक
D. 1960 के दशक

Q.7 यदि किसी व्यक्ति का रक्त समूह A है तो उपस्थित प्रतिरक्षी __________ है।

A. एंटी B प्रतिरक्षी
B. एंटी A प्रतिरक्षी
C. एंटी O प्रतिरक्षी
D. एंटी OA प्रतिरक्षी

Q.8 अज्ञात रक्त समूह वाले व्यक्ति को कौन सा रक्त समूह चढ़ाया जा सकता है?

A. AB पॉजिटिव
B. AB निगेटिव
C. O पॉजिटिव
D. O निगेटिव

Q.9 ABO प्रणाली के फेनोटाइप का निर्धारण करने में __________।

A. O, A पर प्रभावी है
B. B, A पर प्रभावी है
C. O अप्रभावी है
D. A, O पर प्रभावी है

Q.10 रक्त में, आंतरिक कारकों की कमी का कारण बनता है:

A. सिकल सेल एनीमिया
B. परनिशियस एनीमिया
C. लक्ष्य कोशिका एनीमिया
D. आयरन की कमी से होने वाला एनीमिया

Q.11 रक्त अवयव उत्पाद है:

A. प्लाज़्मा
B. प्लेटलेट्स
C. लिम्फोसाइट
D. उपरोक्त सभी

Q.12 किस प्रक्रिया द्वारा मानव शरीर से रक्त के विशिष्ट घटक को हटाया जाता है:

A. एफेरेसिस
B. सेंट्रीफ्यूज
C. उपरोक्त सभी
D. उपरोक्त में से कोई नहीं

Q.13 किस क्लॉटिंग कारक की अनुपस्थिति हीमोफिलिया-ए का कारण बनती है?

A. कारक VII
B. कारक VIII
C. कारक IX
D. कारक X

Q.14 ताजा जमे हुए प्लाज्मा को कब तक स्टोर किया जा सकता है:

A. $-70°C$ पर 5 वर्ष
B. $-4°C$ पर 1 वर्ष
C. $-20°C$ पर 24 घंटे
D. कमरे के तापमान पर 71 घंटे

Q.15 नवजात शिशुओं में रक्त की मात्रा:

A. 70 मिली/किग्रा बॉडी वजन।
B. 75-80 मिली/किग्रा बॉडी वजन।
C. 90 मिली/किग्रा बॉडी वजन।
D. 60 मिली/किग्रा बॉडी वजन।

Q.16 निम्न में से कौन सी रक्त कोशिकाएं रक्त के थक्के जमने में महत्वपूर्ण भूमिका निभाती हैं?

A. थ्रोम्बोसाइट्स
B. न्यूट्रोफिल्स
C. ल्यूकोसाइट्स
D. एरिथ्रोसाइट्स

Q.17 सीरम रक्त से भिन्न होता है क्योंकि इसमें ______ की कमी होती है।

A. एंटीबॉडी
B. थक्का जमाने वाले कारक
C. एल्बुमिन
D. ग्लोब्युलिन्स

Q.18 यह प्लाज्मा प्रोटीन रक्त के थक्के जमने के लिए जिम्मेदार है:

A. फाइब्रिनोजन
B. ग्लोब्युलिन
C. सीरम एमाइलेज
D. एल्बुमिन

Q.19 जब रक्ताल्पता या तो, संक्रमण, या रक्तस्राव के कारण पूरा CBC दब जाता है, तो क्या कहलाता है?

A. इरिथ्रोप्लेसिया
B. थ्रोम्बोसाइटोपेनिया
C. पैन्टीटोपेनिया
D. ल्यूकोपेनिया

Q.20 WBC जो हेपरिन और हिस्टामाइन जारी करते हैं:

A. बेसोफिल
B. न्यूट्रोफिल
C. मोनोसाइट्स
D. इयोस्नोफिल्स

Q.21 मानव शरीर में WBC का व्यास लगभग होता है:

A. 0.07 मिमी
B. 0.7 मिमी
C. 0.007 मिमी
D. 0.0007 मिमी

Q.22 निम्नलिखित में से कौन सी कोशिका/कोशिकाएं फागोसाइटोसिस में भूमिका निभाएगी?

A. मोनोसाइट्स
B. न्यूट्रोफिल
C. लिम्फोसाइट
D. (A) और (B) दोनों

Q.23 निम्नलिखित में से कौन सी कोशिका/कोशिकाएं प्रतिरक्षी अनुक्रियाओं में भूमिका निभाएंगी?

A. ग्रैन्यूलोसाइट्स
B. न्यूट्रोफिल
C. लिम्फोसाइट्स
D. बृहतभक्षकाणु

Q.24 दी गई आकृति को पहचानिए और सही विकल्प का चयन कीजिए।

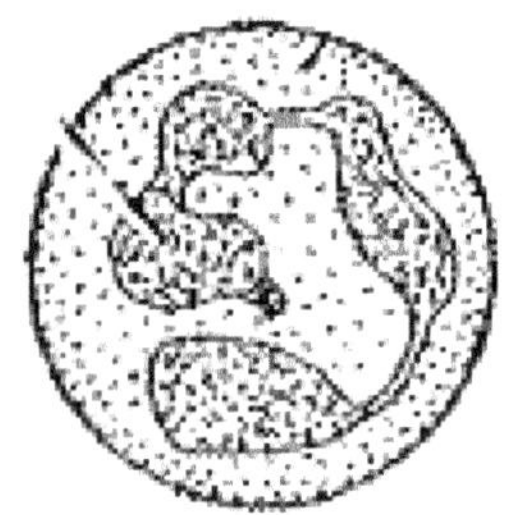

A. न्यूट्रोफिल - फागोसाइटिक कोशिका जो शरीर में प्रवेश करने वाले बाहरी जीवों को नष्ट कर देती है

B. इओसिनोफिल - एलर्जी के संक्रमण के दौरान इनकी संख्या बढ़ जाती है

C. लिम्फोसाइट - छोटे आकार का गैर-प्रेरक और गैर-फागोसाइटिक

D. मोनोसाइट - प्रकृति में मोटाइल और फागोसाइटिक

Q.25 निम्नलिखित में से कौन सी कोशिका सूजन-संबंधी प्रतिक्रियाओं में भूमिका निभाएगी?

A. इओसिनोफिल

B. बेसोफिल

C. लिम्फोसाइट

D. न्यूट्रोफिल

Q.26 एक मिमी³ रक्त में कोशिकाओं की अधिकतम संख्या और न्यूनतम संख्या क्रमशः होगी:

A. डब्ल्यूबीसी, आरबीसी

B. आरबीसी, डब्ल्यूबीसी

C. आरबीसी, प्लेटलेट्स

D. प्लेटलेट्स, डब्ल्यूबीसी

Q.27 आप रोगी के पूर्ण रक्त गणना (CBC) का आकलन कर रहे हैं। नीचे दिया गया कौन सा लैब परिणाम ल्यूकोपेनिया प्रदर्शित करता है?

A. डब्ल्यूबीसी 7,000

B. प्लेटलेट्स 90,000

C. डब्ल्यूबीसी 3,000

D. प्लेटलेट्स 500,000

Q.28 एक मरीज की पूर्ण रक्त गणना (सीबीसी) के परिणाम आ गए हैं। कौन सा परिणाम पॉलीसिथेमिया प्रदर्शित करता है?

A. आरबीसी 10 मिलियन

B. डब्ल्यूबीसी 15,000

C. प्लेटलेट्स 600,000

D. आरबीसी 2.5 मिलियन

Q.29 पूर्ण रक्त गणना (CBC) से रोगी के रिकॉर्ड पर कौन सा प्रयोगशाला परिणाम थ्रोम्बोसाइटोपेनिया का प्रतिनिधित्व करता है?

A. प्लेटलेट्स 275,000

B. डब्ल्यूबीसी 3,000

C. डब्ल्यूबीसी 15,000

D. प्लेटलेट्स 80,000

Q.30 निम्नलिखित में से कौन-सा प्रतिरक्षी संपुटित जीवाणुओं के विरुद्ध एक महत्वपूर्ण परपोषी रक्षा है?

A. IgG1

B. IgG2

C. IgG3

D. IgG4

Q.31 नवजात शिशुओं में निम्न में से कौन सा इम्युनोग्लोबुलिन सबसे प्रचुर मात्रा में इम्युनोग्लोबुलिन है?

A. IgA

B. IgM

C. IgG

D. IgD

Q.32 निम्नलिखित में से कौन सा इम्युनोग्लोबुलिन संक्रमण की प्राथमिक प्रतिक्रिया में जल्दी उत्पन्न होता है?

A. IgE

B. IgA

C. IgG

D. IgM

Q.33 निम्नलिखित में से कौन सा इम्युनोग्लोब्युलिन परजीवी संक्रमण के विरुद्ध प्राथमिक रक्षा मेजबान है?

A. स्रावी IgA

B. IgG

C. IgM

D. IgE

Q.34 निम्नलिखित में से किस इम्युनोग्लोबुलिन में इम्युनोग्लोबुलिन की उच्चतम मात्रा होती है?

A. IgA

B. IgM

C. IgE

D. IgG

Q.35 एंटीबॉडी की हल्की श्रृंखला और भारी श्रृंखला ______ से जुड़ती है।

A. हाइड्रोजन बंध

B. हाइड्रोफोबिक बंध

C. डाइ-सल्फ़ाइड बंध

D. आयनिक बंध

Q.36 इनमें से कौन सी प्रतिरक्षा कोशिकाएं उसी एंटीजन के साथ बाद में किसी भी आमना-सामना के बाद तुरंत प्रतिक्रिया देने में सक्षम हैं?

A. सहायक टी कोशिकाएं

B. स्मृति कोशिकाएं

C. प्लाज्मा कोशिकाएं

D. बेसोफिल

Q.37 लिम्फोसाइट्स जो थाइमस में प्रतिरक्षा क्षमता विकसित कर सकते हैं:

A. B लिम्फोसाइट्स

B. T लिम्फोसाइट्स

C. NK कोशिकाएं

D. इनमें से कोई नहीं

Q.38 एक गैर-कण द्वारा उत्तेजित किये जाने पर एक प्रतिरक्षा प्रतिक्रिया, ________ के रूप में जानी जाती है।

A. इम्युनोग्लोब्युलिन

B. प्रतिरक्षी

C. प्रतिजन

D. इंटरफेरॉन

Q.39 रक्त कोशिकाएं जिन्हें प्रतिरक्षा प्रणाली के एक भाग के रूप में नहीं देखा जाता है वे हैं:

A. वसा कोशिकाएं

B. ग्लियाल कोशिकाएं

C. ऑस्टियोसाइट्स

D. लाल रक्त कोशिकाएं

Q.40 स्राव में पाया जाने वाला प्रतिरक्षी है:

A. IgD

B. IgE

C. IgG

D. IgA

Q.41 निम्नलिखित में से कौन-सा एंटीबॉडीज ऑप्सोनाइजेशन प्रक्रिया में प्रत्यक्ष रूप से भाग लेता है?

A. IgM

B. IgG

C. IgA

D. IgE

Q.42 प्रतिरक्षी अणु हैं:

A. वैद्युत कण संचलन के दौरान गामा क्षेत्र में गोलाकार प्रोटीन मुख्य रूप से पाए जाते हैं

B. लेक्टिन हेड के माध्यम से कार्बोहाइड्रेट को पहचानें

C. टी-कोशिकाओं द्वारा उत्पादित

D. प्रतिजन को बांधने के लिए एफसी क्षेत्र का उपयोग करें

Q.43 जीवाणु संक्रमण के प्रतिरोध में एंटीबॉडी के लिए एक प्राथमिक भूमिका है:

A. एंटीबॉडी आश्रित सेल मध्यस्थता साइटोटॉक्सिसिटी

B. संक्रमित मेजबान कोशिकाओं का विश्लेषण

C. वैकल्पिक पूरक मार्ग का सक्रियण

D. फैगोसाइटिक कोशिकाओं द्वारा बढ़े हुए अंतर्ग्रहण के लिए ऑप्सोनाइजेशन

Q.44 मोनोक्लोनल एंटीबॉडी वर्तमान में चिकित्सकीय रूप से उपयोग किया जाता है:

A. विभिन्न प्रकार के वायरस और बैक्टीरिया से रक्षा कर सकता है

B. संधिशोथ से जुड़ी सूजन को कम कर सकता है

C. इन जीवों के लिए पहले से ही प्रतिरक्षित व्यक्तियों के प्लाज्मा से प्राप्त किए जाते हैं

D. प्रत्येक में कई एंटीजेनिक निर्धारकों के लिए व्यापक विशिष्टता है

Q.45 एंटीबॉडी एंटीजन को पहचानते हैं:

A. उनके अतिपरिवर्तनीय क्षेत्रों के माध्यम से

B. विशिष्ट एपिटोप्स के सहसंयोजक बंध द्वारा

C. उनके आइसोटाइप की परवाह किए बिना समान उच्च बाध्यकारी संबंध हैं

D. मेजबान कोशिकाओं के भीतर रोगजनकों को बेअसर कर सकते हैं

Q.46 थूक उत्पादन के लिए संदीपन क्या है?

A. वागल तंत्रिका संदीपन

B. चोलिनर्जिक दवाएं

C. इम्यूनोलॉजिकल और संदीपन मस्तूल कोशिकाएं, इयोस्नोफिल्स और प्लाज्मा कोशिकाएं स्राव में योगदान कर सकती हैं।

D. उपरोक्त सभी

Q.47 थूक स्राव का प्रमुख स्रोत क्या है?

A. गॉब्लेट कोशिकाएं

B. श्लेष्म ग्रंथियां

C. (A) और (B) दोनों

D. उपरोक्त में से कोई नहीं

Q.48 थूक की जांच के लिए किस तरह के कंटेनर का इस्तेमाल किया जाना चाहिए?

A. स्वच्छ और सूखा

B. 25 मिली क्षमता के साथ चौड़े मुंह वाला

C. स्क्रू कैप के साथ सुरक्षित रूप से लगाया गया

D. उपरोक्त सभी

Q.49 सामान्य रूप से थूक में पानी का प्रतिशत कितना होता है?

A. 30%   B. 50%   C. 75%   D. 95%

Q.50 किसी समुदाय में तपेदिक रोग के संक्रमण की व्यापकता का आकलन करने के लिए सबसे उपयुक्त परीक्षण है:

A. सामूहिक लघु विकिरण चिकित्सा

B. बलगम की जांच

C. ट्यूबरकुलिन परीक्षण

D. नैदानिक परीक्षण

Q.51 थूक में दिखने वाले विभिन्न परजीवि है:

A. पैरागोनिमस

B. स्ट्रॉनिलोइड्स स्टर्कोरेलिस लार्वा

C. वेस्टरमनी अंडे

D. उपरोक्त सभी

Q.52 नवजात शिशुओं में पीलिया होने के सबसे सामान्य कारण हैं:

A. यकृत विकार

B. शारीरिक पीलिया

C. कम सक्रिय थायराइड

D. तीव्र संक्रमण

Q.53 सीरम बिलीरुबिन का सामान्य स्तर है:

A. 2 मिलीग्राम/डेसीलीटर

B. 4 मिलीग्राम/डेसीलीटर

C. 5 मिलीग्राम/डेसीलीटर

D. 6 मिलीग्राम/डेसीलीटर

Q.54 आंख के श्वेतपटल के पीले रंग की विशेषता वाली नैदानिक सांद्रता को कहा जाता है:

A. पीत ज्वर   B. प्लेग   C. पीलिया   D. डेंगू

Q.55 हेपेटिक पीलिया के रोगियों में मल का रंग मिट्टी के रंग का किसकी अनुपस्थिति के कारण होता है?

A. बिलीरुबिन

B. यूरोबायलिनोजेन

C. स्टर्कोबिलिनोजेन

D. हीमोग्लोबिन

Q.56 निम्नलिखित में से कौन सा प्लाज्मोडियम एसपीपी दुनिया भर में अधिक मृत्यु दर का कारण माना जाता है?

A. प्लाज्मोडियम नॉलेसी

B. प्लाज्मोडियम मलेरिया

C. प्लाज्मोडियम फाल्सीपेरम

D. प्लाज्मोडियम विवैक्स

Q.57 मलेरिया की दवा हाइड्रोक्सीक्लोरोक्वीन को 2020 में किस प्रकार के वायरल संक्रमण में प्रभावी होने की झूठी सूचना दी गई थी?

A. डेंगू

B. इन्फ्लुएंजा

C. स्वाइन फ्लू

D. कोविड-19

Q.58 उस अंग का नाम बताइए जिसमें मनुष्यों में रोग के संचरण के दौरान मलेरिया परजीवी निवास कर सकता है और एक वर्ष तक निष्क्रिय रह सकता है:

A. गुर्दा

B. यकृत

C. आंत

D. पित्त की थैली

Q.59 ______________ रक्त की मात्रा और रक्तचाप के नियमन में मदद करता है।

A. आयरन   B. आयोडीन   C. सोडियम   D. फॉस्फोरस

Q.60 मलेरिया से संक्रमित लोगों में निम्नलिखित में से सबसे आम लक्षण कौन से हैं?

A. मांसपेशियों में दर्द और हल्का बुखार

B. त्वचा पर चकत्ते और पैरों और हाथों में सूजन

C. मुंह पर चकत्ते और त्वचा में खुजली

D. तेज बुखार और ठंड लगना

Q.61 निम्नलिखित में से कौन सा सूक्ष्मदर्शी प्रकाश को रोशनी के स्रोत के रूप में उपयोग करता है?

A. त्रिविम सूक्ष्मदर्शी

B. इलेक्ट्रॉन सूक्ष्मदर्शी

C. एसईएम

D. टीईएम

Q.62 यदि आप जीवाणुओं की कोशिका भित्ति के द्रव्यमान का आकलन करना चाहते हैं, तो उसके लिए कौन सा सूक्ष्मदर्शी सबसे उपयुक्त है?

A. त्रिविम सूक्ष्मदर्शी

B. कन्फोकल सूक्ष्मदर्शी

C. व्यतिकरण सूक्ष्मदर्शी

D. प्रतिदीप्ति सूक्ष्मदर्शी

Q.63 निम्नलिखित में से कौन सा सूक्ष्मदर्शी फ्लोरोसेंट-लेबल वाले एंटीबॉडी का उपयोग करके रोगजनकों की पहचान करने के लिए विशेष रूप से उपयोगी है?

A. प्रतिदीप्ति सूक्ष्मदर्शी

B. कन्फोकल सूक्ष्मदर्शी

C. एसईएम

D. अवस्था कंट्रास्ट सूक्ष्मदर्शी

Q.64 जैविक दृष्टिकोण से, विलयनों को समूहीकृत किया जा सकता है:

A. आइसोटोनिक विलयन

B. हाइपोटोनिक विलयन

C. हाइपरटोनिक विलयन

D. इनमें से सभी

Q.65 सूक्ष्मदर्शी की विभेदन क्षमता निर्भर करती है:

A. नेत्र लेंस की फोकस दूरी और छिद्र

B. नेत्र लेंस की फोकस दूरी और उद्देश्य

C. अभिदृश्यक और नेत्र लेंस के छिद्र

D. वस्तु को प्रकाशित करने वाले प्रकाश की तरंग दैर्ध्य

Q.66 प्रकाश सूक्ष्मदर्शी की विभेदन क्षमता है:

A. 2 मिमी   B. 0.2 मिमी   C. 0.1 मिमी   D. 1 मिमी

Q.67 निम्नलिखित में से किस परिकल्पना का परीक्षण करने के लिए इलेक्ट्रॉन माइक्रोस्कोपी का संचरण एक उपयुक्त इमेजिंग साधन होगा?

A. सोया सॉस में उगाए जाने वाले लैक्टिक एसिड बैक्टीरिया की सतह की स्थलाकृति ब्राउन सॉस में उगाए गए बैक्टीरिया से भिन्न होती है

B. हेमाइड्समोसोम की आंतरिक पट्टिका किंडलिन-1 की कमी वाले माउस उपकला कोशिकाओं में इकट्ठा नहीं होती है

C. एंडोथेलियल बेसमेंट मेम्ब्रेन की कठोरता मैट्रिक्स में पर्लेकन की सापेक्ष बहुतायत के अनुरूप बढ़ जाती है

D. सोने के नैनोकणों के साथ लिम्बल एपिथेलियल कोशिकाओं का उपचार पैक्स 6 को लक्षित करने वाले छोटे हस्तक्षेप वाले आरएनए के साथ पैक्स 6 एमआरएनए स्तरों में कमी का कारण बनता है।

Q.68 बिलीरुबिन परिधीय ऊतकों तक परिवहन के लिए किस प्लाज़मा प्रोटीन से जुड़ा होता है?

A. ग्लोबुलिन
B. एल्बुमिन
C. फाइब्रिनोजेन
D. उपरोक्त सभी

Q.69 माइकोबैक्टीरियम ट्यूबरकुलोसिस जैसे एसिड-फास्ट जीव अपनी कोशिका भित्ति में _________ की उच्च सांद्रता के कारण एसिड-अल्कोहल वॉश द्वारा विरंजन का विरोध करते हैं।

A. प्रोटीन
B. कार्बोहाइड्रेट
C. लिपिड
D. पेप्टिडोग्लाइकन

Q.70 एसिड फास्ट बैक्टीरिया हैं:

A. निसेरिया
B. स्टेफिलोकोसी
C. माइक्रोबैक्टीरिया
D. उपरोक्त सभी

Q.71 बिलीरुबिन दो प्रतिक्रिया चरण में माइक्रोसोमल एंजाइम द्वारा प्रोटोपोरफिरिन IX के अपचय से उत्पन्न होता है। पहले चरण में बिलीवरडीन बनाने के लिए टेट्रापायरोल रिंग को खोलना शामिल है। दूसरे चरण में बिलीवरडीन को और कम करके बिलीरुबिन बनाया जाता है। इन दो चरणों के लिए कौन सा एंजाइम जिम्मेदार हैं?

A. हीम डिहाइड्रोजनेज और बिलीरुबिन ऑक्सीजनेज़
B. हीम ऑक्सीजनेस और बिलीवर्डीन रिडक्टेस
C. हीम डीऑक्सीजनेज और बिलीवर्डीन रिडक्टेस
D. हीम ऑक्सीजनेज़ और बिलीरुबिन रिडक्टेस

Q.72 उत्पादित कुल बिलीरुबिन का लगभग 85% यकृत, प्लीहा, और अस्थि मज्जा की रेटिकुलोएन्डोथेलियल कोशिकाओं में लाल रक्त कोशिकाओं से प्राप्त होता है। शेष 15% बिलीरुबिन अप्रभावी एरिथ्रोपोइज़िस, मायोग्लोबिन, साइटोक्रोमेस और पेरोक्सीडेस के दौरान आरबीसी से उत्पन्न होता है। बिलीरुबिन का दैनिक उत्पादन _________ है।

A. 500-1000 मिलीग्राम
B. 100-250 मिलीग्राम
C. 0-100 मिलीग्राम
D. 250-350 मिलीग्राम

Q.73 निम्न में से कौन-सी एसिड फास्ट संरचनाएँ हैं?

A. माइकोबैक्टीरिया
B. बैक्टीरियल बीजाणु
C. नोकार्डिया
D. उपरोक्त सभी

Q.74 इनमें से कौन माइकोबैक्टीरियम ट्यूबरकुलोसिस के लिए प्रकृति माध्यम है?

A. विल्सन ब्लेयर माध्यम
B. लोवेनस्टीन-जेन्सेन माध्यम
C. मैक कॉन्की का माध्यम
D. इनमें से कोई नहीं

Q.75 यदि किसी व्यक्ति का वजन 70 किलो है, तो व्यक्ति शरीर में सोडियम की मात्रा कितनी होगी?

A. 40 ग्राम
B. 30 ग्राम
C. 90 ग्राम
D. 70 ग्राम

Q.76 निम्न में से कौन-सी धातु, तंत्रिका संकेतों को संचारित करने में मदद करती है?

A. हाइड्रोजन
B. पोटैशियम
C. सोडियम
D. लिथियम

Q.77 सीरम बिलीरुबिन का स्तर निम्न में बढ़ जाता है:

A. कैंसर
B. हेपेटाइटिस
C. खून की कमी
D. उपरोक्त सभी

Q.78 तपेदिक का निदान इसके द्वारा किया जाता है:

A. एमुलेटर और एंटीफॉर्मिन विधि
B. एकाग्रता विधि
C. पेट्रोफ विधि

D. उपरोक्त सभी

Q.79 पोटैशियम के उच्च स्तर का उपयोग करके निम्नलिखित में से किसका इलाज नहीं किया जाता है?

A. जुकाम
B. हाइपोकैलिमिया
C. मांसपेशी में संकुचन
D. श्वसन पक्षाघात

Q.80 जब मूत्र में बिलीरुबिन मौजूद होता है तो मूत्र में निम्न में से कौन सा रंग पाया जाता है?

A. हरा भूरा रंग
B. लाल भूरा रंग
C. पीला भूरा रंग
D. काला भूरा रंग

General Aptitude / Reasoning / General Awareness / Basic Computer knowledge

Q.81 तीन पाइप A, B, और C एक टैंक को 6 घंटे में भर सकते हैं। 2 घंटे के लिए एक साथ काम करने के बाद, C बंद है और A और B शेष भाग को 7 घंटों में भर सकते हैं। अकेले टैंक को भरने के लिए C द्वारा घंटे लगते हैं

A. 10
B. 12
C. 14
D. 16

Q.82 4 फरवरी, 2005 से 18 अप्रैल, 2005 तक की अवधि के लिए 3000 रुपये पर $\frac{25}{4}$% प्रति वर्ष की दर से साधारण ब्याज ज्ञात कीजिए।

A. 37.50 रुपये
B. 47.50 रुपये
C. 44.50 रुपये
D. 50.50 रुपये

Q.83 एक नाव स्थिर पानी में 13 किमी / घंटे की गति से यात्रा कर सकती है। यदि धारा की गति 4 किमी / घंटे है, तो नाव से 68 किमी धारा की दिशा जाने का समय निकालें।

A. 2 घंटे
B. 3 घंटे
C. 4 घंटे
D. 5 घंटे

Q.84 निम्नलिखित प्रश्न में, प्रश्न चिन्ह '?' के स्थान पर क्या आएगा?

$$240 \div 6 + \sqrt{529} \times 17 = ? + 80 \text{ का } 150\%$$

A. 311
B. 310
C. 309
D. 312

Q.85 36,54 और 72 का महत्तम समापवर्तक ज्ञात कीजिए।

A. 18
B. 3
C. 6
D. 12

Q.86 एक विशिष्ट कूट में, "LIFE" को "3965" लिखा जाता है, तब "FUN" को किस प्रकार लिखा जाना चाहिए?

A. 635
B. 634
C. 633
D. 629

Q.87 निर्देश: दिए गए कथन (कथनों) और निष्कर्षों को ध्यानपूर्वक पढ़िये और चयन कीजिए कि कौन से निष्कर्ष दिए गये कथनों का तार्किक रूप से अनुसरण करता है।

कथन:
सभी अंधेरा रात हैं।
कुछ अंधेरा काला हैं।

निष्कर्ष:
I. सभी काला रात हैं।
II. कुछ काला रात नहीं हैं।

A. केवल I अनुसरण करता है
B. केवल II अनुसरण करता है
C. या तो I या II अनुसरण करता है
D. न तो I और न ही II अनुसरण करता है

Q.88 निर्देश: निम्नलिखित प्रश्न में, शब्दों के उस जोड़े की चयन करें जिसका संबंध प्रश्न में जोड़े के समान है।

चाप: वृत्त

A. संख्या : गणना
B. भिन्न : प्रतिशत
C. पाई : टुकड़ा
D. खण्ड : रेखा

Q.89 निर्देश: निम्नलिखित प्रश्न में, एक कथन और उसके बाद । और ।। से अंकित दो निष्कर्ष दिए गये हैं। आपको दिए गये कथनों को सत्य मानना है, भले ही वे ज्ञात तथ्यों से अलग प्रतीत होते हों। निर्णय कीजिए कि दिये गये निष्कर्षों में से कौन-सा निष्कर्ष कथन का तार्किक रूप से अनुसरण करता है।

कथन: प्रतिकूलता मनुष्य को बुद्धिमान बनाती है।

निष्कर्ष:

।. गरीब बुद्धिमान होते हैं।

।।. व्यक्ति बुरे अनुभवों से सीखता है।

A. केवल निष्कर्ष । अनुसरण करता है।
B. गा तो निष्कर्ष । गा ॥ अनुसरण करता है।
C. केवल निष्कर्ष ॥ अनुसरण करता है।
D. न तो निष्कर्ष । और न ही ॥ अनुसरण करता है।

Q.90 निर्देश: दी गई श्रृंखला की आकृतियों में से विषम आकृति को चुनिए।

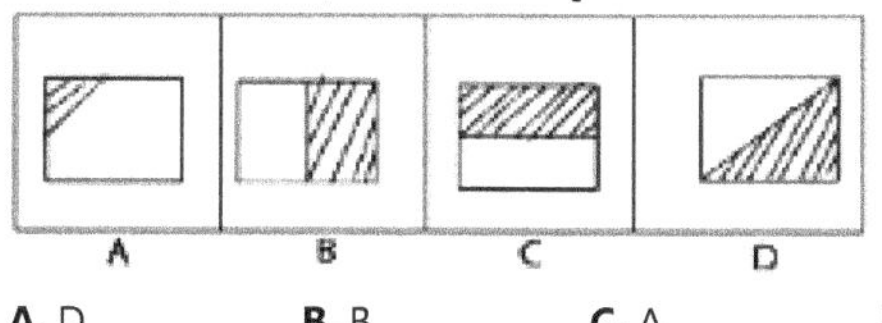

A. D
B. B
C. A
D. C

Q.91 उत्तर प्रदेश के राज्यपाल की नियुक्ति कौन करता है?

A. मुख्यमंत्री
B. संसद
C. राष्ट्रपति
D. इनमे से कोई भी नहीं

Q.92 अपने अंग्रेजी उपन्यास 'द ब्लैक हिल' के लिए 2017 साहित्य अकादमी पुरस्कार से किसे सम्मानित किया गया था?

[RRB/RRC Group D, 2018]

A. विक्रम सेठ
B. चेतन भगत
C. अमिताव घोष
D. ममंग दाई

Q.93 निम्नलिखित में से कौन टेनिस में सबसे अधिक ओलंपिक पदक के लिए सर्वकालिक रिकॉर्ड धारक हैं?

A. कैथलीन मैककेन गॉडफ्री और वीनस विलियम्स
B. कैथलीन मैककेन गॉडफ्री और सेरेना विलियम्स
C. वीनस विलियम्स और सेरेना विलियम्स
D. गिगी फर्नांडीज और मैरी जो फर्नांडीस

Q.94 नवंबर 2022 तक पृथ्वी से प्रक्षेपित सबसे शक्तिशाली रॉकेट कौन सा है?

A. मिनटमैन हेवी
B. फॉल्कन हेवी
C. लॉन्ग मार्च 5बी
D. पीएसएलवी 52

Q.95 उजली या अनेरी होली संबंधित है:

A. जौनसारी जनजाति
B. भोटिया जनजाति
C. थारू जनजाति
D. राजी जनजाति

Q.96 यूआरएल का अर्थ__________है।

[Army Public School (PRT), 2019]

A. यूनिवर्सल रिसोर्स लोकेटर
B. यूनिफ़ॉर्म रिसोर्स लोकेटर

C. यूनिफ़ॉर्म रिसोर्स लेबल
D. यूनिवर्सल रिसर्च लोकेटर

Q.97 डिबगिंग की प्रक्रिया के लिए दिए गए विकल्पों में से सही उत्तर चुनिये।

A. एक सॉफ्टवेयर प्रोग्राम को प्रदान करना
B. एक सॉफ्टवेयर प्रोग्राम को संशोधित करना
C. एक सॉफ्टवेयर प्रोग्राम में त्रुटियों की जाँच करना
D. एक कार्यक्रम की डिजाइन संरचना को बदलना

Q.98 वेबसाइट का पहला वेबपेज क्या कहलाता है?

A. प्रथम पेज
B. मुख्य पेज
C. होम पेज
D. इनमें से कोई नहीं

Q.99 कंप्यूटर जॉयस्टिक _____ ।

[Rajasthan Police Constable, 2020]

A. एक इनपुट डिवाइस है
B. एक प्रोसेसिंग डिवाइस है
C. एक आउटपुट डिवाइस है
D. एक मेमोरी डिवाइस है

Q.100 निम्न में से कौन-सा कमांड इंटरफेस आमतौर पर विंडोज़ ऑपरेटिंग सिस्टम के लिए उपयोग किया जाता है ?

[HTET PGT - Computer Science, 2020]

A. मेनू संचालित इंटरफेस
B. कमांड लाइन इंटरफेस
C. ग्राफिकल यूजर इंटरफेस
D. आइकन इंटरफेस

// स्मार्ट उत्तर पुस्तिका //

सही उत्तर	उन छात्रों का प्रतिशत जिन्होंने प्रश्नों का सही उत्तर दिया था।	छोड़ दिया	उन छात्रों का प्रतिशत जिन्होंने प्रश्नों को छोड़ दिया था।

प्रश्न संख्या	उत्तर	सही उत्तर / छोड़ दिया	प्रश्न संख्या	उत्तर	सही उत्तर / छोड़ दिया	प्रश्न संख्या	उत्तर	सही उत्तर / छोड़ दिया	प्रश्न संख्या	उत्तर	सही उत्तर / छोड़ दिया	प्रश्न संख्या	उत्तर	सही उत्तर / छोड़ दिया	प्रश्न संख्या	उत्तर	सही उत्तर / छोड़ दिया
1	C	88.76 % / 0.0 %	18	A	67.3 % / 1.93 %	35	C	84.09 % / 0.0 %	52	B	77.24 % / 0.0 %	69	B	88.83 % / 0.0 %	86	A	87.84 % / 0.0 %
2	A	49.32 % / 1.18 %	19	C	87.93 % / 0.0 %	36	B	29.74 % / 3.13 %	53	A	78.92 % / 0.0 %	70	C	88.27 % / 0.0 %	87	C	85.55 % / 0.0 %
3	B	43.13 % / 1.96 %	20	A	32.06 % / 3.01 %	37	B	66.42 % / 1.03 %	54	C	48.15 % / 1.94 %	71	C	54.95 % / 1.34 %	88	D	87.41 % / 0.0 %
4	A	82.49 % / 0.0 %	21	C	61.08 % / 1.12 %	38	C	53.14 % / 1.83 %	55	C	54.06 % / 1.81 %	72	D	49.89 % / 1.33 %	89	C	89.97 % / 0.0 %
5	B	79.28 % / 0.0 %	22	D	67.84 % / 1.05 %	39	D	56.0 % / 1.36 %	56	C	59.8 % / 1.49 %	73	D	60.14 % / 1.65 %	90	C	89.0 % / 0.0 %
6	B	41.49 % / 1.33 %	23	C	65.22 % / 1.21 %	40	D	56.29 % / 1.61 %	57	D	63.85 % / 1.98 %	74	B	45.83 % / 1.16 %	91	C	68.83 % / 1.45 %
7	A	82.01 % / 0.0 %	24	A	15.3 % / 4.8 %	41	B	89.83 % / 0.0 %	58	B	65.3 % / 1.75 %	75	C	46.72 % / 1.94 %	92	D	64.89 % / 1.34 %
8	D	87.16 % / 0.0 %	25	B	66.21 % / 1.36 %	42	A	56.6 % / 1.44 %	59	C	48.6 % / 1.34 %	76	C	86.33 % / 0.0 %	93	A	28.95 % / 3.81 %
9	C	88.53 % / 0.0 %	26	B	47.51 % / 1.84 %	43	D	44.32 % / 1.69 %	60	D	86.88 % / 0.0 %	77	A	45.25 % / 1.69 %	94	B	62.29 % / 1.9 %
10	C	77.27 % / 0.0 %	27	C	41.8 % / 1.44 %	44	B	78.56 % / 0.0 %	61	A	65.65 % / 1.86 %	78	D	68.93 % / 1.14 %	95	C	77.25 % / 0.0 %
11	D	56.73 % / 1.34 %	28	A	65.97 % / 1.84 %	45	A	84.04 % / 0.0 %	62	C	45.12 % / 1.21 %	79	A	65.59 % / 1.73 %	96	B	67.81 % / 2.0 %
12	A	80.93 % / 0.0 %	29	D	68.52 % / 1.72 %	46	D	66.71 % / 1.73 %	63	A	51.49 % / 1.86 %	80	C	87.16 % / 0.0 %	97	C	46.95 % / 1.58 %
13	B	58.69 % / 1.73 %	30	B	79.1 % / 0.0 %	47	C	65.75 % / 1.54 %	64	D	59.11 % / 1.91 %	81	C	83.26 % / 0.0 %	98	C	84.75 % / 0.0 %
14	A	67.11 % / 1.66 %	31	C	43.8 % / 1.31 %	48	D	76.59 % / 0.0 %	65	D	23.12 % / 3.71 %	82	A	83.66 % / 0.0 %	99	A	85.75 % / 0.0 %
15	B	54.69 % / 1.87 %	32	D	41.22 % / 1.16 %	49	D	12.25 % / 4.54 %	66	B	66.0 % / 1.75 %	83	C	86.14 % / 0.0 %	100	C	45.92 % / 1.05 %
16	A	43.38 % / 1.45 %	33	D	81.52 % / 0.0 %	50	C	40.71 % / 1.37 %	67	A	54.41 % / 1.46 %	84	A	77.8 % / 0.0 %			
17	B	65.21 % / 1.43 %	34	B	10.11 % / 4.57 %	51	D	89.71 % / 0.0 %	68	B	51.38 % / 1.92 %	85	A	88.5 % / 0.0 %			

//संकेत और समाधान//

1. ABO और Rh रक्त समूहों के प्रतिजन लाल रक्त कोशिकाओं पर मौजूद होते हैं।

लाल रक्त कोशिकाएं सबसे सामान्य प्रकार की रक्त कोशिकाएं हैं और ऑक्सीजन पहुंचाने का मुख्य साधन हैं। रक्त समूहों के लिए प्रतिजन लाल रक्त कोशिकाओं पर मौजूद होते हैं।

अतः विकल्प (C) सही है।

2. रक्त बैंक में रक्त आधान संबंधी संक्रमण के रूप में हेपेटाइटिस ए का परीक्षण नहीं किया जाता है।

हेपेटाइटिस ए यकृत की सूजन है जो हल्के से गंभीर बीमारी का कारण बन सकती है। हेपेटाइटिस ए वायरस (HAV) दूषित भोजन और पानी के अंतर्ग्रहण या किसी संक्रामक व्यक्ति के सीधे संपर्क के माध्यम से फैलता है।

अतः विकल्प (A) सही है।

3. ABO और Rh दो रक्त परीक्षण हैं। ABO परीक्षण रक्त समूह का निर्धारण करता है। Rh परीक्षण यह निर्धारित करता है कि रक्त पॉजिटिव है या निगेटिव।

अतः विकल्प (B) सही है।

4. थक्का बनने के समय का सामान्य 02-08 मिनट है।

थक्का बनने के समय निर्धारित करने के लिए विभिन्न विधियां हैं, सबसे आम केशिका ट्यूब विधि। यह कैल्शियम आयन के स्तर और कई बीमारियों से प्रभावित होता है। क्लॉटिंग समय की सामान्य सीमा 2-8 मिनट है।

अतः विकल्प (A) सही है।

5. कार्ल लैंडस्टीनर ने 1900 में A, B, और O रक्त समूह प्रणाली की खोज की थी। सरल लेकिन मजबूत वैज्ञानिक तर्क पर आधारित रक्तोदक विज्ञान पर उनके व्यापक शोध ने प्रमुख रक्त समूहों जैसे O, A, और B प्रकार, संगतता परीक्षण और बाद में आधान अभ्यासों की पहचान की।

अतः विकल्प (B) सही है।

6. Rh समूह की खोज 1940 के दशक में हुई थी।

Rh कारक की खोज 1940 के दशक में कार्ल लैंडस्टीनर और ए.एस. वीनर ने की थी। उस समय से कई अलग-अलग Rh कारक की पहचान की गई है, लेकिन पहला और सबसे आम, जिसे RhD कहा जाता है, सबसे गंभीर प्रतिरक्षा प्रतिक्रिया का कारण बनता है और Rh विशेषता का प्राथमिक निर्धारक है।

अतः विकल्प (B) सही है।

7. यदि किसी व्यक्ति का रक्त समूह A है तो उपस्थित प्रतिरक्षी एंटी B प्रतिरक्षी है। संबंधित रक्त समूह और प्रतिरक्षी कभी भी एक व्यक्ति में नहीं पाए जाते हैं, क्योंकि जब मिश्रित होते हैं, तो वे प्रतिजन-प्रतिरक्षी कॉम्प्लेक्स बनाते हैं, जो रक्त को प्रभावी ढंग से समूहीकृत करते हैं। प्रतिरक्षी आरबीसी में मौजूद होता है।

अतः विकल्प (A) सही है।

8. O नेगेटिव रक्त समूह को उस व्यक्ति को चढ़ाया जा सकता है जिसका रक्त समूह अज्ञात है क्योंकि यह एक सार्वभौमिक रक्त दाता समूह है। सिर्फ 6.6% लोगों का ब्लड ग्रुप O निगेटिव है।

अतः विकल्प (D) सही है।

9. ABO प्रणाली के फेनोटाइप के निर्धारण में O अप्रभावी है। A और B, O पर प्रभावी हैं। A और B फेनोटाइप दोनों O पर प्रभावी हैं। नतीजतन, जिन व्यक्तियों के पास AO जीनोटाइप है, उनके पास A फेनोटाइप होगा। जिनमें O प्रकार के फेनोटाइप होते हैं उनके OO जीनोटाइप होते हैं। दूसरे शब्दों में, उन्हें माता-पिता दोनों से एक अप्रभावी ओ फेनोटाइप विरासत में मिलाता है।

अतः विकल्प (C) सही है।

10. रक्त में, आंतरिक कारकों की कमी के कारण पर्निशियस एनीमिया होती है।

पर्निशियस एनीमिया (PA) मेगालोब्लास्टिक रक्ताल्पता है जो कोबालिन (विटामिन बी 12) की कमी से उत्पन्न होती है, जो बदले में आंतरिक कारक (IF) की कमी के कारण होती है। आंतरिक कारक एक ग्लाइकोप्रोटीन है जो कोबालिन को बांधता है और जिससे टर्मिनल इलियम में इसका अवशोषण सक्षम होता है।

अतः विकल्प (C) सही है।

11. उपरोक्त सभी रक्त घटक उत्पाद हैं।

ट्रांसफ्यूज़ेबल घटक जो दान किए गए रक्त से प्राप्त किए जा सकते हैं, वे हैं लाल कोशिकाएं, प्लेटलेट्स, प्लाज़्मा, क्रायोप्रिसिपिटेट एचएचएफ (क्रायो), और ग्रैनुलोसाइट्स। एक अतिरिक्त घटक, श्वेत कोशिकाएं, अक्सर रक्त आधान से पहले दान किए गए रक्त से निकाल दी जाती हैं।

अतः विकल्प (D) सही है।

12. एफेरेसिस प्रक्रिया द्वारा मानव शरीर से रक्त के विशिष्ट घटक को हटाया जाता है।

एफेरेसिस एक ऐसी प्रक्रिया है जिसमें आवश्यक एकल या एक से अधिक घटक एकत्र किए जाते हैं, और रक्त के शेष घटक वापस दाता को वापस कर दिए जाते हैं। एफेरेसिस उपकरण का कार्य सिद्धांत या तो सेंट्रीफ्यूगेशन (अलग विशिष्ट गुरुत्व) या निस्पंदन (विभिन्न आकार) द्वारा होता है।

अतः विकल्प (A) सही है।

13. हीमोफिलिया-ए को फैक्टर VIII की कमी या क्लासिक हीमोफिलिया भी कहा जाता है। यह एक आनुवंशिक विकार है जो एक क्लॉटिंग प्रोटीन के गायब या दोषपूर्ण कारक VIII के कारण होता है।

अतः विकल्प (B) सही है।

14. ताजा जमे हुए प्लाज्मा को $-70°C$ पर 5 वर्ष तक स्टोर किया जा सकता है।

ताजा जमे हुए प्लाज्मा (FFP) पूरे रक्त के तरल हिस्से से बना एक रक्त उत्पाद है। इसका उपयोग उन स्थितियों के इलाज के लिए किया जाता है जिनमें कम रक्त के थक्के कारक या अन्य रक्त प्रोटीन के निम्न स्तर होते हैं।

अतः विकल्प (A) सही है।

15. नवजात शिशुओं में रक्त की मात्रा 75-80 मिली/किग्रा बॉडी वजन होता है।

एक व्यक्ति की कुल रक्त मात्रा (TBV) शरीर के वजन से संबंधित होती है। एक बच्चे का TBV लगभग 75-80 मिली/किग्रा होता है और नवजात काल में अधिक होता है। इस प्रकार, 3.5 किग्रा 2 सप्ताह के बच्चे का TBV लगभग 350 मिली होगा जबकि 10 किग्रा 15 महीने के बच्चे का लगभग 800 मिली होगा।

अतः विकल्प (B) सही है।

16. थ्रोम्बोसाइट्स रक्त कोशिकाएं रक्त के थक्के जमने में महत्वपूर्ण भूमिका निभाती हैं।

थ्रोम्बोसाइट्स अस्थि मज्जा में बहुत बड़ी कोशिकाओं के टुकड़े होते हैं जिन्हें मेगाकारियोसाइट्स कहा जाता है। वे रक्त के थक्कों को धीमा करने या रक्तस्राव को रोकने में मदद करते हैं और घावों को ठीक करने में मदद करते हैं। रक्तवाहिनियों में चोट लगने पर प्लेटलेट्स इनमें गुच्छा बना कर अवरोधक खड़े कर देते है और रक्त बहना रोक देते हैं।

अतः विकल्प (A) सही है।

17. सीरम रक्त से भिन्न होता है क्योंकि इसमें थक्का जमाने वाले कारक की कमी होती है।

सीरम को रक्त से तब अलग किया जाता है जब रक्त के नमूने को थक्का बनने दिया जाता है और लाल रक्त कोशिकाओं और थक्का को अलग करने के लिए आगे अपकेंद्रित किया जाता है। सीरम में रक्त का थक्का जमाने के लिए कोई भी आवश्यक प्रोटीन नहीं होता है।

अतः विकल्प (B) सही है।

18. फाइब्रिनोजन प्लाज्मा प्रोटीन रक्त के थक्के जमने के लिए जिम्मेदार है।

फाइब्रिनोजन एक रक्त प्लाज्मा प्रोटीन है जिसमें 7 प्रतिशत प्लाज्मा प्रोटीन होता है, जिसमें रक्त का थक्का जमना शामिल होता है, जिसमें फाइब्रिनोजन रक्त के थक्के के लिए अघुलनशील फाइब्रिन घटक में परिवर्तित हो जाता है।

अतः विकल्प (A) सही है।

19. जब एनीमिया, संक्रमण, या रक्तस्राव के कारण पूरा सीबीसी दबा दिया जाता है, तो इसे पैन्टीटोपेनियाकहा जाता है।

पैन्टीटोपेनिया एक ऐसी स्थिति है जिसमें किसी व्यक्ति के शरीर में बहुत कम लाल रक्त कोशिकाएं, सफेद रक्त कोशिकाएं और प्लेटलेट्स होते हैं। इनमें से प्रत्येक रक्त कोशिका प्रकार का शरीर में एक अलग काम होता है:

- लाल रक्त कोशिकाएं आपके पूरे शरीर में ऑक्सीजन ले जाती हैं।
- श्वेत रक्त कोशिकाएं आपकी प्रतिरक्षा प्रणाली का हिस्सा हैं और संक्रमण से लड़ने में मदद करती हैं।
- प्लेटलेट्स आपके खून को थक्के बनाने की अनुमति देते हैं।

अतः विकल्प (C) सही है।

20. WBC जो हेपरिन और हिस्टामाइन जारी करते हैं, बेसोफिल हैं।

श्वेत रक्त कोशिकाओं का प्रकार हिस्टामाइन को जारी करने से संबंधित है और प्राकृतिक थक्कारोधी हेपरिन बेसोफिल। उनमें हिस्टामाइन से भरे दाने होते हैं, जब बेसोफिल एलर्जी का सामना करते हैं तो वे हिस्टामाइन छोड़ते हैं। हिस्टामाइन क्षतिग्रस्त ऊतकों में रक्त के प्रवाह को बढ़ाता है, जिसके परिणामस्वरूप सूजन और जलन होती है। बेसोफिल्स में थक्कारोधी हेपरिन भी होता है, जो रक्त को बहुत जल्दी थक्का बनने से रोकता है।

अतः विकल्प (A) सही है।

21. मानव शरीर में WBC का व्यास लगभग 0.007mm होता है।

एक श्वेत रक्त गणना आपके रक्त में श्वेत रक्त कोशिकाओं की संख्या को मापती है। श्वेत रक्त कोशिकाएं प्रतिरक्षा प्रणाली का हिस्सा हैं। वे आपके शरीर को संक्रमण और अन्य बीमारियों से लड़ने में मदद करती हैं।

अतः विकल्प (C) सही है।

22. मोनोसाइट्स और न्यूट्रोफिल कोशिकाएं फागोसाइटोसिस में भूमिका निभाएगी।

मोनोसाइट्स शरीर में तीन मुख्य कार्य करते हैं; फागोसाइटोसिस और बाहरी पदार्थों को हटाना, केमोकाइन का स्राव करना और एंटीजन पेश करना। वे खतरे के संकेतों को पहचानने में सक्षम हैं और ज्यादातर रक्त और प्लीहा में मौजूद होते हैं।

अस्थि मज्जा से संक्रमण के स्थल तक सूजन के समय न्यूट्रोफिल बढ़ जाते हैं। न्यूट्रोफिल द्वारा फागोसिटासिस लगभग 9 मिनट में होता है। न्यूट्रोफिल का स्राव मैक्रोफेज और मोनोसाइट्स को फागोसाइटोसिस के लिए उत्तेजित करता है।

अतः विकल्प (D) सही है।

23. लिम्फोसाइट्स कोशिकाएं प्रतिरक्षी अनुक्रियाओं में भूमिका निभाएंगी।

अनुकूली प्रतिरक्षा प्रतिक्रियाएं सफेद रक्त कोशिकाओं द्वारा की जाती हैं जिन्हें लिम्फोसाइट्स कहते हैं। ऐसी प्रतिक्रियाओं के दो व्यापक वर्ग- एंटीबॉडी प्रतिक्रियाएँ और कोशिका-मध्यस्थ प्रतिरक्षा प्रतिक्रियाएँ, और वे लिम्फोसाइटों के विभिन्न वर्गों द्वारा की जाती हैं, जिन्हें क्रमशः B कोशिकाएँ और T कोशिकाएँ कहा जाता है।

अतः विकल्प (C) सही है।

24.

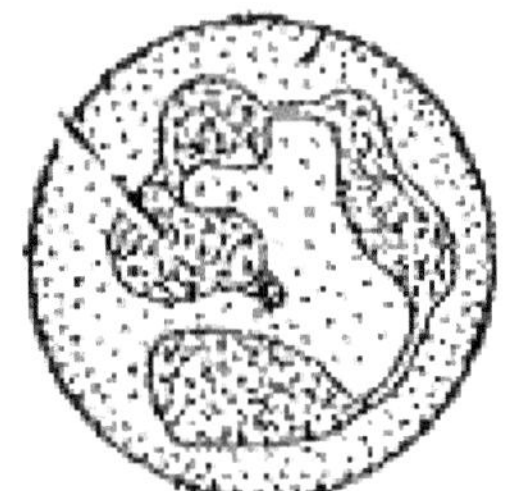

दी गई आकृति, न्यूट्रोफिल - फागोसाइटिक कोशिका जो शरीर में प्रवेश करने वाले बाहरी जीवों को नष्ट कर देती है।

न्यूट्रोफिल पॉलीमॉर्फोन्यूक्लियर ल्यूकोसाइट्स (पीएमएन) हैं जबकि बेसोफिल मोनोन्यूक्लियर फागोसाइट्स (एमएनपी) हैं। न्यूट्रोफिल को 'सूक्ष्म पुलिसकर्मी' के रूप में जाना जाता है।

अतः विकल्प (A) सही है।

25. बेसोफिल कोशिका सूजन-संबंधी प्रतिक्रियाओं में भूमिका निभाएगी।

रक्त कोशिकाएं तीन प्रमुख प्रकार की होती हैं वे एरिथ्रोसाइट्स (आरबीसी), ल्यूकोसाइट्स (डब्ल्यूबीसी) और प्लेटलेट्स हैं। डब्ल्यूबीसी की दो मुख्य श्रेणियां ग्रैन्यूलोसाइट्स और एग्रानुलोसाइट्स हैं। न्यूट्रोफिल, इओसिनोफिल और बेसोफिल विभिन्न प्रकार के ग्रैन्यूलोसाइट्स हैं, जबकि लिम्फोसाइट्स और मोनोसाइट्स एग्रानुलोसाइट्स हैं। जब बेसोफिल एलर्जेन के संपर्क में आते हैं तो वे हिस्टामाइन छोड़ते हैं जिससे क्षतिग्रस्त ऊतकों में रक्त का प्रवाह बढ़ जाता है, जिसके परिणामस्वरूप सूजन और जलन होती है।

अतः विकल्प (B) सही है।

26. एक मिमी³ रक्त में कोशिकाओं की अधिकतम संख्या और न्यूनतम संख्या क्रमशः आरबीसी और डब्ल्यूबीसी होगी।

लाल रक्त कोशिका (आरबीसी) की संख्या: 3.93 से 5.69 मिलियन कोशिकाएं प्रति घन मिलीमीटर (मिलियन/मिमी³) हीमोग्लोबिन (एचजीबी, एचबी): पुरुषों के लिए 12.6 से 17.5 ग्राम प्रति डेसीलीटर (ग्राम/डेसीलीटर); महिलाओं के लिए 12.0 से 16 ग्राम/डेसीलीटर। हेमेटोक्रिट (HCT): 38% से 47.7% श्वेत रक्त कोशिका (WBC) की संख्या: 3,300 से 8,700 कोशिकाएं प्रति घन मिलीमीटर (हजार/मिमी³)।

अतः विकल्प (B) सही है।

27. जब हम रोगी के पूर्ण रक्त गणना (CBC) का आकलन कर करते है तो डब्ल्यूबीसी 3,000 लैब परिणाम ल्यूकोपेनिया प्रदर्शित करता है। डब्ल्यूबीसी रेंज 5,000-10,000 है।

ल्यूकोपेनिया की स्थिति में मरीज के शरीर में श्वेत रक्त कोशिका की संख्या सामान्य से कम हो जाती है, जिसके कारण उसे इंफेक्शन और बीमारियों का खतरा बहुत बढ़ जाता है। ल्यूकोपेनिया का पता लगाने के लिए खून की जांच करवानी पड़ती है। पूर्ण रक्त गणना यानि सीबीसी जांच द्वारा इसका पता लगाया जा सकता है। एक स्वस्थ व्यक्ति के शरीर में एक माइक्रोलीटर खून में 3,500 से 11,000 श्वेत रक्त कोशिका होते हैं। अगर किसी व्यक्ति के शरीर में एक माइक्रोलीटर खून में 3,500 से कम श्वेत रक्त कोशिका हैं, तो वो ल्यूकोपेनिया का शिकार हो जाता है।

अतः विकल्प (C) सही है।

28. एक मरीज की पूर्ण रक्त गणना (सीबीसी) के परिणाम आ गए हैं। आरबीसी 10 मिलियन परिणाम पॉलीसिथेमिया प्रदर्शित करता है।

आरबीसी की सामान्य सीमा 4.5-5.5 मिलियन है। पॉलीसिथेमिया से ग्रस्त होने पर अत्यधिक मात्रा में आरबीसी बनने लग जाती हैं और इसके कारण खून अधिक गाढ़ा हो जाता है। इससे स्ट्रोक, हार्ट अटैक या खून का थक्का जमना, आदि समस्या हो सकती है।

अतः विकल्प (A) सही है।

29. पूर्ण रक्त गणना (CBC) से रोगी के रिकॉर्ड पर प्लेटलेट्स 80,000 प्रयोगशाला परिणाम थ्रोम्बोसाइटोपेनिया का प्रतिनिधित्व करता है।

एक सामान्य प्लेटलेट काउंट रेंज 150,000-400,000 है। थ्रोम्बोसाइटोपेनिया का मतलब कम प्लेटलेट काउंट होता है।

अतः विकल्प (D) सही है।

30. IgG2 प्रतिरक्षी संपुटित जीवाणुओं के विरुद्ध एक महत्वपूर्ण परपोषी रक्षा है।

IgG2- उपवर्ग की कमी पॉलीसेकेराइड एंटीजन (बैक्टीरिया संपुटित) के प्रति कम प्रतिरक्षा प्रतिक्रिया से जुड़ी है।

अतः विकल्प (B) सही है।

31. नवजात शिशुओं में IgG इम्युनोग्लोबुलिन सबसे प्रचुर मात्रा में इम्युनोग्लोबुलिन है।

IgG 146 केडी के अनुमानित आणविक भार और 9.0 मिलीग्राम/एमएल की सीरम एकाग्रता वाला एक मोनोमर है। IgG प्लेसेंटा को पार कर सकता है और निष्क्रिय प्रतिरक्षा स्थापित कर सकता है। स्तनपान के माध्यम से शिशुओं को स्रावी IgA (SIgA) भी मिलता है।

अतः विकल्प (C) सही है।

32. IgM इम्युनोग्लोबुलिन संक्रमण की प्राथमिक प्रतिक्रिया में जल्दी उत्पन्न होता है।

इम्युनोग्लोबुलिन M (IgM) एंटीबॉडी एक नए संक्रमण के लिए शरीर की पहली प्रतिक्रिया के रूप में उत्पन्न होते हैं। यह एक पेंटामेर है और पूरक प्रणाली के उत्कृष्ट मार्ग को सक्रिय करता है।

अतः विकल्प (D) सही है।

33. IgE इम्युनोग्लोब्युलिन परजीवी संक्रमण के विरुद्ध प्राथमिक रक्षा मेजबान है।

IgE परजीवियों से बचाता है और मास्ट कोशिकाओं और बेसोफिल पर उच्च-आत्मीयता रिसेप्टर्स को बांधता है, जिससे एलर्जी होती है। विभिन्न परजीवी संक्रमणों के खिलाफ IgE को सबसे महत्वपूर्ण रक्षा मेजबान माना जाता है।

अतः विकल्प (D) सही है।

34. IgM इम्युनोग्लोबुलिन में इम्युनोग्लोबुलिन की उच्चतम मात्रा होती है। अपने बड़े आकार के कारण, IgM ज्यादातर अंतःवाहिकीय होता है और प्रतिजनों के लिए कम बंधुता रखता है। चूंकि पेंटामेरिक IgM में 10 एंटीजन बाध्यकारी साइटें हैं, इसमें IgG की तुलना में एंटीजन के लिए उच्च अम्लता (समग्र बंधन शक्ति) है और पूरक प्रणाली और एग्लूटिनेशन के उत्कृष्ट उत्प्रेरक के रूप में कार्य करता है।

अतः विकल्प (B) सही है।

35. एंटीबॉडी की हल्की श्रृंखला और भारी श्रृंखला डाइ-सल्फ़ाइड बंध से जुड़ती है।

प्रत्येक IgG अणु में दो भारी श्रृंखलाएँ और दो प्रकाश श्रृंखलाएँ होती हैं। दो भारी श्रृंखलाएं एक दूसरे से डाइ-सल्फ़ाइड बंध से जुड़ी होती हैं और प्रत्येक भारी श्रृंखला एक डाइ-सल्फ़ाइड बंध द्वारा एक हल्की श्रृंखला से जुड़ी होती है।

अतः विकल्प (C) सही है।

36. मेमोरी प्रतिरक्षा कोशिकाएं उसी एंटीजन के साथ बाद में किसी भी आमना-सामना के बाद तुरंत प्रतिक्रिया देने में सक्षम हैं।

मेमोरी प्रतिरक्षा प्रणाली की जल्दी और विशेष रूप से एक एंटीजन को पहचानने की क्षमता है जिसे शरीर ने पहले सामना किया है और इसी प्रतिरक्षा प्रतिक्रिया को शुरू किया है। आम तौर पर, ये एक ही एंटीजन के लिए द्वितीयक, तृतीयक और अन्य बाद की प्रतिरक्षा प्रतिक्रियाएं हैं।

अतः विकल्प (B) सही है।

37. लिम्फोसाइट्स जो थाइमस में प्रतिरक्षा क्षमता विकसित कर सकते हैं वे T लिम्फोसाइट्स हैं।

T लिम्फोसाइट्स प्रतिरक्षा प्रणाली का हिस्सा हैं और अस्थि मज्जा में स्टेम कोशिकाओं से विकसित होते हैं। वे शरीर को संक्रमण से बचाने में मदद करते हैं और कैंसर से लड़ने में मदद कर सकते हैं।

अतः विकल्प (B) सही है।

38. एक गैर-कण द्वारा उत्तेजित किये जाने पर एक प्रतिरक्षा प्रतिक्रिया, प्रतिजन के रूप में जानी जाती है।

प्रतिजन कोई भी पदार्थ है जिसे प्रतिरक्षा प्रणाली पहचान सकती है और जो प्रतिरक्षा प्रतिक्रिया को उत्तेजित कर सकती है। यदि प्रतिजन को खतरनाक माना जाता है (उदाहरण के लिए, यदि वे रोग का कारण बन सकते हैं), तो वे शरीर में प्रतिरक्षा प्रतिक्रिया को उत्तेजित कर सकते हैं। प्रतिजन बैक्टीरिया, वायरस, अन्य सूक्ष्मजीवों, परजीवियों, या कैंसर कोशिकाओं के भीतर या उनके अंदर समाहित हो सकते हैं।

अतः विकल्प (C) सही है।

39. रक्त कोशिकाएं जिन्हें प्रतिरक्षा प्रणाली के एक भाग के रूप में नहीं देखा जाता है वे लाल रक्त कोशिकाएं हैं।

लाल रक्त कोशिकाएं (आरबीसी) जन्मजात प्रतिरक्षा प्रतिक्रिया के महत्वपूर्ण न्यूनाधिक के रूप में उभर रही हैं। लाल रक्त कोशिकाएं, संचलन में केमोकाइन, न्यूक्लिक एसिड और रोगजनकों को बांधते हैं और परिमार्जन करते हैं।

अतः विकल्प (D) सही है।

40. स्राव में पाया जाने वाला प्रतिरक्षी IgA है।

इम्युनोग्लोबुलिन A (IgA) अक्सर रक्तप्रवाह में एक मोनोमेरिक अवस्था में मौजूद होता है, लेकिन म्यूकोसल सतहों के लुमेन में एक मंद रूप में स्रावित होता है। IgA लार, आँसू, श्वसन, जठरांत्र और जननांग स्राव में पाया जाता है।

अतः विकल्प (D) सही है।

41. IgG एंटीबॉडीज ऑप्सोनाइजेशन प्रक्रिया में प्रत्यक्ष रूप से भाग लेता है।

बैक्टीरिया का ऑप्सोनाइजेशन तब होता है जब इम्युनोग्लोबुलिन (IgG) के अणु एंटीजन बाइंडिंग साइट के माध्यम से बैक्टीरिया की सतह के एंटीजन पर विशिष्ट एपिटॉप्स से बंधते हैं, जिससे एफसी क्षेत्र उजागर हो जाता है। फ़ैगोसाइट में एफसी गामा रिसेप्टर्स होते हैं और एफसी-लेपित बैक्टीरिया से बंध सकते हैं और उन्हें आंतरिक बना सकते हैं।

अतः विकल्प (B) सही है।

42. प्रतिरक्षी अणु वैद्युत कण संचलन के दौरान गामा क्षेत्र में गोलाकार प्रोटीन मुख्य रूप से पाए जाते हैं।

प्रतिरक्षी, जिसे इम्युनोग्लोबुलिन भी कहा जाता है, एक बाहरी पदार्थ की उपस्थिति के जवाब में प्रतिरक्षा प्रणाली द्वारा निर्मित सुरक्षात्मक प्रोटीन हैं।

अतः विकल्प (A) सही है।

43. जीवाणु संक्रमण के प्रतिरोध में एंटीबॉडी के लिए फैगोसाइटिक कोशिकाओं द्वारा बढ़े हुए अंतर्ग्रहण के लिए ऑप्सोनाइजेशन एक प्राथमिक भूमिका है।

फैगोसाइटिक कोशिकाएं एफसीआर और अन्य पैटर्न पहचान रिसेप्टर्स के बीच सहकारी संकेतों के माध्यम से अतिरिक्त जानकारी को एकीकृत कर सकती हैं, जैसे कि सीएलआर और टोल-जैसे रिसेप्टर्स, जो कि प्रभावकारी सेल की सतह पर या एंडोसाइटिक कोष्ठों के भीतर पाए जाते हैं।

अतः विकल्प (D) सही है।

44. मोनोक्लोनल एंटीबॉडी वर्तमान में चिकित्सकीय रूप से उपयोग किए जाते हैं, जो संधिशोथ से जुड़ी सूजन को कम कर सकते हैं।

मोनोक्लोनल एंटीबॉडीज प्रयोगशाला में उत्पादित अणु होते हैं जिन्हें वैकल्पिक एंटीबॉडी के रूप में काम करने के लिए अभियांत्रिक किया जाता है जो कि कैंसर कोशिकाओं जैसे अवांछित कोशिकाओं पर प्रतिरक्षा प्रणाली के हमले को पुनस्थापित, बढ़ा, संशोधित या नकल कर सकते हैं।

अतः विकल्प (B) सही है।

45. एंटीबॉडी एंटीजन को उनके अतिपरिवर्तनीय क्षेत्रों के माध्यम से पहचानते हैं।

एंटीजन एंटीबॉडी प्रतिक्रिया शुरू करने के लिए आपकी प्रतिरक्षा प्रणाली को गति प्रदान करते हैं। विशिष्ट एंटीबॉडी विशिष्ट एंटीजन का पता लगाते हैं। इसका मतलब है कि प्रत्येक एंटीबॉडी एक लक्ष्य एंटीजन के खिलाफ युद्ध करती है। एक बार जब एंटीबॉडीज एंटीजन का पता लगा लेते हैं, तो वे उन्हें बांध देते हैं और उन्हें बेअसर कर देते हैं।

अतः विकल्प (A) सही है।

46. थूक तब उत्पन्न होता है जब किसी व्यक्ति के फेफड़े रोगग्रस्त या क्षतिग्रस्त हो जाते हैं। थूक लार नहीं है बल्कि गाढ़ा बलगम (जिसे कभी-कभी कफ भी कहा जाता है) होता है जो फेफड़ों से खांसी के रूप में निकलता है।

थूक उत्पादन के लिए संदीपन है:

- वागल तंत्रिका संदीपन
- चोलिनर्जिक दवाएं
- इम्यूनोलॉजिकल और संदीपन, मस्तूल कोशिकाएं, इयोस्नोफिल्स और प्लाज्मा कोशिकाएं स्राव में योगदान कर सकती हैं।

अतः विकल्प (D) सही है।

47. थूक स्राव के प्रमुख स्रोत गॉब्लेट कोशिकाएं और श्लेष्म ग्रंथियां हैं।

श्वसन तंत्र की सतही परत गॉब्लेट कोशिकाओं के साथ रोमक स्तंभाकार कोशिकाओं द्वारा होती है। गॉब्लेट कोशिकाएं एक मोटी म्यूसिन प्रकार के थूक का निर्माण करती हैं जो सतह उपकला कोशिकाओं और कार्टिलाजिनस प्लेट के बीच मौजूद उपश्लेष्म ग्रंथियों द्वारा स्रावित एसिड ग्लाइकोप्रोटीन, सियालोप्रोटीन और सल्फोप्रोटीन के अधिक तरल मिश्रण द्वारा तनुकृत होता है।

अतः विकल्प (C) सही है।

48. थूक की जांच के लिए कंटेनर होना चाहिए:

- स्वच्छ और सूखा
- 25 मिली क्षमता के साथ चौड़े मुंह वाला
- स्क्रू कैप के साथ सुरक्षित रूप से लगाया गया
- एयरोसोल गठन को रोकने के लिए लीक प्रूफ

अतः विकल्प (D) सही है।

49. थूक में सामान्य रूप से पानी का प्रतिशत 95% होता है।

थूक में 95% पानी, 3% प्रोटीन (म्यूसिन और एंटीबॉडी सहित), 1% नमक और अन्य पदार्थ होते हैं।

अतः विकल्प (D) सही है।

50. किसी समुदाय में तपेदिक रोग के संक्रमण की व्यापकता का आकलन करने के लिए सबसे उपयुक्त परीक्षण, ट्यूबरकुलिन परीक्षण है।

ट्यूबरकुलिन टेस्ट एक समुदाय में तपेदिक के प्रसार का आकलन करने के लिए उपयोगी एकमात्र परीक्षण है। किसी व्यक्ति में तपेदिक रोग का निदान करने के लिए थूक परीक्षण का उपयोग किया जाता है।

अतः विकल्प (C) सही है।

51. उपरोक्त सभी थूक में दिखने वाले विभिन्न परजीवि है।

थूक की सूक्ष्म जांच का उपयोग पैरागोनिमस वेस्टर्मनी अंडे, स्ट्रांगिलोइड्स स्टर्कोरालिस लार्वा, एस्केरिस लुम्ब्रिकोइड्स लार्वा, हुकवर्म लार्वा और शायद ही कभी एंटामोइबा हिस्टोलिटिका की पहचान करने के लिए किया जाता है।

अतः विकल्प (D) सही है।

52. पीलिया के साथ अधिकांश नवजात शिशुओं में शारीरिक पीलिया होता है। जैसे-जैसे पाचन तंत्र और यकृत परिपक्व होता है, बिलीरुबिन, लाल रक्त कोशिकाओं के सामान्य टूटने के दौरान उत्पन्न होने वाला एक पीला वर्णक, तेजी से संसाधित होता है, और पीलिया जल्दी गायब हो जाता है।

अतः विकल्प (B) सही है।

53. सीरम बिलिरुबिन का सामान्य स्तर 2 मिलीग्राम/डेसीलीटर है।

बिलिरुबिन रक्त में एक पीले रंग का पदार्थ है। यह लाल रक्त कोशिकाओं के टूटने के बाद बनता है, और यह उत्सर्जित होने से पहले आपके यकृत, पित्ताशय की थैली और पाचन तंत्र से होकर गुजरता है। सामान्य बिलिरुबिन का स्तर आम तौर पर 1 मिलीग्राम प्रति डेसीलीटर (मिलीग्राम/डेसीलीटर) से कम होता है। पीलिया वाले वयस्कों में आमतौर पर बिलिरुबिन का स्तर 2.5 मिलीग्राम/डेसीलीटर से अधिक होता है। अन्यथा स्वस्थ नवजात शिशु में, 15 मिलीग्राम/डेसीलीटर से अधिक बिलिरुबिन का स्तर समस्या पैदा कर सकता है।

अतः विकल्प (A) सही है।

54. आंख के श्वेतपटल के पीले रंग की विशेषता वाली नैदानिक सांद्रता को पीलिया कहा जाता है।

पीलिया, रक्त में पित्त वर्णकों के जमा होने और शरीर के ऊतकों में उनके जमाव के कारण त्वचा और श्लेष्मा झिल्ली का पीला रंग है। पीलिया को कोलेस्टेसिस से अलग करना चाहिए, जो पित्त प्रवाह की घटी हुई दर को दर्शाता है।

अतः विकल्प (C) सही है।

55. हेपेटिक पीलिया के रोगियों में मल का रंग मिट्टी के रंग का होने का कारण स्टर्कोबिलिनोजेन की अनुपस्थिति है।

फेकल यूरोबिलिनोजेन जिसे स्टर्कोबिलिनोजेन के रूप में जाना जाता है, एक रसायन है जो आंत में बैक्टीरिया द्वारा बनाया जाता है। यह टूटे हुए हीमोग्लोबिन का उपोत्पाद है। यह स्टर्कोबिलिनोजेन की रासायनिक प्रतिक्रिया है जो मल को मिट्टी का रंग देती है। मानव शरीर में, पिगमेंट बिलीरुबिन हीम के टूटने से बनता है; बिलीरुबिन के साथ प्रतिक्रिया के रूप में स्टर्कोबिलिनोजेन आंतों के मार्ग में उत्पन्न होता है। स्टर्कोबिलिनोजेन या तो यकृत या गुर्दे से उत्सर्जित होता है। हालांकि, आधे से अधिक यूरोबिलिनोजेन यकृत में पुन: परिचालित होता है और फिर आंत में बदल जाता है।

अतः विकल्प (C) सही है।

56. प्लाज्मोडियम फाल्सीपेरम एसपीपी दुनिया भर में अधिक मृत्यु दर का कारण माना जाता है।

प्लाज्मोडियम फाल्सीपेरम: प्लाज्मोडियम फाल्सीपेरम मनुष्यों का एककोशिकीय प्रोटोजोआ परजीवी है, और प्लाज्मोडियम की सबसे घातक प्रजाति है जो मनुष्यों में मलेरिया का कारण बनती है। परजीवी मादा एनोफेलीज

मच्छर के काटने से फैलता है और रोग के सबसे खतरनाक रूप, फाल्सीपेरम मलेरिया का कारण बनता है।

अतः विकल्प (C) सही है।

57. मलेरिया की दवा हाइड्रोक्सीक्लोरोकीन को 2020 में कोविड-19 के वायरल संक्रमण में प्रभावी होने की झूठी सूचना दी गई थी।

हाइड्रोक्सीक्लोरोकीन, दूसरों के बीच प्लाकेनिल ब्रांड नाम के तहत बेची जाती है, मलेरिया को रोकने और उन क्षेत्रों में इलाज के लिए इस्तेमाल की जाने वाली दवा है जहां मलेरिया क्लोरोक्वीन के प्रति संवेदनशील रहता है। अन्य उपयोगों में रूमेटाइड आर्थराइटिस, ल्यूपस और कोविड-19 का उपचार शामिल है।

अतः विकल्प (D) सही है।

58. मनुष्यों में यकृत में रोग के संचरण के दौरान मलेरिया परजीवी निवास कर सकता है और एक वर्ष तक निष्क्रिय रह सकता है।

मलेरिया के प्राकृतिक इतिहास में मनुष्यों और मादा एनोफिलीज मच्छरों का चक्रीय संक्रमण शामिल है। मनुष्यों में, परजीवी पहले यकृत कोशिकाओं में और फिर रक्त की लाल कोशिकाओं में बढ़ते हैं। रक्त में, परजीवियों के क्रमिक समूह लाल कोशिकाओं के अंदर विकसित होते हैं और उन्हें नष्ट कर देते हैं, संतति परजीवियों ("मेरोजोइट्स") को मुक्त करते हैं जो अन्य लाल कोशिकाओं पर आक्रमण करके चक्र को जारी रखते हैं।

अतः विकल्प (B) सही है।

59. सोडियम रक्त की मात्रा और रक्तचाप के नियमन में मदद करता है।

पोटेशियम और सोडियम इलेक्ट्रोलाइट्स हैं जो तरल पदार्थ और रक्त की मात्रा को बनाए रखकर आपके शरीर को सामान्य रूप से काम करने में मदद करते हैं। हालाँकि, बहुत कम पोटेशियम और बहुत अधिक सोडियम का सेवन करने से आपका रक्तचाप बढ़ सकता है।

अतः विकल्प (C) सही है।

60. मलेरिया से संक्रमित लोगों में तेज बुखार और ठंड लगना सबसे आम लक्षण है।

मलेरिया परजीवी से होने वाला रोग है। परजीवी संक्रमित मच्छरों के काटने से मनुष्यों में फैलता है। जिन लोगों को मलेरिया होता है वे आमतौर पर तेज बुखार और कंपकंपी वाली ठंड से बहुत बीमार महसूस करते हैं। जबकि रोग समशीतोष्ण जलवायु में असामान्य है, उष्णकटिबंधीय और उपोष्णकटिबंधीय देशों में मलेरिया अभी भी आम है।

अतः विकल्प (D) सही है।

61. त्रिविम सूक्ष्मदर्शी प्रकाश को रोशनी के स्रोत के रूप में उपयोग करता है।

एक त्रिविम सूक्ष्मदर्शी एक ऑप्टिकल सूक्ष्मदर्शी है जो एक नमूने का त्रि-आयामी दृश्य प्रदान करता है। इसे विदारक सूक्ष्मदर्शी और स्टीरियो जूम सूक्ष्मदर्शी जैसे अन्य नामों से भी जाना जाता है।

त्रिविम सूक्ष्मदर्शी की विशेषताएं:

- दो अलग-अलग उद्देश्य
- दो अलग ऑप्टिकल पथ
- वस्तु से परावर्तित प्रकाश का उपयोग करता है
- 10x और 50x के बीच विशिष्ट आवर्धन सीमा
- त्रि-आयामी छवियां

अतः विकल्प (A) सही है।

62. यदि आप जीवाणुओं की कोशिका भित्ति के द्रव्यमान का आकलन करना चाहते हैं, तो उसके लिए व्यतिकरण सूक्ष्मदर्शी सबसे उपयुक्त है।

व्यतिकरण सूक्ष्मदर्शी नमूने के माध्यम से गुजरने वाले दो अलग-अलग बीमों में प्रकाश को विभाजित करने के लिए एक प्रिज्म का उपयोग करता है। इस

प्रकार यह दो बीमों के पुनर्संयोजन पर अपवर्तनांक में अंतर को मापने पर आधारित है। व्यतिकरण तब होता है जब एक प्रकाश पुंज दूसरे के सापेक्ष मंद या उन्नत होता है।

अतः विकल्प (C) सही है।

63. प्रतिदीप्ति सूक्ष्मदर्शी फ्लोरोसेंट-लेबल वाले एंटीबॉडी का उपयोग करके रोगजनकों की पहचान करने के लिए विशेष रूप से उपयोगी है।

एक प्रतिदीप्ति सूक्ष्मदर्शी एक ऑप्टिकल माइक्रोस्कोप है जो कार्बनिक या अकार्बनिक पदार्थों के गुणों का अध्ययन करने के लिए, बिखरने, प्रतिबिंब, और क्षीणन या अवशोषण के अलावा, या इसके अलावा प्रतिदीप्ति का उपयोग करता है।

अतः विकल्प (A) सही है।

64. जैविक दृष्टिकोण से, विलयनों को आइसोटोनिक विलयन, हाइपोटोनिक विलयन और हाइपरटोनिक विलयन में समूहीकृत किया जा सकता है।

आइसोटोनिक विलयन: ऐसे विलयन जिनमें पानी और विलेय की समान सांद्रता होती है, कोशिका साइटोप्लाज्म के रूप में आइसोटोनिक विलयन कहलाते हैं। एक आइसोटोनिक विलयन में रखी गई कोशिकाएं न तो सिकुड़ेंगी और न ही फूलेंगी क्योंकि पानी का कोई शुद्ध लाभ या हानि नहीं होती है।

हाइपोटोनिक विलयन: हाइपोटोनिक विलयन एक अर्ध-पारगम्य झिल्ली के आर-पार अन्य विलयनों में विलेय सांद्रता की तुलना में विलेय की कम मात्रा वाले समाधान को संदर्भित करता है। इस तरह के विलयन में विलेय की सांद्रता कम होती है और कोशिका में पानी की कुल गति होती है।

हाइपरटोनिक विलयन: एक विलयन जिसमें सामान्य कोशिकाओं और रक्त में पाए जाने वाले कणों (जैसे नमक और अन्य इलेक्ट्रोलाइट्स) की तुलना में अधिक घुले हुए कण होते हैं। उदाहरण के लिए, घावों को भिगोने के लिए हाइपरटोनिक विलयन का उपयोग किया जाता है।

अतः विकल्प (D) सही है।

65. सूक्ष्मदर्शी की विभेदन क्षमता वस्तु को प्रकाशित करने वाले प्रकाश की तरंग दैर्ध्य पर निर्भर करती है।

सूक्ष्मदर्शी के विभेदन कारक को दो वस्तुओं के बीच की दूरी या कोणीय अलगाव के व्युत्क्रम के रूप में परिभाषित किया जाता है जिसे ऑप्टिकल उपकरण के माध्यम से देखने पर हल किया जा सकता है। एक डिवाइस की संकल्प शक्ति जितनी अधिक होगी, छवि गुणवत्ता और स्पष्टता उतनी ही बेहतर होगी, और चीजें स्पष्ट रूप से देखी जा सकती हैं।

अतः विकल्प (D) सही है।

66. प्रकाश सूक्ष्मदर्शी की विभेदन क्षमता 0.2 मिमी है।

सूक्ष्मदर्शी की विभेदन क्षमता प्रदीप्ति की तरंगदैर्ध्य और वस्तुनिष्ठ लेंस के संख्यात्मक छिद्र पर निर्भर करती है। रेजोल्यूशन पावर अधिकतम का अर्थ है, दो बिंदुओं के बीच की न्यूनतम दूरी कम है। प्रकाश सूक्ष्मदर्शी की संकल्प शक्ति $0.25\mu m$ या $0.002mm$ है।

अतः विकल्प (D) सही है।

67. इलेक्ट्रॉन माइक्रोस्कोपी आपको उच्च-रिज़ॉल्यूशन संरचनात्मक जानकारी प्राप्त करने की अनुमति देता है, इस परिकल्पना के लिए आप दो प्रकार की कोशिकाओं की छवि बनाएंगे और हेमाइड्समोसोम के "आंतरिक पट्टिका" की तुलना करेंगे।

अतः विकल्प (B) सही है।

68. बिलीरुबिन परिधीय ऊतकों तक परिवहन के लिए एल्बुमिन प्लाज्मा प्रोटीन से जुड़ा होता है।

एल्बुमिन लिवर द्वारा बनाया गया एक प्रोटीन है। एल्बुमिन आपके रक्तप्रवाह में प्रवेश करता है और आपके रक्त वाहिकाओं से तरल पदार्थ को अन्य ऊतकों में लीक होने से रोकता है। यह आपके पूरे शरीर में हार्मोन, विटामिन और एंजाइम भी ले जाता है।

अतः विकल्प (B) सही है।

69. माइकोबैक्टीरियम ट्यूबरकुलोसिस जैसे एसिड-फास्ट जीव अपनी कोशिका भित्ति में कार्बोहाइड्रेट की उच्च सांद्रता के कारण एसिड-अल्कोहल वॉश द्वारा विरंजन का विरोध करते हैं।

एसिड-फास्ट सेल वॉल वाले बैक्टीरिया एसिड-फास्ट स्टेनिंग प्रक्रिया के दौरान एसिड-अल्कोहल मिश्रण के साथ विरंजन का विरोध करते हैं, प्रारंभिक डाई कार्बोल फुकसिन को बनाए रखते हैं और लाल दिखाई देते हैं।

अतः विकल्प (B) सही है।

70. माइक्रोबैक्टीरिया एसिड फास्ट बैक्टीरिया है।

एसिड फास्ट बेसिलस (एएफबी) एक प्रकार का बैक्टीरिया है जो तपेदिक और कुछ अन्य संक्रमणों का कारण बनता है। तपेदिक, जिसे आमतौर पर टीबी के रूप में जाना जाता है, एक गंभीर बैक्टीरिया संक्रमण है जो मुख्य रूप से फेफड़ों को प्रभावित करता है। यह मस्तिष्क, रीढ़ और गुर्दे सहित शरीर के अन्य भागों को भी प्रभावित कर सकता है।

अतः विकल्प (C) सही है।

71. उपरोक्त चरणों के लिए हीम डीऑक्सीजनेज और बिलीवर्डिन रिडक्टेस एंजाइम जिम्मेदार है।

हीम डीऑक्सीजनेज: हीम ऑक्सीजनेज़, या हीम डीऑक्सीजनेज़, एक एंजाइम है जो बिलीवरडीन, फेरस आयन और कार्बन मोनोऑक्साइड के उत्पादन के लिए हीम के क्षरण को उत्प्रेरित करता है।

बिलीवर्डिन रिडक्टेस एंजाइम: बिलीवर्डिन रिडक्टेस (बीवीआर) एक घुलनशील साइटोप्लाज्मिक एंजाइम है जो इलेक्ट्रॉन दाता के रूप में एनएडीएच या एनएडीपीएच का उपयोग करके बिलीवरडीन को बिलीरुबिन में परिवर्तित करता है।

अतः विकल्प (C) सही है।

72. उत्पादित कुल बिलीरुबिन का लगभग 85% यकृत, प्लीहा, और अस्थि मज्जा की रेटिकुलोएन्डोथेलियल कोशिकाओं में लाल रक्त कोशिकाओं से प्राप्त होता है। शेष 15% बिलीरुबिन अप्रभावी एरिथ्रोपोइज़िस, मायोग्लोबिन, साइटोक्रोमेस और पेरोक्सीडेस के दौरान आरबीसी से उत्पन्न होता है। बिलीरुबिन का दैनिक उत्पादन 250-350 मिलीग्राम है।

बिलीरुबिन (बिल-इह-रू-बिन) एक पीले रंग का वर्णक है जो लाल रक्त कोशिकाओं के टूटने के दौरान बनता है। बिलीरुबिन यकृत से होकर गुजरता है और अंततः शरीर से बाहर निकल जाता है। इसका दैनिक उत्पादन लगभग 250-350 मिलीग्राम है।

अतः विकल्प (D) सही है।

73. माइकोबैक्टीरिया, बैक्टीरियल बीजाणु और नोकार्डिया एसिड फास्ट संरचनाएँ हैं।

माइकोबैक्टीरिया: माइकोबैक्टीरिया एक्टिनोमाइसेटेल्स परिवार के सदस्य हैं, और माइकोबैक्टीरियासी में एकमात्र जीनस हैं।

बैक्टीरियल बीजाणु: बैक्टीरियल बीजाणु बैक्टीरिया का सबसे सुप्त रूप हैं क्योंकि वे न्यूनतम चयापचय और श्वसन प्रदर्शित करते हैं, साथ ही कम एंजाइम उत्पादन भी करते हैं।

नोकार्डिया: नोकार्डियोसिस मिट्टी और पानी में पाए जाने वाले बैक्टीरिया से होने वाली बीमारी है। यह फेफड़े, मस्तिष्क और त्वचा को प्रभावित कर सकता है।

अतः विकल्प (D) सही है।

74. लोवेनस्टीन-जेन्सेन माध्यम माइकोबैक्टीरियम ट्यूबरकुलोसिस के लिए प्रकृति माध्यम है।

लोवेनस्टीन-जेन्सेन माध्यम, जिसे एलजे माध्यम के रूप में जाना जाता है, एक चयनात्मक अंडा-आधारित माध्यम है जो विशेष रूप से नैदानिक नमूनों से माइकोबैक्टीरियम ट्यूबरकुलोसिस सहित माइकोबैक्टीरियम प्रजातियों की प्रकृति और अलगाव के लिए उपयोग किया जाता है।

अतः विकल्प (B) सही है।

75. यदि किसी व्यक्ति का वजन 70 किलो है, तो व्यक्ति शरीर में सोडियम की मात्रा 90 ग्राम होगी।

एक आदर्श व्यक्ति, जो 70 किलो का होता है, उसमें लगभग 90 ग्राम सोडियम, 5 ग्राम आयरन, 170 ग्राम पोटैशियम और 0.06 ग्राम कॉपर होता है। हम कह सकते हैं कि व्यक्ति के शरीर में क्षार धातुओं का जैविक महत्व है।

अतः विकल्प (C) सही है।

76. सोडियम धातु, तंत्रिका संकेतों को संचारित करने में मदद करती है।

सोडियम का एक क्षार धातु होने के कारण कई जैविक उपयोग होते हैं जैसे तंत्रिका संकेत संचरण, कोशिका झिल्लियों में जल प्रवाह विनियमन के साथ-साथ शर्करा और अमीनो एसिड के कोशिकाओं में परिवहन आदि।

अतः विकल्प (C) सही है।

77. हेपेटाइटिस में सीरम बिलीरुबिन का स्तर बढ़ जाता है।

2.5-3.0 mg/dl या इससे अधिक बिलीरुबिन मान हेपेटाइटिस के कामचलाऊ चरण की उपस्थिति को स्थापित करता है। 30 mg/dl से अधिक बिलीरुबिन का स्तर हेमोलाइसिस (बिलीरुबिन का अधिक उत्पादन) या गुर्दे की विफलता (मलत्याग की विफलता) का सुझाव देता है। सीरम बिलीरुबिन का स्तर हमेशा चिकित्सीय महत्व का नहीं होता है।

अतः विकल्प (A) सही है।

78. तपेदिक का निदान एमुलेटर और एंटीफॉर्मिन विधि, एकाग्रता विधि और पेट्रोफ की विधि द्वारा किया जाता है।

सभी बैक्टीरियोलॉजिस्ट ट्यूबरकल बेसिली के परीक्षण एंटीफॉर्मिन विधि से किया जाता हैं। एंटीफॉर्मिन एक क्षारीय एंटीसेप्टिक है जो म्यूसिन को घोलता है और ट्यूबरकल बेसिली को जमता है ताकि वे अवसादित हो सकें।

एकाग्रता प्रक्रिया परजीवियों को मल के मलबे से अलग करती है और जब ये कम संख्या में होते हैं तो परजीवी जीवों का पता लगाने की संभावना बढ़ जाती है। वे प्लवनशीलता तकनीक और अवसादन तकनीक में विभाजित हो जाते हैं।

माइकोबैक्टीरियम ट्यूबरकुलोसिस कल्चर और दवा संवेदनशीलता परीक्षण करने वाली कई प्रयोगशालाओं में संशोधित पेट्रोफ की विधि द्वारा परिशोधन का अभ्यास किया जा रहा है। इस विधि से 30 मिनट के अंदर माइकोबैक्टीरिया को 4% सोडियम हाइड्रॉक्साइड में उल्लेखित करती है।

अतः विकल्प (D) सही है।

79. उच्च स्तर के पोटैशियम का उपयोग करके जुकाम का इलाज नहीं किया जाता है।

मांसपेशियों की कमजोरी, पक्षाघात संबंधी इलियस, एसिडोसिस, ईसीजी असामान्य 38, सूजन आंत्र रोग, श्वसन पक्षाघात, क्षारमयता, कार्डियक आगे, गुर्दे की क्षति, मांसपेशियों में संकुचन, और हाइपोकैलिमिया पोटैशियम के उच्च स्तर का उपयोग करके इलाज किया जाता है।

अतः विकल्प (A) सही है।

80. जब मूत्र में बिलीरुबिन मौजूद होता है तो मूत्र में पीला भूरा रंग पाया जाता है।

आम तौर पर, मूत्र में कोई बिलीरुबिन नहीं होता है। यदि आपके मूत्र में बिलीरुबिन है, तो यह लीवर के खराब स्थिति का प्रारंभिक संकेत हो सकता है। बिलीरुबिन एक पीला पदार्थ है जो शरीर में लाल रक्त कोशिकाओं को तोड़ने की सामान्य प्रक्रिया के दौरान बनता है।

अतः विकल्प (C) सही है।

81. दिया है,

$$2 \text{ घंटे में भरा भाग} = \frac{2}{6} = \frac{1}{3}$$

$$\text{शेष भाग} = \left(1 - \frac{1}{3}\right) = \frac{2}{3}$$

$\therefore$ (A+B) का 7 घंटे का काम $= \frac{2}{3}$

(A+B) का 1 घंटे का काम $= \frac{2}{21}$

$\therefore$ C का 1 घंटे का काम $= \{(A+B+C)$ का 1 घंटे का काम$\} - \{(A+B)$ का 1 घंटे का काम$\}$

$$= \left(\frac{1}{6} - \frac{2}{21}\right) = \frac{1}{14}$$

$\therefore$ C अकेले टैंक को 14 घंटे में भर सकता है।

अतः विकल्प (C) सही है।

82. दिया गया है:

मूलधन $P = 3000$ रुपये

दर $R = \frac{25}{4}\%$ प्रति वर्ष

समय $T = 4$ फरवरी, 2005 से 18 अप्रैल 2005

दिनों की संख्या $= (24 + 31 + 18) = 73$

$$T = \frac{73}{365} = \frac{1}{5} \text{ वर्ष}$$

जैसा कि हम जानते है:

$$SI = \frac{P \times R \times T}{100}$$

जहाँ SI साधारण ब्याज, P मूलधन, T समय और R दर है।

$$\Rightarrow SI = \frac{3000 \times \frac{25}{4} \times \frac{1}{5}}{100}$$

$$\Rightarrow SI = \frac{3000 \times \frac{25}{4} \times \frac{1}{5}}{100}$$

$$\Rightarrow SI = \frac{3000 \times \frac{25}{20}}{100}$$

$$\Rightarrow SI = 30 \times \frac{25}{20}$$

$$\Rightarrow SI = \frac{750}{20}$$

$$\Rightarrow SI = 37.50 \text{ रुपये}$$

अतः विकल्प (A) सही है।

83. हम जानते है:

स्थिर पानी में नाव की गति $= 13$ किमी / घंटे

धारा की गति $= 4$ किमी / घंटे

हमें दिया गया है कि नाव धारा के साथ जाती है, इसलिए नाव की नई गति होती है,

$13 + 4 = 17$ किमी / घंटे

इस गति के साथ 68 किमी यात्रा में लगा समय

जैसा कि हम जानते है:

चाल $=$ दुरी / समय

$$T = \frac{68}{17}$$

$$= 4 \text{ घंटे}$$

अतः विकल्प (C) सही है।

84. दिया है:

$$240 \div 6 + \sqrt{529} \times 17 = ? + 80 \text{ का } 150\%$$

$$\Rightarrow 40 + 23 \times 17 = ? + 120$$

$$\Rightarrow 40 + 391 = ? + 120$$

$$\Rightarrow 431 - 120 = ?$$

$$\Rightarrow ? = 311$$

$\therefore$? का मान 311 है।

अतः विकल्प (A) सही है।

85. दिया गया है:

संख्या 36, 54 और 72 प्रयोग हैं।

उपयोग की गई अवधारणा:

महत्तम समापवर्तक (उच्चतम उभयनिष्ठ गुणक): यह सबसे बड़ा धनात्मक पूर्णांक है जो प्रत्येक पूर्णांक को विभाजित करता है। इसे कभी-कभी महत्तम सामान्य भाजक कहा जाता है।

36 के गुणक $= 1 \times 2 \times 2 \times 3 \times 3$

54 के गुणक $= 1 \times 2 \times 3 \times 3 \times 3$

72 के गुणक $= 1 \times 2 \times 2 \times 2 \times 3 \times 3$

इसलिए हम कह सकते हैं कि उच्चतम सामान्य पूर्णांक $= 3 \times 3 \times 2 = 18$

$\therefore$ 36, 54 और 72 का महत्तम समापवर्तक 18 है।

अतः विकल्प (A) सही है।

86. दी गयी कूट भाषा के अनुसार,

A	B	C	D	E	F	G	H	I	J	K	L	M
1	2	3	4	5	6	7	8	9	10	11	12	13
Z	Y	X	W	V	U	T	S	R	Q	P	O	N
26	25	24	23	22	21	20	19	18	17	16	15	14

L = 12 (1 + 2) = 3
I = 9
F = 6
E = 5
इसी प्रकार,
F = 6
U = 21 (2 + 1) = 3
N = 14 (1 + 4) = 5
इसलिए, FUN, 635 से संबंधित है।

अत: विकल्प (A) सही है।

87. दिए गए कथनों के लिए न्यूनतम संभावित वेन आरेख इस प्रकार होगा:

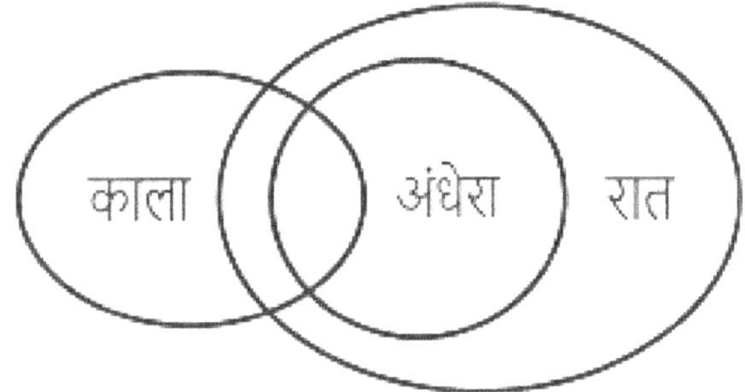

I. सभी काला रात हैं→ असत्य (यह संभव है लेकिन निश्चित नहीं है)

II. कुछ काला रात नहीं हैं→ असत्य (यह संभव है लेकिन निश्चित नहीं है)

इसलिए, या तो I या II अनुसरण करता है।

अत: विकल्प (C) सही है।

88. जिस प्रकार चाप, वृत्त का एक भाग है, उसी प्रकार खण्ड, रेखा का एक भाग है।

अत: विकल्प (D) सही है।

89. दिए गए कथन के अनुसार, प्रतिकूलता मनुष्य को बुद्धिमान बनाती है।

निष्कर्ष:

I. गरीब बुद्धिमान होते हैं। यह निष्कर्ष गलत है क्योंकि दिए गए कथन से कोई संबंध नहीं है।

II. व्यक्ति बुरे अनुभवों से सीखता है। यह निष्कर्ष सही है क्योंकि प्रतिकूलता का अर्थ है मुश्किल/अप्रिय स्थिति जो व्यक्ति को बुद्धिमान बनाती है।

इसलिए, केवल निष्कर्ष II अनुसरण करता है।

अत: विकल्प (C) सही है।

90. 

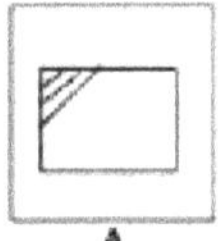

आकृति A को छोड़कर सभी आकृतियों में, प्रत्येक आकृति का आधा भाग छायांकित है।

अत: विकल्प (C) सही है।

91. राष्ट्रपति उत्तर प्रदेश के राज्यपाल की नियुक्ति करता है। राष्ट्रपति द्वारा राज्यपाल की नियुक्ति अनुच्छेद 155 के तहत दी गई है। अनुच्छेद 153 बताता है कि प्रत्येक राज्य के लिए एक राज्यपाल होगा। एक व्यक्ति को दो या अधिक राज्यों के लिए राज्यपाल के रूप में नियुक्त किया जा सकता है। अनुच्छेद 156 राज्यपाल के पद की व्याख्या करता है। राष्ट्रपति के प्रसाद पर्यन्त राज्यपाल पद पर रहेंगे। राज्यपाल पद के लिए व्यक्ति को पैंतीस वर्ष की आयु पूरी करनी होती है। श्रीमती आनंदीबेन पटेल उत्तर प्रदेश की वर्तमान राज्यपाल हैं।

अत: विकल्प (C) सही है।

92. उपरोक्त में से ममंग दाई साहित्य अकादमी पुरस्कार 2017 के विजेता थे।

- उन्होंने अपने अंग्रेजी उपन्यास द ब्लैक हिल के लिए पुरस्कार जीता।

- रमेश कुंतल मेघ ने हिंदी में साहित्यिक आलोचना के लिए 2017 साहित्य अकादमी पुरस्कार भी जीता।

- साहित्य अकादमी ने 24 भाषाओं में अपने वार्षिक साहित्य अकादमी पुरस्कारों की घोषणा की। पुरस्कार एक कास्केट के रूप में होता है जिसमें एक उत्कीर्ण कॉपर-प्लाक, एक शॉल और 1 लाख रुपये का चेक होता है।

- अनीस सलीम ने अपने उपन्यास 'द ब्लाइंड लेडीज डिसेन्डेंट' के लिए अंग्रेजी भाषा में 2018 साहित्य अकादमी पुरस्कार जीता।

अत: विकल्प (D) सही है।

93. वीनस विलियम्स (चार स्वर्ण, एक रजत) और कैथलीन मैककेन गॉडफ्री (एक स्वर्ण, दो रजत और दो कांस्य) पांच-पांच के साथ सबसे अधिक ओलंपिक टेनिस पदक के लिए सर्वकालिक रिकॉर्ड धारक हैं। सेरेना विलियम्स और वीनस विलियम्स ने रिकॉर्ड चार स्वर्ण पदक जीते।

अत: विकल्प (A) सही है।

94. फॉल्कन हेवी नवंबर 2022 तक पृथ्वी से लॉन्च किया गया सबसे शक्तिशाली रॉकेट है।

स्पेसएक्स ने कई अमेरिकी सैन्य उपग्रहों को कक्षा में भेजकर अपना फॉल्कन हेवी रॉकेट लॉन्च किया। यह पृथ्वी से अब तक का सबसे शक्तिशाली प्रक्षेपण है।

यह स्पेसएक्स का 2022 का 50 वां लॉन्च था क्योंकि स्पेसएक्स के वर्कहॉर्स फाल्कन 9 रॉकेट ने इस साल अब तक 49 मिशन लॉन्च किए हैं। अंतरिक्ष कंपनी की वर्तमान गति हर 6.10 दिनों में एक प्रक्षेपण है।

अतः विकल्प (B) सही है।

95. उजली या अनेरी होली त्योहार थारू जनजाति से जुड़े हुए हैं। यह समुदाय निचले हिमालय के शिवालिकों के बीच तराई क्षेत्र से संबंधित है। उनमें से अधिकांश निवासी हैं और कुछ कृषि का अभ्यास करते हैं। माना जाता है कि थारू शब्द स्थवीर से लिया गया है, जिसका अर्थ थेरवाद बौद्ध धर्म के अनुयायी है। थारू भारत और नेपाल दोनों में रहते हैं।

अत: विकल्प (C) सही है।

96. यूआरएल का अर्थ यूनिफ़ॉर्म रिसोर्स लोकेटर है और इसका उपयोग वर्ल्ड वाइड वेब पर एड्रेस निर्दिष्ट करने के लिए किया जाता है। एक यूनिफॉर्म रिसोर्स लोकेटर (यूआरएल), जिसे बोलचाल की भाषा में वेब एड्रेस कहा जाता है, एक वेब संसाधन का संदर्भ है जो कंप्यूटर नेटवर्क पर इसके स्थान और इसे पुनर्प्राप्त करने के लिए एक तंत्र को निर्दिष्ट करता है।

अत: विकल्प (B) सही है।

97. डिबगिंग: यह एक सॉफ्टवेयर प्रोग्राम में मौजूदा और संभावित त्रुटियों (जिन्हें 'बग' भी कहा जाता है) का पता लगाने और हटाने की प्रक्रिया है, जो इसे अप्रत्याशित या दुर्घटना का कारण बन सकती है।

किसी सॉफ्टवेयर या सिस्टम के गलत संचालन को रोकने के लिए, बग्स या दोषों को खोजने और हल करने के लिए डिबगिंग का उपयोग किया जाता है।

अतः विकल्प (C) सही है।

98. जब भी वेब ब्राउज़र को लांच किया जाता है यह कम से कम एक वेबपेज को स्वयं खोलता है। यह पेज ही ब्राउज़र का होमपेज है जिसे स्टार्ट पेज भी कहते हैं।

अतः विकल्प (C) सही है।

99. कंप्यूटर जॉयस्टिक एक इनपुट डिवाइस है।

- जॉयस्टिक एक इनपुट डिवाइस है जिसमें एक स्टिक होती है जो आधार पर घूमती है और अपने कोण या दिशा को उस डिवाइस को रिपोर्ट करती है जिसे वह नियंत्रित कर रहा है।

- इसका उपयोग अक्सर गेमिंग में किया जाता है।

अतः विकल्प (A) सही है।

100. ग्राफिकल यूजर इंटरफेस कमांड इंटरफेस आमतौर पर विंडोज़ ऑपरेटिंग सिस्टम के लिए उपयोग किया जाता है।

ग्राफिकल यूजर इंटरफेस (जीयूआई): सीएलआई इनपुट कमांड के रूप में स्वीकार करते हैं जो कीबोर्ड द्वारा दर्ज किए जाते हैं; कमांड प्रॉम्प्ट पर इनवॉइस किए गए कमांड तब कंप्यूटर द्वारा चलाए जाते हैं। आज, अधिकांश विक्रेता ग्राफिकल यूजर इंटरफेस (जीयूआई) को ऑपरेटिंग सिस्टम (ओएस) जैसे विंडोज, लिनक्स और मैकओएस के लिए डिफ़ॉल्ट के रूप में पेश करते हैं।

अतः विकल्प (C) सही है।

Discipline

Q.1 आरएच ब्लड ग्रुप सिस्टम की खोज ______ द्वारा शुरू की गई थी।
A. कार्ल लैंड स्टेनर
B. विलियम हार्वे
C. एडवर्ड जेनर
D. इनमें से कोई नहीं

Q.2 O समूह का व्यक्ति सीरम होता है:
A. एंटी A और एंटी B मौजूद
B. एंटी A और एंटी B अनुपस्थिति
C. एंटी A अनुपस्थित
D. इनमें से कोई नहीं

Q.3 AB समूह के व्यक्ति में ______ होता है।
A. एंटी A और एंटी B मौजूद
B. एंटी A और एंटी B अनुपस्थित
C. केवल एंटी B मौजूद
D. (A) और (B) दोनों

Q.4 प्रोथ्रोम्बिन समय एक जमावट परीक्षण है जो ______ की दक्षता को इंगित करता है।
A. बाह्य मार्ग
B. आंतरिक मार्ग
C. सामान्य मार्ग
D. उपरोक्त सभी

Q.5 रोज वालर टेस्ट का उपयोग ______ के निदान के लिए किया जाता है।
A. लेप्रोसी
B. रुमेटीइड अर्थराइटिस
C. रूमेटिक फीवर
D. ब्रूसिलोसिस

Q.6 बलगम के सांद्रण की तकनीक ______ है।
A. सरल रैंडम तकनीक
B. स्तरीकृत तकनीक
C. स्नोबॉल तकनीक
D. सैकोमानो तकनीक

Q.7 पीएसए ______ के निदान में उपयोगी है।
A. कैंसर फेफड़ा
B. हैपेटोसेलुलर कार्सिनोमा
C. ओवेरियन कैंसर
D. प्रोस्टेट कैंसर

Q.8 इनमें से कौन सी स्थिति मायलोप्रोलिफेरेटिव विकार नहीं है?
A. क्रोनिक मायलोसाइटिक ल्यूकेमिया
B. क्रोनिक लिम्फोसाइटिक ल्यूकेमिया
C. पॉलीसिथेमिया वेरा
D. इडियोपैथिक मायलोफिब्रोसिस

Q.9 ______ को छोड़कर निम्नलिखित स्थितियों में ईएसआर अधिक होता है।
A. मल्टीपल मायलोमा
B. कोलेजन रोग
C. पाइोजेनिक संक्रमण
D. हाइपोफाइब्रिनोजेनमिया

Q.10 सैकोमैनो पद्धति का कौन सा लाभ नहीं है?
A. नमूने को सुरक्षित रखने के लिए
B. नमूने का परिवहन
C. उच्च नैदानिक उपज
D. कम नैदानिक उपज

Q.11 निम्नलिखित में से कौन सा मार्कर मायोकार्डियल इन्फ्रक्शन के 10 दिनों के बाद उच्च रक्तचाप होता है?
A. ट्रोपोनिन
B. सीके-एमबी

C. मायोग्लोब्लिन
D. उपरोक्त सभी

Q.12 निम्नलिखित में से कौन से लेबोरेटरी फाइंडिंग ग्लोमेरुलोनेफ्राइटिस के पैथोग्नोमोनिक हैं?
A. ओलिगुरिया
B. हेमट्यूरिया
C. रेड ब्लड सेल कास्ट
D. प्यूरिया

Q.13 RBC + एंटी A→ कोई एग्लूटिनेशन नहीं
RBC + एंटी B→ कोई एग्लूटिनेशन नहीं
उपरोक्त अभिक्रियाओं के अनुसार रक्त समूह ______ होता है।
A. A
B. B
C. AB
D. O

Q.14 डोनर लाल कोशिकाएं जो ______ के बाद प्राप्तकर्ता के रक्त समूह को ग्रहण करती हैं।
A. डोनर में लूथरन एंटीजन
B. एलई एंटीजन
C. आरएच एंटीजन
D. एमएनएस एंटीजन

Q.15 H पदार्थ की सर्वाधिक सांद्रता ______ में मौजूद होती है।
A. O समूह
B. AB समूह
C. B समूह
D. इनमे से कोई भी नहीं

Q.16 HH जीनोटाइप (oh फेनोटाइप) रक्त समूह ______ को संदर्भित करता है।
A. कैल
B. डफी
C. बॉम्बे
D. (A) और (B) दोनों

Q.17 प्राप्तकर्ता परिसंचरण में प्रवेश करने पर ______।
A. संग्रहीत लाल कोशिकाएं 2, 3 DPG को पुन: उत्पन्न करती हैं
B. संग्रहीत लाल कोशिकाएं 2, 3 DPG को पुन: उत्पन्न नहीं करती हैं
C. 2-3 डीपीजी के घटे हुए स्तर वाली लाल कोशिकाएं तिल्ली द्वारा तेजी से नष्ट हो जाती हैं
D. इनमे से कोई भी नहीं

Q.18 ABO रक्त समूहों की वंशागति का सिद्धांत सर्वप्रथम किसके द्वारा वर्णित किया गया था?
A. बर्नस्टीन
B. जेनर
C. डब्ल्यू हार्वे
D. लैंडस्टीनर

Q.19 रक्त समूह O और AB वाले माता-पिता की संतानों के संभावित रक्त समूह ______ हैं।
A. O, A, B और AB
B. A, B और AB
C. A और B
D. O और AB

Q.20 ब्लड ग्रुपिंग और क्रॉस-मैचिंग ______ के इन्फ्यूजन से पहले जरूरी है।
A. जिलेटिन
B. डेक्सट्रान
C. एल्बुमिन
D. एफएफपी

Q.21 सीरम ग्रुपिंग को अन्यथा ______ कहा जाता है।
A. बैक ग्रुपिंग
B. रिवर्स ग्रुपिंग
C. दोनों (A) और (B)
D. इनमें से कोई भी नहीं

Q.22 सबसे दुर्लभ रक्त समूह कौन सा है?
A. AB नेगेटिव
B. AB पॉजिटिव
C. O नेगेटिव
D. O पॉजिटिव

Q.23 प्रमुख क्रॉस मैचिंग में:
A. रोगी सीरम के साथ डोनर कोशिकाओं को मिलाया जाता है
B. मरीज की कोशिकाओं को डोनर सीरम के साथ मिलाया जाता है

C. दोनों (A) और (B)

D. इनमें से कोई नहीं

Q.24 निम्नलिखित में से किस रक्त समूह को सर्वग्राही कहा जाता है?

A. A   B. B   C. AB   D. O

Q.25 बलगम का गुलाबी रंग क्या दर्शाता है?

A. पल्मोनरी एडीमा   B. क्लेबसिएला निमोनिया

C. स्यूडोमोनास इन्फ्रक्शन   D. इनमे से कोई भी नहीं

Q.26 पीलिया के कुछ सबसे सामान्य लक्षण __________ हैं।

A. सांस फूलना

B. त्वचा का पीला पड़ना, श्वेतपटल (आंखों का सफेद होना) और पेशाब का रंग गहरा होना

C. (A) और (B) दोनों

D. इनमे से कोई भी नहीं

Q.27 रक्त कोशिकाओं में प्रभावित होने वाले और पाए जाने वाले रोगों और विकारों का अध्ययन, उनके उत्पादन को __________ कहते हैं।

A. माइक्रोबायोलॉजी   B. जेनेटिक पैथोलॉजी

C. इम्युनोपैथोलॉजी   D. हेमेटोपैथोलॉजी

Q.28 माँ और बच्चे के बीच रक्त की असंगति नवजात शिशु में पीलिया का कारण बन सकती है।

A. सही   B. गलत

C. नहीं कह सकते   D. इनमें से कोई नहीं

Q.29 रक्त में प्रचुरता के संदर्भ में निम्नलिखित में से कौन सा क्रम सही है?

A. आरबीसी > डब्ल्यूबीसी > प्लेटलेट्स

B. डब्ल्यूबीसी > आरबीसी > प्लेटलेट्स

C. आरबीसी > प्लेटलेट्स > डब्ल्यूबीसी

D. इनमें से कोई नहीं

Q.30 मलेरिया परजीवी की पहचान __________ द्वारा की जाती है।

A. प्लेटलेट्स   B. रक्त का धब्बा

C. रक्त कोशिका   D. रक्त विकार

Q.31 SLE वाले रोगी निम्नलिखित में से किस निष्कर्ष का प्रतिनिधित्व करते हैं?

A. नॉर्मोक्रोमिक नॉर्मोसाइटिक एनीमिया

B. उच्च ईएसआर

C. दोनों (A) और (B)

D. इनमे से कोई भी नहीं

Q.32 मानव रक्त के स्थानांतरण की प्रक्रिया को क्या कहा जाता है?

A. रक्ताधान   B. विनियमन   C. परिवहन   D. दान

Q.33 श्वेत रक्त कोशिकाए क्या करती हैं?

A. फेफड़ों से ऑक्सीजन ले

B. कोशिकाओं से अपशिष्ट उत्पादों का वहन करें

C. संक्रमण से लड़ें

D. थक्के बनाकर रक्तस्राव रोकने में मदद करें

Q.34 लाल रक्त कोशिकाएं क्या कार्य करती हैं?

A. फेफड़ों से ऑक्सीजन लेना

B. कोशिकाओं से कार्बन डाइऑक्साइड, एक अपशिष्ट उत्पाद ले जाना

C. संक्रमण से लड़ना

D. दोनों (A) और (B)

Q.35 प्लेटलेट्स क्या करते हैं?

A. फेफड़ों से ऑक्सीजन ले

B. कोशिकाओं से अपशिष्ट उत्पादों को ले जाना

C. संक्रमण से लड़ें

D. थक्का शुरू करके रक्तस्राव रोकने में सहायता करें

Q.36 हेमेटोक्रिट क्या है?

A. कभी-कभी घातक रक्त रोग

B. कुल रक्त मात्रा की तुलना में लाल रक्त कोशिकाओं का भाग

C. रक्तचाप मापने का यंत्र

D. एक दवा जो रक्तस्राव को रोकने में मदद करती है

Q.37 न्यूट्रोफिल क्या होते हैं?

A. अपरिपक्व लाल रक्त कोशिकाएँ

B. एक प्रकार की श्वेत रक्त कोशिका

C. प्लेटलेट्स का एक प्रकार

D. एक प्रकार का बैक्टीरिया

Q.38 गंभीर न्यूट्रोपेनिया क्या है?

A. 500 से कम की पूर्ण न्यूट्रोफिल काउंट (एएनसी)

B. 1,000 से कम की एएनसी

C. 50 से कम की एएनसी

D. 25 से कम की एएनसी

Q.39 पर्याप्त लाल रक्त कोशिकाओं या हीमोग्लोबिन (एनीमिया नामक स्थिति) का न होना कौन सा लक्षण है?

A. खुजली   B. जी मिचलाना

C. बुखार   D. थकान

Q.40 जब किसी व्यक्ति के पास पर्याप्त प्लेटलेट्स नहीं होते हैं तो उस स्थिति का क्या नाम है?

A. थ्रोम्बोसाइटोपेनिया   B. थ्रोम्बोएंगाइटिस

C. थ्रोम्बोसाइटेमिया   D. थ्रोम्बोपाथिया

Q.41 बेसोफिल्स, इओसिनोफिल और न्यूट्रोफिल्स को ______ कहा जाता है।

A. प्लेटलेट्स   B. एस्टोसाइटोमास

C. ग्रैन्यूलोसाइट्स   D. बफर

Q.42 साइटोटॉक्सिक टी कोशिकाएं ________ लक्ष्य कोशिकाओं को नष्ट कर देती हैं।

A. ट्यूमर नेक्रोसिस फैक्टर के इंजेक्शन द्वारा

B. फैगोसाइटोसिस द्वारा

C. लक्ष्य की झिल्ली में पेर्फोरिन डालकर

D. ऑक्सीडाइजिंग एजेंट जारी करके

Q.43 लसीका रक्त से भिन्न होता है जिसमें ____________ होता है।

A. कोई प्लाज्मा नहीं

B. आरबीसी अधिक और डब्ल्यूबीसी कम

C. अधिक डब्ल्यूबीसी और कोई आरबीसी नहीं

D. प्रोटीन के बिना प्लाज्मा

Q.44 यदि किसी व्यक्ति का AB- रक्त है, तो कौन उसे रक्तदान कर सकता है?

A. A+ , B-, O -, AB+   B. A-, B-, O+, AB+

C. A+, B+, O+, AB-   D. A-, B-, O-, AB-

Q.45 __________ श्वसन फटने में मुक्त होते हैं जिनमें कोशिका को मारने की क्षमता होती है।

A. हिस्टामाइन

B. न्यूट्रोफिल

C. फ्री रेडिकल

D. प्लेटलेट्स-व्युत्पन्न वृद्धि कारक

Q.46 निम्नलिखित में से कौन मास्ट कोशिकाओं को बांधता है और क्रॉस-लिंक करता है, जिसके परिणामस्वरूप हिस्टामाइन की गिरावट और रिलीज होती है?

A. IgM   **B.** IgA   **C.** IgG   **D.** IgE

Q.47 सैद्धांतिक रूप से, टाइप ________ रक्त सभी व्यक्तियों को दान किया जा सकता है क्योंकि इसमें ________ की कमी होती है।

A. O और एंटीजन   **B.** AB और एंटीबॉडी
C. A और एंटीबॉडी   **D.** O और एंटीबॉडी

Q.48 ऑटोएंटीबॉडीज का उत्पादन ______ के कारण हो सकता है।

A. B कोशिकाओं के उत्परिवर्ती क्लोनों का उदय
B. अनुक्रमित (छिपे हुए) ऊतकों के खिलाफ एंटीबॉडी का उत्पादन
C. जेनेटिक कारक
D. इनमें से कोई नहीं

Q.49 टाइप III प्रतिरक्षा जटिल रोग का एक उदाहरण ___________ है।

A. डर्मेटाइटिस से संपर्क करें
B. ग्राफ्ट अस्वीकृति
C. सीरम बीमारी
D. एटोपी

Q.50 रोगी सीरम नमूने में अप्रत्याशित लाल कोशिका एंटीबॉडी की उपस्थिति का पता लगाने के लिए कौन सा अभिकर्मक चुना जाएगा?

A. A1 और B कोशिकाएं   **B.** पैनल कोशिकाएं
C. IgG -संवेदी कोशिकाएं   **D.** स्क्रीनिंग कोशिकाएं

Q.51 Rh ब्लड ग्रुप सिस्टम एंटीजन के एंटीबॉडी को आमतौर पर ________ के रूप में जाना जाता है

A. स्वाभाविक रूप से होने वाली IgM
B. इम्यून IgG
C. इम्यून IgM
D. स्वाभाविक रूप से होने वाली IgG और IgM

Q.52 ________ में क्लिनिकल विकार होते हैं जिसमें इम्यून अभिक्रिया हेमेटोलॉजिक रोगों के रोगजनन में शामिल होती हैं।

A. इम्यूनोलॉजी   **B.** इम्यूनोहैमैटोलॉजी
C. ऑन्कोलॉजी   **D.** हेमेटोलॉजी

Q.53 निम्नलिखित में से कौन सी धातु तंत्रिका संकेतों को संचारित करने में मदद करती है?

A. हाइड्रोजन   **B.** पोटैशियम   **C.** सोडियम   **D.** लिथियम

Q.54 सोडियम-पोटेशियम पंप एटीपी का कितना उपभोग करता है?

A. तीन चौथाई   **B.** एक चौथाई
C. एक तिहाई   **D.** आधा

Q.55 एएफबी परीक्षण ________ हैं।

A. एएफबी स्मीयर   **B.** एएफबी कल्चर
C. (A) और (B) दोनों   **D.** इनमे से कोई भी नहीं

Q.56 नैदानिक जैव रसायन के लिए प्रयोगशाला गुणवत्ता आश्वासन तीन समय से संबंधित चरणों से बना है, ये क्या हैं?

A. पूर्व विश्लेषणात्मक   **B.** विश्लेषणात्मक
C. पोस्ट-विश्लेषणात्मक   **D.** उपरोक्त सभी

Q.57 इर्रिटेबल बाउल सिंड्रोम के निदान के साथ एक 34 वर्षीय महिला को दस्त हो रहे थे। पित्त अम्ल कुअवशोषण को एक कारण माना जा रहा था। आगे मूल्यांकन करने के लिए आप किस रक्त परीक्षण का सुझाव देंगे?

A. चेनोडॉक्सिकोलिक अम्ल
B. डेल्टा बिलीरुबिन फ्रैक्शन
C. तंतुकोशिका वृद्धि कारक 9
D. 7α-हाइड्रॉक्सी-4-कोलेस्टेन-3-एक

Q.58 K⁺ की दैनिक आवश्यकता ________ mmol/kg प्रति दिन तक होती है।

A. 1 से 2   **B.** 2 से 3   **C.** 3 से 4   **D.** 4 से 5

Q.59 ________ प्रमुख बाह्य कोशिकीय धनायन है।

A. पोटैशियम   **B.** कलियम
C. सोडियम   **D.** क्रियेटिनिन

Q.60 ________ द्वारा कैल्शियम का अवशोषण बाधित होता है।

A. आहार में प्रोटीन
B. अनाज में फाइटिक एसिड
C. क्षारीय आंतों का पीएच
D. विटामिन डी

Q.61 ________ उन उपकरणों का अध्ययन है जिनका उपयोग वस्तुओं या कुछ क्षेत्रों को देखने के लिए किया जाता है जिन्हें नग्न आंखों से नहीं देखा जा सकता है।

A. नैनोटेक्नोलॉजी   **B.** माइक्रोस्कोपी
C. माइक्रोबायोलॉजी   **D.** उपरोक्त सभी

Q.62 ________ माइक्रोस्कोप विस्तृत 3D छवि प्रदान करता है।

A. सिंपल   **B.** कंपाउंड
C. लाइट   **D.** स्कैनिंग इलेक्ट्रान

Q.63 कॉन्फोकल माइक्रोस्कोपी एक ______ किरण पर निर्भर करती है।

A. प्रकाश   **B.** लेजर   **C.** इलेक्ट्रॉन   **D.** पोटन

Q.64 निम्नलिखित में से किसका उपयोग इलेक्ट्रॉन माइक्रोस्कोप में किया जाता है?

A. इलेक्ट्रॉन किरणें   **B.** चुंबकीय क्षेत्र
C. प्रकाश तरंगें   **D.** दोनों (A) और (B)

Q.65 एंटीग्लोबुलिन प्रक्रियाओं में ________ संवेदनशील कोशिकाएं अभिकर्मकों और प्रक्रियाओं पर QC जांच के रूप में काम करती हैं।

A. IgG   **B.** IgM
C. IgE   **D.** इनमे से कोई भी नहीं

Q.66 इनमें से कौन सा एंटी-K (एंटी-K1) का सबसे उपयुक्त गुण है?

A. आमतौर पर IgM और शायद ही कभी IgG
B. नियमित ब्लड बैंकिंग में शायद ही कभी सामना करना पड़ा
C. k एंटीजन द्वारा उत्तेजित
D. D एंटीजन के इम्यूनोजेनेसिटी में दूसरा

Q.67 एंटी-ली की विशिष्ट वर्ग क्या है?

A. IgM   **B.** IgG
C. (A) और (B) दोनों   **D.** इनमें से कोई नहीं

Q.68 नवजात शिशु के हिमोलिटिक रोग में शामिल एंटीबॉडी वर्ग ______ है।

A. IgM   **B.** IgG   **C.** IgA   **D.** IgE

Q.69 व्यक्तियों की अपनी लाल कोशिकाओं का उपयोग करके सीरम या प्लाज्मा से एक एंटीबॉडी को हटाने को ______ कहा जाता है।

A. ऑटोएडसोर्पशन
B. डिफरेंशियल एडसोर्पशन
C. न्यूट्रलाइजेशन
D. एल्युशन

Q.70 क्लोराइड आयन शरीर भार के कितने प्रतिशत में वितरित होता है ?

A. 20%   **B.** 21%   **C.** 22%   **D.** 23%

Q.71 पैक्ड लाल कोशिकाओं द्वारा दर्शाए जाने वाले रक्त के प्रतिशत को __________ कहा जाता है।

A. हीमोग्लोबिन
B. लाल कोशिकाओं की संख्या
C. हेमेटोक्रिट
D. माध्य कोशिका (कोरपसकुलर) वॉल्यूम

Q.72 इम्यूनोहेमेटोलॉजी में किए जाने वाले परीक्षण _____ होते हैं।

A. क्रॉसमैचिंग   **B.** जीनोटाइपिंग
C. Rh D टाइप   **D.** उपरोक्त सभी

Q.73 विशेषज्ञ इम्यूनोहेमेटोलॉजी और ट्रांसफ्यूजन चिकित्सक __________ के लिए विशेषज्ञ राय प्रदान करते हैं।

A. मुश्किल ट्रांसफ्यूजन
B. बड़े पैमाने पर ट्रांसफ्यूजन
C. सेलुलर थेरेपी
D. उपरोक्त सभी

Q.74 कुल सीरम बिलीरुबिन की सामान्य श्रेणी _____ है।
A. 0.2-1.2 मिलीग्राम/डीएल
B. 1.5-1.8 मिलीग्राम/डीएल
C. 2.0-4.0 मिलीग्राम/डीएल
D. 7.0 मिलीग्राम/डीएल से ऊपर

Q.75 सोडियम प्रतिधारण के साथ क्या होता है और अपर्याप्त शुद्ध जल अवधारण के कारण होता है?

A. हाइपरक्लोरिडेमिया   **B.** हाइपोक्लोरिडेमिया
C. होईपोनेट्रेमिया   **D.** हाइपरनेट्रेमिया

Q.76 पीलिया तब दिखाई देता है जब सीरम बिलीरुबिन _____ से अधिक हो जाता है।

A. 0.5 मिलीग्राम/डीएल   **B.** 0.8 मिलीग्राम/डीएल
C. 1 मिलीग्राम/डीएल   **D.** 2.4 मिलीग्राम/डीएल

Q.77 क्रिएटिनिन का बढ़ा हुआ स्तर __________ के खराब कार्य का संकेत हो सकता है।

A. किडनी   **B.** यकृत   **C.** फेफड़ा   **D.** हृदय

Q.78 हमारे क्रिएटिनिन के स्तर को स्वाभाविक रूप से कम करने के तरीके क्या हैं?

A. प्रोटीन की मात्रा कम करके
B. फाइबर कम खाने से
C. नमक का सेवन अधिक होना
D. क्रिएटिन युक्त सप्लीमेंट लेना

Q.79 ट्यूबलर फंक्शन का एक टेस्ट __________ है।

A. क्रिएटिनिन क्लीयरेंस
B. इनुलिन क्लीयरेंस
C. पीएएच क्लीयरेंस
D. पीएसपी उत्सर्जन परीक्षण

Q.80 एफबी परीक्षणों का उपयोग अक्सर सक्रिय __________ संक्रमण के निदान के लिए किया जाता है।

A. तपेदिक (टीबी)   **B.** मलेरिया
C. पीलिया   **D.** दस्त

General Aptitude / Reasoning / General Awareness / Basic Computer knowledge

Q.81 इवान अपने घर से उत्तर की ओर 16 किमी की यात्रा करता है। फिर वह 90 अंश बाई ओर मुड़ता है और 12 किमी की यात्रा करता है। वह फिर से 90 अंश बाई ओर मुड़ता है और 16 किमी की यात्रा करता है और रुक जाता है। तो इवान अपने निवास से कितनी दूर है?

A. 28 किमी   **B.** 12 किमी   **C.** 4 किमी   **D.** 16 किमी

Q.82 एक थैले में 4 लाल गेंदें, 6 नीली गेंदें और 8 गुलाबी गेंदें हैं। एक गेंद यादृच्छया निकाली जाती है और उसे 3 गुलाबी गेंदों से बदल दिया जाता है। इस बात की प्रायिकता है कि निकाली गई पहली गेंद या तो लाल या नीले रंग की थी और दूसरी निकाली गई गेंद गुलाबी रंग की थी:

A. $\frac{12}{21}$ **B.** $\frac{13}{17}$
C. $\frac{11}{30}$ **D.** None of these

Q.83 तीन संख्याएँ $8:7:5$ के अनुपात में हैं और उनका औसत 40 है। सबसे बड़ी संख्या है:

A. 28   **B.** 32   **C.** 48   **D.** 42

Q.84 एक त्रिभुज की भुजाएँ 6.5 सेमी, 10 सेमी और x सेमी हैं, जहाँ x एक धनात्मक संख्या है। निम्नलिखित में से x का सबसे छोटा संभव मान क्या है?

[CTET Paper-II (Science & Mathematics), 2015]

A. 4.5   **B.** 2.8   **C.** 3.5   **D.** 4

Q.85 एक व्यक्ति ने कुछ अंडे 5 रुपये में 3 की दर से खरीदे और उन्हें 12 रुपये में 5 की दर से बेच दिया। यदि उसने 143 रुपये प्राप्त किये है तो अंडो की संख्या क्या थी:

A. 210   **B.** 200   **C.** 193   **D.** 195

Q.86 अपनी गति को 15 किमी/घंटा बढ़ाकर, एक व्यक्ति ने अपनी यात्रा के समय को 10 घंटे से घटाकर 8 घंटे कर दिया। वह अपनी नई गति से 375 किमी की दूरी तय करने में कितना समय लेता है?

A. 4 घंटे   **B.** 6 घंटे   **C.** 6.5 घंटे   **D.** 5 घंटे

Q.87 यदि 30 जनवरी 2003 को गुरुवार था, तो 2 मार्च, 2003 को कौन सा दिन था?

[Sainik School Entrance Class IX, 2020]

A. रविवार   **B.** सोमवार   **C.** शनिवार   **D.** मंगलवार

Q.88 7 से 8 बजे के बीच किस समय घड़ी की सुइयां परस्पर संपाती होंगी?

A. 8 बजकर $38\frac{2}{11}$ मिनट   **B.** 7 बजकर $32\frac{8}{11}$ मिनट
C. 7 बजकर $38\frac{2}{11}$ मिनट   **D.** 7 बजकर $11\frac{2}{38}$ मिनट

Q.89 निर्देश: दिए गए प्रश्न का उत्तर देने के लिए निम्नलिखित जानकारी का ध्यानपूर्वक अध्ययन कीजिये।

M 1 E & D 2 G 9 $ F @ 4 N Z W © 8 C Y A * 6

निम्नलिखित चार में से तीन उपरोक्त क्रम में अपनी स्थिति के आधार पर एक निश्चित तरीके से एक जैसे हैं और इसलिए एक समूह बनाते हैं। वह कौन सा है जो उस समूह से संबंधित नहीं है?

A. ME2   **B.** G$4   **C.** NWC   **D.** YA6

Q.90 एक आदमी ने एक औरत से कहा, "तुम्हारे इकलौते भाई का बेटा मेरी पत्नी का भाई है।" महिला का पुरुष से क्या संबंध है?

A. माता **B.** बहन
C. ससुर की बहन **D.** दादा

Q.91 किस मण्डल को विश्व के उत्कृट कालीन उद्योगों का केन्द्र माना जाता है?

[UPSSSC Rajasva Lekhpal, 2015]

A. देवीपटन **B.** अलीगढ़ **C.** आज़मगढ़ **D.** मिर्ज़ापुर

Q.92 भारत में राजनीतिक दलों को 'मान्यता' किसके द्वारा दी जाती है?
A. राष्ट्रपति
B. संसद
C. चुनाव आयोग
D. सर्वदलीय संसदीय समिति

Q.93 मेगस्थनीज ने निम्नलिखित में से किस मौर्य नगर के प्रशासन का विवरण दिया है?
A. पाटलिपुत्र **B.** प्रयाग **C.** तोसली **D.** उज्जैनी

Q.94 निम्नलिखित में से कौन-सा ब्लॉक पर्वत नहीं है?
A. ब्लैक फॉरेस्ट माउंटेन रेंज
B. साल्ट रेंज
C. सतपुड़ा रेंज
D. यूराल पर्वत

Q.95 बैडमिंटन खिलाड़ी पीवी सिंधु ने किसको हराकर स्विस ओपन महिला एकल का खिताब 2022 जीता है?
A. पोर्नपावी चोचुवोंग **B.** सफ्सिरी तरद्टानाचे
C. बुसानन ओंगबामरुंगफा **D.** रवींदा प्राजोंगजई

Q.96 माइक्रोसॉफ्ट ने सर्वप्रथम किस वर्ष में विंडोज नामक एक ऑपरेटिंग सिस्टम पेश किया?
A. 1977 **B.** 1980 **C.** 1985 **D.** 1990

Q.97 वेब क्लाइंट द्वारा वेब पेज देखने के लिए किस प्रोग्राम का उपयोग किया जाता है?
A. वेब ब्राउजर **B.** प्रोटोकॉल
C. वेब सर्वर **D.** सर्च इंजन

Q.98 निम्नलिखित में से किस वेबसाइट का उपयोग कीवर्ड टाइप करके अन्य वेबसाइट को सर्च करने के लिए किया जाता है?
A. सर्च इंजन **B.** सोशल नेटवर्क
C. राउटर **D.** इनमे से कोई भी नहीं

Q.99 निम्नलिखित में से कौन बड़ी मात्रा में डेटा स्टोर कर सकता है?
A. सीडी **B.** हार्ड डिस्क
C. रैम **D.** फ्लॉपी डिस्क

Q.100 निम्नलिखित में से कौन सा एक प्रकार का वायरस है जिसमें सेल्फ-रेप्लिकेटिंग सॉफ़्टवेयर होता है जो फाइलों और सिस्टम को नुकसान पहुंचाता है?
A. वायरस **B.** ट्रोजन हॉर्स
C. बॉट **D.** वर्म्स

// स्मार्ट उत्तर पुस्तिका //

सही उत्तर — उन छात्रों का प्रतिशत जिन्होंने प्रश्नों का सही उत्तर दिया था।   **छोड़ दिया** — उन छात्रों का प्रतिशत जिन्होंने प्रश्नों को छोड़ दिया था।

प्रश्न संख्या	उत्तर	सही उत्तर / छोड़ दिया	प्रश्न संख्या	उत्तर	सही उत्तर / छोड़ दिया	प्रश्न संख्या	उत्तर	सही उत्तर / छोड़ दिया	प्रश्न संख्या	उत्तर	सही उत्तर / छोड़ दिया	प्रश्न संख्या	उत्तर	सही उत्तर / छोड़ दिया	प्रश्न संख्या	उत्तर	सही उत्तर / छोड़ दिया
1	A	45.62 % / 1.45 %	18	A	13.9 % / 4.26 %	35	D	44.12 % / 1.81 %	52	B	53.66 % / 1.95 %	69	A	62.58 % / 1.16 %	86	D	86.0 % / 0.0 %
2	A	49.89 % / 1.63 %	19	C	52.54 % / 1.95 %	36	B	55.61 % / 1.77 %	53	C	52.92 % / 1.13 %	70	A	52.47 % / 1.23 %	87	A	81.08 % / 0.0 %
3	B	55.19 % / 1.09 %	20	B	80.78 % / 0.0 %	37	B	89.78 % / 0.0 %	54	C	48.96 % / 1.89 %	71	C	66.78 % / 1.11 %	88	C	67.37 % / 1.24 %
4	A	44.64 % / 1.82 %	21	C	46.99 % / 1.1 %	38	A	44.84 % / 1.41 %	55	C	67.12 % / 1.91 %	72	D	49.32 % / 1.41 %	89	D	89.7 % / 0.0 %
5	B	11.48 % / 4.92 %	22	A	81.38 % / 0.0 %	39	D	61.1 % / 1.95 %	56	D	19.04 % / 3.31 %	73	D	67.03 % / 1.81 %	90	C	61.44 % / 1.79 %
6	D	46.06 % / 1.24 %	23	A	81.74 % / 0.0 %	40	A	27.38 % / 3.68 %	57	A	69.94 % / 1.19 %	74	A	85.1 % / 0.0 %	91	D	78.9 % / 0.0 %
7	D	66.37 % / 1.31 %	24	C	89.77 % / 0.0 %	41	C	87.07 % / 0.0 %	58	A	29.62 % / 4.78 %	75	A	59.03 % / 1.46 %	92	C	51.82 % / 1.92 %
8	B	17.84 % / 3.54 %	25	A	21.9 % / 3.67 %	42	C	44.94 % / 1.9 %	59	C	87.43 % / 0.0 %	76	D	67.9 % / 1.39 %	93	A	42.39 % / 1.24 %
9	D	21.85 % / 3.34 %	26	C	52.53 % / 1.02 %	43	C	84.81 % / 0.0 %	60	B	65.77 % / 1.03 %	77	A	43.64 % / 1.08 %	94	D	43.14 % / 1.72 %
10	D	15.35 % / 3.24 %	27	D	31.55 % / 3.29 %	44	D	82.08 % / 0.0 %	61	B	88.37 % / 0.0 %	78	A	81.61 % / 0.0 %	95	C	66.68 % / 1.12 %
11	A	77.01 % / 0.0 %	28	A	58.35 % / 1.67 %	45	C	53.43 % / 1.55 %	62	D	42.01 % / 1.35 %	79	A	83.43 % / 0.0 %	96	C	45.28 % / 1.49 %
12	C	44.24 % / 1.06 %	29	C	64.87 % / 1.84 %	46	D	56.44 % / 1.91 %	63	A	58.54 % / 1.45 %	80	A	64.56 % / 1.79 %	97	A	47.4 % / 1.96 %
13	D	24.78 % / 3.81 %	30	B	44.07 % / 1.59 %	47	A	42.71 % / 1.42 %	64	D	65.46 % / 1.48 %	81	B	43.77 % / 1.59 %	98	A	89.26 % / 0.0 %
14	B	49.99 % / 1.52 %	31	C	50.37 % / 1.67 %	48	B	20.67 % / 4.23 %	65	A	54.02 % / 1.02 %	82	D	81.87 % / 0.0 %	99	B	88.4 % / 0.0 %
15	A	86.57 % / 0.0 %	32	A	69.57 % / 1.39 %	49	C	66.97 % / 1.84 %	66	D	64.76 % / 1.58 %	83	C	79.13 % / 0.0 %	100	D	47.29 % / 1.32 %
16	C	14.42 % / 3.77 %	33	C	44.07 % / 1.68 %	50	D	14.3 % / 3.51 %	67	A	57.35 % / 1.14 %	84	D	83.88 % / 0.0 %			
17	A	66.98 % / 1.58 %	34	D	64.04 % / 1.18 %	51	B	54.38 % / 1.89 %	68	B	57.61 % / 1.52 %	85	D	85.11 % / 0.0 %			

//संकेत और समाधान//

1. आरएच ब्लड ग्रुप सिस्टम की खोज 1940 में कार्ल लैंडस्टीनर और एएस वीनर ने की थी। उस समय से कई अलग-अलग आरएच एंटीजन की पहचान की गई है, लेकिन सबसे पहले और सबसे आम, जिसे आरएचडी कहा जाता है, सबसे गंभीर प्रतिरक्षा प्रतिक्रिया का कारण बनता है और आरएच विशेषता का प्राथमिक निर्धारक है।

अतः विकल्प (A) सही है।

2. जिस किसी भी ABO रक्त समूह के एंटीजन व्यक्ति के RBC पर नहीं पाए जाते हैं, उसके खिलाफ प्रतिरक्षा प्रणाली एंटीबॉडी बनाती है। इस प्रकार, एक समूह A व्यक्ति के पास एंटी-B एंटीबॉडी होगा और एक समूह B व्यक्ति के पास एंटी-A एंटीबॉडी होगा। रक्त समूह O आम है, और इस रक्त प्रकार वाले व्यक्तियों के सीरम में एंटी-A और एंटी-B दोनों होंगे। रक्त समूह AB सबसे कम सामान्य है, और इन व्यक्तियों के सीरम में न तो एंटी-A और न ही एंटी-B होगा।

अतः विकल्प (A) सही है।

3. रक्त समूह AB सबसे कम सामान्य है, और इन व्यक्तियों के सीरम में न तो एंटी-A और न ही एंटी-B होगा। रक्त समूह AB वाले व्यक्ति को सार्वभौमिक प्राप्तकर्ता माना जाता है क्योंकि इसमें A और B दोनों एंटीजन होते हैं लेकिन प्लाज्मा में कोई एंटीबॉडी नहीं होती है और इस प्रकार, सभी प्रकार के रक्त को स्वीकार कर सकते हैं।

अतः विकल्प (B) सही है।

4. प्रोथ्रोम्बिन समय एक जमावट परीक्षण है जो एक बाह्य मार्ग की दक्षता को दर्शाता है। प्रोथ्रोम्बिन समय के लिए कारकों I, II, V, VII, और X की उपस्थिति की आवश्यकता होती है। यह जमावट के बाह्य मार्ग को मापता है और सक्रिय आंशिक थ्रोम्बोप्लास्टिन समय (एपीटीटी) के संयोजन के साथ प्रयोग किया जा सकता है जो आंतरिक मार्ग को मापता है।

प्रोथ्रोम्बिन समय, जिसे कभी-कभी पीटी या प्रो टाइम कहा जाता है, रक्त के थक्के का मूल्यांकन करने के लिए परीक्षण एक परीक्षण है। प्रोथ्रोम्बिन आपके लीवर द्वारा निर्मित एक प्रोटीन है। यह आपके रक्त में कई कारकों में से एक है जो इसे उचित रूप से जमाने में मदद करता है।

अतः विकल्प (A) सही है।

5. रूमेटाइड अर्थराइटिस के निदान के लिए रोज वालर टेस्ट का उपयोग किया जाता है। वालर-रोज़ बाइकलर रूमेटीइड अर्थराइटिस वाले अधिकांश रोगियों में सेरा में आईजीएम रूमेटीड फैक्टर के तेजी से गुणात्मक और अर्ध-मात्रात्मक पता लगाने के लिए एक रक्तगुल्म स्लाइड टेस्ट है। संधिशोथ (आरए) का निदान करने में समय लग सकता है। अर्थराइटिस के अन्य रूपों की तरह, एक निदान काफी हद तक एक चिकित्सा परीक्षा और आपके लक्षणों के निष्कर्षों पर आधारित होता है।

अतः विकल्प (B) सही है।

6. सैकोमानो तकनीक बलगम के सांद्रण और एकाग्रता की सबसे अच्छी और सबसे व्यापक रूप से इस्तेमाल की जाने वाली विधि है। इस पद्धति में 50% एथिल अल्कोहल और 2% कार्बोवैक्स के घोल में बलगम का संग्रह और निर्धारण शामिल है, जिसके बाद ब्लेंडिंग और सियरिंग की जाती है। यह मूल रूप से 1970 के दशक में फेफड़ों के कैंसर की जांच के लिए उपयोग किया गया था।

अतः विकल्प (D) सही है।

7. पीएसए परीक्षण प्रोस्टेट कैंसर का पता लगाने में मदद करने के लिए एक रक्त परीक्षण है। लेकिन यह संपूर्ण नहीं है और सभी प्रोस्टेट कैंसर का पता नहीं लगाएगा। परीक्षण, जो जीपी सर्जरी में किया जा सकता है, आपके रक्त में प्रोस्टेट-विशिष्ट एंटीजन (पीएसए) के स्तर को मापता है। पीएसए एक प्रोटीन है जो केवल प्रोस्टेट ग्रंथि द्वारा बनाया जाता है। यह परीक्षण आपके रक्त में प्रोस्टेट-विशिष्ट एंटीजन (पीएसए) की मात्रा को मापता है। पीएसए एक प्रोटीन है जो प्रोस्टेट में कैंसर और गैर-कैंसर वाले ऊतक दोनों द्वारा उत्पादित होता है, एक छोटी ग्रंथि जो पुरुषों में मूत्राशय के नीचे बैठती है। पीएसए ज्यादातर वीर्य में पाया जाता है, जो प्रोस्टेट में भी उत्पन्न होता है। पीएसए की छोटी मात्रा आमतौर पर रक्त में फैलती है।

अतः विकल्प (D) सही है।

8. क्रोनिक लिम्फोसाइटिक ल्यूकेमिया स्थिति मायलोप्रोलिफेरेटिव विकार नहीं है। क्रोनिक माइलोजेनस ल्यूकेमिया एक दुर्लभ मायलोप्रोलिफेरेटिव विकार है जो शरीर की बड़ी हड्डियों (अस्थि मज्जा), प्लीहा, यकृत और रक्त के अंदर पाए जाने वाले स्पंजी ऊतक में सफेद रक्त कोशिकाओं के अत्यधिक विकास की विशेषता है। 6 प्रकार के क्रोनिक मायलोप्रोलिफेरेटिव विकार हैं:

1. क्रोनिक मायलोजेनस ल्यूकेमिया (सीएमएल)
2. पॉलीसिथेमिया वेरा
3. प्राइमरी मायलोफिब्रोसिस (जिसे पुरानी इडियोपैथिक मायलोफिब्रोसिस भी कहा जाता है)
4. एसेंशियल थ्रोम्बोसाइटेमिया
5. क्रोनिक न्यूट्रोफिलिक ल्यूकेमिया
6. क्रोनिक इओसिनोफिलिक ल्यूकेमिया

अतः विकल्प (B) सही है।

9. हाइपोफिब्रिनोजेनेमिया की स्थिति को छोड़कर मल्टिपल मायलोमा, कोलेजन रोग और पाइोजेनिक संक्रमण की स्थिति में ईएसआर अधिक होता है। मल्टिपल मायलोमा में एनीमिया भी एक आम खोज है। एरिथ्रोसाइट अवसादन दर (ईएसआर) आमतौर पर काफी बढ़ जाती है।

एक एरिथ्रोसाइट सेडीमेंटेशन रेट (ईएसआर) एक ब्लड टेस्ट है जो दिखा सकता है कि हमारे शरीर में सूजन है या नहीं। सूजन हमारी प्रतिरक्षा प्रणाली की चोट, संक्रमण और कई प्रकार की स्थितियों के प्रति प्रतिक्रिया है, जिसमें प्रतिरक्षा प्रणाली संबंधी विकार, कुछ कैंसर और रक्त विकार शामिल हैं।

अतः विकल्प (D) सही है।

10. सैकोमैनो पद्धति का कम नैदानिक उपज लाभ नहीं है। सैकोमैनो तकनीक के सिद्धांत के अनुसार, थूक कोशिका संग्रह के लिए एक सरलीकृत उपकरण बनाया गया था। सैकोमैनो पद्धति के लाभ हैं:

- तैयार किए जाने तक नमूने को सुरक्षित रखना।
- नमूने का परिवहन।
- उच्च नैदानिक उपज क्योंकि यह विधि पूरे नमूने के प्रतिनिधि नमूने की एकाग्रता और उपयोग को सक्षम बनाती है।

अतः विकल्प (D) सही है।

11. मायोकार्डियल इन्फ्रक्शन के 10 दिनों के बाद ट्रोपोनिन मार्कर में उच्च रक्तचाप होता है। ट्रोपोनिन कंकाल और हृदय (कार्डियक) मांसपेशी फाइबर में पाए जाने वाले प्रोटीन का एक समूह है जो मांसपेशियों के संकुचन को नियंत्रित करता है। ट्रोपोनिन परीक्षण हृदय की चोट का पता लगाने में मदद करने के लिए रक्त में कार्डियक-विशिष्ट ट्रोपोनिन के स्तर को मापते हैं।

अतः विकल्प (A) सही है।

12. रेड ब्लड सेल कास्ट लेबोरेटरी फाइंडिंग ग्लोमेरुलोनेफ्राइटिस का पैथोग्नोमिक है। तीव्र ग्लोमेरुलोनेफ्राइटिस को सूजन के रूप में परिभाषित किया गया है और ग्लोमेरुली के बाद के नुकसान से हेमट्यूरिया, प्रोटीनुरिया और एज़ोटेमिया हो सकता है, यह प्राथमिक गुर्दे की बीमारी या प्रणालीगत स्थितियों के कारण हो सकता है।

अतः विकल्प (C) सही है।

13. प्रश्न के अनुसार,

RBC + एंटी A→ कोई एग्लूटिनेशन नहीं

RBC + एंटी B→ कोई एग्लूटिनेशन नहीं

इसलिए, रक्त समूह O है। विषय रक्त समूह A है यदि एग्लूटिनेशन एंटी-A टेस्ट सीरम ग्रुप B के साथ हुआ है अगर एग्लूटिनेशन एंटी-B टेस्ट सीरम के साथ हुआ है। ग्रुप AB अगर दोनों टेस्ट सीरम के साथ एग्लूटिनेशन होता है, और O किसी भी मामले में कोई एग्लूटिनेशन नहीं होता है।

अतः विकल्प (D) सही है।

14. डोनर लाल कोशिकाएं जो एलई एंटीजन के बाद प्राप्तकर्ता के रक्त समूह को ग्रहण करती हैं। लुईस प्रतिजनों को प्लाज्मा से लाल कोशिका झिल्ली पर अधिशोषित किया जाता है। व्यक्त किया गया लुईस फेनोटाइप इस बात पर आधारित है कि क्या व्यक्ति लुईस जीन उत्पाद का एक स्रावी या गैर-स्रावी है। लुईस फेनोटाइप की अभिव्यक्ति एबीओ फेनोटाइप पर भी निर्भर है।

अतः विकल्प (B) सही है।

15. H पदार्थ की उच्चतम सांद्रता O समूह में मौजूद होती है।

H एंटीजन एक विशिष्ट फ्यूकोसिलट्रांसफेरेज़ द्वारा निर्मित होता है। किसी व्यक्ति के ABO रक्त प्रकार के आधार पर, H एंटीजन या तो A एंटीजन, B एंटीजन या दोनों में परिवर्तित हो जाता है। यदि किसी व्यक्ति का रक्त समूह O है, तो H प्रतिजन अपरिवर्तित रहता है। इसलिए H एंटीजन O ब्लड ग्रुप में सबसे ज्यादा और AB ब्लड ग्रुप में सबसे कम मात्रा में मौजूद होता है।

अतः विकल्प (A) सही है।

16. HH जीनोटाइप (oh फेनोटाइप) रक्त समूह बॉम्बे को संदर्भित करता है। बॉम्बे फेनोटाइप वाले व्यक्ति ABO रक्त समूह के होमोज़ीगस डोमिनेंट (HH) या हेटेरोज़ीगस (Hh) जीनोटाइप के बजाय होमोज़ीगस रिसेसिव (hh) जीनोटाइप प्राप्त करते हैं। जैसा कि A और B एंटीजन H एंटीजन अग्रदूत के बिना नहीं बन सकते हैं, उनके लाल रक्त कोशिकाओं में भी इन एंटीजन की कमी होती है।

अतः विकल्प (C) सही है।

17. प्राप्तकर्ताओं के संचलन में प्रवेश करने पर संग्रहीत लाल कोशिकाएं 2, 3 डीपीजी को पुनः उत्पन्न करती हैं। आधान चिकित्सा के उपचार में उपयोग किए जाने वाले रक्त के नमूनों में, 2,3-DPG का स्तर भंडारण में काफी कम हो जाता है और इसलिए ऊतकों को ऑक्सीजन वितरण को प्रभावित करता है। संग्रहीत रक्त के नमूनों में ग्लूकोज, फॉस्फेट और एडेनिन जोड़कर इस प्रक्रिया को रोका जा सकता है।

2,3-DPG ल्यूबेरिंग-रैपोपोर्ट ग्लाइकोलाइटिक मार्ग में एक मध्यवर्ती मेटाबोलाइट है। 2,3-डीपीजी आरबीसी में हीमोग्लोबिन के एलोस्टेरिक गुणों के नियामक के रूप में कार्य करता है।

अतः विकल्प (A) सही है।

18. ABO रक्त समूहों की वंशागति का सिद्धांत सर्वप्रथम बर्नस्टीन द्वारा वर्णित किया गया था। 1924-25 में फेलिक्स बर्नस्टीन ने मानव रक्त समूहों के निर्धारण में कई युग्मविकल्पी, कोडोमिनेंट और प्रभावी-अप्रभावी संबंधों की खोज की।

उन्होंने 'तीन एलील मॉडल' प्रस्तावित किया। ABO रक्त समूह प्रतिजनों को एक आनुवंशिक स्थान, ABO लोकस द्वारा एन्कोड किया जाता है, जिसमें तीन विकल्प (एलीलिक) रूप A, B और O होते हैं। एक बच्चा प्रत्येक माता-पिता से तीन एलील में से एक प्राप्त करता है जिससे छह संभावित जीनोटाइप और चार संभावित रक्त प्रकार (फेनोटाइप) बनते हैं।

अतः विकल्प (A) सही है।

19. IA एलील टाइप A देता है, IB टाइप B देता है, और IO टाइप O देता है। जैसा कि IA और IB दोनों IO पर हावी हैं, केवल IO / IO लोगों के पास टाइप O रक्त है। IA/IA या IA/IO वाले व्यक्तियों का रक्त प्रकार A होता है और IB/IB या IB/IO वाले व्यक्तियों का रक्त प्रकार B होता है। IA/IB लोगों के दोनों

फेनोटाइप हैं क्योंकि A और B एक विशेष प्रभुत्व संबंध व्यक्त करते हैं: सहप्रभुता, जिसका अर्थ है कि A और B प्रकार के माता-पिता का एक AB बच्चा हो सकता है। टाइप A और टाइप B वाले माता-पिता के पास टाइप O बच्चे भी हो सकते हैं यदि वे दोनों विषमयुग्मजी (IB/ IO, IA/IO) हैं। इसलिए, रक्त समूह O और AB वाले माता-पिता की संतानों के संभावित रक्त समूह A और B हैं क्योंकि उनके माता-पिता के जीनोटाइप IO/IO और IA/IB हैं। अतः क्रासिंग के अंतर्गत हमें केवल A और B रक्त समूह मिलते हैं।

अतः विकल्प (C) सही है।

20. ब्लड ग्रुपिंग और क्रॉस-मैचिंग डेक्स्ट्रान के इन्फ्यूजन से पहले जरूरी है। डेक्स्ट्रान एक दवा है जिसका उपयोग विभिन्न नैदानिक स्थितियों के प्रबंधन और उपचार में किया जाता है, जिसमें रक्तस्राव, सदमे, शल्य चिकित्सा प्रक्रियाओं, रेडियोलॉजिकल इमेजिंग, एंटीथ्रॉम्बोटिक प्रशासन और जीरोफथाल्मिया की नेत्र राहत शामिल है।

अतः विकल्प (B) सही है।

21. संक्रमण से पहले एक वयस्क के ABO प्रकार का निर्धारण करने के लिए सीरम ग्रुपिंग दो आवश्यक चरणों में से एक है। किसी व्यक्ति के सीरम (या प्लाज्मा) में एंटीबॉडी की जांच करके उसके ABO प्रकार की पुष्टि करने की प्रक्रिया के लिए यह वर्तमान में पसंदीदा शब्द है (कम से कम, AABB तकनीकी मैनुअल के अनुसार)। अधिकांश ब्लड बैंकर "रिवर्स ग्रुपिंग" शब्द का उपयोग परस्पर विनिमय के लिए करते हैं (वास्तव में, हम अक्सर रिवर्स ग्रुपिंग का उपयोग कर सकते हैं)। इसके अलावा, हम अक्सर ब्लड बैंकिंग में काम करने वाले प्रयोगशाला वैज्ञानिकों को ABO परीक्षण के इस चरण को "बैक-टाइपिंग" कहते हुए सुनेंगे। सीरम ग्रुपिंग "रेड सेल ग्रुपिंग," "फॉरवर्ड टाइपिंग," या "फ्रंट-टाइपिंग" के विपरीत है।

अतः विकल्प (C) सही है।

22. AB नेगेटिव आठ मुख्य रक्त प्रकारों में सबसे दुर्लभ है, हमारे दाताओं में से केवल 1% के पास ही यह है। दुर्लभ होने के बावजूद, AB नेगेटिव रक्त की मांग कम है और हमें AB नेगेटिव रक्त वाले दाताओं को खोजने में कोई परेशानी नहीं होती है। हालांकि, कुछ रक्त प्रकार दुर्लभ और मांग दोनों में हैं।

अतः विकल्प (A) सही है।

23. प्रमुख क्रॉस मैचिंग में डोनर कोशिकाओं को मरीज के सीरम के साथ मिलाया जाता है।

रक्त या रक्त उत्पादों (जैसे पैक लाल रक्त कोशिकाओं) के प्रशासन से पहले एक क्रॉसमैच किया जाता है। क्रॉसमैच का उद्देश्य डोनर की लाल रक्त कोशिकाओं के खिलाफ प्राप्तकर्ता में एंटीबॉडी की उपस्थिति का पता लगाना है।

प्रमुख क्रॉस मैच: यह सबसे महत्वपूर्ण है। इस प्रक्रिया में, हम प्राप्तकर्ता में ट्रांसफ्यूज़ किए गए लाल रक्त कोशिका एंटीजन (डोनर से) के खिलाफ एंटीबॉडी का उपयोग करते हैं। इसलिए, हमें प्राप्तकर्ता से सीरम और डोनर से लाल रक्त कोशिकाओं की आवश्यकता होती है।

अतः विकल्प (A) सही है।

24. रक्त समूह AB को सर्वग्राही कहा जाता है। वे किसी भी ABO रक्त समूह का दान किया हुआ रक्त प्राप्त कर सकते हैं। जब दाताओं के रक्त को AB रक्त प्रकार वाले व्यक्ति में चढ़ाया जाता है, तो यह किसी भी प्रतिरक्षा प्रतिक्रिया का कारण नहीं बनता है। AB रक्त समूह वाले व्यक्तियों को सार्वभौमिक प्राप्तकर्ता के रूप में जाना जाता है क्योंकि वे बिना किसी हेमोलिटिक प्रतिक्रिया के सभी रक्त प्रकारों से रक्त प्राप्त कर सकते हैं।

अतः विकल्प (C) सही है।

25. बलगम का रंग निम्नलिखित स्थितियों को दर्शाता है:

| रक्त (हेमोप्टाइसिस) | पल्मोनरी टीबी, फेफड़े का फोड़ा, ब्रोन्किएक्टेसिस, ब्रोन्कोजेनिक कार्सिनोमा, माइट्रल स्टेनोसिस, पल्मोनरी इन्फ्रक्शन |

रस्टी	न्यूमोकोकल लोबार निमोनिया
रक्त और जिलेटिनस (रेड करंट जेली)	क्लेबसिएला निमोनिया
ग्रीन	स्यूडोमोनास संक्रमण
पुरुलेंट	ब्रोन्किइक्टेसिस, फेफड़े का फोड़ा
गुलाबी, झागदार	पल्मोनरी एडिमा

अतः विकल्प (A) सही है।

26. पीलिया के कुछ सबसे सामान्य लक्षणों में सांस फूलना है। पीलिया एक ऐसी स्थिति है जिसमें त्वचा, आंखों के सफेद हिस्से और श्लेष्मा झिल्ली पीले रंग के पीले-नारंगी पित्त वर्णक बिलीरुबिन के उच्च स्तर के कारण पीले हो जाते हैं। पीलिया के कई कारण होते हैं, जिनमें हेपेटाइटिस, पित्त पथरी और ट्यूमर शामिल हैं। वयस्कों में, आमतौर पर पीलिया के उपचार की आवश्यकता नहीं होती है।

ऑब्सट्रक्टिव पीलिया साइनस ब्रैडीकार्डिया का एक ज्ञात कारण है। यह आमतौर पर हृदय के इलेक्ट्रोफिजियोलॉजी और मुख्य रूप से एसए नोड पर पित्त लवण के प्रभाव के लिए जिम्मेदार ठहराया जाता है।

अतः विकल्प (C) सही है।

27. हेमेटोपैथोलॉजी या हेमोपैथोलॉजी रक्त कोशिकाओं, उनके उत्पादन, और हेमटोपोइजिस में शामिल किसी भी अंग और ऊतकों, जैसे अस्थि मज्जा, प्लीहा और थाइमस को प्रभावित करने वाले और पाए जाने वाले रोगों और विकारों का अध्ययन है। ल्यूकेमिया और लिम्फोमा जैसे रोगों का निदान और उपचार अक्सर हेमेटोपैथोलॉजी से संबंधित होता है; तकनीकों और प्रौद्योगिकियों में प्रवाह साइटोमेट्री अध्ययन और इम्यूनोहिस्टोकेमिस्ट्री शामिल हैं।

अतः विकल्प (D) सही है।

28. एक रक्त प्रकार की असंगति तब भी मौजूद होती है जब माँ के पास आरएच (रीसस) कारक नकारात्मक रक्त प्रकार होता है और नवजात शिशु आरएच कारक सकारात्मक होता है। यह गंभीर नवजात पीलिया का एक सामान्य कारण था, लेकिन अब यह बहुत ही असामान्य है क्योंकि आरएच इम्यून ग्लोब्युलिन (रोघम) प्रसव से पहले जोखिम वाली माताओं को दिया जाता है।

अतः विकल्प (A) सही है।

29. रक्त में प्रचुरता के संदर्भ में सही अनुक्रम आरबीसी > प्लेटलेट्स > डब्ल्यूबीसी है।

मानव शरीर में सबसे प्रचुर कोशिका एरिथ्रोसाइट्स (आरबीसी) है, जिनकी संख्या 4.5 - 5.5 मिलियन प्रति एमएल होती है। प्लेटलेट्स 1,40,000 - 4,00,000 प्रति एमएल होती हैं। श्वेत रक्त कोशिकाएं 5,000 - 10,000 प्रति एमएल होती हैं एवं न्यूट्रोफिल, लिम्फोसाइट्स और बेसोफिल सभी इस संख्या में शामिल होती हैं।

अतः विकल्प (C) सही है।

30. मलेरिया परजीवियों की पहचान माइक्रोस्कोप के तहत रोगी के रक्त की एक बूंद की जांच करके की जा सकती है, जो माइक्रोस्कोप स्लाइड पर "रक्त का धब्बा" के रूप में फैल जाती है। परीक्षा से पहले, परजीवियों को एक विशिष्ट रूप देने के लिए नमूने पर धब्बा दिया जाता है (ज्यादातर गिमेसा धब्बे के साथ)। यह तकनीक मलेरिया की प्रयोगशाला पुष्टि के लिए गोल्ड स्टैंडर्ड बनी हुई है। हालांकि, यह अभिकर्मकों की गुणवत्ता, माइक्रोस्कोप और प्रयोगशाला के अनुभव पर निर्भर करता है।

अतः विकल्प (B) सही है।

31. सिस्टमिक ल्यूपस एरिथेमैटोसस (एसएलई) एक पुरानी ऑटोम्यून्यून बीमारी है। एसएलई को रक्त में असामान्य एंटीबॉडी के उत्पादन की विशेषता है। प्रणालीगत ल्यूपस एरिथेमेटोसस का कारण अज्ञात है, हालांकि, आनुवंशिकता, वायरस, पराबैंगनी प्रकाश और दवाएं सभी कुछ भूमिका निभा

सकती हैं। इसलिए, एसएलई वाले रोगी नॉर्मोक्रोमिक नॉर्मोसाइटिक एनीमिया और उच्च ईएसआर का प्रतिनिधित्व करते हैं।

अतः विकल्प (C) सही है।

32. एक व्यक्ति से दूसरे व्यक्ति में रक्त के स्थानान्तरण की प्रक्रिया को रक्ताधान कहते हैं। यह उन रोगियों को रक्त या रक्त घटक प्रदान करता है जो चोट या सर्जरी के दौरान इसे खो देते हैं। रक्त आमतौर पर दाताओं से आता है। विनियमन किसी चीज के रखरखाव को संदर्भित करता है। रक्तदान से तात्पर्य जरूरतमंदों को रक्त देने से है।

अतः विकल्प (A) सही है।

33. श्वेत रक्त कोशिकाएं कई किस्मों में आती हैं, लेकिन वे सभी शरीर के चारों ओर रक्त प्रवाह के माध्यम से संक्रमण के स्थलों तक जाती हैं। वे हमलावर बैक्टीरिया या वायरस को नष्ट करने में मदद करते हैं। श्वेत रक्त कोशिकाओं को हजारों प्रति घन मिलीलीटर रक्त (K/mm³) में मापा जाता है। आम तौर पर, लाल रक्त कोशिकाओं की तुलना में कम सफेद रक्त कोशिकाएं होती हैं। श्वेत रक्त कोशिकाओं की एक सामान्य श्रेणी प्रयोगशाला से प्रयोगशाला में थोड़ी भिन्न हो सकती है, लेकिन लगभग 4.0 से 10.0 K/mm³ है।

अतः विकल्प (C) सही है।

34. लाल रक्त कोशिकाएं लाल रंग की होती हैं क्योंकि उनमें आयरन होता है। लोहा हीमोग्लोबिन में है, एक पदार्थ जो इन कोशिकाओं को ऑक्सीजन ले जाने के लिए संभव बनाता है। यद्यपि लाल रक्त कोशिकाओं की संख्या उस ऊंचाई के साथ बदलती है जिस पर व्यक्ति रहता है। आम तौर पर, लाल रक्त कोशिकाओं की एक सामान्य श्रेणी 3.58 से 4.99 मीटर/मिमी3 होती है।

लाल रक्त कोशिका का मुख्य कार्य फेफड़ों से ऑक्सीजन ले जाना और इसे हमारे पूरे शरीर में पहुंचाना है। लाल रक्त कोशिकाएं कार्बन डाइऑक्साइड जैसे अपशिष्ट उत्पाद को वापस हमारे फेफड़ों में वापस ले जाती हैं।

अतः विकल्प (D) सही है।

35. प्लेटलेट्स रक्त तत्वों में सबसे छोटे होते हैं। वे हजारों प्रति घन मिलीलीटर (किमी/मिमी³) में मापा जाता है। एक सामान्य प्लेटलेट काउंट लगभग 150 से 450 (किमी/मिमी³) होता है। प्लेटलेट्स छोटी रक्त कोशिकाएं होती हैं जो रक्तस्राव को रोकने के लिए हमारे शरीर को थक्का बनाने में मदद करती हैं। यदि हमारी एक रक्त वाहिका क्षतिग्रस्त हो जाती है, तो यह प्लेटलेट्स को संकेत भेजती है। प्लेटलेट्स तब क्षति की साइट पर जाते हैं और क्षति को ठीक करने के लिए एक प्लग (क्लॉट) बनाते हैं।

अतः विकल्प (D) सही है।

36. हेमेटोक्रिट: इसका मतलब है कि कुल रक्त की मात्रा लाल रक्त कोशिकाओं की कितनी है। यद्यपि हेमेटोक्रिट उस ऊंचाई के साथ भिन्न होता है जिस पर एक व्यक्ति रहता है, आम तौर पर बोलते हुए, महिलाओं के लिए सामान्य हेमेटोक्रिट मान 36% से 44% होता है। पुरुषों के लिए, यह 41% से 50% है। उच्च ऊंचाई पर रहने वाले व्यक्ति के लिए मान वहां के वातावरण में ऑक्सीजन के कम स्तर के कारण अधिक हो सकता है।

अतः विकल्प (B) सही है।

37. न्यूट्रोफिल शरीर में एक सामान्य श्वेत रक्त कोशिका है। वे रक्त में श्वेत कोशिकाओं का लगभग 56% बनाते हैं। इनका काम आक्रमणकारी बैक्टीरिया और वायरस को नष्ट करना है। सीबीसी परिणाम पत्रक पर, पॉलिस परिपक्व न्यूट्रोफिल को संदर्भित करता है और बैंड युवा न्यूट्रोफिल को संदर्भित करता है। ये दोनों कोशिकाएं संक्रमण से लड़ने में सक्षम हैं। सीबीसी एब्सोल्यूट न्यूट्रोफिल काउंट (एएनसी) को भी मापता है, जिसे एब्सोल्यूट ग्रैनुलोसाइट काउंट (एजीसी) के रूप में भी जाना जाता है। यह रोग से लड़ने वाली श्वेत रक्त कोशिकाओं की संख्या है।

अतः विकल्प (B) सही है।

38. सामान्य संक्रमणों से लड़ने के लिए न्यूट्रोफिल प्रतिरक्षा की पहली पंक्ति होती हैं। एक सामान्य न्यूट्रोफिल गिनती 2,500 से 6,000 तक होती है। यदि

हमारी एएनसी 500 से कम हो जाती है, तो हमें संक्रमण का गंभीर खतरा होता है, और इस स्थिति को गंभीर न्यूट्रोपेनिया कहा जाता है। मध्यम न्यूट्रोपेनिया 500 और 1,000 के बीच एक एएनसी है। हल्के न्यूट्रोपेनिया को 1,000 और 1,500 के बीच एएनसी के रूप में परिभाषित किया गया है। मध्यम न्यूट्रोपेनिया के साथ संक्रमण का खतरा बढ़ने लगता है। देखने के लिए लक्षणों में बुखार, ठंड लगना, अत्यधिक पसीना आना और पेशाब की मात्रा में बदलाव शामिल हैं।

अतः विकल्प (A) सही है।

39. थकान पर्याप्त लाल रक्त कोशिकाओं या हीमोग्लोबिन (एनीमिया नामक स्थिति) नहीं होने का एक लक्षण है। थकान के अलावा, एनीमिया के अन्य लक्षणों में चक्कर आना, सांस की तकलीफ, सिर में तेज़, पीली त्वचा और मसूड़े, और कानों में बजना शामिल हो सकते हैं।

हीमोग्लोबिन एक आयरन युक्त प्रोटीन है जो रक्त को लाल रंग देता है। यह फेफड़ों से ऑक्सीजन को शरीर के बाकी हिस्सों में ले जाता है। एनीमिया के तीन मुख्य कारण हैं: खून की कमी, लाल रक्त कोशिका के उत्पादन में कमी और लाल रक्त कोशिका के विनाश की उच्च दर।

अतः विकल्प (D) सही है।

40. थ्रोम्बोसाइटोपेनिया: रक्त में प्लेटलेट्स की कमी। यह चोट के बाद ऊतकों में रक्तस्राव, चोट लगने और रक्त के थक्के को धीमा करने का कारण बनता है।

थ्रोम्बोसाइटोपेनिया के लक्षणों में बार-बार और आसानी से चोट लगना, त्वचा पर छोटे लाल या बैंगनी धब्बे, नकसीर, मसूड़ों से खून आना, काले या खूनी मल और भूरे या लाल मूत्र शामिल हैं। यदि हमारी यह स्थिति है, तो हमें एस्पिरिन युक्त किसी भी दवा से बचना चाहिए, क्योंकि एस्पिरिन रक्त के थक्के जमने में बाधा डालती है।

अतः विकल्प (A) सही है।

41. ग्रैन्यूलोसाइट्स: एक प्रकार की प्रतिरक्षा कोशिका जिसमें संक्रमण, एलर्जी प्रतिक्रियाओं और अस्थमा के दौरान निकलने वाले एंजाइम के साथ ग्रैन्यूल्स (छोटे कण) होते हैं। न्यूट्रोफिल्स, इओसिनोफिल और बेसोफिल्स ग्रैन्यूलोसाइट्स हैं। एक ग्रैन्यूलोसाइट्स एक प्रकार का सफेद रक्त कोशिका है। दानेदार ल्यूकोसाइट, पीएमएन और पॉलीमॉर्फोन्यूक्लियर ल्यूकोसाइट भी कहा जाता है।

अतः विकल्प (C) सही है।

42. साइटोटॉक्सिक टी कोशिकाएं लक्ष्य की झिल्ली में पेर्फोरिन डालकर लक्ष्य कोशिकाओं को नष्ट कर देती हैं।

साइटोटॉक्सिक सीडी8 टी कोशिकाएं दो प्रकार के पूर्वनिर्मित साइटोटॉक्सिक प्रोटीन को छोड़ कर अपनी सम्मोहक का कार्य करती हैं: ग्रैनजाइम, जो किसी भी प्रकार की लक्ष्य कोशिका में एपोप्टोसिस को प्रेरित करने में सक्षम प्रतीत होते हैं और छिद्र बनाने वाले प्रोटीन पेर्फोरिन, जो लक्ष्य-कोशिका झिल्ली में छेद करते हैं जिसके माध्यम से ग्रैनजाइम प्रवेश कर सकते हैं।

अतः विकल्प (C) सही है।

43. छिद्रयुक्त केशिकाओं के माध्यम से ऊतक स्थान में रक्त से तरल पदार्थ के पलायन से लसीका बनता है। इस प्रकार बनी हुई लसीका, लसीका वाहिकाओं के माध्यम से शरीर के माध्यम से परिचालित होती है और वापस हृदय में दाहिने आलिंद में पहुंचा दी जाती है। लसीका रक्त से इस बात में भिन्न होता है कि उसमें आरबीसी नहीं बल्कि अधिक डब्ल्यूबीसी होता है।

अतः विकल्प (C) सही है।

44. AB- रक्त वाले व्यक्ति में A और B के लिए प्रतिजन होते हैं और उनके लिए प्रतिरक्षी अनुपस्थित होते हैं। चूँकि रक्त समूह ऋणात्मक है, इसका अर्थ है कि रक्त में एंटीजन D या रीसस कारक भी अनुपस्थित है। इस प्रकार, नकारात्मक रीसस कारक वाले सभी रक्त समूह रक्तदान कर सकते हैं।

अतः विकल्प (D) सही है।

45. श्वसन फटने में मुक्त कण निकलते हैं। मुक्त कणों में एक शक्तिशाली कोशिका-मारने की क्षमता होती है। रेस्पिरेटरी बर्स्ट को रोगज़नक़ की हत्या के लिए, मुख्य रूप से न्यूट्रोफिल से, प्रतिक्रियाशील ऑक्सीजन प्रजातियों के तेजी से रिलीज की विशेषता है। फ्री रेडिकल क्षति कई पुरानी स्वास्थ्य समस्याओं जैसे हृदय और सूजन संबंधी बीमारी, मोतियाबिंद और कैंसर के एटियलजि में योगदान करती है।

अतः विकल्प (C) सही है।

46. टाइप I अतिसंवेदनशीलता को तत्काल प्रतिक्रिया के रूप में भी जाना जाता है और इसमें इम्युनोग्लोबुलिन E (IgE) घुलनशील एंटीजन के खिलाफ एंटीबॉडी की मध्यस्थता रिलीज शामिल है। इसके परिणामस्वरूप मास्ट कोशिका डिग्रेनुलेशन और हिस्टामाइन और अन्य उत्तेजक मध्यस्थों को रिलीज करना होता है।

अतः विकल्प (D) सही है।

47. सैद्धांतिक रूप से, टाइप O रक्त सभी व्यक्तियों को दान किया जा सकता है क्योंकि इसमें एंटीजन की कमी होती है। यदि एक आपातकालीन रक्त आधान की आवश्यकता है और प्राप्तकर्ता का रक्त टाइप ज्ञात नहीं है, तो कोई भी व्यक्ति O- रक्त प्राप्त कर सकता है। टाइप O - रक्त (जिसकी सतह पर कोई एंटीजन नहीं है) प्राप्तकर्ता के प्लाज्मा में एंटीबॉडी के साथ अभिक्रिया नहीं करेगा। O- रक्त टाइप वाले किसी को भी सार्वभौमिक दाता कहा जाता है।

अतः विकल्प (A) सही है।

48. ऑटोएंटीबॉडीज का उत्पादन अनुक्रमित (छिपा हुआ) ऊतकों के खिलाफ एंटीबॉडी के उत्पादन के कारण हो सकता है। ऑटोएंटीबॉडीज का उत्पादन विदेशी एंटीजन की अभिक्रिया से उत्पन्न होता है, जो स्व-एंटीजन के साथ अभिक्रिया करते हैं। इंट्रासेल्युलर एंटीजन की ओर ऑटोएंटीबॉडी अभिक्रिया के प्रसार के लिए एक अन्य मार्ग बाह्य एंटीजन के साथ क्रॉस-रिएक्टिविटी के माध्यम से है।

B लिम्फोसाइटों द्वारा उत्पादित ऑटोएंटीबॉडी एपोप्टिक या नेक्रोटिक कोशिकाओं द्वारा जारी स्व-एंटीजन से बंधते हैं, जो एंटीजन बनाते हैं जो एंटीबॉडी (प्रतिरक्षा) परिसरों हैं। जब प्रतिरक्षा परिसरों में एंटीजन में न्यूक्लिक एसिड होते हैं और pDCs द्वारा एंडोसाइटोज किए जाते हैं, तो टोल-जैसे रिसेप्टर्स सक्रिय हो जाते हैं और pDCs इंटरफेरॉन-α स्रावित करते हैं।

अतः विकल्प (B) सही है।

49. टाइप III प्रतिरक्षा जटिल रोग का एक उदाहरण सीरम बीमारी है। सीरम बीमारी एक अभिक्रिया है जो एलर्जी के समान होती है। प्रतिरक्षा प्रणाली उन दवाओं के प्रति अभिक्रिया करती है जिनमें प्रतिरक्षा स्थितियों का इलाज करने के लिए उपयोग किए जाने वाले प्रोटीन होते हैं। यह एंटीसेरम पर भी अभिक्रिया कर सकता है, रक्त का तरल हिस्सा जिसमें किसी व्यक्ति को कीटाणुओं या जहरीले पदार्थों से बचाने में मदद करने के लिए एंटीबॉडी दी जाती है।

अतः विकल्प (C) सही है।

50. रोगियों के सीरम नमूने में अप्रत्याशित लाल कोशिका एंटीबॉडी की उपस्थिति का पता लगाने के लिए स्क्रीनिंग कोशिकाओं का चयन किया जाएगा। क्लिनिकल प्रयोगशाला और/या ब्लड बैंक में किए गए एंटीबॉडी स्क्रीनिंग परीक्षण को अप्रत्याशित एंटीबॉडी की उपस्थिति का पता लगाने के लिए डिज़ाइन किया गया है, विशेष रूप से नॉन-एबीओ रक्त समूह प्रणाली के एंटीजन के सीरम में एलोएंटीबॉडी: डफी, केल, किड, एमएनएस, पी, और कुछ आरएच प्रकार जिन्हें चिकित्सीय दृष्टि से महत्वपूर्ण माना जाता है।

अतः विकल्प (D) सही है।

51. Rh ब्लड ग्रुप सिस्टम एंटीजन के एंटीबॉडी को आमतौर पर इम्यून IgG के रूप में जाना जाता है। अधिकांश Rh एंटीबॉडी IgG प्रकार के होते हैं। Rh एंटीबॉडीज शायद ही कभी पूरक सक्रिय करते हैं। वे RBC से जुड़ते हैं और उन्हें प्लीहा (एक्स्ट्रावस्कुलर हेमोलिसिस) में नष्ट करने के लिए चिन्हित करते हैं। एंटी-D, एंटी-C, एंटी-E, और एंटी-C सीवियर हेमोलिटिक ट्रांसफ्यूजन अभिक्रिया उत्पन्न कर सकते हैं।

अतः विकल्प (B) सही है।

52. इम्यूनोहेमैटोलॉजी में क्लिनिकल विकारों की एक विस्तृत श्रृंखला शामिल है जिसमें हेमेटोलॉजिकल रोगों के रोगजनन में इम्यून अभिक्रिया शामिल हैं। इम्यून अभिक्रियाओं में रक्त के निर्मित तत्व शामिल हो सकते हैं, हेमोलिटिक एनीमिया, थ्रोम्बोसाइटोपेनिया या न्यूट्रोपेनिया उत्पन्न कर सकते हैं। ऑटोइम्यून घटनाएं और नशीली दवाओं से प्रेरित अभिक्रिया सबसे सामान्य क्रियाविधि हैं।

अतः विकल्प (B) सही है।

53. सोडियम, एक क्षार धातु होने के कारण कई जैविक उपयोग होते हैं जैसे तंत्रिका संकेत संचरण भी कोशिका झिल्लियों में जल प्रवाह नियमन के साथ-साथ शर्करा और अमीनो एसिड कोशिकाओं में परिवहन के साथ होता है।

सोडियम और पोटेशियम आयन तंत्रिका संकेतों के संचरण में भाग लेते हैं। यह सोडियम/पोटेशियम पंप द्वारा किया जाता है। एक अस्थिर न्यूरॉन की झिल्ली ध्रुवीकृत होती है। बाहर सोडियम आयनों की अधिकता और अंदर पोटेशियम आयनों की अधिकता बनाए रखने से ध्रुवीकरण स्थापित होता है। Na+ और K+ की एक निश्चित मात्रा हमेशा रिसाव चैनलों के माध्यम से झिल्ली में लीक हो रही है, लेकिन झिल्ली में Na+/K+ पंप सक्रिय रूप से आयनों को उचित पक्ष में पुनर्स्थापित करते हैं।

अतः विकल्प (C) सही है।

54. सोडियम-पोटेशियम पंप कोशिका झिल्लियों में संचालित होता है और एक आराम करने वाले व्यक्ति द्वारा उपयोग किए जाने वाले एटीपी का लगभग एक तिहाई उपयोग करता है। सोडियम-पोटेशियम पंप नामक डिस्क्रिमनटॉरी क्रियाविधि के कारण सोडियम आयन और पोटेशियम आयनों का स्तर लाल रक्त कोशिकाओं के अंदर बदल जाता है।

अतः विकल्प (C) सही है।

55. एएफबी परीक्षण आमतौर पर सक्रिय टीबी के लक्षण वाले लोगों के लिए आदेशित किए जाते हैं। परीक्षण हमारे थूक में एएफबी बैक्टीरिया की उपस्थिति की तलाश करते हैं। थूक एक गाढ़ा बलगम होता है जो फेफड़ों से खांसी के साथ बाहर आता है। यह थूक या लार से भिन्न होता है। एएफबी परीक्षण के दो मुख्य प्रकार हैं:

1. **एएफबी स्मीयर:** इस परीक्षण में, हमारे नमूने को कांच की स्लाइड पर "स्मीयर" किया जाता है और माइक्रोस्कोप के नीचे देखा जाता है। यह 1-2 दिनों में परिणाम प्रदान कर सकता है। ये परिणाम एक संभावित या संभावित संक्रमण दिखा सकते हैं, लेकिन एक निश्चित निदान प्रदान नहीं कर सकते।

2. **एएफबी कल्चर:** इस परीक्षण में, हमारे नमूने को एक प्रयोगशाला में ले जाया जाता है और बैक्टीरिया के विकास को प्रोत्साहित करने के लिए एक विशेष वातावरण में रखा जाता है। एक एएफबी कल्चर सकारात्मक रूप से टीबी या अन्य संक्रमण के निदान की पुष्टि कर सकता है। लेकिन किसी संक्रमण का पता लगाने के लिए पर्याप्त बैक्टीरिया विकसित होने में 6-8 सप्ताह का समय लगता है।

अतः विकल्प (C) सही है।

56. नैदानिक जैव रसायन के लिए प्रयोगशाला गुणवत्ता आश्वासन तीन समय से संबंधित चरणों से बना है, ये हैं:

- **पूर्व-विश्लेषणात्मक:** पूर्व-विश्लेषणात्मक चरण में निम्नलिखित घटक शामिल हैं:

1. प्रशिक्षण
2. प्रयोगशाला सुरक्षा
3. एचआईवी परीक्षण करने में सक्षम और उपलब्ध प्रशिक्षित कर्मियों की संख्या
4. नमूना संग्रह, लेबलिंग और परिवहन की स्थिति
5. परीक्षण और भंडारण से पहले नमूनों का प्रसंस्करण

6. परीक्षण किए गए नमूनों के स्रोत और प्रकार
7. परीक्षण किए गए नमूनों की संख्या
8. परीक्षण किट का चयन
9. सूचना की रिकॉर्डिंग

- **पोस्ट-विश्लेषणात्मक:** पोस्ट-विश्लेषणात्मक चरण में परीक्षण के बाद होने वाली सभी चीजें शामिल हैं:

1. परिणामों की व्याख्या करना
2. परिणाम का लिप्यंतरण करना, जैसे सही पहचानकर्ता कोड पर परिणाम रिकॉर्ड करना
3. रिपोर्टिंग परिणाम (आवश्यक रूप से व्यक्ति के लिए नहीं, निगरानी की विधि पर निर्भर करेगा, उदाहरण के लिए जुड़ा हुआ है या नहीं)
4. ट्रैकिंग सिस्टम में डेटा दर्ज करना (कंप्यूटर या हार्ड कॉपी)
5. रिकॉर्ड बनाए रखना
6. QC की समीक्षा करना

- **विश्लेषणात्मक:** विश्लेषणात्मक चरण में परीक्षण प्रक्रिया ही शामिल है। QA प्रोग्राम द्वारा समीक्षा किए जाने वाले कुछ घटकों में शामिल हैं:

1. लिखित मानक संचालन प्रक्रियाओं का मैनुअल
2. अभिकर्मक तैयार करना
3. परीक्षण का प्रदर्शन
4. उपकरणों का प्रदर्शन और निवारक रखरखाव (उदाहरण के लिए स्पेक्ट्रोफोटोमीटर, वाशर)
5. अभिकर्मकों का सही प्रयोग
6. परीक्षण किट में आंतरिक और/या बाहरी क्यूसी शामिल करना
7. QC निगरानी प्रक्रिया

अतः विकल्प (D) सही है।

57. इरिटेबल बाउल सिंड्रोम के निदान के साथ एक 34 वर्षीय महिला को दस्त हो रहे थे। पित्त अम्ल कुअवशोषण को एक कारण माना जा रहा था। हम आगे मूल्यांकन करने के लिए चेनोडॉक्सिकोलिक अम्ल रक्त परीक्षण का सुझाव देते हैं क्योंकि चेनोडॉक्सिकोलिक अम्ल या चेनोडिओल एक स्वाभाविक रूप से होने वाला पित्त अम्ल होता है जिसका उपयोग उपचारात्मक रूप से उन रोगियों में कोलेस्ट्रॉल पित्त पथरी को भंग करने के लिए किया जाता है जिनके पास पित्ताशय-उच्छेदन या सर्जरी से इनकार करने के लिए मतभेद हैं।

अतः विकल्प (A) सही है।

58. K+ की दैनिक आवश्यकता 1 से 2 mmol/kg प्रति दिन तक होती है। उपचय के दौरान यह आवश्यकता बढ़ जाती है, जब अपर्याप्त K+ प्रतिस्थापन के परिणामस्वरूप गंभीर हाइपोकैलिमिया हो जाता है। शारीरिक स्थितियों में, पोटेशियम गुर्दे के माध्यम से उत्सर्जित होता है और उत्सर्जन का नियमन एल्डोस्टेरोन के प्रभाव से संबंधित होता है।

अतः विकल्प (A) सही है।

59. सोडियम प्रमुख बाह्य कोशिकीय धनायन है। सोडियम चयापचय और शरीर के डिब्बों के बीच स्थानान्तरण पानी के स्थानान्तरण से निकटता से जुड़ा हुआ है। शरीर में पानी की मात्रा में परिवर्तन मानक स्तर से सीरम Na+ सांद्रता के विचलन द्वारा व्यक्त किया जाता है। Na+ भंडार को बनाए रखते हुए बाह्य तरल पदार्थ (ECF) में पानी की कोई भी हानि Na+ सांद्रता (हाइपरनेट्रेमिया) में वृद्धि से जुड़ी है।

अतः विकल्प (C) सही है।

60. अनाज में फाइटिक एसिड द्वारा कैल्शियम का अवशोषण बाधित होता है। फाइटिक एसिड पौधों के बीजों में पाया जाने वाला एक अनोखा प्राकृतिक पदार्थ है। खनिज अवशोषण पर इसके प्रभाव के कारण इसे काफी ध्यान मिला

है। फाइटिक एसिड आयरन, जिंक और कैल्शियम के अवशोषण को रोकता है और खनिज की कमी को बढ़ावा दे सकता है।

अत: विकल्प (B) सही है।

61. माइक्रोस्कोपी उन उपकरणों का अध्ययन है जिनका उपयोग वस्तुओं या कुछ क्षेत्रों को देखने के लिए किया जाता है जिन्हें नग्न आंखों से नहीं देखा जा सकता है। माइक्रोस्कोपी एक ऐसी तकनीक है जिसका प्रयोग अक्सर कोशिका (अंदर और बाहर) का अध्ययन करने के लिए किया जाता है। माइक्रोस्कोपी के दो सबसे आम प्रकार प्रकाश माइक्रोस्कोपी और इलेक्ट्रॉन माइक्रोस्कोपी हैं। तीन प्रकार के प्रकाश माइक्रोस्कोपी फ्लोरेसेंस, फेस-कंट्रास्ट और कन्फोकल हैं।

अत: विकल्प (B) सही है।

62. स्कैनिंग इलेक्ट्रॉन माइक्रोस्कोप विस्तृत 3D छवि प्रदान करते हैं। स्कैनिंग इलेक्ट्रॉन माइक्रोस्कोपी (एसईएम) आमतौर पर कोशिकाओं, ऊतकों और पूरे बहुकोशिकीय जीवों की सतह की इमेजिंग के लिए उपयोग की जाती है। सतहों की एसईएम छवियां त्रि-आयामी (3D) प्रतीत होती हैं लेकिन छवि में मापन गोग गहनता की कोई जानकारी नहीं है।

अत: विकल्प (D) सही है।

63. कॉन्फोकल माइक्रोस्कोपी एक प्रकाश किरण पर निर्भर करती है। कॉन्फोकल माइक्रोस्कोपी फोकस के एक संकीर्ण विमान के अंदर एक नमूना को उत्तेजित करने के लिए एक मानक प्रकाश माइक्रोस्कोप के उद्देश्य के माध्यम से एक लेजर से प्रकाश का उपयोग करता है। आउट-ऑफ-फोकस विमानों से प्रकाश का कोई भी उत्सर्जन पिनहोल, या कन्फोकल एपर्चर द्वारा अस्वीकार कर दिया जाता है।

अत: विकल्प (A) सही है।

64. इलेक्ट्रॉन माइक्रोस्कोप छवि बनाने के लिए इलेक्ट्रॉन किरणें और चुंबकीय क्षेत्र का उपयोग करता है, जबकि प्रकाश सूक्ष्मदर्शी प्रकाश तरंगों और कांच के लेंस का उपयोग करता है। इलेक्ट्रॉन माइक्रोस्कोपी में, इलेक्ट्रॉन किरणों के अत्यंत कम तरंग दैर्घ्य के साथ बहुत अधिक विभेदन प्राप्त किया जाता है।

अत: विकल्प (D) सही है।

65. एंटीग्लोबुलिन प्रक्रियाओं में IgG संवेदनशील कोशिकाएं अभिकर्मकों और प्रक्रियाओं पर QC जांच के रूप में कार्य करती हैं। IgG सेंसिटाइज़्ड लाल रक्त कोशिकाएं द्वितीय का उपयोग परीक्षण में उपयोग किए जाने वाले एंटी-ह्यूमन ग्लोब्युलिन (AHG) अभिकर्मक की एंटी-IgG गतिविधि का प्रदर्शन करके नकारात्मक एंटीग्लोबुलिन परीक्षणों की वैधता की पुष्टि करने के लिए किया जाता है।

अत: विकल्प (A) सही है।

66. इम्यूनोजेनिसिटी एक एंटीजन की एक एंटीजन-नकारात्मक प्राप्तकर्ता में इम्यून प्रतिक्रिया को उत्तेजित करने की क्षमता है। ABO सिस्टम में एंटीजन के अलावा, Rh (D) सबसे इम्युनोजेनिक रेट रोल एंटीजन है, इसके बाद केल ब्लड ग्रुप सिस्टम में K है। अन्य इम्युनोजेनिक एंटीजन में Rh सिस्टम में c और E शामिल हैं।

नियमित ब्लड बैंकिंग में, एंटीजन की इम्यूनोजेनिसिटी का आकलन आमतौर पर संबंधित एंटीबॉडी की व्यापकता पर आधारित होता है और सामान्य आबादी में एंटीजन की आवृत्ति को ध्यान में नहीं रखता है। उदाहरण के लिए, केल सिस्टम में k बहुत इम्युनोजेनिक हो सकता है लेकिन एंटी-k दुर्लभ है क्योंकि 99.8% कोकेशियान k+ हैं और एंटी-k नहीं बना सकते हैं।

अत: विकल्प (D) सही है।

67. IgM एंटी-ली का एक विशिष्ट वर्ग है।

चूंकि प्रतिक्रियाशील घटक एंटी-ली (LE1) में इम्युनोग्लोबुलिन वर्ग IgM के murine मोनोक्लोनल एंटीबॉडी होते हैं। वे हाइब्रिडोमा सेल लाइनों से प्राप्त होते हैं जो माउस मायलोमा कोशिकाओं के साथ B लिम्फोसाइट्स का उत्पादन करने वाले माउस एंटीबॉडी को फ्यूज करके बनाए जाते हैं और मोनोक्लोनल एंटीबॉडी के लिए लगातार विशिष्टता और प्रजनन क्षमता प्रदर्शित करते हैं।

एंटी-ली और एंटी-लेब दोनों आमतौर पर मूल और IgM वर्ग में "प्राकृतिक" हैं। IgG एंटी-ली की रिपोर्ट की गई है, लेकिन लाल रक्त कोशिकाओं को IgM के रूप में आसानी से बाध्य नहीं करता है, और इसलिए आमतौर पर केवल बहुत ही संवेदनशील जांच का उपयोग करके पता लगाया जा सकता है।

अतः विकल्प (A) सही है।

68. नवजात शिशु के हेमोलिटिक रोग में शामिल एंटीबॉडी वर्ग IgG है।

HND के जोखिम वाली गर्भधारण वे हैं जिनमें एक Rh D-नकारात्मक मां एक RhD-पॉजिटिव बच्चे के साथ गर्भवती हो जाती है (बच्चे को D एंटीजन पिता से विरासत में मिला है)। भ्रूण D प्रतिजन के लिए मां की प्रतिरक्षा प्रतिक्रिया इसके खिलाफ एंटीबॉडी (एंटी-D) बनाने के लिए है। ये एंटीबॉडी आमतौर पर IgG प्रकार के होते हैं, वह प्रकार जो प्लेसेंटा के पार ले जाया जाता है और इसलिए भ्रूण के संचलन तक पहुंचाया जाता है। HDN, ABO रक्त समूह की असंगति के कारण भी हो सकता है।

अत: विकल्प (B) सही है।

69. व्यक्तियों की अपनी लाल कोशिकाओं का उपयोग करके सीरम या प्लाज्मा से एक एंटीबॉडी को हटाने को ऑटोएडसोर्पशन कहा जाता है।

ऑटोएडसोर्पशन एक रणनीति है जिसका उपयोग गर्म-प्रतिक्रिया करने वाले एलोएन्टीबॉडीज की उपस्थिति में चिकित्सकीय-महत्वपूर्ण लाल कोशिका ऑटोएंटीबॉडी को बाहर करने के लिए किया जाता है। इसमें रोगी के प्लाज्मा से ऑटोएंटीबॉडी को निकालने के लिए रोगी की लाल कोशिकाओं के उपयोग की आवश्यकता होती है।

अत: विकल्प (A) सही है।

70. क्लोराइड आयन एक प्रमुख बाह्य अंतरिक्ष आयन है और इसका वितरण स्थान शरीर के वजन का 20% है। क्लोराइड सामग्री में वृद्धि या कमी Na^+ रिजर्व में परिवर्तन के साथ होती है क्योंकि क्लोराइड सोडियम का एक ऋणायन भागीदार है। Cl^- बाइकार्बोनेट के साथ इलेक्ट्रोन्यूट्रल संतुलन में भी है, इसलिए क्लोराइड एकाग्रता में परिवर्तन एबीबी परिवर्तन से जुड़े हैं। हाइपरक्लोरिडेमिया के कारण एसिडोसिस और हाइपोक्लोरिडेमिया एल्कलोसिस होता है।

अत: विकल्प (A) सही है।

71. हेमेटोक्रिट आपके रक्त में लाल कोशिकाओं की मात्रा का प्रतिशत है। रक्त प्लाज्मा में निलंबित लाल रक्त कोशिकाओं, सफेद रक्त कोशिकाओं और प्लेटलेट्स से बना होता है। साथ में, वे हमारे रक्त की मात्रा का लगभग 45% शामिल हैं, लेकिन प्रत्येक का विशिष्ट प्रतिशत अलग-अलग हो सकता है। रक्त सेंट्रीफ्यूजेशन द्वारा निर्धारित हेमेटोक्रिट्स को "स्पन हेमेटोक्रिट्स" कहा जाता है।

अतः विकल्प (C) सही है।

72. एनटीएल इम्युनोहेमेटोलॉजी रेफरेंस लेबोरेटरी (आईआरएल) रोगी के रक्त आधान के लिए लाल रक्त कोशिकाओं (आरबीसी) में एंटीजन-एंटीबॉडी संगतता के लिए इम्युनोहेमेटोलॉजी परीक्षणों की एक विस्तृत श्रृंखला आयोजित करती है। इन कठोर परीक्षणों को हमारी अत्याधुनिक तकनीक के माध्यम से संसाधित किया जाता है और सटीक परिणाम प्रदान करने के लिए इनका सावधानीपूर्वक विश्लेषण किया जाता है। इम्युनोहेमेटोलॉजी परीक्षणों में शामिल हैं:

रक्त प्रकार: नमूना रक्त को रक्त प्रकार A, B, AB, या O में समूहीकृत करना।

क्रॉसमैचिंग: एग्लूटिनेशन की उपस्थिति निर्धारित करने के लिए डोनर और प्राप्तकर्ता सीरम को मिलाना।

Rh D टाइप: यह निर्धारित करना कि नमूना D एंटीजन युक्त Rh+ या Rh- है या नहीं।

ABO विसंगतियां: कुछ संगतता परीक्षण कमजोर परिणाम दिखा सकते हैं। विसंगतियों के साथ, और अधिक विस्तृत परीक्षण आवश्यक है।

जीनोटाइपिंग: जेनेटिक टेस्टिंग का इस्तेमाल तब किया जाता है जब पारंपरिक ब्लड टाइपिंग उपयुक्त नहीं होती है।

अतः विकल्प (D) सही है।

73. इम्यूनोहेमेटोलॉजी और ट्रांसफ्यूजन मेडिसिन कई देशों में एक मेडिकल पोस्ट ग्रेजुएट विशेषता है। विशेषज्ञ इम्यूनोहेमेटोलॉजी और ट्रांसफ्यूजन फिजिशियन मुश्किल ट्रांसफ्यूजन, बड़े पैमाने पर ट्रांसफ्यूजन, असंगति कार्य, चिकित्सीय प्लास्मफेरेसिस, सेलुलर थेरेपी, विकिरणित रक्त चिकित्सा, ल्यूकोर्ड्यूड और धुले रक्त उत्पादों, स्टेम सेल प्रक्रियाओं, प्लेटलेट समृद्ध प्लाज्मा थेरेपी एचएलए और गर्भनाल रक्त बैंकिंग के लिए विशेषज्ञ राय प्रदान करते हैं।

अन्य अनुसंधान मार्ग स्टेम सेल शोध, पुनर्योजी चिकित्सा और सेलुलर थेरेपी के क्षेत्र में हैं।

अतः विकल्प (D) सही है।

74. बिलीरुबिन टेस्ट के परिणाम प्रत्यक्ष, अप्रत्यक्ष या कुल बिलीरुबिन के रूप में व्यक्त किए जाते हैं। कुल बिलीरुबिन प्रत्यक्ष और अप्रत्यक्ष बिलीरुबिन का संयोजन है। कुल बिलीरुबिन परीक्षण के विशिष्ट परिणाम वयस्कों के लिए 1.2 मिलीग्राम प्रति डेसीलीटर (मिलीग्राम/डीएल) और आमतौर पर 18 वर्ष से कम उम्र के लोगों के लिए 1 मिलीग्राम/डीएल होते हैं। प्रत्यक्ष बिलीरुबिन के लिए विशिष्ट परिणाम आमतौर पर 0.3 मिलीग्राम/डीएल होते हैं।

अतः विकल्प (A) सही है।

75. हाइपरक्लोरिडेमिया सोडियम प्रतिधारण के साथ होता है और अपर्याप्त शुद्ध जल प्रतिधारण और ईसीएफ विस्तार के कारण होता है। यदि ईसीएफ Na^+ प्रतिधारण के साथ फैलता है, तो Cl^- रिजर्व बढ़ता है लेकिन सीरम सांद्रता अपरिवर्तित रहती है। हाइपरक्लोरिडेमिया के कारण मेटाबोलिक एसिडोसिस और हाइपरनेट्रेमिया विकसित होता है। यह आमतौर पर आसव समाधान के रूप में क्लोराइड की आपूर्ति में वृद्धि, या यकृत सिरोसिस, हृदय विफलता या गुर्दे की विफलता में उत्सर्जन में कमी के कारण होता है।

अतः विकल्प (A) सही है।

76. पीलिया रक्त में पित्त वर्णकों के जमा होने और शरीर के ऊतकों में जमा होने के कारण त्वचा और श्लेष्मा झिल्ली का पीला रंग है। हालांकि कई स्रोत आत्मविश्वास से कहते हैं कि पीलिया को तब पहचाना जा सकता है जब सीरम बिलीरुबिन 2 से 2.5 मिलीग्राम/डीएल तक बढ़ जाता है, अनुभवी चिकित्सक अक्सर सीरम बिलीरुबिन के कम से कम 7 से 8 मिलीग्राम/डीएल तक त्वचा का पीला रंग नहीं देख सकते हैं।

अतः विकल्प (D) सही है।

77. क्रिएटिनिन टेस्ट इस बात का माप है कि आपकी किडनी आपके रक्त से अपशिष्ट को छानने का काम कितनी अच्छी तरह कर रहे हैं। क्रिएटिनिन आपकी मांसपेशियों में ऊर्जा-उत्पादन प्रक्रियाओं से बचा हुआ एक रासायनिक यौगिक है। स्वस्थ किडनी रक्त से क्रिएटिनिन को फिल्टर कर देती है। क्रिएटिनिन आपके शरीर से पेशाब में अपशिष्ट उत्पाद के रूप में बाहर निकलता है।

क्रिएटिनिन का बढ़ा हुआ स्तर किडनी के खराब कार्य का संकेत हो सकता है। सीरम क्रिएटिनिन को रक्त के एक डेसीलीटर (मिलीग्राम/डीएल) या क्रिएटिनिन के माइक्रोमोल से एक लीटर रक्त (माइक्रोमोल/एल) में क्रिएटिनिन के मिलीग्राम के रूप में रिपोर्ट किया जाता है।

अतः विकल्प (A) सही है।

78. क्रिएटिनिन के स्तर को स्वाभाविक रूप से कम करने के 8 तरीके नीचे दिए गए हैं:

1. क्रिएटिन युक्त सप्लीमेंट लेने से बचें

2. प्रोटीन का सेवन कम करना

3. अधिक फाइबर खाना

4. हमें कितना तरल पदार्थ पीना चाहिए, इस बारे में हमारे स्वास्थ्य सेवा प्रदाता से परामर्श करें

5. नमक का सेवन कम करना

6. गैर-स्टेरॉयड एंटी-इंफ्लैमेटरी ड्रग्स एनएसएआईडी के अत्यधिक उपयोग से बचें

7. धूम्रपान से बचें

8. अल्कोहल सेवन को सीमित करना

अतः विकल्प (A) सही है।

79. ट्यूबलर फंक्शन का एक टेस्ट क्रिएटिनिन क्लीयरेंस है।

ग्लोमेर्युलर फिल्ट्रेशन रेट (जीएफआर) में परिवर्तन के माध्यम से किडनी के कार्य की स्थिति का अनुमान लगाने के लिए सबसे अधिक इस्तेमाल किए जाने वाले परीक्षण प्लाज्मा क्रिएटिनिन एकाग्रता (पीसीआर), रक्त, यूरिया, नाइट्रोजन (बीयूएन), और क्रिएटिनिन क्लीयरेंस (सीसीआर) हैं। क्रिएटिनिन क्लीयरेंस टेस्ट यह जानकारी देने में मदद करता है कि किडनी कितनी अच्छी तरह काम कर रही है।

अतः विकल्प (A) सही है।

80. एसिड-फास्ट बेसिलस (एएफबी) एक प्रकार का बैक्टीरिया है जो तपेदिक और कुछ अन्य संक्रमणों का कारण बनता है। तपेदिक, जिसे आमतौर पर टीबी के रूप में जाना जाता है, एक गंभीर जीवाणु संक्रमण है जो मुख्य रूप से फेफड़ों को प्रभावित करता है। यह मस्तिष्क, रीढ़ और गुर्दे सहित शरीर के अन्य भागों को भी प्रभावित कर सकता है। टीबी एक व्यक्ति से दूसरे व्यक्ति में खांसने या छींकने से फैलता है।

अतः विकल्प (A) सही है।

81. शर्तों के अनुसार,

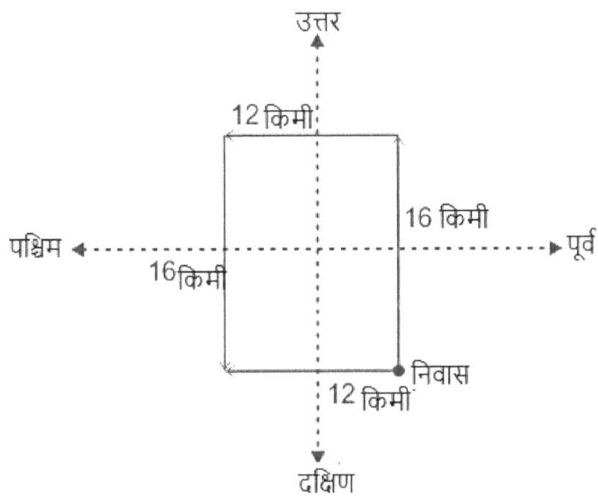

स्पष्ट रूप से, इवान अपने आवास से 12 किमी दूर है।

अतः विकल्प (B) सही है।

82. लाल गेंदों की संख्या $= 4$

नीली गेंदों की संख्या $= 6$

गुलाबी गेंदों की संख्या $= 8$

गेंदों की कुल संख्या $= 4 + 6 + 8 = 18$

आवश्यक प्रायिकता $= \frac{4}{18} \times \frac{11}{20} + \frac{6}{18} \times \frac{11}{20}$

$= \frac{11}{20}\left[\frac{4}{18} + \frac{6}{18}\right]$

$= \frac{11}{20} \times \frac{10}{18}$

$= \frac{11}{36}$

अत: विकल्प (D) सही है।

83. माना संख्याएँ $8x, 7x$ और $5x$ हैं।

प्रश्न के अनुसार,

$\frac{(8x+7x+5x)}{3} = 40$

$\Rightarrow 20x = 120$

$\Rightarrow x = 6$

सबसे बड़ी संख्या $= 8x = 48$

अत: विकल्प (C) सही है।

84. एक त्रिभुज के लिए किसी भी दो भुजाओं का योग तीसरी भुजा से अधिक होना चाहिए।

यह नियम प्रयुक्त करने पर,

(1) 4.5

$\Rightarrow$ यदि तीसरी भुजा 4.5 सेमी है, तो 6.5 + 4.5 > 10 सही। लेकिन क्या 4.5 सबसे छोटा संभव मान है।

अधिक जांच करते हैं।

(2) 2.8

$\Rightarrow$ 2.8 + 6.5 = 9.3 < 10. एक त्रिभुज नहीं

(3) 3.5

$\Rightarrow$ 6.5 + 3.5 = 10 = 10. एक त्रिभुज नहीं

(4) 4

$\Rightarrow$ 4 + 6.5 = 10.5 > 10. सही और चूंकि 4 < 4.5 यह विकल्पों में से सबसे छोटी संख्या है और इसलिए यह सही उत्तर है।

अत: विकल्प (D) सही है।

85. माना अंडों की संख्या x है

3 अंडे की लागत = 5 रु

1 अंडे की लागत $= \frac{5}{3} \times x$

इसलिए, CP $= \frac{5}{3} \times x$

जिस कीमत पर अंडे बेचे जाते हैं = 12 रु

इसलिए, SP $= \frac{12}{5x}$

लाभ = SP - CP

$143 = \frac{12}{5x} - \frac{5}{3x}$

(हल करने के लिए, 3 और 5 का LCM लें और उसके माध्यम से हल करें)

x = 195

इस प्रकार, उन्होंने 195 अंडे खरीदे।

अतः विकल्प (D) सही है।

86. मान लीजिए उसकी मूल गति = x किमी/घंटा

$\therefore$ वृद्धि के बाद गति = (x + 15) किमी/घंटा

समस्या के मुताबिक,

$\Rightarrow$ x × 10 = (x + 15) × 8

$\Rightarrow$ 10x = 8x + 120

$\Rightarrow$ x = 60

$\therefore$ उसकी नई गति = (60 + 15) = 75 किमी/घंटा

$\therefore$ 375 किमी की दूरी तय करने में लगा समय $= \frac{375}{75}$ =5 घंटे

अतः विकल्प (D) सही है।

87. दिया है,

30 जनवरी 2003 = गुरुवार

$\therefore$ 6, 13, 20 व 27 फरवरी = गुरुवार

$\therefore$ 28 फरवरी = शुक्रवार

$\therefore$ 1 मार्च = शनिवार

$\therefore$ 2 मार्च = रविवार

अतः विकल्प (A) सही है।

88. दिया है,

$H = 7$

कोण $= 0°$

जैसा कि हम जानते हैं कि घंटे की सुई और मिनट की सुई के बीच का कोण।

$\theta = \left(30\,H - 11\frac{M}{2}\right)$

जब मिनट और घंटे की सूइयां संपाती होती हैं, तो $\theta = 0$,

$\Rightarrow 0 = 30 \times 7 - 11\frac{M}{2}$

$\Rightarrow 0 = 210 - 11\frac{M}{2}$

$\Rightarrow 210 = 11\frac{M}{2}$

$\Rightarrow 420 = 11M$

$\Rightarrow M = \frac{420}{11}$

$\Rightarrow M = 38\frac{2}{11}$ मिनट

अतः विकल्प (C) सही है।

89. दी गई श्रृंखला:

बायी ओर M 1 E & D 2 G 9 $ F @ 4 N Z W © 8 C Y A * 6 दायीं ओर

इसलिए, YA6 समूह से संबंधित नहीं है।

अत: विकल्प (D) सही है।

90. चूंकि, महिला के इकलौते भाई का पुत्र महिला का भतीजा है, इसलिए, पुरुष की पत्नी महिला की भतीजी है। इसलिए, महिला पुरुष के ससुर की बहन है।

अत: विकल्प (C) सही है।

91. मिर्ज़ापुर मण्डल को विश्व के उत्कृट कालीन उद्योगों का केन्द्र माना जाता है।

मिर्ज़ापुर मण्डल: दुनिया के बेहतरीन कालीन उद्योगों का केंद्र, अपनी प्राकृतिक सुंदरता के लिए एक बहुत ही लोकप्रिय पर्यटन स्थल और उत्तर प्रदेश के सबसे तेजी से बढ़ते क्षेत्रों में से एक है। इसमें विंध्याचल शक्तिपीठ शामिल है।

अत: विकल्प (D) सही है।

92. भारत में राजनीतिक दलों को 'मान्यता' चुनाव आयोग द्वारा दी जाती है।

- भारत का चुनाव आयोग भारत में संघ और राज्य चुनाव प्रक्रियाओं के प्रशासन के लिए जिम्मेदार एक स्वायत्त संवैधानिक प्राधिकरण है।
- यह निकाय भारत में लोकसभा, राज्य सभा और राज्य विधानसभाओं और देश में राष्ट्रपति और उपराष्ट्रपति के कार्यालयों के चुनावों का संचालन करता है।
- भारतीय संविधान का भाग XV चुनावों से संबंधित है और इन मामलों के लिए एक आयोग की स्थापना करता है।

अत: विकल्प (C) सही है।

93. पाटलिपुत्र के प्रशासन का विवरण ग्रीक शासक सेल्यूकस निकेटर प्रथम द्वारा पाटलिपुत्र में चंद्र गुप्त मौर्य के राजदूत मेगस्थनीज की "इंडिका" पुस्तक में उपलब्ध है।

मेगस्थनीज ने वर्णन किया कि पाटलिपुत्र शहर का प्रशासन 30 सदस्यों वाली एक नगर परिषद द्वारा किया जाता था और इन 30 सदस्यों को प्रत्येक 5 सदस्यों के बोर्ड में विभाजित किया गया था।

अत: विकल्प (A) सही है।

94. यूराल पर्वत कोई ब्लॉक पर्वत नहीं है।

ब्लॉक पर्वत उस प्रकार के पर्वत होते हैं जिनमें पर्वत का मध्य भाग नीचा तथा दोनों ओर के भाग ऊँचे होते हैं। मध्य भाग को भ्रंश घाटी कहते हैं। ब्लैक फॉरेस्ट (जर्मनी), साल्ट रेंज (पाकिस्तान), विंध्य और सतपुड़ा (भारत) ब्लॉक पर्वतों के उदाहरण हैं।

यूराल एक वलित पर्वत है। वलित पर्वतों का निर्माण चट्टानों में पृथ्वी की आन्तरिक हलचलों के कारण होने वाली वलनों के कारण होता है।

अत: विकल्प (D) सही है।

95. बैडमिंटन खिलाड़ी पीवी सिंधु ने बुसानन ओंगबामरुंगफा को हराकर स्विस ओपन महिला एकल का खिताब 2022 जीता है। इस जीत के बाद पीवी सिंधु ने सीजन का दूसरा महिला एकल खिताब अपने नाम किया। सिंधु ने लखनऊ में सैयद मोदी इंटरनेशनल सुपर 300 में 2022 का अपना पहला खिताब जीता था।

अत: विकल्प (C) सही है।

96. माइक्रोसॉफ्ट ने 20 नवंबर, 1985 को विंडोज नाम से एक ऑपरेटिंग सिस्टम पेश किया। यह ग्राफिकल यूजर इंटरफेस (GUI) में बढ़ती दिलचस्पी के जवाब में MS-DOS के लिए एक ग्राफिकल ऑपरेटिंग सिस्टम शेल है। स्टेटकाउंटर के अनुसार, अप्रैल 2022 तक 75% बाजार हिस्सेदारी के साथ विंडोज दुनिया का सबसे लोकप्रिय डेस्कटॉप ऑपरेटिंग सिस्टम है।

अत: विकल्प (C) सही है।

97. एक वेब ब्राउजर, या केवल "ब्राउजर," वेबसाइटों तक पहुँचने और देखने के लिए उपयोग किया जाने वाला एक प्रोग्राम है। वेब ब्राउजर वेब क्लाइंट द्वारा वेब पेज देखने के लिए उपयोग किया जाने वाला प्रोग्राम है।

प्रोटोकॉल: एक प्रोटोकॉल डेटा को स्वरूपित करने और संसाधित करने के लिए नियमों का एक समूह है।

वेब सर्वर: एक वेब सर्वर एक कंप्यूटर है जो वेबसाइट चलाता है।

सर्च इंजन: सर्च इंजन एक वेब आधारित उपकरण है जो उपयोगकर्ताओं को वर्ल्ड वाइड वेब पर जानकारी खोजने में सक्षम बनाता है।

अत: विकल्प (A) सही है।

98. सर्च इंजन का उपयोग कीवर्ड टाइप करके दूसरी वेबसाइट को सर्च करने के लिए किया जाता है। आजकल, अरबों वेबसाइटें ऑनलाइन हैं, इंटरनेट पर बहुत सारी जानकारी है। सर्च इंजन इस जानकारी को ढूंढना आसान बनाते हैं। ऐसे कई अलग-अलग सर्च इंजन हैं जिनका हम उपयोग कर सकते हैं, लेकिन कुछ सबसे लोकप्रिय सर्च इंजन में Google, Yahoo!, और Bing शामिल हैं।

अत: विकल्प (A) सही है।

99. हार्ड डिस्क बड़ी मात्रा में डेटा स्टोर कर सकती है।

- हार्ड डिस्क मैग्रेटिक डिस्क का एक स्पिंडल है, जिसे प्लैटर्स कहा जाता है।
- हार्ड डिस्क का उपयोग सूचनाओं को रिकॉर्ड करने और स्टोर करने के लिए किया जाता है।
- हार्ड डिस्क के अंदर, डेटा चुंबकीय रूप से स्टोर होता है और कंप्यूटर बंद होने के बाद भी जानकारी रिकॉर्ड की जाती है।
- यह हार्ड डिस्क और रैम या मेमोरी के बीच एक महत्वपूर्ण अंतर है, यह कंप्यूटर की बिजली बंद होने पर रीसेट हो जाता है।
- हार्ड डिस्क को हार्ड ड्राइव के अंदर रखा जाता है जिसका उपयोग डिस्क पर डेटा पढ़ने और लिखने के लिए किया जाता है।
- हार्ड ड्राइव सीपीयू और डिस्क के बीच सूचनाओं को इधर-उधर भेजता है।

अत: विकल्प (B) सही है।

100. वर्म एक प्रकार का वायरस है जो अन्य ड्राइव्स, सिस्टम्स और नेटवर्क्स पर खुद की डुप्लीकेट बनाकर आपके कंप्यूटर में फैलता है। कंप्यूटर वर्म्स स्वयं की कार्यात्मक प्रतियों को दोहराते हैं और उसी प्रकार की क्षति का कारण बन सकते हैं। वायरस के विपरीत, जिसके लिए एक संक्रमित होस्ट फ़ाइल के प्रसार की आवश्यकता होती है, वर्म्स स्टैंडअलोन सॉफ्टवेयर होते हैं और उन्हें प्रसारित करने के लिए एक होस्ट प्रोग्राम या (सेल्फ-रेप्लिकेट) मानव सहायता की आवश्यकता नहीं होती है।

अत: विकल्प (D) सही है।

मॉक टेस्ट 05

Discipline

Q.1 'सार्वभौमिक दाता' किस रक्त समूह के अंतर्गत आता है?
A. O पॉजिटिव
B. O नेगेटिव
C. AB पॉजिटिव
D. AB नेगेटिव

Q.2 एक वयस्क का सामान्य रक्तचाप कितना होना चाहिए?
A. सिस्टोलिक 120, डायस्टोलिक 80
B. सिस्टोलिक 130, डायस्टोलिक 90
C. सिस्टोलिक 80, डायस्टोलिक 120
D. सिस्टोलिक 90, डायस्टोलिक 150

Q.3 स्वस्थ लाल रक्त कोशिकाओं के लिए कौन सा खनिज आवश्यक है जिसकी कमी के कारण एनीमिया (रक्ताल्पता) हो सकता है?
A. आयोडीन
B. क्रोमियम
C. आयरन
D. मैग्नीशियम

Q.4 एक स्वस्थ वयस्क व्यक्ति के रक्त में श्वेत रक्त कोशिकाओं की कुल संख्या कितनी होती है?

[UPPSC Staff Nurse, 2021]

A. रक्त का 4.5 - 6.5 मिलियन प्रति घन मिलीमीटर
B. रक्त का 2 - 4 मिलियन प्रति घन मिलीमीटर
C. रक्त का 4000 - 6000 प्रति घन मिलीमीटर
D. रक्त का 4000 - 11000 प्रति घन मिलीमीटर

Q.5 रक्त के स्कंदन के लिए आवश्यक विटामिन है:
A. विटामिन A
B. विटामिन B
C. विटामिन K
D. विटामिन D

Q.6 प्लाज्मा में कितने प्रतिशत जल उपस्थित होता है?
A. 6-8%
B. 91-92%
C. 8-10%
D. 55%

Q.7 विभिन्न रक्त समूहों के कारण हैं:
A. डब्ल्यूबीसी की सतह पर विशिष्ट एंटीजन
B. आरबीसी की सतह पर विशिष्ट एंटीबॉडी
C. आरबीसी की सतह पर विशिष्ट एंटीजन
D. आरबीसी में विशिष्ट प्रकार का हीमोग्लोबिन

Q.8 जब किसी व्यक्ति के प्लाज्मा में एंटी A और एंटी B दोनों एंटीबॉडी होते हैं तो उस व्यक्ति का रक्त समूह होगा:
A. A
B. B
C. AB
D. O

Q.9 ABO रक्त समूह निम्न पर आधारित है:
A. दो घुलनशील एंटीबॉडी की उपस्थिति
B. दो सतह प्रतिजनों की अनुपस्थिति
C. दो सतह प्रतिजनों की उपस्थिति
D. (B) और (C) दोनों

Q.10 AB ब्लड ग्रुप वाला व्यक्ति:
A. उसके प्लाज्मा में A और B एंटीजन हैं
B. आरबीसी की सतह पर किसी भी एंटीबॉडी की कमी होती है।
C. किसी भी अन्य रक्त प्रकार से रक्त आधान प्राप्त कर सकता है।
D. अन्य सभी समूह प्राप्तकर्ताओं को रक्तदान कर सकते हैं।

Q.11 एरिथ्रोब्लास्टोसिस फेटालिस तब होता है जब माँ से एक कारक गर्भनाल के माध्यम से भ्रूण में जाता है। कारक है:
A. Rh एंटीजन
B. Rh एंटीबॉडी
C. समूहिका
D. ABO एंटीबॉडी

Q.12 'एरिथ्रोब्लास्टोसिस फेटेलिस' के दौरान होता है:
A. भ्रूण की स्टेम कोशिकाएं RBC बनाने में विफल हो जाती हैं।
B. RBC O_2 को भ्रूण के ऊतकों तक पहुँचाने में विफल रहता है।
C. RBC का एग्लूटिनेशन और फागोसाइटोसिस।
D. RBC अपनी सतह पर आरएच एंटीजन विकसित करने में विफल रहता है।

Q.13 वह कौन सा Ig है जो प्लेसेंटा को पार कर सकता है और नवजात को निष्क्रिय प्रतिरक्षा प्रदान कर सकता है?
A. IgM
B. IgG
C. IgA
D. IqE

Q.14 IgM के संबंध में निम्नलिखित में से कौन से कथन सत्य हैं?
A. IgM एक पंचक है और सबसे बड़ा Ig है और इसे 'प्राकृतिक एंटीबॉडी' कहा जाता है
B. IgM B-सेल सतह पर मोनोमर के रूप में मौजूद है
C. IgM प्रारंभिक प्राथमिक प्रतिरक्षा प्रतिक्रिया में शामिल है
D. उपरोक्त सभी

Q.15 आंसू लार, कोलोस्ट्रम जैसे स्रावों में उपस्थित प्रतिरक्षी है:
A. IgM
B. IgG
C. IgA
D. IgE

Q.16 एंटीबॉडी का संश्लेषण निम्नलिखित में से किस कोशिका द्वारा होता है?
A. अस्थि मज्जा कोशिकाएं
B. टी-कोशिकाओं
C. बी-कोशिकाओं
D. लसीका

Q.17 एंटीबॉडी की मूल संरचना _____ होती है।
A. Y-आकार का
B. X-आकार का
C. रैखिक
D. अतिपरवलिक

Q.18 बीटा-मर्कैप्टोएथेनॉल के साथ शोधन करके इम्युनोग्लोबुलिन की संरचना की खोज किसने की?
A. निसोनॉफ़
B. एडेलमैन
C. पोर्टर
D. व्हिटेकर

Q.19 थाइमस की कमी से बच्चों में होने वाले सिंड्रोम का नाम लिखिए।
A. एक्रोमिगेली
B. गिगैंटिस
C. कुशिंग सिंड्रोम
D. डिजॉर्ज सिंड्रोम

Q.20 निम्नलिखित में से कौन सा चरण टी-सेल के सक्रियण में शामिल नहीं है?
A. दोहरी धनात्मक कोशिका एकल धनात्मक कोशिका में परिवर्तित हो जाता है
B. MHC से जुड़े विदेशी पेप्टाइड संकेत प्रदान करते हैं
C. TCR का CD28 APC के B7 के साथ परस्पर क्रिया करता है
D. CD23 में ITAM है, जो संकेतों को ट्रांसड्यूसर करता है

Q.21 उस साइटोकिन्स का नाम बताइए जो टी-सेल वृद्धि कारक के रूप में कार्य करता है?
A. IL-3
B. IL-2
C. IL-4
D. IL-5

Q.22 साइटोसोलिक टी-कोशिकाओं की सही भूमिका को चिह्नित करें।
A. बी-कोशिका एक्टिवेशन में मदद
B. साइटोटॉक्सिन का उत्पादन करें
C. टी-कोशिका का प्रसार करें

D. लक्ष्य कोशिका को मारें

Q.23 निम्नलिखित में से कौन सा कथन Fc क्षेत्र के संबंध में सत्य है:

A. खंड क्रिस्टलीकरण और निरंतर क्षेत्र है

B. खंड स्थिरांक और परिवर्तनशील क्षेत्र है

C. खंड क्रिस्टलीकरण और चर क्षेत्र है

D. खंड क्रिस्टलीकरण और चर और स्थिर दोनों क्षेत्र हैं

Q.24 Fc क्षेत्र में शामिल है:

A. कोशिका सतह रिसेप्टर बाइंडिंग

B. पूरक सक्रियण

C. एंटीबॉडी अणु के प्रसार का निर्धारण

D. उपरोक्त सभी

Q.25 एंटीजन की एंटीबॉडी उत्पादन को प्रोत्साहित करने की क्षमता को कहा जाता है:

A. आत्मीयता   **B.** प्रतिजनता

C. निकालना   **D.** इनमें से कोई नहीं

Q.26 एंटीबॉडी की दो समान प्रकाश श्रृंखलाएं संबंधित हैं:

A. केवल कप्पा   **B.** केवल लैम्ब्डा

C. लैम्ब्डा या कप्पा   **D.** इनमें से कोई नहीं

Q.27 हेमोलिटिक पीलिया निम्न कारणों से होता है:

A. यकृत के रोग

B. लाल रक्त कोशिकाओं का विनाश

C. आंतों के रोग

D. इनमें से कोई नहीं

Q.28 थूक संस्कृति क्या है?

A. एक परीक्षण जो बैक्टीरिया या अन्य प्रकार के जीवों की जाँच करता है जो फेफड़ों में संक्रमण पैदा कर सकते हैं।

B. एक परीक्षण जो बैक्टीरिया या किसी अन्य प्रकार के जीव की जांच करता है जो मस्तिष्क में संक्रमण पैदा कर सकता है।

C. एक परीक्षण जो बैक्टीरिया या किसी अन्य प्रकार के जीव की जांच करता है जो हृदय में संक्रमण का कारण हो सकता है।

D. एक परीक्षण जो बैक्टीरिया या किसी अन्य प्रकार के जीव की जांच करता है जो यकृत में संक्रमण का कारण हो सकता है।

Q.29 न्यूनतम मात्रा में स्पष्ट थूक का क्या मतलब है?

A. सामान्य हो सकता है लेकिन संक्रमण बढ़ रहा है

B. जीवाणु संक्रमण

C. धूम्रपान

D. कोई संक्रमण नहीं

Q.30 गहरे पीले या हरे थूक का क्या अर्थ है?

A. जीवाणु संक्रमण   **B.** सिस्टिक फाइब्रोसिस

C. धूम्रपान   **D.** (A) और (B) दोनों

Q.31 _____________ फेफड़ों के कैंसर का प्रारंभिक संकेत हो सकता है।

A. गुलाबी थूक   **B.** लाल थूक

C. भूरा थूक   **D.** हरा थूक

Q.32 मलेरिया परजीवी का संक्रामक रूप कौन सा है?

A. संपुटित युग्मक   **B.** स्पोरोजोइट

C. ब्रैडीज़ोइट   **D.** टैचीज़ोइट

Q.33 एक नैदानिक स्थिति जिसमें प्रतिरक्षा प्रणाली या एक चिकित्सा सभी प्लाज्मोडियम एसपीपी संक्रमित एरिथ्रोसाइट्स को खत्म करने में विफल रही और आरबीसी में प्लाज्मोडियम एसपीपी की संख्या बाद के नैदानिक लक्षणों के साथ फिर से बढ़ने लगती है, कहलाती है:

A. विलंबता   **B.** फिर से संक्रमण

C. रिलैप्स   **D.** रिक्रूडेसेंस

Q.34 काला पानी बुखार मलेरिया की एक विशेष अभिव्यक्ति है जो निम्न के कारण होता है:

A. पी. फाल्सीपेरम   **B.** पी. मलेरी

C. पी. अंडाकार   **D.** पी. वैवाक्स

Q.35 मनुष्यों में एरिथ्रोसाइट्स का जीवन काल लगभग होता है:

A. 120 दिन   **B.** 150 दिन   **C.** 190 दिन   **D.** 180 दिन

Q.36 B और T रूपों, प्रतिरक्षा प्रतिक्रिया के लिए जिम्मेदार प्रकार हैं:

A. थ्रोम्बोसाइट्स   **B.** लिम्फोसाइट्स

C. इओसिनोफिल्स   **D.** ग्रैन्यूलोसाइट्स

Q.37 स्वस्थ व्यक्तियों में हीमोग्लोबिन:

A. रक्त का 12-20 ग्राम/10 एमएल

B. रक्त का 12-14 ग्राम/100 एमएल

C. रक्त का 12–30 ग्राम/10 एमएल

D. रक्त का 12-14 ग्राम/10 एमएल

Q.38 पीलिया निम्न कारणों से होता है:

A. रक्त में यूरिक एसिड की अधिकता

B. रक्त में हीमोग्लोबिन की अधिकता

C. रक्त में बिलीरुबिन की अधिकता

D. रक्त में पोटेशियम की अधिकता

Q.39 बिलीरुबिन एक अपशिष्ट उत्पाद है जो टूटने के दौरान जारी करता है:

A. मस्तूल कोशिकाएं   **B.** लाल रक्त कोशिकाओं

C. सफेद रक्त कोशिकाएं   **D.** प्लेटलेट्स

Q.40 पीलिया के रूप में भी जाना जाता है:

A. लक्टेर   **B.** हीमोफिलिया

C. रक्ताल्पता   **D.** हाइपरबिलिरुबिनमिया

Q.41 पित्त नली में रुकावट के कारण होने वाले पीलिया को भी इस रूप में जाना जाता है:

A. हेमोलिटिक पीलिया   **B.** हेपैटोसेलुलर पीलिया

C. कोलेस्टेसिस पीलिया   **D.** इनमें से कोई नहीं

Q.42 पीलिया के कुछ सबसे सामान्य लक्षण हैं:

A. सांस फूलना   **B.** त्वचा का रंग बदलना

C. धड़कन   **D.** इनमें से कोई नहीं

Q.43 पीलिया का निदान निम्न द्वारा किया जा सकता है:

A. रक्त परीक्षण   **B.** ईसीजी

C. ईईजी   **D.** इनमें से कोई नहीं

Q.44 ABO प्रणाली के तहत एक अज्ञात रक्त समूह वाले व्यक्ति को एक दुर्घटना में बहुत अधिक रक्त हानि हुई है और तत्काल रक्त आधान की आवश्यकता है। उसका एक मित्र जिसके पास स्वयं के रक्त प्रकार का वैध प्रमाण पत्र, बिना देर किए रक्तदान करता है। दाता मित्र का रक्त समूह किस प्रकार का रहा होगा?

A. AB टाइप   **B.** O टाइप   **C.** A टाइप   **D.** B टाइप

Q.45 रक्त समूह AB वाले व्यक्ति को सार्वभौमिक प्राप्तकर्ता माना जाता है क्योंकि उसके पास:

A. RBC पर A और B दोनों एंटीजन लेकिन प्लाज्मा में कोई एंटीबॉडी नहीं

B. प्लाज्मा में A और B दोनों एंटीबॉडी

C. RBC पर एंटीजन और प्लाज्मा में एंटीबॉडी नहीं होता है

D. प्लाज्मा में A और B दोनों एंटीजन लेकिन कोई एंटीबॉडी नहीं।

Q.46 _____ जनसंख्या में उनके _____ में मौजूद _____ की सतह पर Rh _____ है।

A. 20%, एंटीजन, प्लेटलेट्स, प्लाज्मा

B. 80%, एंटीजन, RBC, रक्त

C. 80%, एंटीबॉडी, प्लेटलेट, प्लाज्मा

D. 20%, एंटीबॉडी, RBC, रक्त

Q.47 नवजात शिशु (HDN) की हेमोलिटिक बीमारी दूसरी गर्भावस्था के भ्रूण में हो सकती है यदि:

A. माँ Rh+ है और बच्चा Rh- है

B. मां Rh+ और बच्चा Rh+ है

C. मां Rh- है और बच्चा Rh- है

D. मां Rh- है और बच्चा Rh+ है

Q.48 एक 62 वर्षीय व्यक्ति ने अपने जीपी को एक दर्दनाक, लाल बड़े पैर के साथ प्रस्तुत किया।

रक्त परीक्षण से पता चला:

सीरम यूरेट 0.74 mmol/L (0.23-0.46)

इस स्थिति में प्रदर्शन करने के लिए सबसे उपयोगी अतिरिक्त जैव रसायन परीक्षण क्या होगा?

A. कोलेस्ट्रॉल **B.** क्रिएटिनिन **C.** ग्लूकोज **D.** लैक्टेट

Q.49 किडनी फेल होने पर यूरिया जमा हो जाता है।

यूरिया का कौन सा ब्रेकडाउन उत्पाद प्रोटीन को कार्बमाइलेट कर सकता है?

A. कार्बोनेट **B.** साइनेट

C. हाइलूरोनेट **D.** नाइट्रेट

Q.50 असाध्यता में कैंसर प्रतिजनों की सीरम सांद्रता में वृद्धि हो सकती है। कौन सा कैंसर प्रतिजन विशेष रूप से स्तन कैंसर में मार्कर के रूप में प्रयोग किया जाता है?

A. CA 15-3 **B.** CA 19-5 **C.** CA 19-9 **D.** CA 50

Q.51 सीरम सूचकांक शोषक माप की गणना है जो रोगी के नमूनों में आईसीटेरस, हेमोलाइसिस या लिपेमिया के स्तरों का अर्ध-मात्रात्मक प्रतिनिधित्व प्रदान करता है।

किस वेवलेंथ पर लाइपेमिया का पता लगाया जाता है?

A. 300-410 **B.** 400-510 **C.** 500-610 **D.** 600-710

Q.52 फ्रीडवाल्ड फॉर्मूला का उपयोग सीरम एलडीएल-कोलेस्ट्रॉल एकाग्रता की गणना के लिए किया जाता है। यदि सीरम फास्टिंग ट्राइग्लिसराइड्स की सघनता बढ़ जाती है तो सूत्र मान्य नहीं है।

सीरम ट्राइग्लिसराइड्स की सांद्रता क्या है जिसके ऊपर सूत्र को अमान्य माना जाता है?

A. 1.7 mmol/L **B.** 2.0 mmol/L

C. 4.5 mmol/L **D.** 7.0 mmol/L

Q.53 एक 32 वर्षीय व्यक्ति ने एक पूर्व-रोजगार चिकित्सा परीक्षा के भाग के रूप में ड्रग स्क्रीनिंग की। उनके मूत्र में मॉर्फिन और 6-मोनोसेटाइलमॉर्फिन का परीक्षण सकारात्मक आया।

उसके द्वारा कौन सी दवा लेने की सबसे अधिक संभावना है?

A. बुप्रेनॉर्फिन **B.** कोडीन **C.** हेरोइन **D.** मेथाडोन

Q.54 मादा एनोफिलीज मच्छरों में _प्लाज्मोडियम फाल्सीपेरम_ की संक्रामक अवस्था A होती है और मानव में यह B होती है।

A. B-युग्मक; A- स्पोरोज़ोइट्स

B. B-क्रिप्टोज़ोइट्स; A- क्रिप्टोमेरोजोइट्स

C. B-स्पोरोज़ोइट्स; A- गैमेटोसाइट्स

D. B-एरिथ्रोसाइट्स; A- गैमेटोसाइट्स

Q.55 हेमेटोलॉजी में हेमोस्टेसिस क्या है?

A. रक्त कोशिकाओं का निर्माण

B. लाल रक्त कोशिकाओं का विनाश

C. रक्तस्राव की रोकथाम

D. इनमें से कोई नहीं

Q.56 आंतरिक और बाह्य पथ प्रणालियों के लिए सामान्य रासायनिक घटनाएँ निम्न से शुरू होती हैं:

A. रक्त वाहिका संकुचन

B. सक्रिय करने वाला कारक X

C. फाइब्रिनोजेन का सक्रियण

D. प्लेटलेट प्लग गठन

Q.57 रक्त का कौन सा भाग अपशिष्ट, पोषक तत्वों और खनिजों को ले जाने के लिए जिम्मेदार होता है?

A. लाल रक्त कोशिकाएं **B.** सफेद रक्त कोशिकाएं

C. प्लेटलेट्स **D.** प्लाज्मा

Q.58 एम्बोलस की परिभाषा है:

A. शिरापरक थक्का

B. रक्त में घूमने वाला एक असामान्य कण

C. एक विकृत थक्का

D. इनमें से कोई नहीं

Q.59 रक्त जमावट का आंतरिक मार्ग इसके द्वारा सक्रिय होता है:

A. संवहनी दीवार या बाहरी ऊतक को नुकसान

B. कारक VII

C. रक्त वाहिका की दीवार के एंडोथेलियल अस्तर को चोट

D. कारक XII का सक्रियण

Q.60 आधान के कितने समय बाद दाता और प्राप्तकर्ता के नमूनों को 1°-6°C पर संग्रहित किया जाना चाहिए?

A. प्रत्येक आधान के कम से कम सात दिन बाद

B. प्रत्येक आधान के कम से कम एक महीने बाद

C. प्रत्येक आधान के कम से कम पंद्रह दिन बाद

D. प्रत्येक आधान के कम से कम तीन दिन बाद

Q.61 निम्नलिखित में से कौन एरिथ्रोपोइटिन में वृद्धि का कारण नहीं होगा?

A. रक्ताल्पता **B.** अधिक ऊंचाई पर

C. पॉलीसिथेमिया **D.** नकसीर

Q.62 अगर आपका क्रिएटिनिन कम है तो इसका क्या मतलब है?

A. मांसपेशीय दुर्विकास **B.** गुर्दे में संक्रमण

C. उच्च रक्तचाप **D.** उपरोक्त सभी

Q.63 पॉजिटिव और नेगेटिव कारकों सहित कितने प्रकार के रक्त मौजूद हैं?

A. 3 **B.** 4 **C.** 8 **D.** 6

Q.64 यदि दो अलग-अलग समूहों के रक्त को आपस में मिला दिया जाए तो क्या समस्या होती है?

A. स्कंदन **B.** समूहन

C. थ्रोम्बस का निर्माण **D.** समावरोध

Q.65 इनमें से किस रक्त समूह में सतही एंटीजन नहीं होता है?

A. A **B.** B **C.** AB **D.** O

Q.66 इनमें से कौन रक्त के स्कंदन में शामिल नहीं हैं?

A. थ्रोम्बिन

C. थ्रोम्बोकाइनेज

B. फाइब्रिन

D. ट्रिप्सिनोजन

Q.67 निम्नलिखित में से कौन अम्ल-तीव्र जीवाणुओं की पहचान कर सकता है?

A. कार्बोलफुचिन रंजक

C. मिथाइलीन ब्लू

B. ग्राम स्टेनिंग

D. बहु औषधि चिकित्सा

Q.68 AFB परीक्षणों का सबसे अधिक निदान करने के लिए उपयोग किया जाता है:

A. डेंगू **B.** तपेदिक **C.** कैंसर **D.** टायफायड

Q.69 निम्नलिखित में से किस अभिरंजन को एसिड फास्ट स्टेन के रूप में भी जाना जाता है?

A. अल्बर्ट स्टेन

C. लिस्टर स्टेन

B. पाश्चर स्टेन

D. ज़ीहल-नील्सन स्टेन

Q.70 आधान के अलावा, आरएच कारक को कब ध्यान में रखना आवश्यक है?

A. कैथीटेराइजेशन

C. गर्भावस्था

B. प्लीहा का टूटना

D. रक्तदान

Q.71 प्रकाश माइक्रोस्कोपी में, निम्नलिखित में से कौन सा धुंधला करने की तकनीक से पहले बंधक के रूप में प्रयोग किया जाता है?

A. ऑस्मिक एसिड

B. ग्लूटाराल्डिहाइड

C. ताप

D. ऑस्मिक एसिड, ग्लूटाराल्डिहाइड, ताप

Q.72 कम सोडियम रक्त परीक्षण क्या दर्शाता है?

A. हाथ पैरों में सूजन आना

C. तीव्र धड़कन

B. हाइपोथायरायडिज्म

D. अतिगलग्रंथिता

Q.73 हाइपोनेट्रेमिया तब होता है जब सोडियम की सांद्रता नीचे गिर जाती है:

A. 145 mEq/L

C. 140 mEq/L

B. 135 mEq/L

D. 150 mEq/L

Q.74 हाइपोकैलेमिया आपके रक्तप्रवाह में सामान्य से कम _______ स्तर को संदर्भित करता है।

A. सोडियम **B.** पोटैशियम **C.** कैल्शियम **D.** क्रिएटिनिन

Q.75 बिलीरुबिन रक्त परीक्षण को मापता है:

A. यकृत का स्वास्थ्य।

C. फेफड़े का स्वास्थ्य।

B. हृदय का स्वास्थ्य।

D. गुर्दे का स्वास्थ्य।

Q.76 ग्राम-पॉजिटिव बैक्टीरिया आमतौर पर इसके प्रति अधिक संवेदनशील होते हैं:

A. स्ट्रेप्टोमाइसिन

C. पेनिसिलिन

B. टेट्रासाइक्लिन

D. एम्पीसिलीन

Q.77 माइक्रोस्कोपी के लिए निम्नलिखित में से किस सूक्ष्मदर्शी का उपयोग नहीं किया जाता है?

A. प्रकाशीय

C. इलेक्ट्रॉन

B. अल्ट्रासोनिक

D. क्रमवीक्षण जांच

Q.78 निगेटिव स्टेनिंग का उपयोग _________ की जांच के लिए किया जाता है।

A. विषाणु के कण

C. जीवाणु कशाभिका

B. प्रोटीन अणु

D. उपरोक्त सभी

Q.79 मानव शरीर में कैल्शियम रक्त परीक्षण की सामान्य सीमा क्या है?

A. 13.5 से 14.2 मिलीग्राम/डेसीलीटर

B. 8.5 से 10.2 मिलीग्राम/डेसीलीटर

C. 10.5 से 11.2 मिलीग्राम/डेसीलीटर

D. 7.5 से 12.5 मिलीग्राम/डेसीलीटर

Q.80 जब रक्त में कैल्शियम का स्तर अधिक होता है तो इसका कारण हो सकता है:

A. टायफायड

C. गुर्दे की पथरी

B. पीलिया

D. बांझपन

General Aptitude / Reasoning / General Awareness / Basic Computer knowledge

Q.81 एक कूट भाषा में, यदि 'MOON' को '5229' के रूप में 'FILM' को '6315' के रूप में कोडित किया जाता है, 'ARE' को '487' के रूप में कोडित किया जाता है, तो उसी भाषा में 'INFORMER' को कैसे कोडित किया जाएगा?

A. 39611578

C. 79627578

B. 39162258

D. 39628578

Q.82 निर्देश: दिए गए कथन (कथनों) और निष्कर्षों को ध्यानपूर्वक पढ़िये और चयन कीजिए कि कौन से निष्कर्ष दिए गये कथनों का तार्किक रूप से अनुसरण करता है।

कथन:

I. कुछ घंटियाँ सुनहरी हैं

II. कुछ घंटियाँ लाल हैं।

निष्कर्ष:

I. कुछ लाल सुनहरी हैं

II. कोई सुनहरी लाल नहीं है

A. केवल निष्कर्ष I अनुसरण करता है

B. I और II दोनों अनुसरण करते हैं

C. केवल II अनुसरण करता है

D. या तो I या II अनुसरण करता है

Q.83 निर्देश: निम्नलिखित प्रश्न में, शब्दों के उस जोड़े की पहचान करें जिसका संबंध प्रश्न में जोड़े के समान है।

वकील : न्यायालय

A. रसायनज्ञ : प्रयोगशाला

C. मजदूर : कारखाना

B. व्यापारी : कार्यालय

D. एथलीट : ओलंपिक

Q.84 निर्देश: निम्नलिखित प्रश्न में, एक कथन और उसके बाद I और II से अंकित दो निष्कर्ष दिए गये हैं। आपको दिए गये कथनों को सत्य मानना है, भले ही वे ज्ञात तथ्यों से अलग प्रतीत होते हों। निर्णय कीजिए कि दिये गये निष्कर्षों में से कौन-सा निष्कर्ष कथन का तार्किक रूप से अनुसरण करता है।

कथन: वातित पेय स्वास्थ्य के लिए हानिकारक हैं।

निष्कर्ष:

I. वसा की मात्रा में वृद्धि की ओर जाता है।

II. इंसुलिन प्रतिरोध की ओर जाता है।

A. यदि केवल निष्कर्ष I अनुसरण करता है।

B. यदि केवल निष्कर्ष II अनुसरण करता है।

C. यदि या तो I या II अनुसरण करता है।

D. यदि I और II दोनों अनुसरण करते हैं।

Q.85 निम्नलिखित चार शब्दों में से तीन किसी प्रकार एक समान हैं और एक भिन्न है।

A. अकबर   **B.** शाहजहाँ
C. जहांगीर   **D.** चंद्रगुप्त मौर्य-I

Q.86 निम्नलिखित में से कौन OPC का पूर्ण रूप है?

[Allahabad High Court ARO, 2020]

A. ऑप्टिकल कोड रीडिंग
B. ऑप्टिकल प्रोग्राम काउंटर
C. ऑपरेटिंग कंप्यूटर रिसोर्स
D. ओपन प्लेटफॉर्म कम्युनिकेशन

Q.87 GUI आधारित ऑपरेटिंग सिस्टम में फ़ाइलों, फ़ोल्डरों, प्रोग्रामों या अन्य मदों का एक लघु चित्रमय प्रतिनिधित्व कहलाता है:

[Rajasthan Police Constable, 2020]

A. आइकन   **B.** सिम्बल   **C.** टैब्स   **D.** रिबन

Q.88 निम्न में से किस विधि द्वारा हम इंटरनेट से जुड़ सकते हैं?
A. डायल-अप   **B.** स्लिप
C. पी.पी.पी (PPP)   **D.** उपरोक्त सभी

Q.89 आज इस्तेमाल किया जाने वाला सबसे आम 'इनपुट डिवाइस' कौन सा है?

[Uttarakhand Public Service Commission (UKPSC), 2011]

A. मदर बोर्ड   **B.** सेंट्रल प्रोसेसिंग यूनिट
C. कीबोर्ड   **D.** सेमीकण्डकटर

Q.90 एक क्रिटिकल सेक्शन एक प्रोग्राम सेगमेंट है:
A. जो एक निश्चित निर्दिष्ट समय में चलना चाहिए।
B. जो डेडलॉक से बचाती है।
C. जहां शेयर्ड रिसोर्सेस का उपयोग किया जाता है।
D. जिसे सेमाफोर ऑपरेशंस, पी और वी की एक जोड़ी द्वारा संलग्न किया जाना चाहिए।

Q.91 सरकार ने किस शहर में एक इलेक्ट्रॉनिक्स विनिर्माण क्लस्टर (ईएमसी) को मंजूरी दी है?
A. चेन्नई   **B.** पुणे   **C.** नई दिल्ली   **D.** बेंगलुरु

Q.92 'मटकी' निम्नलिखित में से कहाँ का लोकप्रिय लोक नृत्य है?
A. असम   **B.** मध्य प्रदेश   **C.** बिहार   **D.** राजस्थान

Q.93 भारत में निम्नलिखित में से कौन सा संशोधन केवल विशेष बहुमत द्वारा किया जा सकता है?
A. नए राज्य का निर्माण
B. संसद सदस्य के वेतन और भत्ते
C. राष्ट्रपति के भत्ते
D. अनुच्छेद 368 के माध्यम से संविधान में संशोधन

Q.94 निम्नलिखित में से उत्तर प्रदेश का कौन सा जिला राज्य का एक प्रमुख बॉक्साइट रिजर्व है?
A. बाँदा   **B.** इलाहाबाद   **C.** मिर्जापुर   **D.** ललितपुर

Q.95 निम्नलिखित में से किस वंश के शासकों को दक्षिणापथ के स्वामी के रूप में जाना जाता था?
A. पांड्य   **B.** सातवाहन   **C.** चेर   **D.** चोल

Q.96 निकिता को 18 मीटर दौड़ने में उतना ही समय लगता है जितना एक कार को 48 मीटर की दूरी तय करने में लगता है। जिस समय कार 1.6 किमी की दूरी तय करती है, उस समय निकिता द्वारा तय की गई दूरी क्या होगी?
A. 480 मीटर   **B.** 520 मीटर   **C.** 600 मीटर   **D.** 800 मीटर

Q.97 9, 21 और 123 का चतुर्थानुपाती क्या है?
A. 728   **B.** 278   **C.** 287   **D.** 246

Q.98 k का मान ज्ञात कीजिए, यदि 450 का 18% = k का 30%;
A. 270   **B.** 750   **C.** 250   **D.** 320

Q.99 यदि सात व्यक्ति किसी घर को 30 दिन में बना सकते हैं तो तीन व्यक्तियों को उस घर को बनाने में कितने दिन लगेंगे, बशर्ते कि वे सभी समान दर से कार्य करते हैं?
A. 100 दिन   **B.** 70 दिन   **C.** 30 दिन   **D.** 210 दिन

Q.100 यदि $a^3 - b^3 = 253$, $a - b = 7$ है, तब ab का मान क्या है?
A. $-\frac{25}{7}$ **B.** -4 **C.** $\frac{25}{7}$ **D.** $-\frac{30}{7}$

// स्मार्ट उत्तर पुस्तिका //

सही उत्तर — उन छात्रों का प्रतिशत जिन्होंने प्रश्नों का सही उत्तर दिया था। **छोड़ दिया** — उन छात्रों का प्रतिशत जिन्होंने प्रश्नों को छोड़ दिया था।

प्रश्न संख्या	उत्तर	सही उत्तर / छोड़ दिया	प्रश्न संख्या	उत्तर	सही उत्तर / छोड़ दिया	प्रश्न संख्या	उत्तर	सही उत्तर / छोड़ दिया	प्रश्न संख्या	उत्तर	सही उत्तर / छोड़ दिया	प्रश्न संख्या	उत्तर	सही उत्तर / छोड़ दिया	प्रश्न संख्या	उत्तर	सही उत्तर / छोड़ दिया
1	B	64.44% / 1.39%	18	B	40.84% / 1.33%	35	A	42.3% / 1.96%	52	C	46.01% / 1.71%	69	D	79.3% / 0.0%	86	D	60.09% / 1.41%
2	A	60.21% / 1.08%	19	D	87.0% / 0.0%	36	B	64.66% / 1.81%	53	C	46.13% / 1.25%	70	C	77.98% / 0.0%	87	A	51.09% / 1.01%
3	C	80.14% / 0.0%	20	A	60.59% / 1.89%	37	B	65.59% / 1.74%	54	C	25.14% / 3.9%	71	C	78.9% / 0.0%	88	D	54.9% / 1.37%
4	D	54.61% / 1.59%	21	B	51.46% / 1.79%	38	C	40.54% / 1.19%	55	C	47.03% / 1.3%	72	B	60.39% / 1.6%	89	C	87.1% / 0.0%
5	C	81.55% / 0.0%	22	D	62.87% / 1.75%	39	B	55.08% / 1.94%	56	B	48.26% / 1.88%	73	B	77.6% / 0.0%	90	C	59.58% / 1.6%
6	B	58.93% / 1.03%	23	A	46.25% / 1.03%	40	D	66.2% / 1.51%	57	D	81.3% / 0.0%	74	B	57.98% / 1.32%	91	B	41.12% / 1.22%
7	C	59.91% / 1.03%	24	D	53.21% / 1.8%	41	C	41.53% / 1.62%	58	B	53.63% / 1.58%	75	A	50.16% / 1.27%	92	B	88.47% / 0.0%
8	D	44.92% / 1.71%	25	B	40.09% / 1.7%	42	B	69.42% / 1.45%	59	C	67.09% / 1.17%	76	C	59.72% / 1.5%	93	D	69.94% / 1.04%
9	D	60.69% / 1.65%	26	C	52.84% / 1.63%	43	A	48.85% / 1.62%	60	A	87.93% / 0.0%	77	B	61.82% / 1.43%	94	A	67.35% / 1.65%
10	C	68.58% / 1.35%	27	B	64.81% / 1.17%	44	B	40.36% / 1.68%	61	C	51.4% / 1.42%	78	D	88.07% / 0.0%	95	B	69.71% / 1.97%
11	B	62.46% / 1.09%	28	A	51.88% / 1.29%	45	A	51.1% / 1.52%	62	A	40.82% / 1.17%	79	B	53.11% / 1.46%	96	C	65.85% / 1.88%
12	C	45.0% / 1.97%	29	D	68.57% / 1.78%	46	B	67.0% / 1.31%	63	C	51.92% / 1.23%	80	C	52.78% / 1.11%	97	C	48.65% / 1.51%
13	B	62.22% / 1.66%	30	D	57.55% / 1.81%	47	D	55.9% / 1.32%	64	B	49.72% / 1.41%	81	D	84.9% / 0.0%	98	A	58.28% / 1.17%
14	D	43.37% / 1.14%	31	B	47.13% / 1.3%	48	B	44.5% / 1.39%	65	D	47.2% / 1.59%	82	D	84.46% / 0.0%	99	B	44.24% / 1.07%
15	C	68.49% / 1.55%	32	B	41.02% / 1.93%	49	B	61.7% / 1.38%	66	D	42.4% / 1.82%	83	A	65.72% / 1.37%	100	D	69.0% / 1.29%
16	C	47.25% / 1.21%	33	D	59.64% / 1.1%	50	A	42.55% / 1.34%	67	B	45.13% / 1.49%	84	D	65.22% / 1.15%			
17	A	66.58% / 1.59%	34	A	46.89% / 1.38%	51	D	46.26% / 1.08%	68	B	44.52% / 1.53%	85	D	78.27% / 0.0%			

//संकेत और समाधान//

1. रक्त प्रकार रक्त का एक वर्गीकरण है, जो लाल रक्त कोशिकाओं की सतह पर एंटीबॉडी और वंशानुगत एंटीजेनिक पदार्थों की उपस्थिति और अनुपस्थिति पर आधारित होता है।

- रक्त समूह प्रणाली के आधार पर ये एंटीजन प्रोटीन, कार्बोहाइड्रेट, ग्लाइकोप्रोटीन या ग्लाइकोलिपिड हो सकते हैं।

- 4 मुख्य रक्त समूह (रक्त के प्रकार)- A, B, AB, और O हैं।

- रक्त समूह माता-पिता से विरासत में प्राप्त जीन द्वारा निर्धारित किया जाता है।

- प्रत्येक समूह या तो RhD पॉजिटिव या RhD नेगेटिव हो सकता है, जिसका अर्थ है कि कुल मिलाकर 8 रक्त समूह हैं।

- रक्त प्रकार AB को एक सार्वभौमिक प्राप्तकर्ता माना जाता है।

- जिन व्यक्तियों का रक्त समूह AB होता है उनमें एंटीबॉडी नहीं होती हैं।

- उनके पास एंटी-A या एंटी-B एंटीबॉडी नहीं हैं और आरबीसी पर A और B दोनों एंटीजन हैं।

- O को सार्वभौमिक रक्त दाता कहा जाता है, लेकिन पॉजिटिव रक्त समूह वाले व्यक्ति को नेगेटिव रक्त समूह दान करना संभव नहीं है।

- O नेगेटिव समूह में न तो रक्त समूह के लिए प्रतिजन होता है और न ही Rh कारक के लिए प्रतिजन होता है, इसलिए O नेगेटिव एक सार्वभौमिक दाता है।

इस प्रकार, AB पॉजिटिव को सार्वभौमिक प्राप्तकर्ता के रूप में जाना जाता है जबकि O नेगेटिव को एक सार्वभौमिक दाता के रूप में जाना जाता है।

अत: विकल्प (B) सही है।

2. रक्तचाप को धमनियों की दीवारों पर रक्त के गतिमान स्तंभ द्वारा लगाए गए पार्श्व दबाव के रूप में परिभाषित किया जा सकता है। यह सिस्टोलिक रक्तचाप और डायस्टोलिक रक्तचाप से बना है। रक्तचाप को इनवेसिव और नॉन इनवेसिव तकनीक से मापा जा सकता है। स्फिग्मोमैनोमीटर का उपयोग एक गैर इनवेसिव तकनीक कर रही है। इनवेसिव मापन एक कैथेटर को सीधे ट्रांसड्यूसर और मॉनिटर से जुड़ी धमनी में पास करके होता है।

सिस्टोलिक रक्तचाप: दिल की धड़कन के संकुचन चरण के दौरान धमनियों पर दबाव डाला जाता है।

डायस्टोलिक रक्तचाप: धमनियों पर आराम का दबाव है क्योंकि संकुचन के बीच दिल आराम करता है।

		सिस्टोलिक (शीर्ष संख्या) mm Hg	डायस्टोलिक (निचला नंबर) mm Hg
1	साधारण	120 से नीचे	80 से नीचे
2	ऊपर	120-129	80 से नीचे
3	उच्च रक्तचाप (चरण 1)	130-139	80-89
4	उच्च रक्तचाप (चरण 2)	140 या ऊपर	90 या उच्चतर
5	उच्च रक्तचाप से ग्रस्त संकट	180 से ऊपर	120 से ऊपर

अत: विकल्प (A) सही है।

3. यदि आयरन का स्तर कम है तो हीमोग्लोबिन पर्याप्त मात्रा में संश्लेषित नहीं होता है और लाल रक्त कोशिकाओं की ऑक्सीजन वहन करने की क्षमता कम हो जाती है, जिसके परिणामस्वरूप एनीमिया (रक्ताल्पता) होता है। आयरन एक माइक्रो (ट्रेस) खनिज है जिसकी हमें प्रति दिन कम मात्रा में आवश्यकता

होती है। यह जल में कम मात्रा में घुलनशील होता है और एक कैटायन है जो दो अवस्थाओं में मौजूद होता है, +2 (फेरस) या +3 (फेरिक)। शरीर में उपयोग किए जाने वाले आयरन का एक बड़ा भाग लाल रक्त कोशिकाओं के निरंतर विखंडन से पुनर्नवीनीकरण किया जाता है।

अत: विकल्प (C) सही है।

4. एक स्वस्थ वयस्क व्यक्ति के रक्त में श्वेत रक्त कोशिकाओं की कुल संख्या 4000 - 11000 प्रति घन मिलीमीटर रक्त होती है।

श्वेत रक्त कोशिकाओं (WBC) को ल्यूकोसाइट्स भी कहा जाता है और इनका जीवन 3 से 4 दिनों का होता है। वे संक्रमण के खिलाफ शरीर की प्राथमिक रक्षा हैं और उनमें केंद्रक होता है। वे एक स्वस्थ वयस्क में कुल रक्त की मात्रा की लगभग 1% होती हैं।

श्वेत रक्त कोशिकाएं 2 प्रकार की होती हैं:

1. ग्रैन्यूलोसाइट्स (इयोसिनोफिल, न्यूट्रोफिल, बेसोफिल)
2. एग्रैन्यूलोसाइट्स (मोनोसाइट्स, लिम्फोसाइट्स)

अत: विकल्प (D) सही है।

5. स्कंदन वह प्रक्रिया है जिसके द्वारा रक्त एक तरल से एक जेल में परिवर्तित होता है, जिससे रक्त का थक्का बनता है। विटामिन K स्कंदन के लिए आवश्यक है।

विटामिन K: इसे फाइटोनेडियोन भी कहा जाता है। ये रक्त स्कंदन के लिए जिम्मेदार है। इसके बिना, रक्त स्कंदन गंभीर रूप से प्रभावित होता है, और अनियंत्रित रक्तस्राव होता है। ये कार्बोक्जैलेशन द्वारा थक्का जमाने वाले कारकों II (प्रोथ्रोम्बिन), VII, X और (IX - आंतरिक) को सक्रिय करता है। ये थक्का जमाने वाले कारक तब रक्त का स्कंदन करते हैं।

अत: विकल्प (C) सही है।

6. प्लाज्मा में 91% से 92% जल और 8% से 9% ठोस पदार्थ उपस्थित होता है।

प्लाज्मा आपके रक्त का तरल घटक है जो आपके रक्त की कुल मात्रा का 55% योगदान देता है। आपके शरीर को चोट से उबरने में मदद करने, पोषक तत्वों को वितरित करने, कचरे को हटाने और आपके परिसंचरण तंत्र में चलते समय संक्रमण को रोकने के लिए प्लाज्मा आवश्यक है।

अत: विकल्प (B) सही है।

7. विभिन्न रक्त समूह आरबीसी में विशिष्ट प्रकार के हीमोग्लोबिन के कारण होते हैं।

4 मुख्य रक्त समूह (रक्त के प्रकार) हैं - A, B, AB और O। आपका रक्त समूह आपके माता-पिता से विरासत में मिले जीन से निर्धारित होता है। प्रत्येक समूह RhD धनात्मक या RhD ऋणात्मक हो सकता है, जिसका अर्थ कि कुल मिलाकर 8 रक्त समूह हैं।

अत: विकल्प (C) सही है।

8. जब किसी व्यक्ति के प्लाज्मा में एंटी-A और एंटी-B दोनों एंटीबॉडी होते हैं तो उस व्यक्ति का रक्त समूह O होगा।

ABO प्रणाली द्वारा परिभाषित 4 मुख्य रक्त समूह हैं: रक्त समूह A - में लाल रक्त कोशिकाओं पर A एंटीजन होते हैं जिनमें प्लाज्मा में एंटी-B एंटीबॉडी होते हैं। रक्त समूह B - प्लाज्मा में एंटी-A एंटीबॉडी के साथ B एंटीजन होते हैं। रक्त समूह O - कोई एंटीजन नहीं है, लेकिन प्लाज्मा में एंटी-A और एंटी-B दोनों एंटीबॉडी हैं।

अत: विकल्प (D) सही है।

9. ABO रक्त समूह दो घुलनशील एंटीबॉडी की उपस्थिति और दो सतह प्रतिजनों की उपस्थिति दोनों पर आधारित है।

ABO रक्त समूह प्रणाली मानव रक्त का वर्गीकरण है जो लाल रक्त कोशिकाओं के विरासत में मिले गुणों के आधार पर होता है, जैसा कि प्रतिजन A और B की उपस्थिति या अनुपस्थिति से निर्धारित होता है। इन प्रतिजनों को लाल कोशिकाओं की सतह पर ले जाया जाता है जो चार मुख्य रक्त समूहों: A, B, O, या AB के अनुरूप होते हैं।

अतः विकल्प (D) सही है।

10. AB रक्त समूह वाले व्यक्तियों में RBC पर A और B दोनों एंटीजन होते हैं, लेकिन प्लाज्मा में एंटीबॉडी नहीं होते हैं। इससे वे किसी भी अन्य रक्त प्रकार से रक्त प्राप्त कर सकते हैं। इसी कारण उन्हें सार्वभौम प्राप्तकर्ता कहा जाता है।

अतः विकल्प (C) सही है।

11. एरिथ्रोब्लास्टोसिस फेटालिस तब होता है जब मां से एक कारक गर्भनाल के माध्यम से भ्रूण में जाता है। कारक Rh एंटीबॉडी है।

एरिथ्रोब्लास्टोसिस फेटालिस एक भ्रूण का हेमोलाइटिक एनीमिया है जो आमतौर पर नवजात शिशु की लाल रक्त कोशिकाओं को मातृ एंटीबॉडी के अपरा संचरण के कारण होता है। यह आमतौर पर माता-पिता के बीच Rh असंगति के कारण होता है।

डॉक्टर ने एक दंपत्ति को एक से अधिक बच्चे न होने का सुझाव दिया जहां पुरुष का Rh+ और महिला का Rh- था। क्योंकि इससे एरिथ्रोब्लास्टोसिस फेटालिस हो सकता है। यह एक संभावित खतरनाक स्थिति है जो शिशु के विकास के दौरान होती है। स्थिति तब होती है जब Rh कारक गर्भवती महिला और भ्रूण के बीच असंगत होता है। इससे गर्भ में पल रहे बच्चे की मौत हो सकती है। बाद के गर्भधारण के मामले में, मां (Rh-) से Rh एंटीबॉडी भ्रूण (Rh+) के रक्त में लीक हो सकते हैं और भ्रूण की RBC को नष्ट कर सकते हैं। यह भ्रूण के लिए घातक हो सकता है।

अतः विकल्प (B) सही है।

12. 'एरिथ्रोब्लास्टोसिस फेटालिस' के दौरान RBC का एग्लूटिनेशन और फागोसाइटोसिस होता है।

एंटी-Rh एग्लूटीनिन प्लेसेंटा में प्रवेश कर सकते हैं और भ्रूण में लाल कोशिका समूहन का कारण बन सकते हैं। इस स्थिति को एरिथ्रोब्लास्टोसिस फेटालिस कहा जाता है, जिसमें भ्रूण या नवजात लाल कोशिकाएं समूहीकृत हो जाती हैं और बाद में फागोसाइटोज और डिग्रेड हो जाती हैं। Rh- माता और Rh+ बच्चे को शामिल करने वाली प्रत्येक क्रमिक गर्भावस्था के साथ रोग विकसित होने की संभावना बढ़ जाती है। गंभीर रक्ताल्पता और न्यूरोनल कोशिकाओं में बिलीरुबिन की वर्षा के कारण भी बच्चे को खतरा है, जिसके परिणामस्वरूप मानसिक मंदता और मोटर हानि हो सकती है।

अतः विकल्प (C) सही है।

13. IgG प्लेसेंटा को पार कर सकता है और नवजात को निष्क्रिय प्रतिरक्षा प्रदान कर सकता है।

सक्रिय और निष्क्रिय तंत्र हैं जो कम आणविक भार वाले पदार्थों को मां से भ्रूण में स्थानांतरित करने की अनुमति देते हैं। इम्युनोग्लोबुलिन G (IgG), हालांकि इसमें एक उच्च आणविक भार है, यह इम्युनोग्लोबुलिन का एकमात्र वर्ग है जो प्लेसेंटा को पार करने और भ्रूण परिसंचरण तक पहुंचने में सक्षम है।

अतः विकल्प (B) सही है।

14. इम्युनोग्लोबुलिन M (IgM) एंटीबॉडी के कई आइसोटाइपों में से एक हैं, जो कशेरुकियों द्वारा निर्मित होते हैं। IgM सबसे बड़ा एंटीबॉडी है, और यह पहला एंटीबॉडी है जो किसी एंटीजन के शुरुआती संपर्क की प्रतिक्रिया में प्रकट होता है।

B-कोशिका सतह इम्युनोग्लोबुलिन के रूप में, IgM एक मोनोमर के रूप में मौजूद है और एंटीजन के रिसेप्टर के रूप में कार्य करता है। सतह IgM, Fc क्षेत्र में स्रावित रूप से संरचनात्मक रूप से भिन्न है क्योंकि इसे झिल्ली के माध्यम से बांधना चाहिए।

IgM एंटीबॉडी प्राकृतिक एंटीबॉडी के प्रमुख घटक का गठन करते हैं और प्राथमिक एंटीबॉडी प्रतिक्रिया के दौरान उत्पादित एंटीबॉडी का पहला वर्ग भी है।

अतः विकल्प (D) सही है।

15. आंसू, लार, कोलोस्ट्रम जैसे स्रावों में उपस्थित प्रतिरक्षी IgA है।

IgA शरीर के कई स्रावों में पाए जाने वाले एंटीबॉडी का मुख्य वर्ग है, जिसमें आँसू, लार, श्वसन और आंतों के स्राव और कोलोस्ट्रम (स्तनपान कराने वाली माताओं द्वारा उत्पादित पहला दूध) शामिल हैं।

अतः विकल्प (C) सही है।

16. एंटीबॉडी का संश्लेषण बी-कोशिकाओं द्वारा होता है।

एंटीबॉडी को इम्युनोग्लोबुलिन भी कहा जाता है, एंटीजन-बाध्यकारी ग्लाइकोप्रोटीन, जो विशेष रूप से बी-कोशिकाओं द्वारा संश्लेषित होते हैं और विभिन्न अमीनो एसिड अनुक्रमों और विभिन्न एंटीजन बाध्यकारी साइटों के साथ अरबों रूपों में होते हैं।

अतः विकल्प (C) सही है।

17. एंटीबॉडी की मूल संरचना Y-आकार की होती है।

सरल प्रतिरक्षी संरचना में दो समान प्रतिजन-बाध्यकारी स्थल होते हैं जो Y-आकार के अणु का निर्माण करते हैं। ये प्रतिजन-बाध्यकारी स्थल Y की प्रत्येक भुजा के सिरे पर मौजूद होती हैं।

अतः विकल्प (A) सही है।

18. बीटा-मर्कैप्टोएथेनॉल के साथ शोधन करके इम्युनोग्लोबुलिन की संरचना की खोज एडेलमैन ने की।

एडेलमैन ने पाया कि जब इम्युनोग्लोबुलिन को बीटा-मर्कैप्टोएथेनॉल के साथ शोधन किया जाता है, तो यह चार श्रृंखलाओं में अलग हो जाएगा, यानी दो समान प्रकाश श्रृंखला और दो बड़ी भारी श्रृंखलाएं। इस परिणाम को इम्युनोग्लोबुलिन की संरचना का प्रस्ताव माना गया।

अतः विकल्प (B) सही है।

19. थाइमस की कमी से बच्चों में डिजॉर्ज सिंड्रोम होता है।

टी-कोशिकाओं के विकास के लिए थाइमस की आवश्यकता होती है। जो बच्चे थाइमस के बिना पैदा होते हैं वे परिपक्व टी-कोशिकाओं के न होने के प्रतिकूल प्रभावों से गुजरते हैं; इस सिंड्रोम को डिजॉर्ज सिंड्रोम के नाम से जाना जाता है।

अतः विकल्प (D) सही है।

20. दोहरी धनात्मक कोशिका एकल धनात्मक कोशिका में परिवर्तित हो जाता है, टी-सेल के सक्रियण में शामिल नहीं है।

दोहरी धनात्मक कोशिकाओं का एकल धनात्मक कोशिका में परिवर्तन थाइमिक चयन प्रक्रिया है जिसमें टी-कोशिका MHC की पारस्परिक क्रिया के साथ परिपक्व होती है और स्व-प्रतिजन के प्रति सहिष्णुता विकसित करती है।

अतः विकल्प (A) सही है।

21. IL-2 साइटोकिन्स टी-सेल वृद्धि कारक के रूप में कार्य करता है।

टी-हेल्पर कोशिकाओं द्वारा साइटोकिन्स जारी किया जाता है और इसके कई कार्य होते हैं जैसे IL-2 टी-सेल वृद्धि कारक के रूप में कार्य करता है जबकि IL-4 और IL-5 बी-सेल सक्रियण में मदद करते हैं, IL-3 हेमटोपोइजिस में शामिल होता है और टी-हेल्पर सेल के TH1 और TH2 दोनों उपसमुच्चय द्वारा स्रावित होता है।

अतः विकल्प (B) सही है।

22. साइटोटॉक्सिक टी-कोशिका (सीटीएल) एक बार सक्रिय हो जाने पर यह लक्षित कोशिकाओं को इससे जोड़कर नष्ट करना शुरू कर देता है। लक्ष्य

कोशिका के साथ अन्योन्य क्रिया के बाद, यह कैल्शियम की सहायता से संयुग्मी गठन से गुजरता है। मारने की क्रिया टी-कोशिकाओं के कणिकाओं में निहित साइटोटॉक्सिक पदार्थों द्वारा की जाती है।

अतः विकल्प (D) सही है।

23. खंड क्रिस्टलीकरण क्षेत्र (Fc क्षेत्र) एक एंटीबॉडी का पूंछ क्षेत्र है जो Fc रिसेप्टर्स नामक कोशिका सतह रिसेप्टर्स और पूरक प्रणाली के कुछ प्रोटीन के साथ संपर्क करता है। यह गुण एंटीबॉडी को प्रतिरक्षा प्रणाली को सक्रिय करने की अनुमति देता है।

Y संरचना का तना जिसे "खंड क्रिस्टलीकरण क्षेत्र" या Fc के रूप में संदर्भित किया जाता है, एक स्थिर क्षेत्र है जो एंटीबॉडी के वर्ग और इसके कार्यात्मक गुणों को निर्धारित करता है।

अतः विकल्प (A) सही है।

24. टुकड़ा क्रिस्टलीय क्षेत्र (Fc क्षेत्र) एक एंटीबॉडी का पूंछ क्षेत्र है जो Fc रिसेप्टर्स नामक कोशिका सतह रिसेप्टर्स और पूरक प्रणाली के कुछ प्रोटीन के साथ संपर्क करता है। यह संपत्ति एंटीबॉडी को प्रतिरक्षा प्रणाली को सक्रिय करने की अनुमति देती है।

विशिष्ट प्रोटीनों से जुड़कर Fc क्षेत्र यह सुनिश्चित करता है कि प्रत्येक एंटीबॉडी किसी दिए गए एंटीजन के लिए एक उपयुक्त प्रतिरक्षा प्रतिक्रिया उत्पन्न करता है। Fc क्षेत्र विभिन्न कोशिका रिसेप्टर्स, जैसे Fc रिसेप्टर्स, और अन्य प्रतिरक्षा अणुओं, जैसे पूरक प्रोटीन को भी बांधता है।

अतः विकल्प (D) सही है।

25. प्रतिजनता प्रतिरक्षा प्रतिक्रिया के अंतिम उत्पादों के साथ विशेष रूप से संयोजन करने की क्षमता है। हालांकि सभी अणु जो इम्युनोजेनिक होते हैं वे एंटीजेनिक भी होते हैं, लेकिन इसका उल्टा सच नहीं है।

अतः विकल्प (B) सही है।

26. एंटीबॉडी में लैम्ब्डा (λ) और कप्पा (κ) नामक दो प्रकार की प्रकाश श्रृंखलाएं पाई जाती हैं। एक दिए गए इम्युनोग्लोबुलिन में या तो κ चेन या λ चेन होती है, कभी भी एक नहीं।

अतः विकल्प (C) सही है।

27. हेमोलिटिक पीलिया, जिसे प्रीहेपेटिक पीलिया के रूप में भी जाना जाता है, एक प्रकार का पीलिया है जो हेमोलिसिस या लाल रक्त कोशिकाओं के अत्यधिक विनाश से उत्पन्न होता है जब उपोत्पाद बिलीरुबिन यकृत कोशिकाओं द्वारा जल्दी से पर्याप्त रूप से उत्सर्जित नहीं होता है।

अतः विकल्प (B) सही है।

28. थूक संस्कृति एक परीक्षण है जो बैक्टीरिया या अन्य प्रकार के जीवों की जांच करता है जो फेफड़ों या वायुमार्ग में फेफड़ों में संक्रमण पैदा कर सकता है। थूक, जिसे कफ के नाम से भी जाना जाता है, फेफड़ों में बनने वाला एक गाढ़ा प्रकार का बलगम होता है। यदि किसी व्यक्ति को फेफड़े या वायुमार्ग को प्रभावित करने वाला कोई संक्रमण या पुरानी बीमारी है, तो यह उसे थूक के साथ खांसी कर सकता है।

अतः विकल्प (A) सही है।

29. न्यूनतम मात्रा में थूक का मतलब कोई संक्रमण नहीं है।

स्पष्ट थूक का आमतौर पर मतलब है कि कोई बीमारी मौजूद नहीं है, लेकिन बड़ी मात्रा में स्पष्ट थूक फेफड़ों की बीमारी का संकेत हो सकता है।

अतः विकल्प (D) सही है।

30. गहरे पीले या हरे रंग के थूक का अर्थ अक्सर जीवाणु संक्रमण होता है, जैसे निमोनिया। सिस्टिक फाइब्रोसिस वाले लोगों में पीले-हरे रंग का थूक भी आम है। सिस्टिक फाइब्रोसिस एक विरासत में मिली बीमारी है जिसके कारण फेफड़ों और अन्य अंगों में बलगम बनता है।

अतः विकल्प (D) सही है।

31. लाल थूक फेफड़ों के कैंसर का प्रारंभिक संकेत हो सकता है।

यह फुप्फुसीय एम्बोलिज्म का संकेत भी हो सकता है, एक जीवन-धमकी वाली स्थिति जिसमें एक पैर या शरीर के अन्य भाग से रक्त का थक्का ढीला हो जाता है और फेफड़ों में जाता है। यदि किसी व्यक्ति को खाँसी में लाल या खूनी थूक आ रहा हो, तो तुरंत डॉक्टर से संपर्क करें या चिकिसा की तलाश करें।

अतः विकल्प (B) सही है।

32. स्पोरोज़ोइट मलेरिया परजीवी का संक्रामक रूप है।

एक रक्त भोजन के दौरान, एक मलेरिया-संक्रमित मादा एनोफिलीज मच्छर मानव मेजबान में स्पोरोज़ोइट्स को टीका लगाती है। स्पोरोज़ोइट्स यकृत कोशिकाओं को संक्रमित करते हैं और यकृत शिज़ोगोनी शुरू करते हैं।

अतः विकल्प (B) सही है।

33. एक नैदानिक स्थिति जिसमें प्रतिरक्षा प्रणाली या उपचार सभी प्लाज्मोडियम एसपीपी संक्रमित एरिथ्रोसाइट्स को खत्म करने में विफल रहता है और आरबीसी में प्लाज्मोडियम एसपीपी की संख्या बाद के नैदानिक लक्षणों के साथ फिर से बढ़ने लगती है, रिक्रूडेसेंस कहलाती है।

रिक्रूडेसेंस तब होता है जब संक्रमण रक्त में ज्ञानी स्तरों पर बना रहता है और फिर से पता लगाने योग्य हो जाता है।

अतः विकल्प (D) सही है।

34. काला पानी बुखार (BWF) एक गंभीर क्लिनिकल सिंड्रोम है, जिसकी विशेषता इंट्रावास्कुलर हेमोलिसिस, हीमोग्लोबिनुरिया (काले मूत्र के पारित होने के साथ), और पी. फाल्सीपेरम संक्रमण वाले रोगियों में विभिन्न कारकों के कारण होने वाली तीव्र गुर्दे की विफलता की विशेषता है।

अतः विकल्प (A) सही है।

35. मनुष्यों में एरिथ्रोसाइट्स का जीवन काल लगभग 120 दिनों का होता है।

वयस्कों में आरबीसी सेनेसेंट (उम्र से संबंधित) मृत्यु का सामान्य समय लगभग 110 से 120 दिनों का होता है। हेमोलिसिस को मनमाने ढंग से 100 दिनों से कम के मूल्य पर आरबीसी के प्रसार के जीवित रहने में कमी के रूप में परिभाषित किया जा सकता है।

अतः विकल्प (A) सही है।

36. T और B लिम्फोसाइट्स (T और B सेल) अधिग्रहित या एंटीजन-विशिष्ट प्रतिरक्षा प्रतिक्रिया में शामिल हैं, यह देखते हुए कि जीव में वे एकमात्र कोशिकाएं हैं जो विशेष रूप से प्रत्येक एंटीजेनिक एपिटोप को पहचानने और प्रतिक्रिया देने में सक्षम हैं।

अतः विकल्प (B) सही है।

37. स्वस्थ व्यक्तियों में हीमोग्लोबिन रक्त का 12-16 ग्राम/100 एमएल होता है। इस स्तर से कम हीमोग्लोबिन सामग्री एनीमिया का कारण बन सकती है। हीमोग्लोबिन आयरन युक्त प्रोटीन है जो लाल रक्त कोशिकाओं में पाया जाता है। यह फेफड़ों से ऑक्सीजन को शरीर के अन्य ऊतकों तक पहुंचाता है।

अतः विकल्प (B) सही है।

38. पीलिया अक्सर यकृत, पित्ताशय की थैली या अग्न्याशय के साथ किसी समस्या का संकेत होता है। पीलिया तब हो सकता है जब शरीर में अतिरिक्त बिलीरुबिन बनता है। ऐसा तब हो सकता है जब: बहुत अधिक लाल रक्त कोशिकाएं मर रही हों या टूट रही हों (हेमोलाइसिस) और यकृत में जा रही हों।

अतः विकल्प (C) सही है।

39. 80% बिलीरुबिन जीर्ण लाल रक्त कोशिकाओं में हीमोग्लोबिन के टूटने और अस्थि मज्जा में समय से पहले नष्ट होने वाली एरिथ्राइड कोशिकाओं से

बनता है। शेष अन्य ऊतकों, मुख्य रूप से यकृत और मांसपेशियों में पाए जाने वाले विभिन्न हीम युक्त प्रोटीन के टर्नओवर से उत्पन्न होता है।

अत: विकल्प (B) सही है।

40. पीलिया, जिसे हाइपरबिलिरुबिनमिया के रूप में भी जाना जाता है, को अतिरिक्त बिलीरुबिन के संचय के परिणामस्वरूप शरीर के ऊतकों के पीले रंग के मलिनकिरण के रूप में परिभाषित किया गया है। बिलीरुबिन का जमाव तभी होता है जब बिलीरुबिन की अधिकता होती है, और यह बढ़े हुए उत्पादन या खराब उत्सर्जन को इंगित करता है।

अत: विकल्प (D) सही है।

41. कोलेस्टेसिस पीलिया को इंट्राहेपेटिक या एक्स्ट्राहेपेटिक कोलेस्टेसिस में वर्गीकृत किया जा सकता है, जो पित्त प्रवाह में रुकावट के स्तर पर निर्भर करता है। चिकित्सकीय रूप से, कोलेस्टेसिस रक्त में पित्त के घटकों के प्रतिधारण की ओर जाता है। कोलेस्टेसिस की प्रमुख विशेषताएं खुजली और वसा और वसा में घुलनशील विटामिनों का कुअवशोषण हैं।

अत: विकल्प (C) सही है।

42. पीलिया एक ऐसी स्थिति है जिसमें त्वचा, आंखों के सफेद हिस्से और श्लेष्मा झिल्ली पीले रंग के पीले-नारंगी पित्त वर्णक बिलीरुबिन के उच्च स्तर के कारण पीले हो जाते हैं।

अत: विकल्प (B) सही है।

43. पीलिया का पता ब्लड टेस्ट से लगाया जा सकता है। आपके लीवर के स्वास्थ्य की जांच के लिए एक बिलीरुबिन रक्त परीक्षण का उपयोग किया जाता है। परीक्षण का उपयोग आमतौर पर नवजात पीलिया के निदान में मदद के लिए भी किया जाता है।

अत: विकल्प (A) सही है।

44. ABO प्रणाली के तहत एक अज्ञात रक्त समूह वाले व्यक्ति को एक दुर्घटना में बहुत अधिक रक्त हानि हुई है और तत्काल रक्त आधान की आवश्यकता है। उसका एक मित्र जिसके पास स्वयं के रक्त प्रकार का वैध प्रमाण पत्र, बिना देर किए रक्तदान करता है। दाता मित्र के रक्त समूह का टाइप O है।

जिस व्यक्ति ने बहुत जल्द रक्तदान किया उसका रक्त समूह O होगा। इसका अंदाजा आसानी से लगाया जा सकता है क्योंकि O रक्त समूह यूनिवर्सल डोनर रक्त समूह होता है।

अत: विकल्प (B) सही है।

45. रक्त प्रकार AB को एक सार्वभौमिक प्राप्तकर्ता माना जाता है क्योंकि जिन व्यक्तियों का रक्त प्रकार AB होता है उनमें एंटीबॉडी नहीं होते हैं। उनके पास एंटी-A या एंटी-B एंटीबॉडी नहीं हैं और RBC पर A और B दोनों एंटीजन हैं।

अत: विकल्प (A) सही है।

46. 80% आबादी के रक्त में मौजूद RBC की सतह पर Rh एंटीजन होता है।

सबसे महत्वपूर्ण Rh प्रतिजन RhD है। जब RhD लाल कोशिका की सतह पर मौजूद होता है, तो लाल कोशिकाओं को RhD धनात्मक कहा जाता है। ऑस्ट्रेलियाई आबादी का लगभग 80% RhD पॉजिटिव है। शेष 20% जनसंख्या जिसमें RhD प्रतिजन की कमी होती है, RhD ऋणात्मक कहलाती है।

अत: विकल्प (B) सही है।

47. नवजात शिशु (HDN) की हेमोलिटिक बीमारी दूसरी गर्भावस्था के मामले में हो सकती है यदि मां Rh⁻ और बच्चा Rh⁺ है।

यदि मां Rh⁻ है, तो उसकी प्रतिरक्षा प्रणाली Rh⁺ भ्रूण कोशिकाओं के साथ ऐसा व्यवहार करती है जैसे कि वे कोई बाहरी पदार्थ हों। मां का शरीर भ्रूण की रक्त कोशिकाओं के खिलाफ एंटीबॉडी बनाता है। ये एंटीबॉडी नाल के माध्यम से विकासशील बच्चे में वापस आ सकते हैं। वे बच्चे के परिसंचारी लाल रक्त कोशिकाओं को नष्ट कर देते हैं।

अत: विकल्प (D) सही है।

48. सामान्य पुरुष नियंत्रण की तुलना में गठिया के रोगियों में औसत मूत्र क्रिएटिनिन और यूरिक एसिड का उत्सर्जन काफी बढ़ गया था। ये परिणाम बताते हैं कि क्रिएटिनिन और यूरिक एसिड संश्लेषण के बीच घनिष्ठ संबंध है।

क्रिएटिनिन टेस्ट इस बात का माप है कि आपके गुर्दे आपके रक्त से अपशिष्ट को छानने का काम कितनी अच्छी तरह कर रहे हैं। क्रिएटिनिन आपकी मांसपेशियों में ऊर्जा-उत्पादन प्रक्रियाओं से बचा हुआ एक रासायनिक यौगिक है। स्वस्थ गुर्दे रक्त से क्रिएटिनिन को फ़िल्टर करते हैं। क्रिएटिनिन आपके शरीर से मूत्र में अपशिष्ट उत्पाद के रूप में बाहर निकल जाता है।

एक सामान्य परिणाम पुरुषों के लिए 0.7 से 1.3 mg/dL (61.9 से 114.9 µmol/L) और महिलाओं के लिए 0.6 से 1.1 mg/dL (53 से 97.2 µmol/L) होता है। पुरुषों की तुलना में महिलाओं में अक्सर क्रिएटिनिन का स्तर कम होता है। ऐसा इसलिए है क्योंकि महिलाओं में अक्सर पुरुषों की तुलना में कम मांसपेशियां होती हैं।

गठिया की संभावना कम होती है यदि सीरम यूरेट की मात्रा बार-बार 0.42 mmol/L से कम हो। गठिया विकसित होने का जोखिम तीन गुना अधिक होता है यदि सीरम यूरेट सांद्रता लगातार 0.42 mmol/L से ऊपर हो।

अत: विकल्प (B) सही है।

49. यूरिया का साइनेट ब्रेकडाउन उत्पाद प्रोटीन को कार्बामाइलेट कर सकता है।

यूरेमिया तब होता है जब आपकी किडनी क्षतिग्रस्त हो जाती हैं। विषाक्त पदार्थ, या शारीरिक अपशिष्ट, जो आपकी किडनी सामान्य रूप से आपके मूत्र में भेजती हैं, बदले में आपके रक्तप्रवाह में समाप्त हो जाती हैं। इन विषाक्त पदार्थों को क्रिएटिनिन और यूरिया के रूप में जाना जाता है। यूरेमिया एक गंभीर स्थिति है और यदि अनुपचारित किया जाए तो यह जानलेवा हो सकती है।

जब यूरिया की सांद्रता घटती हुई किडनी के कार्य के साथ बढ़ती है, तो साइनेट का उत्पादन भी होता है, जो एक पैथोलॉजिकल अवस्था का निर्माण करता है जो प्रोटीन कार्बामाइलेशन को बढ़ावा देता है। स्वस्थ व्यक्तियों में आइसोसाइनेट की प्लाज्मा सांद्रता लगभग 45 nmol/L होती है, और यूरेमिक रोगियों में यह 140 nmol/L तक पहुँच जाती है।

अत: विकल्प (B) सही है।

50. कैंसर एंटीजन 15-3 (CA15-3) एक सामान्य ट्यूमर मार्कर है और इस ट्यूमर मार्कर के सीरम स्तर का स्तन कैंसर रोगियों में उपचार अवधि (समय-समय पर) के दौरान मूल्यांकन किया जाता है। यह मानते हुए कि इस ट्यूमर मार्कर का उच्च सीरम स्तर एक संभावित जोखिम हो सकता है, यह अध्ययन CA15-3 और हड्डी मेटास्टेसिस और CA15-3 और स्तन कैंसर के रोगियों में मेटास्टेसिस प्रसार दर के बीच संबंध निर्धारित करने के लिए आयोजित किया गया था।

ट्यूमर मार्करों का उपयोग अक्सर यह ट्रैक करने के लिए किया जाता है कि आपका कैंसर उपचार के प्रति कैसी प्रतिक्रिया दे रहा है। यदि स्तर नीचे जा रहा है, तो उपचार काम कर रहा है। यदि यह ऊपर जाता है, तो कैंसर बढ़ सकता है। कैंसर के अलावा अन्य स्वास्थ्य समस्याएं हैं जो मार्करों को अधिक होने का कारण बन सकती हैं। इस वजह से, आपको ट्यूमर मार्कर के स्तर के साथ-साथ रेडियोलॉजी स्कैन (सीटी स्कैन, एमआरआई, अल्ट्रासाउंड), आपके लक्षणों और आपके स्वास्थ्य सेवा प्रदाता की परीक्षा के परिणामों के बारे में सोचना चाहिए।

अत: विकल्प (A) सही है।

51. 600-710 वेवलेंथ पर लाइपेमिया का पता लगाया जाता है।

यदि रोगी के नमूने में ट्राइग्लिसराइड्स की सांद्रता 3.4 mmol/L से अधिक है, तो लाइपेमिया का पता लगाया जा सकता है। पूर्ण रक्त के नमूनों में, दृश्य

पहचान बहुत कठिन है और ट्राइग्लिसराइड्स (11.3 mmol/L से अधिक) की उच्च सांद्रता पर देखी जा सकती है।

यह तंत्र संभवतः सबसे आम तरीका है जिसमें लाइपेमिया प्रयोगशाला परीक्षणों के परिणामों को प्रभावित करता है। नमूने में लिपोप्रोटीन कण प्रकाश को अवशोषित कर सकते हैं। अवशोषित प्रकाश की मात्रा तरंग दैर्ध्य के व्युत्क्रमानुपाती होती है और बीच में कोई विशिष्ट अवशोषण चोटियों के बिना 300 से 700 nm तक घट जाती है। इसलिए, कम तरंग दैर्ध्य का उपयोग करने वाली विधियाँ लिपिमिया से अधिक प्रभावित होती हैं, क्योंकि स्पेक्ट्रा के उस हिस्से में अवशोषण सबसे अधिक होता है।

अतः विकल्प (D) सही है।

52. ट्राइग्लिसराइड्स से VLDL सांद्रता का अनुमान तब मान्य नहीं होता है जब ट्राइग्लिसराइड्स 400 mg/dL (4.5 mmol/L) से अधिक हो। फ्रीडवाल्ड समीकरण, LDL-C = TC – HDL-C - ट्राइग्लिसराइड्स / 5, LDL कोलेस्ट्रॉल का अनुमान लगाने के लिए प्रयोग किया जाता है।

अतः विकल्प (C) सही है।

53. 6-मोनोएसिटाइलमॉर्फिन (6-एमएएम), हेरोइन का एक अनूठा मेटाबोलाइट होने के कारण, हेरोइन के उपयोग की जांच के लिए मूत्र के नमूनों में नियमित रूप से परीक्षण किया जाता है। हालांकि, मॉर्फिन जैसे 6-एमएएम से संबंधित ओपियेट्स का पता लगाने को पोटेशियम नाइट्राइट जैसे ऑक्सीडाइजिंग मिलावट का उपयोग करके विट्रो मूत्र मिलावट से प्रभावित होने के लिए जाना जाता है।

अतः विकल्प (C) सही है।

54. परजीवी अपने जीवन चक्र में कई चरणों को दर्शाता है जैसे कि स्पोरोज़ोइट्स, मेरोज़ोइट्स, ट्रोफ़ोज़ोइट्स और गैमेटोसाइट्स और इन सभी चरणों का अपना अनूठा आकार और संरचना है।

जब मादा *एनोफ़ेलीज़* मलेरिया व्यक्तियों से रक्त चूसती है, तो परजीवी के गैमेटोसाइट्स मच्छर की आंत में अपना रास्ता खोज लेते हैं। तो यह मादा *एनोफिलीज* मच्छरों में *प्लाज्मोडियम फाल्सीपेरम* की संक्रमित अवस्था है।

मच्छर की आंत में नर और मादा युग्मक युग्मनज बनाने के लिए फ्यूज हो जाते हैं, जिसमें मिडगुट की दीवार ओओसिस्ट में विकसित हो जाती है। प्रत्येक ऊसीस्ट की वृद्धि और विभाजन स्पोरोज़ोइट्स नामक सक्रिय अगुणित रूप उत्पन्न करते हैं। एक बार ओसिस्ट फट जाता है और मच्छर के शरीर गुहा में स्पोरोज़ोइट्स छोड़ता है और फिर लार ग्रंथियों की यात्रा करता है। जब मच्छर इंसान का खून चूसता है तो स्पोरोज़ोइट्स उसकी लार ग्रंथियों से इंसान के खून में इंजेक्ट हो जाते हैं, जिससे मलेरिया होता है।

तो मनुष्यों में *प्लाज्मोडियम फाल्सीपेरम* का संक्रामक चरण स्पोरोज़ोइट्स है।

अतः विकल्प (C) सही है।

55. हेमोस्टेसिस आपके शरीर की चोट के प्रति प्राकृतिक प्रतिक्रिया है जो रक्तस्राव को रोकता है और क्षति की गरगत करता है। यह क्षमता आगातौर पर आपके लाभ, रक्त के संरक्षण और संक्रमण को रोकने के लिए होती है। दुर्लभ मामलों में, प्रक्रिया उस तरह से काम नहीं करती जैसा उसे करना चाहिए, और इससे बहुत अधिक या बहुत कम थक्का जमने की समस्या हो सकती है।

अतः विकल्प (C) सही है।

56. आंतरिक और बाह्य पथ प्रणाली दोनों स्वतंत्र रूप से कारक X को सक्रिय करके अंतिम सामान्य मार्ग में ले जाते हैं। बाह्य पथ में कारक III (यानी, ऊतक कारक) और कारक VII के साथ इसकी अंतःक्रिया शामिल है। जबकि, कारक XII, XI, IX और VIII का आंतरिक पथ में उपयोग किया जाता है।

अतः विकल्प (B) सही है।

57. प्लाज्मा आपके रक्त का तरल घटक है जो आपके रक्त की कुल मात्रा का 55% योगदान देता है। आपके शरीर को चोट से उबरने में मदद करने, पोषक तत्वों को वितरित करने, कचरे को हटाने और आपके परिसंचरण तंत्र में चलते समय संक्रमण को रोकने के लिए प्लाज्मा आवश्यक है।

अतः विकल्प (D) सही है।

58. एम्बोलस का अर्थ रक्त में घूमने वाला एक असामान्य कण (जैसे हवा का बुलबुला) है।

एक एम्बोलस एक अनासक्त द्रव्यमान है जो रक्त प्रवाह के माध्यम से यात्रा करता है और अवरोध पैदा करने में सक्षम होता है। जब एक एम्बोलस एक रक्त वाहिका को बंद कर देता है, तो इसे एम्बोलिज्म या एम्बोलिक घटना कहा जाता है।

अतः विकल्प (B) सही है।

59. रक्त जमावट का आंतरिक मार्ग रक्त वाहिका की दीवार के एंडोथेलियल अस्तर की चोट से सक्रिय होता है।

आंतरिक मार्ग उजागर एंडोथेलियल कोलेजन के माध्यम से सक्रिय होता है, और बाह्य मार्ग बाहरी क्षति के बाद एंडोथेलियल कोशिकाओं द्वारा जारी ऊतक कारक के माध्यम से सक्रिय होता है। यह मार्ग माध्यमिक हेमोस्टेसिस का लंबा मार्ग है।

अतः विकल्प (C) सही है।

60. प्रत्येक आधान के कम से कम सात दिन बाद दाता और प्राप्तकर्ता के नमूनों को 1°-6°C पर संग्रहित किया जाना चाहिए।

अमेरिकन एसोसिएशन ऑफ ब्लड बैंक के मानक (20वां संस्करण) में प्राप्तकर्ताओं के नमूनों के लिए न्यूनतम भंडारण प्रतिधारण अनिवार्य है। प्राप्तकर्ता के रक्त के नमूने और दाता की लाल कोशिकाओं के नमूने को प्रत्येक आधान के बाद कम से कम सात दिनों के लिए सील या बंद कर दिया जाना चाहिए और रेफ्रिजरेटर तापमान पर रखा जाना चाहिए। प्रस्तावित 21वां संस्करण (5.11.6.2 प्राप्तकर्ता के नमूने आधान के बाद कम से कम सात दिनों के लिए प्रशीतित तापमान पर संग्रहीत किए जाएंगे) में समान शब्द हैं। यदि आधान पर कोई प्रतिकूल प्रभाव पड़ता है तो रोगी और दाता के नमूनों को बनाए रखना दोहराने या अतिरिक्त परीक्षण की अनुमति देता है।

अलग-अलग संस्थानों को अन्य नमूना भंडारण स्थितियों को निर्दिष्ट करने की आवश्यकता होती है जैसे कि तापमान सीमा, भंडारण स्थिति या अधिकतम भंडारण अवधि जो नमूना स्थिरता बनाए रखती है। नमूनों को कितने समय तक संग्रहीत किया जा सकता है यह अक्सर उपलब्ध रेफ्रिजरेटर स्थान पर निर्भर करता है। हालांकि कुछ आधान सेवा ब्लड बैंक रोगियों के नमूनों को दाता इकाइयों के साथ उसी निरंतर निगरानी वाले रेफ्रिजरेटर में 1°-6°C पर संग्रहीत करते हैं, नमूनों को एक गैर-निगरानी रेफ्रिजरेटर में 2°-8°C पर बनाए रखा जा सकता है।

अतः विकल्प (A) सही है।

61. पॉलीसिथेमिया एकमात्र ऐसी चीज है जो एरिथ्रोपोइटिन में वृद्धि का कारण नहीं बनेगी।

एरिथ्रोपोइटिन में अतिरिक्त ऑक्सीजन स्तर के निम्न स्तर के कारण होता है। यह लाल रक्त कोशिकाओं की एकाग्रता में वृद्धि के कारण होता है।

गंभीर एनीमिया होने पर किडनी द्वारा एरिथ्रोपोइटिन का उत्पादन होता है। जब शरीर में गंभीर रक्ताल्पता होती है, तो गुर्दे उच्च स्तर के एरिथ्रोपोइटिन का उत्पादन करते हैं। यह अस्थि मज्जा को अधिक लाल रक्त कोशिकाओं का उत्पादन करने के लिए भी बनाता है। यह लोहे की अधिक कमी, विटामिन B12 के कारण भी हो सकता है, दूसरे शब्दों में, फोलेट की कमी से लाल रक्त कोशिकाओं (RBC; हेमोलिसिस), या अत्यधिक रक्तस्राव के जीवनकाल में कमी आई है।

अतः विकल्प (C) सही है।

62. क्रिएटिनिन क्रिएटिन का एक रासायनिक अपशिष्ट उत्पाद है, एक एमिनो एसिड जो लीवर द्वारा बनाया जाता है और लीवर में संग्रहीत होता है।

क्रिएटिनिन सामान्य मांसपेशी चयापचय का परिणाम है। टूट जाने के बाद रसायन आपके रक्तप्रवाह में प्रवेश करता है। आपके गुर्दे इसे आपके रक्त से हटा देते हैं। इसके बाद क्रिएटिनिन पेशाब के जरिए शरीर से बाहर निकल जाता है।

क्रिएटिनिन के स्तर अक्सर मांसपेशियों या शरीर में मांसपेशियों की मात्रा से जुड़े होते हैं, जो उम्र या बीमारी के साथ कम हो सकते हैं। निम्न स्तर संकेत कर सकते हैं कि मांसपेशियां कम मजबूत हैं या बिगड़ रही हैं, उदाहरण के लिए मस्कुलर डिस्ट्रॉफी (एमडी) जैसी बीमारी के साथ।

अतः विकल्प (A) सही है।

63. पॉजिटिव और नेगेटिव कारकों सहित 8 प्रकार के रक्त मौजूद हैं।

रक्त को दो कारकों, एंटीजन-एंटीबॉडी और रीसस कारक में वर्गीकृत किया गया है। एंटीजन A और B दो प्रकार के होते हैं। एंटीजन A वाली कोशिकाओं में एंटीबॉडी B होती है जबकि एंटीजन B वाली कोशिकाओं में एंटीबॉडी A होती है। यह रक्त समूह A और B बनाता है। AB रक्त समूह में एंटीजन A और B दोनों होते हैं और कोई एंटीबॉडी नहीं होती है। रक्त समूह में दोनों के लिए कोई एंटीजन नहीं बल्कि एंटीबॉडी होते हैं। इससे चार रक्त समूह A, B, AB, O बनते हैं। Rh कारक की उपस्थिति और अनुपस्थिति इन चार रक्त समूहों को 8, A⁺, A⁻, B⁺, B⁻, AB⁺, AB⁻, O⁺ और O⁻ बनाते हैं।

अतः विकल्प (C) सही है।

64. रक्त समूह का निर्धारण रक्त कोशिकाओं की सतह पर एंटीजन की उपस्थिति से होता है। जब यह एंटीजन एक समूह के लिए मौजूद होता है, तो दूसरे समूह के लिए भी एक एंटीबॉडी मौजूद होगा। इस प्रकार, जब विरोधी समूह का रक्त शरीर में प्रवेश करता है, तो एंटीबॉडी एंटीजन पर हमला करता है और वे एक गुच्छे का रूप ले लेते हैं। इसे समूहन कहते हैं।

अतः विकल्प (B) सही है।

65. ABO रक्त समूह प्रणाली में, रक्त समूह लाल रक्त कोशिका की सतह पर मौजूद प्रतिजनी निर्धारकों द्वारा निर्धारित किया जाता है। 'O' रक्त समूह में कोई सतही एंटीजन नहीं होता है।

अतः विकल्प (D) सही है।

66. ट्रिप्सिनोजेन स्कंदन में शामिल नहीं है। यह एक ऐसा पदार्थ है जो आमतौर पर अग्न्याशय में उत्पन्न होता है और छोटी आंत में छोड़ा जाता है। ट्रिप्सिनोजेन ट्रिप्सिन में परिवर्तित हो जाता है। फिर यह प्रोटीन को उनके बिल्डिंग ब्लॉक्स (जिन्हें अमीनो एसिड कहा जाता है) में तोड़ने के लिए आवश्यक प्रक्रिया शुरू करता है।

विभिन्न एंजाइमों की गतिविधियां स्कंदन को संभव बनाती हैं। थ्रोम्बोकाइनेज, एक एंजाइम कॉम्प्लेक्स, फाइब्रिन, घाव को ढकने वाला जाल और थ्रोम्बिन स्कंदन में शामिल हैं।

अतः विकल्प (D) सही है।

67. अम्ल-तीव्र संरचनाओं को माइक्रोस्कोप के तहत दो प्रमुख विधियों, कार्बोल्फुचसिन स्टेनिंग और फ्लोरोक्रोम प्रक्रिया का उपयोग करके देखा जा सकता है। कार्बोफुक्शिन स्टेनिंग में ज़िहल-नीलसन विधि और किन्यों विधि शामिल हैं।

अतः विकल्प (B) सही है।

68. सक्रिय तपेदिक (टीबी) संक्रमण के निदान के लिए AFB परीक्षण का सबसे अधिक उपयोग किया जाता है। उनका उपयोग अन्य प्रकार के AFB संक्रमणों के निदान में मदद के लिए भी किया जा सकता है। इनमें कुष्ठ रोग शामिल है, जिसकी कभी आशंका रहती थी, लेकिन अब दुर्लभ और आसानी से इलाज योग्य बीमारी है जो तंत्रिकाओं, आंखों और त्वचा को प्रभावित करती है।

अतः विकल्प (B) सही है।

69. एसिड-फास्ट स्टेन को ज़िहल-नीलसन स्टेन के नाम से भी जाना जाता है। एसिड-फास्ट स्टेन एक प्रयोगशाला परीक्षण है जो यह निर्धारित करता है कि

क्या ऊतक, रक्त या शरीर के अन्य पदार्थ का एक नमूना जीवाणु से संक्रमित है जो तपेदिक और अन्य बीमारियों का कारण बनता है।

अतः विकल्प (D) सही है।

70. आधान के अलावा, आरएच कारक को गर्भावस्था में ध्यान में रखना आवश्यक है।

एरिथ्रोब्लास्टोसिस भ्रूण एक ऐसी स्थिति है जो गर्भवती होने पर एक महिला को हो सकती है। जब आरएच⁻ रक्त समूह वाली महिला आरएच⁺ रक्त समूह वाले बच्चे को गर्भ धारण करती है, तो शरीर इसे एक खतरे के रूप में मानता है और एंटीबॉडी का उत्पादन शुरू कर देता है। इससे गर्भ में बच्चे की मृत्यु हो सकती है और इसलिए आरएच कारक की निगरानी की जानी चाहिए, खासकर यदि महिला आरएच⁻ है। कुछ दवाएं और उपचार इस स्थिति को दूर करने में मदद कर सकते हैं।

अतः विकल्प (C) सही है।

71. अधिकांश धुंधला करने की तकनीक कोशिकाओं को मार देती है और इसलिए धुंधला होने से पहले, कोशिकाओं को कभी-कभी ठीक कर दिया जाता है। आमतौर पर इस्तेमाल किए जाने वाले रासायनिक बंधक में ऑस्मिक एसिड और मुख्य रूप से ग्लूटारलडिहाइड शामिल हैं। लेकिन प्रकाश माइक्रोस्कोपी के लिए ताप सबसे अधिक इस्तेमाल किया जाने वाला बंधक है।

अतः विकल्प (C) सही है।

72. कम सोडियम रक्त परीक्षण हाइपोथायरायडिज्म को दर्शाता है।

थायराइड हार्मोन के स्तर में कमी आमतौर पर अंतर्निहित थायराइड रोग (प्राथमिक हाइपोथायरायडिज्म) से जुड़ी होती है, लेकिन कभी-कभी हाइपोथैलेमिक-पिट्यूटरी अक्ष के विकारों के कारण हो सकती है जिसके परिणामस्वरूप थायराइड-उत्तेजक हार्मोन (TSH) या थायरोट्रोपिन-रिलीजिंग हार्मोन (TRH) का स्राव कम हो जाता है। द्वितीयक या तृतीयक हाइपोथायरायडिज्म)। मध्यम से गंभीर हाइपोथायरायडिज्म वाले रोगियों और मुख्य रूप से माइक्सेडेमा वाले रोगियों में सोडियम का स्तर कम (<135-mmol/L) हो सकता है। इस प्रकार, हाइपोथायरायडिज्म हाइपोनेट्रेमिया के कारणों में से एक है, और सीरम सोडियम के कम स्तर वाले रोगियों के मूल्यांकन के दौरान टीएसएच निर्धारण अनिवार्य है।

अतः विकल्प (B) सही है।

73. हाइपोनेट्रेमिया तब होता है जब आपके रक्त में सोडियम की मात्रा असामान्य रूप से कम होती है। सोडियम एक विद्युत अपघट्य है, और यह आपकी कोशिकाओं के अंदर और आसपास पानी की मात्रा को नियंत्रित करने में मदद करता है।

एक सामान्य रक्त सोडियम स्तर 135 और 145 मिली समकक्ष प्रति लीटर (mEq/L) के बीच होता है। हाइपोनेट्रेमिया तब होता है जब आपके रक्त में सोडियम 135 mEq/L से कम हो जाता है।

अतः विकल्प (B) सही है।

74. हाइपोकैलेमिया आपके रक्तप्रवाह में सामान्य से कम पोटेशियम स्तर को संदर्भित करता है। पोटेशियम आपके शरीर में कोशिकाओं तक विद्युत संकेतों को ले जाने में सहायता करता है। यह तंत्रिका और मांसपेशियों की कोशिकाओं, विशेष रूप से हृदय की मांसपेशियों की कोशिकाओं के समुचित कार्य के लिए महत्वपूर्ण है।

आम तौर पर, आपके रक्त में पोटेशियम का स्तर 3.6 से 5.2 मिलीमोल प्रति लीटर (mmol/L) होता है। बहुत कम पोटेशियम स्तर (2.5 मिलीमोल/लीटर से कम) जीवन के लिए खतरा हो सकता है और इसके लिए तत्काल चिकित्सा की आवश्यकता होती है।

अतः विकल्प (B) सही है।

75. बिलीरुबिन रक्त परीक्षण का उपयोग यकृत के स्वास्थ्य की जांच के लिए भी किया जाता है।

बिलीरुबिन रक्त परीक्षण आपके रक्त में बिलीरूबिन के स्तर को मापता है। बिलीरुबिन एक पीले रंग का पदार्थ है जो आपके शरीर की पुरानी लाल रक्त कोशिकाओं को तोड़ने की सामान्य प्रक्रिया के दौरान बनता है। बिलीरुबिन पित्त में पाया जाता है, एक तरल पदार्थ जो आपका लिवर बनाता है जो भोजन को पचाने में आपकी मदद करता है।

अतः विकल्प (A) सही है।

76. ग्राम-पॉजिटिव बैक्टीरिया आमतौर पर पेनिसिलिन के प्रति अधिक संवेदनशील होते हैं और ग्राम-नेगेटिव बैक्टीरिया की तुलना में यांत्रिक उपचार या कुछ एंजाइमों के संपर्क में आने से विघटन के लिए कम संवेदनशील होते हैं। ग्राम-नेगेटिव बैक्टीरिया स्ट्रेप्टोमाइसिन जैसे अन्य एंटीबायोटिक दवाओं के प्रति अधिक संवेदनशील होते हैं।

अतः विकल्प (C) सही है।

77. माइक्रोस्कोपी के लिए अल्ट्रासोनिक सूक्ष्मदर्शी का उपयोग नहीं किया जाता है।

अल्ट्रासोनिक सूक्ष्मदर्शी में 300×300 पिक्सेल की सीमा का बहुत उच्च रिज़ॉल्यूशन होता है जो सूक्ष्म यौगिकों के लिए वांछित नहीं होता है। यह उन यौगिकों के लिए उपयोगी है जिनका आकार बहुत छोटा होता है।

अतः विकल्प (B) सही है।

78. निगेटिव स्टेनिंग में, एक दाग के रूप में फॉस्फोटुंगस्टिक एसिड जैसे इलेक्ट्रॉन-सघन पदार्थ का उपयोग करके आसपास के क्षेत्र की इलेक्ट्रॉन अपारदर्शिता को बढ़ाया जाता है। निगेटिव स्टेनिंग विशेष रूप से बहुत छोटी संरचनाओं जैसे कि विषाणु के कण, प्रोटीन अणु और जीवाणु कशाभिका की जांच के लिए मूल्यवान है।

अतः विकल्प (D) सही है।

79. कैल्शियम रक्त परीक्षण रक्त में कैल्शियम के स्तर को मापता है। परीक्षण रक्त में कैल्शियम की कुल मात्रा को मापता है। रक्त में लगभग आधा कैल्शियम मुख्यतः एल्बुमिन प्रोटीन से जुड़ा होता है। कैल्शियम को मापने वाला एक अलग परीक्षण कभी-कभी किया जाता है जो आपके रक्त में प्रोटीन से जुड़ा नहीं होता है। ऐसे कैल्शियम को मुक्त या आयनित कैल्शियम कहा जाता है। कैल्शियम को मूत्र में भी मापा जा सकता है।

मानव शरीर में कैल्शियम का सामान्य मान 8.5 से 10.2 मिलीग्राम/डेसीलीटर (2.13 से 2.55 मिलीमोल/लीटर) के बीच होता है। विभिन्न प्रयोगशालाओं के बीच सामान्य मूल्य सीमा थोड़ी भिन्न हो सकती है। कुछ प्रयोगशालाएँ विभिन्न मापों का उपयोग करती हैं या विभिन्न नमूनों का परीक्षण कर सकती हैं।

अतः विकल्प (B) सही है।

80. जब रक्त में कैल्शियम का स्तर अधिक होता है तो यह गुर्दे की पथरी का कारण हो सकता है।

अतिकैल्शियमरक्तता एक ऐसी स्थिति है जिसमें आपके रक्त में कैल्शियम का स्तर सामान्य से अधिक हो जाता है। आपके रक्त में बहुत अधिक कैल्शियम आपकी हड्डियों को कमजोर कर सकता है, गुर्दे की पथरी बना सकता है और आपके हृदय और मस्तिष्क के काम करने के तरीके में बाधा उत्पन्न कर सकता है। अतिकैल्शियमरक्तता आमतौर पर अतिसक्रिय पैराथायराइड ग्रंथियों का परिणाम होता है।

अतः विकल्प (C) सही है।

81. एक निश्चित कोड भाषा में,

M	O	O	N
5	2	2	9

F	I	L	M
6	3	1	5

A	R	E
4	8	7

ऊपर से, 'INFORMER' के लिए कोड होगा:

I	N	F	O	R	M	E	R
3	9	6	2	8	5	7	8

इसलिए, INFORMER को '39628578' के रूप में कोडित किया गया है।

अतः विकल्प (D) सही है।

82. दिए गए कथनों के लिए न्यूनतम संभावित वेन आरेख इस प्रकार होगा:

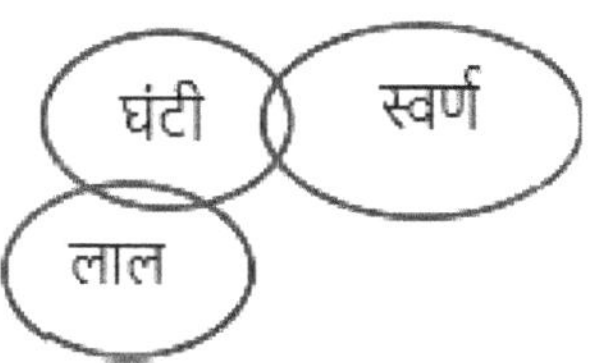

I. कुछ लाल सुनहरी हैं (असत्य, यह सत्य हो सकता है लेकिन निश्चित नहीं।)

II. कोई सुनहरी लाल नहीं है (असत्य, यह सत्य हो सकता है लेकिन निश्चित नहीं।)

इसलिए, या तो I या II अनुसरण करता है।

अतः विकल्प (D) सही है।

83. जिस प्रकार वकीलों का कार्यक्षेत्र न्यायालय है, उसी प्रकार रसायनज्ञों का कार्यक्षेत्र प्रयोगशाला है।

अतः विकल्प (A) सही है।

84. दिए गए कथन के अनुसार:

निष्कर्ष I: यह अनुसरण करता है, क्योंकि वातित पेय में अधिक चीनी होती है, जिससे वसा की मात्रा में वृद्धि होती है।

निष्कर्ष II: यह अनुसरण करता है, क्योंकि वातित पेय में अधिक चीनी होती है।

इसलिए, I और II दोनों अनुसरण करते हैं।

अतः विकल्प (D) सही है।

85. यहाँ अनुसरित तर्क इस प्रकार है:

नाम	साम्राज्य/वंश का नाम
अकबर	मुग़ल साम्राज्य
शाहजहाँ	मुग़ल साम्राज्य
जहांगीर	मुग़ल साम्राज्य
चंद्रगुप्त मौर्य-I	**मौर्य वंश**

मौर्य वंश के चंद्रगुप्त मौर्य-I को छोड़कर अकबर, शाहजहां और जहांगीर मुग़ल साम्राज्य से संबंधित हैं।

अतः विकल्प (D) सही है।

86. ओपन प्लेटफॉर्म कम्युनिकेशन OPC का पूर्ण रूप है।

ओपन प्लेटफॉर्म कम्युनिकेशन (OPC):

- OPC एक सॉफ्टवेयर इंटरफेस इंटरऑपरेबिलिटी मानक है जो विंडोज प्रोग्राम और औद्योगिक हार्डवेयर उपकरणों के बीच डेटा के सुरक्षित और विश्वसनीय आदान-प्रदान की अनुमति देता है।

- यह प्लेटफ़ॉर्म-स्वतंत्र होता है और कई विक्रेता उपकरणों में सूचना के निरंतर प्रवाह को सुनिश्चित करता है।

अतः विकल्प (D) सही है।

87. GUI आधारित ऑपरेटिंग सिस्टम में फ़ाइलों, फ़ोल्डरों, प्रोग्रामों या अन्य मदों के लघु चित्रमय प्रतिनिधित्व को एक आइकन कहा जाता है।

आइकन:

- GUI आधारित ऑपरेटिंग सिस्टम में फ़ाइलों, फ़ोल्डरों, प्रोग्रामों या अन्य मदों के लघु चित्रमय प्रतिनिधित्व को एक आइकन कहा जाता है।

- यह मूल रूप से एक कंप्यूटर स्क्रीन पर प्रदर्शित होने वाला एक चित्रलेख या आइडियोग्राम है जो उपयोगकर्ता को कंप्यूटर सिस्टम को नेविगेट करने में मदद करता है।

- आइकन अपने आप में एक सॉफ्टवेयर टूल, फ़ंक्शन या डेटा फ़ाइल का एक त्वरित समझने योग्य प्रतीक है, जो सिस्टम पर पहुंच योग्य है और वास्तविक इकाई का एक विस्तृत चित्रण है जो इसका प्रतिनिधित्व करता है।

अतः विकल्प (A) सही है।

88. डायल-अप इंटरनेट एक्सेस, इंटरनेट एक्सेस का एक रूप है जो पारंपरिक टेलीफोन लाइन पर एक टेलीफोन नंबर डायल करके इंटरनेट सेवा प्रदाता से कनेक्शन स्थापित करने के लिए सार्वजनिक स्विच्ड टेलीफोन नेटवर्क की सुविधाओं का उपयोग करता है।

स्लिप (SLIP) (सीरियल लाइन इंटरनेट प्रोटोकॉल) TCP/IP प्रोटोकॉल सूट से पहले मॉडेम प्रोटोकॉल के एकीकरण का परिणाम है।

पॉइंट-टू-पॉइंट प्रोटोकॉल (PPP) एक डेटा लिंक लेयर कम्युनिकेशन प्रोटोकॉल है जिसका उपयोग दो नोड्स के बीच सीधा संबंध स्थापित करने के लिए किया जाता है।

अतः विकल्प (D) सही है।

89. कीबोर्ड आज इस्तेमाल किया जाने वाला सबसे आम 'इनपुट डिवाइस' है।

एक इनपुट डिवाइस एक उपकरण का एक टुकड़ा है जिसका उपयोग सूचना प्रसंस्करण प्रणाली, जैसे कंप्यूटर या सूचना उपकरण को डेटा और नियंत्रण संकेत प्रदान करने के लिए किया जाता है। इनपुट डिवाइस के उदाहरणों में कीबोर्ड, माउस, स्कैनर, कैमरा, जॉयस्टिक और माइक्रोफोन शामिल हैं।

एक 'कीबोर्ड' एक मानव इंटरफ़ेस डिवाइस है जिसे बटनों के लेआउट के रूप में दर्शाया जाता है। प्रत्येक बटन, या कुंजी, का उपयोग या तो कंप्यूटर में एक अल्फान्यूमेरिक वर्ण इनपुट करने के लिए किया जा सकता है, या कंप्यूटर के किसी विशेष फ़ंक्शन पर कॉल करने के लिए किया जा सकता है। यह अधिकांश उपयोगकर्ताओं के लिए मुख्य पाठ प्रविष्टि इंटरफ़ेस के रूप में कार्य करता है।

अतः विकल्प (C) सही है।

90. एक क्रिटिकल सेक्शन एक प्रोग्राम सेगमेंट है जहां शेयर्ड रिसोर्सेस का उपयोग किया जाता है। एक क्रिटिकल सेक्शन एक प्रक्रिया से संबंधित कोड का एक सेक्शन है। समवर्ती कार्यक्रम जो एक शेयर्ड रिसोर्सेस तक पहुँचता है, उदाहरण के लिए, एक शेयर्ड वेरिएबल, शेयर्ड कम्युनिकेशन चैनल, शेयर्ड फ़ाइल, आदि और कार्यक्रम के सही व्यवहार के लिए, केवल एक प्रक्रिया ही एक्सेस कर सकती है।

अतः विकल्प (C) सही है।

91. सरकार ने 500 करोड़ रुपये की लागत से पुणे में एक इलेक्ट्रॉनिक्स विनिर्माण क्लस्टर (ईएमसी) को मंजूरी दी है।

इलेक्ट्रॉनिक्स और सूचना प्रौद्योगिकी मंत्रालय द्वारा अनुमोदित प्रस्ताव से 2,000 करोड़ रुपये तक के निवेश को आकर्षित करने की उम्मीद है। क्लस्टर 297 एकड़ के क्षेत्र में स्थापित किया जाएगा।

अतः विकल्प (B) सही है।

92. मटकी मध्य प्रदेश का एक लोकप्रिय लोक नृत्य है।

- मटकी नृत्य रूप मध्य प्रदेश में खानाबदोश जनजातियों द्वारा विकसित किया गया है।

- एक छोटे से घड़े का उपयोग करके किया जाने वाला एक लोक नृत्य है जो मध्य भारत से उत्पन्न हुआ जिसे "मटकी नृत्य" के रूप में जाना जाता है।

- यह "घड़ा नृत्य" मध्य प्रदेश राज्य से संबंधित है, और मुख्य रूप से मालवा क्षेत्र में किया जाता है।

अतः विकल्प (B) सही है।

93. भारत के संविधान में संशोधन (अनुच्छेद 368) देश के मौलिक कानून या सर्वोच्च कानून में परिवर्तन करने की प्रक्रिया है।

यह 2 प्रकार के संशोधन प्रदान करता है:

- संसद के एक विशेष बहुमत से, और

- संसद के एक विशेष बहुमत से और कम से कम आधे राज्यों द्वारा एक साधारण बहुमत से सहमति।

अतः विकल्प (D) सही है।

94. उत्तर प्रदेश का बाँदा जिला राज्य का एक प्रमुख बॉक्साइट रिजर्व है।

उत्तर प्रदेश में पाए जाने वाले खनिजों में शामिल हैं-

- चूना पत्थर जो मिर्जापुर जिले के गुरुमा-कनाच-बापुहारी और सोनभद्र जिले के कजरहाट में पाया जाता है;

- मिर्जापुर, सोनभद्र और बांदा में डोलोमाइट, इलाहाबाद जिले के करछना में कांच-रेत,

- बांदा जिले में करवी और मऊ जिले में; मिर्जापुर और सोनभद्र में संगमरमर;

- बांदा जिले के राजघेवां में बॉक्साइट;

- मिर्जापुर जिले के बंसी और मकरी-खोह क्षेत्र में गैर-प्लास्टिक फायरक्ले;

- ललितपुर जिले में यूरेनियम।

- इसके अलावा, मिर्जापुर और सोनभद्र जिलों में बैराइट्स और एडलुसाइट पाए जाते हैं।

- राज्य में बलुआ पत्थर, कंकड़, रेह, नमक पंटर, मौरंग, रेत और अन्य लघु खनिज भी पाए जाते हैं।

अतः विकल्प (A) सही है।

95. सातवाहन शासकों को दक्षिणापथ के स्वामी के रूप में जाना जाता था। गौतमीपुत्र श्री शातकर्णी और अन्य सातवाहन शासकों को दक्षिणापथ के स्वामी के रूप में जाना जाता था। दक्षिणापथ दक्षिण की ओर जाने वाला मार्ग था, जिसका उपयोग पूरे दक्षिणी क्षेत्र के लिए एक नाम के रूप में भी किया जाता था।

अतः विकल्प (B) सही है।

96. दिया है:

निकिता को 18 मीटर दौड़ने में उतना ही समय लगता है जितना एक कार को 48 मीटर की दूरी तय करने में लगता है।

गणना:

निकिता द्वारा लिया गया समय = कार द्वारा लिया गया समय

समय = दूरी/चाल

$\Rightarrow d_1/S_{निकिता} = d_2/S_{कार}$

$\Rightarrow$ 18/S_{निकिता} = 48/S_{कार}

$\Rightarrow$ S_{निकिता}/S_{कार} $= \dfrac{18}{48} = \dfrac{d}{1600}$

$\Rightarrow$ दूरी = 600 मीटर

अतः विकल्प (C) सही है।

97. दिया है:

9, 21, और 123

अवधारणा:

यदि A : B :: C : D है, तो (B × C) = (A × D)

गणना:

माना चतुर्थानुपाती F है।

समानुपात बन जाता है = 9 : 21 :: 123 : F

अवधारणा के अनुसार,

21 × 123 = 9 × F

$\Rightarrow F = \dfrac{21 \times 123}{9}$

$\Rightarrow$ F = 287

∴ चतुर्थानुपाती 287 है।

अतः विकल्प (C) सही है।

98. दिया है:

450 का 18% = k का 30%

$\Rightarrow$ 0.18 × 450 = 0.3 × k

$\Rightarrow$ 81 = 0.3k

$\Rightarrow k = \dfrac{81}{0.3}$

$\Rightarrow$ k = 270

∴ k का मान 270 है।

अतः विकल्प (A) सही है।

99. दिया है:

सात व्यक्ति एक घर बना सकते हैं = 30 दिनों में

सूत्र:

कुल कार्य = व्यक्तियों की संख्या × दिनों की संख्या

गणना:

कुल कार्य = 30 × 7 = 210 इकाई

$\Rightarrow$ दिनों की संख्या $= \dfrac{210}{3} = 70$ दिन

∴ 70 दिन वे सभी समान दर से कार्य करते हैं।

अतः विकल्प (B) सही है।

100. दिया है:

$a^3 - b^3 = 253$

a - b = 7

सूत्र:

$(a - b)^3 = a^3 - b^3 - 3ab(a - b)$

गणना:

$\Rightarrow (7)^3 = 253 - 3ab(7)$

$\Rightarrow$ 343 = 253 - 21ab

$\Rightarrow$ 21ab = - 90

$\Rightarrow ab = -\dfrac{30}{7}$

∴ ab का मान $-\dfrac{30}{7}$ है।

अतः विकल्प (D) सही है।

Discipline

Q.1 हेमेटोपोएटिक स्टेम कोशिकाएं निम्नलिखित में से किसका उत्पादन करती है?

A. लाल कोशिकाओं

B. ग्रैन्यूलोसाइट्स के सभी वर्ग

C. प्रतिरक्षा प्रणाली की कोशिकाएं

D. उपरोक्त सभी

Q.2 एक प्रोनॉर्मोब्लास्ट से कितनी परिपक्व लाल रक्त कोशिकाएँ उत्पन्न होती हैं?

A. 1 से 16   **B.** 16 से 32   **C.** 32 से 48   **D.** 48 से 64

Q.3 सभी परिसंचारी आरबीसी का कितना प्रतिशत प्रतिदिन बदला जाता है?

A. 0.2 से 0.4%   **B.** 0.4 से 0.6%

C. 0.6 से 0.8%   **D.** 0.8 से 1%

Q.4 शब्द "एरिथ्रोन" का सबसे अच्छा संबंध किससे है?

A. एरिथ्रोइड / मेगाकारियोसाइट प्रोगेनिटर

B. लाल कोशिका विनाश

C. लाल कोशिका उत्पादन के लिए जिम्मेदार अंग

D. लाल रक्त कोशिका द्रव्यमान

Q.5 मानव हेमोस्टैटिक प्रणाली में प्रोकोगुलेंट बलों में शामिल हैं?

A. प्लेटलेट आसंजन   **B.** प्लेटलेट एकत्रीकरण

C. फाइब्रिन क्लॉट गठन   **D.** उपरोक्त सभी

Q.6 निम्नलिखित में से कौन सक्रिय प्लेटलेट्स से मुक्त होता है?

A. एपिनेफ्रीन   **B.** थ्रोम्बिन

C. एडिनोसिन डाईफॉस्फेट   **D.** उपरोक्त सभी

Q.7 यदि हीम समूह को हीमोग्लोबिन से हटा दिया जाए तो लाल रक्त कोशिकाओं का क्या होगा?

A. लाल रक्त कोशिकाएं ऑक्सीजन को बांधने में सक्षम नहीं होंगी।

B. लाल रक्त कोशिकाएं पुन: उत्पन्न करने में सक्षम नहीं होंगी।

C. श्वेत रक्त कोशिकाएं पुन: उत्पन्न करने में सक्षम नहीं होंगी।

D. रक्त का थक्का बनना बाधित होगा।

Q.8 हेमेटोपोइज़िस ______ के उत्पादन की एक प्रक्रिया है।

A. रक्त प्लाज्मा   **B.** एरिथ्रोसाइट्स

C. अस्थि मज्जा   **D.** हीमोग्लोबिन

Q.9 टी लिम्फोसाइटों के प्रतिजन की प्रारंभिक प्रस्तुति में किस प्रकार की कोशिकाओं को शामिल माना जाता है?

A. डेंड्राइटिक कोशिकाएं

B. प्लाज्मा कोशिकाएं

C. न्यूट्रोफिल पॉलीमॉर्फोन्यूक्लियर ल्यूकोसाइट्स

D. एरिथ्रोसाइट्स

Q.10 निम्नलिखित में से किस कोशिका को मोनोसाइट-मैक्रोफेज वंशावली का नहीं माना जाता है?

A. न्यूट्रोफिल

B. लिम्फ नोड्स के फॉलिक्यूलर डेंड्राइटिक कोशिकाएं

C. यकृत में कुफ्फर कोशिकाएं

D. ऊतकों में हिस्टियोसाइट्स

Q.11 निम्नलिखित में से किस प्रकार की कोशिकाएँ IgM उत्पन्न करती हैं?

A. मस्तूल कोशिकाएं   **B.** इयोस्नोफिल्स

C. बेसोफिल्स   **D.** प्लाज्मा कोशिकाएं

Q.12 हेल्पर CD4+ T लिम्फोसाइट्स डेंड्राइटिक कोशिकाओं पर निम्नलिखित में से किस प्रकार के अणुओं को पहचानते हैं?

A. HLA वर्ग I एंटीजन

B. HLA वर्ग III एंटीजन

C. प्रतिजन से संसाधित पेप्टाइड्स

D. CD8 एंटीजन

Q.13 परजीवी संक्रमण की प्रतिक्रिया में कौन सी कोशिकाएँ बढ़ती हैं?

A. बेसोफिल   **B.** इओसिनोफिल

C. न्यूट्रोफिल   **D.** प्लेटलेट्स

Q.14 हिस्टामाइन की निवारण के लिए कौन सी कोशिका जिम्मेदार है?

A. बेसोफिल   **B.** इओसिनोफिल

C. न्यूट्रोफिल   **D.** प्लेटलेट्स

Q.15 कौन सी कोशिकाएं रक्त ल्यूकोसाइट्स का लगभग 60 से 70% हिस्सा बनाती हैं?

A. इओसिनोफिल   **B.** बेसोफिल

C. न्यूट्रोफिल   **D.** प्लेटलेट्स

Q.16 प्रमुख हिस्टोकम्पैटिबिलिटी कॉम्प्लेक्स (MHC) जीन के एक बड़े समूह को संदर्भित करता है जो प्रोटीन के लिए कोड करता है जो निम्नलिखित में से किसमें एक आवश्यक भूमिका निभाता है?

A. मैक्रोफेज द्वारा फागोसाइटोसिस

B. T लिम्फोसाइटों के लिए एंटीजन प्रस्तुति

C. न्यूट्रोफिल द्वारा फागोसाइटोसिस

D. B लिम्फोसाइटों के लिए एंटीजन प्रस्तुति

Q.17 कौन सी रक्त कोशिकाएं फागोसाइटोसिस द्वारा जीवाणुओं को निगल सकती हैं?

A. इओसिनोफिल और बेसोफिल

B. बेसोफिल और लिम्फोसाइट

C. न्यूट्रोफिल और मोनोसाइट

D. न्यूट्रोफिल और लिम्फोसाइट

Q.18 जब एक हेल्पर टी सेल एक डिस्प्ले सेल पर क्लास II MHC प्रोटीन के साथ जुड़ती है, तो जो घटना शुरू होती है, उसे ______ के रूप में संदर्भित किया जाता है।

A. टी सेल प्रसार   **B.** कॉस्टिम्यूलेशन

C. स्व-प्रतिजन पहचान   **D.** एंटीजन प्रसार

Q.19 ग्राफ्ट रिजेक्शन के लिए किस प्रकार की प्रतिरक्षा जिम्मेदार है?

A. T-लिम्फोसाइट्स मध्यस्थता

B. B-लिम्फोसाइट्स मध्यस्थता

C. हास्य प्रतिरक्षा

D. जन्मजात प्रतिरक्षा

Q.20 प्रतिरक्षी का कौन-सा भाग प्रतिजन-बाध्यकारी स्थल प्रदान करता है?

A. लाइट चेन   **B.** परिवर्तनशील भाग

C. हैवी चेन   **D.** अविरत भाग

Q.21 ह्यूमर इम्युनिटी एक प्रकार की अनुकूली प्रतिरक्षा है जिसके परिणामस्वरूप पूरे रक्त में _____ का संचार होता है।

A. मैक्रोफेज
B. एंटीजन
C. नेचुरल किलर सेल्स
D. एंटीबॉडी

Q.22 निम्नलिखित में से कौन कोशिका-मध्यस्थ प्रतिरक्षा की मध्यस्थता करता है?

A. टी-लिम्फोसाइट्स
B. लाल रक्त कणिकाएं
C. श्वेत रक्त कोशिकाएं
D. बी-लिम्फोसाइट्स

Q.23 टी लिम्फोसाइट्स प्रतिरक्षा प्रणाली का हिस्सा हैं और अस्थि मज्जा में _______ से विकसित होते हैं।

A. न्यूट्रोफिल
B. मोनोसाइट
C. स्टेम कोशिकाएं
D. बेसोफिल्स

Q.24 एंटीजन के रूप में इसके साथ प्रतिक्रिया करने वाले एंटीबॉडी के कारण शरीर के ऊतकों या उत्पाद का प्रतिरक्षाविज्ञानी विनाश _______ कहलाता है।

A. तीव्रग्राहिता
B. ऑटोइम्यून बीमारी
C. प्रोफिलैक्सिस
D. इम्यूनोडिफ़िशिएंसी रोग

Q.25 निम्नलिखित में से किस इम्युनिटी को एंटीबॉडी-मध्यस्थ इम्युनिटी भी कहा जाता है?

A. एकायर्ड इम्युनिटी
B. सेल-मध्यस्थता इम्युनिटी
C. ह्यूमरल इम्युनिटी
D. सहज इम्युनिटी

Q.26 निम्नलिखित में से कौन सा एंटीबॉडी भ्रूण को प्राकृतिक निष्क्रिय प्रतिरक्षा प्रदान करने के लिए जिम्मेदार है?

A. IgD और IgE
B. IgM और IgA
C. IgA और IgE
D. IgG और IgA

Q.27 निम्नलिखित में से कौन गैर-विशिष्ट प्रतिरक्षा प्रदान करता है?

A. B सेल
B. फाइब्रिनोजेन
C. रोगाणु
D. फागोसाइट

Q.28 निम्नलिखित में से कौन लिम्फोसाइटोसिस का कारण बनता है?

A. तीव्र जीवाणु संक्रमण
B. तीव्र वायरल संक्रमण
C. कॉर्टिकोस्टेरॉइड्स
D. कुपोषण

Q.29 रेटिकुलोसाइट्स क्या हैं?

A. परिपक्व लाल रक्त कोशिकाएं
B. केंद्रीकृत अपरिपक्व लाल रक्त कोशिकाएं
C. गैर-न्यूक्लियेटेड अपरिपक्व लाल रक्त कोशिकाएं
D. कोशिकाएं जो रक्त वाहिकाओं की दीवारों को रेखाबद्ध करती हैं

Q.30 प्लेटलेट्स किससे प्राप्त होते हैं?

A. मेगाकारियोसाइट्स
B. माइलॉयड ब्लास्ट
C. लिम्फोइड ब्लास्ट
D. डेंड्राइटिक कोशिकाएं

Q.31 लाल रक्त कोशिकाओं की एक इकाई हीमोग्लोबिन को कितनी मात्रा में बढ़ाएगी?

A. 1 gm/dL
B. 2 gm/dL
C. 3 gm/dL
D. 4 gm/dL

Q.32 निम्नलिखित में से किस घटक में सभी जमावट कारक हैं?

A. लाल रक्त कोशिका
B. प्लेटलेट्स
C. ताजा जमे हुए प्लाज्मा
D. इनमें से कोई नहीं

Q.33 "B+" रक्त समूह वाले रोगी को किस प्रकार का रक्त दिया जा सकता है? कोई भी रक्त जो:

A. रीसस एंटीजन D के लिए सकारात्मक
B. रीसस एंटीजन D के लिए नकारात्मक
C. एंटीजन B के लिए नकारात्मक
D. एंटीजन A के लिए नकारात्मक

Q.34 कौन से व्यक्ति किसी भी प्रकार का रक्त प्राप्त कर सकते हैं और सार्वभौमिक प्राप्तकर्ता माने जाते हैं?

A. A+
B. O−
C. AB+
D. B−

Q.35 सामान्य संपूर्ण रक्त में प्रति 100 mL में _____ g हीमोग्लोबिन होता है।

A. 4-8
B. 12-18
C. 15-20
D. 30-35

Q.36 पूरे रक्त में औसतन _____ WBC प्रति घन मिलीमीटर होते हैं।

A. 100-1000
B. 4000-11,000
C. 10,000-20,000
D. 50,000-100,000

Q.37 AB प्रकार के रक्त में कौन-सा एंटीजन होता है?

A. A एंटीजन
B. B एंटीजन
C. A और B एंटीजन
D. कोई एंटीजन नहीं

Q.38 रक्त प्रकार O वाला व्यक्ति कौनसे प्रकार का रक्त प्राप्त कर सकता है?

A. रक्त प्रकार A
B. रक्त प्रकार B
C. रक्त प्रकार AB
D. रक्त प्रकार O

Q.39 रक्त के लिए सामान्य pH रेंज है:

A. 7.35-8.5
B. 6.35-9.35
C. 6.35-7.35
D. 7.35-7.45

Q.40 हेमेटोक्रिट _____ से बना रक्त का प्रतिशत है।

A. डब्ल्यूबीसी
B. प्लेटलेट्स
C. आरबीसी
D. प्लाज्मा

Q.41 Rh रक्त प्रकार को ध्यान में रखते हुए, निम्न स्थितियों में से कौन सी मातृ एंटीबॉडी भ्रूण पर हमला करेगी?

A. माँ Rh निगेटिव है और भ्रूण Rh निगेटिव है
B. माँ Rh निगेटिव है और भ्रूण Rh पॉजिटिव है
C. माँ Rh पॉजिटिव है और भ्रूण Rh निगेटिव है
D. माँ Rh पॉजिटिव है और भ्रूण Rh पॉजिटिव है

Q.42 यदि किसी व्यक्ति के प्लाज्मा में एंटीबॉडी A है तो उसके आरबीसी पर कौन से एंटीजन होते हैं?

A. A
B. B
C. O
D. A और B

Q.43 आप कितनी बार आरबीसी दान कर सकते हैं?

A. हर 46 दिन
B. हर 56 दिन
C. हर 36 दिन
D. हर 66 दिन

Q.44 उस व्यक्ति के बारे में क्या कहा जा सकता है जिसकी लाल रक्त कोशिकाओं में "A" एंटीजन है?

A. उनके रक्त में एंटी-B एग्लूटीनिन होता है
B. उनके रक्त में एंटी-A एग्लूटीनिन होता है
C. उनके रक्त में एंटी-A और एंटी-B एग्लूटीनिन होता है
D. उनके रक्त में न तो एंटी-A होता है और न ही एंटी-B एग्लूटीनिन

Q.45 ABO रक्त समूह में मानव रक्त प्रकार की पहचान _____ द्वारा की जाती है।

A. प्लाज्मा में क्लॉटिंग कारक
B. सफेद रक्त कोशिकाओं की सूक्ष्म परीक्षा
C. एंटीजन-एंटीबॉडी प्रतिक्रियाएं

D. एंजाइम नियंत्रित प्रतिक्रियाओं की श्रृंखला

Q.46 रक्त एकत्रित करने पर उसमें कौन-सा विलयन मिलाया जाता है?
A. सोडियम साइट्रेट
B. पोटेशियम साइट्रेट
C. सोडियम फास्फेट
D. पोटेशियम फास्फेट

Q.47 रक्त को एकत्र करने के ठीक बाद उसे संग्रहित करने के लिए इष्टतम तापमान क्या है?
A. 25°C
B. 22°C
C. 20°C
D. 15°C

Q.48 रक्त में डेंगू का पता कैसे लगाया जाता है?
A. आरबीसी का निम्न स्तर
B. डब्ल्यूबीसी का निम्न स्तर
C. प्लेटलेट्स का निम्न स्तर
D. फाइब्रिन का निम्न स्तर

Q.49 सुबह के समय बलगम से भरे मुंह वाली खांसी आमतौर पर ______ के मामले में पाई जाती है।
A. यक्ष्मा
B. न्यूमोनिया
C. विद्रधि
D. तीव्र ब्रोंकाइटिस

Q.50 जंग के रंग का बलगम आमतौर पर _______ में देखा जाता है।
A. तीव्र ब्रोंकाइटिस
B. न्यूमोनिया
C. लोबार न्यूमोनिया
D. पल्मोनरी एम्फिसीमा

Q.51 थूक के साथ खांसी (200 ml प्रति 24 घंटे), जो ज्यादातर सुबह के समय उत्पन्न होती है। संभावित स्थिति?
A. न्यूमोनिया
B. ब्रोंकाइटिस
C. ब्रोन्किएक्टेसिस
D. कम्प्रेशन एटेलेक्टिसिस

Q.52 ब्रोन्कियल अस्थमा रोगी के बलगम में निम्नलिखित पाया जाता है:
A. कर्स्चमैन सर्पिल, चारकोट-लेडेन क्रिस्टल
B. लोचदार फाइबर
C. इओसिनोफिल्स
D. इनमें से कोई नहीं

Q.53 इओसिनोफिल्स थूक में _____ द्वारा पहचाने जाते हैं।
A. एक नेटिव स्मीयर की माइक्रोस्कोपी
B. फॉक्सिन और मेथिलीन ब्लू से स्टेन किये गए स्मीयर की माइक्रोस्कोपी
C. रोमानोव्स्की या लीशमैन द्वारा स्टेन किये गए स्मीयर की माइक्रोस्कोपी
D. ग्राम द्वारा स्टेन किये गए स्मीयर की माइक्रोस्कोपी

Q.54 ______ के लिए सीरस, झागदार थूक विशिष्ट है।
A. तीव्र ब्रोंकाइटिस
B. ब्रोन्कियल अस्थमा
C. न्यूमोनिया
D. पल्मोनरी एडीमा

Q.55 मलेरिया के निदान के लिए सोने के मानक में रक्त के नमूने में _______ परजीवी के दृश्य के साथ माइक्रोस्कोपी शामिल है।
A. जीमेसा स्टेनड
B. हिस्टोलॉजिकल स्टेनड
C. लीशमैन स्टेनड
D. इनमें से कोई नहीं

Q.56 ______ के मामले में थूक में लोचदार फाइबर सबसे अधिक पाए जाते हैं।
A. ब्रोन्कियल अस्थमा
B. क्रोनिक ब्रोंकाइटिस
C. न्यूमोस्क्लेरोसिस और ब्रोन्किएक्टेसिस
D. फेफड़े का फोड़ा

Q.57 फेफड़े की गुप्तप्रवेश में क्या नहीं देखा जाता है?
A. खुरदरी दरारें
B. पर्क्यूशन पर सुस्ती

C. थूक के साथ खाँसी
D. थूक में चारकोट-लेडेन क्रिस्टल

Q.58 प्लास्मोडियम फाल्सीपेरम को छोड़कर परिधीय रक्त स्मीयर में सभी मलेरिया परजीवियों के ट्रोफोज़ोइट्स, स्किज़ोंट्स और गैमेटोसाइट्स देखे जाते हैं।
A. प्लाज्मोडियम फाल्सीपेरम
B. प्लाज्मोडियम मलेरिया
C. प्लाज्मोडियम अंडाकार
D. प्लाज्मोडियम विवैक्स

Q.59 प्लाज्मोडियम फाल्सीपेरम मलेरिया ______ को प्रभावित कर सकता है।
A. गैमेटोसाइट
B. स्किज़ोंट्स
C. ट्रोफोज़ोइट्स
D. साइटोप्लाज्म

Q.60 जब प्लाज्मा बिलिरुबिन की मात्रा ______ mg/dl तक पहुंच जाती है तो यह स्पष्ट है कि पीलिया मौजूद है।
A. 8 से 9
B. 7 से 6
C. 5 से 6
D. 2 से 3

Q.61 एक पदार्थ जो रक्त बफर आयन नहीं है वह ______ है।
A. क्लोराइड
B. बाइकार्बोनेट
C. फास्फेट
D. प्रोटीनेट

Q.62 pH 7.0 पर, निम्नलिखित में से कौन सा अमीनो एसिड साइड चेन सकारात्मक रूप से चार्ज होगा?
A. हिस्टडीन
B. एस्पार्टेट
C. लाइसिन
D. ग्लूटामिन

Q.63 जब pH मीटर की रीडिंग 5 से 7 तक बदलती है तो विलयन की हाइड्रोजन आयन सांद्रता ______ हो जाती है।
A. दुगनी
B. 100 गुना कम
C. आधी
D. 100 गुना अधिक

Q.64 इसके आइसोइलेक्ट्रिक पॉइंट (pI) पर, एक प्रोटीन में होगा:
A. धनात्मक और ऋणात्मक आवेशों की समान संख्या
B. कोई सकारात्मक या नकारात्मक आवेश नहीं
C. अत्यधिक सकारात्मक आवेश
D. अत्यधिक नकारात्मक आवेश

Q.65 एसिड-फास्ट बैसिलस के लिए एकत्र किया गया प्राथमिक नमूना क्या है?
A. मूत्र
B. थूक
C. मस्तिष्कमेरु द्रव
D. इनमें से कोई नहीं

Q.66 एसिड-फास्ट बैसिली निम्नलिखित में से किस बीमारी का कारण है?
A. मलेरिया
B. टाइफाइड
C. डायरिया
D. यक्ष्मा

Q.67 माइकोबैक्टीरिया की एसिड स्थिरता उनकी सेल दीवारों की उच्च _______ सामग्री के कारण होती है।
A. माइकोलिक एसिड
B. विटामिन
C. प्रोटीन
D. कार्बोहाइड्रेट

Q.68 एसिड-फास्ट बैक्टीरिया की पहचान करने के लिए इस्तेमाल की जाने वाली सबसे आम स्टेनिंग तकनीक _______ स्टेन है।
A. ज़िहल नीलसन
B. गिमेसा
C. लीशमैन
D. फील्ड

Q.69 ज़िहल नीलसन स्टेनिंग में कौन से रसायनों का उपयोग किया जाता है?
A. मेथिलीन ब्लू
B. कार्बोल फुकसिन
C. एसिड अल्कोहल
D. उपरोक्त सभी

Q.70 सोडियम अमलगम के साथ अपचयन पर ग्लूकोज ______ बनाता है।

A. डुलसिटोल   B. सोर्बिटोल
C. मैनिटोल   D. मैनिटोल और सोर्बिटोल

Q.71 मूत्र में कैल्शियम का सामान्य स्तर (मिलीग्राम/दिन) क्या है?
A. 100 से 300   B. 200 से 400
C. 90 से 150   D. 50 से 100

Q.72 मानव शरीर में किसी भी अन्य धनायन की तुलना में अधिक मात्रा में मौजूद खनिज _____ है।
A. सोडियम   B. कैल्शियम   C. पोटैशियम   D. आयरन

Q.73 बाह्य तरल पदार्थ में प्रमुख धनायन _____ है।
A. सोडियम   B. पोटैशियम
C. कैल्शियम   D. मैगनीशियम

Q.74 रक्त की सोडियम सांद्रता _____ है।
A. 200 mg/100 ml   B. 0.9 gm/100 ml
C. 9 gm/100 ml   D. 300 mg/100 ml

Q.75 थायमिन _____ द्वारा एक क्षारीय घोल में थियोक्रोम में ऑक्सीकृत होता है।
A. पोटेशियम परमैंगनेट   B. पोटेशियम फेरिकैनाइड
C. पोटेशियम क्लोरेट   D. पोटेशियम डाइक्रोमेट

Q.76 सीरम असंयुग्मित बिलीरुबिन में वृद्धि _____ में होती है।
A. हेमोलिटिक पीलिया   B. अवरोधक पीलिया
C. नेफ्रैटिस   D. ग्लोमेरुलोनेफ्राइटिस

Q.77 वयस्क महिलाओं के लिए क्रिएटिनिन का सामान्य स्तर क्या है?
A. 0.74 से 1.35 mg/dL   B. 0.59 से 1.04 mg/dL
C. 0.39 से 1.40 mg/dL   D. 0.29 से 1.69mg/dL

Q.78 ग्राम स्टेन में विरंजक एजेंट (एथिल अल्कोहल) मिलाने के बाद ग्राम-नेगेटिव बैक्टीरिया कोशिका का दिखना _____ है।
A. नीला-बैंगनी दिखाई देते   B. लाल दिखाई देते
C. बेरंग नजर आते   D. गहरा हरा दिखाई देते

Q.79 ग्राम स्टेनिंग तकनीक में, ग्राम पॉजिटिव बैक्टीरिया _____ ।
A. क्रिस्टल वायलेट से स्टेन न लगाएं
B. काउंटरस्टेन मिलाने के बाद भी बैंगनी दिखाई देता है
C. काउंटरस्टेन उठाता है और नारंगी-लाल दिखाई देता है
D. अल्कोहल से धोने पर क्रिस्टल वायलेट का स्टेन हट जाता है

Q.80 माइक्रोस्कोपी कितने प्रकार की होती है?
A. 3   B. 4   C. 5   D. 6

General Aptitude / Reasoning / General Awareness / Basic Computer knowledge

Q.81 A अकेले एक काम को 12 दिनों में पूरा कर सकता है और B अकेले समान काम को 15 दिनों में पूरा कर सकता है। यदि दोनों साथ में काम पूरा करते हैं और 3600 रुपये प्राप्त करते हैं। A का हिस्सा ज्ञात कीजिये।
A. 1200 रुपये   B. 3000 रुपये
C. 1500 रुपये   D. 2000 रुपये

Q.82 यदि एक सिक्के को तीन बार उछाला जाता है, तो एक या दो चित आने की प्रायिकता ज्ञात कीजिए:
A. $\frac{4}{5}$ B. $\frac{5}{8}$ C. $\frac{3}{4}$ D. $\frac{6}{4}$

Q.83 एक बल्लेबाज ने अपने 12वें मैच में 135 रन बनाए। बल्लेबाज द्वारा 11 मैचों में बनाए गए औसत रन x है। यदि किसी बल्लेबाज द्वारा बनाए गए औसत रन में 5 रन की वृद्धि हो जाती है, तो उसके 12वें मैच के बाद नया औसत ज्ञात कीजिए।
A. 95   B. 80   C. 85   D. 90

Q.84 एक चुनाव में, दो उम्मीदवार अरविंद और मनोज थे। यदि 20% मतों को अमान्य घोषित किया गया और अरविंद को मनोज से 20% अधिक मत मिले। यदि अरविंद 480 मतों से जीता तो मतदान करने वाले व्यक्तियों की कुल संख्या का ज्ञात कीजिये।
A. 3000   B. 30000   C. 2400   D. 9600

Q.85 यदि $a - b = 3$ और $a^3 - b^3 = 279$ है, तो $a^3 + b^3$ का मान ज्ञात करें?
A. 317   B. 407   C. 297   D. 502

Q.86 A, B के उत्तर में खड़ा है और B, C के पूर्व में खड़ा है। A, C से मिलने के लिए किस दिशा में आएगा?
A. उत्तर-पश्चिम   B. दक्षिण-पश्चिम
C. उत्तर-पूर्व   D. दक्षिण-पूर्व

Q.87 सानिया को याद है कि उसके दोस्त की शादी 19 नवंबर के बाद है। जबकि उनकी बहन को याद है कि शादी 21 नवंबर से पहले की है. सानिया की दोस्त की शादी नवंबर के किस दिन है?
A. 17   B. 20   C. 23   D. 24

Q.88 यदि दर्पण में देखने से पता चलता है कि घड़ी में समय 1 घंटा 30 मिनट है, तो वास्तविक घड़ी में सही समय क्या था?
[UPSSSC Forest Guard, 2015]
A. 6 घंटे 30 मिनट   B. 4 घंटे 30 मिनट
C. 2 घंटे 30 मिनट   D. 10 घंटे 30 मिनट

Q.89 निर्देश: प्रश्न के उत्तर देने के लिए दी गई श्रृंखला का अनुसरण कीजिये।

J U & 5 R 3 1 7 @ & M I 6 R 2 F S @ I M $ 9 L 7 1 6 A # 9 B Z $

उपर्युक्त व्यवस्था में ऐसे कितने प्रतीक हैं, जिनमें से प्रत्येक के ठीक पहले एक प्रतीक और ठीक बाद में एक अक्षर आता है?
A. 2   B. 1   C. 4   D. 0

Q.90 शादी की पार्टी में एक लड़की की ओर इशारा करते हुए, रामू ने शामु से कहा कि वह मेरे भाई के बेटे की पत्नी है।
रामू उस लड़की के पति से किस प्रकार संबंधित है?
A. चाची   B. दादी
C. चाचा   D. या तो चाचा या चाची

Q.91 उत्तर प्रदेश के किस जिले 'पीतल नगरी' के नाम से भी जाना जाता है?
[UP Police Constable, 2019]
A. फतेहपुर   B. मुजफ्फरनगर
C. मिर्जापुर   D. मुरादाबाद

Q.92 13 दिसंबर 1946 को _____ ने भारत की संविधान सभा में उद्देश्य प्रस्ताव पेश किया।
A. सुचेता कृपलानी
B. सरोजिनी नायडू
C. डॉ. राजेंद्र प्रसाद
D. पंडित जवाहरलाल नेहरू

Q.93 भारत में प्रकाशित होने वाला पहला समाचार पत्र _____ था।
A. कलकत्ता गजट   B. कलकत्ता क्रॉनिकल

C. बॉम्बे हेराल्ड   **D.** द बंगाल गजट

Q.94 निम्नलिखित में से कौन सा दर्रा पीर पंजाल सीमा से होकर गुजरता है और मनाली और लेह को सड़क मार्ग से जोड़ता है?

A. बनिहाल दर्रा   **B.** बारालाचा दर्रा
C. रोहतांग दर्रा   **D.** नाथुला दर्रा

Q.95 निम्नलिखित में से किस मंत्रालय के पवेलियन को 41वें भारत अंतर्राष्ट्रीय व्यापार मेला 2022 में "सार्वजनिक संचार और पहुंच में उत्कृष्ट योगदान" के लिए सम्मानित किया गया है?

A. गृह मंत्रालय
B. स्वास्थ्य एवं परिवार कल्याण मंत्रालय
C. वाणिज्य मंत्रालय
D. शिक्षा मंत्रालय

Q.96 उस सॉफ्टवेयर का नाम बताइए जो कम्प्यूटर सिस्टम के सही रखरखाव तथा संरूपण के लिए उपयोग होता है।

A. डिवाइस ड्राइवर   **B.** सिस्टम यूटिलिटीज़
C. ऑपरेटिंग सिस्टम   **D.** जनरल पर्पस सॉफ्टवेयर

Q.97 स्क्रीन में सभी खुली विंडोज और डिस्प्ले को मिनिमाइज करने के लिए किस कुंजी संयोजन का उपयोग किया जाता है ?

[HTET PGT - Computer Science, 2020]

A. Alt+M   **B.** Shift + M
C. Windows Key + M   **D.** Ctrl + D

Q.98 एमएस वर्ड 2007 में A4 शीट की लंबाई और चौड़ाई क्या होती है?

A. 8.27 × 11.69   **B.** 8.27 × 12.69
C. 9.27 × 12.69   **D.** 9.27 × 11.69

Q.99 निम्नलिखित MS-एक्सेल फ़ंक्शन का आउटपुट क्या है?

=FLOOR(34, 5)

A. 40   **B.** 35   **C.** 30   **D.** 33

Q.100 पावर प्वाइंट में, एक खाली स्लाइड में बिंदीदार क्षेत्र को कहा जाता है-

A. टेम्पलेट   **B.** प्लैकार्ड
C. प्लेसहोल्डर   **D.** थीम

// स्मार्ट उत्तर पुस्तिका //

सही उत्तर — उन छात्रों का प्रतिशत जिन्होंने प्रश्नों का सही उत्तर दिया था। **छोड़ दिया** — उन छात्रों का प्रतिशत जिन्होंने प्रश्नों को छोड़ दिया था।

प्रश्न संख्या	उत्तर	सही उत्तर	छोड़ दिया
1	D	60.32 %	1.79 %
2	B	57.43 %	1.06 %
3	D	21.09 %	3.78 %
4	C	49.09 %	1.99 %
5	D	41.17 %	1.2 %
6	C	62.69 %	1.74 %
7	A	45.89 %	1.44 %
8	B	56.37 %	1.66 %
9	A	51.53 %	1.62 %
10	A	54.87 %	1.43 %
11	D	42.45 %	1.33 %
12	C	22.79 %	3.57 %
13	B	49.54 %	1.89 %
14	A	84.49 %	0.0 %
15	C	67.92 %	1.55 %
16	B	21.14 %	4.64 %
17	C	43.82 %	1.06 %
18	B	51.6 %	1.17 %
19	A	61.63 %	1.55 %
20	B	67.19 %	1.35 %
21	D	26.11 %	3.52 %
22	A	50.64 %	1.45 %
23	C	49.24 %	1.93 %
24	B	81.77 %	0.0 %
25	C	86.01 %	0.0 %
26	D	31.31 %	3.93 %
27	D	55.03 %	1.3 %
28	B	57.68 %	1.33 %
29	C	53.26 %	1.99 %
30	A	60.9 %	1.92 %
31	A	68.38 %	1.94 %
32	C	61.15 %	1.12 %
33	D	80.45 %	0.0 %
34	C	53.43 %	1.83 %
35	B	52.99 %	1.9 %
36	B	81.05 %	0.0 %
37	C	82.31 %	0.0 %
38	D	65.6 %	1.88 %
39	D	79.3 %	0.0 %
40	C	20.56 %	4.03 %
41	B	12.26 %	4.31 %
42	B	55.22 %	1.73 %
43	B	57.19 %	1.26 %
44	A	59.77 %	1.3 %
45	C	60.64 %	1.03 %
46	A	56.4 %	1.32 %
47	B	43.85 %	1.88 %
48	C	79.37 %	0.0 %
49	D	48.98 %	1.72 %
50	C	58.86 %	1.49 %
51	C	59.47 %	1.08 %
52	C	56.7 %	1.61 %
53	C	29.79 %	3.44 %
54	D	59.43 %	1.1 %
55	A	41.57 %	1.16 %
56	D	42.08 %	1.97 %
57	D	67.18 %	1.09 %
58	A	50.83 %	1.56 %
59	D	44.28 %	1.05 %
60	D	54.19 %	1.09 %
61	A	41.2 %	1.31 %
62	C	32.8 %	3.0 %
63	B	55.2 %	1.17 %
64	A	42.05 %	1.46 %
65	B	64.49 %	1.63 %
66	D	43.58 %	1.37 %
67	A	68.07 %	1.98 %
68	A	24.43 %	4.37 %
69	D	15.32 %	3.18 %
70	B	67.61 %	1.12 %
71	A	11.44 %	3.06 %
72	B	88.73 %	0.0 %
73	A	47.57 %	1.97 %
74	D	51.66 %	1.85 %
75	B	55.53 %	1.34 %
76	A	43.8 %	1.25 %
77	B	32.54 %	4.2 %
78	C	62.41 %	1.08 %
79	B	51.53 %	1.83 %
80	A	58.62 %	1.8 %
81	D	69.82 %	1.55 %
82	C	89.97 %	0.0 %
83	B	83.75 %	0.0 %
84	A	23.22 %	4.1 %
85	B	19.0 %	1.96 %
86	B	77.14 %	0.0 %
87	B	79.38 %	0.0 %
88	D	77.29 %	0.0 %
89	B	84.86 %	0.0 %
90	D	79.72 %	0.0 %
91	D	82.53 %	0.0 %
92	D	52.21 %	1.77 %
93	D	43.02 %	1.81 %
94	C	76.25 %	0.0 %
95	B	55.53 %	1.28 %
96	B	41.95 %	1.64 %
97	C	77.83 %	0.0 %
98	A	42.56 %	1.49 %
99	C	46.67 %	1.3 %
100	C	45.11 %	1.16 %

//संकेत और समाधान//

1. स्टेम कोशिकाएं लाल कोशिकाओं, ग्रैन्यूलोसाइट्स, मोनोसाइट्स, प्लेटलेट्स और प्रतिरक्षा प्रणाली की कोशिकाओं के सभी वर्गों का उत्पादन करने में सक्षम हैं।

हेमेटोपोएटिक स्टेम कोशिकाएं (HSCs) मल्टीपोटेंट आदिम कोशिकाएं हैं जो सभी प्रकार की रक्त कोशिकाओं में विकसित हो सकती हैं, जिनमें माइलॉयड-वंशावली और लिम्फोइड-वंशावली कोशिकाएं शामिल हैं। HSCs कई अंगों में पाए जा सकते हैं, जैसे परिधीय रक्त (PB), अस्थि मज्जा (BM), और गर्भनाल रक्त (UCB)।

अतः विकल्प (D) सही है।

2. प्रोनॉर्मोब्लास्ट में 4-5 कोशिका विभाजन होते हैं जिसके परिणामस्वरूप 16-32 परिपक्व लाल रक्त कोशिकाओं का उत्पादन होता है।

प्रोनॉर्मोब्लास्ट, या एरिथ्रोब्लास्ट, एरिथ्रोइड परिपक्वता में प्रारंभिक चरण है। यह एक बहुत ही गोल कोशिका है जो एक मायलोब्लास्ट के समान आकार की होती है। इसमें एक विशिष्ट गहराई से बेसोफिलिक मखमली साइटोप्लाज्म होता है जिसमें मायलोब्लास्ट में पाई जाने वाली बारीक पृष्ठभूमि किरकिरापन नहीं होता है।

अतः विकल्प (B) सही है।

3. सभी परिसंचारी आरबीसी का 0.8 से 1% प्रतिदिन बदला जाता है।

आरबीसी का सामान्य जीवन काल लगभग 120 दिनों का होता है। एक स्वस्थ व्यक्ति में, परिसंचारी एरिथ्रोसाइट्स का लगभग 0.8 से 1% प्रतिदिन जीर्णता के कारण नष्ट या हटाया जाता है और अस्थि मज्जा द्वारा नए रक्त कणिकाओं का उत्पादन होता है।

अतः विकल्प (D) सही है।

4. शब्द "एरिथ्रोन" सबसे अच्छा लाल कोशिका उत्पादन के लिए जिम्मेदार अंग से संबंधित है।

एरिथ्रोन में विकास के सभी चरणों में लाल रक्त कोशिकाएं (आरबीसी) शामिल हैं, प्रोगेनिटर से लेकर सीनेसेंट रूपों तक, और फेफड़े से ऊतक तक ऑक्सीजन (O_2) परिवहन के लिए जिम्मेदार अंग (निलंबन में परमाणु कोशिकाओं से बना) है।

अतः विकल्प (C) सही है।

5. मानव हेमोस्टैटिक प्रणाली प्रकोगुलेंट और थक्कारोधी बलों के बीच एक प्राकृतिक संतुलन प्रदान करती है। प्रोकोआगुलेंट बलों में प्लेटलेट आसंजन और एकत्रीकरण और फाइब्रिन क्लॉट गठन शामिल हैं, थक्कारोधी बलों में जमावट और फाइब्रिनोलिसिस के प्राकृतिक अवरोधक शामिल हैं। सामान्य परिस्थितियों में, हेमोस्टेसिस को रक्त प्रवाह को बढ़ावा देने के लिए विनियमित किया जाता है, हालांकि, यह रक्त के प्रवाह को रोकने और रक्तस्राव को रोकने के लिए रक्त को तेजी से जमाने के लिए भी तैयार किया जाता है।

अतः विकल्प (D) सही है।

6. सक्रिय प्लेटलेट्स से एडिनोसिन डाइफॉस्फेट निकलता है।

उदाहरण के लिए, सक्रिय प्लेटलेट्स अपने घने बीजाणु से प्रचुर मात्रा में एडेनोसिन डाइफॉस्फेट (ADP) और एडेनोसिन ट्राइफॉस्फेट (ATP) का स्राव करेंगे जो बदले में ADP और ATP-संवेदनशील रिसेप्टर्स के माध्यम से पड़ोसी प्लेटलेट्स को सक्रिय कर सकते हैं।

अतः विकल्प (C) सही है।

7. यदि हीम समूह को हीमोग्लोबिन से हटा दिया गया तो लाल रक्त कोशिकाएं ऑक्सीजन को बांधने में सक्षम नहीं होंगी।

हीमोग्लोबिन एक बड़ा प्रोटीन है जिसमें 4 हीम सबयूनिट होते हैं। यह अणु अस्थि मज्जा में बनता है, और इसका उत्पादन हार्मोन एरिथ्रोपोइटिन द्वारा प्रेरित होता है। हीमोग्लोबिन में 2 अल्फा और 2 बीटा सबयूनिट होते हैं, हालांकि, प्रत्येक सबयूनिट आवश्यक कार्य कर सकता है। हीमोग्लोबिन लाल रक्त कोशिकाओं में मौजूद होता है और रक्तप्रवाह के भीतर लगभग 98.5% ऑक्सीजन के परिवहन के लिए जिम्मेदार होता है (बाकी घोल में स्वतंत्र रूप से घुल जाता है)। इस अणु के बिना, हम कोशिकीय श्वसन के लिए पर्याप्त ऑक्सीजन प्राप्त करने में सक्षम नहीं होंगे, और ऊर्जा उत्पन्न करने की हमारी क्षमता बहुत कम हो जाएगी।

अतः विकल्प (A) सही है।

8. हेमेटोपोइज़िस एरिथ्रोसाइट्स के उत्पादन की एक प्रक्रिया है।

हेमेटोपोइज़िस रक्त कोशिका उत्पादन है। हमारा शरीर पुराने रक्त कोशिकाओं को बदलने के लिए लगातार नई रक्त कोशिकाओं का निर्माण करता है। हेमेटोपोइज़िस यह सुनिश्चित करता है कि हमारे ऊतक (लाल रक्त कोशिकाओं) को ऑक्सीजन की आपूर्ति करने के लिए हमारे पास रक्त कोशिकाओं की स्वस्थ आपूर्ति है, संक्रमण (श्वेत रक्त कोशिकाओं) से लड़ता है, और जब हम घायल होते हैं (प्लेटलेट्स) तो हमारे रक्त का थक्का बनाते हैं।

अतः विकल्प (B) सही है।

9. डेंड्राइटिक कोशिकाओं को टी लिम्फोसाइटों के प्रतिजनों की प्रारंभिक प्रस्तुति में शामिल होने के लिए जाना जाता है।

डेंड्राइटिक कोशिकाएं परिधीय ऊतकों में एंटीजन लेती हैं, उन्हें प्रोटियोलिटिक पेप्टाइड्स में संसाधित करती हैं, और इन पेप्टाइड्स को प्रमुख हिस्टोकम्पैटिबिलिटी कॉम्प्लेक्स (MHC) वर्ग I और II अणुओं पर लोड करती हैं।

अतः विकल्प (A) सही है।

10. न्यूट्रोफिल्स को मोनोसाइट-मैक्रोफेज वंशावली का नहीं माना जाता है।

मोनोसाइट और न्यूट्रोफिल एक ही प्रोगेनिटर कोशिका (GMP) से उत्पन्न होते हैं जो एक हेमेटोपोएटिक स्टेम कोशिका (HSC) से विभेदित होता है। GMP मोनोसाइट या मायलोसाइट में अंतर करने में सक्षम है। ऊतकों में प्रवेश करते समय, मोनोसाइट्स मैक्रोफेज बन जाते हैं। मैक्रोफेज अलग-अलग तरीकों से सक्रिय होने पर अलग-अलग विशेषताएं प्राप्त करते हैं।

अतः विकल्प (A) सही है।

11. प्लाज्मा कोशिकाएं IgM का उत्पादन करती हैं।

IgM इम्युनोग्लोबुलिन प्लाज्मा कोशिकाओं द्वारा एक विदेशी रोगज़नक़ के खिलाफ शरीर की अनुकूली ह्यूमरल प्रतिरक्षा प्रतिक्रिया के हिस्से के रूप में निर्मित होते हैं। परिपक्व अभी तक अनुभवहीन, बी लिम्फोसाइट्स आईजीएम को एक ट्रांसमेम्ब्रेन एंटीजन रिसेप्टर के रूप में व्यक्त करते हैं जो बी-सेल रिसेप्टर (बीसीआर) के हिस्से के रूप में कार्य करता है।

अतः विकल्प (D) सही है।

12. हेल्पर CD4$^+$ T लिम्फोसाइट्स डेंड्राइटिक कोशिकाओं पर एंटीजन प्रकार के अणुओं से संसाधित पेप्टाइड्स को पहचानते हैं।

CD4$^+$ T कोशिकाएं अनुकूली प्रतिरक्षा प्रणाली की प्रमुख कोशिकाएं हैं जो T कोशिकाएं एंटीजन रिसेप्टर्स का उपयोग पेप्टाइड्स को पहचानने के लिए करती हैं जो एंडोसोम्स या फागोसोम्स में उत्पन्न होते हैं और प्रमुख हिस्टोकम्पैटिबिलिटी कॉम्प्लेक्स अणुओं से बंधे होस्ट कोशिकाओं की सतह पर प्रदर्शित होते हैं।

अतः विकल्प (C) सही है।

13. परजीवी संक्रमण की प्रतिक्रिया में इओसिनोफिल कोशिका बढ़ जाती है।

परजीवी संक्रमण के दौरान परिधीय रक्त ईोसिनोफिल की संख्या Th2 कोशिका-व्युत्पन्न IL-5, IL-3, और GM-CSF के प्रभाव में अत्यधिक बढ़ जाती है, और इओसिनोफिल चयनात्मक केमोकाइन ईओटैक्सिन द्वारा सूजन या क्षतिग्रस्त ऊतकों में संचलन से ईोसिनोफिल की भर्ती की जाती है।

अतः विकल्प (B) सही है।

14. मस्तूल कोशिकाएं और बेसोफिल प्रतिरक्षा प्रणाली में हिस्टामाइन के सबसे प्रासंगिक स्रोत का प्रतिनिधित्व करते हैं। हिस्टामाइन साइटोप्लाज्मिक ग्रैन्यूल में अन्य अमाइन (जैसे, सेरोटोनिन), प्रोटीज़, प्रोटीओग्लिएकन्स, साइटोकिन्स / केमोकाइन और एंजियोजेनिक कारकों के साथ संग्रहीत होता है और विभिन्न उत्तेजनाओं के साथ ट्रिगर होने पर तेजी से जारी होता है।

अतः विकल्प (A) सही है।

15. न्यूट्रोफिल लगभग 60 से 70% रक्त ल्यूकोसाइट्स का गठन करते हैं।

न्यूट्रोफिल सफेद रक्त कोशिकाओं का सबसे प्रचुर प्रकार है। स्वस्थ वयस्कों में, वे आम तौर पर लगभग 60 से 70 प्रतिशत श्वेत रक्त कोशिकाओं का निर्माण करते हैं और बैक्टीरिया और अन्य विदेशी जीवों के खिलाफ रक्षा की पहली पंक्ति के रूप में कार्य करते हैं।

अतः विकल्प (C) सही है।

16. प्रमुख हिस्टोकोम्पैटिबिलिटी कॉम्प्लेक्स (MHC) जीन के एक बड़े समूह को संदर्भित करता है जो प्रोटीन के लिए कोड होता है जो T लिम्फोसाइटों के प्रतिजन प्रस्तुति में एक आवश्यक भूमिका निभाते हैं। MHC अणुओं का कार्य रोगजनकों से प्राप्त पेप्टाइड अंशों को बांधना और उन्हें उपयुक्त T कोशिकाओं द्वारा मान्यता के लिए कोशिका की सतह पर प्रदर्शित करना है।

अतः विकल्प (B) सही है।

17. न्यूट्रोफिल दानेदार ल्यूकोसाइट्स हैं जो रोगजनकों (बैक्टीरिया) को फागोसाइट करते हैं। मोनोसाइट्स एग्रान्युलर ल्यूकोसाइट्स हैं जो मैक्रोफेज में बदल जाते हैं और रोगजनकों (बैक्टीरिया) को फागोसाइटाइज करते हैं। ईसिनोफिल्स एंटीजन-एंटीबॉडी कॉम्प्लेक्स और एलर्जेंस को फागोसाइटाइज कर सकते हैं लेकिन बैक्टीरिया को सीधे नहीं। बेसोफिल हिस्टामाइन और हेपरिन स्राव में शामिल हैं। लिम्फोसाइट्स विशिष्ट प्रतिरक्षा में शामिल हैं।

अतः विकल्प (C) सही है।

18. जब एक हेल्पर टी सेल एक डिस्प्ले सेल पर क्लास II MHC प्रोटीन के साथ जुड़ती है, तो जो घटना शुरू होती है, उसे कॉस्टिम्यूलेशन के रूप में संदर्भित किया जाता है।

थाइमस में सकारात्मक चयन प्रक्रिया के भाग के रूप में, विकासशील टी कोशिकाएं जो वर्ग I MHC प्रोटीन को पहचानने वाले रिसेप्टर्स को व्यक्त करती हैं, साइटोटॉक्सिक कोशिकाएं बनने के लिए चुनी जाती हैं, जबकि टी कोशिकाएं जो वर्ग II MHC प्रोटीन को पहचानने वाले रिसेप्टर्स को व्यक्त करती हैं, उन्हें सहायक कोशिका बनने के लिए चुना जाता है।

अतः विकल्प (B) सही है।

19. T-लिम्फोसाइट्स मध्यस्थता प्रकार की प्रतिरक्षा ग्राफ्ट रिजेक्शन के लिए जिम्मेदार है।

अधिग्रहीत प्रतिरक्षा प्रतिक्रिया या तो एक विदेशी प्रतिजन या एक स्त्र-कोशिका के जवाब में होती है जो खराब हो गई है। इसमें मुख्य रूप से दो प्रकार की कोशिकाएं या लिम्फोसाइट्स, B लिम्फोसाइट्स और T लिम्फोसाइट्स शामिल हैं। T कोशिकाएं ग्राफ्ट रिजेक्शन नामक घटना के लिए जिम्मेदार होती हैं क्योंकि वे प्रत्यारोपित ऊतक या अंग को एक विदेशी शरीर के रूप में पहचानती हैं और उस पर आक्रमण करना शुरू कर देती हैं।

अतः विकल्प (A) सही है।

20. परिवर्तनशील भाग प्रतिरक्षी का वह भाग होता है जो प्रतिजन-बाध्यकारी स्थल प्रदान करता है। 110-130 अमीनो एसिड से बना यह परिवर्तनशील भाग प्रतिरक्षी को प्रतिजन को बांधने की विशिष्टता देता है। परिवर्तनशील भाग में लाइट और हैवी चेन के सिरे शामिल होते हैं।

अतः विकल्प (B) सही है।

21. ह्यूमर इम्युनिटी एक प्रकार की अनुकूली प्रतिरक्षा है जिसके परिणामस्वरूप पूरे रक्त में एंटीबॉडी का संचार होता है। ह्यूमर इम्युनिटी को एंटीबॉडी-मध्यस्थता प्रतिरक्षा भी कहा जाता है। सहायक T कोशिकाओं की सहायता से, B कोशिकाएं प्लाज्मा B कोशिकाओं में अंतर करेंगी जो एक विशिष्ट प्रतिजन के खिलाफ एंटीबॉडी का उत्पादन कर सकती हैं।

अतः विकल्प (D) सही है।

22. टी-लिम्फोसाइट्स कोशिका-मध्यस्थ प्रतिरक्षा की मध्यस्थता करते हैं। टी-कोशिकाएं/टी-लिम्फोसाइट्स लंबे समय तक जीवित रहने वाली छोटी कोशिकाएं हैं जिनकी सतह पर प्रतिजनों को बांधने के लिए 100,000 रिसेप्टर साइट हैं। टी-कोशिकाएं स्वयं एंटीबॉडी का स्राव नहीं करती हैं, लेकिन बी-कोशिकाओं को उन्हें उत्पन्न करने में मदद करती हैं।

अतः विकल्प (A) सही है।

23. टी लिम्फोसाइट्स प्रतिरक्षा प्रणाली का हिस्सा हैं और अस्थि मज्जा में स्टेम कोशिकाओं से विकसित होती है। वे शरीर को संक्रमण से बचाने में मदद करते हैं और कैंसर से लड़ने में मदद कर सकते हैं। इसे टी कोशिका और थाइमोसाइट भी कहा जाता है। टी लिम्फोसाइट्स अनुकूली प्रतिरक्षा प्रणाली के प्रमुख घटक हैं। यह सीधे संक्रमित मेजबान कोशिकाओं को नष्ट करने, साइटोकिन्स का उत्पादन करने, अन्य प्रतिरक्षा कोशिकाओं को सक्रिय करने और प्रतिरक्षा प्रतिक्रिया को विनियमित करने में शामिल है।

अतः विकल्प (C) सही है।

24. शरीर के ऊतकों या उत्पाद के प्रतिरक्षी के रूप में प्रतिजन के रूप में प्रतिक्रिया करने के कारण प्रतिरक्षाविज्ञानी विनाश को ऑटोइम्यून रोग कहा जाता है। एक ऑटोइम्यून बीमारी में, प्रतिरक्षा प्रणाली आपके शरीर के हिस्से, जैसे आपके जोड़ों या त्वचा को विदेशी मानती है। यह ऑटोएंटिबॉडी नामक प्रोटीन छोड़ता है जो स्वस्थ कोशिकाओं पर हमला करता है।

अतः विकल्प (B) सही है।

25. ह्यूमोरल इम्युनिटी को एंटीबॉडी-मध्यस्थता इम्युनिटी भी कहा जाता है। सहायक टी कोशिकाओं की सहायता से, बी कोशिकाएं प्लाज्मा बी कोशिकाओं में अंतर करेंगी जो एक विशिष्ट एंटीजन के खिलाफ एंटीबॉडी का उत्पादन कर सकती हैं। ह्यूमोरल इम्युनिटी प्रणाली उन रोगजनकों से एंटीजन से निपटती है जो स्वतंत्र रूप से घूम रहे हैं, या संक्रमित कोशिकाओं के बाहर हैं।

अतः विकल्प (C) सही है।

26. भ्रूण को प्राकृतिक निष्क्रिय प्रतिरक्षा प्रदान करने के लिए IgG और IgA एंटीबॉडी जिम्मेदार हैं।

इम्युनोग्लोबुलिन जी (IgG) एकमात्र एंटीबॉडी आइसोटाइप है जो मानव प्लेसेंटा से गुजर सकता है, और शरीर में पाए जाने वाले पांच प्रकार के एंटीबॉडी का सबसे आम एंटीबॉडी है। IgG एंटीबॉडी भ्रूण में बैक्टीरिया और वायरल संक्रमण से बचाती है।

इम्युनोग्लोबुलिन ए एक एंटीबॉडी है जो श्लेष्म झिल्ली के प्रतिरक्षा कार्य में महत्वपूर्ण भूमिका निभाता है। म्यूकोसल झिल्लियों के सहयोग से उत्पादित IgA की मात्रा अन्य सभी प्रकार के एंटीबॉडी की तुलना में अधिक होती है।

अतः विकल्प (D) सही है।

27. फागोसाइट्स एक गैर-विशिष्ट प्रतिरक्षा प्रतिक्रिया के घटक हैं और शरीर पर आक्रमण करने वाले रोगजनकों को मारते हैं।

फागोसाइट कोशिका जीवाणु या अन्य छोटी कोशिकाओं जैसे रोगज़नकों को घेर लेती है और उन्हें पचाती है जैसे, मैक्रोफेज कोशिकाएं। फागोसाइट्स गैर-विशिष्ट प्रतिरक्षा प्रतिक्रिया के घटक हैं और शरीर पर आक्रमण करने वाले रोगजनकों को घेरकर मारते हैं। ये वैसी कोशिकाएं हैं जो हानिकारक विदेशी कणों, बैक्टीरिया और मृत या मरने वाली कोशिकाओं को अंतर्ग्रहण करके शरीर की रक्षा करती हैं।

अतः विकल्प (D) सही है।

28. तीव्र वायरल संक्रमण लिम्फोसाइटोसिस का कारण बनता है।

लिम्फोसाइटोसिस, या एक उच्च लिम्फोसाइट गिनती, सफेद रक्त कोशिकाओं में वृद्धि है जिसे लिम्फोसाइट्स कहा जाता है। लिम्फोसाइट्स रोगों से लड़ने में मदद करते हैं, इसलिए संक्रमण के बाद अस्थायी वृद्धि देखना सामान्य है।

अत: विकल्प (B) सही है।

29. रेटिकुलोसाइट्स गैर-न्यूक्लियेटेड, अपरिपक्व लाल रक्त कोशिकाएं हैं जो रक्त में जारी होने से पहले रक्त मज्जा में बनती हैं। रेटिकुलोसाइट गिनती का उपयोग प्रभावी एरिथ्रोपोइज़िस की डिग्री का अनुमान लगाने के लिए किया जाता है और विभिन्न प्रकार के एनीमिया के निदान में मदद कर सकता है।

अत: विकल्प (C) सही है।

30. प्लेटलेट्स मेगाकारियोसाइट्स से प्राप्त होते हैं।

एन्यूक्लिएट प्लेटलेट्स अस्थि मज्जा मेगाकारियोसाइट्स से उत्पन्न होते हैं जिनमें कई अद्वितीय गुण होते हैं। मनुष्यों में, मेगाकैरियोसाइट्स आमतौर पर सभी न्यूक्लियेटेड अस्थि मज्जा कोशिकाओं के लगभग 0.05 से 0.1 प्रतिशत के लिए जिम्मेदार होते हैं। प्लेटलेट्स की मांग बढ़ने पर इनकी संख्या बढ़ती है।

अत: विकल्प (A) सही है।

31. लाल रक्त कोशिकाओं की एक इकाई हीमोग्लोबिन को 1 gm/dL तक बढ़ा देगी।

योज्य घोल में लाल रक्त कोशिकाएं (1 यूनिट = 350 mL)। आरबीसी की 1 इकाई से हीमोग्लोबिन में वृद्धि लगभग 1 gm/dL होगी और हेमेटोक्रिट में वृद्धि लगभग 3 प्रतिशत अंक होगी। आधान के 15 मिनट बाद इस प्रभाव को मापा जा सकता है।

अत: विकल्प (A) सही है।

32. ताजा जमे हुए प्लाज्मा में जमावट के सभी कारक होते हैं।

ताजा जमा हुआ प्लाज्मा (FFP) पूरे रक्त के तरल हिस्से से बना एक रक्त उत्पाद है। इसका उपयोग उन स्थितियों के इलाज के लिए किया जाता है जिनमें रक्त के थक्के बनने वाले कारक कम होते हैं या अन्य रक्त प्रोटीन के निम्न स्तर होते हैं। यह प्लाज्मा एक्सचेंज में प्रतिस्थापन द्रव के रूप में भी इस्तेमाल किया जा सकता है।

अत: विकल्प (C) सही है।

33. "B+" ब्लड ग्रुप वाले रोगी में एंटीजन A के लिए नेगेटिव रक्त डाला जा सकता है। यह B+, B-, O+ और O- से प्राप्त हो सकता है। रक्त समूह A - प्लाज्मा में एंटी-B एंटीबॉडी के साथ लाल रक्त कोशिकाओं पर A एंटीजन होता है।

अत: विकल्प (D) सही है।

34. AB+ व्यक्ति किसी भी प्रकार का रक्त प्राप्त कर सकते हैं और उन्हें सार्वभौमिक प्राप्तकर्ता माना जाता है।

AB+ प्रकार के रक्त में प्रकार A या प्रकार B रक्त के विरुद्ध कोई एंटीबॉडी नहीं होती है, इसलिए AB रक्त वाला व्यक्ति किसी भी प्रकार का रक्त बिना प्रतिकूल प्रभावों के जोखिम के प्राप्त कर सकता है।

अत: विकल्प (C) सही है।

35. सामान्य पूरे रक्त में प्रति 100 mL में 12-18 g हीमोग्लोबिन होता है।

हीमोग्लोबिन लाल रक्त कोशिकाओं में पाया जाने वाला आयरन युक्त प्रोटीन है। यह फेफड़ों से ऑक्सीजन को शरीर के अन्य ऊतकों तक पहुंचाता है। एक सामान्य स्वस्थ व्यक्ति में प्रति 100 mL रक्त में 12-16 g हीमोग्लोबिन होता है। इस स्तर से कम हीमोग्लोबिन एनीमिया का कारण बन सकती है।

अत: विकल्प (B) सही है।

36. पूरे रक्त में औसतन 4000-11,000 WBC प्रति घन मिलीमीटर होते हैं।

रक्त में श्वेत रक्त कोशिका या ल्यूकोसाइट्स की संख्या भिन्न होती है और शरीर में संक्रमण से प्रभावित होती है, WBC की संख्या 4000 से 11,000 प्रति मिलीमीटर रक्त होती है, लेकिन कोशिकाओं की औसत संख्या 8000 कोशिका प्रति घन मिलीमीटर होती है, जो एक सामान्य वयस्क में कुल रक्त की मात्रा का 1 प्रतिशत बनाती है।

अत: विकल्प (B) सही है।

37. AB प्रकार रक्त में A और B दोनों एंटीजन होते हैं।

A-प्रकार के रक्त में लाल रक्त कोशिकाओं पर केवल A एंटीजन होता है। B-टाइप रक्त में लाल रक्त कोशिकाओं पर केवल B एंटीजन होते हैं। AB में लाल रक्त कोशिकाओं पर A और B दोनों एंटीजन होते हैं। O में लाल रक्त कोशिकाओं पर न तो A और न ही B एंटीजन होते हैं।

अत: विकल्प (C) सही है।

38. रक्त प्रकार O वाला व्यक्ति रक्त प्रकार O प्राप्त कर सकता है।

ट्रॉमा केयर में टाइप ओ-पॉजिटिव ब्लड क्रिटिकल है। ओ-पॉजिटिव रक्त वाले लोग केवल O-पॉजिटिव या O-नेगेटिव रक्त प्रकार के ही रक्ताधान प्राप्त कर सकते हैं। रक्त कोशिकाओं की सतह पर एंटीजन होते हैं जो मार्कर या फ्लैग के रूप में काम करते हैं, और प्लाज्मा में एंटीबॉडी होते हैं जो बाहरी एंटीजन के साथ रक्त कोशिकाओं का पता लगाते हैं और उन्हें अस्वीकार करते हैं।

अत: विकल्प (D) सही है।

39. रक्त के लिए सामान्य pH रेंज 7.35-7.45 है।

रक्त सामान्य रूप से थोड़ा क्षारीय होता है, जिसकी सामान्य pH सीमा लगभग 7.35 से 7.45 होती है। आमतौर पर, शरीर रक्त का pH 7.40 के करीब बनाए रखता है। एक डॉक्टर रक्त में pH और कार्बन डाइऑक्साइड (एक एसिड) और बाइकार्बोनेट (एक बेस) के स्तर को मापकर किसी व्यक्ति के एसिड-बेस बैलेंस का मूल्यांकन करता है।

अत: विकल्प (D) सही है।

40. हेमेटोक्रिट आरबीसी से बना रक्त का प्रतिशत है।

हेमेटोक्रिट पूरे रक्त का पैक्ड स्पून वॉल्यूम है जो आरबीसी से बना होता है और कुल रक्त मात्रा के प्रतिशत के रूप में व्यक्त किया जाता है। इसे Hct = (RBC × MCV)/10 के रूप में मापा या गणना की जा सकती है। पुरुषों के लिए हेमेटोक्रिट का सामान्य स्तर 41% से 50% तक होता है। महिलाओं के लिए सामान्य स्तर 36% से 48% है।

अत: विकल्प (C) सही है।

41. जब मां Rh नेगेटिव होती है और भ्रूण Rh पॉजिटिव होता है तो मातृ एंटीबॉडी भ्रूण पर हमला करती हैं।

माँ के दूसरे या बाद के गर्भधारण तक Rh एंटीबॉडी हानिरहित हैं। यदि उसके गर्भ में कभी एक और Rh-पॉजिटिव बच्चा होता है, तो उसके Rh एंटीबॉडीज बच्चे की रक्त कोशिकाओं की सतह पर मौजूद Rh प्रोटीन को विदेशी के रूप में पहचान लेंगे। उसकी एंटीबॉडी बच्चे के रक्तप्रवाह में प्रवेश करेंगे और उन कोशिकाओं पर हमला करेंगे।

अत: विकल्प (B) सही है।

42. एक व्यक्ति के आरबीसी पर B एंटीजन होते हैं यदि उनके प्लाज्मा में एंटीबॉडी A होता है।

ABO प्रणाली द्वारा परिभाषित 4 मुख्य रक्त समूह हैं: रक्त समूह A - में लाल रक्त कोशिकाओं पर A एंटीजन होते हैं जिनमें प्लाज्मा में एंटी-B एंटीबॉडी होते हैं। रक्त समूह B - प्लाज्मा में एंटी-A एंटीबॉडी के साथ B एंटीजन होते हैं। रक्त समूह O - में कोई एंटीजन नहीं होता है, लेकिन प्लाज्मा में एंटी-A और एंटी-B दोनों एंटीबॉडी होते हैं।

अत: विकल्प (B) सही है।

43. आप हर 56 दिनों में आरबीसी दान कर सकते हैं।

संपूर्ण रक्तदान के बाद, एक व्यक्ति को दोबारा रक्तदान करने से पहले कम से कम 56 दिन इंतजार करना चाहिए। पूरे रक्तदान के बीच न्यूनतम अंतराल पुरुषों के लिए 12 सप्ताह और महिलाओं के लिए 16 सप्ताह है। प्लेटलेट और प्लाज्मा डोनर अधिक बार दान करने में सक्षम होते हैं।

अत: विकल्प (B) सही है।

44. एक व्यक्ति जिसकी लाल रक्त कोशिकाओं में "A" एंटीजन होता है, उसके रक्त में एंटी-B एग्लूटीनिन होता है।

एंटीजन A और B के लिए एंटीबॉडी (एग्लूटिनिन) प्लाज्मा में मौजूद होते हैं और इन्हें एंटी-A और एंटी-B कहा जाता है। संबंधित एंटीजन और एंटीबॉडी कभी भी एक ही व्यक्ति में नहीं पाए जाते हैं, क्योंकि मिश्रित होने पर, वे एंटीजन-एंटीबॉडी कॉम्प्लेक्स बनाते हैं, प्रभावी रूप से रक्त को एकत्रित करते हैं।

अत: विकल्प (A) सही है।

45. ABO रक्त समूह में मानव रक्त प्रकार की पहचान एंटीजन-एंटीबॉडी प्रतिक्रियाओं द्वारा की जाती है।

रक्त के नमूने की जरूरत है। आपके रक्त समूह को निर्धारित करने के लिए परीक्षण को ABO टाइपिंग कहा जाता है। आपके रक्त के नमूने को टाइप A और B रक्त के प्रति एंटीबॉडी के साथ मिलाया जाता है। फिर, यह देखने के लिए नमूने की जाँच की जाती है कि रक्त कोशिकाएं आपस में चिपकती हैं या नहीं। यदि रक्त कोशिकाएं आपस में चिपक जाती हैं, तो इसका मतलब है कि रक्त ने एंटीबॉडी में से एक के साथ प्रतिक्रिया की।

दूसरे चरण को बैक टाइपिंग कहा जाता है। कोशिकाओं के बिना आपके रक्त का तरल भाग (सीरम) रक्त के साथ मिश्रित होता है जिसे टाइप A और टाइप B के रूप में जाना जाता है। टाइप A रक्त वाले लोगों में एंटी-B एंटीबॉडी होते हैं। टाइप B ब्लड वाले लोगों में एंटी-A एंटीबॉडीज होते हैं। टाइप ओ रक्त में दोनों प्रकार के एंटीबॉडी होते हैं।

उपरोक्त 2 चरण आपके रक्त प्रकार को सटीक रूप से निर्धारित कर सकते हैं।

अत: विकल्प (C) सही है।

46. खून इकट्ठा करने पर उसमें सोडियम साइट्रेट मिलाया जाता है।

सोडियम साइट्रेट एक थक्कारोधी है। इसे जोड़ने से यह सुनिश्चित होता है कि रक्त रक्त की थैलियों में जमा नहीं होता है। यदि रक्त को स्थिर छोड़ दिया जाता है, अर्थात यदि यह गतिमान नहीं रहता है, तो यह जमना शुरू हो जाता है। एक बार भले ही रक्त की थोड़ी मात्रा जमा हो गई हो, भले ही उसमें कुछ कोशिकाएं हों, तो जमावट फैल जाती है। रक्त निकालने के कुछ ही मिनटों के भीतर रक्त का जमाव शुरू हो सकता है और कुछ घंटों के भीतर समाप्त हो सकता है। इस स्थिति से बचने के लिए थक्का-रोधी दवाओं का उपयोग किया जाता है।

अत: विकल्प (A) राही है।

47. एक बार रक्त एकत्र हो जाने के बाद, इसे 22 °C पर संग्रहित किया जाता है। इस तापमान पर, रक्त प्रोटीन अध: पतन से सुरक्षित होते हैं, कोशिकाएं ठीक से काम करती हैं और थक्कारोधी की उपस्थिति यह सुनिश्चित करती है कि रक्त थक्का नहीं जम रहा है।

अत: विकल्प (B) सही है।

48. रक्त में प्लेटलेट्स के निम्न स्तर से डेंगू का पता लगाया जाता है।

जबकि डेंगू स्वयं को बुखार के रूप में व्यक्त करता है, डेंगू के लिए निश्चित परीक्षण प्लेटलेट्स की संख्या में कमी है। प्लेटलेट्स के कम होने से रक्त के थक्के जमने की क्षमता कम हो जाती है। जब कोई व्यक्ति बाहरी चोट से पीड़ित होता है तो रक्तस्राव आसानी से नहीं रुकता है। जब प्लेटलेट्स की गंभीर कमी होती है, तो व्यक्ति आंतरिक रक्तस्राव से पीड़ित हो सकता है और उसकी मृत्यु हो सकती है।

अत: विकल्प (C) सही है।

49. तीव्र ब्रोंकाइटिस के मामले में आमतौर पर सुबह के समय बलगम से भरी खांसी होती है।

तीव्र ब्रोंकाइटिस आमतौर पर सामान्य सर्दी जैसे संक्रमण के कारण होता है। ब्रोंकाइटिस जैसे श्वसन संक्रमण संभावित रूप से कफ के निर्माण को रातोंरात बढ़ा सकते हैं, जिससे सुबह खांसी आती है। जुकाम जैसे लक्षणों के साथ, श्वसन संक्रमण से बुखार हो सकता है।

अत: विकल्प (D) सही है।

50. जंग के रंग का थूक आमतौर पर लोबार न्यूमोनिया में देखा जाता है। यह एक गंभीर संक्रमण है जिसमें हवा की थैली मवाद और अन्य तरल से भर जाती है। लोबार न्यूमोनिया फेफड़ों के एक या एक से अधिक वर्गों (पालि) को प्रभावित करता है। लक्षणों में खांसी, बुखार और थूक का उत्पादन शामिल है। थूक शुद्ध दिखाई देता है और इसमें रक्त के धब्बे हो सकते हैं, तथाकथित मैला(भूरा) थूक। कठोरता के साथ बुखार बहुत अधिक (40°C से अधिक) हो सकता है।

अत: विकल्प (C) सही है।

51. थूक के साथ खांसी (200 ml प्रति 24 घंटे), जो ज्यादातर सुबह के समय उत्पन्न होती है, संभावित स्थिति ब्रोन्किइक्टेसिस है। ब्रोन्किइक्टेसिस एक ऐसी स्थिति है जहां नुकसान आपके फेफड़ों (वायुमार्ग) में ट्यूबों को चौड़ा करने या पाउच विकसित करने का कारण बनता है। इससे आपके फेफड़ों से बलगम को बाहर निकालना कठिन हो जाता है और बार-बार संक्रमण हो सकता है। बहुत अधिक मवाद और बलगम वाली खांसी ब्रोन्किइक्टेसिस का मुख्य लक्षण है।

अत: विकल्प (C) सही है।

52. ब्रोन्कियल अस्थमा रोगी के थूक में इओसिनोफिल्स पाए जाते हैं। इओसिनोफिल्स अस्थमा के प्रकोप के विकास में शामिल हैं। हाल के अध्ययनों ने सुझाव दिया है कि थूक और रक्त इओसिनोफिल्स की संख्या अस्थमा के बिगड़ने की भविष्यवाणी करने के लिए महत्वपूर्ण कारक हैं।

अत: विकल्प (C) सही है।

53. ईसिनोफिल्स रोमानोव्स्की या लीशमैन द्वारा स्टेन किये गए स्मीयर की माइक्रोस्कोपी द्वारा थूक में पहचाने जाते हैं।

लीशमैन स्टेन, जिसे लीशमैन स्टेन के नाम से भी जाना जाता है, माइक्रोस्कोपी में ब्लड स्मीयर के स्टेनिंग के लिए इस्तेमाल किया जाता है। यह आमतौर पर श्वेत रक्त कोशिकाओं, मलेरिया परजीवी और ट्रिपैनोसोमा के बीच अंतर करने और पहचानने के लिए उपयोग किया जाता है।

रोमानोव्स्की-प्रकार के स्टेन का उपयोग पैथोलॉजिकल नमूनों, विशेष रूप से रक्त और अस्थि मज्जा फिल्मों में सूक्ष्म परीक्षण के लिए कोशिकाओं को अलग करने और रक्त के भीतर मलेरिया जैसे परजीवियों का पता लगाने के लिए किया जाता है।

अत: विकल्प (C) सही है।

54. पल्मोनरी एडिमा के लिए सीरस, झागदार थूक विशिष्ट है।

पल्मोनरी एडिमा फेफड़ों में बहुत अधिक तरल पदार्थ के कारण होने वाली स्थिति है। यह द्रव फेफड़ों में हवा की कई थैलियों में इकट्ठा हो जाता है, जिससे सांस लेना मुश्किल हो जाता है। एक खांसी जो झागदार थूक पैदा करती है जिसमें रक्त हो सकता है पल्मोनरी एडिमा का एक लक्षण है।

अत: विकल्प (D) सही है।

55. मलेरिया के निदान के लिए सोने के मानक में रक्त के नमूने में जीमेसा स्टेन्ड परजीवी के दृश्य के साथ माइक्रोस्कोपी शामिल है। प्रजातियों का निर्धारण मानव मलेरिया परजीवियों की चार प्रजातियों और संक्रमित लाल रक्त कोशिकाओं की रूपात्मक विशेषताओं के आधार पर किया जाता है।

अत: विकल्प (A) सही है।

56. फेफड़े के फोड़े के मामले में थूक में लोचदार फाइबर सबसे अधिक पाए जाते हैं।

फेफड़े का फोड़ा फेफड़े का एक माइक्रोबियल संक्रमण है जिसके परिणामस्वरूप फुफ्फुसीय पैरेन्काइमा का परिगलन होता है। अवधि के आधार पर, इसे तीव्र (चार सप्ताह से कम) या पुरानी (चार सप्ताह से अधिक) के रूप में वर्गीकृत किया जा सकता है। मरीजों को हेमोप्टाइसिस और फुफ्फुसीय सीने में दर्द भी हो सकता है। थूक शुद्ध या रक्त-धारीदार हो सकता है और शास्त्रीय रूप से गंध या स्वाद खराब हो सकता है और थूक में लोचदार फाइबर भी सबसे अधिक पाए जाते हैं। मरीजों की सांस फूल सकती है।

अत: विकल्प (D) सही है।

57. थूक में चारकोट-लेडेन क्रिस्टल फेफड़े की गुप्तप्रवेश में नहीं देखे जाते हैं।

एस्कारियासिस वाले रोगी के थूक में चारकोट-लेडेन क्रिस्टल पाए जाते हैं। ये क्रिस्टल, जो सभी इओसिनोफिलिक परजीवी फेफड़ों के संक्रमणों में पाए जाते हैं, में लाइसोफॉस्फोलाइपेस, एक इओसिनोफिल-व्युत्पन्न एंजाइम होता है।

अत: विकल्प (D) सही है।

58. प्लास्मोडियम फाल्सीपेरम को छोड़कर परिधीय रक्त स्मीयर में सभी मलेरिया परजीवियों के ट्रोफोज़ोइट्स, स्किज़ोंट्स और गैमेटोसाइट्स देखे जाते हैं।

आंतरिक अंगों (प्लीहा, यकृत, और अस्थि मज्जा) की केशिकाओं के अंदर स्किज़ोगनी होती है, इसलिए परिधीय रक्त में केवल रिंग फॉर्म (लेकिन बढ़ते ट्रोफोज़ोइट्स और स्किज़ोंट नहीं) पाए जाते हैं। प्लाज्मोडियम फाल्सीपेरम ट्रोफोज़ोइट्स और स्किज़ोंट्स से संक्रमित एरिथ्रोसाइट्स को परिधीय परिसंचरण में नहीं देखा जाता है क्योंकि वे संक्रमित एरिथ्रोसाइट झिल्ली पर घुंडी जैसी संरचनाओं के माध्यम से शिरापरक एंडोथेलियम से जुड़ते हैं।

अत: विकल्प (A) सही है।

59. प्लास्मोडियम फाल्सीपेरम में नाजुक साइटोप्लाज्म होता है।

प्लास्मोडियम फाल्सीपेरम के छल्ले में नाजुक साइटोप्लाज्म और एक या दो छोटे क्रोमैटिन डॉट्स होते हैं। आरबीसी जो संक्रमित हैं बढ़े नहीं हैं; अन्य प्रजातियों की तुलना में प्लाज्मोडियम फाल्सीपेरम में आरबीसी के कई संक्रमण अधिक आम हैं।

अत: विकल्प (D) सही है।

60. जब प्लाज्मा बिलीरुबिन की मात्रा 2 से 3 mg/dl तक पहुंच जाती है तो यह स्पष्ट है कि पीलिया मौजूद है।

पुरानी रक्त कोशिकाओं को हटा देने के बाद बिलीरुबिन रक्त में रह जाता है। जिगर बिलीरुबिन को तोड़ने में मदद करता है ताकि इसे मल में शरीर से निकाला जा सके। 2.0 mg/dL के रक्त में बिलीरुबिन का स्तर पीलिया पैदा कर सकता है।

अत: विकल्प (D) सही है।

61. एक पदार्थ जो रक्त बफर आयन नहीं है वह क्लोराइड है।

मानव रक्त में 7.35 और 7.45 के बीच रक्त pH को बनाए रखने के लिए कार्बोनिक एसिड (H_2CO_3) और बाइकार्बोनेट आयन (HCO_3^-) का बफर होता है, क्योंकि 7.8 से अधिक या 6.8 से कम मान मृत्यु का कारण बन सकता है। इस बफर में, कार्बोनिक एसिड के साथ हाइड्रोनियम और बाइकार्बोनेट आयन संतुलन में हैं।

अत: विकल्प (A) सही है।

62. pH 7.0 पर, लाइसिन श्रृंखलाओं को सकारात्मक रूप से चार्ज किया जाएगा।

pH 7.0 पर, दो नकारात्मक चार्ज होते हैं: एसपारटिक एसिड (एएसपी, डी) और ग्लूटामिक एसिड (Glu, E) (अम्लीय साइड चेन), और तीन सकारात्मक चार्ज होते हैं: लाइसिन (Lys, K), आर्जिनिन (Arg, R) और हिस्टडीन (His, H) (बेसिक साइड चेन)।

अत: विकल्प (C) सही है।

63. जब pH मीटर की रीडिंग 5 से 7 तक बदलती है तो विलयन की हाइड्रोजन आयन सांद्रता हो जाती है।

pH स्केल लघुगणकीय है, इसलिए 7 से नीचे प्रत्येक संपूर्ण pH मान अगले उच्च मूल्य की तुलना में दस गुना अधिक अम्लीय है।

उदाहरण के लिए, pH 5 की तुलना में pH 4 दस गुना अधिक अम्लीय है और pH 6 की तुलना में 100 गुना (10 गुना 10) अधिक अम्लीय है।

इसलिए, pH 7 की तुलना में pH 5 100 गुना अधिक अम्लीय (H+ आयन) है या हाइड्रोजन आयन की सांद्रता 100 गुना कम हो जाती है यदि pH 5 से 7 में बदल जाता है।

अत: विकल्प (B) सही है।

64. इसके आइसोइलेक्ट्रिक बिंदु (pI) पर, एक प्रोटीन में समान संख्या में धनात्मक और ऋणात्मक आवेश होंगे।

आइसोइलेक्ट्रिक बिंदु (pI) एक घोल का pH है जिस पर प्रोटीन का कुल आवेश शून्य हो जाता है। एक घोल pH पर जो pI से ऊपर है, प्रोटीन की सतह मुख्य रूप से नकारात्मक रूप से चार्ज होती है, और इसलिए चार्ज किए गए अणुओं में प्रतिकूल बल प्रदर्शित होंगे।

अत: विकल्प (A) सही है।

65. एसिड-फास्ट बैसिलस के लिए एकत्र किया गया प्राथमिक नमूना थूक है।

परिणामों का प्रकार परीक्षण किए जा रहे बैक्टीरिया पर निर्भर करता है। थूक, या कफ, का उपयोग अक्सर माइकोबैक्टीरियम ट्यूबरकुलोसिस के परीक्षण के लिए किया जाता है, यह पता लगाने के लिए कि रोगी को टीबी है या नहीं। यह जीवाणु पूरी तरह से एसिड-फास्ट है, जिसका अर्थ है कि पूरी कोशिका डाई पर टिकी रहती है।

अत: विकल्प (B) सही है।

66. एसिड-फास्ट बेसिली यक्ष्मा रोग का कारण बनता है।

एसिड-फास्ट बैसिलस (AFB) एक प्रकार का बैक्टीरिया है जो यक्ष्मा और कुछ अन्य संक्रमणों का कारण बनता है। यक्ष्मा, जिसे आमतौर पर टीबी के रूप में जाना जाता है, एक गंभीर जीवाणु संक्रमण है जो मुख्य रूप से फेफड़ों को प्रभावित करता है। यह मस्तिष्क, रीढ़ और गुर्दे सहित शरीर के अन्य भागों को भी प्रभावित कर सकता है।

अत: विकल्प (D) सही है।

67. माइकोबैक्टीरिया की एसिड स्थिरता उनकी सेल दीवारों की उच्च माइकोलिक एसिड सामग्री के कारण होती है।

एसिड-फास्ट स्टेन का उपयोग एसिड-फास्ट जीवों जैसे माइकोबैक्टीरिया को अलग करने के लिए किया जाता है। एसिड-फास्ट बैक्टीरिया की कोशिका भित्ति में माइकोलिक एसिड की उच्च सामग्री होती है। एसिड-फास्ट बैक्टीरिया लाल रंग का होगा, जबकि नॉन-एसिड-फास्ट बैक्टीरिया किन्त्रों दाग वाले काउंटरस्टेन के साथ नीले/हरे रंग का होगा।

अत: विकल्प (A) सही है।

68. एसिड-फास्ट बैक्टीरिया की पहचान करने के लिए इस्तेमाल की जाने वाली सबसे आम स्टेनिंग तकनीक ज़िहल नीलसन स्टेन है।

1883 में नीलसन ने ज़िहल के कार्बोल-फुकसिन और गर्मी का इस्तेमाल किया, फिर एसिड अल्कोहल के साथ विरंजित किया, और मिथाइलीन ब्लू के साथ प्रतिरंजित किया। इस प्रकार ज़िहल-नीलसन धुंधला करने की तकनीक

विकसित की गई। इस धुंधला होने का मुख्य उद्देश्य बैक्टीरिया को एसिड-फास्ट समूहों और गैर-एसिड-फास्ट समूहों में अलग करना है।

अत: विकल्प (A) सही है।

69. ज़िहल-नील्सन स्टेनिंग करने के लिए इस्तेमाल किए जाने वाले अभिकर्मकों में कार्बोल फुक्सिन, एसिड अल्कोहल और मिथाइलीन ब्लू हैं। स्टेनिंग होने के बाद एसिड-फास्ट बेसिली चमकीले लाल होते हैं।

यह डिफरेंशियल स्टेनिंग तकनीक है जिसे पहले ज़िहल द्वारा विकसित किया गया था और बाद में नील्सन द्वारा संशोधित किया गया था। इसलिए इस विधि को ज़िहल-नील्सन स्टेनिंग तकनीक भी कहा जाता है। 1883 में नील्सन ने ज़िहल के कार्बोल-फुक्सिन और गर्मी का इस्तेमाल किया, फिर एसिड अल्कोहल के साथ विरंजित किया, और मिथाइलीन ब्लू के साथ काउंटरस्टेन्ड किया। इस प्रकार ज़िहल-नील्सन स्टेनिंग की तकनीक विकसित की गई।

अत: विकल्प (D) सही है।

70. सोडियम अमलगम के साथ अपचयन पर ग्लूकोज सॉर्बिटोल बनाता है।

ग्लूकोज जब सोडियम अमलगम $(Na - Hg)$ या हाइड्रोजन (H_2) के साथ प्रतिक्रिया करता है, जो उत्प्रेरक की उपस्थिति में कम करने वाले एजेंटों के रूप में कार्य करता है, तो अल्कोहल (सॉर्बिटोल) का उत्पादन होता है।

D-ग्लूकोज $\xrightarrow{Na - Hg}$ सॉर्बिटोल

अत: विकल्प (B) सही है।

71. यदि आप एक सामान्य आहार खा रहे हैं, तो मूत्र में कैल्शियम की अपेक्षित मात्रा प्रति दिन 100 से 300 मिलीग्राम (मिलीग्राम / दिन) या 2.50 से 7.50 मिलीमोल प्रति 24 घंटे (मिमील / 24 घंटे) है। मूत्र में कैल्शियम का उच्च स्तर (300 मिलीग्राम / दिन से ऊपर) क्रोनिक किडनी रोग, उच्च विटामिन डी स्तर, और गुर्दे से कैल्शियम के मूत्र में रिसाव के कारण कैल्शियम गुर्दे की पथरी हो सकती है।

अत: विकल्प (A) सही है।

72. मानव शरीर में किसी भी अन्य धनायन की तुलना में अधिक मात्रा में मौजूद खनिज कैल्शियम है।

कैल्शियम मानव शरीर में सबसे प्रचुर मात्रा में खनिज है, जो शरीर के कुल वजन का 1.5 से 2% बनाता है। एक वयस्क मानव के शरीर में लगभग 1,200 ग्राम कैल्शियम मौजूद होता है, और उस मात्रा का 99% से अधिक हड्डियों में पाया जाता है।

अत: विकल्प (B) सही है।

73. बाह्य तरल पदार्थ में प्रमुख धनायन सोडियम है।

बाह्य तरल पदार्थ के भीतर, प्रमुख धनायन सोडियम है और प्रमुख ऋणायन क्लोराइड है। इंट्रासेल्युलर द्रव में प्रमुख धनायन पोटेशियम है। ये इलेक्ट्रोलाइट्स होमियोस्टेसिस को बनाए रखने में महत्वपूर्ण भूमिका निभाते हैं।

अत: विकल्प (A) सही है।

74. रक्त की सोडियम सांद्रता 300 mg/100 ml है।

रक्त सोडियम के लिए सामान्य सीमा 135 और 145 mEq / L (3.10 mg / ml से 3.34 mg / ml) या (310 mg / 100 ml से 334 mg / 100 ml) के बीच होती है।

सोडियम का उच्च स्तर सामान्य रूप से उच्च रक्तचाप से जुड़ा होता है। 150 mEq / L (3.45 mg / ml) या उससे अधिक के सोडियम स्तर को हाइपरनेट्रेमिया के रूप में जाना जाता है।

किडनी की खराबी, कुछ कैंसर और अत्यधिक पसीना आना जैसी बीमारियों के कारण निम्न रक्त सोडियम हो सकता है। 125 mEq / L (2.88 mg / ml) या उससे कम का सोडियम स्तर हाइपोनेट्रेमिया माना जाता है।

अत: विकल्प (D) सही है।

75. पोटेशियम फेरिकैनाइड द्वारा थायमिन को क्षारीय घोल में थियोक्रोम में ऑक्सीकृत किया जाता है।

एक क्षारीय माध्यम में, फेरोसाइनाइड को विशेष रूप से हाइपोक्लोराइट द्वारा फेरिकैनाइड बनाने के लिए ऑक्सीकृत किया गया था, जिसने आगे गैर-फ्लोरोसेंट थायमिन के साथ प्रतिक्रिया की, जिसके परिणामस्वरूप नीले फ्लोरोसेंट थायोक्रोम का निर्माण हुआ।

अत: विकल्प (B) सही है।

76. हेमोलिटिक पीलिगा में सीरग अरांयुग्मित बिलीरुबिन में वृद्धि होती है।

चूंकि असंयुग्मित बिलीरुबिन में एल्ब्यूमिन के लिए एक उच्च संबंध है, उच्च स्तर पर इसे ग्लोमेरुलर निस्पंदन के माध्यम से कुशलता से साफ नहीं किया जाता है और यह त्वचा और श्वेतपटल के लोचदार ऊतक से बंध जाता है, जहां उच्च एल्ब्यूमिन सामग्री पाई जा सकती है। यह हेमोलिटिक पीलिया में इन ऊतकों में देखे गए पीले मलिनकिरण की व्याख्या करता है।

अत: विकल्प (A) सही है।

77. वयस्क महिलाओं के लिए क्रिएटिनिन का सामान्य स्तर 0.59 से 1.04 mg/dL होता है।

क्रिएटिनिन टेस्ट इस बात का माप है कि आपके गुर्दे आपके रक्त से अपशिष्ट को छानने का काम कितनी अच्छी तरह कर रहे हैं। क्रिएटिनिन आपकी मांसपेशियों में ऊर्जा-उत्पादन प्रक्रियाओं से बचा हुआ एक रासायनिक यौगिक है। स्वस्थ गुर्दे रक्त से क्रिएटिनिन को फ़िल्टर करते हैं। क्रिएटिनिन आपके शरीर से मूत्र में अपशिष्ट उत्पाद के रूप में बाहर निकल जाता है।

सीरम क्रिएटिनिन के लिए सामान्य संदर्भ सीमा पुरुषों के लिए 60-110 माइक्रोमोल प्रति लीटर (एमसीएमओएल/एल), या 0.7-1.2 मिलीग्राम प्रति डेसीलीटर (मिलीग्राम/डीएल) और 45-90 माइक्रोमोल/लीटर (0.5-1.0 मिलीग्राम/डीएल) है। महिलाओं के लिए। यदि क्रिएटिनिन इन स्तरों से ऊपर है, तो डॉक्टर इसे उच्च मान सकते हैं।

अत: विकल्प (B) सही है।

78. अल्कोहल डीकलराइज़र चरण के समापन पर, ग्राम-नकारात्मक बैक्टीरिया रंगहीन दिखाई देते हैं।

ग्राम स्टेन में विरंजक एजेंट (एथिल अल्कोहल) मिलाने के बाद ग्राम-नकारात्मक जीवाणु कोशिका की उपस्थिति रंगहीन होती है। अल्फ़ोहल मिलाने से ग्राम-नेगेटिव बैक्टीरिया की कोशिका भित्ति से क्रिस्टल वायलेट का दाग धुल जाएगा।

अत: विकल्प (C) सही है।

79. ग्राम स्टेनिंग तकनीक में, ग्राम-पॉजिटिव बैक्टीरिया काउंटरस्टेन को जोड़ने के बाद भी बैंगनी दिखाई देते हैं। ग्राम-पॉजिटिव बैक्टीरिया की कोशिका भित्ति में पेप्टिडोग्लाइकन की एक मोटी परत होती है, जिसके कारण वे क्रिस्टल वायलेट स्टेन को बनाए रखते हैं। अल्कोहल से धोए जाने के बाद ग्राम-पॉजिटिव बैक्टीरिया स्टेन नहीं खोते हैं, लेकिन ग्राम-नेगेटिव बैक्टीरिया शराब से धोए जाने के बाद स्टेन खो देते हैं और रंगहीन हो जाते हैं।

अत: विकल्प (B) सही है।

80. माइक्रोस्कोपी वह तकनीक है जिसका उपयोग उन वस्तुओं को देखने के लिए किया जाता है जिन्हें नग्न आंखों से नहीं देखा जा सकता है। सीमा

mm और nm के बीच कुछ भी हो सकती है। उपयोग की जाने वाली 3 मुख्य सूक्ष्म तकनीकें हैं; ऑप्टिकल माइक्रोस्कोपी, स्कैनिंग प्रोब माइक्रोस्कोपी और इलेक्ट्रॉन माइक्रोस्कोपी।

अतः विकल्प (A) सही है।

81. दिया हुआ,

A अकेले काम को पूरा कर सकता है = 12 दिनों में

B अकेले समान काम को पूरा कर सकता है = 15 दिनों में

जैसा कि हम जानते हैं,

वेतन को दक्षता के अनुपात में वितरित किया जाता है।

दक्षता समय के व्युत्क्रमानुपाती होती है।

A और B का समय अनुपात = 12 : 15 = 4 : 5

A और B का दक्षता अनुपात = 5 : 4

प्रश्नानुसार,

5 + 4 = 9 इकाई

$\Rightarrow$ 9 इकाई = 3600

$\Rightarrow$ 1 इकाई = 400

$\Rightarrow$ 5 इकाई = 5 × 400 = 2000 रुपये

∴ A का हिस्सा 2000 रुपये है।

अतः विकल्प (D) सही है।

82. संकल्पना:

$$P(A) = \frac{n(A)}{n(S)}$$

जहाँ $n(A)$ = घटना A के लिए अनुकूल मामलों की संख्या और $n(S)$ = नमूना स्थान की प्रमुखता।

यदि एक सिक्के को तीन बार उछाला जाता है, तो संभावित परिणाम हैं:

$S = \{HHH, HHT, HTH, \text{THH, THT, TTH, HTT, TTT}\}$

एक या दो चित आने की प्रायिकता:

$A = \{HHT, HTH, THH, THT, TTH, HTT\}$

$P(A) = \frac{6}{8}$

$= \frac{3}{4}$

अतः विकल्प (C) सही है।

83. दिया गया है:

एक बल्लेबाज ने अपने 12वें मैच में 135 रन बनाए।

यदि पिछले 11 मैचों में बल्लेबाज द्वारा बनाए गए औसत रन x हैं,

11 मैचों में औसत रन = x

11 मैचों में बनाए गए कुल रन = 11x

बारहवें मैच में बनाये गये रन = 135

सभी 12 मैचों में कुल रन = 11x + 135

अब,

नया औसत = x + 5

इसलिए,

$\Rightarrow \dfrac{11x+135}{12} = x + 5$

$\Rightarrow$ 11x + 135 = 12x + 60

$\Rightarrow$ x = 75

इसलिए,

नया औसत = 75 + 5 = 80

∴ अभीष्ट उत्तर 80 है।

अतः विकल्प (B) सही है।

84. दिया है:

अमान्य मत = कुल मतों का 20%

अरविंद 480 मतों से जीता।

और अरविंद को मनोज से 20% अधिक मत मिले।

माना कि कुल मत x है।

अमान्य मत $= x$ का 20% $= 0.2x$

मान्य मत $= x - 0.2x = 0.8x$

अरविंद और मनोज को $0.8x$ मत मिले।

अरविंद को मनोज से 20% अधिक मत मिले।

$\Rightarrow$ अरविन्द को मान्य मतों का 60% और मनोज को मान्य मतों का 40% मिलते हैं।

$\Rightarrow$ अरविंद को मिले मत $= 0.8x \times \dfrac{60}{100} = 0.48$

$\Rightarrow$ मनोज को मिले मत $= 0.8x - 0.48x = 0.32x$

अरविंद के मत $-$ मनोज के मत $= 480$

$\Rightarrow 0.48x - 0.32x = 480$

$\Rightarrow 0.16x = 480$

$\Rightarrow x = 3000$

∴ मतदान करने वाले व्यक्तियों की कुल संख्या 3000 है।

अतः विकल्प (A) सही है।

85. समरूपता से:

$(a - b)^3 = a^3 - b^3 - 3ab(a - b)$

$\Rightarrow 3^3 = 279 - 3ab \times 3$

$\Rightarrow 9ab = 279 - 27 = 252$

$\Rightarrow ab = 28$

अब,

$(a + b)^2 = (a - b)^2 + 4ab$

$\Rightarrow (a + b)^2 = 3^2 + 4 \times 28 = 121$

$\Rightarrow (a + b) = 11$

अब,

$(a + b)^3 = a^3 + b^3 + 3ab(a + b)$

$\Rightarrow 11^3 = a^3 + b^3 + 3 \times 28 \times 11$

$\Rightarrow 1331 = a^3 + b^3 + 924$

$\Rightarrow a^3 + b^3 = 407$

अतः विकल्प (B) सही है।

86. प्रश्न के अनुसार,

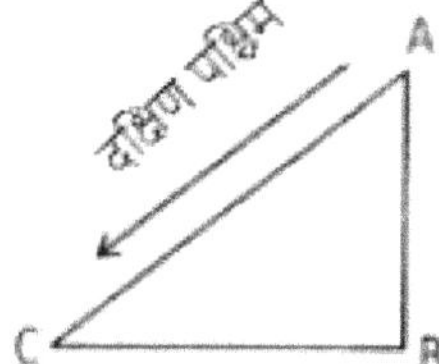 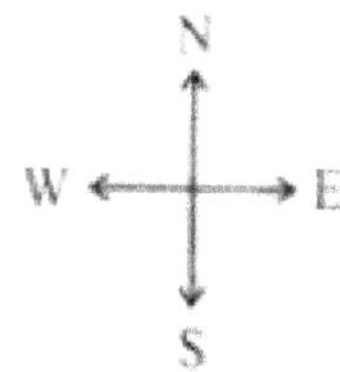

स्पष्ट रूप से, A, C से मिलने के लिए दक्षिण-पश्चिम दिशा में आएगा।

अतः विकल्प (B) सही है।

87. सानिया को याद है कि उसकी सहेली की शादी 19 नवंबर (यानी 20, 21, 22, 23 आदि) के बाद हुई है, जबकि उसकी बहन को याद है कि शादी 21 नवंबर (यानी 20, 19, 18, 17 आदि) से पहले हुई है।

दोनों कथनों को मिलाकर हमें केवल एक संभावित तारीख मिलती है जो 20 नवंबर है।

अतः विकल्प (B) सही है।

88. यहाँ दर्पण प्रतिबिम्ब 1:30 है, मिनट 00 से अधिक हैं,

इसलिए, हमें इसे 11:60 से घटाना होगा।

इस प्रकार, 11:60 - 1:30 = 10:30

वास्तविक समय घड़ी पर 10:30 दिखाता है।

अतः विकल्प (D) सही है।

89. J U & 5 R 3 1 7 @ & M I 6 R 2 F S @ I M $ 9 L 7 1 6 A # 9 B Z $

उपर्युक्त व्यवस्था में वो ऐसे प्रतीक, जिनमें से प्रत्येक के ठीक पहले एक प्रतीक और ठीक बाद में एक अक्षर आता है, ज्ञात करने के बाद, हम प्राप्त करते हैं

J U & 5 R 3 1 7 @ & M I 6 R 2 F S @ I M $ 9 L 7 1 6 A # 9 B Z $

इस प्रकार, केवल 1 ऐसा प्रतीक है।

अतः विकल्प (B) सही है।

90. दी गई जानकारी के आधार पर, हम निम्न वंश वृक्ष बना सकते हैं:

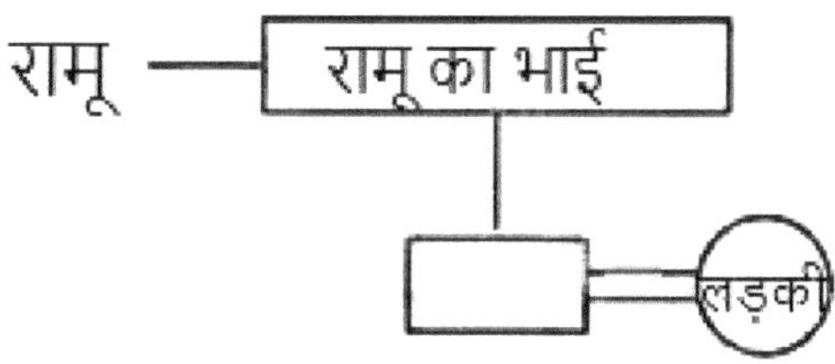

यहाँ, रामू का लिंग निश्चित नहीं है।

इसलिए, 'या तो चाचा या चाची' सही विकल्प है।

अतः विकल्प (D) सही है।

91. मुरादाबाद राष्ट्रीय राजधानी, नई दिल्ली से 167 किमी (104 मील) की दूरी पर और राज्य की राजधानी लखनऊ से 344 किमी उत्तर-पश्चिम में रामगंगा नदी के तट पर स्थित है। अपने प्रसिद्ध पीतल के हस्तशिल्प उद्योग के लिए शहर को पीतल नगरी ("पीतल का शहर") के रूप में जाना जाता है।

अतः विकल्प (D) सही है।

92. 13 दिसंबर 1946 को, पंडित जवाहरलाल नेहरू ने भारत की संविधान सभा में उद्देश्य प्रस्ताव पेश किया।

उद्देश्य प्रस्ताव में मूल विचारधारा और दर्शन निहित था जिस पर हमारा संविधान आधारित है। यह संविधान सभा के उद्देश्य को परिभाषित करता है। संकल्प 22 जनवरी 1947 को विधानसभा द्वारा सर्वसम्मति से अपनाया गया था।

अतः विकल्प (D) सही है।

93. भारत में प्रकाशित होने वाला पहला समाचार पत्र द बंगाल गजट था।

बंगाल गजट एक साप्ताहिक पत्रिका थी। इसकी शुरुआत जेम्स ऑगस्टस हिक्की ने 1780 में की थी। इसने खुद को एक वाणिज्यिक पत्र के रूप में वर्णित किया जो सभी के लिए खुला है, लेकिन किसी से प्रभावित नहीं है। बंगाल गजट के बाद कई अन्य साप्ताहिक पत्रिकाएँ प्रकाशित हुईं। यह भारतीय उपमहाद्वीप में प्रकाशित होने वाला पहला अंग्रेजी समाचार पत्र था।

अतः विकल्प (D) सही है।

94. रोहतांग दर्रा मनाली से लगभग 51 किमी दूर हिमालय के पीर पंजाल सीमा के पूर्वी छोर पर एक ऊंचा पहाड़ी दर्रा है। यह हिमाचल प्रदेश के लाहौल और स्पीति घाटियों के साथ कुल्लू घाटी को जोड़ता है। यह मनाली और लेह को सड़क मार्ग से जोड़ता है।

अतः विकल्प (C) सही है।

95. स्वास्थ्य एवं परिवार कल्याण मंत्रालय के पवेलियन को 41वें भारत अंतर्राष्ट्रीय व्यापार मेले 2022 में "सार्वजनिक संचार और पहुंच में उत्कृष्ट योगदान" के लिए सम्मानित किया गया है। पवेलियन में 37,887 स्क्रीनिंग, जांच, परामर्श और प्रशिक्षण आयोजित किए गए। ब्लड प्रेशर और ब्लड शुगर की स्क्रीनिंग की संख्या सबसे अधिक क्रमशः 4990 और 4356 थी।

अतः विकल्प (B) सही है।

96. सिस्टम यूटिलिटीज सॉफ्टवेयर का नाम है जिसका उपयोग कंप्यूटर सिस्टम के रखरखाव और कॉन्फ़िगरेशन के लिए किया जाता है। यह एक कंप्यूटर का विश्लेषण, विन्यास, अनुकूलन या रखरखाव में मदद करने के लिए डिज़ाइन किया गया सॉफ्टवेयर है। कुछ सिस्टम यूटिलिटीज OS के साथ एम्बेडेड हो सकती हैं और अन्य को बाद में जोड़ा जा सकता है। सिस्टम यूटिलिटी प्रोग्राम का उपयोग डेटा सेट और वॉल्यूम से संबंधित जानकारी को सूचीबद्ध करने या बदलने के लिए किया जाता है, जैसे डेटा सेट नाम, कैटलॉग प्रविष्टियाँ और वॉल्यूम लेबल।

अत: विकल्प (B) सही है।

97. स्क्रीन में सभी खुली विंडोज और डिस्प्ले को मिनिमाइज करने के लिए कुंजी संयोजन Windows Key + M का उपयोग किया जाता है।

यह कुंजी दबाएं	ऐसा करने के लिए
Windows logo Key + Right arrow	Right arrow के स्क्रीन के दाईं ओर app या desktop window बड़ा करें।
Windows logo Key + Home	active desktop window को छोड़कर सभी को छोटा करें (दूसरे स्ट्रोक पर सभी विंडो को पुनर्स्थापित करता है)।

अत: विकल्प (C) सही है।

98. एमएस वर्ड 2007 में A4 शीट की लंबाई और चौड़ाई 8.27 × 11.69 इंच होती है।

माइक्रोसॉफ्ट वर्ड एक माइक्रोसॉफ्ट कंप्यूटर सॉफ़्टवेयर या एप्लिकेशन है जिसे दस्तावेज़ निर्माण के लिए डिज़ाइन किया गया है जो उपयोगकर्ताओं को आसानी से अनुबंध, पत्र, अनुबंध और अन्य प्रकार के दस्तावेज़ तैयार करने की अनुमति देता है। माइक्रोसॉफ्ट वर्ड 25 अक्टूबर 1983 को माइक्रोसॉफ्ट द्वारा जारी किया गया एक उपयोगकर्ता के अनुकूल वर्ड प्रोसेसिंग टूल। इसे चार्ल्स सिमोनी और रिचर्ड ब्रॉडी द्वारा विकसित किया गया था जो ज़ेरॉक्स के दोनों पूर्व प्रोग्रामर हैं।

अत: विकल्प (A) सही है।

99. MS-एक्सेल फ़ंक्शन =FLOOR(34, 5) का आउटपुट 30 है।

MS एक्सेल में फ्लोर कमांड हमेशा दो पैरामीटर पास करता है। एक को संख्या और दूसरे को सिग्रीफिकेन्स कहा जाता है। यहाँ सिग्रीफिकेन्स को एक कारक के रूप में संदर्भित किया गया है। यह कारक उस मान को निर्धारित करने में मदद करेगा जो संख्या के करीब है।

=FLOOR(34,5): इस आदेश में, 34 संख्या का प्रतिनिधित्व करता है और 5 सिग्रीफिकेन्स का प्रतिनिधित्व करता है। तो, परिणाम 34 के करीब और 5 का गुणक होना चाहिए। साथ ही, यह याद रखना चाहिए कि परिणाम हमेशा दी गई संख्या से कम होना चाहिए। तो, परिणाम 30 है। जो 5 का गुणज है और 34 के करीब है।

अतः विकल्प (C) सही है।

100. पावरपॉइंट में, एक खाली स्लाइड में बिंदीदार क्षेत्रों को प्लेसहोल्डर कहा जाता है।

लेआउट केवल एक या अधिक प्लेसहोल्डर्स का एक संग्रह है, जो जानकारी रखने के लिए स्लाइड के एक क्षेत्र को अलग रखता है।पावरपॉइंट में स्लाइड लेआउट की एक श्रृंखला शामिल है, जो प्लेसहोल्डर के साथ पूर्ण है जो आपको एक स्लाइड पर टेक्स्ट, शीर्षक और चित्र, और इसी तरह जल्दी और आसानी से सम्मिलित करने की अनुमति देता है।

अतः विकल्प (C) सही है।

Discipline

Q.1 रक्त के थक्के जमने के लिए फाइब्रिनोजेन को फाइब्रिन में किसकी मदद से बदला जाता है:

A. थ्रोम्बिन
B. प्लेटलेट्स
C. विटामिन K
D. एंटीथ्रॉम्बिन

Q.2 लाल रक्त कोशिकाएं _______ आकार की होती हैं।

A. बायकॉन्केव
B. मोनोकोनवेक्स
C. टॉयकॉन्केव
D. स्क्वॉरेन्स

Q.3 हॉजकिन्स लिंफोमा का निम्नलिखित में से कौन सा उपप्रकार युवा महिलाओं में आम है और इसका पूर्वानुमान अच्छा है?

A. गांठदार काठिन्य
B. मिश्रित सेलुलरता
C. लिम्फोसाइट प्रबलता
D. लिम्फोसाइट कमी

Q.4 रक्त का कौन सा भाग अपशिष्ट, पोषक तत्वों और खनिजों को ले जाने के लिए जिम्मेदार है?

A. लाल रक्त कोशिकाएं
B. श्वेत रक्त कोशिकाएं
C. प्लेटलेट्स
D. प्लाज्मा

Q.5 मध्य भ्रूण जीवन के दौरान, रक्त कोशिकाओं का प्राथमिक स्रोत है:

A. अस्थि मज्जा
B. तिल्ली
C. लिम्फ नोड्स
D. यकृत

Q.6 अस्थि मज्जा में, आरबीसी प्रीकर्सर स्थित हैं:

A. हेमेटोपोएटिक डोरियों के केंद्र में
B. एडवेंचर सेल लाइनिंग के साथ मेगाकारियोसाइट्स के निकट
C. एपोप्टोटिक द्वीपों में वसा कोशिकाओं के आसपास
D. साइनस झिल्ली के पास आसपास के मैक्रोफेज

Q.7 सामान्य वयस्क Hb A में निम्नलिखित पॉलीपेप्टाइड श्रृंखलाएँ होती हैं:

A. अल्फा और बीटा
B. अल्फा और एप्सिलॉन
C. अल्फा और डेल्टा
D. अल्फा और ब्रदरटन

Q.8 जर्दी की थैलियों (मेसोब्लास्टिक चरण) से किस प्रकार की कोशिकाएं विकसित होती हैं?

A. Hb F, HgA, और Hg A
B. गॉवर 1 और गॉवर 2 Hgb
C. पोर्टलैंड Hgb
D. केवल एरिथ्रोब्लास्ट

Q.9 एक पूर्ण रक्त गणना (CBC) एक रक्त परीक्षण है जिसे _______ का मूल्यांकन करने के लिए उपयोग किया जाता है।

A. सूक्ष्मनलिकाएं
B. खून की कमी
C. ल्यूकेमिया
D. उपरोक्त सभी

Q.10 बासोफिल्स, ईसिनोफिल्स और न्यूट्रोफिल्स को _______ के रूप में संदर्भित किया जाता है।

A. प्लेटलेट्स
B. एस्टोसाइटोमास
C. ग्रैन्यूलोसाइट्स
D. बफर्स

Q.11 NADPH लाल रक्त कोशिका में हेक्सोज़ मोनोफॉस्फेट पाथवे (HMP) का एक उत्पाद है। NADPH का उपयोग इसके लिए किया जाता है:

A. वसा अम्लों का संश्लेषण
B. ग्लूटाथियोन की कमी
C. एटीपी का निर्माण
D. ऑक्सीजन कणों को हटाना

Q.12 हीमोलिटिक एनीमिया का पता लगाने के लिए कौन सा परीक्षण किया जा सकता है?

A. कॉम्ब्स परीक्षण
B. आनुवंशिक परीक्षण
C. परिधीय रक्त धब्बा (PBS)
D. शिलिंग परीक्षण

Q.13 गंभीर न्यूट्रोपेनिया गिनती क्या है?

A. 1,000 – 1,500
B. 500 – 1,000
C. 500 से कम
D. इनमें से कोई नहीं

Q.14 यह घातक विकार रक्त परिसंचरण में क्लॉट/थ्रोम्बस के परिणामस्वरूप होता है:

A. थ्रोम्बोइम्बोलिज्म
B. डीवीटी
C. रक्ताल्पता
D. उपरोक्त सभी

Q.15 CBC परीक्षण में कौन से रक्त कोशिकाएं और रक्त तत्व शामिल होते हैं?

A. लाल रक्त कोशिकाएं (एरिथ्रोसाइट्स)
B. श्वेत रक्त कोशिकाएं
C. प्लेटलेट्स
D. उपरोक्त सभी

Q.16 प्रतिजन A,B और O अनुपस्थित होते हैं:

A. बॉम्बे ग्रुप
B. O ग्रुप
C. AB ग्रुप
D. इनमें से कोई नहीं

Q.17 निम्नलिखित में से कौन सा प्लेसेंटा को अधिक बार पार करता है?

A. एंटी AB
B. एंटी B
C. एंटी A
D. इनमें से कोई नहीं

Q.18 D^u टेस्ट _______ पुष्टि के लिए किया जाता है।

A. Rh -
B. Rh +
C. (A) और (B) दोनों
D. इनमें से कोई नहीं

Q.19 एच एंटीजन में इम्यूनोडोमिनेंट शुगर क्या है?

A. एल - फ्यूकोस
B. एल - फ्रुक्टोज
C. डी - गैलेक्टोज
D. इनमें से कोई नहीं

Q.20 एच प्रतिजन विशिष्टता के लिए जिम्मेदार शुगर है:

A. एल - फ्यूकोस
B. डी गैलेक्टोज
C. (A) और (B) दोनों
D. इनमें से कोई नहीं

Q.21 एक बॉम्बे ग्रुप का व्यक्ति केवल प्राप्त कर सकता है:

A. A
B. B
C. O
D. इनमें से कोई नहीं

Q.22 आमतौर पर इस्तेमाल किए जाने वाले एंटीसेरा हैं:

A. एंटी A
B. एंटी B
C. एंटी A1
D. उपरोक्त सभी

Q.23 सीरम टाइपिंग को अन्यथा कहा जाता है:

A. बैक टाइपिंग   **B.** रिवर्स टाइपिंग
C. अप्रत्यक्ष टाइपिंग   **D.** उपरोक्त सभी

Q.24 आरएच एंटीबॉडी हैं:
A. प्राकृतिक एंटीबॉडी   **B.** प्रतिरक्षा एंटीबॉडी
C. (A) और (B) दोनों   **D.** इनमें से कोई नहीं

Q.25 ABH एंटीजन मौजूद है:
A. RBC   **B.** एपिथेलियल ऊतक
C. लिम्फोसाइटों   **D.** उपरोक्त सभी

Q.26 किस रक्त समूह को "सार्वभौमिक प्राप्तकर्ता" माना जाता है ?
A. A   **B.** AB   **C.** B   **D.** O

Q.27 पैन एग्लूटिनेशन के कारण होता है:
A. कोल्ड एंटीबॉडी   **B.** Rh एंटीबॉडी
C. ABO एंटीबॉडी   **D.** इनमें से कोई नहीं

Q.28 किस रक्त समूह को सार्वत्रिक डोनर माना जाता है?
A. A पॉजिटिव   **B.** B नेगेटिव
C. O नेगेटिव   **D.** AB

Q.29 रक्त आधान के लिए स्क्रीनिंग टेस्ट निम्न का पता लगाने के लिए किया जाता है:
A. एचबीवी   **B.** एचआईवी
C. ट्रेपोनेम्स   **D.** उपरोक्त सभी

Q.30 बाल चिकित्सा रक्त बैग की क्षमता है:
A. 250 मिली   **B.** 350 मिली   **C.** 450 मिली   **D.** 50 मिली

Q.31 निम्नलिखित में से कौन सा कथन सही नहीं है?
A. इम्युनोग्लोबुलिन हेवी चेन लोकस क्रोमोसोम 14 पर मौजूद है
B. इम्युनोग्लोबुलिन कप्पा चेन लोकस क्रोमोसोम 2 पर मौजूद है
C. इम्युनोग्लोबुलिन लैम्ब्डा चेन लोकस क्रोमोसोम 16 पर मौजूद है
D. उपरोक्त सभी

Q.32 संक्रमण के बाद एंटीबॉडी प्रतिक्रिया के बारे में सही है:
A. पहली प्रतिक्रिया केवल IgM है, संक्रमण के प्रकार के बावजूद
B. पहली प्रतिक्रिया IgG ही है, संक्रमण के प्रकार के बावजूद
C. पहली प्रतिक्रिया IgA ही है, संक्रमण के प्रकार के बावजूद
D. संक्रमण के प्रकार के आधार पर पहली प्रतिक्रिया IgM, IgG, IgA या IgE हो सकती है

Q.33 IgM की विशिष्ट विशेषताओं में निम्नलिखित को छोड़कर सभी शामिल हैं:
A. B कोशिकाओं से एक पेंटामर के रूप में स्रावित होता है
B. वर्ग स्विच पुनर्संयोजन और दैहिक अतिपरिवर्तन के बाद विकसित होता है
C. एग्लूटिनेशन की मध्यस्थता में IgG की तुलना में IgM अधिक प्रभावी है
D. एग्लूटिनेशन की मध्यस्थता में IgG की तुलना में IgM अधिक प्रभावी है

Q.34 IgM एंटीबॉडी के संबंध में ______ को छोड़कर सभी सत्य हैं।
A. वे ग्लाइकोप्रोटीन हैं
B. वे पूरक को ठीक करते हैं
C. वे एलर्जी की प्रतिक्रिया में मध्यस्थता करते हैं
D. वे लिम्फोसाइटों की सतह पर पाए जाते हैं

Q.35 इम्युनोग्लोबुलिन क्लास स्विचिंग के बारे में सही है:
A. IgM-उत्पादक कोशिकाएं गुणा करती हैं और आईजीजी का उत्पादन शुरू करती हैं
B. एंटीबॉडी भारी शृंखला का लगातार क्षेत्र वाला हिस्सा बदल जाता है

लेकिन चर क्षेत्र समान रहता है
C. यह प्रतिजन विशिष्टता को प्रभावित नहीं करता है
D. उपरोक्त सभी

Q.36 विभिन्न इम्युनोग्लोबुलिन के कार्य के बारे में सत्य हैं, सिवाय इसके:
A. IgM-फैगोसाइटोसिस द्वारा कोशिकाओं के अंतर्ग्रहण को बढ़ाता है
B. IgA प्रतिजनों को एकत्र करता है और उन्हें स्राव में रखता है
C. IgE मस्तूल कोशिकाओं और बेसोफिल से बंधता है
D. IgG RBC की सतह पर ABO रक्त समूह प्रतिजनों में शामिल होता है

Q.37 हाइपर-IgM सिंड्रोम के बारे में सत्य है:
A. CD40 लिगैंड में दोष
B. इम्युनोग्लोबुलिन वर्ग स्विचन का विकार
C. रोगी की कम उम्र में मृत्यु हो जाती है
D. उपरोक्त सभी

Q.38 मोनोस्पेसिफिक AHG अभिकर्मक में:
A. इन-विट्रो में ढांकता हुआ स्थिरांक बढ़ाता है
B. एंटी-IgG या एंटी-C3d एंटीबॉडी विशिष्टताएं होती हैं
C. सकारात्मक DAT पैदा करने वाले अणु की पहचान करने में उपयोगी नहीं हैं
D. मानव IgG या पूरक अणु शामिल हैं

Q.39 पूरक को सक्रिय करने में किस प्रकार का एंटीबॉडी सबसे प्रभावी है?
A. IgG1   **B.** IgG2   **C.** IgG3   **D.** IgM

Q.40 जब एक जीन के दो समान युग्मविकल्पियों को प्रत्येक माता-पिता से विरासत में मिला है, तब प्रयुक्त शब्द है:
A. होमोजीगस   **B.** एलील
C. हेटेरोज़ीगस   **D.** सिस्टमिक

Q.41 रोगी के नमूने में एक लाल कोशिका प्रतिजन की विशिष्टता निर्धारित करने के लिए प्रतिरक्षी के किस स्रोत का चयन किया जाता है?
A. वाणिज्यिक अभिकर्मक लाल कोशिकाएं
B. वाणिज्यिक एंटीसेरा
C. रोगी सीरम
D. रोगी प्लाज्मा

Q.42 एंटीबॉडी कितने प्रकार के होते हैं?
A. पाँच   **B.** तीन   **C.** दो   **D.** चार

Q.43 एक एंजाइम का उपयोग करके एक बहु एंटीबॉडी समस्या का समाधान किया गया। उपचार के बाद एंटीबॉडी प्रतिक्रियाओं में से एक को समाप्त कर दिया गया था। निम्नलिखित में से कौन सा एंटीबॉडी शायद मौजूद था?
A. एंटी-C   **B.** एंटी-I   **C.** एंटी-Jka   **D.** एंटी-Fya

Q.44 निम्नलिखित में से कौन सा जीनोटाइप C एंटीजन के लिए हेटेरोज़ीगस है?
A. R1r   **B.** R2R2   **C.** R1R1   **D.** $r'r'$

Q.45 यदि रोगी को निम्नलिखित के भीतर रक्ताधान किया गया हो तो लाल रक्त कोशिकाओं पर एंटीजन टंकण नहीं किया जाना चाहिए:
A. 30 दिन   **B.** 2 महीने   **C.** 3 महीने   **D.** 6 महीने

Q.46 सामान्य आरबीसी अपचय का पीले रंग का उत्पाद कौन सा है?
A. बिलीरुबिन   **B.** बिलिवर्डिन   **C.** तिल्ली   **D.** यकृत

Q.47 निम्नलिखित में से कौन सा एंजाइम शराबी यकृत रोग का एक संवेदनशील मार्कर है?
A. एलानिन ट्रांसएमिनेस

B.   एस्पार्टेट ट्रांसएमिनेस
C.   गामा-ग्लूटामिलट्रांसफेरेज़
D.   क्षारीय फॉस्फेटेस

Q.48 प्रतिरोधी पीलिया के विभेदक निदान के लिए निम्नलिखित में से किस मार्कर का उपयोग किया जाता है?
A.   लैक्टेट डीहाइड्रोजिनेज
B.   क्रिएटिन कीनेज
C.   कार्बोनिक एनहाइड्रेज़
D.   5'- न्यूक्लियोटिडेज़

Q.49 निम्नलिखित में से कौन सा एंजाइम TCA चक्र को नियंत्रित करता है?
A.   सक्सिनेट डिहाइड्रोजनेज
B.   फ़्यूमारेज
C.   आइसोसिट्रेट डिहाइड्रोजनेज
D.   मैलेट डिहाइड्रोजनेज

Q.50 क्रिगलर नज्जर सिंड्रोम एक दोषपूर्ण एंजाइम के कारण बिलीरुबिन चयापचय का विरासत में मिला चयापचय विकार है:
A.   यूडीपी-ग्लुकुरोनोसिल ट्रांसफ़ेरेज़
B.   बिलिवर्डिन रिडक्टेस
C.   हीम ऑक्सीजनेज़
D.   बीटा-ग्लुकुरोनिडेज़

Q.51 यूरोबिलिनोजेन एक रंगीन उत्पाद बनाने के लिए ऑक्सीकृत होता है और यह मूत्र और मल का विशिष्ट रंग देता है।
किस प्रकार के पीलिया में यूरोबिलिन की कमी के कारण मल का रंग मिट्टी के रंग का होता है?
A.   हेमोलिटिक पीलिया
B.   वायरल हेपेटाइटिस
C.   ऑब्सट्रक्टिव पीलिया
D.   अल्कोहलिक सिरोसिस

Q.52 डबिन-जॉनसन सिंड्रोम एक दोषपूर्ण प्रोटीन के कारण बिलीरुबिन चयापचय का विरासत में मिला चयापचय विकार है:
A.   हीम ऑक्सीजनेज़
B.   यूडीपी-ग्लूकोरोनील ट्रांसफ़ेज़
C.   बीटा-ग्लुकुरोनिडेज़
D.   MRP-2 प्रोटीन

Q.53 पित्त नमक संश्लेषण को पित्त नमक द्वारा इलियम से पुन: अवशोषित करके और यकृत में पुन: परिचालित करके प्रतिक्रिया विनियमन के अधीन किया जाता है।
निम्नलिखित में से कौन सा एंजाइम पित्त अम्ल संश्लेषण का दर-सीमित एंजाइम है?
A.   7-अल्फा-हाइड्रॉक्सिलस
B.   12-अल्फा-हाइड्रॉक्सीलेस
C.   12-बीटा-हाइड्रॉक्सीलेज़
D.   5-बीटा आइसोमेरेज़

Q.54 प्लाज्मा और मूत्र में पित्त लवण की वृद्धि का संकेत है:
A.   हेमोलिटिक पीलिया
B.   यकृत पीलिया
C.   ऑब्सट्रक्टिव पीलिया
D.   इम्पेरड 7-अल्फा-हाइड्रॉक्सीलेज़

Q.55 _________ निदान करने के लिए AFB परीक्षणों का सबसे अधिक उपयोग किया जाता है।
A.   एक सक्रिय तपेदिक (टीबी) संक्रमण
B.   आँखों का संक्रमण
C.   हृदय संक्रमण
D.   इनमें से कोई नहीं

Q.56 _________ को परिवर्तित किया जा सकता है A: G (एल्ब्यूमिन / ग्लोब्युलिन) अनुपात 2 से कम प्लाज्मा एल्ब्यूमिन सांद्रता के साथ।
A.   जीर्ण यकृत सिरोसिस
B.   तीव्र हेपाटाइटिस
C.   ऑब्सट्रक्टिव पीलिया
D.   शराब की खपत में वृद्धि

Q.57 निम्नलिखित में से कौन सा कीटोएसिडोसिस की स्थिति का सबसे अच्छा वर्णन करता है?
A.   उच्च आयनों के अंतर के साथ मेटाबोलिक एसिडोसिस
B.   सामान्य अनियन गैप के साथ मेटाबोलिक एसिडोसिस
C.   उच्च आयनों के अंतराल के साथ श्वसन अम्लरक्तता
D.   सामान्य अनियन गैप के साथ रेस्पिरेटरी एसिडोसिस

Q.58 बाइकार्बोनेट के पुनर्ग्रहण का स्थल क्या है?
A.   ग्लोमेरुलस
B.   प्रोक्सिमल नलिकाएं
C.   लूप ऑफ हेनले
D.   डिस्टल ट्यूबल्स

Q.59 गुर्दा एसिड-बेस बैलेंस में योगदान देता है:
A.   अमोनिगा का साव
B.   बाइकार्बोनेट की पुनः प्राप्ति
C.   केटोजेनेसिस में वृद्धि
D. CO_2 ग्रहण में कमी

Q.60 आम तौर पर, प्लाज्मा में 65kda से अधिक आणविक भार वाले प्रोटीन को बनाए रखा जाता है।
निम्न से किस तंत्र द्वारा कुछ छोटे आकार के प्रोटीन को गुर्दे के माध्यम से फ़िल्टर किया जाता है?
A.   प्रोटीन चैनल
B.   एंडोसाइटोसिस
C.   Na + के साथ कोट्रांसपोर्ट
D.   इनमें से कोई नहीं

Q.61 निम्नलिखित में से कौन सा कारक ग्लोमेर्युलर फिल्ट्रेशन रेट (GFR) को बढ़ाता है?
A.   एन्टिडाययूरेटिक हार्मोन
B.   धमनी नैट्रियूरेटिक पेप्टाइड
C.   डोपामाइन
D.   नाइट्रिक ऑक्साइड

Q.62 निम्नलिखित में से कौन सा अमीनो एसिड: कीटो एसिड जोड़ी नाइट्रोजन और अमीनो एसिड पूल के रखरखाव के लिए यूरिया चक्र को ट्राइकार्बोक्सिलिक एसिड चक्र के साथ जोड़ती है?
A.   ग्लूटामेट: अल्फा-केटोग्लूटारेट
B.   एस्पार्टेट: ऑक्सालोसेटेट
C.   अलैनिन: पाइरूवेट
D.   इनमें से कोई नहीं

Q.63 क्रिएटिनिन क्लीयरेंस क्या है?
A.   यूरोलिथियासिस के लिए संवेदनशील मार्कर
B.   ट्यूबलर फ़ंक्शन के संवेदनशील मार्कर
C.   ग्लोमेरुलर फ़ंक्शन का संवेदनशील मार्कर
D.   कंकाल की मांसपेशी द्रव्यमान के मापन के लिए संवेदनशील मार्कर

Q.64 अमोनिया को दूर करने के लिए यूरिया चक्र दोष वाले रोगियों को निम्नलिखित में से कौन सा यौगिक दिया जाता है?
A.   इनुलिन
B.   फेनिलब्यूटाइरेट
C.   आर्गिनिन
D.   ओर्निथिन

Q.65 परिधीय ऊतकों से यकृत तक अमीनो समूहों के परिवहन में निम्नलिखित में से किस अमीनो एसिड की महत्वपूर्ण भूमिका है?
A.   सेरीन
B.   मेथिओनाइन

C. ग्लूटामाइन   D. आर्गिनिन

Q.66 क्षय रोग से पीड़ित व्यक्ति का थूक कैसा दिखेगा?

A. झागदार   B. पीला   C. साफ़   D. लाल

Q.67 परिपक्व लाल कोशिका द्विबीजपत्री डिस्क होती है जिसका व्यास होता है:

A. $5.2\mu m$ B. $9.2\mu m$ C. $7.2\mu m$ D. $10.3\mu m$

Q.68 सामान्य लाल कोशिका जीवन काल लगभग है:

A. 10 दिन   B. 120 सप्ताह
C. 120 दिन   D. 200 दिन

Q.69 स्फेरोसाइट्स नहीं पाए जाते हैं:

A. जन्मजात स्फेरोसाइटोसिस
B. ऑटोइम्यून हेमोलिटिक
C. रक्ताल्पता
D. आयरन की कमी से होने वाला एनीमिया

Q.70 पॉलीक्रोमेशिया वृद्धि से मेल खाती है:

A. लाल कोशिका   B. रेटिकुलोसाइट्स
C. ओवलोसाइट्स   D. लिम्फोसाइटों

Q.71 निम्नलिखित स्थितियों में से किसी एक में रेटिकुलोसाइट्स नहीं बढ़ते हैं:

A. रक्तस्राव   B. रक्त-अपघटन
C. अविकासी खून की कमी   D. थैलेसीमिया

Q.72 रेटिकुलोसाइट्स देखा जा सकता है:

A. रक्तस्राव
B. रक्त-अपघटन
C. एनीमिया के उपचार के जवाब में
D. उपरोक्त सभी

Q.73 रेटिकुलोसाइट्स की संख्या कम हो जाती है:

A. लोहे की कमी से एनीमिया
B. अविकासी खून की कमी
C. मेगालोब्लास्टिक एनीमिया उचित उपचार प्राप्त कर रहा है
D. वंशानुगत हेमोलिटिक एनीमिया

Q.74 वयस्क महिला के लिए सामान्य आरबीसी गणना है:

A. $2.8 - 3.8 \times 10^{12}/L$ B. $3.8 - 4.8 \times 10^{12}/L$
C. $2.8 - 3.8 \times 10^{6}/L$ D. $3.8 - 4.8 \times 10^{6}/L$

Q.75 वयस्क पुरुषों में, पैक्ड सेल वॉल्यूम के लिए सामान्य सीमा है:

A. $30 - 50\%$ B. $40 - 60\%$
C. $40 - 50\%$ D. $45 - 55\%$

Q.76 माइक्रोसाइटिक हाइपोक्रोमिक एनीमिया इन सभी की एक विशेषता है। को छोड़कर:

A. लोहे की कमी से एनीमिया
B. थैलेसीमियास
C. साइडरोब्लास्टिक एनीमिया
D. तीव्र रक्त हानि

Q.77 प्लाज्मोडियम के कारण होने वाली बीमारी से पीड़ित व्यक्ति, _______ की मुक्ति के समय बार-बार ठंड और बुखार का अनुभव करता है।

A. हेपरिन   B. हिरुदिन   C. हेमोज़ोइन   D. हिस्टामिन

Q.78 पीलिया के लक्षण मुख्य रूप से निम्न में से विकार की खराबी के कारण होते हैं:

A. आंत   B. यकृत   C. पेट   D. अग्न्याशय

Q.79 इन सभी निष्कर्षों को छोड़कर आयरन की कमी वाले एनीमिया के निदान में मदद मिलती है:

A. लोहे के भंडार में कमी
B. टीआईबीसी में कमी
C. सीरम आयरन की कमी
D. ट्रांसफ़रिन संतृप्ति सूचकांक में कमी

Q.80 सीरम आयरन घटता है:

A. β थैलेसीमिया मेजर
B. β थैलेसीमिया माइनर
C. साइडोब्लास्टिक एनीमिया
D. जीर्ण विकारों के एनीमिया

General Aptitude / Reasoning / General Awareness / Basic Computer knowledge

Q.81 एक वर्ग का परिमाप $24\sqrt{2}$ सेमी है। इसका विकर्ण है:

[HTET TGT Mathematics, 2020]

A. $6\sqrt{2}$ सेमी   B. $8\sqrt{2}$ सेमी   C. 8 सेमी   D. 12 सेमी

Q.82 एक कक्षा में छात्रों द्वारा प्राप्त किए गए औसत अंक 43 हैं। यदि 25 लड़कों द्वारा प्राप्त किए गए औसत अंक 40 हैं और लड़कियों द्वारा प्राप्त औसत अंक 48 हैं, तो कक्षा में लड़कियों की संख्या क्या है?

[Territorial Army Officer, 2019]

A. 20   B. 25   C. 15   D. 10

Q.83 यदि व्यापारी एक वस्तु को 528 रु में बेचता है, तो उसे 12% का नुकसान होता है। वस्तु का क्रय मूल्य (रु में) ज्ञात कीजिए।

A. 612   B. 576   C. 600   D. 633

Q.84 निर्देश: निम्न प्रश्न में प्रश्नवाचक चिह्न '?' के स्थान पर क्या आएगा?

$$\sqrt{324} + 9^2 - 7^2 = 2 \times (?)^2$$

A. 25   B. 5   C. 10   D. 125

Q.85 दो धनात्मक संख्याओं का योग 240 है और उनका महत्तम समापवर्तक 15 है। दी गई स्थिति को संतुष्ट करने वाली संख्याओं के जोड़ों की संख्या ज्ञात कीजिए।

A. 8   B. 2   C. 4   D. 5

Q.86 एक निश्चित कोड भाषा में, "CARRYCOT" को "EYTPAAQR" लिखा जाता है। इसी कोड भाषा में "CALAMITY" को किस प्रकार लिखा जायेगा?

A. EYNYOGWV   B. EYNYOGRW
C. EYNYORWG   D. EYNYOGVW

Q.87 निर्देश: दिए गए कथन (कथनों) और निष्कर्षों को ध्यानपूर्वक पढ़िये और चयन कीजिए कि कौन से निष्कर्ष दिए गये कथनों का तार्किक रूप से अनुसरण करता है।

कथन:
सभी पेंट दीवार हैं।
कोई दीवार लम्बी नहीं है।

निष्कर्ष:
I. कोई पेंट लम्बा नहीं है।
II. कुछ पेंट लम्बे हैं।

A. केवल I. अनुसरण करता है
B. केवल II. अनुसरण करता है
C. दोनों I और II. अनुसरण करते हैं
D. न तो I और न ही II. अनुसरण करता है

Q.88 'कंगन' का संबंध 'आभूषण' से उसी प्रकार है जैसे 'लौंग' का संबंध '______' से है।

[SSC CHSL (Combined Higher Secondary Level), 2021]

A. स्वाद
B. मसाले
C. खाना बनाना
D. रसोईघर

Q.89 निर्देश: निम्नलिखित प्रश्न में, एक कथन और उसके बाद I और II से अंकित दो निष्कर्ष दिए गये हैं। आपको दिए गये कथनों को सत्य मानना है, भले ही वे ज्ञात तथ्यों से अलग प्रतीत होते हों। निर्णय कीजिए कि दिये गये निष्कर्षों में से कौन-सा निष्कर्ष कथन का तार्किक रूप से अनुसरण करता है।

कथन: पौष्टिक भोजन का सेवन डॉक्टर को दूर रखने का एकमात्र तरीका है।

निष्कर्ष:

I. डॉक्टर जल्द ही नौकरी से बाहर हो जाएंगे।

II. पौष्टिक भोजन डॉक्टर को दूर नहीं रखता है।

A. केवल निष्कर्ष I अनुसरण करता है।
B. I और II दोनों अनुसरण करते हैं
C. न तो I और न ही II अनुसरण करता है
D. केवल निष्कर्ष II अनुसरण करता है

Q.90 निर्देश: निम्नलिखित चार अक्षर-समूहों में से तीन एक निश्चित तरीके से एक समान हैं और एक अलग है। विषम को चुनिए।

A. SUWY
B. HJLN
C. CEGI
D. PRSU

Q.91 काजीरंगा राष्ट्रीय उद्यान ______ के लिए प्रसिद्ध है।

A. एक सींग वाला गैंडा
B. शेर
C. दलदल हिरण (बरसिंघा)
D. हाथी

Q.92 रसायन विज्ञान में 2022 का नोबेल पुरस्कार संयुक्त रूप से कैरोलिन बर्टोज़ी, मॉर्टन मेल्डाल, बैरी शार्पलेस को क्लिपिंग अणुओं पर उनके काम के लिए दिया गया है। इनमें से किसने पहले भी 2001 में रसायन विज्ञान में नोबल पुरस्कार जीता है?

A. कैरोलिन बर्टोज़ी
B. मॉर्टन मेल्डाल
C. बैरी शार्पलेस
D. इनमें से कोई नहीं

Q.93 निम्नलिखित में से किस खेल में, 'क्रॉल', 'ब्रेस्टस्ट्रोक' और 'बटरफ्लाई' शब्द का इस्तेमाल किया जाता है?

A. तैराकी
B. शूटिंग
C. टेनिस
D. बैडमिंटन

Q.94 किस केंद्रीय मंत्री ने 24 जुलाई 2022 को अखिल भारतीय आयुर्वेद संस्थान (एआईआईए) में 'बाल रक्षा' मोबाइल ऐप लॉन्च किया?

A. सर्बानंद सोनोवाल
B. अनुराग ठाकुर
C. अमित शाह
D. राजनाथ सिंह

Q.95 झोरा लोक नृत्य किस राज्य का है?

A. उत्तराखंड
B. कर्नाटक
C. असम
D. राजस्थान

Q.96 विंडोज़ XP में, XP का क्या अर्थ है?

A. एक्ट्रा-पावरफुल
B. एक्सपीरियंस
C. एक्सटेंडेड प्लेटफार्म
D. एक्सपीरियंस प्लेटफार्म

Q.97 ______ एक सॉफ्टवेयर प्रोग्राम है जो हमें इंटरनेट का उपयोग करने और हमारे कंप्यूटर पर वेब पेज देखने की अनुमति देता है।

A. कंप्यूटर प्रोग्राम
B. इंटरनेट प्रोटोकॉल
C. वेब ब्राउज़र
D. वेबसाइट

Q.98 जब भी उपयोगकर्ता कोई वेबसाइट खोलता है तो मेन पेज कहलाता है:

A. बैकएंड पेज
B. डेड एंड
C. होम पेज
D. इनमें से कोई नहीं

Q.99 ______ को सहायक मेमोरी भी कहा जाता है।

A. सेकेंडरी मेमोरी
B. तृतीयक मेमोरी
C. प्राइमरी मेमोरी
D. कैश मेमोरी

Q.100 ______ ऐसे कंप्यूटर प्रोग्राम हैं जो हमलावरों द्वारा आपके कंप्यूटर पर रूट या एडमिनिस्ट्रेटिव एक्सेस प्राप्त करने के लिए डिज़ाइन किए गए हैं।

A. बैकडोर
B. रूटकिट
C. मैलवेयर
D. एंटीवेयर

// स्मार्ट उत्तर पुस्तिका //

सही उत्तर — उन छात्रों का प्रतिशत जिन्होंने प्रश्नों का सही उत्तर दिया था।   **छोड़ दिया** — उन छात्रों का प्रतिशत जिन्होंने प्रश्नों को छोड़ दिया था।

प्रश्न संख्या	उत्तर	सही उत्तर / छोड़ दिया	प्रश्न संख्या	उत्तर	सही उत्तर / छोड़ दिया	प्रश्न संख्या	उत्तर	सही उत्तर / छोड़ दिया	प्रश्न संख्या	उत्तर	सही उत्तर / छोड़ दिया	प्रश्न संख्या	उत्तर	सही उत्तर / छोड़ दिया	प्रश्न संख्या	उत्तर	सही उत्तर / छोड़ दिया
1	A	40.21 % / 1.08 %	18	A	42.21 % / 1.03 %	35	D	43.26 % / 1.33 %	52	D	43.44 % / 1.49 %	69	D	49.93 % / 1.95 %	86	D	88.09 % / 0.0 %
2	A	50.56 % / 1.94 %	19	A	40.74 % / 1.86 %	36	D	68.7 % / 1.08 %	53	A	48.3 % / 1.0 %	70	B	68.12 % / 1.9 %	87	A	82.86 % / 0.0 %
3	A	66.29 % / 1.55 %	20	A	56.28 % / 1.83 %	37	D	50.03 % / 1.67 %	54	C	60.6 % / 1.17 %	71	C	40.43 % / 1.61 %	88	B	81.35 % / 0.0 %
4	D	55.16 % / 1.08 %	21	D	51.3 % / 1.77 %	38	B	63.99 % / 1.38 %	55	A	62.33 % / 1.07 %	72	D	63.32 % / 1.37 %	89	C	77.3 % / 0.0 %
5	D	51.37 % / 1.35 %	22	D	47.98 % / 1.57 %	39	D	76.38 % / 0.0 %	56	A	49.36 % / 1.54 %	73	B	56.83 % / 1.3 %	90	D	88.67 % / 0.0 %
6	D	76.41 % / 0.0 %	23	D	50.64 % / 1.0 %	40	A	41.37 % / 1.72 %	57	A	44.79 % / 1.42 %	74	B	45.32 % / 1.96 %	91	A	87.03 % / 0.0 %
7	A	44.42 % / 1.25 %	24	B	44.03 % / 1.33 %	41	B	51.61 % / 1.49 %	58	B	57.47 % / 1.65 %	75	C	49.37 % / 1.49 %	92	C	79.62 % / 0.0 %
8	D	66.39 % / 1.05 %	25	D	40.07 % / 1.96 %	42	A	89.68 % / 0.0 %	59	B	44.64 % / 1.43 %	76	C	44.67 % / 1.7 %	93	A	44.93 % / 1.28 %
9	D	55.14 % / 1.76 %	26	B	42.21 % / 1.77 %	43	D	64.7 % / 1.51 %	60	B	69.02 % / 1.77 %	77	C	67.17 % / 1.15 %	94	A	50.51 % / 1.12 %
10	C	61.38 % / 1.72 %	27	A	41.31 % / 1.04 %	44	A	45.54 % / 1.23 %	61	C	56.31 % / 1.59 %	78	B	42.67 % / 1.32 %	95	A	54.9 % / 1.02 %
11	B	69.78 % / 1.81 %	28	C	76.93 % / 0.0 %	45	C	58.82 % / 1.85 %	62	B	49.17 % / 1.48 %	79	B	46.74 % / 1.49 %	96	B	87.18 % / 0.0 %
12	A	53.96 % / 1.11 %	29	D	79.18 % / 0.0 %	46	A	57.93 % / 1.94 %	63	C	48.46 % / 1.58 %	80	D	62.45 % / 1.84 %	97	C	86.61 % / 0.0 %
13	C	61.77 % / 1.06 %	30	A	66.43 % / 1.8 %	47	C	69.18 % / 1.43 %	64	B	40.17 % / 1.3 %	81	D	76.08 % / 0.0 %	98	C	41.13 % / 1.9 %
14	A	50.6 % / 1.31 %	31	C	54.54 % / 1.97 %	48	D	58.04 % / 1.92 %	65	C	63.46 % / 1.04 %	82	C	89.83 % / 0.0 %	99	A	52.72 % / 1.96 %
15	A	59.07 % / 1.14 %	32	A	67.94 % / 1.3 %	49	A	56.33 % / 1.19 %	66	B	47.52 % / 1.54 %	83	C	83.17 % / 0.0 %	100	B	78.66 % / 0.0 %
16	A	45.34 % / 1.05 %	33	B	43.71 % / 1.82 %	50	A	66.24 % / 1.71 %	67	C	45.55 % / 1.24 %	84	B	76.76 % / 0.0 %			
17	A	58.34 % / 1.12 %	34	C	62.79 % / 1.36 %	51	C	48.36 % / 1.01 %	68	C	57.26 % / 1.68 %	85	C	81.96 % / 0.0 %			

//संकेत और समाधान//

1. रक्त के थक्के जमने के लिए फाइब्रिनोजेन को थ्रोम्बिन की मदद से फाइब्रिन में बदला जाता है।

थ्रोम्बिन एक प्राकृतिक रूप से पाया जाने वाला एंजाइम है जो फाइब्रिनोजेन को फाइब्रिन में परिवर्तित करता है, जो थक्के के निर्माण में एक अभिन्न कदम है।

अतः विकल्प (A) सही है।

2. लाल रक्त कोशिकाएं बायकॉन्केव आकार की होती हैं।

मानव लाल रक्त कोशिका के आकार को बायकॉन्केव डिस्क के रूप में जाना जाता है। यह विभिन्न प्रकार के सैद्धांतिक कार्यों से स्पष्ट है कि झिल्ली के ज्ञात भौतिक गुण, जैसे कि इसकी बंकन ऊर्जा और प्रत्यास्थता, लाल-रक्त-कोशिका बायकॉन्केव आकार के साथ-साथ अन्य आकृतियों की व्याख्या कर सकते हैं जो लाल रक्त कोशिकाएं ग्रहण करती हैं।

अतः विकल्प (A) सही है।

3. युवा महिलाओं में गांठदार क‍ठिन्य आम है और इसका पूर्वानुमान अच्छा है।

- गांठदार काठिन्य हॉजकिन लिंफोमा (एनएससीएचएल) विकसित देशों में हॉजकिन रोग का सबसे आम प्रकार है। यह 10 में से लगभग 7 मामलों के लिए जिम्मेदार है। यह किशोरों और युवा वयस्कों में सबसे आम है, लेकिन यह किसी भी उम्र के लोगों में हो सकता है। यह गर्दन या छाती में लिम्फ नोड्स में शुरू होता है।

- यह महिलाओं की तुलना में पुरुषों को अधिक प्रभावित करता है, विशेषकर बाल चिकित्सा आबादी में, जहां 85% मामले लड़कों में होते हैं। गांठदार काठिन्य हॉजकिन लिंफोमा युवा वयस्कों में अधिक आम है, जबकि मिश्रित कोशिकीय हॉजकिन लिंफोमा वृद्ध वयस्कों को प्रभावित करता है।

अतः विकल्प (A) सही है।

4. प्लाज्मा अपशिष्ट, पोषक तत्वों और खनिजों को ले जाने के लिए जिम्मेदार होता है।

प्लाज्मा, पूरे शरीर में पोषक तत्वों, प्रोटीन और हार्मोन के परिवहन के लिए रक्त का तरल हिस्सा है।

अत: विकल्प (D) सही है।

5. मध्य भ्रूण जीवन के दौरान, रक्त कोशिकाओं का प्राथमिक स्रोत यकृत होता है।

यकृत दूसरी तिमाही के दौरान लाल रक्त कोशिकाओं का प्राथमिक स्रोत होता है, और अस्थि मज्जा अंतिम तिमाही के दौरान लाल रक्त कोशिकाओं का प्राथमिक स्रोत होता है।

अतः विकल्प (D) सही है।

6. अस्थि मज्जा में, आरबीसी प्रीकर्सर साइनस झिल्ली के पास आसपास के मैक्रोफेज में स्थित होते हैं।

आरबीसी प्रीकर्सर के रूप में पहचानी जाने वाली पहली कोशिका प्रोइथ्रोब्लास्ट है। इसमें समरूप क्रोमैटिन और विशिष्ट नाभिक और गहरे बेसोफिलिक साइटोप्लाज्म के साथ एक बड़ा अंडाकार नाभिक होता है।

अतः विकल्प (D) सही है।

7. सामान्य वयस्क Hb A में अल्फा और बीटा पॉलीपेप्टाइड श्रृंखलाएं होती हैं।

सामान्य वयस्क हीमोग्लोबिन (Hb A) में ग्लोबिन होता है जिसमें पॉलीपेप्टाइड श्रृंखलाओं के दो जोड़े अल्फा (α) और बीटा (β) होते हैं। सामान्य वयस्क हीमोग्लोबिन के एक मामूली अंश में Hb A2 होता है, जिसमें α और डेल्टा श्रृंखलाएं होती हैं।

अतः विकल्प (A) सही है।

8. जर्दी थैलियों (मेसोब्लास्टिक चरण) से केवल एरिथ्रोब्लास्ट कोशिकाएं विकसित होती हैं।

जर्दी थैली में पाए जाने वाले आदिम एरिथ्रोब्लास्ट मेसोडर्मल कोशिकाओं से उत्पन्न होते हैं, जो शुरू में जर्दी थैली की गुहा को रेखाबद्ध करते हैं। ये आदिम कोशिकाएं परिधि से जर्दी थैली के केंद्रीय गुहा में स्थानांतरित हो जाती हैं, जहां वे आदिम एरिथ्रोब्लास्ट में विकसित होती हैं।

अतः विकल्प (D) सही है।

9. एक पूर्ण रक्त गणना (CBC) एक रक्त परीक्षण है जिसका उपयोग आपके संपूर्ण स्वास्थ्य का मूल्यांकन करने और एनीमिया, संक्रमण और ल्यूकेमिया सहित विकारों की एक विस्तृत श्रृंखला का पता लगाने के लिए किया जाता है।

अतः विकल्प (D) सही है।

10. बासोफिल्स, ईोसिनोफिल्स और न्यूट्रोफिल्स को ग्रैन्यूलोसाइट्स के रूप में संदर्भित किया जाता है।

ईोसिनोफिल्स (EOS), न्यूट्रोफिल्स (Ne) और बेसोफिल मानव परिधीय रक्त और ऊतकों में पाए जाने वाले ग्रैन्यूलोसाइट्स हैं। वे अपने साइटोप्लाज्म में विशिष्ट कणिकाओं के साथ छोटे और गोल आकार के होते हैं, जिनमें प्रत्येक ग्रैन्यूलोसाइट प्रकार के लिए विशिष्ट प्रोटीन होते हैं।

अतः विकल्प (C) सही है।

11. NADPH का उपयोग ग्लूटाथियोन की कमी के लिए किया जाता है।

उत्पन्न NADPH का उपयोग ऑक्सीकृत ग्लूटाथियोन (GSSG) को कम करने के लिए किया जा सकता है, जो ऑक्सीडेटिव तनाव की उपस्थिति में जमा होता है। लाल कोशिका G6PD की कमी में, यह मार्ग कम या अनुपस्थित है, और होस्ट कोशिकाओं के साथ-साथ उनके भीतर परजीवी ऑक्सीडेंट तनाव के प्रति संवेदनशील हैं।

अतः विकल्प (B) सही है।

12. हेमोलिटिक एनीमिया का पता लगाने के लिए कॉम्ब्स परीक्षण किया जा सकता है।

कॉम्ब्स परीक्षण आपके रक्त में एंटीबॉडी के लिए जाँच करता है जो लाल रक्त कोशिकाओं पर हमला करता है। रक्त आधान जैसी किसी प्रक्रिया से पहले आपके रक्त की जांच के लिए इस परीक्षण का उपयोग किया जा सकता है। या, यह पता लगाने के लिए इस्तेमाल किया जा सकता है कि क्या आपके पास कुछ स्थितियां हैं, जैसे ऑटोम्यून्यून हेमोलाइटिक एनीमिया।

अतः विकल्प (A) सही है।

13. गंभीर न्यूट्रोपेनिया गिनती 500 से कम है।

न्यूट्रोफिल संख्याओं की सीमा है: हल्का न्यूट्रोपेनिया: 1,000 - 1,500। मध्यम न्यूट्रोपेनिया. 500 - 1,000। गंभीर न्यूट्रोपेनिया: 500 से कम।

गंभीर न्यूट्रोपेनिया (SCN) एक दुर्लभ रक्त विकार है, जो रक्तप्रवाह (न्यूट्रोपेनिया) में कुछ सफेद रक्त कोशिकाओं (न्यूट्रोफिल) के असामान्य रूप से निम्न स्तर की विशेषता है।

अतः विकल्प (C) सही है।

14. थ्रोम्बोइम्बोलिज्म एक गंभीर स्थिति है जहां आपके शरीर में रक्त वाहिका (धमनी या नस) के अंदर या कभी-कभी आपके दिल के अंदर थक्का बन जाता है। यह खतरनाक है क्योंकि रक्त वाहिकाओं के अंदर बनने वाले थक्के रक्त के प्रवाह को अवरुद्ध कर सकते हैं।

अतः विकल्प (A) सही है।

15. CBC परीक्षण में लाल रक्त कोशिकाओं (एरिथ्रोसाइट्स) और रक्त तत्वों को शामिल किया जाता है।

CBC परीक्षण रक्त, लाल रक्त कोशिका, न्यूट्रोफिल, ईसीनोफिल, बेसोफिल, लिम्फोसाइट, मोनोसाइट और प्लेटलेट्स में पाई जाने वाली 7 प्रकार की कोशिकाओं की पहचान और गणना करता है। सिकल कोशिका एनीमिया एक वंशानुगत रक्त रोग है जिसमें लाल रक्त कोशिकाएं असामान्य रंगद्रव्य (हीमोग्लोबिन) उत्पन्न करती हैं।

अत: विकल्प (A) सही है।

16. बॉम्बे ग्रुप में प्रतिजन A, B और O अनुपस्थित हैं।

बॉम्बे रक्त ग्रुप एक दुर्लभ रक्त ग्रुप है, इस ग्रुप के फेनोटाइप्स में लाल कोशिका झिल्ली पर एच एंटीजन की कमी होती है और सीरम में एंटी-एच होता है। यह उनकी लाल कोशिकाओं या अन्य ऊतकों पर किसी भी A, B या H एंटीजन को अभिव्यक्त करने में विफल रहता है।

अत: विकल्प (A) सही है।

17. एंटी AB प्लेसेंटा को अधिक बार पार करता है।

केवल IgG एंटी-A और एंटी-B ही प्लेसेंटा को पार कर सकते हैं, ये एंटीबॉडी रक्त ग्रुप O माताओं से पैदा हुए अधिकांश नवजात शिशुओं के परिसंचरण में पाए जाते हैं। वयस्कों की तुलना में नवजात शिशुओं की लाल रक्त कोशिकाओं पर A और B एंटीजन बहुत कमजोर होते हैं।

अत: विकल्प (A) सही है।

18. Rh- की पुष्टि के लिए Dᵘ टेस्ट किया जाता है।

Dᵘ रक्त में कमजोर D एंटीजन के स्तर को मापने के लिए रक्त के नमूने पर परीक्षण किया जाता है। यह Rh नकारात्मकता की पुष्टि करता है और Rh नकारात्मकता उपचार के दौरान और बाद में भी प्रशासित किया जाता है।

अत: विकल्प (A) सही है।

19. एच की इम्युनोडोमिनेंट शुगर एल - फ्यूकोस है और एच का जैवसंश्लेषण 1,2-फ्यूकोसिलट्रांसफेरेज़ द्वारा उत्प्रेरित होता है।

अत: विकल्प (A) सही है।

20. एच प्रतिजन विशिष्टता के लिए जिम्मेदार शुगर एल-फ्यूकोस है।

एच प्रतिजन की विशिष्टता ओलिगोसेकराइड के अनुक्रम द्वारा निर्धारित की जाती है। अधिक विशेष रूप से, एच प्रतिजनता के लिए न्यूनतम आवश्यकता टर्मिनल डिसैकराइड फ्यूकोस-गैलेक्टोज है, जहां फ्यूकोस में अल्फा- (1-2) - लिंकेज है।

अत: विकल्प (A) सही है।

21. बॉम्बे रक्त ग्रुप वाले व्यक्तियों को केवल ऑटोलॉगस रक्त या बॉम्बे hh फेनोटाइप वाले व्यक्तियों से ही रक्त चढ़ाया जा सकता है जो बहुत दुर्लभ है। अस्वीकृति हो सकती है यदि वे A, B, AB या O रक्त ग्रुप से रक्त प्राप्त करते हैं।

अत: विकल्प (D) सही है।

22. ABO रक्त समूह के लाल रक्त कोशिका निर्धारण में एंटी-A, एंटी-B और एंटी-A, B अभिकर्मकों का उपयोग किया जाता है। उनका उपयोग मानव लाल रक्त कोशिकाओं की सतह पर एरिथ्रोसाइटिक एंटीजन A और/या B की अनुपस्थिति या उपस्थिति को निर्धारित करने के लिए किया जाता है।

अत: विकल्प (D) सही है।

23. आधान से पहले एक वयस्क के ABO प्रकार का निर्धारण करने के लिए सीरम समूहन दो आवश्यक चरणों में से एक है। यह किसी व्यक्ति के सीरम (या प्लाज्मा) में एंटीबॉडी की जांच करके उसके ABO प्रकार की पुष्टि करने की प्रक्रिया के लिए (कम से कम, AABB तकनीकी मैनुअल के अनुसार) शब्द है। अधिकांश ब्लड बैंकर "रिवर्स ग्रुपिंग" शब्द का उपयोग परस्पर विनिमय के लिए करते हैं (वास्तव में, हम अक्सर रिवर्स ग्रुपिंग का उपयोग कर सकते हैं!)। ब्लड बैंकिंग में काम करने वाले लैब वैज्ञानिक ABO परीक्षण के इस चरण को

"बैक-टाइपिंग" कहते हैं। सीरम ग्रुपिंग "रेड सेल ग्रुपिंग," "फॉरवर्ड टाइपिंग," या "फ्रंट-टाइपिंग" के विपरीत है

अत: विकल्प (D) सही है।

24. Rh एंटीबॉडीज प्रतिरक्षा एंटीबॉडीज हैं।

अधिकांश Rh एंटीबॉडी IgG प्रकार के होते हैं। Rh एंटीबॉडी शायद ही कभी पूरक को सक्रिय करते हैं। वे RBC से जुड़ते हैं और उन्हें प्लीहा (एक्स्ट्रावास्कुलर हेमोलिसिस) में विनाश के लिए चिह्नित करते हैं। एंटी-D, एंटी-C, एंटी-eऔर एंटी-c गंभीर हेमोलिटिक ट्रांसफ्यूजन प्रतिक्रियाएं पैदा कर सकते हैं।

अत: विकल्प (B) सही है।

25. ABH रक्त ग्रुप एंटीजन (A, B और H) लाल रक्त कोशिकाओं, लिम्फोसाइट्स, प्लेटलेट्स, ऊतक कोशिकाओं, शरीर के तरल पदार्थ (CSF को छोड़कर) और स्राव में पाए जाते हैं। स्रावकों और गैर-स्रावकों के बीच बुनियादी अंतर उनके लार, बलगम और शरीर के अन्य स्रावों के गुणात्मक और मात्रात्मक घटक हैं।

अत: विकल्प (D) सही है।

26. AB रक्त समूह को सार्वभौमिक प्राप्तकर्ता माना जाता है क्योंकि इस रक्त समूह वाला व्यक्ति किसी भी अन्य रक्त समूह- A, B, AB और O से रक्त प्राप्त कर सकता है।

AB रक्त प्रकार में, लाल रक्त कोशिकाओं में एंटीजन A और B दोनों होते हैं, लेकिन प्लाज्मा में एंटी-A या एंटी B एंटीबॉडी दोनों का अभाव होता है।

अत: विकल्प (B) सही है।

27. पैन एग्लूटिनेशन कोल्ड एंटीबॉडी के कारण होता है।

कोल्ड एग्लूटिनेशन एरिथ्रोसाइट एंटीबॉडी हैं जो 37 डिग्री सेल्सियस से नीचे के तापमान पर लाल रक्त कोशिकाओं को एग्लूटिनेट करने की संपत्ति रखते हैं, यह घटना गर्म होने के बाद प्रतिवर्ती होती है। यह आमतौर पर इम्युनोग्लोबुलिन M (IgM) वर्ग है।

अत: विकल्प (A) सही है।

28. O निगेटिव रक्त ग्रुप को यूनिवर्सल डोनर माना जाता है।

- O रक्त ग्रुप में RBC की सतह पर कोई भी एंटीजन नहीं होता है।
- रक्त ग्रुप AB वाले लोगों को सार्वभौमिक प्राप्तकर्ता माना जाता है।

अत: विकल्प (C) सही है।

29. एचबीवी, एचआईवी और ट्रेपोनेम्स का पता लगाने के लिए रक्त आधान के लिए स्क्रीनिंग टेस्ट किया जाता है।

एंजाइम-लिंक्ड इम्यूनोसॉर्बेंट एसे (एलिसा) का उपयोग करके एचआईवी, एचबीवी और एचसीवी की जांच की गई। ट्रेपोनिमा पैलिडम संक्रमण की उपस्थिति का मूल्यांकन रैपिड प्लाज्मा रीगिन (RPR) का उपयोग करके किया गया था।

अत: विकल्प (D) सही है।

30. बाल चिकित्सा रक्त संग्रह बैग को 16 ग्राम सुई के साथ 250 मिलीलीटर +/- 25 मिलीलीटर पूरे रक्त के संग्रह के लिए डिज़ाइन किया गया है। यह छोटे कुत्तों को दान करने में सक्षम बनाता है। पूरे ब्लड यूनिट की शेल्फ लाइफ 4 डिग्री सेल्सियस पर 35 दिन है। कुत्तों से 15 से 25 किलो के बीच रक्त एकत्र करने के लिए यह आदर्श है। यदि इन थैलियों में रक्त एकत्र किया जाता है तो ट्रांसफर बैग का उपयोग पैक्ड कोशिका और ताजा जमे हुए प्लाज्मा को निकालने के लिए किया जा सकता है।

अत: विकल्प (A) सही है।

31. मानव एंटीबॉडी अणु और बी-सेल रिसेप्टर्स भारी और हल्की श्रृंखलाओं से बने होते हैं [जिनमें से प्रत्येक में स्थिर (C) और चर (V) दोनों क्षेत्र होते हैं], जो तीन लोकी पर जीन द्वारा एन्कोड किए गए हैं: (1) इम्युनोग्लोबुलिन हेवी लोकस है क्रोमोसोम 14 पर मौजूद, इम्युनोग्लोबुलिन भारी श्रृंखला के लिए जीन खंड युक्त; (2) इम्युनोग्लोबुलिन प्रकाश श्रृंखला के हिस्से के लिए जीन खंड इम्युनोग्लोबुलिन; और (3) इम्युनोग्लोबुलिन लैम्ब्डा (λ) लोकस क्रोमोसोम 22 पर मौजूद है, जिसमें इम्युनोग्लोबुलिन प्रकाश श्रृंखला के शेष भाग के लिए जीन खंड होते हैं।

अत: विकल्प (C) सही है।

32. 'पहली प्रतिक्रिया केवल IgM है, संक्रमण के प्रकार के बावजूद' संक्रमण के बाद एंटीबॉडी प्रतिक्रिया के बारे में सही है।

IgM एक विदेशी प्रतिजन के जवाब में अनुकूली प्रतिरक्षा प्रणाली द्वारा स्रावित पहला एंटीबॉडी है।

अत: विकल्प (A) सही है।

33. IgM अनुकूली, हाईफिनिटी IgG प्रतिक्रियाओं की पीढ़ी से पहले माइक्रोबियल संक्रमण के दौरान रक्षा की पहली पंक्ति प्रदान करता है जो लंबे समय तक रहने वाली प्रतिरक्षा और प्रतिरक्षात्मक स्मृति के लिए महत्वपूर्ण हैं। मोनोमेरिक IgM (180,000 kDa) को सभी सामान्य B-कोशिकाओं पर झिल्ली-बद्ध एंटीबॉडी के रूप में व्यक्त किया जाता है, लेकिन यह B-कोशिकाओं से पेंटामर के रूप में स्रावित होता है (पांच मोनोमेरिक इकाइयां डाइसल्फ़ाइड बॉन्ड द्वारा एक साथ जुड़ी होती हैं जो कार्बोक्सीटर्मिनल भारी श्रृंखलाओं और जे श्रृंखला को जोड़ती हैं।) पेंटामेरिक संरचना 10 जुड़ी हुई एंटीजन-बाइंडिंग साइट्स उत्पन्न करती है, जो आईजीएम को अन्य इम्युनोग्लोबुलिन की तुलना में उच्च वैधता प्रदान करती है। IgM क्लास स्विच रीकॉम्बिनेशन (CSR) और सोमैटिक हाइपरम्यूटेशन (SHM) की शुरुआत से पहले, बी-कोशिकाओं में जर्मलाइन कॉन्फ़िगर किए गए ट्रांस्क्रिप्ट से उत्पन्न होता है और आमतौर पर कम आत्मीयता का होता है। IgM एग्लूटिनेशन की मध्यस्थता में IgG की तुलना में 100-10,000 गुना अधिक प्रभावी है। एग्लूटिनेशन को आईजीएम-मध्यस्थता वायरस न्यूट्रलाइजेशन की प्रक्रिया का एक प्रमुख घटक माना जाता है, यह देखते हुए कि एक एकल बाध्य IgM पूरक को सक्रिय कर सकता है और एरिथ्रोसाइट को लाइसे कर सकता है, जबकि एक हजार या अधिक आईजीजी अणुओं की आवश्यकता होती है।

अत: विकल्प (B) सही है।

34. IgM एंटीबॉडी ग्लाइकोप्रोटीन हैं, पूरक को ठीक करते हैं और वे लिम्फोसाइटों की सतह पर होते हैं।

इम्युनोग्लोबुलिन M (IgM) एंटीबॉडी के कई आइसोटाइपों में से एक है (इम्युनोग्लोबुलिन के रूप में भी जाना जाता है) जो कशेरुकियों द्वारा निर्मित होते हैं। IgM सबसे बड़ा एंटीबॉडी है, और यह पहला एंटीबॉडी है जो किसी एंटीजन के शुरुआती संपर्क की प्रतिक्रिया में प्रकट होता है। मनुष्यों और अन्य स्तनधारियों में जिनका अध्ययन किया गया है, विशिष्ट IgM उत्पादन के लिए प्लीहा में रहने वाले प्लाज़ाब्लास्ट गुख्य स्रोत हैं।

अत: विकल्प (C) सही है।

35. इम्युनोग्लोबुलिन क्लास स्विचिंग एक जैविक तंत्र है जो B-कोशिका के इम्युनोग्लोबुलिन के उत्पादन को एक प्रकार से दूसरे प्रकार में बदलता है, जैसे कि आइसोटाइप IgM से आइसोटाइप IgG या IgA। इस प्रक्रिया के दौरान, प्रतिपिंड भारी श्रृंखला का स्थिर-क्षेत्र भाग बदल जाता है, लेकिन भारी श्रृंखला का परिवर्तनशील क्षेत्र समान रहता है। चूंकि चर क्षेत्र नहीं बदलता है, वर्ग स्विचन प्रतिजन विशिष्टता को प्रभावित नहीं करता है। विभिन्न प्रकार के एंटीबॉडी का उत्पादन करके विभिन्न रोगजनकों का जवाब देने के लिए B-कोशिकाओं के लिए इम्युनोग्लोबुलिन वर्ग स्विचिंग महत्वपूर्ण है।

अत: विकल्प (D) सही है।

36. IgG दीर्घकालिक सुरक्षा प्रदान करता है क्योंकि यह एंटीजन के गायब होने के बाद महीनों और वर्षों तक बना रहता है जिसने उनके उत्पादन को गति

प्रदान की है। IgG बैक्टीरिया, वायरस से रक्षा करता है, बैक्टीरिया के विषाक्त पदार्थों को बेअसर करता है, पूरक प्रोटीन सिस्टम को ट्रिगर करता है, और फागोसाइटोसिस की प्रभावशीलता को बढ़ाने के लिए एंटीजन को बांधता है। IgA का मुख्य कार्य रोगाणुओं पर आक्रमण करने से पहले रोगाणुओं पर प्रतिजनों को बांधना है। यह प्रतिजनों को एकत्र करता है और उन्हें स्राव में रखता है ताकि जब स्राव निष्कासित हो, तो प्रतिजन भी है। IgM RBC की सतह पर ABO रक्त समूह प्रतिजनों में शामिल है। IgE फागोसाइटोसिस द्वारा कोशिकाओं के अंतर्ग्रहण को बढ़ाता है। IgE मास्ट कोशिकाओं और बेसोफिल्स से बंधता है जो प्रतिरक्षा प्रतिक्रिया में भाग लेते हैं।

अत: विकल्प (D) सही है।

37. हाइपर-IgM सिंड्रोम वाले मरीजों में आईजीएम प्रकार के एंटीबॉडी के उत्पादन से IgG, IgA या IgE प्रकार के एंटीबॉडी में स्विच करने में असमर्थता होती है।

हाइपर IgM सिंड्रोम एक ऐसी स्थिति है जो प्रतिरक्षा प्रणाली को प्रभावित करती है और लगभग विशेष रूप से पुरुषों में होती है। इस विकार वाले लोगों में एंटीबॉडी या इम्युनोग्लोबुलिन नामक प्रोटीन का असामान्य स्तर होता है।

अत: विकल्प (D) सही है।

38. मोनोस्पेसिफिक एएचजी अभिकर्मकों में या तो एंटी-AHG या एंटी-C3d एंटीबॉडी विशिष्टताएं होती हैं।

AHG अभिकर्मक दो प्रकार के होते हैं, पॉलीस्पेसिफिक और मोनोस्पेसिफिक रिएजेंट। बहुविशिष्ट अभिकर्मकों में मुख्य रूप से एंटी-इम्युनोग्लोबुलिन G (एंटी-IgG) और एंटी-पूरक घटक शामिल हैं; मोनोस्पेसिफिक अभिकर्मकों में केवल एक घटक होता है, जैसे एंटी-IgG या एंटी-C3d एंटीबॉडी।

अत: विकल्प (B) सही है।

39. IgM बाध्यकारी प्रतिजन पर प्रभावी ढंग से पूरक को सक्रिय करने के लिए विशिष्ट है।

इम्युनोग्लोबुलिन M (IgM) एंटीबॉडी के कई आइसोटाइपों में से एक है (इम्युनोग्लोबुलिन के रूप में भी जाना जाता है) जो कशेरुकियों द्वारा निर्मित होते हैं।

अत: विकल्प (D) सही है।

40. जब एक जीन के दो समान युग्मविकल्पियों को प्रत्येक माता-पिता से विरासत में मिला है, तब प्रयुक्त शब्द होमोजीगस है।

होमोजीगस, जेनेटिक्स से संबंधित, प्रत्येक जैविक माता-पिता से जीनोमिक मार्कर के समान संस्करण (एलील) को विरासत में प्राप्त करने का संदर्भ देता है। इस प्रकार, एक व्यक्ति जो एक जीनोमिक मार्कर के लिए सजातीय है, उस मार्कर के दो समान संस्करण हैं।

अत: विकल्प (A) सही है।

41. रोगी के नमूने में एक लाल कोशिका प्रतिजन की विशिष्टता निर्धारित करने के लिए, वाणिज्यिक एंटीसेरा का चयन किया जाता है।

ABO फेनोटाइपिंग के लिए वाणिज्यिक मोनोक्लोनल एंटीसेरा चार मुख्य ABO फेनोटाइप (A, B, AB, और O) की पहचान करने के लिए उपयोगी अभिकर्मक हैं। हालांकि, इन वाणिज्यिक अभिकर्मकों की प्रतिक्रियाशीलता स्पष्ट नहीं हो सकती है जब A या B एंटीजन कमजोर रूप से व्यक्त किए जाते हैं, और इन एंटीसेरा में कम टाइटर्स होते हैं।

अत: विकल्प (B) सही है।

42. एंटीबॉडी (इम्युनोग्लोबुलिन) में 5 प्रकार के भारी श्रृंखला स्थिर क्षेत्र होते हैं और इन प्रकारों के अनुसार, उन्हें IgG, IgM, IgA, IgD और IgE में वर्गीकृत किया जाता है। वे वितरित होते हैं और शरीर में अलग तरह से कार्य करते हैं।

अत: विकल्प (A) सही है।

43. एंटी-Fya शायद मौजूद थे।

एंटी-Fya सबसे आम डफी एंटीबॉडी है और रक्त आधान द्वारा प्रतिरक्षित कोकेशियान के सीरम में सबसे अधिक बार पाया जाता है। Fya एंटीजन केल सिस्टम के K एंटीजन की तुलना में लगभग 40 गुना कम इम्यूनोजेनिक है।

अत: विकल्प (D) सही है।

44. R1r, C प्रतिजन के लिए हेटेरोज़ीगस है।

c-एंटीजन Rh रक्त समूह प्रणाली का हिस्सा है। एंटी-c एंटीबॉडी पिछले जोखिम के माध्यम से संवेदनशील व्यक्तियों में विकसित होता है और तीव्र और विलंबित हेमोलिटिक आधान प्रतिक्रियाओं के साथ-साथ नवजात शिशु (HDN) के हेमोलिटिक रोग से जुड़ा होता है।

अत: विकल्प (A) सही है।

45. यदि रोगी को 3 महीने के भीतर रक्ताधान किया गया हो तो लाल रक्त कोशिकाओं पर एंटीजन टंकण नहीं किया जाना चाहिए।

लाल कोशिका पर विशिष्ट एंटीजन की पहचान करने के लिए RBC एंटीजन टाइपिंग का उपयोग किया जाता है। नवजात शिशु के हेमोलिटिक रोग के जोखिम का आकलन करने में पिता के विशिष्ट लाल कोशिका प्रतिजनों की पहचान उपयोगी हो सकती है।

अत: विकल्प (C) सही है।

46. सामान्य आरबीसी अपचय का पीले रंग का उत्पाद बिलीरुबिन है।

बिलीरुबिन, पित्त का एक भूरा पीला वर्णक, कशेरुकियों में यकृत द्वारा स्रावित होता है, जो ठोस अपशिष्ट उत्पादों (मल) को उनके विशिष्ट रंग देता है। यह अस्थि मज्जा कोशिकाओं और यकृत में लाल-रक्त-कोशिका (हीमोग्लोबिन) के टूटने के अंतिम उत्पाद के रूप में उत्पन्न होता है।

अत: विकल्प (A) सही है।

47. गामा-ग्लूटामिलट्रांसफेरेज़ एंजाइम शराबी यकृत रोग का एक संवेदनशील मार्कर है।

युवा वयस्कों में शराब की खपत के लिए एक मार्कर के रूप में जीजीटी की संवेदनशीलता प्रलेखित शराब निर्भरता के मामलों में भी विशेष रूप से खराब दिखाई गई है। ट्रांसफरिन्स जिनमें कार्बोहाइड्रेट के साथ कम मात्रा में बंधन होता है, सामूहिक रूप से CDT कहलाते हैं और शराबियों के सीरम में बढ़ जाते हैं।

अत: विकल्प (C) सही है।

48. 5'- न्यूक्लियोटिडेज़ का उपयोग अवरोधक पीलिया के विभेदक निदान के लिए किया जाता है।

5' न्यूक्लियोटिडेज़ का उपयोग बढ़े हुए सीरम क्षारीय फॉस्फेट की उत्पत्ति की जांच के लिए किया जाता है। यह लिवर से संबंधित एंजाइम है जिसका उपयोग कोलेस्टेटिक/पित्त बाधा को ठीक करने के लिए किया जाता है।

अत: विकल्प (D) सही है।

49. सक्सिनेट डिहाइड्रोजनेज TCA चक्र को नियंत्रित करता है।

SDH कॉम्प्लेक्स, जिसे सक्सिनेट के रूप में भी नामित किया गया है: यूबिकिनोन ऑक्सीडोरडक्टेस या माइटोकॉन्ड्रियल कॉम्प्लेक्स II, TCA चक्र और ETC के बीच का सेतु एंजाइम है। SDH TCA चक्र के छठे चरण को उत्प्रेरित करता है, जो कि सक्सिनेट से फ्यूमरेट का ऑक्सीकरण, जिसमें यूबिकिनोन की यूबिकिनोल में कमी होती है।

अत: विकल्प (A) सही है।

50. क्रिगलर नज्जर सिंड्रोम, यूडीपी-ग्लुकुरोनोसिल ट्रांसफेरेज़ नामक एक दोषपूर्ण एंजाइम के कारण बिलीरुबिन चयापचय का विरासत में मिला चयापचय विकार है।

यूजीटी1A1 जीन में उत्परिवर्तन क्रिगलर-नज्जर सिंड्रोम का कारण बनता है। यह जीन बिलीरुबिन यूरीडीन डाइफॉस्फेट ग्लुकुरोनोसिल ट्रांसफेरेज़ (बिलीरुबिन-यूजीटी) एंजाइम बनाने के लिए निर्देश प्रदान करता है, जो मुख्य रूप से यकृत कोशिकाओं में पाया जाता है और शरीर से बिलीरुबिन को हटाने के लिए आवश्यक है।

अत: विकल्प (A) सही है।

51. ऑब्स्ट्रक्टिव पीलिया में, यूरोबिलिन की कमी के कारण मल का रंग मिट्टी के रंग का होता है।

पूर्ण पित्त नली बाधा वाले मरीजों में, कोई यूरोबिलिनोजेन नहीं बनता है। इसलिए, बिलीरुबिन की कमी के कारण मल ग्रे-सफेद या मिट्टी के रंग का हो जाएगा।

अत: विकल्प (C) सही है।

52. डबिन-जॉनसन सिंड्रोम एक दोषपूर्ण प्रोटीन के कारण बिलीरुबिन चयापचय का विरासत में मिला हुआ चयापचय विकार है जिसे MRP-2 प्रोटीन के रूप में जाना जाता है।

डबिन-जॉनसन सिंड्रोम क्रोमोसोम 10 पर स्थित मल्टीपल ड्रग रेजिस्टेंस प्रोटीन 2 जीन (ABCC2) में दोष के कारण होता है। यह एक ऑटोसोमल रिसेसिव बीमारी है और संभवत: फंक्शन म्यूटेशन के नुकसान के कारण होता है, क्योंकि म्यूटेशन साइटोप्लाज्मिक/ बाध्यकारी डोमेन को प्रभावित करता है।

अत: विकल्प (D) सही है।

53. 7-अल्फा-हाइड्रॉक्सिलेज़ पित्त अम्ल संश्लेषण का दर-सीमित एंजाइम है।

कोलेस्ट्रॉल-7α-हाइड्रॉक्सिलेज़ (7α-हाइड्रॉक्सिलेज़) साइटोक्रोम P450 जीन परिवार का एक सदस्य है और इसे दर सीमित करने वाला एंजाइम माना जाता है जो कोलेस्ट्रॉल से पित्त एसिड के संश्लेषण को नियंत्रित करता है। यह विशेष रूप से यकृत में व्यक्त किया जाता है।

अत: विकल्प (A) सही है।

54. प्लाज्मा और मूत्र में पित्त नमक की वृद्धि ऑब्स्ट्रक्टिव पीलिया का सूचक है।

पित्त नलिकाओं के माध्यम से पित्त यकृत से बाहर निकलता है और पित्ताशय की थैली में जमा होता है। भोजन के बाद, इसे छोटी आंत में छोड़ दिया जाता है। जब पित्त नलिकाएं अवरुद्ध हो जाती हैं, पित्त यकृत में बनता है, और पीलिया (त्वचा का पीला रंग) रक्त में बिलीरुबिन के बढ़ते स्तर के कारण विकसित होता है।

अत: विकल्प (C) सही है।

55. सक्रिय तपेदिक (टीबी) संक्रमण के निदान के लिए AFB परीक्षणों का सबसे अधिक उपयोग किया जाता है। उनका उपयोग अन्य प्रकार के AFB संक्रमणों के निदान में मदद के लिए भी किया जा सकता है। इनमें शामिल हैं: कुष्ठ रोग, जो एक समय में भयानक था, लेकिन अब एक दुर्लभ और आसानी से इलाज योग्य रोग है जो नसों, आंखों और त्वचा को प्रभावित करता है।

अत: विकल्प (A) सही है।

56. जीर्ण यकृत सिरोसिस को परिवर्तित किया जा सकता है A: G (एल्ब्यूमिन / ग्लोब्युलिन) अनुपात 2 से कम प्लाज्मा एल्ब्यूमिन सांद्रता के साथ।

सिरोसिस तब होता है जब निशान ऊतक स्वस्थ यकृत ऊतक को बदल देता है। यह लिवर को सामान्य रूप से काम करने से रोकता है। सिरोसिस एक दीर्घकालिक (पुरानी) यकृत रोग है। सबसे आम कारण हेपेटाइटिस और अन्य वायरस और शराब का दुरुपयोग है।

अत: विकल्प (A) सही है।

57. उच्च आयनों के अंतर के साथ मेटाबोलिक एसिडोसिस केटोएसिडोसिस की स्थिति का वर्णन करता है।

केटोएसिडोसिस एक चयापचय स्थिति है जो केटोन निकायों के अनियंत्रित उत्पादन के कारण होती है जो चयापचय एसिडोसिस का कारण बनती है। जबकि केटोसिस रक्त केटोन्स के किसी भी उन्नयन को संदर्भित करता है, केटोएसिडोसिस एक विशिष्ट रोग संबंधी स्थिति है जिसके परिणामस्वरूप रक्त पीएच में परिवर्तन होता है और चिकित्सा ध्यान देने की आवश्यकता होती है। कीटोएसिडोसिस का सबसे आम कारण मधुमेह केटोएसिडोसिस है, लेकिन यह शराब, दवाओं, विषाक्त पदार्थों और शायद ही कभी भुखमरी के कारण भी हो सकता है।

अत: विकल्प (A) सही है।

58. प्रोक्सिमल नलिकाएं बाइकार्बोनेट के पुनर्ग्रहण का स्थल हैं।

प्रोक्सिमल नलिका में बाइकार्बोनेट का पुनर्ग्रहण अत्यधिक विनियमित होता है: ल्यूमिनल [HCO_3^-], प्रवाह दर और धमनी PCO_2 में वृद्धि होती है, जबकि पेरिट्यूबुलर सतह का क्षारीयकरण बाइकार्बोनेट अवशोषण को रोकता है। एंजियोटेंसिन II भी बाइकार्बोनेट परिवहन को विनियमित करने के लिए प्रतीत होता है, विशेष रूप से S1 खंड में।

अत: विकल्प (B) राही है।

59. बाइकार्बोनेट की पुनः प्राप्ति द्वारा किडनी एसिड-बेस बैलेंस में योगदान देती है।

गुर्दे के पास एसिड-बेस बैलेंस बनाए रखने के दो मुख्य तरीके हैं - उनकी कोशिकाएं बाइकार्बोनेट HCO_3^- को मूत्र से वापस रक्त में ले जाती हैं और वे मूत्र में हाइड्रोजन H^+ आयनों का स्राव करती हैं। पुन: अवशोषित और स्रावित मात्रा को समायोजित करके, वे रक्तप्रवाह के पीएच को संतुलित करते हैं।

अत: विकल्प (B) सही है।

60. एंडोसाइटोसिस द्वारा कुछ छोटे आकार के प्रोटीन को गुर्दे के माध्यम से फ़िल्टर किया जाता है।

"एंडोसाइटोसिस" शब्द का अर्थ बड़े कणों (जैसे बैक्टीरिया) के अंतर्ग्रहण और छोटे पुटिकाओं में तरल पदार्थ या मैक्रोमोलेक्यूल्स के तेज दोनों को शामिल करना है। इन गतिविधियों में से पूर्व को फागोसाइटोसिस (सेल ईटिंग) और बाद वाले को पिनोसाइटोसिस (सेल ड्रिंकिंग) के रूप में जाना जाता है।

अत: विकल्प (B) सही है।

61. डोपामाइन ग्लोमेरुलर फिल्ट्रेशन रेट (GFR) को बढ़ाता है।

सोडियम उत्सर्जन की दर में इस वृद्धि के लिए ग्लोमेरुलर निस्पंदन दर (जीएफआर) और ट्यूबलर नमक पुन: अवशोषण में कमी जिम्मेदार हो सकती है। डोपामाइन, कम खुराक पर, जीएफआर में नगण्य रूप से वृद्धि हुई लेकिन उच्च खुराक (90 माइक्रोग्राम / मिनट-किग्रा बीडब्ल्यू) पर, 16% की वृद्धि देखी गई।

अत: विकल्प (C) सही है।

62. एस्पार्टेट. ऑक्सालोसेटेट जोड़ी जोड़ी नाइट्रोजन और अमीनो एसिड पूल के रखरखाव के लिए यूरिया चक्र को ट्राइकार्बोक्सिलिक एसिड चक्र के साथ जोड़ती है।

उपवास के दौरान भी शरीर रक्त में एक अपेक्षाकृत बड़ा मुक्त अमीनो एसिड पूल (लगभग 35-65 मिलीग्राम/डेसीलीटर) बनाए रखता है; प्रोटीन और आवश्यक अमीनो एसिड डेरिवेटिव के संश्लेषण के लिए कोशिकाओं और ऊतकों में अलग-अलग अमीनो एसिड की निरंतर पहुंच होती है।

अत: विकल्प (B) सही है।

63. क्रिएटिनिन क्लीयरेंस ग्लोमेरुलर फंक्शन का एक संवेदनशील मार्कर है।

क्रिएटिनिन क्लीयरेंस टेस्ट यह जानकारी देने में मदद करता है कि किडनी कितनी अच्छी तरह काम कर रही है। परीक्षण मूत्र में क्रिएटिनिन स्तर की तुलना रक्त में क्रिएटिनिन स्तर से करता है।

अत: विकल्प (C) सही है।

64. अमोनिया को हटाने के लिए यूरिया चक्र दोष वाले रोगियों को फेनिलब्यूटाइरेट दिया जाता है।

कार्बमाइलफॉस्फेट सिंथेज़ की कमी (CPS), ऑर्निथिन ट्रांसकार्बमाइलेज़ की कमी (OTC), या आर्जिनिनोसुसिनेट सिंथेज़ (AS) सहित यूरिया चक्र विकारों के इलाज में मदद करने के लिए उचित आहार के साथ सोडियम फेनिलब्यूटाइरेट का उपयोग किया जाता है। शरीर में प्रोटीन के टूटने से अमोनिया बनता है।

अत: विकल्प (B) सही है।

65. परिधीय ऊतकों से यकृत तक अमीनो समूहों के परिवहन में ग्लूटामाइन एसिड की महत्वपूर्ण भूमिका होती है।

एलैनिन और ग्लूटामाइन दोनों परिधीय ऊतकों से यकृत तक अमोनिया के गैर-विषैले वाहक के रूप में एक आवश्यक भूमिका निभाते हैं। परिवहन के लिए ऐलेनिन और ग्लूटामाइन उत्पन्न करने के लिए, अमीनो एसिड संदूषण प्रतिक्रियाओं से गुजर सकते हैं।

अत: विकल्प (C) सही है।

66. क्षय रोग से पीड़ित व्यक्ति का थूक पीला दिखाई देता है।

थूक सामान्य रूप से सफेद होता है लेकिन यदि आप बीमार हैं तो अन्य रंग जैसे हरा, पीला और यहां तक कि खूनी रंग का भी हो सकता है।

अत: विकल्प (B) सही है।

67. परिपक्व लाल कोशिका 7.5 माइक्रोन के व्यास के साथ एक उभयलिंगी डिस्क है।

मानव आरबीसी का डिस्कोसाइट आकार लगभग 7.5 से 8.7 माइक्रोन व्यास और 1.7 से 2.2 माइक्रोन मोटाई में है।

अत: विकल्प (C) सही है।

68. सामान्य लाल कोशिका जीवन काल लगभग 120 दिन है।

वयस्कों में आरबीसी सेनेसेंट (उम्र से संबंधित) मृत्यु का सामान्य समय लगभग 110 से 120 दिन है। हेमोलिसिस को मनमाने ढंग से 100 दिनों से कम के मान पर आरबीसी के प्रसार के अस्तित्व में कमी के रूप में परिभाषित किया जा सकता है।

अत: विकल्प (C) सही है।

69. आयरन की कमी वाले एनीमिया में स्फेरोसाइट्स नहीं पाए जाते हैं।

स्फेरोसाइटोसिस रक्त में स्फेरोसाइट्स की उपस्थिति है, यानी एरिथ्रोसाइट्स (लाल रक्त कोशिकाएं) जो सामान्य रूप से द्वि-अवतल डिस्क के आकार के बजाय गोले के आकार की होती है। स्फेरोसाइट्स कुछ हद तक सभी हेमोलिटिक एनीमियास में पाए जाते हैं। वंशानुगत स्फेरोसाइटोसिस और ऑटोइम्यून हेमोलिटिक एनीमिया को केवल स्फेरोसाइट्स होने की विशेषता है।

अत: विकल्प (D) सही है।

70. पॉलीक्रोमेशिया बढ़े हुए रेटिकुलोसाइट्स से मेल खाती है।

रेटिकुलोसाइट गिनती या प्रतिशत सामान्य होने पर भी परिधीय रक्त स्मीयर पर पॉलीक्रोमेशिया बढ़ सकता है। यह खोज एक मज्जा से एरिथ्रोइड कोशिकाओं की समयपूर्व रिहाई का सुझाव देती है जो अति सक्रिय नहीं है। कारणों में ट्यूमर या ग्रेनुलोमा, या मज्जा फाइब्रोसिस द्वारा मज्जा तंतुमयता शामिल है।

अत: विकल्प (B) सही है।

71. अप्लास्टिक एनीमिया में रेटिकुलोसाइट्स नहीं बढ़ते हैं।

अप्लास्टिक अनीमिया को हाइपोसेलुलर बोन मैरो की उपस्थिति में पैन्टीटोपेनिया और हाइपोप्रोलिफेरेटिव रेटिकुलोसाइट काउंट की विशेषता है।

यदि इसका इलाज नहीं किया जाता है, तो रोगी आमतौर पर संक्रमण या रक्तस्राव से मर जाते हैं।

अत: विकल्प (C) सही है।

72. रेटिकुलोसाइट्स लाल रक्त कोशिकाएं हैं जो अभी भी विकसित हो रही हैं। उन्हें अपरिपक्व लाल रक्त कोशिकाओं के रूप में भी जाना जाता है। रेटिकुलोसाइट्स अस्थि मज्जा में बनते हैं और रक्तप्रवाह में भेजे जाते हैं। उनके बनने के लगभग दो दिन बाद, वे परिपक्व लाल रक्त कोशिकाओं में विकसित हो जाते हैं।

अत: विकल्प (D) सही है।

73. अविकासी खून की कमी में रेटिकुलोसाइट्स की संख्या कम हो जाती है।

एक रेटिकुलोसाइट (री-टिक-यू-लो-साइट) गिनती आपके रक्त में युवा लाल रक्त कोशिकाओं की संख्या को मापती है। परीक्षण से पता चलता है कि आपका अस्थि मज्जा सही दर पर लाल रक्त कोशिकाओं का निर्माण कर रहा है या नहीं। जिन लोगों को अविकासी खून की कमी होता है उनमें रेटिकुलोसाइट स्तर कम होता है।

अत: विकल्प (B) सही है।

74. वयस्क महिला के लिए सामान्य आरबीसी गणना $3.8 - 4.8 \times 10^{12}/L$ है।

पुरुषों की तुलना में महिलाओं में आमतौर पर आरबीसी की संख्या कम होती है, और लाल रक्त कोशिकाओं का स्तर उम्र के साथ घटता जाता है।

अत: विकल्प (B) सही है।

75. वयस्क पुरुषों में, पैक्ड सेल वॉल्यूम के लिए सामान्य सीमा $40 - 50\%$ है।

रोगियों में एनीमिया या पॉलीसिथेमिया का निदान करने के लिए एक पीसीवी (पैक्ड सेल वॉल्यूम) टेस्ट किया जाता है। यह आम तौर पर एक पूर्ण रक्त गणना परीक्षण के साथ किया जाता है जो किसी भी रक्त संक्रमण की आवश्यकता का अनुमान लगाने और रक्त आधान उपचार की प्रतिक्रिया की निगरानी करने के लिए किया जाता है।

अत: विकल्प (C) सही है।

76. आयरन के अधिभार के साथ हाइपोक्रोमिक माइक्रोसाइटिक एनीमिया एक ऐसी स्थिति है जो कोशिकाओं में आयरन के सामान्य परिवहन को बाधित करती है। आयरन हीमोग्लोबिन का एक आवश्यक घटक है, जो वह पदार्थ है जिसका उपयोग लाल रक्त कोशिकाएं पूरे शरीर में कोशिकाओं और ऊतकों तक ऑक्सीजन ले जाने के लिए करती हैं।

अत: विकल्प (C) सही है।

77. प्लाज्मोडियम के कारण होने वाली बीमारी से पीड़ित व्यक्ति, हेमोज़ोइन की मुक्ति के समय बार-बार ठंड और बुखार का अनुभव करता है।

प्लाज्मोडियम के कारण होने वाला मलेरिया रोग है। यह मानव शरीर के अंदर है जहां यह आरबीसी के लिए अलैंगिक रूप से प्रजनन करता है और एक रासायनिक हेमोज़ोइन की मुक्ति के कारण बुखार और अन्य लक्षणों के चक्र का कारण बनता है।

अत: विकल्प (C) सही है।

78. पीलिया एक गैर-संक्रामक रोग है जिसमें यकृत प्रभावित होता है जिसके परिणामस्वरूप त्वचा का रंग पीला पड़ जाता है और आंख का सफेद स्थान बन जाता है।

- कारण: रक्तप्रवाह में बिलीरुबिन (यकृत द्वारा जारी वर्णक) की अत्यधिक उपस्थिति।

- बिलीरुबिन रक्त में मौजूद पीले-नारंगी वर्णक है। यह एक अपशिष्ट पदार्थ है जो रक्त से आयरन को हटाने के बाद बनता है।

अत: विकल्प (B) सही है।

79. ये सभी निष्कर्ष टीआईबीसी में कमी को छोड़कर आयरन की कमी वाले एनीमिया के निदान में मदद करते हैं।

जैसा कि नाम से ही स्पष्ट है, आयरन की कमी से होने वाला एनीमिया आयरन की कमी के कारण होता है। पर्याप्त आयरन के बिना, आपका शरीर लाल रक्त कोशिकाओं में पर्याप्त पदार्थ का उत्पादन नहीं कर सकता है जो उन्हें ऑक्सीजन (हीमोग्लोबिन) ले जाने में सक्षम बनाता है। नतीजतन, आयरन की कमी से होने वाला एनीमिया आपको थका हुआ और सांस लेने में तकलीफ दे सकता है।

अत: विकल्प (B) सही है।

80. जीर्ण विकारों के एनीमिया में सीरम आयरन कम हो जाता है।

जीर्ण बीमारी के एनीमिया वाले मरीजों में आयरन की कमी वाले एनीमिया का अक्सर संदेह होता है क्योंकि दोनों स्थितियों में कई समानताएं होती हैं। दोनों स्थितियों में, सीरम आयरन का स्तर कम होता है। छोटी या माइक्रोसाइटिक कोशिकाएँ किसी भी विकार में मौजूद हो सकती हैं, हालाँकि इस प्रकार की कोशिकाएँ सही आयरन की कमी का अधिक संकेत देती हैं।

अत: विकल्प (D) सही है।

81. दिया गया है,

एक वर्ग का परिमाप $24\sqrt{2}$ सेमी है।

जैसा कि हम जानते हैं,

वर्ग का विकर्ण $= \sqrt{2} \times$ भुजा

वर्ग का परिमाप $= 4 \times$ भुजा

$\Rightarrow 24\sqrt{2}$ सेमी $= 4 \times$ भुजा

$\Rightarrow$ भुजा $= 6\sqrt{2}$ सेमी

वर्ग की विकर्ण $= \sqrt{2} \times$ भुजा

$= \sqrt{2} \times 6\sqrt{2}$ सेमी

$= 12$ सेमी

$\therefore$ वर्ग का विकर्ण 12 सेमी है।

अतः विकल्प (D) सही है।

82. दिया गया है,

कक्षा के कुल औसत अंक $= 43$

लड़कों की संख्या $= 25$

लड़कों के औसत अंक $= 40$

लड़कियों के औसत अंक $= 48$

जैसा कि हम जानते है,

अंकों का औसत $=$ (कुल अंक /छात्रों की संख्या)

माना, लड़कियों की संख्या $= x$

$\Rightarrow (25 \times 40) + (48 \times x) = 43 \times (25 + x)$

$\Rightarrow 1000 + 48x = 1075 + 43x$

$\Rightarrow 5x = 75$

$\Rightarrow x = 15$

∴ लड़कियों की संख्या 15 है।

अतः विकल्प (C) सही है।

83. दिया गया है:

विक्रय मूल्य $= 528$

हानि प्रतिशत $= 12\%$

माना क्रय मूल्य $100x$ है।

इसलिए, हानि $= 12x$

अब, विक्रय मूल्य $= 100x - 12x = 88x$

प्रश्न के अनुसार,

$88x = 528$

$\Rightarrow x = 6$

∴ क्रय मूल्य $= 100x$

$= 100 \times 6$

$= 600$ रु

अतः विकल्प (C) सही है।

84. दिया गया है,

$\sqrt{324} + 9^2 - 7^2 = 2 \times (?)^2$

$\Rightarrow 18 + 81 - 49 = 2 \times (?)^2$

$\Rightarrow 50 = 2 \times (?)^2$

$\Rightarrow \dfrac{50}{2} = (?)^2$

$\Rightarrow 25 = (?)^2$

$\Rightarrow ? = \sqrt{25}$

$\Rightarrow ? = 5$

∴ (?) का मान 5 है।

अतः विकल्प (B) सही है।

85. दिया गया है:

दो धनात्मक संख्याओं का योग 240 है और उनका महत्तम समापवर्तक 15 है।

अब,

मान लीजिए दो धनात्मक संख्याएँ $15x$ और $15y$ हैं। जहाँ x और y को अभाज्य होना चाहिए अर्थात x और y का महत्तम समापवर्तक 1 होना चाहिए।

प्रश्न के अनुसार:

संख्या का योग इस प्रकार है,

$15x + 15y = 240$

$\Rightarrow x + y = 16$

अब, हमें उन जोड़ियों की संख्या ज्ञात करनी है जिनमें दो संख्याओं का योग 16 है लेकिन उनके बीच कोई भी समापवर्त्य नहीं है, ऐसे जोड़े हैं,

$\Rightarrow (1,15)(3,13)(5,11)(7,9)$

∴ कुल संभावित जोड़े 4 हैं।

अतः विकल्प (C) सही है।

86. यहाँ अनुसरित स्वरुप निम्न प्रकार है:

3	1	18	18	25	3	15	20
C	A	R	R	Y	C	O	T
+2	-2	+2	-2	+2	-2	+2	-2
E	Y	T	P	A	A	Q	R
5	25	20	16	1	1	17	18

"CALAMITY" के लिए भी समान स्वरुप का पालन कया जाएगा:

3	1	12	1	13	9	20	25
C	A	L	A	M	I	T	Y
+2	-2	+2	-2	+2	-2	+2	-2
E	Y	N	Y	O	G	V	W
5	25	14	25	15	7	22	23

इसलिए उत्तर 'EYNYOGVW' है।

अतः विकल्प (D) सही है।

87. दिए गए कथनों के लिए न्यूनतम संभावित वेन आरेख इस प्रकार होगा:

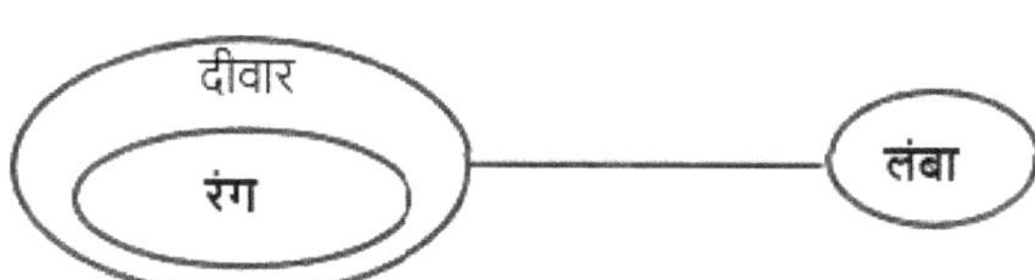

I. कोई पेंट लम्बा नहीं है → सत्य (चूंकि सभी पेंट दीवार हैं और कोई भी दीवार लंबी नहीं है। इस प्रकार, कोई भी पेंट लंबा नहीं है।)

II. कुछ पेंट लम्बे हैं। → असत्य (यह निश्चित रूप से सत्य नहीं है)

इसलिए, केवल I अनुसरण करता है।

अतः विकल्प (A) सही है।

88. यहाँ अनुसरण किया गया तर्क है:

दिया गया:

'कंगन' का संबंध 'आभूषण' से है = कंगन एक प्रकार का आभूषण है।

इसी तरह,

'लौंग' 'मसाले' से संबंधित है = लौंग मसालों का प्रकार है।

इसलिए, 'मसाले' सही उत्तर है।

अतः विकल्प (B) सही है।

89. दिए गए कथन इस प्रकार हैं:

पौष्टिक भोजन खाने से व्यक्ति स्वस्थ रहेगा, इसलिए स्वास्थ्य संबंधी कोई समस्या नहीं होगी ताकि वह डॉक्टर को दूर रख सकता है।

I. डॉक्टर जल्द ही नौकरी से बाहर हो जाएंगे → असत्य (इस बात का कोई निश्चित संबंध नहीं है कि पौष्टिक भोजन खाने से डॉक्टर दूर रहते हैं लेकिन इस बात की कोई जानकारी नहीं है कि डॉक्टर जल्द ही नौकरी से बाहर हो जाएंगे)।

II. पौष्टिक भोजन डॉक्टर को दूर नहीं रखता है → असत्य (यह कथन से स्पष्ट है कि पौष्टिक भोजन खाने से डॉक्टर दूर रहते हैं लेकिन इस निष्कर्ष से पौष्टिक भोजन खाने से डॉक्टर दूर नहीं रहते हैं)।

इसलिए, निष्कर्ष 1 और 2 दोनों पूरक युग्म हैं।

इस प्रकार, न तो I. और न ही II. अनुसरण करता है।

अतः विकल्प (C) सही है।

90. यहाँ अनुसरण किया गया स्वरूप इस प्रकार है:

$$S \xrightarrow{+2} U \xrightarrow{+2} W \xrightarrow{+2} Y$$

$$H \xrightarrow{+2} J \xrightarrow{+2} L \xrightarrow{+2} N$$

$$C \xrightarrow{+2} E \xrightarrow{+2} G \xrightarrow{+2} I$$

$$P \xrightarrow{+2} R \xrightarrow{+1} S \xrightarrow{+2} U$$

इसलिए, 'PRSU' सभी विकल्पों में विषम है।

अतः विकल्प (D) सही है।

91. काजीरंगा राष्ट्रीय उद्यान असम, भारत में स्थित है। 1968 में राष्ट्रीय उद्यान का दर्जा दिया गया था। 1985 में यूनेस्को द्वारा विश्व धरोहर स्थल घोषित किया गया था। काजीरंगा राष्ट्रीय उद्यान में दुनिया के दो-तिहाई एक सींग वाले गैंडेहैं।

- मध्यप्रदेश में कान्हा राष्ट्रीय उद्यान दलदली भूमि (बरसिंघा) के लिए प्रसिद्ध है।
- केरल में पेरियार राष्ट्रीय उद्यान हाथियों के लिए प्रसिद्ध है।
- पश्चिम बंगाल में सुंदरबन राष्ट्रीय उद्यान रॉयल बंगाल टाइगर के लिए प्रसिद्ध है।
- गुजरात में गिर राष्ट्रीय उद्यान शेरों के लिए प्रसिद्ध है।
- गुजरात में कच्छ घुड़खर अभयारण्य रण 'खर', 'गधेरा' या 'घुड़खर' (जंगली गधा) के लिए प्रसिद्ध है।

अत: विकल्प (A) सही है।

92. रसायन विज्ञान में 2022 का नोबेल पुरस्कार संयुक्त रूप से कैरोलिन बर्टोज़ी, मॉर्टन मेल्डल, बैरी शार्पलेस को अणुओं को एक साथ स्निपिंग पर उनके काम के लिए दिया गया है, जिसे 'क्लिक केमिस्ट्री' के रूप में जाना जाता है। उनके काम का उपयोग कोशिकाओं का पता लगाने के लिए जैविक प्रक्रियाओं को ट्रैक करने के लिए किया जाता है और कैंसर उपचार दवाओं में लागू किया जा सकता है। बैरी शार्पलेस ने चिरली उत्प्रेरित ऑक्सीकरण प्रतिक्रियाओं पर अपने काम के लिए 2001 में नोबेल पुरस्कार भी जीता।

अतः विकल्प (C) सही है।

93. क्रॉल, ब्रेस्टस्ट्रोक और बटरफ्लाई शब्द तैराकी के खेल से जुड़े हैं।

इस खेल में व्यक्ति के पूरे शरीर को पानी में घुमाया जाता है। पूल या खुले पानी में, खेल होते हैं। इवेंट बटरफ्लाई, ब्रेस्टस्ट्रोक, फ्रीस्टाइल और व्यक्तिगत मेडली तैराकी से जुड़े हैं। तैराकी द्वारा विशिष्ट तकनीकों का एक समूह आवश्यक है।

अत: विकल्प (A) सही है।

94. केंद्रीय आयुष मंत्री, सर्बानंद सोनोवाल ने 24 जुलाई 2022 को अखिल भारतीय आयुर्वेद संस्थान (एआईआईए) में बाल रक्षा मोबाइल ऐप लॉन्च किया।

ऐप का उद्देश्य आयुर्वेदिक हस्तक्षेप के माध्यम से बाल रोग निवारक स्वास्थ्य देखभाल के बारे में माता-पिता की जागरूकता बढ़ाना है। श्री सोनोवाल ने एआईआईए में 'बच्चों के लिए टीकाकरण केंद्र' का भी उद्घाटन किया।

अत: विकल्प (A) सही है।

95. झोरा नृत्य की उत्पत्ति उत्तराखंड के कुमाऊं क्षेत्र में हुई थी। यह एक जादुई लोक नृत्य है जो सभी जातियों के लोगों को बांधता है। झोरा नृत्य आमतौर पर वसंत के मौसम में किया जाता है। झोरा नृत्य आमतौर पर शाम को शादियों या मेलों में देखा जाता है। पुरुष और महिलाएं हाथ मिलाते हैं और गोलाकार रूप में चलते हैं। वे अपने शरीर को सुचारू रूप से मोड़ते हैं।

अत: विकल्प (A) सही है।

96. विंडोज़ XP में, XP का अर्थ एक्सपीरियंस है।

विंडोज़ XP एक ऑपरेटिंग सिस्टम (OS) है जिसे विशेष रूप से माइक्रोसॉफ्ट कॉर्पोरेशन द्वारा विकसित और वितरित किया गया है और यह व्यक्तिगत कंप्यूटर, लैपटॉप और मीडिया केंद्रों के मालिकों के लिए लक्षित है।

अत: विकल्प (B) सही है।

97. एक वेब ब्राउज़र एक सॉफ्टवेयर प्रोग्राम है जो हमें इंटरनेट का उपयोग करने और हमारे कंप्यूटर पर वेब पेज देखने की अनुमति देता है।

- एक वेब ब्राउज़र, या केवल "ब्राउज़र," वेबसाइटों तक पहुँचने और देखने के लिए उपयोग किया जाने वाला एक एप्लिकेशन है।
- सामान्य वेब ब्राउज़र में माइक्रोसॉफ्ट इंटरनेट एक्सप्लोरर, गूगल क्रोम, मोजिला फायरफॉक्स, और एप्पल सफारी शामिल हैं।
- वेब ब्राउजर का प्राथमिक कार्य एचटीएमएल को रेंडर करना है, जो वेब पेजों को डिजाइन करने या "मार्क अप" करने के लिए उपयोग किया जाने वाला कोड है।

अत: विकल्प (C) सही है।

98. जब भी उपयोगकर्ता किसी वेबसाइट को खोलता है तो मेन पेज को होम पेज कहा जाता है।

एक होम पेज एक वेबसाइट का मेन वेब पेज होता है। जब एप्लिकेशन पहली बार खुलता है तो यह शब्द वेब ब्राउजर में दिखाए जाने वाले स्टार्ट पेज को भी संदर्भित कर सकता है।

अत: विकल्प (C) सही है।

99. सेकेंडरी मेमोरी जो हमें बड़ी मात्रा में डेटा स्टोर करने की अनुमति देती है उसे अक्सर सहायक मेमोरी के रूप में जाना जाता है। यह आम तौर पर स्थायी आधार पर बड़ी मात्रा में डेटा संग्रहीत करता है।

अत: विकल्प (A) सही है।

100. रूटकिट ऐसे कंप्यूटर प्रोग्राम हैं जो हमलावरों द्वारा आपके कंप्यूटर पर रूट या एडमिनिस्ट्रेटिव एक्सेस प्राप्त करने के लिए डिजाइन किए गए हैं। एक बार जब कोई हमलावर व्यवस्थापकीय विशेषाधिकार प्राप्त कर लेता है, तो उसके लिए आपके सिस्टम का फायदा उठाना आसान हो जाता है।

अधिकांश वायरस के विपरीत, यह विनाशकारी नहीं है और वर्म के विपरीत, इसका उद्देश्य जितना संभव हो सके संक्रमण फैलाना नहीं है।

अत: विकल्प (B) सही है।

Discipline

Q.1 लाल रक्त कोशिकाओं का औसत जीवन काल कितना होता है?
A. 80 दिन   **B.** 120 दिन   **C.** 100 दिन   **D.** 200 दिन

Q.2 शरीर में न्यूट्रोफिल कितना होना चाहिए?
A. 40-70   **B.** 40-90
C. 40-75   **D.** इनमें से कोई नहीं

Q.3 रक्त कणिकाएँ ___ प्रकार की होती हैं।
A. 5   **B.** 4   **C.** 2   **D.** 3

Q.4 कौन से ल्यूकोसाइट्स रक्त में हिपेरिन और हिस्टामाइन छोड़ते हैं?
A. न्युट्रोफिल   **B.** बेसोफिल
C. इयोसिनोफिल   **D.** मोनोसाइट्स

Q.5 निम्नलिखित में से कौन सा रक्त का कोशिकीय तत्व नहीं है?
A. T कोशिकाएं   **B.** B कोशिका
C. प्लाज्मा   **D.** मोनोसाइट्स

Q.6 लाल रक्त कोशिकाओं की गणना _____ द्वारा की जाती है।
A. इलेक्ट्रोग्राम   **B.** स्फिग्मोमेनोमीटर
C. हीमोग्लोबिनोमीटर   **D.** हीमोसाइटोमीटर

Q.7 एरिथ्रोब्लास्ट की किस अवस्था में हीमोग्लोबिन पहले दिखाई पड़ते हैं?
A. अंतिम एरिथ्रोब्लास्ट या प्रारंभिक नॉर्मोबलास्ट
B. अंतिम नॉर्मोबलास्ट
C. प्रारंभिक एरिथ्रोब्लास्ट
D. प्रारंभिक नॉर्मोबलास्ट

Q.8 निम्नलिखित में से कौन सामान्य रक्त में मौजूद नहीं होता है?
A. फाइब्रिनोजेन   **B.** थ्रोम्बिन
C. प्रोथ्रोम्बिन   **D.** एल्ब्यूमिन

Q.9 लसीका _____ होने में रक्त से भिन्न होता है।
A. कोई प्लाज्मा नहीं
B. अधिक RBCs और कम WBCs
C. अधिक WBCs और कोई RBCs नहीं
D. बिना प्रोटीन के प्लाज्मा

Q.10 लिम्फोसाइट्स दो प्रकार के होते हैं, वे _______ होते हैं।
A. टी-कोशिकाएं और एरिथ्रोसाइट्स
B. एरिथ्रोसाइट्स और प्लेटलेट्स
C. टी-कोशिकाएं और प्लेटलेट्स
D. टी-कोशिकाएं और बी-कोशिकाएं

Q.11 महिलाओं के लिए कुल आरबीसी संख्या (मिलियन सैल्स प्रति माइक्रोलीटर में) होती है:
A. 4.4 -6   **B.** 4.2-5   **C.** 4.0-5.0   **D.** 4.2-5.4

Q.12 जब या तो रक्ताल्पता, संक्रमण, या रक्तस्राव के कारण संपूर्ण CBC कम हो जाता है, कहलाता है:
A. एरिथ्रोप्लासिया   **B.** थ्रोम्बोसाइटोपेनिया
C. पैन्टीटोपेनिया   **D.** ल्यूकोपेनिया

Q.13 ल्यूकोसाइट किसे नहीं माना जाता है?

A. लिम्फोसाइट   **B.** मोनोसाइट
C. न्युट्रोफिल   **D.** थ्रोम्बोसाइट्स

Q.14 रक्त निर्माण कहाँ होता है?
A. फेफड़े   **B.** अग्न्याशय
C. यकृत   **D.** अस्थि मज्जा

Q.15 शरीर में आयरन का प्रमुख उपापचयी रूप से उपलब्ध संग्रहण रूप क्या है?
A. हेमोसाइडरिन   **B.** फेरिटिन
C. ट्रांसफरिन   **D.** हीमोग्लोबिन

Q.16 महिला रक्त दाताओ में हीमोग्लोबिन की निचली सीमा है:
A. 10 ग्राम प्रति डेसीलीटर   **B.** 12 ग्राम प्रति डेसीलीटर
C. 13 ग्राम प्रति डेसीलीटर   **D.** 14 ग्राम प्रति डेसीलीटर

Q.17 एक दाता कितनी बार रक्त दे सकता है?
A. हर महीने में   **B.** हर 2 महीने में
C. हर 3 महीने में   **D.** हर 6 महीने में

Q.18 आमतौर पर एक बार में कितना रक्तदान किया जाता है?
A. 450 मिलीलीटर   **B.** 300 मिलीलीटर
C. 150 मिलीलीटर   **D.** 750 मिलीलीटर

Q.19 भारतीयों में सबसे सामान्य प्रकार का रक्त समूह कौन सा है?
A. B+   **B.** O-   **C.** AB+   **D.** AB-

Q.20 निम्नलिखित में से किस रक्त समूह को सार्वभौम प्राप्तकर्ता कहा जाता है?
A. O   **B.** AB   **C.** A   **D.** B

Q.21 ABO रक्त समूह में मानव रक्त प्रकार _______ पर आधारित है।
A. प्लाज्मा में थक्के के कारक
B. एंटीजन-एंटीबॉडी प्रतिक्रिया
C. श्वेत रक्त कोशिकाओं की सूक्ष्म परीक्षण
D. एंजाइम नियंत्रित प्रतिक्रियाओं की एक श्रृंखला

Q.22 ABO और Rh रक्त समूहों के प्रतिजन _______ मौजूद होते हैं।
A. WBCs में   **B.** RBCs में
C. प्लेटलेट्स में   **D.** प्लाज्मा में

Q.23 निम्नलिखित गें रो किरो सार्वभौमिक प्राप्तकर्ता के रूप में जाना जाता है?
A. B   **B.** A
C. O   **D.** इनमें से कोई नहीं

Q.24 ब्लड बैंक रेफ्रिजरेटर में रक्त कितने समय तक स्टोर किया जा सकता है?
A. 4 - 5 सप्ताह   **B.** 1 - 2 सप्ताह
C. 3 - 4 सप्ताह   **D.** 2 - 3 सप्ताह

Q.25 ABO ब्लड ग्रुप पद्धति की खोज किसने की थी?
A. लॉर्ड लिस्टर   **B.** रॉबर्ट कोच
C. कार्ल लैंडस्टीनर   **D.** क्रिस्चियन ग्राम

Q.26 किस ब्लड ग्रुप में एंटीबॉडी नहीं होती है?
A. O   **B.** AB   **C.** A   **D.** B

Q.27 रक्त समूह A की प्रतिक्रियाशीलता की पुष्टि किस इम्यूनोडोमिनेंट शुगर अणु की उपस्थिति का पता लगाकर की जाती है?

A. एन-एसिटाइल-डी-न्यूरामिनिक एसिड

B. एल -फुकोस

C. एन-एसिटाइलगैलेक्टोसामाइन

D. एन-एसिटाइल-डी-ग्लूकोसामाइन

Q.28 हीमोग्लोबिन में मौजूद धातु _____ है।

A. कॉपर   B. आयरन   C. मैंगनीज   D. जिंक

Q.29 मानव रक्त का pH मान कितना होता है?

A. 7.4   B. 6.2   C. 9   D. 8.4

Q.30 हमारे रक्त में ऑक्सीजन का वहन किस नाम के प्रोटीन द्वारा होता है?

A. केरातिन   B. मायोग्लोबी

C. कोलेजन   D. हीमोग्लोबिन

Q.31 निम्नलिखित में से किस आयु वर्ग में मलेरिया होने का खतरा अधिक है?

A. 10 - 15 साल की उम्र   B. > 5 वर्ष की आयु

C. <40 साल की उम्र   D. 10- 25 साल की उम्र

Q.32 पैथोलॉजी लैब में फ्रीजर द्वारा किस तापमान को बनाए रखा जाता है?

A. 10° C – 15° C   B. 0° C – 10° C

C. -10° C – -60° C   D. -100° C

Q.33 प्रयोगशाला में बंध्यता बनाए रखने के लिए किस विलयन का उपयोग किया जाता है?

A. सोडियम क्लोराइड   B. सोडियम हाइपोक्लोराइट

C. सोडियम साइनाइड   D. सोडियम सल्फेट

Q.34 एक इलेक्ट्रोफोरेसिस मशीन का उपयोग _______ के लिए किया जाता है।

A. डीएनए अलग करने

B. रक्त घटक अलग करने

C. हड्डी के घटकों को अलग करने

D. मांसपेशियों के तंतुओं को अलग करने

Q.35 रक्त के घटकों को अलग करने के लिए किस यंत्र का प्रयोग किया जाता है?

A. ऑटो एनालाइजर   B. सेंट्रीफ्यूज

C. हेमाटोक्रिट   D. मैग्नेटिक स्टिरर

Q.36 निम्नलिखित में से किस विधि का उपयोग करके रक्त कोशिकाओं को प्लाज्मा कोशिकाओं से अलग किया जा सकता है?

A. फ्रैक्शनल डिस्टिलेशन   B. सेन्ट्रीफ्यूगल

C. क्रोमैटोग्राफी   D. सेपरेटिंग फनल

Q.37 क्लोरोक्वीन जैसी दवाओं के लिए मलेरिया परजीवियों के व्यापक प्रतिरोध ने मलेरिया से निपटने के लिए एक मलेरिया वैक्सीन विकसित करने के प्रयासों को प्रेरित किया है। एक प्रभावी मलेरिया टीका विकसित करना कठिन क्यों है?

A. मलेरिया प्लास्मोडियम की कई प्रजातियों के कारण होता है

B. प्राकृतिक संक्रमण के दौरान मनुष्य मलेरिया के प्रति प्रतिरोधक क्षमता विकसित नहीं करता है

C. टीके केवल बैक्टीरिया के खिलाफ विकसित किए जा सकते हैं

D. मनुष्य केवल एक मध्यवर्ती पोषित है न कि निश्चित पोषित

Q.38 मलेरिया के दौरान ठिठुरन और तेज बुखार के कारण होता है:

A. RBC के विच्छेद

B. गैमेटोसाइट्स का बनना

C. यकृत कोशिकाओं पर परजीवी हमला

D. दोनों (A) और (C)

Q.39 मलेरिया में बुखार का कारण होता है:

A. रक्त केशिकाओं में स्पोरोज़ोइट्स का प्रवेश

B. यकृत की कोशिकाओं में मेरोजोइट्स का प्रवेश

C. लाल रक्त कोशिकाओं से मेरोजोइट्स का निकलना

D. लाल रक्त कोशिकाओं में क्रिप्टोमेरोज़ोइट्स का प्रवेश

Q.40 एंजाइम मार्कर क्या हैं?

A. रक्त परीक्षण   B. अंडाशयी कैंसर

C. प्रोस्टेट कैंसर   D. ट्रोफोब्लास्टिक ट्यूमर

Q.41 कोरोनरी धमनी रोग की आशंका निम्न के साथ बढ़ जाती है:

A. एलडीएल-कोलेस्ट्रॉल में कमी।

B. एचडीएल-कोलेस्ट्रॉल में वृद्धि।

C. एचडीएल-कोलेस्ट्रॉल में कमी।

D. काइलोमाइक्रोन में वृद्धि।

Q.42 एंजियोग्राफी _____ का एक्स-रे विजुअलाइज़ेशन है।

A. फेफड़े   B. ब्लड क्लॉट

C. यकृत   D. रक्त वाहिनी

Q.43 लिम्फोसाइट उप-जनसंख्या के विश्वसनीय नियमित मात्राकरण के लिए निम्नलिखित में से कौन सा सैम्पल प्रयोगशाला में भेजा जा सकता है।

A. जमा हुआ रक्त   B. मस्तिष्कमेरु द्रव

C. हेपरिनिज्ड रक्त   D. EDTA रक्त का सैम्पल

Q.44 गलेरिया में तेज बुखार की पुनरावृत्ति किसके पूरा होने के कारण होती है:

A. एरिथ्रोसाइटिक सिज़ोगोनी

B. स्पोरोगोनी

C. गैमोगोनी

D. एक्सोएरिथ्रोसाइटिक सिज़ोगोनी

Q.45 निम्नलिखित में से कौन सा सामान्य RBCs अपचय का पीला उत्पाद है?

A. बिलीरुबिन   B. बिलिवर्डिन   C. तिल्ली   D. यकृत

Q.46 निम्नलिखित में से कौन सा प्रतिरूप संभावित माइलोमा की प्रतिरक्षा जांच के लिए उपयुक्त नहीं है?

A. हेपरिनिज्ड रक्त   B. जमा हुआ रक्त

C. लार   D. इनमें से कोई नहीं

Q.47 सीरम इम्युनोग्लोबुलिन के स्तर को सटीक रूप से मापने के लिए निम्नलिखित में से कौन सी सबसे तेज़ विधि है?

A. इम्यूनोइलेक्ट्रोफोरेसिस

B. नेफेलोमेट्री

C. रेडियोइम्यूनोसे

D. सीरम प्रोटीन इलेक्ट्रोफोरेसिस

Q.48 सीरम में एंटीजन-विशिष्ट IgE को मापने की उचित विधि है:

A. रेडियल इम्यूनोडिफ्यूजन

B. सीरम प्रोटीन इलेक्ट्रोफोरेसिस

C. अप्रत्यक्ष इम्यूनोफ्लोरेसेंस

D. एंजाइम-लिंक्ड इम्यूनोसॉर्बेंट जांच

Q.49 निम्नलिखित में से कौन सा न्यूट्रोफिल का कार्यात्मक परीक्षण नहीं है?

A. एनबीटी की परीक्षा   B. कोशिका परिवर्तन

C. जीवाणु हत्या   D. कीमोटैक्सिस

Q.50 कौन सी कोशिकाएं हैं जो विषाणु से संक्रमित कोशिकाओं को मारकर सहज प्रतिरक्षा में भाग लेती हैं?

A. बृहतभक्षकाणु   **B.** T-कोशिका
C. NK-कोशिका   **D.** न्यूट्रोफिल

Q.51 निम्नलिखित में से कौन सा स्वप्रतिपिंड सक्रिय SLE में सबसे महत्वपूर्ण है?

A. गठिया का कारक
B. आईजीएम एंटीन्यूक्लियर एंटीबॉडी
C. डीएसडीएनए के एंटीबॉडी
D. हिस्टोन के एंटीबॉडी

Q.52 साइटोटॉक्सिक टी-लिम्फोसाइट के प्रमुख घटक/घटकों का/के नाम बताएं:

A. लाइसोजाइम   **B.** लसीका
C. प्रोटीन   **D.** पेर्फोरिन और ग्रैनजाइम

Q.53 निम्नलिखित में से किस रोग में फ्लो साइटोमेट्री द्वारा विभिन्न प्रकार की परिसंचारी कोशिकाओं की नियमित जांच शामिल नहीं है?

A. गंभीर संयुक्त इम्यूनोडेफिशियेंसी [एससीआईडी]
B. एक्स-लिंक्ड एग्माग्लोबुलिनमिया [एक्सएलए]
C. एकायर्ड इम्यून डेफिसिएंसी सिंड्रोम (एचआईवी)
D. रूमेटाइड गठिया [आरए]

Q.54 सीरम के इलेक्ट्रोफोरेसिस द्वारा पाए जाने वाले मोनोक्लोनल M बैंड के प्रकारों के बारे में निम्नलिखित में से कौन सा कथन मल्टीपल मायलोमा को इंगित करता है?

A. एक M बैंड जो प्रोटीन इलेक्ट्रोफोरेसिस पर बीटा स्थिति में होता है
B. M बैंड अल्फा स्थिति में होता है
C. मोनोक्लोनल प्रोटीन के बड़े भार का सुझाव देने वाले मूल पर भारी जमा होता है
D. उपरोक्त सभी

Q.55 कोलेजन एक प्रकार का ______ है।

A. वसा   **B.** विटामिन
C. प्रोटीन   **D.** इनमें से कोई नहीं

Q.56 प्लेसेंटा को पार करने वाले एंटीबॉडी का वर्ग है:

A. IgD   **B.** IgA   **C.** IgG   **D.** IGM

Q.57 प्रतिरक्षण के लिए उत्तरदायी कोशिका ______ है।

A. लिम्फोसाइट   **B.** एरिथ्रोसाइट
C. थ्रोम्बोसाइट   **D.** हेपेटोसाइट

Q.58 जब एक रोग-वाहक सूक्ष्म जीव हमारे शरीर में प्रवेश करता है, तो शरीर सूक्ष्म जीव से लड़ने के लिए ______ उत्पन्न करता है।

A. एंटीजन   **B.** एंटीबॉडी
C. एंटीबायोटिक   **D.** एंटी एलर्जिक

Q.59 लसीका द्रव ______ से भरपूर होता है।

A. लोहा   **B.** एंटीबॉडी
C. न्यूट्रोफिल   **D.** बासोफिल्स

Q.60 ______ रोग प्रतिरोधकता वह होती है, जिसे एक टीका दिए जाने के कारण या संक्रमण के परिणाम स्वरुप अधिग्रहित किया जाता है।

A. प्राकृतिक   **B.** सक्रिय   **C.** निष्क्रिय   **D.** अधिग्रहीत

Q.61 निम्नलिखित में से किस एंजाइम के आधार पर हाइड्रोलिसिस प्रतिक्रियाएं उत्प्रेरित होती हैं?

A. हाइड्रोलेस   **B.** ऑक्सीडोरडक्टेस
C. आइसोमेरेस   **D.** लिगेज

Q.62 कोई भी अणु जो अपनी उत्प्रेरक दर को कम करने के लिए एक एंजाइम पर सीधे कार्य करता है, कहलाता है:

A. रेगुलेटर   **B.** दमनकारी
C. अवरोधक   **D.** इनमें से कोई नहीं

Q.63 निम्नलिखित में से कौन सा प्रकाश अधिकतम विभेदन प्राप्त करने के लिए उपयुक्त है?

A. लाल   **B.** हरा   **C.** नीला   **D.** संतरा

Q.64 सूक्ष्मदर्शी के नीचे वस्तुओं के स्पष्ट आवर्धित रेखाचित्र बनाने के लिए प्रयुक्त उपकरण है:

A. यौगिक सूक्ष्मदर्शी
B. प्रकाश सूक्ष्मदर्शी
C. प्रकाशयुक्त कैमरा
D. कैमरा संलग्न स्टीरियोमाइक्रोस्कोप

Q.65 जीवित कोशिकाओं को देखने के लिए निम्न में से किसका उपयोग किया जाता है?

A. SEM   **B.** TEM
C. कन्फोकल माइक्रोस्कोप   **D.** ये सभी

Q.66 ______ एंजाइम ग्लूकोज को ग्लूकोज-6-फॉस्फेट में परिवर्तित करता है।

A. हेक्सोकाइनेज
B. फॉस्फोफ्रक्टोकिनेज
C. पाइरूवेट किनसे
D. पाइरूवेट डिहाइड्रोजनेज

Q.67 यदि एडेनिन की संख्या 20 और ग्वानिन की संख्या 80 है, तो साइटोसिन और थाइमिन की संख्या क्या होगी?

A. 80 और 20   **B.** 40 और 60
C. 30 और 70   **D.** 70 और 20

Q.68 निम्नलिखित में से कौन सा कोलेजन में प्रचुर मात्रा में पाया जाता है?

A. ट्रिप्टोफन   **B.** एलानिन   **C.** ग्लाइसिन   **D.** सेरीन

Q.69 इनमें से कौन सा लक्षण ट्यूबरक्लोसिस से सम्बंधित नहीं है?

A. तीन सप्ताह से अधिक समय तक खांसी होना
B. सांस लेने में तकलीफ होना
C. बलगम के साथ खून आना
D. पेट में दर्द रहना

Q.70 निम्नलिखित में से किस प्रकार के बैक्टीरिया को अलग करने के लिए एसिड-फास्ट स्टेनिंग का उपयोग किया जाता है?

A. स्पाइरोकेटस
B. माइक्रोबैक्टीरिया
C. ग्राम-पॉजिटिव बैक्टीरिया
D. बेसिलस

Q.71 ______ को एंटारिाड के रूप में इस्तेमाल किया जा सकता है।

A. एसिटिक अम्ल   **B.** सोडियम बाइकारबोनेट
C. पोटेशियम बाइकार्बोनेट   **D.** सल्फ्यूरिक अम्ल

Q.72 पुरुषों के लिए क्रिएटिनिन की सामान्य सीमा ______ हैं।

A. 0.6 से 1.2 मिलीग्राम / डीएल
B. 0.6 से 1.3 मिलीग्राम / डीएल
C. 0.6 से 1.4 मिलीग्राम / डीएल
D. 0.6 से 1.6 मिलीग्राम / डीएल

Q.73 इनमें से कौन सा मैटेलिक एलिमेंट मानव शरीर में सबसे प्रचुर मात्रा में होता हैं?

A. कैल्शियम   B. आयरन   C. पोटैशियम   D. सोडियम

Q.74 कौन K+ को कोशिकाओं में स्थानांतरित नहीं करता है?

A. इंसुलिन   B. डेक्स्ट्रोज

C. सैल्बुटामोल   D. रेजोनियम

Q.75 हमारे आहार में कैल्शियम के अत्यधिक सेवन से _________ हो जाता है।

A. स्ट्रोक   B. दस्त   C. कब्ज   D. पथरी

Q.76 तपेदिक का कारक _________ है।

A. वायरस   B. जीवाणु   C. कुपोषण   D. प्रोटोजोआ

Q.77 एसिड-फास्ट स्टेन तकनीक रोगियों में एक महत्वपूर्ण निदान उपकरण है?

A. निमोनिया   B. डिप्थीरिया

C. तपेदिक   D. मस्तिष्कावरण शोथ

Q.78 एएफबी का परीक्षण किया जाता है:

A. थूक से   B. खून से

C. यूरिन से   D. उपरोक्त सभी

Q.79 ग्राम स्टेनिंग में स्टेनिंग अभिकर्मकों का सही क्रम क्या है?

A. क्रिस्टल वायलेट, अल्कोहल, आयोडीन घोल, सैफ्रानिन
B. क्रिस्टल वायलेट, आयोडीन घोल, अल्कोहल, सेफ्रानिन
C. क्रिस्टल वायलेट, सेफ्रानिन, अल्कोहल, आयोडीन घोल
D. आयोडीन घोल, क्रिस्टल वायलेट, अल्कोहल, सेफ्रानिन

Q.80 क्रिएटिनिन, अपशिष्ट उत्पाद जो मस्तिष्क और गुर्दे द्वारा बारीकी से नियंत्रित किया जाता है, _________ के चयापचय का अंतिम उत्पाद है।

A. न्यूक्लियोटाइड   B. अवायुजीव-विषयक
C. मांसपेशियां   D. अमोनिया

General Aptitude / Reasoning / General Awareness / Basic Computer knowledge

Q.81 अजीत 12 दिन में और भरनी 16 दिन में काम पूरा कर सकते हैं। यदि वे दोनों काम पूरा करने के लिए मिलकर काम करते हैं और रु. 2100 प्राप्त करते हैं, तो भरनी का हिस्सा बताएं।

A. रु. 850   B. रु. 900   C. रु. 1000   D. रु. 1100

Q.82 अजय, एलेक्स और अद्युत तीन मित्र हैं जो एक साक्षात्कार के लिए उपस्थित होते हैं। उनके चयन की प्रायिकताएँ क्रमशः $\frac{7}{10}, \frac{5}{6}$ और $\frac{3}{5}$ हैं। उनमें से अधिकतम दो चयनों की प्रायिकता ज्ञात कीजिए।

A. $\frac{7}{20}$ B. $\frac{13}{20}$ C. $\frac{9}{20}$ D. $\frac{11}{20}$

Q.83 एक कार्यालय में पूरे स्टाफ का औसत वेतन 120 रुपए प्रति माह है। अधिकारियों का औसत वेतन 460 रुपए है और गैर-अधिकारियों का औसत वेतन 110 रुपए है। यदि अधिकारियों की संख्या 15 है तो कार्यालय में गैर-अधिकारियों की संख्या ज्ञात कीजिए।

A. 610
B. 510
C. 410
D. निर्धारित नहीं किया जा सकता

Q.84 त्रिभुज की भुजाओं का अनुपात $3:4:5$ हो और उसका परिमाप 144 सेमी हो तो उसका क्षेत्रफल क्या होगा?

[Joint Entrance Examination (Polytechnic), 2019]

A. 764 सेमी²   B. 684 सेमी²   C. 864 सेमी²   D. 664 सेमी²

Q.85 नवनीत ने 5% की छूट पर 45,000 रुपये की अंकित मूल्य के साथ एक मोटरसाइकिल खरीदी। यदि 10% बिक्री कर लिया जाता है, तो मोटरसाइकिल खरीदने के लिए कितनी राशि नवनीत को भुगतान करनी होगी।

A. 47035 रुपये   B. 47000 रुपये
C. 47025 रुपये   D. 47020 रुपये

Q.86 अनन्या पूर्व की ओर 3 किमी चलती है, फिर दाईं ओर मुड़ती है और 1 किमी चलती है। अब वह अपने प्रारंभिक स्थान से किस दिशा में है?

A. दक्षिण-पूर्व   B. उत्तर-पूर्व
C. दक्षिण-पश्चिम   D. उत्तर-पश्चिम

Q.87 यदि घड़ी की पानी की छवि 10:20 दिखाती है तो वास्तविक समय क्या है?

A. 08:00   B. 08:10   C. 08:50   D. 09:30

Q.88 5 जनवरी 2018 को शुक्रवार था। निम्नलिखित में से किस वर्ष में 5 जनवरी शुक्रवार को ही होगी?

[RRB/RRC Group D, 2018]

A. 2022   B. 2020   C. 2024   D. 2023

Q.89 निर्देश: दिए गए विकल्पों में से अक्षरांकीय समूह को चुनिए जो निम्नलिखित श्रृंखला में प्रश्नवाचक चिन्ह (?) को प्रतिस्थापित कर सकता है।

KI12, JH11, IG10, ?

A. HG9   B. HF9   C. HM12   D. GF11

Q.90 रोहन मोहन का पिता है जो रमेश का भाई है जो ऋषि का पोता हैऔर परिवार में कोई महिला सदस्य नहीं है तो ऋषि रोहन से किस प्रकार संबंधित है?

A. पिता   B. बेटा   C. पौत्र   D. दादा

Q.91 वर्ष 1905 में वाराणसी में संपन्न हुए भारतीय राष्ट्रीय कांग्रेस के अधिवेशन की अध्यक्षता किसने की थी?

A. आचार्य जे.बी. कृपलानी ने
B. पं.जवाहरलाल नेहरू ने
C. गोपालकृष्ण गोखले ने
D. रोमेश चंद्र दत्त ने

Q.92 किसने कहा, "संविधान के बिना सरकार अधिकार बिना शक्ति के समान है"?

A. थॉमस पाइन   B. कार्ल ड्यूश
C. डेविड ऐट्र   D. वाल्टर बेगहॉट

Q.93 प्लासी का युद्ध किस वर्ष लड़ा गया था?

A. 1757   B. 1782   C. 1748   D. 1764

Q.94 विवर्तनिक प्लेटों के अलग होने से _____ का निर्माण होता है।

A. मध्य सागर रिज   B. भ्रंश घाटी
C. समुद्री पर्वत   D. समुद्र की खाई

Q.95 संभावित लिथियम निक्षेप का आकलन करने के लिए भारत ने निम्नलिखित में से किस देश में एक टीम भेजी है?

A. ऑस्ट्रेलिया   B. ब्राज़ील
C. अर्जेंटीना   D. मिस्र

Q.96 यदि आप अपने कंप्यूटर पर "माय कंप्यूटर" ओपन करना चाहते हैं, तो आप _______ दबायेंगे।

A. (विंडोज) + R
B. (विंडोज) + E
C. (विंडोज) + K
D. (विंडोज) + C

Q.97 माइक्रोसॉफ्ट पॉवरपॉइंट कि प्रस्तुति में पृष्ठ को कहा जाता है:

A. स्लाइड
B. E-स्लाइड
C. E-पेज
D. पेज

Q.98 सबसे धीमी इंटरनेट कनेक्शन सेवा कौन सी है?

A. लैंडलाइन
B. डाइल अप सर्विस
C. डिजिटल सब्सक्राइबर लाइन
D. केबल मॉडम

Q.99 विंडोज़ कंट्रोल पैनल से क्या नहीं किया जा सकता है?

A. रन अप्लिकेशन
B. प्रिंटर कॉन्फ़िग्रेशन
C. ऐड फॉन्ट्स
D. इंस्टॉल अप्लिकेशन

Q.100 निम्नलिखित में से कौन एक प्रकार का नॉन -इम्पैक्ट प्रिंटर नहीं है?

A. LED प्रिंटर
B. इंकजेट
C. लेज़र
D. डॉट मैट्रिक्स

// स्मार्ट उत्तर पुस्तिका //

सही उत्तर	उन छात्रों का प्रतिशत जिन्होंने प्रश्नों का सही उत्तर दिया था।	छोड़ दिया	उन छात्रों का प्रतिशत जिन्होंने प्रश्नों को छोड़ दिया था।

प्रश्न संख्या	उत्तर	सही उत्तर / छोड़ दिया	प्रश्न संख्या	उत्तर	सही उत्तर / छोड़ दिया	प्रश्न संख्या	उत्तर	सही उत्तर / छोड़ दिया	प्रश्न संख्या	उत्तर	सही उत्तर / छोड़ दिया	प्रश्न संख्या	उत्तर	सही उत्तर / छोड़ दिया	प्रश्न संख्या	उत्तर	सही उत्तर / छोड़ दिया
1	B	82.68% / 0.0%	18	A	87.89% / 0.0%	35	B	68.77% / 1.21%	52	D	53.24% / 1.01%	69	D	67.95% / 1.67%	86	A	87.31% / 0.0%
2	A	40.11% / 1.76%	19	A	50.89% / 1.25%	36	B	28.95% / 3.81%	53	D	54.89% / 1.94%	70	B	32.68% / 3.15%	87	B	88.91% / 0.0%
3	D	64.22% / 1.09%	20	B	67.36% / 1.63%	37	B	15.76% / 3.95%	54	D	47.41% / 1.65%	71	B	61.59% / 1.56%	88	C	80.8% / 0.0%
4	B	40.39% / 1.68%	21	B	13.18% / 3.88%	38	A	54.17% / 1.02%	55	C	67.45% / 1.47%	72	A	57.2% / 1.04%	89	B	80.46% / 0.0%
5	C	54.05% / 1.32%	22	B	59.0% / 1.5%	39	C	62.4% / 1.7%	56	C	65.87% / 1.71%	73	A	50.2% / 1.04%	90	A	77.7% / 0.0%
6	D	47.12% / 1.7%	23	D	82.15% / 0.0%	40	A	46.74% / 1.95%	57	A	47.87% / 1.73%	74	D	69.11% / 1.91%	91	C	89.47% / 0.0%
7	A	53.37% / 1.0%	24	A	44.82% / 1.84%	41	C	54.24% / 1.98%	58	B	43.16% / 1.8%	75	D	48.51% / 1.71%	92	A	59.57% / 1.77%
8	B	40.63% / 1.9%	25	C	58.58% / 1.48%	42	D	58.02% / 1.96%	59	B	51.82% / 1.92%	76	B	57.97% / 1.93%	93	A	46.77% / 1.75%
9	C	57.01% / 1.31%	26	B	46.01% / 1.02%	43	C	28.98% / 3.56%	60	D	51.76% / 1.09%	77	C	59.23% / 1.83%	94	B	46.8% / 1.6%
10	D	69.51% / 1.87%	27	C	46.04% / 1.32%	44	A	52.24% / 1.47%	61	A	14.04% / 4.09%	78	A	41.07% / 1.82%	95	C	44.19% / 1.65%
11	D	50.45% / 1.25%	28	B	86.25% / 0.0%	45	A	61.4% / 1.73%	62	C	63.51% / 1.9%	79	B	66.31% / 1.27%	96	B	83.16% / 0.0%
12	A	68.45% / 1.8%	29	A	76.19% / 0.0%	46	A	49.72% / 1.98%	63	C	59.1% / 1.98%	80	C	61.75% / 1.05%	97	A	86.13% / 0.0%
13	D	59.67% / 1.47%	30	D	61.96% / 1.47%	47	B	53.09% / 1.16%	64	C	58.82% / 1.57%	81	B	76.4% / 0.0%	98	B	46.87% / 1.33%
14	D	40.01% / 1.46%	31	B	66.59% / 1.94%	48	D	17.77% / 3.56%	65	C	54.82% / 1.18%	82	B	76.23% / 0.0%	99	A	66.65% / 1.22%
15	B	59.44% / 1.47%	32	C	50.82% / 1.79%	49	B	51.5% / 1.76%	66	A	57.01% / 1.51%	83	B	84.09% / 0.0%	100	D	49.25% / 1.5%
16	B	54.17% / 1.74%	33	B	57.14% / 1.99%	50	C	67.43% / 1.84%	67	A	52.29% / 1.92%	84	C	76.05% / 0.0%			
17	C	48.08% / 1.72%	34	A	47.03% / 1.28%	51	C	44.89% / 1.89%	68	C	41.14% / 1.02%	85	C	84.14% / 0.0%			

//संकेत और समाधान//

1. रक्त प्रवाह तंत्र में लाल रक्त कणिकाओं का औसत जीवन काल 120 दिन होता है।

शिशुओं में इनकी आयु केवल 80 से 90 दिन तक की ही होती है। तत्पश्चात ये प्लीहा (लाल रक्त कणिकाओं की कब्रिस्तान) में समाप्त हो जाती हैं। तिल्ली को "लाल रक्त कोशिकाओं को कब्रिस्तान" कहा जाता है क्योंकि यह पुराने लाल रक्त कोशिकाओं (रेड ब्लड सेल्स) को हटा देता है। यह एक सक्रिय रक्तवाहिका अंग है और वयस्कों में "ब्लड बैंक" के रूप में कार्य करता है। ल्यूकोसाइट को हीमोग्लोबिन के अभाव के कारण तथा रंगहीन होने से श्वेत रुधिर कणिकाएं भी कहते हैं।

अत: विकल्प (B) सही है।

2. शरीर में न्यूट्रोफिल 40-70 होना चाहिए।

डॉक्टर के मुताबिक, हमारे शरीर में न्यूट्रोफिल की मात्रा 40-70 प्रतिशत के बीच होनी चाहिए। शरीर में न्यूट्रोफिल इतनी मात्रा होने पर यह हमें बीमार होने से बचा सकता है। शरीर में न्यूट्रोफिल की मात्रा 40% से कम या 70% से अधिक होने पर कई तरह की समस्याएं पैदा हो सकती हैं।

अत: विकल्प (A) सही है।

3. रक्त कणिकाएं 3 प्रकार की होती हैं। वे रंगीन कणिकाएँ हैं- एरिथ्रोसाइट्स, रंगहीन कणिकाएँ - ल्यूकोसाइट्स और रक्त प्लेटलेट्स।

- लाल रक्त कणिकाएं (RBC) या एरिथ्रोसाइट्स
- श्वेत रक्त कणिकाएँ (WBC) या ल्यूकोसाइट्स
- रक्त प्लेटलेट्स या थ्रोम्बोसाइट्स

अत: विकल्प (D) सही है।

4. बेसोफिल में हिपेरिन होता है जो एक प्रतिस्कंदी है। यह एक प्रकार की श्वेत रक्त कोशिका होती है।

बेसोफिल का कार्य मास्ट कोशिकाओं के समान होता है। इसलिए, इन दोनों कोशिकाओं में हिस्टामाइन, हिपेरिन और सेरोटोनिन शामिल हैं। हिस्टामाइन भोजन या धूल जैसे एलर्जी के प्रतिक्रिया में जारी किए जाते हैं, और हेपरिन प्रतिस्कंदी होते हैं जो रक्त के थक्के को रोकते हैं।

अत: विकल्प (B) सही है।

5. मोनोसाइट्स रक्त का कोशिकीय तत्व नहीं है।

प्लाज्मा रक्त का कोशिकीय तत्व नहीं है। यह एक तरल घटक है जिसमें रक्त कोशिकाएं निलंबित रहती हैं। प्लाज्मा रक्त के आयतन के आधे से अधिक होता है जिसका एक बड़ा हिस्सा पानी के रूप में और कुछ हिस्सा घुले हुए ठोस के रूप में होता है।

अत: विकल्प (C) सही है।

6. लाल रक्त कोशिकाओं की गणना हीमोसाइटोमीटरद्वारा की जाती है।

हीमोसाइटोमीटर एक उपकरण है जिसे रक्त कोशिकाओं की गणना के लिए बनाया गया और उपयोग किया जाता है। इसका आविष्कार लुइस चार्ल्स मालासेज़ ने किया था। इसमें एक विशेष मात्रा में रक्त में लाल रक्त कोशिकाओं की संख्या की गणना करने के लिए विभिन्न ग्रिड होते हैं और विशिष्ट क्षेत्र और मात्रा होती है।

अत: विकल्प (D) सही है।

7. अंतिम एरिथ्रोब्लास्ट या प्रारंभिक नॉर्मोब्लास्ट अवस्था में हीमोग्लोबिन पहले दिखाई पड़ते हैं।

अक्सर एरिथ्रोब्लास्ट नाम का प्रयोग नॉर्मोब्लास्ट के समानार्थक रूप से किया जाता है, लेकिन अन्य समय में इसे हाइपरनेम माना जाता है। बाद के अर्थ में, दो प्रकार के एरिथ्रोब्लास्ट हैं: नॉर्मोब्लास्ट कोशिकाओं के रूप में जो अपेक्षित रूप से विकसित होते हैं, और मेगालोब्लास्ट असामान्य रूप से बड़े एरिथ्रोब्लास्ट होते हैं जो बीमारी से जुड़े होते हैं।

अत: विकल्प (A) सही है।

8. सामान्य रक्त में थ्रोम्बिन नहीं होता है।

रक्त के थक्के प्रोटीन थ्रोम्बिन उत्पन्न करते हैं, एक एंजाइम जो फाइब्रिनोजेन को फाइब्रिन में परिवर्तित करता है, और एक प्रतिक्रिया जो फाइब्रिन क्लॉट के गठन की ओर ले जाती है। वाहिनी के बाहर के ऊतक क्लॉटिंग सिस्टम की सक्रियता से थ्रोम्बिन उत्पादन को उत्तेजित करते हैं। थ्रोम्बिन प्लेटलेट समुच्चय का कारण बनता है।

अत: विकल्प (B) सही है।

9. लसीका रक्त से अधिक WBCs और कोई RBCs नहीं होने से भिन्न होता है।

छिद्रयुक्त केशिकाओं के माध्यम से ऊतक स्थान में रक्त से तरल पदार्थ के पलायन से लसीका बनता है। इस प्रकार बनी हुई लसीका लसीका वाहिकाओं के माध्यम से शरीर के माध्यम से परिचालित होती है और वापस हृदय में दाहिने आलिंद में पहुंचा दी जाती है। लरीका रक्त से इस बात में भिन्न होता है कि उसमें RBCs नहीं बल्कि अधिक WBCs होता है।

अत: विकल्प (C) सही है।

10. लिम्फोसाइट्स दो प्रकार के होते हैं, वे टी-कोशिकाएं और बी-कोशिकाएं हैं।

टी-कोशिका अपने निर्माण के बाद बाल्यग्रन्थि या थाइमस ग्रन्थि में चली जाती है, वहीं पर इसका विकास होता है। इसलिए इसके नाम से टी अक्षर जुड़ा है। प्रतिरक्षा प्रणाली के हिस्से के रूप में, बी कोशिकाएं एंटीबॉडी बनाती हैं और संक्रमण से लड़ने में मदद करती हैं।

अत: विकल्प (D) सही है।

11. महिलाओं में नार्मल आरबीसी काउंट 4.2 – 5.4 मिलियन सैल्स प्रति माइक्रोलीटर होती है।

पुरुषों की तुलना में महिलाओं में आमतौर पर आरबीसी की संख्या कम होती है, और लाल रक्त कोशिकाओं का स्तर उम्र के साथ घटता जाता है। रक्त में मौजूद लाल रक्त कोशिकाएं यानी आरबीसी की संख्या में वृद्धि या कमी को मापने के लिए लाल रक्त कोशिका की गिनती की जाती है।

अत: विकल्प (D) सही है।

12. जब या तो रक्ताल्पता, संक्रमण, या रक्तस्राव के कारण संपूर्ण CBC कम हो जाता है, एरिथ्रोप्लासिया कहलाता है।

पूर्ण रक्त गिनती (CBC) नामक एक परीक्षण एनीमिया का निदान करने में मदद कर सकता है और समस्या के प्रकार और कारण के बारे में कुछ संकेत दे सकता है। CBC के महत्वपूर्ण भागों में लाल रक्त कोशिका की गिनती (RBC), हीमोग्लोबिन और हेमेटोक्रिट (HCT) शामिल हैं। ये परीक्षण हेमोलिटिक ५नीमिया के प्रकार और रीटेकुलोसाइट गिनती की पहचान कर सकते हैं।

अत: विकल्प (A) सही है।

13. थ्रोम्बोसाइट्स को ल्यूकोसाइट नहीं माना जाता है।

थ्रोम्बोसाइट्स को अक्सर प्लेटलेट्स के रूप में जाना जाता है और रक्त को थक्का बनाने का काम करता है। एरिथ्रोसाइट्स या लाल रक्त कोशिकाएं, पूरे शरीर में ऑक्सीजन परिवहन में महत्वपूर्ण भूमिका निभाती हैं। अंत में, ल्यूकोसाइट्स, या श्वेत रक्त कोशिकाएं, प्रतिरक्षा प्रणाली के भीतर एक महत्वपूर्ण भूमिका निभाती हैं।

अत: विकल्प (D) सही है।

14. रक्त का निर्माण अस्थि मज्जा से होता है।

अस्थिमज्जा, गूदे के समान मृदु ऊतक है जो सब अस्थियों के स्पंजी भाग के अवकाशों में, लंबी अस्थियों की मध्यनलिका की गुहा में और बड़े आकार की हेवर्सी नलिकाओं में पाया जाता है। मज्जा रक्त कोशिकाओं का उत्पादन करने वाली स्टेम कोशिकाओं से भरी होती हैं, जो श्वेत रक्त कोशिकाओं, लाल रक्त कोशिकाओं या प्लेटलेट्स में विकसित होती हैं।

अत: विकल्प (D) सही है।

15. मानव शरीर यकृत, प्लीहा, मज्जा, ग्रहणी, कंकाल की मांसपेशी और अन्य शारीरिक क्षेत्रों में फेरिटिन और हेमोसाइडरिन के रूप में आयरन का संग्रहण करता है।

आयरन संग्रहण और आयरन डिटॉक्सिफिकेशन के लिए फेरिटिन प्रमुख प्रोटीन है। चूंकि गैर-आयरन धातुएं, जैसे कि एल्यूमीनियम, बेरिलियम और जस्ता, विवो और इन विट्रो दोनों में बंधी होती हैं, फेरिटिन को एक सामान्य धातु आयन दाता और डिटॉक्सिकेंट के रूप में शामिल किया जाता है।

अत: विकल्प (B) सही है।

16. महिला रक्तदाता में हीमोग्लोबिन की निचली सीमा 12 ग्राम प्रति डेसीलीटर होती है।

एनआईएच ब्लड बैंक और प्लेटलेट सेंटर प्रत्येक रक्तदान से पहले आपके हीमोग्लोबिन स्तर की जांच करते हैं ताकि यह सुनिश्चित हो सके कि आप रक्तदान के लिए न्यूनतम आवश्यकताओं को पूरा कर सकते है । महिला रक्तदाताओं का हीमोग्लोबिन स्तर कम से कम 12.0 ग्राम प्रति डेसीलीटर होना चाहिए और पुरुष रक्तदाताओं का हीमोग्लोबिन स्तर कम से कम 13.0 ग्राम प्रति डेसीलीटर होना चाहिए।

अत: विकल्प (B) सही है।

17. एक दाता हर 3 महीने में रक्त दे सकता है।

पुरुष हर तीन महीने में एक बार सुरक्षित रूप से दान कर सकते हैं जबकि महिलाएं हर चार महीने में दान कर सकती हैं। दाता की उम्र 18 से 65 साल के बीच होनी चाहिए। दाता का वजन 45 किलोग्राम से कम नहीं होना चाहिए।

अत: विकल्प (C) सही है।

18. आमतौर पर एक बार में 450 मिलीलीटर रक्तदान किया जाता है।

एक नियमित रक्तदान के दौरान, कुल रक्त का लगभग 450 मिलीलीटर रक्त दे सकते है। यह औसत वयस्क के रक्त की मात्रा का लगभग 8% है। शरीर इस मात्रा को 24 से 48 घंटों के भीतर बदल देता है, और लाल रक्त कोशिकाओं को 10 से 12 सप्ताह में इसकी प्रतिपूर्ति करके दे देता है।

अत: विकल्प (A) सही है।

19. भारत में 38.13 फीसद लोगों को ब्लड ग्रुप B⁺ है। 27.85 प्रतिशत लोगों का ब्लड ग्रुप O⁺ और 20.8 प्रतिशत लोगों का ब्लड ग्रुप A⁺ है। 8.93 फीसद लोगों का ब्लड ग्रुप AB⁺ है। दक्षिण एशियाई देशों में भी ब्लड ग्रुप B कॉमन है।

अत: विकल्प (A) सही है।

20. AB रक्त प्रकार को "सार्वभौमिक प्राप्तकर्ता" के रूप में जाना जाता है क्योंकि AB रोगी सभी रक्त प्रकारों से लाल रक्त कोशिकाओं को प्राप्त कर सकते हैं।

AB प्रकार के रक्त में प्रकार A या प्रकार B रक्त के खिलाफ कोई एंटीबॉडी नहीं है, इसलिए AB रक्त वाले व्यक्ति प्रतिकूल प्रभाव के जोखिम के बिना किसी भी प्रकार का रक्त प्राप्त कर सकते हैं।

अत: विकल्प (B) सही है।

21. ABO रक्त समूह में मानव रक्त प्रकार एंटीजन-एंटीबॉडी प्रतिक्रियाओं पर आधारित होता है।

ABO प्रणाली द्वारा परिभाषित 4 मुख्य रक्त समूह हैं:

- रक्त समूह A - प्लाज्मा में एंटी-B एंटीबॉडी के साथ लाल रक्त कोशिकाओं पर A एंटीजन होता है
- रक्त समूह B - प्लाज्मा में एंटी-A एंटीबॉडी के साथ B एंटीजन होते हैं
- रक्त समूह O - में कोई एंटीजन नहीं होता है, लेकिन प्लाज्मा में एंटी-A और एंटी-B दोनों एंटीबॉडी होते हैं
- रक्त समूह AB - में A और B दोनों एंटीजन होते हैं, लेकिन एंटीबॉडी नहीं होते हैं

अत: विकल्प (B) सही है।

22. ABO और Rh रक्त समूहों के प्रतिजन RBCs में मौजूद होते हैं।

ABO रक्त समूह प्रतिजन ओलिगोसेकेराइड श्रृंखलाओं से जुड़े होते हैं जो RBC सतह के ऊपर प्रोजेक्ट करते हैं। ये जंजीरें RBC झिल्ली में मौजूद प्रोटीन और लिपिड से जुड़ी होती हैं। ABO जीन अप्रत्यक्ष रूप से ABO रक्त समूह को कूटबद्ध करता है।

अत: विकल्प (B) सही है।

23. AB ब्लड ग्रुप को सार्वभौमिक प्राप्तकर्ता माना जाता है क्योंकि इस ब्लड ग्रुप वाला व्यक्ति किसी भी अन्य ब्लड ग्रुप- A, B, AB और O से रक्त प्राप्त कर सकता है।

AB रक्त प्रकार में, लाल रक्त कोशिकाओं में एंटीजन A और B दोनों होते हैं, लेकिन प्लाज्मा में एंटी-A या एंटी-B एंटीबॉडी दोनों का अभाव होता है।

अत: विकल्प (D) सही है।

24. ब्लड बैंक रेफ्रिजरेटर में रक्त 4 - 5 सप्ताह तक सुरक्षित रखा जा सकता है।

एक ब्लडबैंक का रेफ्रीजरेटर जिसमें रक्त के पैकेट रखे जाते हैं उसका तापमान एक से लेकर 6 डिग्री सेल्सियस आदर्श तापमान माना जाता है जबकि इसमें भी एक उच्च तापमान चार डिग्री सेल्सियस होता है। तो कह सकते हैं ब्लड बैंक में रक्त सुरक्षित रखने हेतु 4 डिग्री सेल्सियस तापक्रम ठीक रहेगा।

अत: विकल्प (A) सही है।

25. ABO ब्लड ग्रुप पद्धति की खोज कार्ल लैंडस्टीनर ने 1901 में की थी।

1930 में, लैंडस्टीनर को मानव ABO रक्त समूह प्रणाली के वर्णन के लिए नोबेल पुरस्कार से सम्मानित किया गया था, जिसे उन्होंने स्वयं एक आकस्मिक खोज माना था। कार्ल लैंडस्टीनर ने 1900 में मानव रक्त समूहों की खोज की और रक्त आधान की आधुनिक चिकित्सा पद्धति की नींव रखी।

अत: विकल्प (C) सही है।

26. AB ब्लड ग्रुप में एंटीबॉडी नहीं होती है।

- टाइप एबी में A और B दोनों एंटीजन होते हैं , लेकिन कोई एंटीबॉडी नहीं होते हैं।
- AB ब्लड एक प्रकार का दुर्लभ है यह 5% से कम आबादी में पाया जाता है।
- यह ब्लड के प्रकारों में 'नवीनतम' है।
- दस या बारह सदी पहले तक AB ब्लड का प्रकार बहुत कम या के बराबर होता था।
- ऐसा इसलिए है क्योंकि AB प्रकार का परिणाम टाइप B के साथ टाइप A के परस्पर क्रिया से होता है।

अत: विकल्प (B) सही है।

27. एन-एसिटाइलगैलेक्टोसामाइन की उपस्थिति का पता लगाकर रक्त समूह ए की प्रतिक्रियाशीलता की पुष्टि की जाती है।

एक एलील एक ग्लाइकोसिलट्रांसफेरेज़ को एनकोड करता है जो ए एंटीजन (एन-एसिटाइलगैलेक्टोसामाइन इसकी इम्युनोडायमिनेंट शुगर) पैदा करता है, और बी एलील एक ग्लाइकोसिलट्रांसफेरेज़ को एनकोड करता है जो बी एंटीजन बनाता है (डी-गैलेक्टोज इसकी इम्युनोडोमिनेंट शुगर है)।

अतः विकल्प (C) सही है।

28. हीमोग्लोबिन में मौजूद धातु आयरन है।

हीमोग्लोबिन एक आयरन युक्त प्रोटीन है जो लाल रक्त कोशिकाओं में पाया जाता है। ऑक्सीजन लाल रक्त कोशिका में चली जाती है और हीमोग्लोबिन से बंध जाती है, जो इसे शरीर के चारों ओर ले जाने की अनुमति देती है।

अतः विकल्प (B) सही है।

29. मानव रक्त का pH 7.4 है।

रक्त का pH आमतौर पर थोड़ा-थोड़ा क्षारकीय होता है जिसके pH का मान 7.4 होता है। जीव विज्ञान और चिकित्सा विज्ञान में इस मान को प्रायः फिज़िओलॉजिकल pH के रूप में संदर्भित किया जाता है।

- यदि मानव रक्त का pH स्तर 7.45 से अधिक हो जाता है और बहुत अधिक क्षारीय हो जाता है, तो इस स्थिति को क्षारमयता (अल्कलोसिस) कहा जाता है।
- यदि मानव रक्त का pH स्तर 7.35 से नीचे चला जाता है और बहुत अधिक अम्लीय हो जाता है, तो इस स्थिति को अम्लरक्तता (एसिडोसिस) कहा जाता है।

अतः विकल्प (A) सही है।

30. हीमोग्लोबिन लाल रक्त कोशिकाओं के अंदर का प्रोटीन है, जो ऑक्सीजन का वहन करता है।

रक्त का लाल रंग इस हीमोग्लोबिन के कारण होता है। रक्त ऑक्सीजन और पोषक तत्वों को जीवित कोशिकाओं तक ले जाता है और उनके अपशिष्ट उत्पादों को उत्सर्जित करता है।

अतः विकल्प (D) सही है।

31. मलेरिया भारत में मच्छरों की वजह से होने वाली एक आम बीमारी है। बुखार, ठंड लगना और पसीना आना इसके विशेष लक्षण हैं। बच्चों में मलेरिया एक गंभीर बीमारी है, विशेषकर कि पांच साल से कम उम्र के बच्चों में ज़्यादा होती है।

शिशु के जन्म के शुरुआती तीन महीनों में मलेरिया होने की संभावना बहुत कम होती है। ऐसा गर्भावस्था के दौरान उसे मिली प्रतिरक्षण क्षमता की वजह से होता है।

जैसे-जैसे शिशु बड़ा होता जाता है, यह प्रतिरक्षण क्षमता घटने लगती है और उसे मलेरिया होने का खतरा बढ़ने लगता है। उसे गंभीर मलेरिया होने का खतरा भी ज्यादा होता है, क्योंकि उसकी अपनी रोग प्रतिरक्षण क्षमता अभी पूरी तरह विकसित नहीं हुई होती।

अतः विकल्प (B) सही है।

32. पैथोलॉजी लैब में फ्रीजर द्वारा -10° C – -60° C तापमान को बनाए रखा जाता है।

जब पैथोलॉजिकल सैम्पल एकत्र किए जाते हैं, तो उन्हें आगे के अध्ययन के लिए या भविष्य में उपयोग के लिए संग्रहित करने की आवश्यकता हो सकती है। उन्हें -10° C – -60° C के तापमान पर संग्रहित किया जाता है। इस तापमान पर सैम्पल को नुकसान पहुँचाए बिना फ्रीज में संरक्षित रखा जाता है।

अतः विकल्प (C) सही है।

33. सोडियम हाइपोक्लोराइट ब्लीचिंग एजेंट की तरह काम करता है। जब इसे पानी में घोलकर प्रयोगशालाओं की सफाई के लिए इस्तेमाल किया जाता है, तो यह नवजात ऑक्सीजन छोड़ता है। यह ऑक्सीजन रोगाणुओं के लिए अत्यधिक

प्रतिक्रियाशील और खतरनाक है। यह उन जीवाणुओं को नष्ट कर देता है जो प्रयोगशाला में विकसित हो सकते हैं। यह अपनी प्रतिक्रियाशील प्रकृति के कारण दाग हटाने में भी मदद करता है और इस प्रकार रोगाणुओं के प्रजनन के लिए पर्यावरण को कम/नष्ट कर देता है।

अतः विकल्प (B) सही है।

34. एक इलेक्ट्रोफोरेसिस मशीन का उपयोग डीएनए अलग करने के लिए किया जाता है।

इलेक्ट्रोफोरेसिस एक प्रयोगशाला तकनीक है जिसका उपयोग डीएनए, आरएनए या प्रोटीन अणुओं को उनके आकार और विद्युत आवेश के आधार पर अलग करने के लिए किया जाता है। एक जेल या अन्य मैट्रिक्स के माध्यम से अणुओं को स्थानांतरित करने के लिए एक विद्युत प्रवाह का उपयोग किया जाता है।

अतः विकल्प (A) सही है।

35. रक्त के घटकों को अलग करने के लिए सेंट्रीफ्यूज का प्रयोग किया जाता है।

रक्त के विभिन्न घटक विभिन्न गति से अवक्षेपित होते हैं। सेंट्रीफ्यूज उच्च गति से घूमता है और उनके घनत्व के आधार पर घटक अलग हो जाते हैं। उच्च गति के कारण वे आपस में टकरा जाते हैं और फिर वे या तो ऊपर तैरते हैं या नीचे बैठ जाते हैं।

अतः विकल्प (B) सही है।

36. सेन्ट्रीफ्यूगल का उपयोग करके रक्त कोशिकाओं को प्लाज्मा कोशिकाओं से अलग किया जा सकता है।

यह आमतौर पर रक्त को सेंट्रीफ्यूग करके किया जाता है। ऊपरी चरण में रक्त प्लाज्मा का एक स्पष्ट विलयन जिसे अपने स्वयं के अंशों बफी कोट में अलग किया जा सकता है, जो बीच में प्लेटलेट्स के साथ मिश्रित ल्यूकोसाइट्स और एरिथ्रोसाइट्स (लाल रक्त कोशिकाएं) अपकेंद्रित्र ट्यूब के तल पर (श्वेत रक्त कोशिकाओं) की एक पतली परत है।

अतः विकल्प (B) सही है।

37. एक प्रभावी मलेरिया वैक्सीन विकसित करना मुश्किल है क्योंकि बार-बार प्राकृतिक संक्रमण से मनुष्य में मलेरिया के एक्सो-एरिथ्रोसाइटिक चक्र के लिए पता लगाने योग्य प्रतिरोध पैदा नहीं होता है।

- मलेरिया आमतौर पर संक्रमित एनोफिलीज मच्छर के काटने से फैलता है।
- संक्रमित मच्छरों में प्लास्मोडियम परजीवी होता है।
- जब यह मच्छर काटता है, तो परजीवी रक्तप्रवाह में निकल जाता है।
- प्लास्मोडियम की विभिन्न प्रजातियां विभिन्न प्रकार के मलेरिया के लिए जिम्मेदार हैं।
- इनमें से प्लास्मोडियम फाल्सीपेरम के कारण होने वाला घातक मलेरिया सबसे गंभीर है और यहां तक कि घातक भी हो सकता है।

अतः विकल्प (B) सही है।

38. मलेरिया के दौरान ठंड लगना और तेज बुखार RBC के विच्छेद के कारण होता है।

RBC के विच्छेद एक जहरीले पदार्थ हेमोज़ोइन के रिलीज के साथ जुड़ा हुआ है जो हर तीन से चार दिनों में होने वाली ठंड और तेज बुखार के लिए जिम्मेदार है।

अतः विकल्प (A) सही है।

39. मलेरिया में बुखार लाल रक्त कोशिकाओं से मेरोजोइट्स के निकलने के कारण होता है।

स्टेज मेरोजोइट्स लाल रक्त कोशिकाओं में मलेरिया प्लास्मोडियम का अलैंगिक चरण है। ये नाशपाती के आकार की कोशिकाएँ हैं जो RBC के भीतर बढ़ती करती हैं। कुछ को यौन अवस्था में जाने के लिए भीतर ही रखा जाता है जबकि अन्य को आरबीसी को फोड़कर रक्तप्रवाह में छोड़ दिया जाता है। उनकी मुक्ति के कारण रक्त में कुछ कारक और विषाक्त पदार्थ जमा हो जाते हैं जो मलेरिया से जुड़े बुखार और ठंड के लक्षण देते हैं।

अतः विकल्प (C) सही है।

40. एंजाइम मार्कर आपके रक्त में विशिष्ट एंजाइमों के स्तर को मापने के लिए एक रक्त परीक्षण है। परिवारों के माध्यम से पारित होने वाले रोग या दोष एंजाइमों के काम करने के तरीके को प्रभावित कर सकते हैं। कुछ एंजाइम कई जीनों से प्रभावित होते हैं। परीक्षण के परिणाम आमतौर पर सामान्य एंजाइम गतिविधि के प्रतिशत के रूप में रिपोर्ट किए जाते हैं।

अत: विकल्प (A) सही है।

41. एचडीएल-कोलेस्ट्रॉल में कमी के साथ कोरोनरी धमनी रोग की आशंका बढ़ जाती है।

उच्च एचडीएल स्तर वाले लोगों की तुलना में कम एचडीएल कोलेस्ट्रॉल वाले लोगों में हृदय रोग विकसित होने की आशंका अधिक होती है। विशेषज्ञ ज्यादातर लोगों के लिए हर पांच साल में अनुवर्ती कोलेस्ट्रॉल परीक्षण की सलाह देते हैं।

अत: विकल्प (C) सही है।

42. एंजियोग्राफी रक्त वाहिनी का एक्स-रे विजुअलाइज़ेशन है।

सामान्य एक्स-रे में रक्त वाहिकाएं स्पष्ट रूप से दिखाई नहीं देती हैं, इसलिए पहले आपके रक्त में एक विशेष डाई इंजेक्ट करने की आवश्यकता होती है। यह आपके रक्त वाहिकाओं को चिन्हांकित करता है, जिससे आपके डॉक्टर को कोई समस्या दिखाई दे सकती है। एंजियोग्राफी के दौरान बनाई गई एक्स-रे छवियों को एंजियोग्राम कहा जाता है।

अत: विकल्प (D) सही है।

43. लिम्फोसाइट उप-जनसंख्या के विश्वसनीय नियमित मात्राकरण के लिए हेपरिनिज्ड रक्त सैम्पल प्रयोगशाला में भेजा जा सकता है।

इसका उपयोग रक्त के थक्के जमने की क्षमता को कम करने और रक्त वाहिकाओं में हानिकारक थक्कों को बनने से रोकने में मदद करने के लिए किया जाता है। इस दवा को कभी-कभी रक्त पतला करने वाला कहा जाता है, हालांकि यह वास्तव में रक्त को पतला नहीं करता है।

अत: विकल्प (C) सही है।

44. मलेरिया में तेज बुखार की पुनरावृत्ति एरिथ्रोसाइटिक सिजोगोनी के पूरा होने के कारण होती है।

मलेरिया में, प्लाज्मोडियम के जीवन चक्र को दो अलग-अलग चरणों में विभाजित किया जा सकता है अर्थात मनुष्यों में अलैंगिक चक्र और मच्छरों में यौन चक्र। मनुष्यों में अलैंगिक चक्र शुरू करने के लिए एक संक्रमित मादा एनोफ़ेलीज़ मच्छर स्पोरोज़ोइट्स को नए होस्ट मनुष्य में इंजेक्ट करती है और यकृत (एक्सो-एरिथ्रोसाइटिक चक्र) में प्रवेश करती है।

एक्सो-एरिथ्रोसाइटिक चक्र के बाद, मेरोजोइट्स लाल रक्त कोशिकाओं पर आक्रमण करते हैं जहां वे एरिथ्रोसाइटिक सिजोगोनी नामक एक अन्य अलैंगिक चक्र से गुजरते हैं। यह ध्यान रखना महत्वपूर्ण है कि इस चरण में मलेरिया के नैदानिक लक्षण जैसे तेज बुखार, ठंड लगना आदि विकसित होते हैं।

अत: विकल्प (A) सही है।

45. बिलीरुबिन एक पीले रंग का पदार्थ है जो लीवर में मौजूद बाइल फ्लूइड में पाया जाता है जिसे पित्त (bile) कहा जाता है। यह बोन मेरो सैल्स में निर्मित होता है और लाल रक्त कोशिकाओं (RBCs)के टूटने के कारण भी उत्पन्न होता है। पित्त की भूमिका भोजन के पाचन में सहायता करना है।

अत: विकल्प (C) सही है।

46. हेपरिनिज्ड रक्त का प्रतिरूप संभावित माइलोमा की प्रतिरक्षा जांच के लिए उपयुक्त नहीं है।

हेपरिन इंजेक्शन एक थक्कारोधी है। इसका उपयोग रक्त के थक्के जमने की क्षमता को कम करने और रक्त वाहिकाओं में हानिकारक थक्कों को बनने से रोकने में मदद करने के लिए किया जाता है। इस दवा को कभी-कभी रक्त पतला करने वाला कहा जाता है, हालांकि यह वास्तव में रक्त को पतला नहीं करता है।

अत: विकल्प (A) सही है।

47. सीरम इम्युनोग्लोबुलिन स्तरों को सटीक रूप से मापने के लिए नेफेलोमेट्री सबसे तेज़ विधि है।

नेफेलोमेट्री इम्युनोग्लोबुलिन सहित सीरम प्रोटीन को विश्वसनीय और सटीक रूप से मापता है। नेफेलोमेट्री नैदानिक प्रयोगशाला में इम्युनोग्लोबुलिन आइसोटाइप्स (आईजीजी, आईजीए, आईजीएम, और आईजीई) के साथ-साथ हीमोग्लोबिन, सी-रिएक्टिव प्रोटीन, एल्ब्यूमिन, हैप्टोग्लोबिन और अन्य सहित अन्य सीरम प्रोटीन की एकाग्रता को मापने के लिए पसंद की विधि है।

अत: विकल्प (B) सही है।

48. सीरम में एंटीजन-विशिष्ट IgE को मापने की उचित विधि एंजाइम-लिंक्ड इम्यूनोसॉर्बेंट जांच है।

एलर्जन-विशिष्ट इम्युनोग्लोबुलिन ई (आईजीई) परीक्षण एक रक्त परीक्षण है जो किसी व्यक्ति के रक्त में विभिन्न आईजीई एंटीबॉडी के स्तर को मापता है। एलर्जी-विशिष्ट IgE परीक्षण कभी-कभी खाद्य एलर्जी के निदान और बेहतर प्रबंधन के लिए उपयोग किए जाते हैं। वे कुछ मामलों में पर्यावरणीय एलर्जी निदान के लिए भी सहायक हो सकते हैं।

अत: विकल्प (D) सही है।

49. कोशिका परिवर्तन न्यूट्रोफिल का कार्यात्मक परीक्षण नहीं है।

कोशिका परिवर्तन सामान्य होमोस्टैटिक नियंत्रण के नुकसान से जुड़े परिवर्तनों का वर्णन करता है, विशेष रूप से सेल डिवीजन के, जो एक नियोप्लास्टिक फेनोटाइप (यूएनएससीईएआर 2000) के विकास में परिणत होता है।

अत: विकल्प (B) सही है।

50. NK-कोशिका विषाणु से संक्रमित कोशिकाओं को मारकर सहज प्रतिरक्षा में भाग लेती हैं।

प्राकृतिक मारक कोशिकाएं संक्रमित कोशिकाओं या कोशिकाओं की एक विस्तृत विविधता को मारती हैं जो असामान्य प्लाज्मा झिल्ली प्रोटीन दर्शाती हैं। यह पेर्फोरिन, एक प्रोटीन मुक्त करते हैं जो कोशिका के फटने की ओर ले जाता है। कोशिका के फटने को साइटोलिसिस कहते हैं। NK कोशिकाओं के अन्य कणिकाओं में ग्रैनजाइम मुक्त होते हैं जो लक्ष्य कोशिका के एपोप्टोसिस की ओर ले जाते हैं।

अत: विकल्प (C) सही है।

51. केवल आईजीजी एएनए चिकित्सीय रूप से प्रासंगिक हैं और केवल एक विशिष्ट एंटी-आईजीजी संयुग्म को दूसरे एंटीबॉडी के रूप में इस्तेमाल किया जाना चाहिए। डीएसडीएनए के एंटीबॉडी सक्रिय ल्यूपस वाले अधिकांश (70 - 85%) रोगियों में सकारात्मक हैं।

एंटी-डीएसडीएनए और एंटी-एसएम एंटीबॉडी एसएलई के लिए अत्यधिक विशिष्ट हैं, लेकिन एंटी-एसएम एंटीबॉडी में संवेदनशीलता 50, 51 की कमी है। एंटी-डीएसडीएनए और एंटी-एसएम एंटीबॉडी क्रमशः एसएलई के लगभग 70 और 30 प्रतिशत रोगियों में देखे जाते हैं।

अत: विकल्प (C) सही है।

52. साइटोटॉक्सिक टी-लिम्फोसाइट के कणिकाओं में मौजूद साइटोटॉक्सिक पदार्थ पेर्फोरिन और ग्रैनजाइम हैं।

पेरफ़ोरिन एक पोरफॉर्मिंग प्रोटीन है और इसे साइटोप्लाज्मिक ग्रेन्युल टॉक्सिन्स के रूप में भी जाना जाता है। साइटोटॉक्सिक लिम्फोसाइट्स के साइटोटॉक्सिक कणिकाओं के भीतर ग्रैनजाइम संरचनात्मक रूप से संबंधित सेरीन प्रोटीज से संबद्ध होते हैं।

अतः विकल्प (D) सही है।

53. फ्लो साइटोमेट्री एक प्रयोगशाला परीक्षण है जिसका उपयोग कोशिकाओं या कणों की विशेषताओं का विश्लेषण करने के लिए किया जाता है। प्रक्रिया के दौरान कोशिकाओं या कणों का एक प्रतिरूप द्रव में निलंबित कर दिया जाता है और प्रवाह साइटोमीटर मशीन में इंजेक्ट किया जाता है। एक कंप्यूटर द्वारा एक मिनट से भी कम समय में लगभग 10,000 कोशिकाओं का विश्लेषण और प्रसंस्करण किया जा सकता है।

अतः विकल्प (D) सही है।

54. M प्रोटीन एंटीबॉडी होते हैं जो रक्त में मौजूद होते हैं। मल्टीपल मायलोमा या अन्य प्लाज्मा सेल विकार वाले लोगों के रक्त में M प्रोटीन का उच्च स्तर हो सकता है। संक्रमण से लड़ने वाले एंटीबॉडी के विपरीत, ये M प्रोटीन शरीर के लिए सहायक नहीं होते हैं।

मल्टीपल मायलोमा एक प्रकार का ब्लड कैंसर है। प्लाज्मा सेल एक प्रकार की श्वेत रक्त कोशिका होती है जो एंटीबॉडी का उत्पादन करती है जो शरीर को बीमारियों से लड़ने में मदद करती है। जब आपको मल्टीपल मायलोमा होता है तो ये कोशिकाएं असामान्य रूप से बढ़ती हैं।

अतः विकल्प (D) सही है।

55. कोलेजन एक प्रकार का प्रोटीन है।

कोलेजन काफी मात्रा में मानव शरीर में उपलब्ध हैं। वे त्वचा, हड्डियों, मांसपेशियों और टेंडन में पाए जाते हैं।

कोलेजन शरीर में विभिन्न संयोजी ऊतकों में मुख्य संरचनात्मक प्रोटीन है। वे त्वचा और उपास्थि जैसे संयोजी ऊतकों के प्राथमिक संरचनात्मक घटक हैं।

कोलेजन प्रोटीन में उच्च खाद्य पदार्थ हैं- चिकन, मछली, अंडे, सफेद साइट्रस खाद्य पदार्थ आदि।

अतः विकल्प (C) सही है।

56. प्लेसेंटा को पार करने वाले एंटीबॉडी का वर्ग IgG है।

बैक्टीरिया और वायरस से होने वाले संक्रमण से लड़ने के लिए IgG एंटीबॉडी बहुत महत्वपूर्ण हैं। आपके रक्त में अधिकांश इम्युनोग्लोबुलिन IgG होते हैं। आपके शरीर के सभी तरल पदार्थों में कुछ IgG एंटीबॉडी भी होते हैं। आपका शरीर आपके द्वारा बनाए गए सभी IgG एंटीबॉडी का "खाका" रखता है।

अतः विकल्प (C) सही है।

57. प्रतिरक्षण के लिए उत्तरदायी कोशिका लिम्फोसाइट है।

- हमारे शरीर की लसीका प्रणाली संचार प्रणाली का एक हिस्सा है।
- वे अंग जो लसीका तंत्र का एक हिस्सा हैं, लिम्फोइड अंग कहलाते हैं।
- लिम्फोइड अंगों में अस्थि मज्जा, थाइमस, प्लीहा, लिम्फ नोड्स आदि शामिल हैं।
- लसीका प्रणाली में मौजूद रंगहीन द्रव को लसीका कहा जाता है।
- लिम्फ में कई विशेष कोशिकाएं होती हैं जिन्हें लिम्फोसाइट्स कहा जाता है।
- ये लिम्फोसाइट्स शरीर की प्रतिरक्षण प्रतिक्रिया के लिए जिम्मेदार होते हैं।
- एक लिम्फोसाइट वास्तव में सफेद रक्त कोशिका का एक प्रकार है।

अतः विकल्प (A) सही है।

58. जब एक रोग-वाहक सूक्ष्म जीव हमारे शरीर में प्रवेश करता है, तो शरीर सूक्ष्म जीव से लड़ने के लिए एंटीबॉडी उत्पन्न करता है।

- एंटीबॉडी बाहरी एंटीजन से जुड़ते हैं, जो मैक्रोफेज को आकर्षित करते हैं।
- एंटीबॉडीज को इम्युनोग्लोबुलिन भी कहा जाता है।
- यह हमारी प्रतिरक्षा प्रणाली द्वारा निर्मित होता है।
- एंटीबॉडी शब्द सबसे पहले पॉल एर्लिच ने दिया था।
- कोई भी बाहरी कण जो एंटीबॉडी के निर्माण को उत्तेजित करता है, एंटीजन कहलाता है।

अतः विकल्प (B) सही है।

59. लसीका द्रव एंटीबॉडी से भरपूर होता है।

एंटीबॉडी प्रोटीन होते हैं जो आपकी रक्षा करते हैं जब कोई अवांछित पदार्थ आपके शरीर में प्रवेश करता है। आपकी प्रतिरक्षा प्रणाली द्वारा उत्पादित, एंटीबॉडी इन अवांछित पदार्थों को आपके सिस्टम से खत्म करने के लिए बांधते हैं। एंटीबॉडी के लिए एक और शब्द इम्युनोग्लोबुलिन है।

अतः विकल्प (B) सही है।

60. अधिग्रहीत रोग प्रतिरोधकता वह होती है, जिसे एक टीका दिए जाने के कारण या संक्रमण के परिणाम स्वरुप अधिग्रहित किया जाता है।

प्राप्त प्रतिरक्षा:

- अधिग्रहित प्रतिरक्षा, पैथोजन-स्पेसिफिक है।
- यह स्मृति के आधार पर देखा जाता है।
- यह पहली बार एक रोगजनक का सामना करता है और एक प्रतिक्रिया उत्पन्न करता है जिसे प्राथमिक प्रतिक्रिया कहा जाता है।
- प्रतिरक्षण या टीकाकरण का सिद्धांत प्रतिरक्षा प्रणाली की 'स्मृति' के गुण पर आधारित है।

अतः विकल्प (D) सही है।

61. हाइड्रोलेस एंजाइम के आधार पर हाइड्रोलिसिस प्रतिक्रियाएं उत्प्रेरित होती हैं।

हाइड्रोलेस एंजाइम का एक वर्ग है जो आमतौर पर जैव रासायनिक उत्प्रेरक के रूप में कार्य करता है जो रासायनिक बंधन को तोड़ने के लिए पानी का उपयोग करता है, जिसके परिणामस्वरूप आम तौर पर बड़े अणु को छोटे अणुओं में विभाजित किया जाता है।

अतः विकल्प (A) सही है।

62. कोई भी अणु जो अपनी उत्प्रेरक दर को कम करने के लिए एक एंजाइम पर सीधे कार्य करता है, एक अवरोधक कहलाता है। कुछ एंजाइम अवरोधक सामान्य शरीर के मेटाबोलाइट्स होते हैं जो एक मार्ग के सामान्य चयापचय निगंत्रण के हिस्सों के रूप में एक विशेष एंजाइम को रोकते हैं।

अतः विकल्प (C) सही है।

63. नीला प्रकाश अधिकतम विभेदन प्राप्त करने के लिए उपयुक्त होता है।

ऑप्टिकल माइक्रोस्कोपी में सबसे बड़ी संकल्प शक्ति निकट-पराबैंगनी प्रकाश, सबसे कम प्रभावी इमेजिंग तरंगदैर्ध्य के साथ महसूस की जाती है। नमूना विस्तार को हल करने की क्षमता में निकट-पराबैंगनी प्रकाश के बाद नीला, फिर हरा और अंत में लाल प्रकाश होता है।

अतः विकल्प (C) सही है।

64. सूक्ष्मदर्शी के नीचे वस्तुओं के स्पष्ट आवर्धित रेखाचित्र बनाने के लिए प्रयुक्त उपकरण प्रकाशयुक्त कैमरा है।

प्रकाशयुक्त कैमरा एक सूक्ष्मदर्शी से जुड़ा एक उपकरण है, आदि एक पर्यवेक्षक को छवि के स्केचिंग की सुविधा के लिए छवि और एक ड्राइंग सतह को एक साथ देखने में सक्षम बनाता है।

प्रकाशयुक्त कैमरा, वस्तुओं की सटीक स्केचिंग की सुविधा के लिए ऑप्टिकल उपकरण विलियम हाइड वोलास्टन द्वारा 1806 में आविष्कार किया गया। इसमें कागज की एक शीट के ऊपर एक छोटे से स्टैंड पर चार-तरफा प्रिज्म लगा होता है।

अत: विकल्प (C) सही है।

65. कोशिकाओं को लाइव इमेजिंग या स्पिनिंग डिस्क माइक्रोस्कोप के लिए सुसज्जित कॉन्फोकल माइक्रोस्कोप का उपयोग करके देखा जाता है। फ्लोरोसेंट माइक्रोस्कोप का भी इस्तेमाल किया जा सकता है।

फेज़ कंट्रास्ट माइक्रोस्कोप ने जीवविज्ञानियों के लिए जीवित कोशिकाओं का अध्ययन करना और कोशिका विभाजन के माध्यम से वे कैसे फैलते हैं, इसका अध्ययन करना संभव बना दिया। 1930 के दशक की शुरुआत में इसके आविष्कार के बाद कंट्रास्ट माइक्रोस्कोपी माइक्रोस्कोपी में इतनी उन्नत साबित हुई, कि इसके आविष्कारक फ्रिट्स ज़र्निक को 1953 में नोबेल पुरस्कार से सम्मानित किया गया।

अत: विकल्प (C) सही है।

66. हेक्सोकाइनेज एक एंजाइम है जो ग्लूकोज को ग्लूकोज-6-फॉस्फेट में परिवर्तित करता है।

- ग्लाइकोलाइसिस कार्बन डाइऑक्साइड और पानी को छोड़ने के लिए ग्लूकोज का टूटना है।
- यह 10 चरण की प्रतिक्रिया है और साइटोसोल में होती है।
- ग्लाइकोलाइसिस का पहला एंजाइम हेक्सोकाइनेज है।
- यह एटीपी का उपयोग करता है और इसे ग्लूकोज-6-फॉस्फेट में परिवर्तित करता है।
- यह ग्लाइकोलाइसिस का एक अपरिवर्तनीय कदम है।
- यह एलोस्टेरिक विनियमन को दर्शाता है।

अत: विकल्प (A) सही है।

67. अगर किसी डीएनए में 20 एडेनिन हैं तो थाइमिन की संख्या भी 20 होती है। अगर डीएनए में 80 गुआनिन हैं तो साइटोसिन की संख्या भी 80 होती है।

- मानव आनुवंशिक सामग्री में गुणसूत्र होते हैं।
- क्रोमोसोम में जीन होते हैं जो प्रोटीन बनाने के लिए अनुवादित होते हैं।
- डीएनए एक दोहरी पेचदार संरचना है।
- यह शार्गफ के नियम का पालन करता है।
- एडेनिन की मात्रा थाइमिन के बराबर होती है और दो हाइड्रोजन बांड बनाती है।
- ग्वानिन की मात्रा साइटोसिन के बराबर होती है और तीन हाइड्रोजन बांड बनाती है

अत: विकल्प (A) सही है।

68. कोलेजन पेप्टाइड श्रृंखला के तीन अमीनो एसिड में से प्रत्येक एक ग्लाइसीन है। यह एक भरपूर मात्रा में अमीनो एसिड है जो कोलेजन निर्माण के लिए आवश्यक है।

अत: विकल्प (C) सही है।

69. ट्यूबरक्लोसिस होने पर तीन सप्ताह से अधिक समय तक खांसी होना, सांस लेने में तकलीफ, बलगम के साथ खून आना इसके कई लक्षण हो सकते हैं।

आमतौर पर ट्यूबरकुलोसिस फेफड़ों को प्रभावित करता है, लेकिन यह दूसरे अंग जैसे कि गुर्दे, रीढ़ और मस्तिष्क को भी प्रभावित कर सकता है। इस स्थिति में लक्षण संक्रमित अंग पर निर्भर करते हैं। कुछ मामलों में ट्यूबरकुलोसिस फेफड़ों के बाहर भी विकसित हो सकता है। इसमें छोटी ग्रंथियां, हड्डियां व जोड़ें, पाचन तंत्र, मूत्राशय व प्रजनन प्रणाली और मस्तिष्क व नसें (तंत्रिका तंत्र) शामिल हैं।

अत: विकल्प (D) सही है।

70. एसिड-फास्ट स्टेन वह है जो विशेष रूप से उन जीवों की पहचान करने के लिए उपयोग किया जाता है जो माइकोबैक्टीरियम जीनस का गठन करते हैं।

कई माइकोबैक्टीरिया जैसे एसिड-फास्ट जीवों में मूल रूप से अभेद्य कोशिका भिति होती है, जिसका अर्थ है कि उन्हें अन्य धुंधला प्रोटोकॉल में उपयोग किए जाने वाले रंगों से दागना मुश्किल है। एसिड-फास्ट स्टेन प्रक्रिया, हालांकि, यह सुनिश्चित करने के लिए विभिन्न चरणों को नियोजित करती है कि डाई सेल में प्रवेश करती है, जैसे कि माइकोबैक्टीरियल सेल की दीवारों में पाए जाने वाले मोम को नरम करने के लिए गर्मी को नियोजित करना।

अत: विकल्प (B) सही है।

71. सोडियम बाईकारबोनेट को एंटासिड के रूप में इस्तेमाल किया जा सकता है।

सोडियम कार्बोनेट के स्थान पर एंटासिड के रूप में पोटेशियम कार्बोनेट का उपयोग किया जा सकता है, अगर जिस व्यक्ति को एंटासिड का सेवन करना है वह सोडियम का सेवन करने के लिए प्रतिबंधित है। ऐसा इसलिए है क्योंकि सोडियम और पोटैशियम एक ही समूह के हैं और उनके समान गुण हैं।

अत: विकल्प (B) सही है।

72. पुरुषों के लिए क्रिएटिनिन की सामान्य सीमा 0.6 से 1.2 मिलीग्राम / डीएल हैं।

पुरुषों के लिए क्रिएटिनिन की सामान्य सीमा 0.6 से 1.2 मिलीग्राम / डीएल के बीच है, और महिलाओं के लिए सामान्य सीमा 0.5 से 1.1 मिलीग्राम / डीएल के बीच है। यदि शरीर में क्रिएटिनिन का स्तर कम हो जाए तो स्वस्थ्य पर नकारात्मक प्रभाव पड़ सकते हैं।

अत: विकल्प (A) सही है।

73. कैल्शियम एक रासायनिक तत्व है, जो हमारे शरीर में प्रचुर मात्रा में पाया जाता है। इसका लगभग 99 प्रतिशत हमारी हड्डियों और दांतों में और एक प्रतिशत हमारे रक्त और मांसपेशियों में होता है। कैल्शियम हमारे शरीर की हड्डियों को मजबूत बनाता है।

अत: विकल्प (A) सही है।

74. रेज़ोनियम K+ को कोशिकाओं में स्थानांतरित नहीं करता है।

रेज़ोनियम का उपयोग 'हाइपरकेलेमिया' नामक किसी चीज़ के इलाज के लिए किया जाता है। यह तब होता है जब आपके रक्त में बहुत अधिक पोटेशियम होता है। यह आपके स्तर को सामान्य करने के लिए इस अतिरिक्त पोटेशियम को हटाकर काम करता है। यह अक्सर उन लोगों को दिया जाता है जिन्हें गुर्दे की समस्या होती है और जो लोग डायलिसिस पर होते हैं।

अत: विकल्प (D) सही है।

75. हमारे आहार में कैल्शियम के अत्यधिक सेवन से गुर्दे की पथरी हो जाती है।

जब यूरिन में कैल्शियम, ऑक्सालेट, यूरिक एसिड और सिस्टीन जैसे कुछ पदार्थों का कंसंट्रेशन बढ़ने लगता है, तो वे क्रिस्टल बनाने लगते हैं जो गुर्दे से जुड़ने लगते हैं और धीरे-धीरे आकार में बढ़ कर पथरी का रूप लेने लगते हैं।

अत: विकल्प (D) सही है।

76. तपेदिक का कारक जीवाणु है।

एक जीवाणु बस एक सूक्ष्मजीव है, या एक बहुत ही छोटी जीवित चीज है, जिसमें कोशिका भित्ति होती है लेकिन कोई अलग केंद्रक नहीं होता है। यह शब्द स्वयं ग्रीक शब्द बैक्टेरियन से आया है, "छोटा छड़ी या रॉड," जो सूक्ष्मदर्शी के नीचे देखे जाने पर एक जीवाणु के आकार का वर्णन करता है।

अतः विकल्प (B) सही है।

77. तपेदिक रोगियों में एसिड-फास्ट स्टेन तकनीक एक महत्वपूर्ण नैदानिक उपकरण है।

तपेदिक रोग (टीबी) एक संभावित गंभीर संक्रामक रोग है जो मुख्य रूप से फेफड़ों को प्रभावित करता है। तपेदिक का कारण बनने वाले बैक्टीरिया खांसी और छींक के माध्यम से हवा में छोड़ी गई छोटी बूंदों के माध्यम से एक व्यक्ति से दूसरे व्यक्ति में फैलते हैं।

अतः विकल्प (C) सही है।

78. थूक द्वारा एएफबी परीक्षण किया जाता है।

टीबी की जांच के लिए थूक का माइक्रोस्कोपिक परीक्षण किया जाता है। इसे एएफबी टेस्ट भी कहते हैं। थूक को स्लाइड पर डालने के बाद उसकी केमिकल से स्टेनिंग की जाती है। स्लाइड के सूखने के बाद उसके बैक्टीरिया की जांच के लिए माइक्रोस्कोप में परीक्षण किया जाता है।

अतः विकल्प (A) सही है।

79. ग्राम स्टेनिंग एक प्रकार का डिफरेंशियल स्टेनिंग है।

ग्राम स्टेनिंग एक प्रकार का डिफरेंशियल स्टेनिंग है। इस प्रक्रिया में, निश्चित बैक्टीरियल स्मीयर क्रम में सूचीबद्ध क्रिस्टल वायलेट आयोडीन समाधान शराब (डीकलराइजिंग एजेंट) और सैफरैनीन निम्नलिखित स्टेनिंग अभिकर्मकों का क्रम है।

अतः विकल्प (B) सही है।

80. क्रिएटिनिन मांसपेशियों का अंतिम उत्पाद है जिसमें ऊर्जा के सोत के रूप में क्रिएटिन नामक प्रोटीन का उपयोग किया जाता है क्रिएटिनिन को यकृत में संश्लेषित किया जाता है और मांसपेशियों और मस्तिष्क जैसे कई हिस्सों में ले जाया जाता है। यह उत्पाद आगे उच्च ऊर्जा यौगिक में परिवर्तित हो जाता है जिसे फॉस्फोक्रिएटिन कहा जाता है, जो कि गुर्दे द्वारा उत्सर्जित क्रिएटिनिन के रूप में ऊर्जा और अंतिम उत्पाद देने के लिए अपचय से गुजरता है।

अतः विकल्प (C) सही है।

81. दिया गया है:

अजीत काम पूरा कर सकता है $= 12$ दिनों में

भरनी कम पूरा कर सकता है $= 16$ दिनों में

हम जानते है कि,

$W = E \times T$ (जहाँ, $W =$ काम, $E -$ दक्षता और $T =$ समय)

माना भरनी का हिस्सा X है।

प्रश्नानुसार,

अजीत का एक दिन का काम $= \dfrac{1}{12}$

भरनी का एक दिन का काम $= \dfrac{1}{16}$

दोनों का एक दिन का काम $= \dfrac{1}{12} + \dfrac{1}{16}$

$= \dfrac{4+3}{48}$

$= \dfrac{7}{48}$

भरनी का हिस्सा $= \dfrac{3}{7} \times 2100$

$= 3 \times 300$

$= 900$

$\therefore$ अभीष्ट परिणाम 900 होगा।

अतः विकल्प (B) सही है।

82. दिया गया है:

अजय के उत्तीर्ण होने की प्रायिकता $= \dfrac{7}{10}$

एलेक्स के उत्तीर्ण होने की प्रायिकता $= \dfrac{5}{6}$

अद्युत के उत्तीर्ण होने की प्रायिकता $= \dfrac{3}{5}$

हम जानते है कि,

अधिकतम दो चयनों की प्रायिकता $= 1 -$ तीनों चयनों की प्रायिकता

तीनों के चयन की प्रायिकता $= \dfrac{7}{10} \times \dfrac{5}{6} \times \dfrac{3}{5} = \dfrac{7}{20}$

अधिकतम दो चयन की प्रायिकता $= 1 - \dfrac{7}{20} = \dfrac{13}{20}$

अतः विकल्प (B) सही है।

83. माना गैर-अधिकारियों की संख्या $= a$

अधिकारियों की संख्या $= 15$

अधिकारियों का औसत वेतन 460 रुपए है

तो, अधिकारियों की कुल वेतन $= 15 \times 460 = 6900$

इसी तरह, गैर-अधिकारियों का कुल वेतन $= a \times 110$

अब हम सभी कर्मचारियों का कुल वेतन इस रूप में प्राप्त कर सकते हैं:

$\Rightarrow 120 \times (15 + a) = 6900 + 110a$

$\Rightarrow 1800 + 120a = 6900 + 110a$

$\Rightarrow 120a - 110a = 6900 - 1800$

$\Rightarrow 10a = 5100$

$\Rightarrow a = 510$

$\therefore$ कार्यालय गें गैर-अधिकारियों की संख्या 510 है।

अतः विकल्प (B) सही है।

84. भुजाएँ $= 3x, 4x$ और $5x$ ले

तब, $3x + 4x + 5x = 144$ सेमी

$12x = 144$

$\Rightarrow x = 12$

त्रिभुज का क्षेत्रफल

$$= \frac{1}{2} \times 4x \times 3x$$

$$= \frac{1}{2} \times 12x^2$$

$$= \frac{1}{2} \times 12 \times 12 \times 12$$

$$= 144 \times 6$$

$$= 864 \text{ सेमी}^2$$

अतः विकल्प (C) सही है।

85. प्रश्नानुसार,

मोटरसाइकिल का अंकित मूल्य = 45000 रु

छूट = 45000 का 5%

$$\frac{5}{100} \times 45000$$

= 2250 रु

अब, मूल्य = 45000 - 2250

= 42750 रु

बिक्री कर = 42750 का 10%

$$\frac{10}{100} \times 42750$$

= 4275 रु

शुद्ध राशि उसे देनी होगी = 42750 + 4275

= 47025 रु

अतः विकल्प (C) सही है।

86. दी गई जानकारी के अनुसार, हम निम्नलिखित आरेख बना सकते हैं:

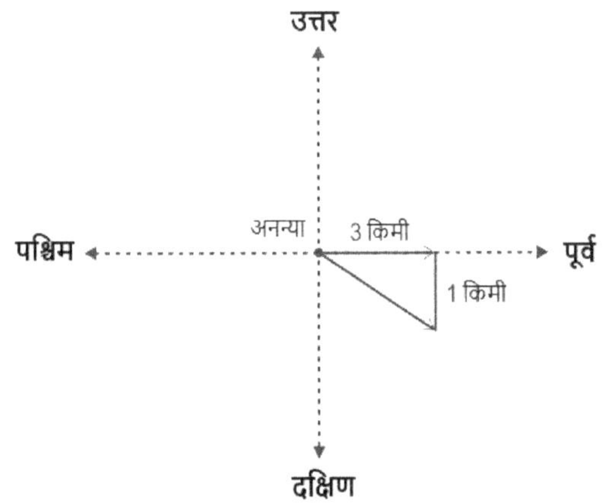

इस प्रकार, अनन्या अपनी प्रारंभिक स्थिति के दक्षिण-पूर्व में है।

अतः विकल्प (A) सही है।

87. यहाँ पानी का चित्र 10:20 है, मिनट 30 से कम हैं,

इसलिए हमें इसे 18:30 से घटाना होगा।

इस प्रकार, 18:30 - 10:20 = 08:10

वास्तविक समय घड़ी पर 08:10 दिखाता है।

अतः विकल्प (B) सही है।

88. 5 जनवरी 2018 से 5 जनवरी 2019 तक विषम दिनों की संख्या = 1

5 जनवरी 2019 से 5 जनवरी 2020 तक विषम दिनों की संख्या = 1

5 जनवरी 2020 से 5 जनवरी 2021 तक विषम दिनों की संख्या = 2

5 जनवरी 2021 से 5 जनवरी 2022 तक विषम दिनों की संख्या = 1

5 जनवरी 2022 से 5 जनवरी 2023 तक विषम दिनों की संख्या = 1

5 जनवरी 2023 से 5 जनवरी 2024 तक विषम दिनों की संख्या = 1

कुल विषम दिन = 1 + 1 + 2 + 1 + 1 + 1 = 7 = 0 विषम दिन

5 जनवरी 2024 को शुक्रवार है।

अतः विकल्प (C) सही है।

89. यहां अनुसरित स्वरुप है:

(संख्या = दूसरे अक्षर का संख्यात्मक मान + 3)

KI12 → K = 11, K – 2 = I, I = 9, 9 + 3 = 12

JH11 → J = 10, J – 2, H, H = 8, 8 + 3 = 11

IG10 → I = 9, I – 2 = G, G = 7, 7 + 3 = 10

अब, अगले पद का पहला अक्षर = पिछले पद का पहला अक्षर (जोकि, I है) – 1 = H

H – 2 = F, F = 6, 6 + 3 = 9

इसलिए, 'HF9' लुप्त पद है।

अत: विकल्प (B) सही है।

90. नीचे दी गई तालिका में प्रतीकों का उपयोग करके, हम निम्नलिखित वंश वृक्ष बना सकते हैं:

आरेख में प्रतीक	अर्थ
○	महिला
□	पुरुष
—	विवाहित जोड़ा
—	सहोदर
|	पीढ़ी का अंतर

दी गई जानकारी के अनुसार,

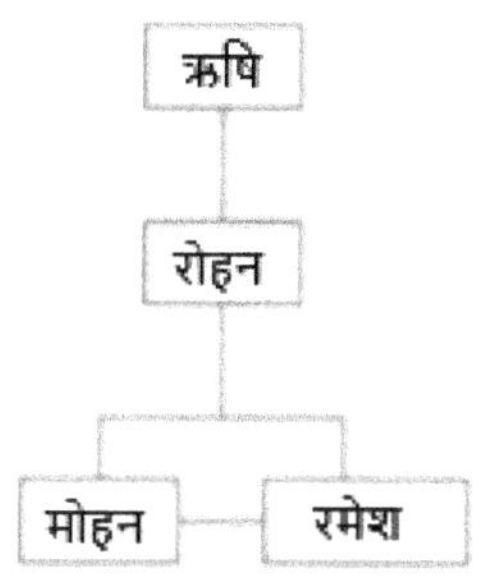

∴ रोहन के पिता ऋषि हैं।

अतः विकल्प (A) सही है।

91. वर्ष 1905 में वाराणसी में संपन्न हुए भारतीय राष्ट्रीय कांग्रेस के अधिवेशन की अध्यक्षता गोपालकृष्ण गोखले ने की थी

इसके पूर्व बनारस के 1905 के अधिवेशन में ब्रिटिश माल के बहिष्कार का प्रस्ताव रखा गया (समर्थित)। 1905 में, कांग्रेस के बनारस अधिवेशन में, गोपाल कृष्ण गोखले ने स्वदेशी और बंगाल के बहिष्कार आंदोलनों का ही समर्थन किया।

स्वदेशी का प्रस्ताव भारतीय राष्ट्रीय कांग्रेस के 1906 के कलकत्ता अधिवेशन में अपनाया गया था। इस अधिवेशन की अध्यक्षता दादा भाई नौरोजी ने की थी। इससे पहले बनारस के 1905 के अधिवेशन में ब्रिटिश माल के बहिष्कार का प्रस्ताव रखा गया था। हालाँकि, यह कलकत्ता में 1906 का सत्र था जिसमें कांग्रेस द्वारा स्वशासन, बहिष्कार आंदोलन, स्वदेशी और राष्ट्रीय शिक्षा पर चार प्रस्ताव पारित किए गए थे।

अतः विकल्प (C) सही है।

92. थॉमस पाइन ने कहा, "संविधान के बिना सरकार अधिकार के बिना एक शक्ति है।"

थॉमस पाइन एक विवादा, पत्रिका लिखनेवाले और अंतरराष्ट्रीय क्रांतिकारी थे। उनकी कृति कॉमन सेंस (1776) यूनाइटेड किंगडम के खिलाफ अमेरिकी स्वतंत्रता सेनानी को संघटित करने का एक महत्वपूर्ण पाठ था। राइट्स ऑफ मैन (1791-2) ब्रिटेन में 1790 के दशक में और उत्रीसवीं सदी के पहले दशकों में सुधार के आंदोलन में सबसे व्यापक रूप से पढ़ा जाने वाला पर्चा था।

वह राज्य की जिम्मेदारियों के दावों के उद्भव में एक प्रमुख व्यक्ति थे। उन्होंने अपने पर्चे राइट ऑफ मैन में यह स्पष्ट किया है कि "संविधान सरकार का कार्य नहीं है, बल्कि सरकार बनाने वाले लोगों का है, और बिना संविधान के सरकार अधिकार के बिना शक्ति है।"

अत: विकल्प (A) सही है।

93. प्लासी का युद्ध, 23 जून 1757 को मुर्शिदाबाद के दक्षिण में 22 मील दूर नदिया जिले में गंगा नदी के किनारे 'प्लासी' नामक स्थान में हुआ था। इस युद्ध में एक ओर ब्रिटिश ईस्ट इंडिया कंपनी की सेना थी तो दूसरी ओर थी बंगाल के नवाब की सेना। कंपनी की सेना ने रॉबर्ट क्लाइव के नेतृत्व में नवाब सिराजुद्दौला को हरा दिया था।

अतः विकल्प (A) सही है।

94. विवर्तनिक प्लेटों के अलग होने से भ्रंश घाटी का निर्माण होता है।

भ्रंश घाटी एक तराई का क्षेत्र है जो बनता है जहां पृथ्वी की विवर्तनिक प्लेट्स अलग हो जाती हैं, या टूट जाती हैं। भ्रंश घाटियाँ भूमि और समुद्र के तल दोनों पर पाई जाती हैं, जहाँ वे समुद्र तल के फैलने की प्रक्रिया द्वारा निर्मित होती हैं।

अतः विकल्प (B) सही है।

95. 20 नवंबर, 2022 को भारत ने देश में संभावित लिथियम निक्षेप और संभावित अर्जित पदार्थ के अवसरों का आकलन करने के लिए अर्जेंटीना में तीन भूवैज्ञानिकों की एक टीम भेजी है।

टीम में मिनरल एक्सप्लोरेशन कॉर्पोरेशन लिमिटेड (MECL), KABIL (खनिज बिदेश इंडिया लिमिटेड) और भारतीय भूवैज्ञानिक सर्वेक्षण (GSI) के एक-एक भूविज्ञानी शामिल हैं। भारत के पास कोई लिथियम संसाधन नहीं है और खनिज मुख्य रूप से आयात किया जाता है। लिथियम ईवीएस में प्रयुक्त रिचार्जेबल बैटरी का प्रमुख घटक है।

अतः विकल्प (C) सही है।

96. यदि आप अपने कंप्यूटर पर "माय कंप्यूटर" ओपन करना चाहते हैं, तो आप (विंडोज) + E दबायेंगे।

विंडोज के सभी संस्करणों में, (विंडोज) + E दबाने पर माइ कंप्यूटर खुलता है। आपके कंप्यूटर की ड्राइव को "माय पीसी" के बाईं ओर सूचीबद्ध किया गया है।

अतः विकल्प (B) सही है।

97. माइक्रोसॉफ्ट पॉवरपॉइंट कि प्रस्तुति में पृष्ठ को स्लाइड कहा जाता है।

एक स्लाइड एक प्रस्तुति का एक पृष्ठ है। सामूहिक रूप से, स्लाइडों के समूह को स्लाइड डेक के रूप में जाना जा सकता है। डिजिटल युग में, एक स्लाइड सबसे आम तौर पर एमएस पावरपॉइंट, ऐप्पल कीनोट, गूगल स्लाइड्स, अपाचे ओपनऑफिस या लिब्रे ऑफिस जैसे प्रेजेंटेशन प्रोग्राम का उपयोग करके विकसित एकल पृष्ठ को संदर्भित करती है।

अत: विकल्प (A) सही है।

98. डायल-अप अब तक उपलब्ध सभी इंटरनेट कनेक्शनों में सबसे धीमा है। डायल-अप के उपयोग के लिए एक अलग फोन लाइन की आवश्यकता होती है, क्योंकि उपयोगकर्ताओं को टेलीफोन के माध्यम से अपने इंटरनेट सेवा प्रदाता से कनेक्ट होना चाहिए। स्पीड लगभग 56Kbps है, जो कि सबसे धीमी ब्रॉडबैंड कनेक्शन की गति का दसवां हिस्सा है।

अतः विकल्प (B) सही है।

99. एप्लिकेशन रन विधि (Excel) एक मैक्रो चलाता है या फ़ंक्शन को कॉल करता है। इसका उपयोग Visual Basic या Microsoft Excel मैक्रो भाषा में लिखे मैक्रो को चलाने के लिए या DLL या XLL में फ़ंक्शन को चलाने के लिए किया जा सकता है। एक चर जो किसी अनुप्रयोग ऑब्जेक्ट का प्रतिनिधित्व करता है।

अत: विकल्प (A) सही है।

100. डॉट मैट्रिक्स एक प्रकार का नॉन-इम्पैक्ट प्रिंटर नहीं है।

- यह प्रत्येक वर्ण को डॉट्स के संयोजन के रूप में प्रिंट करता है।
- उसके प्रिंटर के प्रिंट हेड पर पिंस का एक मैट्रिक्स होता है जो वर्ण का बना होता है।
- पिन पर कार्बन से टकराते ही शब्द कागज पर छप जाते हैं।

अत: विकल्प (D) सही है।

Discipline

Q.1 हेमोसाइटोब्लास्ट किस वंश का बनता है?

A. लिम्फोइड स्टेम सेल
B. रेड ब्लड स्टेम सेल
C. वाइट ब्लड स्टेम सेल
D. ल्यूकेमिया स्टेम सेल

Q.2 __________ संक्रमण से लड़ने के लिए उत्तरदायी है।

A. रेड ब्लड सेल्स
B. वाइट ब्लड सेल्स
C. प्लेटलेट्स
D. प्लाज्मा

Q.3 शरीर की कोशिकाओं तक ऑक्सीजन और कार्बन डाइऑक्साइड ले जाने के लिए रक्त का कौन सा भाग जिम्मेदार होता है?

A. रेड ब्लड सेल्स
B. वाइट ब्लड सेल्स
C. प्लेटलेट्स
D. प्लाज्मा

Q.4 कौन सा इम्युनोग्लोबुलिन आमतौर पर उच्चतम सांद्रता पर प्लाज्मा में मौजूद होता है?

A. IgA
B. IgD
C. IgG
D. IgM

Q.5 हानिकारक रक्ताल्पता में पाई जाने वाली विशेषता एरिथ्रोसाइट है:

A. माइक्रोसाइटिक
B. हाइपोक्रोमिक
C. स्फेरोसाइटिक
D. मैक्रोसाइटिक

Q.6 मोनोसाइट्स प्रणालीगत संचार प्रणाली से सामान्य संयोजी ऊतकों में चले जाते हैं, जहां वे किस फागोसाइटिक कोशिका प्रकार में अंतर करते हैं?

A. मैक्रोफेज
B. B कोशिका
C. न्युट्रोफिल
D. दोनों (A) और (C)

Q.7 मायलोजेनस ल्यूकेमिया जन्मजात (गैर-विशिष्ट) प्रतिरक्षा प्रणाली की कोशिकाओं के कैंसरयुक्त उत्पादन के कारण होता है, किस ऊतक में ऐसा उत्पादन होने की सबसे अधिक संभावना है?

A. थाइमस
B. बोन मैरो
C. लिम्फ नोड्स
D. स्प्लीन

Q.8 मनुष्यों में अनुकूली प्रतिरक्षा प्रणाली द्वारा स्व और गैर-स्व की पहचान निम्नलिखित में से किस तरीके से पूरी की जाती है?

A. फैब्रिकियस के बर्सा में शरीर के अपने प्रतिजनों के लिए B कोशिकाओं का एक्सपोजर
B. फैब्रिकियस के बर्सा में शरीर के अपने प्रतिजनों के लिए T कोशिकाओं का एक्सपोजर
C. थाइमस में शरीर के अपने प्रतिजनों के लिए T कोशिकाओं का एक्सपोजर
D. थाइमस में शरीर के अपने प्रतिजनों के लिए बी कोशिकाओं का एक्सपोजर

Q.9 निम्नलिखित में से कौन तीन मुख्य एंटीजन-प्रेजेंटिंग सेल प्रकारों में से एक नहीं है?

A. नेचुरल किलर सेल्स
B. B लिम्फोसाइट्स
C. मैक्रोफेज
D. डेंड्रिटिक सेल्स

Q.10 निम्नलिखित में से कौन सी कोशिका प्रकार की जन्मजात प्रतिरक्षा प्रणाली फागोसाइटोसिस नहीं करती है?

A. इयोसोफिल्स
B. मैक्रोफेज
C. न्युट्रोफिल
D. बेसोफिल्स

Q.11 निम्नलिखित में से कौन सा कथन मनुष्यों के IgM के बारे में सही है?

A. IgM प्लेसेंटा को पार कर सकता है
B. IgM म्यूकोसल सतह की रक्षा कर सकता है
C. IgM उच्च-आत्मीयता प्लाज्मा कोशिकाओं द्वारा निर्मित होता है
D. IgM मुख्य रूप से परिसंचरण में प्रतिबंधित है

Q.12 एंटीजन के रूप में इसके साथ प्रतिक्रिया करने वाले एंटीबॉडी के कारण शरीर के ऊतकों या उत्पाद का प्रतिरक्षाविज्ञानी विनाश ______ कहलाता है:

A. तीव्रग्राहिता
B. ऑटोइम्यून रोग
C. प्रोफिलैक्सिस
D. इम्यूनोडिफ़िशिएंसी रोग

Q.13 निम्नलिखित में से कौन लिम्फोसाइटों द्वारा संश्लेषित एक रोगाणुरोधी पेप्टाइड है?

A. एडिसिन्स
B. कंडेनसिन
C. डेफेन्सिन्स
D. कॉम्प्लिमेंट

Q.14 किस प्रकार के इंटरफेरॉन एक एंटीवायरल जन्मजात प्रतिक्रिया से जुड़े होते हैं?

A. टाइप I
B. टाइप II
C. टाइप III
D. टाइप IV

Q.15 ग्रैन्यूलोसाइट्स जो सक्रिय रूप से फैगोसाइटिक हैं और रक्त में परिसंचारी ल्यूकोसाइट्स में से सबसे अधिक ______ हैं।

A. न्यूट्रोफिल्स
B. बेसोफिल्स
C. इयोस्नोफिल्स
D. मोनोसाइट्स

Q.16 निम्नलिखित में से कौन-सी एक इम्यूनोसप्रेसेन्ट दवा है?

A. एंटीहिस्टामाइन
B. साइक्लोस्पोरिन
C. नियोमाइसिन
D. स्ट्रेप्टोकाइनेज

Q.17 निम्नलिखित में से कौन एक स्व-प्रतिरक्षित रोग है?

A. कब्र रोग
B. टाइप 1 मधुमेह
C. रुमेटीइड गठिया
D. उपरोक्त सभी

Q.18 केंद्रीय सहिष्णुता निम्नलिखित में से किस प्रक्रिया को संदर्भित करती है?

A. स्व-प्रतिजनों का उत्पादन जो लिम्फोसाइटों के लिए विशिष्ट हैं
B. स्व-प्रतिजनों के लिए विशिष्ट लिम्फोसाइटों का विनाश
C. लिम्फोसाइटों का विनाश जो स्वयं-प्रतिजनों के लिए विशिष्ट नहीं हैं
D. लिम्फोसाइटों के लिए विशिष्ट स्व-प्रतिजनों का विनाश

Q.19 निम्नलिखित में से कौन सी कोशिका कोशिका-मध्यस्थ प्रतिरक्षा में शामिल है?

A. ल्यूकेमिया
B. T कोशिकाएं
C. मस्तूल कोशिकाओं
D. थ्रोम्बोसाइट्स

Q.20 दूध जैसे स्राव में पाया जाने वाला प्रमुख इम्युनोग्लोबुलिन कौन सा है?

A. IgD
B. IgA
C. IgE
D. IgM

Q.21 एक कोशिका जो किसी भी प्रकार के ऊतक में अंतर कर सकती है, उसे ______ कहा जाता है।

A. हेमेटोपोएटिक
B. प्लुरिपोटेंट
C. ब्लास्टोसिस्ट
D. ब्लास्टोमेर

Q.22 एक औसत वयस्क के रक्त की मात्रा लगभग होती है:

A. 5L
B. 500mls
C. 3L
D. 30L

Q.23 एरिथ्रोसाइट्स (आरबीसी) का मुख्य कार्य है:

A. एकत्रित करें और रक्तस्राव को रोकें
B. बैक्टीरिया से शरीर की रक्षा करें
C. पोषक तत्व अपवहन
D. ऑक्सीजन अपवहन

Q.24 शरीर के कुल आयरन का सबसे बड़ा अनुपात स्थित है:
A. एरिथ्रोसाइट्स
B. स्लीन पंप
C. बोन मेरो
D. लिवर टिश्यू

Q.25 एक संक्रमण के दौरान, लिम्फ नोड्स बड़े हो जाते हैं और कोमल हो जाते हैं क्योंकि:
A. मैक्रोफेज तेजी से विभाजित हो रहे हैं
B. शोफ रेशेदार कैप्सूल के भीतर जम जाता है
C. सूक्ष्मजीव जमा हो रहे हैं
D. नोड ठीक से काम नहीं कर रहे हैं

Q.26 एक नवजात शिशु को रक्त विकार का निदान किया जाता है जिसमें उसका प्लेटलेट काउंट कम होता है। निम्न में से कौन सा कारण हो सकता है:
A. मेगाकारियोसाइट्स में वृद्धि
B. कोशिका विभाजन में वृद्धि
C. थ्रोमोपोइटिन में कमी
D. प्लीहा समारोह में कमी

Q.27 एरिथ्रोब्लास्ट की किस अवस्था में हीमोग्लोबिन सबसे पहले प्रकट होता है?
A. देर से एरिथ्रोब्लास्ट या शुरुआती नॉरमोबलास्ट
B. लेट नॉर्मोबलास्ट
C. प्रारंभिक एरिथ्रोब्लास्ट
D. प्रारंभिक नॉर्मोबलास्ट

Q.28 ______________ सामान्य रक्त में नहीं होता है।
A. फाइब्रिनोजेन
B. थ्रोम्बिन
C. प्रोथ्रोम्बिन
D. एल्बुमिन

Q.29 बढ़े हुए MCHC के साथ कौन-सा कोशिका आकार सबसे अधिक जुड़ा हुआ है?
A. अश्रु कोशिकाएँ
B. लक्ष्य कोशिका
C. स्फेरोसाइट्स
D. सिकल कोशिकाएं

Q.30 व्यस्कों में आयरन की अधिकांश मात्रा किसके घटक के रूप में पाई जाती है:
A. हीमोग्लोबिन
B. मायोग्लोबिन
C. हेमोसाइडरिन
D. ट्रांसफरिंग

Q.31 ABO प्रणाली में, रक्त समूह 'O' की विशेषता है:
A. एंटीजन O की उपस्थिति
B. एंटीजन A और एंटीजन B दोनों की उपस्थिति
C. एंटीजन A और एंटीजन B दोनों की अनुपस्थिति
D. एंटीजन A की उपस्थिति और एंटीजन B की अनुपस्थिति

Q.32 ______________ रक्त समूह को सार्वभौम प्राप्तकर्ता कहा जाता है।
A. A
B. B
C. AB
D. O

Q.33 यदि किसी व्यक्ति का रक्त समूह A है तो कौन सा प्रतिरक्षी मौजूद होता है?
A. एंटी B एंटीबॉडी
B. एंटी A एंटीबॉडी
C. एंटी O एंटीबॉडीज
D. एंटी OA एंटीबॉडीज

Q.34 __________ ब्लड ग्रुप उस व्यक्ति को ट्रांसफ्यूज किया जा सकता है जिसका ब्लड ग्रुप अज्ञात है।

A. AB पॉजिटिव
B. AB नेगेटिव
C. O पॉजिटिव
D. O नेगेटिव

Q.35 फैक्टर VIII की कमी से कौनसा रोग होता है?
A. हीमोफीलिया A
B. हीमोफीलिया B
C. जन्मजात अपर्याप्तता से
D. थक्कारोधी ओवरडोज

Q.36 किस प्रकार के क्रॉस मिलान में, प्राप्तकर्ता सीरम को दाता की लाल कोशिकाओं के साथ मिलाया जाता है?
A. प्रमुख क्रॉस-मिलान
B. माइनर क्रॉस-मैचिंग
C. कॉम्ब्स परीक्षण
D. इनमें से सभी

Q.37 अनुकूलता प्रक्रिया के लिए ब्लड बैंकिंग में प्लाज्मा को पसंद नहीं किया जाता है क्योंकि:
A. एल्बुमिन
B. ग्लोबुलिन
C. फाइब्रिनोजेन
D. एंटीबॉडी

Q.38 किस समूह में रोगी की लाल कोशिकाओं को एंटी डी एंटीबॉडी वाले सीरम के साथ मिलाया जाता है?
A. ABO ग्रुपिंग
B. Rh ग्रुपिंग
C. MN ग्रुपिंग
D. इनमें से कोई नहीं

Q.39 अधिकांश आरएच एंटीबॉडी किस वर्ग से संबंधित हैं?
A. IgE
B. IgD
C. IgG
D. IgM

Q.40 ABO रक्त समूह के अंतर्गत कौन सा रक्त समूह आता है?
A. A
B. MN
C. Rh
D. इनमें से सभी

Q.41 Rh कारक की उपस्थिति से जाना जाता है:
A. एंटीजन A
B. एंटीजन B
C. एंटीजन C
D. एंटीजन D

Q.42 रक्त समूह A की प्रतिक्रियाशीलता की पुष्टि किस इम्यूनोडोमिनेंट शुगर अणु की उपस्थिति का पता लगाकर की जाती है?
A. N-एसिटाइल-D-न्यूरामिनिक एसिड
B. L-फ्यूकोस
C. N-एसिटाइल-D-गैलेक्टोसामाइन
D. N-एसिटाइल-D-ग्लूकोसामाइन

Q.43 किन दो ABO फेनोटाइप के माता-पिता का मिलन संभावित रूप से चार सामान्य रक्त प्रकारों में से सभी के साथ संतान पैदा कर सकता है?
A. AB और O
B. AB और A
C. AB और B
D. A और B

Q.44 आधान सुरक्षा में ABO प्रणाली सबसे महत्वपूर्ण रक्त समूह प्रणाली क्यों है, इसके लिए निम्नलिखित में से कौन सा सबसे अच्छा स्पष्टीकरण है?
A. यह एकमात्र ऐसी प्रणाली है जिसमें आम तौर पर किसी व्यक्ति की कमी वाले एंटीजन के लिए एंटीबॉडी का उत्पादन होता है
B. एबीओ एंटीबॉडी तेजी से, गंभीर इंट्रावस्कुलर हेमोलाइसिस पैदा करने में सक्षम हैं
C. रक्ताधान से संबंधित गौत का राबसे आम कारण एबीओ एंटीबॉडी के साथ प्रतिक्रियाएं हैं
D. एबीओ एंटीबॉडी अक्सर भ्रूण और नवजात शिशु के गंभीर हेमोलिटिक रोग में फंस जाते हैं

Q.45 एबीओ एंटीबॉडी के कारण होने वाले भ्रूण/नवजात (एचडीएफएन) के हेमोलिटिक रोग के बारे में निम्नलिखित में से कौन सा कथन सही है?
A. भ्रूण हेमोलिसिस आमतौर पर गंभीर होता है
B. यह शायद ही कभी पहली गर्भावस्था के दौरान होता है
C. यह O माताओं और A शिशुओं के साथ सबसे आम है
D. एक नकारात्मक गर्भनाल रक्त प्रत्यक्ष एंटीग्लोबुलिन परीक्षण इसे बाहर

करता है

Q.46 निम्नलिखित में से किसे जीनोम के संरक्षक के रूप में जाना जाता है?

A. p53　　　**B.** PTEN　　　**C.** ATM　　　**D.** MDM2

Q.47 हाइपोक्सिया के प्रति सबसे अधिक संवेदनशील कोशिकाएं हैं:

A. मायोकार्डियल कोशिकाएं

B. न्यूरॉन्स

C. हेपैटोसाइट्स

D. गुर्दे की ट्यूबलर उपकला कोशिकाएं

Q.48 मल्टीपल मायलोमा की विशेषता है:

A. मोनोक्लोनल गैम्मैथी

B. ऑस्टियोलाइटिक हड्डी का घाव

C. प्लाज्मा कोशिकाओं में असामान्यताएं

D. उच्च ग्लोबुलिन के साथ उच्च सीरम प्रोटीन

Q.49 अर्धचन्द्राकार या केले के आकार के गैमेटोसाइट्स ________ के संक्रमण में देखे जाते हैं।

A. प्लाज्मोडियम विवैक्स

B. प्लाज्मोडियम फाल्सीपेरम

C. प्लाज्मोडियम ओवल

D. प्लाज्मोडियम मलेरिया

Q.50 निम्नलिखित सभी स्थितियां माइलोप्रोलिफेरेटिव विकार हैं सिवाय:

A. क्रोनिक मायलोसाइटिक ल्यूकेमिया

B. क्रोनिक लिम्फोसाइटिक ल्यूकेमिया

C. पोलीसायथीमिया वेरा

D. इडियोपैथिक मायलोफिब्रोसिस

Q.51 लक्ष्य कोशिकाएं पाई जाती हैं:

A. थैलेसीमिया

B. हीमोग्लोबिन C रोग

C. आयरन की कमी से होने वाला एनीमिया

D. यकृत विकार

Q.52 प्लेग के प्रेरक जीव हैं:

A. येसिनिया पेस्टिस　　　**B.** हीमोफिलस डुक्रेई

C. बोर्डेटेला पर्टुसिस　　　**D.** स्यूडोमोनास एरुगिनोसा

Q.53 जीन स्प्लिंग का क्या अर्थ है?

A. एक्सॉन को हटाना और एंट्रॉन को जोड़ना

B. इंट्रॉन को हटाना और एक्सॉन को जोड़ना

C. इंट्रॉन और एक्सॉन दोनों का जुड़ना

D. इनमें से कोई नहीं

Q.54 ____________ हृदय की मांसपेशी के लिए अत्यंत विशिष्ट है और इसे कंकाल की मांसपेशी से अलग नहीं किया गया है।

A. ट्रोपोनिन।　　　　**B.** CK-MB

C. मायोग्लोब्लिन　　　**D.** इनमें से सभी

Q.55 निम्नलिखित में से कौन से प्रयोगशाला निष्कर्ष तीव्र ग्लोमेरुलोनेफ्राइटिस के पैथोग्रोमोनिक हैं?

A. ओलिगुरिया

B. हेमट्यूरिया

C. लाल रक्त कोशिका डाली जाती है

D. पायरिया

Q.56 ________ यकृत की क्षति या चोट के परिणामस्वरूप होता है।

A. हेपैटोसेलुलर पीलिया　　　**B.** हेमोलिटिक पीलिया

C. ऑब्सट्रक्टिव पीलिया　　　**D.** इनमें से कोई नहीं

Q.57 प्राथमिक अतिगलग्रंथिता निम्नलिखित परिणाम दिखाती है:

A. उच्च T3,T4 और TSH

B. उच्च T3,T4 और निम्न TSH

C. उच्च T3,T4 और उच्च TSH

D. इनमें से कोई नहीं

Q.58 मेजर हिस्टोकंपैटिबिलिटी कॉम्प्लेक्स (MHC) का मुख्य कार्य है:

A. रोगाणुओं की हत्या　　　**B.** पूरक का सक्रियण

C. एंटीजन प्रस्तुति　　　**D.** इनमें से कोई नहीं

Q.59 जलजनित रोगजनक हैं:

A. हेपेटाइटिस A और E वायरस

B. हेपेटाइटिस B और C वायरस

C. एचएवी

D. इनमें से सभी

Q.60 मलेरिया संक्रमण में आरबीसी का टूटना एक जहरीले पदार्थ की रिहाई से जुड़ा हुआ है जिसे कहा जाता है:

A. हिप्रोटॉक्सिन　　　**B.** हेमोज़ोइन

C. एस्केरॉन　　　**D.** हेमोटॉक्सिन

Q.61 निम्नलिखित में से कौन केवल कीटोजेनिक हैं?

A. लाइसिन　　　　　**B.** ल्यूसीन

C. A और B दोनों　　　**D.** इनमें से कोई नहीं

Q.62 ________ संक्रामक रोगों जैसे मलेरिया, एनीमिया आदि के कारण होता है।

A. हेपैटोसेलुलर पीलिया　　　**B.** हेमोलिटिक पीलिया

C. ऑब्सट्रक्टिव पीलिया　　　**D.** इनमें से कोई नहीं

Q.63 आयन जो लार एमाइलेज गतिविधि को सक्रिय करता है:

A. क्लोराइड　　　　**B.** बिकारबोनिट

C. सोडियम　　　　**D.** प्रोलाइन

Q.64 पाइरूवेट डिहाइड्रोजनेज गतिविधि द्वारा बाधित है:

A. पारा　　**B.** जस्ता　　**C.** कैल्शियम　　**D.** सोडियम

Q.65 एल्डोस्टेरोन स्राव के शक्तिशाली उत्तेजक में से एक है:

A. सोडियम एकाग्रता में वृद्धि

B. पोटेशियम एकाग्रता में कमी

C. पोटेशियम एकाग्रता में वृद्धि

D. ईसीएफ मात्रा में वृद्धि

Q.66 उपचय और अपचय रासायनिक रूप से ________ के रूप में जुड़े होते हैं।

A. एएसपी　　　　**B.** एडीपी

C. एटीपी　　　　**D.** फॉस्फोडिएस्टर लिंकेज

Q.67 शरीर में किस पदार्थ के ऑक्सीकरण से सर्वाधिक कैलोरी प्राप्त होती है?

A. ग्लूकोज　　　　**B.** ग्लाइकोजन

C. प्रोटीन　　　　**D.** लिपिड

Q.68 मूत्र में यूरोबिलिनोजेन में वृद्धि और मूत्र में बिलिरुबिन की अनुपस्थिति से पता चलता है:

A. ऑब्सट्रक्टिव जॉंडिस　　　**B.** हेमोलिटिक जॉंडिस

C. वायरल हेपेटाइटिस　　　**D.** टॉक्सिक हेपेटाइटिस

Q.69 संयुक्त सूक्ष्मदर्शी में प्राप्त प्रतिबिम्ब है:

A. वास्तविक उल्टा   **B.** आभासी उल्टा
C. वास्तविक   **D.** आभासी

Q.70 एक प्रत्यक्ष सूक्ष्म गणना निम्न की सहायता से की जा सकती है:
A. ग्लास स्लाइड
B. एनारोबिक चैंबर
C. पेट्रॉफ-हॉसर काउंटिंग चैंबर
D. इनमें से सभी

Q.71 निम्नलिखित में से किस अभिरंजक का उपयोग टीबी की सूक्ष्म जांच के लिए किया जाता है?
A. ग्राम स्टेनिंग   **B.** एएफबी स्टेनिंग
C. अल्बर्ट स्टेनिंग   **D.** KOH माउंटिंग

Q.72 अफब अभिरंजन का दूसरा नाम क्या है?
A. Z-N स्टेनिंग   **B.** KOH माउंटिंग
C. अल्बर्ट स्टेनिंग   **D.** इनमें से कोई नहीं

Q.73 एसिड-फास्ट स्टेनिंग में प्रयुक्त प्राथमिक स्टेन?
A. कार्बोलफ्यूसिन   **B.** क्रिस्टल बैंगनी
C. मेथिलीन ब्लू   **D.** इनमें से कोई नहीं

Q.74 _________ तब होता है जब बिलीरुबिन अवरुद्ध हो जाता है और यकृत से बाहर निकलने में असमर्थ होता है।
A. ऑब्सट्रक्टिव पीलिया   **B.** हेमोलिटिक पीलिया
C. हेपैटोसेलुलर पीलिया   **D.** इनमें से कोई नहीं

Q.75 रीनल रिकेट्स रीनल ट्यूबलर दोषों के कारण होता है जो इसके पुन: अवशोषण में हस्तक्षेप करता है:
A. कैल्सियम   **B.** फ़ास्फ़रोस   **C.** सोडियम   **D.** क्लोराइड

Q.76 _______ वह एंजाइम है जो कीमोस्मोसिस द्वारा एटीपी बनाता है।
A. एटीपी डिहाइड्रोजनेज   **B.** ग्यारेस
C. एटीपी सिंथेज़   **D.** डिहाइड्रोजनेज

Q.77 NH3 मुख्य रूप से मस्तिष्क में विषमुक्त होता है:
A. यूरिया   **B.** यूरिक अम्ल
C. क्रिएटिनिन   **D.** ग्लूटामाइन

Q.78 गाउट की विशेषता प्लाज्मा के बढ़े हुए स्तर से होती है:
A. यूरिया   **B.** यूरिक अम्ल
C. क्रिएटिन   **D.** क्रिएटिनिन

Q.79 पाइरीमिडीन न्यूक्लियोटाइड बायोसिंथेसिस के एंजाइम के लिए एक सब्स्ट्रेट है:
A. एलोप्यूरिनॉल   **B.** टेट्रासाइक्लिन
C. क्लोरैम्फेनिकॉल   **D.** पुरोमाइसिन

Q.80 निम्न में से कौन रक्त क्रिएटिनिन स्तर का सबसे सटीक अनुमान लगाता है?
A. जाफ विधि   **B.** काइनेटिक जाफ विधि
C. टेक्निकॉन विधि   **D.** एंजाइम परख

General Aptitude / Reasoning / General Awareness / Basic Computer knowledge

Q.81 बुम ला एक सीमा दर्रा है जो स्थित है:
A. सिक्किम   **B.** अरुणाचल प्रदेश
C. हिमाचल प्रदेश   **D.** नागालैंड

Q.82 6 छात्रों की औसत आयु 11 वर्ष है। यदि 14 और 16 वर्ष के दो और छात्र जुड़ते हैं। उनकी अब औसत आयु क्या होगी?
A. 11   **B.** 12   **C.** 13   **D.** 14

Q.83 A, B से दोगुना तेज है और B, C से तीन गुना तेज है। यदि C कुछ दूरी 54 मिनट में तय करता है, तो B कितने समय में तय करेगा?
A. 9 मिनट   **B.** 18 मिनट   **C.** 12 मिनट   **D.** 15 मिनट

Q.84 एक व्यक्ति ने अपने पुराने लैपटॉप को 4500 रुपये में बेचने की योजना बनाई है, उसे 10% की हानि होगी। 20% लाभ प्राप्त करने के लिए, उसे कितने में बेचना चाहिए?
A. 6000 रुपये   **B.** 7000 रुपये
C. 7200 रुपये   **D.** 8500 रुपये

Q.85 एक पासा एक बार फेंका जाता है। एक सम संख्या और 3 का गुणज प्राप्त करने की प्रायिकता है:
A. $\frac{1}{2}$ **B.** $\frac{1}{5}$ **C.** $\frac{1}{6}$ **D.** $\frac{1}{3}$

Q.86 निम्नलिखित में से कौन ENIAC का विस्तारित रूप है?

[UP Police ASI, 2018]

A. इलेक्ट्रिकल न्यूमेरिकल इंटीग्रेटर एंड कैलकुलेटर
B. इलेक्ट्रॉनिक न्यूमेरिकल इंटीग्रेटर एंड कंप्यूटर
C. इलेक्ट्रॉनिक नंबर इंटीग्रेटर एंड कंप्यूटर
D. इलेक्ट्रिकल नंबर इंटीग्रेटर एंड कैलकुलेटर

Q.87 निर्देश: दिए गए विकल्पों में से अक्षरांकीय-समूह को चुनिए जो निम्नलिखित श्रृंखला में प्रश्नवाचक चिन्ह (?) को प्रतिस्थापित कर सकता है।

G9K, M15Q, S21W, ?
A. Y1C   **B.** A6C   **C.** Z2B   **D.** W5E

Q.88 एक आपराधिक कंप्यूटर से हटाई गई या क्षतिग्रस्त फ़ाइलों को पुनर्प्राप्त करने और पढ़ने की क्षमता _________ नामक कानून प्रवर्तन विशेषता का एक उदाहरण है।
A. रोबोटिक्स   **B.** सिमुलेशन
C. कंप्यूटर फोरेंसिक्स   **D.** एनीमेशन

Q.89 निम्नलिखित में से कौन लोकसभा के महासचिव के बारे में सही नहीं है?

[Officers Training Academy (OTA), 2020], [Indian Military Academy (IMA), 2020]

A. अध्यक्ष को महासचिव सलाहकार।
B. महासचिव अध्यक्ष के नाम पर प्राधिकरण के अधीन कार्य करता है।
C. महासचिव प्रतिनिधि प्राधिकृत के साथ अध्यक्ष के अधीन काम करता है।
D. महासचिव अध्यक्ष के नाम से आदेश पारित करता है।

Q.90 71 दिनों में कुल कितने विषम दिन होंगे?
A. 1   **B.** 2   **C.** 3   **D.** 4

Q.91 मैं अपने घर से 30 मीटर उत्तर-पश्चिम दिशा में और फिर दक्षिण-पश्चिम दिशा में 30 मीटर चलता हूं। इसके बाद मैं दक्षिण-पूर्व दिशा में 30 मीटर चलता हूं। अब, मैं अपने घर की ओर मुड़ गया, मैं किस दिशा में जा रहा हूँ?
A. उत्तर-पूर्व   **B.** उत्तर-पश्चिम
C. दक्षिण-पूर्व   **D.** दक्षिण-पश्चिम

Q.92 पुरी में रथ यात्रा किस हिंदू देवता के सम्मान में मनाई जाती है?

A. राम　　**B.** कार्तिकेय　　**C.** शिव　　**D.** जगन्नाथ

Q.93 स्प्रेडशीट में डेटा कैसे व्यवस्थित होते हैं?
A. लाइन एंड स्पेस　　　　**B.** लेयर्स एंड प्लेन्स
C. रो और कॉलम　　　　　**D.** ऊंचाई तथा चौड़ाई

Q.94 निर्देश: निम्नलिखित प्रत्येक प्रश्न में उस विकल्प का पता लगाएं जो प्रश्नवाचक चिन्ह को प्रतिस्थापित करेगा।
AFGO : GBPH :: CHFM : ?

A. GBIM　　**B.** IBLD　　**C.** GPLD　　**D.** IDNG

Q.95 क्लाउड कंप्यूटिंग का सम्बन्ध निम्न में से किससे है?
A. अत्यधिक महँगा है　　　**B.** सुरक्षा
C. अत्यधिक प्लेटफॉर्म हैं　　**D.** अभिगम्यता

Q.96 अमर-नायक प्रणाली निम्नलिखित में से किन भारतीय साम्राज्यिक शासकों की प्रमुख नवीन राजनीतिक खोज थी?
[Officers Training Academy (OTA), 2021], [Indian Military Academy (IMA), 2021]

A. चोल　　**B.** चालुक्य　　**C.** गुप्त　　**D.** विजयनगर

Q.97 एक आयत का, जिसका क्षेत्रफल 144 सेमी ^{2} के बराबर है और भुजाओं में अनुपात $4:9$ है, परिमाप क्या है?
[HTET TGT Mathematics, 2018]

A. 52 सेमी　　**B.** 56 सेमी　　**C.** 60 सेमी　　**D.** 64 सेमी

Q.98 "Ctrl + Up Arrow" का उपयोग _________ किया जाता है।
A.　कर्सर को एक पेज ऊपर ले जाने के लिए
B.　कर्सर को एक लाइन ऊपर ले जाने के लिए
C.　कर्सर को स्क्रीन पर ले जाने के लिए
D.　कर्सर को एक पैराग्राफ ऊपर ले जाने के लिए

Q.99 किट्टी, रमन की पत्नी है। देव, किट्टी का इकलौता भाई है। यदि डॉली, किट्टी की बेटी है, तो देव, डॉली से कैसे संबंधित है?
A.　पिता　　　　　　　　**B.**　मामा
C.　पैटर्नल अंकल　　　　　**D.**　ग्रैंड फ़ादर

Q.100 उत्तर प्रदेश के किस जिले में महान हिंदी उपन्यासकार मुंशी प्रेमचन्द का जन्म हुआ था?
A. इलाहाबाद　　**B.** कानपुर　　**C.** लखनऊ　　**D.** वाराणसी

// स्मार्ट उत्तर पुस्तिका //

सही उत्तर — उन छात्रों का प्रतिशत जिन्होंने प्रश्नों का सही उत्तर दिया था। **छोड़ दिया** — उन छात्रों का प्रतिशत जिन्होंने प्रश्नों को छोड़ दिया था।

प्रश्न संख्या	उत्तर	सही उत्तर / छोड़ दिया	प्रश्न संख्या	उत्तर	सही उत्तर / छोड़ दिया	प्रश्न संख्या	उत्तर	सही उत्तर / छोड़ दिया	प्रश्न संख्या	उत्तर	सही उत्तर / छोड़ दिया	प्रश्न संख्या	उत्तर	सही उत्तर / छोड़ दिया	प्रश्न संख्या	उत्तर	सही उत्तर / छोड़ दिया
1	B	57.99 % / 1.59 %	18	B	49.68 % / 1.11 %	35	A	54.25 % / 1.1 %	52	A	54.5 % / 1.95 %	69	D	69.53 % / 1.15 %	86	B	65.36 % / 1.38 %
2	B	89.12 % / 0.0 %	19	B	67.12 % / 1.26 %	36	A	47.71 % / 1.51 %	53	B	56.82 % / 1.5 %	70	C	51.52 % / 1.92 %	87	A	26.07 % / 4.84 %
3	A	58.58 % / 1.56 %	20	B	54.8 % / 1.35 %	37	C	20.34 % / 4.69 %	54	A	66.55 % / 1.86 %	71	B	51.62 % / 1.82 %	88	C	30.81 % / 4.33 %
4	C	60.96 % / 1.6 %	21	B	64.36 % / 1.76 %	38	B	47.52 % / 1.47 %	55	C	52.53 % / 1.59 %	72	A	58.38 % / 1.47 %	89	D	25.19 % / 4.6 %
5	D	57.62 % / 1.71 %	22	A	89.19 % / 0.0 %	39	C	67.36 % / 1.45 %	56	A	54.51 % / 1.97 %	73	A	63.75 % / 1.75 %	90	A	80.98 % / 0.0 %
6	D	11.1 % / 3.17 %	23	D	48.19 % / 1.15 %	40	A	88.32 % / 0.0 %	57	B	59.48 % / 1.51 %	74	A	65.57 % / 1.08 %	91	A	67.14 % / 1.74 %
7	B	27.06 % / 4.39 %	24	A	54.31 % / 1.07 %	41	D	58.99 % / 1.22 %	58	C	32.8 % / 3.89 %	75	B	53.45 % / 1.36 %	92	D	66.84 % / 1.77 %
8	C	54.46 % / 1.93 %	25	A	22.75 % / 3.65 %	42	C	31.71 % / 3.28 %	59	A	44.52 % / 1.15 %	76	C	47.42 % / 1.05 %	93	C	80.94 % / 0.0 %
9	A	77.82 % / 0.0 %	26	C	46.54 % / 1.97 %	43	D	13.36 % / 3.4 %	60	B	44.19 % / 1.83 %	77	D	51.04 % / 1.48 %	94	D	83.78 % / 0.0 %
10	D	60.44 % / 1.72 %	27	A	44.82 % / 1.43 %	44	B	23.92 % / 3.21 %	61	C	51.16 % / 1.65 %	78	B	50.16 % / 1.98 %	95	B	31.78 % / 4.37 %
11	D	64.42 % / 1.06 %	28	B	61.3 % / 1.34 %	45	C	52.28 % / 1.86 %	62	B	56.11 % / 1.2 %	79	B	69.12 % / 1.14 %	96	D	80.17 % / 0.0 %
12	B	55.26 % / 1.68 %	29	C	64.33 % / 1.51 %	46	A	45.76 % / 1.13 %	63	A	47.79 % / 1.07 %	80	A	50.07 % / 1.84 %	97	A	77.51 % / 0.0 %
13	C	68.54 % / 1.73 %	30	A	76.8 % / 0.0 %	47	B	51.22 % / 1.62 %	64	A	54.55 % / 1.33 %	81	B	55.43 % / 1.7 %	98	D	54.43 % / 1.04 %
14	A	79.56 % / 0.0 %	31	C	69.3 % / 1.15 %	48	C	61.73 % / 1.97 %	65	C	68.59 % / 1.16 %	82	B	31.8 % / 4.1 %	99	B	84.89 % / 0.0 %
15	A	61.89 % / 1.36 %	32	C	85.38 % / 0.0 %	49	B	52.83 % / 1.08 %	66	C	56.25 % / 1.4 %	83	B	40.34 % / 1.03 %	100	D	43.72 % / 1.59 %
16	B	64.22 % / 1.97 %	33	A	48.05 % / 1.72 %	50	B	30.41 % / 4.19 %	67	D	47.13 % / 1.82 %	84	A	51.75 % / 1.54 %			
17	D	29.0 % / 4.28 %	34	D	65.95 % / 1.7 %	51	A	80.77 % / 0.0 %	68	A	54.36 % / 1.48 %	85	C	52.93 % / 1.12 %			

//संकेत और समाधान//

1. यदि एक हेमोसाइटोब्लास्ट प्रोएरीथ्रोब्लास्ट नामक सेल बनने के लिए प्रतिबद्ध होता है, तो यह एक रेड ब्लड स्टेम सेल में विकसित होगा। हेमोसाइटोब्लास्ट से रेड ब्लड स्टेम सेल के बनने में लगभग 2 दिन लगते हैं। हेमोसाइटोब्लास्ट दो प्रकार के वंश बनाता है- लिम्फोइड स्टेम सेल, जो लिम्फोसाइट्स पैदा करता है, और माइलॉयड स्टेम सेल, जो गठित तत्वों के अन्य सभी वर्गों का उत्पादन कर सकता है।

अतः विकल्प (B) सही है।

2. वाइट ब्लड सेल्स संक्रमण से लड़ने के लिए उत्तरदायी है।

वाइट ब्लड सेल्स प्रतिरक्षा प्रणाली की कोशिकाएं हैं। वे बैक्टीरिया और वायरस जैसे आक्रमणकारियों पर हमला करने के लिए आपके रक्त प्रवाह में इंतजार कर रहे योद्धाओं की तरह हैं। किसी संक्रमण से लड़ते समय, आपका शरीर अधिक वाइट ब्लड सेल्स का उत्पादन करता है।

अतः विकल्प (B) सही है।

3. रेड ब्लड सेल्स में एक लाल वर्णक होता है जिसे हीमोग्लोबिन कहा जाता है। ऑक्सीजन हीमोग्लोबिन से बांधता है, और इस तरह शरीर के चारों ओर ले जाया जाता है। फेफड़े में छोटी रक्त वाहिकाओं में, रेड ब्लड सेल्स साँस (साँस ली गई) हवा से ऑक्सीजन लेती हैं और इसे रक्तप्रवाह के माध्यम से शरीर के सभी भागों में ले जाती हैं।

अतः विकल्प (A) सही है।

4. इम्युनोग्लोबिन जी (IgG) सबसे प्रचुर मात्रा में है, जिसमें सामान्य व्यक्तियों के सीरा में मौजूद इम्युनोग्लोबुलिन का 75% से अधिक शामिल है। बैक्टीरिया और वायरस से होने वाले संक्रमण से लड़ने के लिए IgG एंटीबॉडी बहुत महत्वपूर्ण हैं। आपके रक्त में अधिकांश इम्युनोग्लोबुलिन IgG होते हैं। आपके शरीर के सभी तरल पदार्थों में कुछ IgG एंटीबॉडी भी होते हैं। आपका शरीर आपके द्वारा बनाए गए सभी आईजीजी एंटीबॉडी का "खाका" रखता है।

अतः विकल्प (C) सही है।

5. हानिकारक रक्ताल्पता में पाया जाने वाला विशिष्ट एरिथ्रोसाइट मैक्रोसाइटिक है। हानिकारक रक्ताल्पता "मैक्रोसिस्टिक" या "मेगालोब्लास्टिक" एनीमिया के दो प्रमुख प्रकारों में से एक है। ये शब्द एनीमिया को संदर्भित करते हैं जिसमें लाल रक्त कोशिकाएं सामान्य से बड़ी होती हैं।

अतः विकल्प (D) सही है।

6. मोनोसाइट्स प्रणालीगत संचार प्रणाली से सामान्य संयोजी ऊतकों में चले जाते हैं, जहां वे मैक्रोफेज और न्यूट्रोफिल फागोसाइटिक कोशिका प्रकार में अंतर करते हैं। मैक्रोफेज विशेष कोशिकाएं हैं जो बैक्टीरिया और अन्य हानिकारक जीवों का पता लगाने, फागोसाइटोसिस और विनाश में शामिल हैं। एक न्यूट्रोफिल एक प्रकार का श्वेत रक्त कोशिका, एक प्रकार का ग्रैनुलोसाइट और एक प्रकार का फागोसाइट है। आपके रक्त में उच्च प्रतिशत न्यूट्रोफिल होने को न्यूट्रोफिलिया कहा जाता है।

अतः विकल्प (D) सही है।

7. मायलोजेनस ल्यूकेमिया जन्मजात (गैर-विशिष्ट) प्रतिरक्षा प्रणाली कोशिकाओं के कैंसरयुक्त उत्पादन के कारण होता है, इसका उत्पादन बोन मैरो ऊतक में होने की सबसे अधिक संभावना है। बोन मैरो एक स्पंजी पदार्थ है जो हड्डियों के केंद्र में पाया जाता है। बोन मैरो स्टेम कोशिकाओं और अन्य पदार्थों का निर्माण करता है, जो बदले में रक्त कोशिकाओं का उत्पादन करते हैं। बोन मैरो द्वारा निर्मित प्रत्येक प्रकार की रक्त कोशिका का एक महत्वपूर्ण कार्य होता है। लाल रक्त कोशिकाएं शरीर में ऊतकों तक ऑक्सीजन ले जाती हैं।

अतः विकल्प (B) सही है।

8. मनुष्यों में अनुकूली प्रतिरक्षा प्रणाली द्वारा स्वयं बनाम गैर-स्व की पहचान थाइमस में शरीर के अपने प्रतिजनों के लिए टी कोशिकाओं के संपर्क में आने से पूरी होती है। प्रतिरक्षा प्रणाली में शरीर की कोशिकाओं ('स्वयं') और विदेशी सामग्री ('गैर-स्व') के बीच अंतर करने की क्षमता होती है। यह विदेशी सामग्रियों की उपस्थिति पर एक प्रतिरक्षा प्रतिक्रिया के साथ प्रतिक्रिया करेगा जो शरीर से घुसपैठ करने वाली सामग्री को समाप्त करता है।

अतः विकल्प (C) सही है।

9. नेचुरल किलर सेल तीन मुख्य एंटीजन-प्रेजेंटिंग सेल प्रकारों में से एक नहीं है। नेचुरल किलर सेल्स, जिन्हें NK सेल्स या बड़े दानेदार लिम्फोसाइट्स (LGL) के रूप में भी जाना जाता है, एक प्रकार का साइटोटोक्सिक लिम्फोसाइट है जो जन्मजात प्रतिरक्षा प्रणाली के लिए महत्वपूर्ण है जो कि जन्मजात लिम्फोइड सेल्स (ILC) के तेजी से विस्तार करने वाले परिवार से संबंधित हैं और मनुष्यों में सभी परिसंचारी लिम्फोसाइटों का 5-20% प्रतिनिधित्व करते हैं।

एंटीजन-प्रेजेंटिंग सेल (APCs) अनुकूली प्रतिरक्षा में महत्वपूर्ण भूमिका निभाते हैं। ये T-लिम्फोसाइटों के कामकाज के लिए आवश्यक हैं।

तीन मुख्य एंटीजन-प्रेजेंटिंग कोशिकाएं B-लिम्फोसाइट्स, मैक्रोफेज और डेंड्राइटिक कोशिकाएं हैं। ये कोशिकाएं उन्मूलन के लिए T कोशिकाओं को बाह्य कोशिकीय प्रतिजन प्रस्तुत करती हैं।

अतः विकल्प (A) सही है।

10. जन्मजात प्रतिरक्षा प्रणाली के बेसोफिल्स सेल प्रकार फागोसाइटोसिस नहीं करते हैं। बेसोफिल्स भी ग्रैन्यूलोसाइट्स हैं जो बहुकोशिकीय परजीवियों पर आक्रमण करते हैं। बेसोफिल्स बहुत हद तक मस्तूल कोशिकाओं की तरह हिस्टामाइन छोड़ते हैं। हिस्टामाइन का उपयोग एलर्जी की प्रतिक्रिया को बढ़ाने में बेसोफिल्स और मस्तूल कोशिकाओं को प्रमुख क्रीडाशील बनाता है।

अतः विकल्प (D) सही है।

11. IgM मुख्य रूप से परिसंचरण में प्रतिबंधित है। इम्युनोग्लोबुलिन M (IgM) एंटीबॉडी के कई आइसोटाइप (जिसे इम्युनोग्लोबुलिन के रूप में भी जाना जाता है) में से एक है जो कशेरुकियों द्वारा निर्मित होते हैं। IgM सबसे बड़ा एंटीबॉडी है, और यह एक एंटीजन के प्रारंभिक जोखिम की प्रतिक्रिया में उपस्थित होने वाला पहला एंटीबॉडी है।

अतः विकल्प (D) सही है।

12. शरीर के ऊतकों या उत्पाद के प्रतिरक्षी के रूप में प्रतिजन के रूप में प्रतिक्रिया करने के कारण प्रतिरक्षाविज्ञानी विनाश को ऑटोइम्यून रोग कहा जाता है। एक ऑटोइम्यून बीमारी में, प्रतिरक्षा प्रणाली आपके शरीर के हिस्से, जैसे आपके जोड़ों या त्वचा को विदेशी मानती है। यह ऑटोएंटिबॉडी नामक प्रोटीन छोड़ता है जो स्वस्थ कोशिकाओं पर हमला करता है।

अतः विकल्प (B) सही है।

13. डेफेन्सिन्स रोगाणुरोधी पेप्टाइड्स हैं जो लिम्फोसाइटों और उपकला कोशिकाओं द्वारा संश्लेषित होते हैं। डेफेन्सिन्स विभिन्न रोगजनक बैक्टीरिया से बंध सकते हैं और उनके अंत का कारण बन सकते हैं। इसी तरह, रक्त में कॉम्प्लीमेंट भी होता है - घुलनशील प्रोटीन का एक समूह जो रोगजनकों का विनाश करता है।

अतः विकल्प (C) सही है।

14. कोशिका के भीतर शुरू की गई एक प्रकार की एंटीवायरल प्रतिक्रिया में, टाइप I इंटरफेरॉन (आईएफएन-अल्फा और आईएफएन-बीटा) उत्पन्न होते हैं और बाह्य स्थान में स्रावित होते हैं जहां वे गैर-संक्रमित कोशिकाओं से बंधे होते हैं और बाद के वायरल संक्रमणों के लिए उन्हें प्रतिरोधी प्रदान करते हैं।

अतः विकल्प (A) सही है।

15. ल्यूकोसाइट्स का सबसे सक्रिय रूप से फागोसाइटिक न्यूट्रोफिल और मैक्रोफेज हैं, एक कार्यात्मक विशेषता मुख्य रूप से संयोजी ऊतक में की जाती है। दोनों प्रकार की कोशिकाएँ विदेशी कणों, जीवाणुओं और अपक्षयी

कोशिकाओं और टुकड़ों को निगलती हैं, और इस प्रकार शरीर की गैर-विशिष्ट प्रतिरक्षा प्रतिक्रियाओं के लिए महत्वपूर्ण होती हैं।

अतः विकल्प (A) सही है।

16. साइक्लोस्पोरिन एक इम्यूनोसप्रेसेन्ट दवा है। यह दवा गुर्दे, हृदय और यकृत प्रत्यारोपण की अस्वीकृति को रोकती है। यह टी-सेल की मध्यस्थता वाली प्रतिरक्षा प्रतिक्रियाओं को नष्ट कर देता है जबकि ह्यूमरल एंटीबॉडी प्रतिक्रियाओं को रोकता है।

अतः विकल्प (B) सही है।

17. कब्र रोग, जिसे टॉक्सिक डिफ्यूज गोइटर भी कहा जाता है, एक ऑटोइम्यून बीमारी है जो थायराइड को प्रभावित करती है। यह हाइपरथायरायडिज्म का सबसे आम कारण है। लक्षणों में चिड़चिड़ापन, मांसपेशियों में कमजोरी, नींद की समस्या, तेज़ दिल की धड़कन, गर्मी की खराब सहनशीलता, दस्त और अनजाने में वजन कम होना शामिल हैं।

टाइप 1 मधुमेह एक ऑटोइम्यून बीमारी है क्योंकि इस स्थिति में प्रतिरक्षा प्रणाली अग्न्याशय में मौजूद शरीर की अपनी इंसुलिन बनाने वाली कोशिकाओं को नष्ट कर देती है। इसके परिणामस्वरूप रक्त शर्करा के स्तर में गड़बड़ी होती है।

रुमेटीइड गठिया (आरए) एक दीर्घकालिक ऑटोइम्यून विकार है जो मुख्य रूप से जोड़ों को प्रभावित करता है। यह आमतौर पर गर्म, सूजे हुए और दर्दनाक जोड़ों में परिणत होता है। आराम के बाद दर्द और जकड़न अक्सर खराब हो जाती है।

अतः विकल्प (D) सही है।

18. केंद्रीय सहिष्णुता लिम्फोसाइटों के विनाश को संदर्भित करती है जो स्व-प्रतिजनों के लिए विशिष्ट हैं। मानव प्रतिरक्षा प्रणाली में, केंद्रीय सहिष्णुता किसी भी विकासशील T या B लिम्फोसाइटों को नष्ट करने की प्रक्रिया है जो स्वयं के प्रति प्रतिक्रियाशील हैं। ऑटोरिएक्टिव लिम्फोसाइटों के उन्मूलन के माध्यम से, सहिष्णुता सुनिश्चित करती है कि प्रतिरक्षा प्रणाली स्वयं पेप्टाइड्स पर हमला नहीं करती है।

अतः विकल्प (B) सही है।

19. T कोशिकाएं कोशिका-मध्यस्थ प्रतिरक्षा में शामिल होती हैं। सेलुलर प्रतिरक्षा की मध्यस्थता T लिम्फोसाइट्स द्वारा की जाती है, जिसे T कोशिकाएं भी कहा जाता है। इस सक्रियण के परिणामस्वरूप प्रतिजन-विशिष्ट लिम्फोसाइट पूल का विस्तार होता है और इन कोशिकाओं का प्रभावकारक और स्मृति कोशिकाओं में विभेदन होता है। प्रभावकारी कोशिकाओं में सहायक T कोशिकाएं, और साइटोलिटिक या साइटोटॉक्सिक T कोशिकाएं शामिल हैं।

अतः विकल्प (B) सही है।

20. इम्युनोग्लोबुलिन ए मानव कोलोस्ट्रम और दूध में प्रमुख इम्युनोग्लोबुलिन है, हालांकि यह अधिकांश अन्य प्रजातियों के दूध में भी मौजूद है। कोलोस्ट्रम और दूध IgA और IgM स्रावी IgA, या sIgA, और sIgM के रूप में पाए जाते हैं। इनमें से अधिकतर स्तनधारी ऊतक में प्लाज्मा कोशिकाओं द्वारा उत्पादित होते हैं।

अतः विकल्प (B) सही है।

21. एक कोशिका जो किसी भी ऊतक प्रकार में अंतर कर सकती है उसे प्लुरिपोटेंट कहा जाता है।

प्लुरिपोटेंट स्टेम सेल ऐसी कोशिकाएं हैं जो मानव शरीर बनाने वाली कोशिकाओं के तीन प्राथमिक समूहों में विभाजित और विकसित होकर स्व-नवीनीकरण करने में सक्षम हैं, जिनमें शामिल हैं: एक्टोडर्म: त्वचा और तन्त्रिका तन्त्र को जन्म देना।

अतः विकल्प (B) सही है।

22. एक औसत वयस्क के रक्त की मात्रा लगभग 5L होती है।

एक व्यक्ति के भीतर परिचालित रक्त की मात्रा उसके आकार और वजन पर निर्भर करती है, लेकिन औसत मानव वयस्क में लगभग 5L परिसंचारी रक्त होता है। पुरुषों की तुलना में महिलाओं में रक्त की मात्रा कम होती है। हालांकि, गर्भावस्था के दौरान एक महिला के रक्त की मात्रा में लगभग 50% की वृद्धि होती है।

अतः विकल्प (A) सही है।

23. एरिथ्रोसाइट्स (आरबीसी) का मुख्य कार्य ऑक्सीजन का अपवहन करना है।

लाल रक्त कोशिकाएं, जिन्हें एरिथ्रोसाइट्स भी कहा जाता है, आपके शरीर में ऊतकों को ऑक्सीजन प्रदान करती हैं। ऑक्सीजन ऊर्जा में बदल जाती है और आपके ऊतक कार्बन डाइऑक्साइड छोड़ते हैं। आपके साँस छोड़ने के लिए आपकी लाल रक्त कोशिकाएं कार्बन डाइऑक्साइड को आपके फेफड़ों तक पहुँचाती हैं।

अतः विकल्प (D) सही है।

24. शरीर के कुल आयरन का सबसे बड़ा अनुपात एरिथ्रोसाइट्स में स्थित होता है। हीमोग्लोबिन मनुष्यों में सबसे प्रचुर मात्रा में आयरन युक्त प्रोटीन है। हीमोग्लोबिन में कुल शरीर का आधा से अधिक आयरन होता है। एरिथ्रोसाइट्स में हीमोग्लोबिन के स्थान के आधार पर, एनीमिया लोहे की कमी का एक विशिष्ट लक्षण है।

अतः विकल्प (A) सही है।

25. एक संक्रमण के दौरान, लिम्फ नोड्स बड़े हो जाते हैं और कोमल हो जाते हैं क्योंकि मैक्रोफेज तेजी से विभाजित हो रहे हैं। एक संक्रमण के दौरान, नोड्स के भीतर लिम्फोसाइटों के प्रसार की दर इतनी अधिक होती है कि नोड्स बड़े हो जाते हैं और कोमल हो जाते हैं। एडिमा मौजूद हो सकती है, लेकिन कोमलता लिम्फोसाइटों के प्रसार के कारण होती है। कोमलता सूक्ष्मजीवों के कारण नहीं है, बल्कि लिम्फोसाइटों के प्रसार के कारण है। कोमलता लिम्फोसाइटों के प्रसार के जवाब में ग्रंथि के सामान्य कार्य के कारण होती है।

अतः विकल्प (A) सही है।

26. थ्रोम्बोसाइटोपेनिया एक ऐसी स्थिति है जिसमें बहुत कम प्लेटलेट्स होते हैं, रक्त कोशिकाएं जो रक्तस्राव को रोकती हैं। कई चीजें बच्चों में थ्रोम्बोसाइटोपेनिया का कारण बन सकती हैं, सबसे अधिक संक्रमण (विशेष रूप से वायरल संक्रमण) और प्रतिरक्षा प्रणाली द्वारा प्लेटलेट्स का विनाश (इम्यून थ्रोम्बोसाइटोपेनिया या आईटीपी कहा जाता है)।

अतः विकल्प (C) सही है।

27. रक्त कोशिकाएं अस्थि मज्जा में अपना जीवन एक प्रकार की कोशिका से शुरू करती हैं जिसे प्लूरी पोटेंशियल हेमेटोपोएटिक स्टेम सेल कहा जाता है। इन कोशिकाओं को एक प्रतिबद्ध स्टेम सेल में विभेदित किया जाता है और विशिष्ट प्रकार की रक्त कोशिकाओं की कॉलोनियों का निर्माण किया जाता है।

आरबीसी के विकास के चरण:

बीएफयू। E -> प्रोएरिथ्रोब्लास्ट (E1) -> अर्ली नॉर्मोब्लास्ट -> इंटरमीडिएट नॉर्मोब्लास्ट -> लेट नॉर्मोब्लास्ट -> रेटिकुलोसाइट -> परिपक्व एरिथ्रोसाइट

अतः विकल्प (A) सही है।

28. सामान्य रक्त में थ्रोम्बिन नहीं होता है।

प्लेटलेट्स नामक कोशिकाओं को सक्रिय करके और फाइब्रिन बनाने के लिए फाइब्रिनोजेन नामक प्रोटीन को काटकर थ्रोम्बिन रक्त का थक्का बनाता है। हालांकि, स्थिर थक्के तभी बन सकते हैं जब थ्रोम्बिन अधिक थ्रोम्बिन उत्पन्न करने के लिए प्रोथ्रोम्बिन नामक कारक को भी उत्तेजित करता है।

अतः विकल्प (B) सही है।

29. स्फेरोसाइट्स सेल आकार सबसे अधिक एमसीएचसी में वृद्धि के साथ जुड़ा हुआ है।

स्फेरोसाइटोसिस में, झिल्ली के नुकसान के कारण MCHC बढ़ जाता है और इसके परिणामस्वरूप कोशिका द्वारा गोलाकार आकार ग्रहण कर लिया जाता है। एनिसोसाइटोसिस के एक उपाय के रूप में RDW की सामान्य उपलब्धता आकृति विज्ञान के आधार पर एनीमिया के मूल्यांकन में और मदद करती है।

अतः विकल्प (D) सही है।

30. आपके शरीर का लगभग 70 प्रतिशत आयरन आपके रक्त की लाल रक्त कोशिकाओं में पाया जाता है जिसे हीमोग्लोबिन कहा जाता है और मायोग्लोबिन नामक मांसपेशियों की कोशिकाओं में पाया जाता है। हीमोग्लोबिन आपके रक्त में ऑक्सीजन को फेफड़ों से ऊतकों तक स्थानांतरित करने के लिए आवश्यक है। मायोग्लोबिन, मांसपेशियों की कोशिकाओं में, ऑक्सीजन को स्वीकार करता है, स्टोर करता है, ट्रांसपोर्ट करता है और रिलीज करता है।

अतः विकल्प (A) सही है।

31. ABO प्रणाली में, रक्त समूह 'O' को प्रतिजन A और प्रतिजन B दोनों की अनुपस्थिति की विशेषता है।

रक्त समूह 'O' को एंटीजन A और एंटीजन B दोनों की अनुपस्थिति की विशेषता है, लेकिन उनके पास प्लाज्मा में एंटी-A और एंटी-B दोनों एंटीबॉडी हैं क्योंकि कोई एंटीजन रक्त समूह नहीं है, O सर्वश्रेष्ठ रक्त दाता है जिसे सार्वभौमिक दाता भी कहा जाता है।

अतः विकल्प (C) सही है।

32. रक्त समूह AB को सार्वत्रिक प्राप्तकर्ता कहा जाता है। वे किसी भी एबीओ ब्लड ग्रुप का रक्तदान कर सकते हैं। जब दाताओं के रक्त को एबी रक्त प्रकार वाले व्यक्ति में चढ़ाया जाता है, तो यह किसी भी प्रतिरक्षा प्रतिक्रिया का कारण नहीं बनता है। एबी रक्त समूह वाले व्यक्तियों को सार्वभौमिक प्राप्तकर्ता के रूप में जाना जाता है क्योंकि वे किसी भी हेमोलिटिक प्रतिक्रियाओं का अनुभव किए बिना सभी प्रकार के रक्त से रक्त प्राप्त कर सकते हैं।

अतः विकल्प (C) सही है।

33. यदि किसी व्यक्ति का रक्त समूह A है तो मौजूद एंटीबॉडी एंटी B एंटीबॉडी है। यह RBCs पर मौजूद होता है। प्रतिरक्षा प्रणाली किसी भी व्यक्ति के आरबीसी पर ABO रक्त समूह एंटीजन नहीं पाए जाने के खिलाफ एंटीबॉडी बनाती है। इस प्रकार, एक समूह A व्यक्ति के पास एंटी-B एंटीबॉडी होगा और एक समूह B व्यक्ति के पास एंटी-A एंटीबॉडी होगा।

अतः विकल्प (A) सही है।

34. केवल 7% जनसंख्या O नेगटिव हैं। हालांकि, O नेगटिव ब्लड की जरूरत सबसे ज्यादा होती है, क्योंकि इसका इस्तेमाल इमरजेंसी के दौरान सबसे ज्यादा किया जाता है। O+ की आवश्यकता अधिक है क्योंकि यह सबसे अधिक होने वाला रक्त प्रकार है (जनसंख्या का 37%)। यूनिवर्सल रेड सेल डोनर का टाइप ओ नेगटिव ब्लड होता है।

अतः विकल्प (D) सही है।

35. हीमोफिलिया ए, जिसे फैक्टर VIII (8) की कमी या क्लासिक हीमोफिलिया भी कहा जाता है, एक आनुवंशिक विकार है जो एक क्लॉटिंग प्रोटीन के लापता या दोषपूर्ण कारक VIII (FVIII) के कारण होता है। हालांकि यह माता-पिता से बच्चों में आता है, लगभग 1/3 मामलों में कोई पिछला पारिवारिक इतिहास नहीं पाया जाता है।

अतः विकल्प (C) सही है।

36. क्रॉसमैचिंग आपके स्वास्थ्य सेवा प्रदाता के लिए एक दाता के रक्त के खिलाफ आपके रक्त का परीक्षण करने का एक तरीका है, यह सुनिश्चित करने के लिए कि वे पूरी तरह से संगत हैं। यह अनिवार्य रूप से परीक्षण ट्यूबों में किया गया एक परीक्षण आधान है, यह देखने के लिए कि आपका रक्त संभावित दाता रक्त के साथ कैसे प्रतिक्रिया करेगा।

अतः विकल्प (A) सही है।

37. फाइब्रिनोजेन की उपस्थिति के कारण संगतता प्रक्रिया के लिए रक्त बैंकिंग में प्लाज्मा को प्राथमिकता नहीं दी जाती है।

फाइब्रिनोजेन एक प्लाज्मा ग्लाइकोप्रोटीन है जिसका आणविक भार 340 kDa है; यह यकृत द्वारा संश्लेषित होता है। फाइब्रिनोजेन का फाइब्रिन में रूपांतरण थ्रोम्बिन द्वारा उत्प्रेरित होता है और थक्का बनने और स्थिरीकरण में महत्वपूर्ण भूमिका निभाता है। इसके अलावा, फाइब्रिनोजेन प्लेटलेट फाइब्रिनोजेन रिसेप्टर ग्लाइकोप्रोटीन से जुड़कर प्लेटलेट सक्रियण और एकत्रीकरण को प्रेरित करता है।

अतः विकल्प (C) सही है।

38. लाल रक्त कोशिकाओं में कभी-कभी एक अन्य प्रतिजन होता है, एक प्रोटीन जिसे RhD प्रतिजन के रूप में जाना जाता है। यदि यह मौजूद है, तो आपका रक्त समूह RhD धनात्मक है। यदि यह अनुपस्थित है, तो आपका रक्त समूह RhD ऋणात्मक है। एंटी-डी इम्युनोग्लोबुलिन किसी भी RhD पॉजिटिव एंटीजन को बेअसर कर देता है जो गर्भावस्था के दौरान मां के रक्त में प्रवेश कर सकता है। यदि एंटीजन को निष्प्रभावी कर दिया गया है, तो मां का रक्त एंटीबॉडी का उत्पादन नहीं करेगा।

अतः विकल्प (B) सही है।

39. अधिकांश Rh एंटीबॉडी IgG प्रकार के होते हैं। Rh एंटीबॉडी शायद ही कभी पूरक को सक्रिय करते हैं। वे RBC से जुड़ते हैं और उन्हें प्लीहा (एक्स्ट्रावास्कुलर हेमोलिसिस) में विनाश के लिए चिह्नित करते हैं। एंटी-D, एंटी-C, एंटी-E और एंटी-C गंभीर हेमोलिटिक ट्रांसफ्यूजन प्रतिक्रियाएं पैदा कर सकते हैं।

अतः विकल्प (C) सही है।

40. लाल रक्त कोशिकाओं की सतह पर कुछ मार्करों की उपस्थिति या अनुपस्थिति के आधार पर, मानव रक्त को विभिन्न प्रकारों में समूहित करने के लिए उपयोग की जाने वाली प्रणाली। चार मुख्य ब्लड ग्रुप A, B, O और AB हैं।

अतः विकल्प (A) सही है।

41. RhD प्रोटीन D एंटीजन को एनकोड करता है। दो जीन, RHD और RHCE, Rh एंटीजन को कूटबद्ध करते हैं। आरएच जीन 97% समान हैं, और वे गुणसूत्र पर एक दूसरे के बगल में स्थित हैं। D/d बहुरूपता आमतौर पर पूरे RhD जीन के विलोपन से उत्पन्न होता है।

अतः विकल्प (D) सही है।

42. रक्त समूह A की प्रतिक्रियाशीलता की पुष्टि N-एसिटाइल-D-गैलेक्टोसामाइन इम्यूनोडोमिनेंट चीनी अणु की उपस्थिति का पता लगाने से होती है।

A एलील एक ग्लाइकोसिलट्रांसफेरेज को एनकोड करता है जो A एंटीजन (N-एसिटाइलगैलेक्टोसामाइन इसकी इम्यूनोडायमिनेंट शुगर) पैदा करता है, और B एलील एक ग्लाइकोसिलट्रांसफेरेज़ को एनकोड करता है जो B एंटीजन बनाता है (D-गैलेक्टोज इसकी इम्यूनोडोमिनेंट शुगर है)।

अतः विकल्प (C) सही है।

43. प्रत्येक व्यक्ति प्रत्येक माता-पिता से एक एबीओ जीन (ए, बी, या ओ) प्राप्त करता है। एक साथ विचार करने पर, दो जीन ABO फेनोटाइप निर्धारित करते हैं। विभिन्न पैतृक संयोजनों का उपयोग करके संतानों के संभावित फेनोटाइप को भर दिया जाता है।

इस विशेष उदाहरण में, पिता का रक्त प्रकार A (जीनोटाइप AO) है और माता का रक्त प्रकार B (जीनोटाइप BO) है। यह संभोग प्रकार चार संभावित एबीओ फेनोटाइप्स में से प्रत्येक के साथ बच्चे पैदा कर सकता है, हालांकि किसी भी परिवार में बच्चों में सभी फेनोटाइप मौजूद नहीं हो सकते हैं।

अतः विकल्प (D) सही है।

44. एबीओ-बेमेल रक्त प्राप्त करने के संभावित भयानक, निकट-तत्काल परिणाम। जबकि एबीओ पारस्परिक एंटीबॉडी के लिए प्रसिद्ध है, यह

"स्वाभाविक रूप से होने वाली" एंटीबॉडी वाला एकमात्र रक्त समूह नहीं है। आधान से संबंधित तीव्र फेफड़े की चोट (TRALI) वर्तमान में आधान से संबंधित मौत का सबसे आम कारण है।

अतः विकल्प (B) सही है।

45. वस्तुतः सभी स्थितियों में, ABO HDFN को समूह O माँ और समूह A या B बच्चे के साथ देखा जाता है। ग्रुप ओ व्यक्तियों में आईजीजी एबीओ एंटीबॉडी होते हैं, जो गैर-समूह ओ लोगों में मुख्य रूप से आईजीएम एंटीबॉडी के विपरीत, प्लेसेंटा में ले जाया जाता है और भ्रूण परिसंचरण में प्रवेश करता है। ये एंटीबॉडी (या तो एंटी-ए, एंटी-बी, या एंटी-ए, बी) सभी एबीओ एंटीबॉडी की तरह "स्वाभाविक रूप से होने वाली" हैं, इसलिए पहली गर्भावस्था के दौरान बातचीत हो सकती है।

अतः विकल्प (C) सही है।

46. p53 को गार्जियन ऑफ जीनोम के रूप में जाना जाता है।

उत्परिवर्तित या क्षतिग्रस्त डीएनए वाली कोशिकाओं को विभाजित होने से रोककर, p53 ट्यूमर के विकास को रोकने में मदद करता है। क्योंकि p53 डीएनए की मरम्मत और कोशिका विभाजन को विनियमित करने के लिए आवश्यक है, इसे "जीनोम के संरक्षक" का उपनाम दिया गया है।

अतः विकल्प (A) सही है।

47. हाइपोक्सिया के प्रति सबसे संवेदनशील कोशिकाएं न्यूरॉन्स हैं।

स्तनधारी सीएनएस में न्यूरॉन्स ऑक्सीजन की उपलब्धता के प्रति अत्यधिक संवेदनशील होते हैं। हाइपोक्सिया न्यूरोनल फंक्शन को बदल सकता है और न्यूरोनल चोट या मृत्यु का कारण बन सकता है। विभिन्न मस्तिष्क क्षेत्रों से प्राप्त स्लाइस की तैयारी में इन विट्रो में एकल न्यूरॉन्स के झिल्ली गुणों में अंतर्निहित परिवर्तनों का अध्ययन किया गया है।

अतः विकल्प (B) सही है।

48. मल्टीपल मायलोमा को प्लाज्मा कोशिकाओं, एक प्रकार की श्वेत रक्त कोशिका में असामान्यताओं की विशेषता है। ये असामान्य कोशिकाएं नियंत्रण से बाहर हो जाती हैं, अस्थि मज्जा में लगभग एक प्रतिशत कोशिकाओं से अस्थि मज्जा कोशिकाओं के बहुमत तक बढ़ जाती हैं। असामान्य कोशिकाएं हड्डी के भीतर ट्यूमर बनाती हैं, जिससे हड्डी में दर्द होता है और फ्रैक्चर का खतरा बढ़ जाता है।

अतः विकल्प (C) सही है।

49. प्लाज्मोडियम फाल्सीपेरम के संक्रमण में अर्धचन्द्राकार या केले के आकार के गैमेटोसाइट्स देखे जाते हैं।

प्लाज्मोडियम फाल्सीपेरम का नाम वर्धमान या बाज़ के आकार के लिए रखा गया है, जो एक मच्छर वेक्टर को स्थानांतरित करने की तैयारी करते समय अपनाया जाता है। इसके विपरीत, अन्य (कम विषैले) मानव मलेरिया परजीवियों के गैमेटोसाइट्स अधिक गोल आकार बनाए रखते हैं।

अतः विकल्प (B) सही है।

50. मायलोप्रोलिफेरेटिव नियोप्लाज्म रोगों का एक समूह है जिसमें अस्थि मज्जा बहुत अधिक लाल रक्त कोशिकाओं, सफेद रक्त कोशिकाओं या प्लेटलेट्स बनाता है। आम तौर पर, अस्थि मज्जा रक्त स्टेम सेल (अपरिपक्व कोशिकाएं) बनाता है जो समय के साथ परिपक्व रक्त कोशिकाएं बन जाती हैं।

6 प्रकार के क्रोनिक मायलोप्रोलिफेरेटिव विकार हैं:

1. क्रोनिक माइलोजेनस ल्यूकेमिया (CML)

2. पॉलीसिथेमिया वेरा

3. प्राथमिक मायलोफिब्रोसिस (जिसे क्रोनिक इडियोपैथिक मायलोफिब्रोसिस भी कहा जाता है)

4. आवश्यक थ्रोम्बोसाइटेमिया

5. क्रोनिक न्यूट्रोफिलिक ल्यूकेमिया

6. क्रोनिक ईोसिनोफिलिक ल्यूकेमिया

अतः विकल्प (B) सही है।

51. लक्ष्य कोशिकाएं थैलेसीमिया में पाई जाती हैं।

इस मरीज में हीमोग्लोबिन ई और बीटा थैलेसीमिया विशेषता के साथ कई लक्ष्य कोशिकाएं मौजूद हैं। लक्ष्य कोशिकाओं, या कोडोसाइट्स में सेल वॉल्यूम के सापेक्ष सेल मेम्ब्रेन की अधिकता होती है। यकृत रोग में मैक्रोसाइटिक लक्ष्य कोशिकाएं देखी जा सकती हैं, और थैलेसीमिया में माइक्रोसाइटिक लक्ष्य कोशिकाएं देखी जा सकती हैं।

अतः विकल्प (A) सही है।

52. प्लेग के प्रेरक जीव यर्सिनिया पेस्टिस हैं।

प्लेग एक ऐसी बीमारी है जो मनुष्यों और अन्य स्तनधारियों को प्रभावित करती है। यह जीवाणु, यर्सिनिया पेस्टिस के कारण होता है। मनुष्यों को आमतौर पर एक कृंतक पिस्सू द्वारा काटे जाने के बाद प्लेग हो जाता है जो प्लेग जीवाणु को ले जाता है या प्लेग से संक्रमित जानवर को संभालता है।

अतः विकल्प (A) सही है।

53. एक ट्रांसक्रिप्शन यूनिट में परिभाषित क्रम में इंट्रोन्स को हटाने और एक्सॉन में शामिल होने को जीन स्प्लिसिंग कहा जाता है। जीन स्प्लिसिंग एक पोस्ट-ट्रांसक्रिप्शनल संशोधन है जिसमें एक जीन कई प्रोटीनों के लिए कोड कर सकता है। प्री-एमआरएनए के क्षेत्रों के विभेदक समावेशन या बहिष्करण द्वारा एमआरएनए अनुवाद से पहले यूकेरियोट्स में जीन स्प्लिसिंग किया जाता है। जीन स्प्लिसिंग प्रोटीन विविधता का एक महत्वपूर्ण स्रोत है।

अतः विकल्प (B) सही है।

54. ट्रोपोनिन I हृदय की मांसपेशियों के लिए अत्यंत विशिष्ट है और इसे कंकाल की मांसपेशी से अलग नहीं किया गया है। यह पूर्ण विशिष्टता इसे म्योकार्डिअल चोट का एक आदर्श मार्कर बनाती है। वे म्योकार्डिअल चोट के बाद 6-8 घंटे में परिसंचरण में जारी किए जाते हैं, 12-24 घंटे में चरम पर होते हैं और 7-10 दिनों तक ऊंचे रहते हैं।

अतः विकल्प (A) सही है।

55. तीव्र ग्लोमेरुलोनेफ्राइटिस को सूजन और बाद में ग्लोमेरुली की क्षति के रूप में परिभाषित किया जाता है जिससे हेमट्यूरिया, प्रोटीनुरिया और एज़ोटेमिया होता है; यह प्राथमिक गुर्दे की बीमारी या प्रणालीगत स्थितियों के कारण हो सकता है। ग्लोमेर्युलर निस्पंदन दर कम हो जाती है, जिससे रेनिन-एल्डोस्टेरोन प्रणाली सक्रिय हो जाती है और बाद में नमक और पानी प्रतिधारण हो जाता है, जिसके परिणामस्वरूप एडिमा और उच्च रक्तचाप होता है।

अतः विकल्प (C) सही है।

56. यकृत की क्षति या चोट के परिणामस्वरूप हेपैटोसेलुलर पीलिया होता है। लिवर आमतौर पर संक्रमण, अत्यधिक शराब के सेवन और परजीवी संक्रमण के कारण भी क्षतिग्रस्त हो जाता है।

हेपैटोसेलुलर पीलिया के लिए उपचार: इसका इलाज लीवर प्रत्यारोपण या लीवर की गर्गगत करके किया जा सकता है। उपचार का उद्देश्य आगे की क्षति को नियंत्रित करना है।

अतः विकल्प (A) सही है।

57. हाइपरथायरायडिज्म तब होता है जब थायरॉयड ग्रंथि बहुत अधिक थायराइड हार्मोन बनाती है। TSH का निम्न स्तर और T3 और/या T4 का उच्च स्तर आमतौर पर इसका मतलब है कि आपको अतिसक्रिय थायराइड है। डॉक्टर इन मापों को "मुक्त" T3 और T4 (FT3 और FT4) कह सकते हैं।

अतः विकल्प (B) सही है।

58. प्रमुख हिस्टोकंपैटिबिलिटी कॉम्प्लेक्स (एमएचसी) का मुख्य कार्य एंटीजन प्रस्तुति है।

जीन के प्रमुख हिस्टोकम्पैटिबिलिटी कॉम्प्लेक्स (MHC) में आनुवंशिक लोकी का एक जुड़ा हुआ सेट होता है, जो टी कोशिकाओं को एंटीजन प्रस्तुति में शामिल कई प्रोटीनों को कूटबद्ध करता है, सबसे विशेष रूप से MHC वर्ग। और वर्ग॥ ग्लाइकोप्रोटीन (MHC अणु) जो टी-सेल रिसेप्टर को पेप्टाइड्स प्रस्तुत करते हैं।

अतः विकल्प (C) सही है।

59. जलजनित रोगजनक हेपेटाइटिस A और E वायरस हैं।

वायरल हेपेटाइटिस सार्वजनिक स्वास्थ्य महत्व का एक यकृत विकार है। और यह जलजनित/खाद्यजनित या रक्तजनित हो सकता है। हेपेटाइटिस A वायरस (एचएवी) और हेपेटाइटिस E वायरस (एचईवी) के कारण होने वाले जलजनित या खाद्य जनित हेपेटाइटिस में संचरण का मल-मौखिक मार्ग है।

अतः विकल्प (A) सही है।

60. मलेरिया संक्रमण में लाल रक्त कणिकाओं के टूटने के साथ हीमोजोइन नामक विषैला पदार्थ निकलता है।

मलेरिया एक प्रोटोजोअल रोग है, जो प्लाज्मोडियम प्रजाति के कारण होता है। मलेरिया के मामले में, फटी हुई आरबीसी से एक विषैला पदार्थ (जिसे हेमोजोइन कहा जाता है) निकलता है जो ठंड और तेज बुखार के लिए जिम्मेदार होता है।

अतः विकल्प (B) सही है।

61. लाइसिन और ल्यूसीन केवल केटोजेनिक हैं और आर्जिनिन, ग्लूटामेट, ग्लूटामाइन, हिस्टिडाइन, प्रोलाइन, वेलिन, मेथियोनीन, एस्पार्टेट, शतावरी, ऐलनिन, सेरीन, सिस्टीन और ग्लाइसिन अमीनो एसिड पूरी तरह से ग्लूकोजेनिक हैं। पाइरूवेट में मेटाबोलाइज़ किए जाने वाले अमीनो एसिड एलानिन, सिस्टीन और सेरीन हैं।

अत: विकल्प (C) सही है।

62. हेमोलिटिक पीलिया तब होता है जब एरिथ्रोसाइट्स या लाल रक्त कोशिकाएं त्वरित दर से टूट जाती हैं, जिसके परिणामस्वरूप अधिक बिलीरुबिन का निर्माण होता है। यह मलेरिया, एनीमिया आदि संक्रामक रोगों के कारण होता है।

हेमोलिटिक पीलिया के लिए उपचार: विशिष्ट कारण का इलाज करके इसका इलाज किया जा सकता है।

अतः विकल्प (B) सही है।

63. आयन जो लार एमाइलेज गतिविधि को सक्रिय करता है वह क्लोराइड है।

सभी α-एमाइलेज कम से कम एक दृढ़ता से संरक्षित Ca^{2+} आयन बांधते हैं जो संरचनात्मक अखंडता और एंजाइमिक गतिविधि के लिए आवश्यक है। इस बड़े एंजाइम परिवार में, एक समूह एक क्लोराइड आयन के बंधन से सर्वत्र सक्रिय होता है।

अतः विकल्प (A) सही है।

64. पाइरूवेट डिहाइड्रोजनेज गतिविधि पारा द्वारा बाधित है।

पाइरूवेट डिहाइड्रोजनेज जटिल गतिविधि को पारा और आर्सेनाइट द्वारा बाधित किया जा सकता है, जो डायहाइड्रोलिपोमाइड के दो सल्फर को बांधता है। 2,3-डिमेरकैप्टोप्रोपेनॉल आर्सेनाइट विषाक्तता के प्रभावों का मुकाबला कर सकता है जो आर्सेनाइट के साथ एक जटिल बना सकता है जिसे उत्सर्जित किया जा सकता है।

अतः विकल्प (A) सही है।

65. एल्डोस्टेरोन स्राव के शक्तिशाली उत्तेजक में से एक पोटेशियम एकाग्रता में वृद्धि है।

सीरम पोटेशियम सांद्रता एल्डोस्टेरोन स्राव का सबसे शक्तिशाली उत्तेजक है। ACTH उत्तेजना परीक्षण, जिसे कभी-कभी कोर्टिसोल के साथ एल्डोस्टेरोन के उत्पादन को प्रोत्साहित करने के लिए उपयोग किया जाता है ताकि यह निर्धारित किया जा सके कि प्राथमिक या माध्यमिक अधिवृक्क अपर्याप्तता मौजूद है या नहीं।

अतः विकल्प (C) सही है।

66. उपचय और अपचय रासायनिक रूप से एटीपी के रूप में जुड़े होते हैं।

एडेनोसिन ट्राइफॉस्फेट (एटीपी) कोशिका का ऊर्जा अणु है। कैटोबोलिक प्रतिक्रियाओं के दौरान, एटीपी बनाया जाता है और एनाबॉलिक प्रतिक्रियाओं के दौरान आवश्यक होने तक ऊर्जा संग्रहीत की जाती है। इन बिल्डिंग ब्लॉक्स का उपयोग एनाबॉलिक प्रतिक्रियाओं में अणुओं के संश्लेषण के लिए किया जाता है।

अत: विकल्प (C) सही है।

67. ऊर्जा के लिए पोषक तत्वों के सीधे टूटने को ऑक्सीकरण कहा जाता है। सबसे बड़ा ऊर्जा स्तर वसा या लिपिड में पाया जाता है, जिसमें 9 किलो कैलोरी/ग्राम होता है, जबकि प्रोटीन और कार्ब्स में 4 किलो कैलोरी/ग्राम होता है।

अतः विकल्प (D) सही है।

68. मूत्र में यूरोबिलिनोजेन की वृद्धि और मूत्र में बिलीरुबिन की अनुपस्थिति प्रतिरोधी पीलिया का संकेत देती है।

मूत्र में कम या कोई यूरोबिलिनोजेन नहीं होने का मतलब यह हो सकता है कि कोई चीज पित्त को आपकी आंतों में बहने से रोक रही है। मूत्र में यूरोबिलिनोजेन का उच्च स्तर एक संकेत हो सकता है कि:

- आपका लीवर बहुत अधिक बिलीरुबिन बना रहा है क्योंकि आपका शरीर लाल रक्त कोशिकाओं को बनाने की क्षमता से अधिक तेजी से तोड़ता है। इस स्थिति को हेमोलिटिक एनीमिया कहा जाता है।
- लीवर की बीमारी के कारण आपका लीवर यूरोबिलिनोजेन को पित्त में पुन: चक्रित नहीं कर सकता है।

अतः विकल्प (A) सही है।

69. संयुक्त सूक्ष्मदर्शी में प्राप्त प्रतिबिम्ब आभासी होता है।

एक यौगिक सूक्ष्मदर्शी प्रकाश को एकत्रित करने के लिए देखी जा रही वस्तु के करीब एक वस्तुनिष्ठ लेंस का उपयोग करता है, जो सूक्ष्मदर्शी ट्यूब के अंदर वस्तु की वास्तविक छवि को केंद्रित करता है। उस छवि को तब ऐपिस लेंस द्वारा आवर्धित किया जाता है, जो वस्तु की एक बढ़ी हुई, उलटी आभासी छवि बनाता है।

अतः विकल्प (D) सही है।

70. डायरेक्ट माइक्रोस्कोपिक काउंट्स के लिए एक विशेष स्लाइड के उपयोग की आवश्यकता होती है जिसे पेट्रोफ-हॉसर काउंटिंग चैंबर कहा जाता है, जिसमें यूकेरियोटिक सेल सस्पेंशन के एक एलिकोट की गणना की जाती है और कोशिकाओं की कुल संख्या गणितीय रूप से निर्धारित की जाती है।

अतः विकल्प (C) सही है।

71. एएफबी स्टेनिंग का उपयोग टीबी की सूक्ष्म जांच के लिए किया जाता है।

तपेदिक के संदिग्ध मामलों के लिए एएफबी-माइक्रोस्कोपी का संकेत दिया गया है। सकारात्मक माइक्रोस्कोपी एसिड-फास्ट बेसिली की उपस्थिति की पुष्टि करता है। एम. ट्यूबरकुलोसिस के रूप में सकारात्मक परिणामों की व्याख्या नहीं करने के लिए देखभाल की जानी चाहिए क्योंकि ज़िहल-नीलसन और ऑरामाइन दाग केवल एसिड-फास्ट बैक्टीरिया/संरचनाओं की उपस्थिति का संकेत देते हैं।

अतः विकल्प (B) सही है।

72. Afb अभिरंजन का दूसरा नाम ZN अभिरंजन है।

एसिड-फास्ट बैक्टीरिया, जिसे एसिड-फास्ट बेसिली या केवल एएफबी के रूप में भी जाना जाता है, एसिड फास्टनेस की विशेषता साझा करने वाले बैक्टीरिया का एक समूह है। अम्ल स्थिरता एक भौतिक संपत्ति है जो एक जीवाणु को धुंधला करने की प्रक्रियाओं के दौरान एसिड द्वारा विरंजन का विरोध करने की क्षमता देती है। यह डिफरेंशियल स्टेनिंग तकनीक है जिसे पहले ज़िहल द्वारा विकसित किया गया था और बाद में नीलसन द्वारा संशोधित किया गया था। इसलिए इस विधि को ज़िहल-नील्सन अभिरंजक तकनीक भी कहा जाता है।

अतः विकल्प (A) सही है।

73. एसिड-फास्ट संरचनाओं को माइक्रोस्कोप के तहत दो प्रमुख विधियों, कार्बोलफ्यूसिन धुंधला और फ्लोरोक्रोम प्रक्रिया का उपयोग करके देखा जा सकता है। कार्बोलफुक्सिन अभिरंजक में ज़िहल-नील्सन विधि और किन्यौं विधि शामिल हैं।

अतः विकल्प (A) सही है।

74. ऑब्सट्रक्टिव पीलिया तब होता है जब बिलीरुबिन अवरुद्ध हो जाता है और यकृत से बाहर निकलने में असमर्थ होता है।

ऑब्सट्रक्टिव पीलिया के लिए उपचार: रुकावट को दूर करने और पित्त नली प्रणाली को साफ करने के लिए सर्जरी की जाती है। सर्जरी में पित्ताशय की थैली या पित्त नली प्रणाली का एक हिस्सा निकालना शामिल है।

अतः विकल्प (A) सही है।

75. रीनल रिकेट्स रीनल ट्यूबलर दोषों के कारण होता है जो फॉस्फोरस के अवशोषण में हस्तक्षेप करता है।

फैंकोनी सिंड्रोम गुर्दे के समीपस्थ नलिकाओं का एक विकार है, जिसके परिणामस्वरूप फॉस्फोरस, ग्लूकोज और अमीनो एसिड के पुनः अवशोषण में कमी आती है, साथ ही समीपस्थ ट्यूबलर बाइकार्बोनेट बर्बादी (टाइप II रीनल ट्यूबलर एसिडोसिस) के लिए चयापचय एसिडोसिस माध्यमिक होता है।

अतः विकल्प (B) सही है।

76. एटीपी सिंथेज़ वह एंजाइम है जो कीमोस्मोसिस द्वारा एटीपी बनाता है।

एटीपी सिंथेज़ एक माइटोकॉन्ड्रियल एंजाइम है जो आंतरिक झिल्ली में स्थानीयकृत होता है, जहां यह एडीपी और फॉस्फेट से एटीपी के संश्लेषण को उत्प्रेरित करता है, जो प्रोटॉन के प्रवाह द्वारा प्रोटॉन के रासायनिक रूप से धनायन से ऋणायन पक्ष में इलेक्ट्रॉन हस्तांतरण द्वारा उत्पन्न एक ढाल के माध्यम से संचालित होता है।

अतः विकल्प (C) सही है।

77. NH3 मुख्य रूप से ग्लूटामाइन के रूप में मस्तिष्क में विषमुक्त होता है।

इन कोशिकाओं में ग्लूटामाइन सिंथेटेस के प्रमुख स्थानीयकरण के कारण एस्ट्रोसाइट्स में ग्लूटामाइन के लिए मस्तिष्क में अमोनिया मुख्य रूप से मेटाबोलाइज़ ("डिटॉक्सिफाइड") होता है। जबकि ग्लूटामाइन को लंबे समय से अहानिकर माना जाता रहा है, हाल ही में इस अमीनो एसिड को एक हानिकारक भूमिका के लिए जिम्मेदार ठहराया गया है।

अतः विकल्प (D) सही है।

78. गाउट को यूरिक एसिड के प्लाज्मा स्तर में वृद्धि की विशेषता है।

गाउट एक विकार है जिसमें यूरिक एसिड (हाइपरयूरिसीमिया) के उच्च रक्त स्तर के कारण जोड़ों में यूरिक एसिड क्रिस्टल जमा हो जाते हैं। क्रिस्टल के संचय से जोड़ों में और उसके आसपास दर्दनाक सूजन का प्रकोप (अटैक) होता है।

अतः विकल्प (B) सही है।

79. पाइरीमिडीन न्यूक्लियोटाइड जैवसंश्लेषण के एंजाइमों के लिए एक सब्सट्रेट टेट्रासाइक्लिन है।

टेट्रासाइक्लिन का उपयोग निमोनिया और अन्य श्वसन पथ के संक्रमण सहित बैक्टीरिया के कारण होने वाले संक्रमण के इलाज के लिए किया जाता है; त्वचा, आंख, लसीका, आंत, जननांग और मूत्र प्रणाली के कुछ संक्रमण; और कुछ अन्य संक्रमण जो टिक्स, जूँ घुनों और संक्रमित जानवरों से फैलते हैं।

अतः विकल्प (B) सही है।

80. जाफ क्रिएटिनिन विधि क्षारीय पिक्रेट पर आधारित है। एक क्षारीय पीएच में, नमूने में क्रिएटिनिन पिक्रेट के साथ प्रतिक्रिया करके क्रिएटिनिन-पिक्रेट कॉम्प्लेक्स बनाता है। इस परिसर के गठन के कारण 500 एनएम पर अवशोषण में वृद्धि की दर सीधे नमूने में क्रिएटिनिन की एकाग्रता के समानुपाती होती है।

अतः विकल्प (A) सही है।

81. बुम ला या बुम दर्रा भारत के अरुणाचल प्रदेश राज्य और तिब्बत (चीन-नियंत्रित) के ल्होखा विभाग के बीच हिमालय का एक पहाड़ी दर्रा है। यह समुद्रतल से 15,200 फुट की ऊँचाई पर अरुणाचल प्रदेश के तवांग शहर से 37 किमी की दूरी पर स्थित है।

अतः विकल्प (B) सही है।

82. दिया गया है ,

6 छात्रों की आयु आयु $= 11$ वर्ष

n संख्याओं का औसत $=$ कुल संख्याओं का योग/ n

नए विद्यार्थियों के जोड़े जाने से पहले की कुल आयु $= 11 \times 6 = 66$

नए विद्यार्थियों के जोड़े जाने के बाद कुल आयु $= 66 + 14 + 16 = 96$

माना उनकी वर्तमान औसत आयु x है।

फिर, प्रश्न के अनुसार,

$$x = \frac{96}{8}$$

$$\Rightarrow x = 12$$

∴ उनकी नई औसत आयु $= 12$ वर्ष

अतः विकल्प (B) सही है।

83. दिया है:

A, B से दोगुना तेज है और B, C से तीन गुना तेज है।

C ने कुछ दूरी 54 मिनट में तय की।

उपयोग किया गया सूत्र -

गति = दूरी/समय

माना B द्वारा लिया गया समय t मिनट है।

$\Rightarrow A : B = 2 : 1, B : C = 3 : 1$

$\Rightarrow A : B : C = (2 \times 3) : (1 \times 3) : (1 \times 1)$

$\Rightarrow A : B : C = 6 : 3 : 1$

$\Rightarrow$ A, B और C के बीच गति का अनुपात $= 6 : 3 : 1$

$\Rightarrow$ समय का अनुपात $= \left(\frac{1}{6}\right) : \left(\frac{1}{3}\right) : 1$

$\Rightarrow$ A, B और C के बीच समय का अनुपात $= 1 : 2 : 6$

$\Rightarrow$ 6 इकाई = 54 मिनट

⇒ 1 इकाई = 9 मिनट

⇒ 2 इकाई = 18 मिनट

⇒ इसलिए, B द्वारा लिया गया समय = t = 18

∴ B द्वारा लिया गया समय = 18 मिनट

अतः विकल्प (B) सही है।

84. दिया है :

एक व्यक्ति जब अपना लैपटॉप 4500 रुपये में बेचता है तो उसे 10% की हानि होगी

प्रयुक्त सूत्र:

विक्रय मूल्य = क्रय मूल्य - क्रय मूल्य का हानि%

लैपटॉप की विक्रय मूल्य = 4500

हानि प्रतिशत = 10%

⇒ 4500 = क्रय मूल्य - क्रय मूल्य का 10%

⇒ 4500 = क्रय मूल्य का 90%

क्रय मूल्य = 5000 रुपये

अब प्रश्न के अनुसार उसे 20% लाभ की आवश्यकता है

इसलिए नई विक्रय मूल्य = क्रय मूल्य + क्रय मूल्य का 20%

$= 5000 + 5000$ का 20%

$= 5000 + 1000$

$= 6000$ रुपये

∴ क्रय मूल्य पर 20% लाभ प्राप्त करने के लिए वह 6000 रुपये में बेचेगा।

अतः विकल्प (A) सही है।

85. सम परिणाम = 2,4,6 = 3

और 3 का भी गुणज = 6 = 1 केवल

संभावित परिणामों की संख्या = { 6}

$n(A) = 1$

कुल परिणामों की संख्या = 1,2,3,4,5,6

$n(S) = 6$

∴ $P(A) = \dfrac{n(A)}{n(S)} = \dfrac{1}{6}$

अतः विकल्प (C) सही है।

86. ENIAC का अर्थ इलेक्ट्रॉनिक न्यूमेरिकल इंटीग्रेटर एंड कंप्यूटर है।

इलेक्ट्रॉनिक न्यूमेरिकल इंटीग्रेटर एंड कंप्यूटर पहला प्रोग्रामेबल, इलेक्ट्रॉनिक, सामान्य प्रयोजन वाला डिजिटल कंप्यूटर था।

हालांकि ENIAC को डिजाइन किया गया था और मुख्य रूप से संयुक्त राज्य अमेरिका की सेना की बैलिस्टिक अनुसंधान प्रयोगशाला (जो बाद में सेना अनुसंधान प्रयोगशाला का एक हिस्सा बन गया) के लिए तोपखाने की फायरिंग टेबल की गणना करने के लिए उपयोग किया गया था, इसका पहला प्रोग्राम थर्मोन्यूक्लियर हथियार की व्यवहार्यता का अध्ययन था।

अतः विकल्प (B) सही है।

87.

$$G \xrightarrow{+6} M \xrightarrow{+6} S \xrightarrow{+6} Y$$

$$K \xrightarrow{+6} Q \xrightarrow{+6} W \xrightarrow{+6} C$$

संख्या: वर्णों के स्थानिय मान को दर्शाता है जो अन्य दो वर्णों के बीच में है।

इस प्रकार, A, Y और C के बीच में है और A का स्थानिय मान 1 है।

इसलिए, 'Y1C' सही उत्तर है।

अतः विकल्प (A) सही है।

88. एक आपराधिक कंप्यूटर से हटाई गई या क्षतिग्रस्त फ़ाइलों को पुनर्प्राप्त करने और पढ़ने की क्षमता कंप्यूटर फोरेंसिक नामक कानून प्रवर्तन विशेषता का एक उदाहरण है।

कंप्यूटर फोरेंसिक कानूनी रूप से स्वीकार्य तरीके से डिजिटल डेटा एकत्र करने, विश्लेषण करने और रिपोर्ट करने का अभ्यास है। इसका उपयोग अपराध का पता लगाने और रोकथाम में और किसी भी विवाद में जहां सबूत डिजिटल रूप से संग्रहीत किया जाता है।

अतः विकल्प (C) सही है।

89. महासचिव अध्यक्ष के नाम से आदेश पारित करता है। यह लोकसभा के महासचिव के बारे में सही नहीं है।

- लोकसभा का महासचिव लोकसभा सचिवालय का प्रशासनिक प्रमुख होता है।
- उन्हें लोकसभा अध्यक्ष द्वारा नियुक्त किया जाता है।
- महासचिव का पद भारत सरकार में कैबिनेट सचिव के पद के बराबर है, जो भारत सरकार के सबसे वरिष्ठ सिविल सेवक हैं।
- अपनी संवैधानिक और वैधानिक जिम्मेदारियों के निर्वहन में, लोकसभा अध्यक्ष को महासचिव, लोक सभा (जिसकी स्थिति, वेतनमान और स्थिति, आदि) की सहायता सर्वोच्च रैंकिंग वाले अधिकारी के बराबर होती है। भारत सरकार, यानी कैबिनेट सचिव, संयुक्त सचिव और अन्य अधिकारी, विभिन्न स्तरों पर सचिवालय के अतिरिक्त सचिव और कर्मचारियों के स्तर के अधिकारी।
- महासचिव 60 वर्ष की आयु में अपनी सेवानिवृत्ति तक कार्यालय में रहता है।
- वह केवल अध्यक्ष के प्रति जवाबदेह है, उसकी / उसके कार्यों की चर्चा या आलोचना लोकसभा में या बाहर नहीं की जा सकती है।
- भारत के राष्ट्रपति की ओर से, वह संसद के सत्र में भाग लेने के लिए सदस्यों को बुलाता है और अध्यक्ष की अनुपस्थिति में विधेयकों को प्रमाणित करता है।

अतः विकल्प (D) सही है।

90. हमें 71 दिनों को 7 से विभाजित करना होगा (क्योंकि एक सप्ताह में 7 दिन होते हैं)। संख्याओं को विभाजित करने पर जो शेषफल प्राप्त होता है, वह विषम दिनों की संख्या होता है।

इस प्रकार, हमें शेषफल 1 प्राप्त होता है, जो विषम दिनों की संख्या को दर्शाता है।

अतः विकल्प (A) सही है।

91. संचलन इस प्रकार हैं:

A प्रारंभिक बिंदु है।

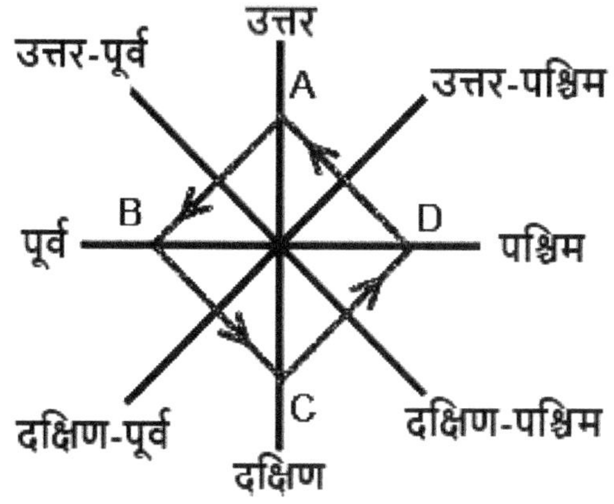

अब, मैं उत्तर-पूर्व दिशा में जा रहा हूं।

अतः विकल्प (A) सही है।

92. यह एक हिंदू त्योहार है जो हर साल ओडिशा के पुरी में प्रसिद्ध जगन्नाथ मंदिर में मनाया जाता है। भगवान जगन्नाथ पूजा जो भगवान विष्णु के एक फार्म के रूप में माना जाता है और यह भी वैष्णव के अनुयायियों द्वारा प्रतिष्ठित है है। यह भगवान जगन्नाथ (भगवान कृष्ण), उनकी बहन देवी सुभद्रा और उनके बड़े भाई भगवान बलभद्र या बलराम को समर्पित है।

अतः विकल्प (D) सही है।

93. रो और कॉलम एक स्प्रेडशीट में व्यवस्थित डेटा हैं। एक कॉलम एक चार्ट, टेबल या स्प्रेडशीट में सेल की एक लंबवत श्रृंखला है। एक रो उन कक्षों की श्रेणी है जो स्प्रैडशीट/वर्कशीट के आर-पार (क्षैतिज) जाती हैं। पंक्तियों की पहचान संख्याओं से की जाती है। जैसे पंक्ति 1, पंक्ति 5 है।

अतः विकल्प (C) सही है।

94. नियम निम्न प्रकार है,

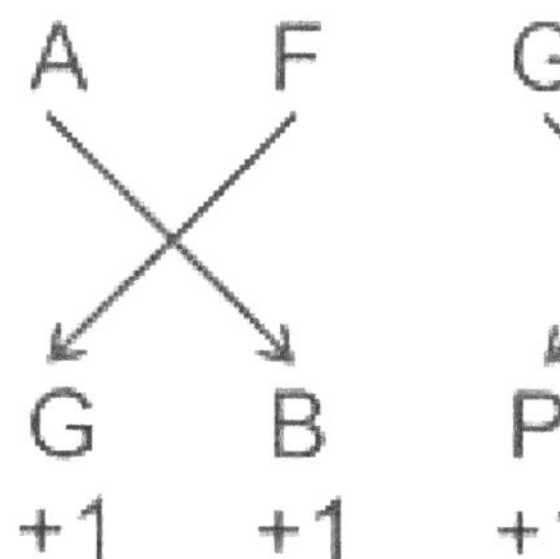

इसी प्रकार,

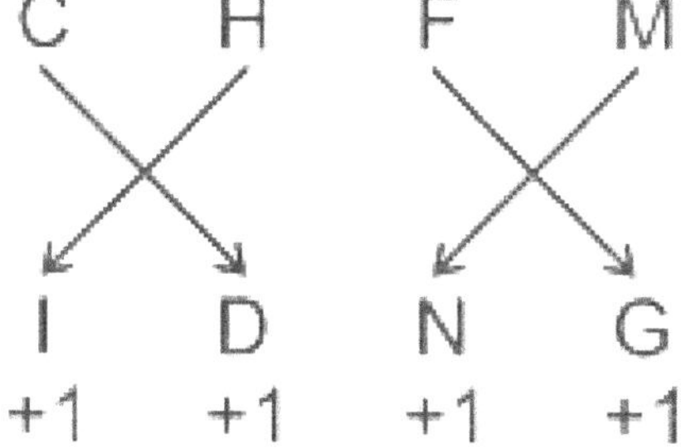

इसलिए, CHFM IDNG से संबंधित है।

अतः विकल्प (D) सही है।

95. क्लाउड कंप्यूटिंग के बारे में सुरक्षा प्राथमिक चिंता है। क्लाउड कंप्यूटिंग का उपयोग करने से परहेज करने के लिए कई आईटी विभागों के लिए यह मुख्य है। क्लाउड कंप्यूटिंग की सुरक्षा को ध्यान में रखने वाली कुछ चीजें हैं: बौद्धिक संपदा की चोरी या हानि।

अतः विकल्प (B) सही है।

96. अमर-नायक प्रणाली विजयनगर साम्राज्य का एक प्रमुख राजनीतिक नवाचार था।

संभवतः इस प्रणाली की कई विशेषताएं दिल्ली सल्तनत के विवरण प्रणाली से ली गई थीं।

अतः विकल्प (D) सही है।

97. दिया गया है:

आयत का क्षेत्रफल 144 सेमी^{2} है और भुजाएँ $4:9$ के अनुपात में हैं।

माना लंबाई $4x$ और चौड़ाई $9x$ है।

आयत का क्षेत्रफल $=$ लंबाई $\times$ चौड़ाई

$$\Rightarrow 144 = 4x \times 9x$$

$$\Rightarrow 144 = 36x^2$$

$$\Rightarrow x^2 = \frac{144}{36}$$

$$\Rightarrow x^2 = 4$$

$$\Rightarrow x = \sqrt{4}$$

$$\Rightarrow x = 2 \text{ सेमी}$$

इसलिए, लंबाई $= 4 \times 2 = 8$ सेमी और चौड़ाई $= 18$ सेमी

अब, परिमाप ज्ञात करना है।

आयत का परिमाप $= 2$ (लंबाई $+$ चौड़ाई)

परिमाप $= 2(8 + 18)$

परिमाप $= 2 \times 26$

परिमाप $= 52$ सेमी

इसलिए, परिमाप $= 52$ सेमी

अतः विकल्प (A) सही है।

98. "Ctrl + Up Arrow" का उपयोग कर्सर को एक पैराग्राफ ऊपर ले जान के लिए किया जाता है।

"Ctrl + Up Arrow" का प्रयोग कर्सर को एक पैराग्राफ को ऊपर ले जाने के लिए किया जाता है। दूसरी ओर, Ctrl + Down Arrow कुंजी आपको स्प्रेडशीट की अंतिम पंक्ति में ले जाएगा या कर्सर को एक पैराग्राफ नीचे ले जाएगा।

अतः विकल्प (D) सही है।

99. निम्नलिखित चिह्नों का प्रयोग कर वंश-वृक्ष बनाने पर:

आरेख में प्रतीक	अर्थ
◯	महिला
▢	पुरुष
—	शादीशुदा जोड़ा
—	सहोदर
│	एक पीढ़ी का अंतर

संभावित वंश-वृक्ष निम्न होगा:

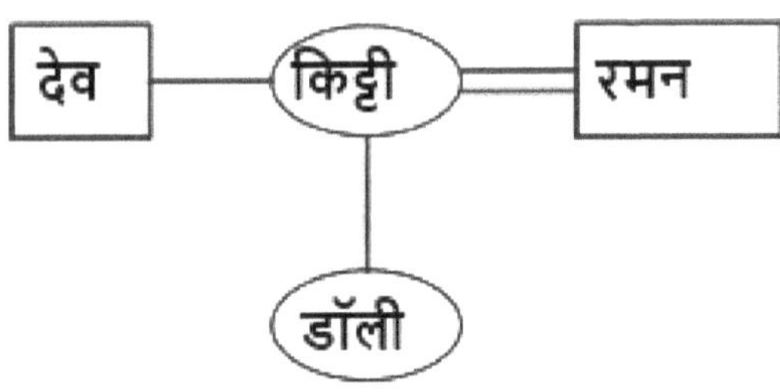

इसलिए, देव, डॉली का मामा है।

अतः विकल्प (B) सही है।

100. धनपत राय श्रीवास्तव जिन्हें मुंशी प्रेमचंद के रूप में भी जाना जाता था का जन्म 31 जुलाई 1880 को उत्तर प्रदेश में वाराणसी के पास लमही में हुआ था। वह भारतीय उपमहाद्वीप के सबसे प्रतिष्ठित लेखकों में से एक हैं और उन्हें बीसवीं शताब्दी के शुरुआती दिनों के हिंदी लेखकों में से एक माना जाता है। उनके उपन्यासों में गोदान, कर्मभूमि, गबन, मानसरोवर शामिल हैं। उन्होंने 1907 में सोज़-ए वतन नामक एक पुस्तक में पाँच लघु कहानियों का अपना पहला संग्रह प्रकाशित किया।

अतः विकल्प (D) सही है।

Discipline

Q.1 निम्नलिखित में से कौन सी कोशिका WBC नहीं है?
A. बी लिम्फोसाइटों
B. बेसोफिल
C. मैनोसाइट
D. प्लेटलेट

Q.2 निम्नलिखित में से कौन सा कथन सत्य है?
A. सामान्य वयस्क रक्त में दो हीमोग्लोबिन होते हैं
B. एरिथ्रोपोइटीन उत्पादन 50% वृक्क और 50% यकृत है
C. एक रेटिकुलोसाइट में आरएनए के साथ-साथ डीएनए भी होता है
D. लाल कोशिका झिल्ली में द्विध्रुवी लिपिड परत होती है

Q.3 न्यूट्रोफिल की संख्या अधिक होती है:
A. तीव्र जीवाणु संक्रमण
B. लोहे की कमी से एनीमिया
C. महालोहिप्रसू एनीमिया
D. इनमें से कोई नहीं

Q.4 रक्त वर्ग का वर्गिकरण किस आधार पर किया जाता है ?
A. एंटीजन
B. एंटीबॉडी
C. रीसस फैक्टर
D. ऑक्सीजन सामग्री

Q.5 कौन सा एंटीबॉडी स्रावित करता है?
A. न्यूट्रोफिल्स
B. लिम्फोसाइट्स
C. मोनोसाइट्स
D. इओसिनोफिल्स

Q.6 स्तनधारियों में रक्त का थक्का जमाने में मदद करने वाली कोशिका के नाम:
A. प्लेटलेट्स
B. मोनोसाइट्स
C. लिम्फोसाइटों
D. इनमें से कोई नहीं

Q.7 WBC के केंद्रक का आकार आमतौर पर होता है:
A. गोलाकार
B. अनियमित
C. अंडाकार
D. धुरी के आकार का

Q.8 यह घातक विकार रक्त परिसंचरण में क्लॉट/थ्रोम्बस गठन के परिणामस्वरूप होता है:
A. थ्रोम्बोइम्बोलिज्म
B. डीवीटी
C. पीएडी
D. उपरोक्त सभी

Q.9 कौन सी रक्त कोशिकाएं ऑक्सीजन का परिवहन करती हैं?
A. लाल
B. सफेद
C. (A) और (B) दोनों
D. इनमे से कोई भी नहीं

Q.10 निम्नलिखित में से कौन फागोसाइट्स के रूप में कार्य करता है?
A. डब्ल्यूबीसी
B. आरबीसी
C. दोनों
D. इनमें से कोई नहीं

Q.11 पॉलीसिथेमिया है:
A. (WBC) श्वेत रक्त कोशिकाओं का बढ़ना
B. (RBC) लाल रक्त कोशिकाओं का बढ़ना
C. प्लेटलेट बढ़ना
D. उपरोक्त सभी

Q.12 निम्न में से कौन सा सबसे प्रचुर मात्रा में WBC है?

A. न्यूट्रोफिल
B. इओसिनोफिल्स
C. बेसोफिल्स
D. मोनोसाइट

Q.13 WBC के बारे में कौन सा कथन सत्य है?
A. गैर-न्यूक्लियेटेड
B. कमी से ल्यूकेमिया होता है
C. आकार में अमीबीय होते हैं
D. इनमें से कोई नहीं

Q.14 प्लेटलेट की क्रिटिकल काउंट है:
A. 40,000/mm³
B. 1lac/mm³
C. 2lac/mm³
D. 4lac/mm³

Q.15 लाल रक्त कणिकाओं का निर्माण होता है:
A. यकृत
B. मस्तिष्क
C. अस्थि मज्जा
D. प्लाज्मा

Q.16 जिन दो रक्त समूहों के व्यक्तियों के बीच रक्ताधान संभव नहीं है:
A. O और AB (AB प्राप्तकर्ता)
B. O और A (O दाता)
C. O और B (O दाता)
D. O और AB (AB दाता)

Q.17 बच्चे का ब्लड ग्रुप 'O' है। माता-पिता का रक्त समूह नहीं हो सकता है:
A. AB और O
B. B और O
C. A और B
D. A और A

Q.18 समूहों के बीच रक्त आधान संभव है:
A. दाता A और प्राप्तकर्ता O
B. दाता B और प्राप्तकर्ता A
C. दाता AB और प्राप्तकर्ता O
D. दाता AB और प्राप्तकर्ता AB

Q.19 रक्त समूह A वाले व्यक्तियों के पास:
A. एंटीजन A और एंटीबॉडी b
B. एंटीजन A और एंटीबॉडी a
C. एंटीजन नहीं बल्कि एंटीबॉडी a और b
D. एंटीजन A और B लेकिन कोई एंटीबॉडी नहीं

Q.20 एक रक्त समूह जिसमें कोई एंटीजन नहीं होता है लेकिन a और b दोनों एंटीबॉडी होते हैं:
A. A
B. O
C. B
D. AB

Q.21 CPDA के साथ रक्त कब तक संग्रहीत किया जा सकता है?
A. 12 दिन
B. 21 दिन
C. 35 दिन
D. 48 दिन

Q.22 मानव रक्त समूह O का जीनोटाइप क्या है?
A. I^AI^A
B. I^AI^B
C. ii
D. इनमें से कोई नहीं

Q.23 रक्त समूह B^+ वाला एक व्यक्ति एक दुर्घटना का शिकार हो गया और उसका बहुत रक्त बह जाता है। उसे कौन-सा जोड़ा रक्तदान कर सकता है?
A. AB^+, B^+
B. AB^-, A^-
C. A^+, B^-
D. O^+, B^-

Q.24 ब्लड ग्रुप B वाला व्यक्ति रक्तदान कर सकता है:
A. B और AB समूह और समूह B से ब्लड प्राप्त करते हैं
B. B और AB समूह से ब्लड प्राप्त करते हैं
C. O और समूह B से ब्लड प्राप्त करते हैं
D. B और AB और AB समूह से ब्लड प्राप्त करते हैं

Q.25 एंटीजन-A और एंटीबॉडी-B किस रक्त समूह में मौजूद हैं:
A. B   B. A   C. AB   D. O

Q.26 RBC पर एंटीजन A और प्लाज्मा में एंटी B एंटीबॉडी वाला व्यक्ति:
A. रक्त समूह A के अंतर्गत आता है
B. रक्त समूह B के अंतर्गत आता है
C. रक्त समूह O के अंतर्गत आता है
D. रक्त समूह AB से संबंधित है

Q.27 सार्वभौमिक दाता और सार्वभौम स्वीकर्ता है:
A. $O +$ और $AB -$ B. O^- और $AB -$
C. $O +$ और $AB +$ D. $O -$ और $AB +$

Q.28 O रक्त समूह में______ होता है।
A. प्रतिजन अनुपस्थित   B. एंटीबॉडी अनुपस्थित
C. एंटीजन मौजूद   D. एंटीबॉडी A मौजूद

Q.29 मानव में रक्त समूह तंत्र किसके द्वारा नियंत्रित होता है:
A. जीन   B. दिमाग   C. हृदय   D. नस

Q.30 मानव रक्त समूह AB में:
A. एंटीबॉडी मौजूद हैं   B. एंटीबॉडी अनुपस्थित हैं
C. एंटीबॉडी 'a' मौजूद है   D. एंटीबॉडी 'b' मौजूद है

Q.31 मानव रक्त में सभी एंटीबॉडी का IgE का कितना प्रतिशत बनता है?
A. $\geq 0.001\%$ B. $\geq 10\%$
C. $\geq 0.1\%$ D. $\geq 0.5\%$

Q.32 निम्नलिखित में से कौन-से एंटीबॉडी के सबसे प्रचुर प्रकार हैं?
A. IgA   B. IgE   C. IgG   D. IgM

Q.33 मानव IgM:
A. अपरा को पार करता है
B. एक J श्रृंखला द्वारा एक साथ जुड़े हुए 3 उपइकाइयों के होते हैं
C. प्रचलन तक ही सीमित है
D. उच्च आत्मीयता प्लाज्मा कोशिकाओं द्वारा निर्मित एंटीबॉडी है

Q.34 IgG का आणविक भार है?
A. 150,000 डाल्टन   B. 160,000 डाल्टन
C. 190,000 डाल्टन   D. इनमे से कोई भी नहीं

Q.35 स्व-प्रोटीन के खिलाफ IgG एंटीबॉडी:
A. ट्यूमर वाले मरीजों में ही होता है
B. प्लीहा में ही उत्पन्न होते हैं
C. गर्भनाल को पार कर सकता है
D. पुरुषों में अधिक आम हैं

Q.36 एंटीबॉडी ________ को पहचानते हैं:
A. एंटीजन   B. कीटाणु
C. बीमारी   D. इनमे से कोई भी नहीं

Q.37 ओरल पोलियो ड्रॉप्स में शामिल हैं:
A. काटा हुआ एंटीबॉडी   B. सक्रिय रोगजनक
C. क्षीण रोगजनक   D. गामा ग्लोबुलिन

Q.38 एक एंटीबॉडी ______ अणु के रूप में दर्शाया गया है।
A. H_1L_2 B. H_2L_2
C. H_3L_2 D. इनमे से कोई भी नहीं

Q.39 एंटीबॉडी अणु की मूल संरचना में कितने चर खंड मौजूद हैं?
A. एक   B. दो   C. तीन   D. चार

Q.40 एंटीबॉडी निर्माण और प्रतिरक्षा उत्पादन ग्लोबुलिन नामक प्रोटीन द्वारा किया जाता है, जो इसमें मौजूद होता है:
A. RBC का स्ट्रोमा   B. RBC का हीमोग्लोबिन
C. प्लाज्मा   D. रक्त प्लेटलेट्स

Q.41 प्राथमिक प्रतिरक्षा प्रतिक्रिया में कौन सा एंटीबॉडी (Ig) उत्पन्न होता है?
A. IgA   B. IgE   C. IgG   D. IgM

Q.42 टी-लिम्फोसाइट्स परिपक होते हैं:
A. अग्न्याशय   B. प्लीहा
C. अस्थि मज्जा   D. थाइमस

Q.43 कौन सा टी-लिम्फोसाइट्स नहीं है?
A. हेल्पर   B. सुप्रेसोर
C. साइटोटॉक्सिक   D. रेप्रेसोर

Q.44 जो द्वितीयक लसीकाभ अंग का उदाहरण नहीं है:
A. परिशिष्ट
B. थाइमस ग्रंथि
C. टॉन्सिल
D. पीयर की छोटी आंत के पैच

Q.45 T-कोशिकाओं के प्रकार हैं:
A. घातक कोशिकाएं और सहायक कोशिकाएं
B. घातक कोशिकाएं और सुप्रेसर कोशिकाएं
C. घातक, सहायक और सुप्रेसर
D. घातक, सहायक और डेरेप्रेसर कोशिकाएं

Q.46 शरीर का वजन कम होना, खून के साथ लगातार खांसी और पीले-हरे रंग का बलगम इसके लक्षण हैं:
A. क्षय   B. टाइफाइड
C. हेपेटाइटिस बी   D. हैज़ा

Q.47 पीलिया में निम्नलिखित सभी लक्षण पाए जाते हैं सिवाय:
A. हेपेटोबिलरी सिस्टम के विकार
B. अग्न्याशय और आमाशय रस का असामान्य स्राव
C. पित्त नली बाधा
D. खून की कमी

Q.48 मलेरिया परजीवी एक __________ है।
A. जीवाणु   B. प्रोटोजोआ   C. वाइरस   D. कुकुरमुता

Q.49 निम्नलिखित में से कौन सा मलेरिया परजीवी प्लाज्मोडियम के लिए मानव शरीर में कार्य स्थल नहीं है?
A. यकृत   B. गुर्दा
C. लाल रक्त कोशिकाएं   D. दिमाग

Q.50 सीरस, झागदार थूक इसके लिए विशिष्ट है:
A. तीव्र ब्रोंकाइटिस   B. ब्रोन्कियल अस्थमा
C. न्यूमोनिया   D. फेफड़े की सूजन

Q.51 थूक श्लेष्मा, गाढ़ा, स्पष्ट होता है यदि:
A. ब्रोन्कियल अस्थमा   B. न्यूमोनिया
C. फेफड़े टीबीसी   D. फेफड़े का फोड़ा

Q.52 बलगम के साथ खांसी आमतौर पर निम्न स्थितियों में पाई जाती है:

A. यक्ष्मा
B. न्यूमोनिया
C. लंग ऑब्सेस
D. तीक्ष्ण ब्रोंकाइटिस

Q.53 जंग के रंग का बलगम आमतौर पर देखा जाता है:

A. तीव्र ब्रोंकाइटिस
B. न्यूमोनिया
C. लोबर निमोनिया
D. फुफ्फुसीय वातस्फीति

Q.54 3-स्तरित बलगम निम्नलिखित मामलों में पाया जाता है:

A. तीव्र ब्रोंकाइटिस
B. ब्रोन्कियल अस्थमा
C. क्रोनिक ब्रोंकाइटिस
D. ब्रोन्किइक्टेसिस

Q.55 मलेरिया में नैदानिक बुखार का कारण होता है:

A. एरिथ्रोसाइट्स गैमेटोगोनी
B. एरिथ्रोसाइट्स स्किज़ोगोनी
C. प्री-एरिथ्रोसाइट्स स्किज़ोगोनी
D. एक्सो-एरिथ्रोसाइट्स स्किज़ोगोनी

Q.56 मैलिग्नेंट टर्शियन मलेरिया किसके कारण होता है:

A. प्लाज्मोडियम विवैक्स
B. प्लाज्मोडियम अंडाकार
C. प्लाज्मोडियम मलेरिया
D. प्लाज्मोडियम फाल्सीपेरम

Q.57 हेमोलिटिक पीलिया निम्न कारणों से होता है:

A. जिगर के रोग
B. एरिथ्रोसाइट्स या लाल रक्त कोशिकाओं का तेजी से विनाश
C. आंतों के रोग
D. इनमें से कोई नहीं

Q.58 जलजनित रोगजनक हैं:

A. हेपेटाइटिस A और E वायरस
B. हेपेटाइटिस B और C वायरस
C. एचआईवी
D. उपरोक्त सभी

Q.59 पीलिया, यकृत का एक रोगात्मक रोग आमतौर पर इसके कारण होता है:

A. जीवाणु
B. वायरस
C. प्रोटोजोआ
D. कृमि

Q.60 मलेरिया ज्वर के लिए उत्तरदायी उपापचयी अपशिष्ट को कहते हैं:

A. हेमोज़ोइन
B. हेमेटिन
C. मेलेनिन
D. हेपरिन

Q.61 बिलिरुबिन निम्न का ब्रेकडाउन उत्पाद है:

A. हीमोग्लोबिन
B. आरबीसी
C. डब्ल्यूबीसी
D. प्लेटलेट्स

Q.62 निम्नलिखित में से कौन सा एसिड फास्ट बैक्टीरिया की परिभाषित विशेषता है?

A. फास्फोलिपिड्स से बनी एक पतली कोशिका झिल्ली
B. माइकोलिक एसिड की एक मोटी परत
C. पेप्टिडोग्लाइकन की एक पतली परत
D. कोशिका झिल्ली के चारों ओर एक पॉलीपेप्टाइड परत

Q.63 निम्न में से किस रोगी को हाइपरनाट्रेमिक माना जाता है?

A. 110 के सोडियम स्तर वाला एक रोगी
B. 145 से अधिक सोडियम स्तर वाला रोगी
C. एक रोगी जिसका सोडियम स्तर 120 है
D. एक मरीज का सोडियम स्तर 136 है

Q.64 एक रोगी का सोडियम स्तर 130 है। इस स्थिति को क्या कहा जाता है?

A. हाइपोनेट्रेमिया
B. हाइपरनाट्रेमिया
C. सामान्य सोडियम स्तर
D. अतिकैल्शियमरक्तता

Q.65 अतिकैल्शियमरक्तता कुल सीरम कैल्शियम सांद्रता> 10.4 mg/dL (> 2.60 mmol/L) या आयनित सीरम कैल्शियम सांद्रता> 5.2 mg/dL (> 1.30 mmol/L) है। अतिकैल्शियमरक्तता का सबसे आम कारण कैंसर है और निम्न में से कौन सा है?

A. हड्डी का पगेट रोग
B. हाइपरपैराथायरायडिज्म
C. विटामिन डी विषाक्तता
D. लिथियम विषाक्तता

Q.66 मधुमेह इन्सिपिडस से पीड़ित रोगी का संकेत कौन सा है?

A. 144 का सोडियम स्तर
B. 115 का सोडियम स्तर
C. सोडियम का स्तर 170 से अधिक
D. 135 का सोडियम स्तर

Q.67 एक रोगी का सोडियम स्तर 123 होता है और वह भ्रम की स्थिति में होता है। डॉक्टर रोगी को अनुपयुक्त एंटीडायय्रेटिक हार्मोन स्राव (SIADH) के सिंड्रोम के साथ निदान करता है। यह किस प्रकार का हाइपोनेट्रेमिया है?

A. हाइपोवोलेमिक
B. यूवोलेमिक
C. हाइपरकलेमिया
D. ज्वरनाशक

Q.68 112 के सोडियम स्तर वाला रोगी लिथियम ले रहा है। निम्न में से कौन सा नर्सिंग प्राथमिकता है?

A. लिथियम की और खुराक रखें
B. विषाक्तता के जोखिम के कारण लिथियम दवा स्तर की निगरानी करें
C. विषाक्तता के बढ़ते जोखिम के कारण पोटेशियम स्तर की निगरानी करें
D. किसी प्राथमिकता की आवश्यकता नहीं है। 112 एक सामान्य सोडियम स्तर है

Q.69 क्रोनिक किडनी डिजीज में निम्नलिखित में से कौन सा सीरम क्रिएटिनिन एकाग्रता को प्रभावित नहीं करता है?

A. केशिकागुच्छीय निस्पंदन दर
B. ट्यूबलर स्रावी समारोह
C. द्रव अधिभार
D. कंकाल की मांसपेशी द्रव्यमान

Q.70 निम्नलिखित में से किस परिस्थिति में यूरिया-टू-क्रिएटिनिन अनुपात के बढ़ने की सबसे अधिक संभावना है?

A. कम मांसपेशियों वाला एक कुपोषित रोगी
B. एक बॉडी बिल्डर प्रोटीन सप्लीमेंट ले रहा है
C. वैसोडिलेटर दवाओं के साथ उच्च रक्तचाप का इलाज
D. जब नेफ्रॉन के साथ निस्यंद के प्रवाह की दर धीमी हो जाती है

Q.71 एकपक्षीय नेफ्रेक्टोमी के बाद, सीरम क्रिएटिनिन एकाग्रता को एक नए संतुलन तक पहुंचने में कितना समय लगता है?

A. 6 घंटे
B. 12 घंटे
C. 24 घंटे
D. 48 घंटे

Q.72 एक वयस्क पुरुष जिसके पास सामान्य रूप से 120 micromol/L (1.4 mg/dL) का सीरम क्रिएटिनिन होता है, अस्पताल में 320 micromol/L (3.6 mg/dL) के सीरम क्रिएटिनिन के साथ प्रस्तुत करता है। किडनी डिजीज इम्प्रूविंग ग्लोबल आउटकम्स (केडीआईजीओ) के अनुसार एक्यूट किडनी इंजरी किस अवस्था में पहुंच गई है?

A. स्टेज 1
B. स्टेज 2
C. स्टेज 3
D. स्टेज 4

Q.73 हाइपोवॉलेमिक हाइपोनेट्रेमिया वाले रोगी को IV तरल पदार्थ देना शुरू किया जाता है। आप निम्नलिखित में से किस तरल पदार्थ से रोगी के शुरू होने की उम्मीद करते हैं?

A. 0.45% खारा
B. 3% खारा
C. D5W
D. 0.33% खारा

Q.74 निम्नलिखित में से कौन सा कथन सत्य नहीं है?
A. मल का रंग भूरा बिलीरुबिन के कारण होता है
B. रेटिकुलोएन्डोथेलियल सिस्टम के माध्यम से हीम का अपचय होता है
C. पित्त में बिलीरुबिन का स्राव बिलीरुबिन चयापचय का दर सीमित चरण है
D. बिलीरुबिन एक प्रभावी एंटी-ऑक्सीडेंट है

Q.75 निम्न में से किस रोगी को हाइपोवोलेमिक हाइपोनेट्रेमिया का अनुभव होने का खतरा है?
A. कंजेस्टिव हार्ट फेलियर से पीड़ित मरीज
B. लीवर सिरोसिस से पीड़ित मरीज
C. 250 cc/hr पर IV सलाइन पर रोगी
D. नासोगैस्ट्रिक ट्यूब सक्शन वाले रोगी को दस्त का अनुभव होता है

Q.76 निम्नलिखित में से कौन बिलीरुबिन चयापचय और उत्सर्जन का मध्यवर्ती है?
A. बिलीरुबिन-डिग्लुकुरोनाइड
B. यूरोबायलिनोजेन
C. स्टर्कोबिलिनोजेन
D. उपरोक्त सभी

Q.77 यह तब होता है जब शरीर से पानी की कमी सोडियम की हानि की तुलना में अधिक होती है।
A. हाइपरटोनिक
B. हाइपोटोनिक
C. आइसोटोनिक
D. इनमे से कोई भी नहीं

Q.78 यकृत में बिलीरूबिन का संयुग्मन कहाँ होता है ?
A. नाभिक
B. एंडोप्लाज्मिक रेटिकुलम
C. कोशिका द्रव्य
D. माइटोकॉन्ड्रिया

Q.79 किस प्रकार के अंग की खराबी के कारण व्यक्ति के मल का रंग सफेद-भूरे रंग का होता है?
A. अग्न्याशय
B. प्लीहा
C. गुर्दा
D. यकृत

Q.80 लीवर में बिलीरुबिन किस इंट्रासेल्युलर प्रोटीन से बंधता है?
A. लिगांडिन
B. अपोलीपोप्रोटीन
C. दोनों
D. कोई भी नहीं

General Aptitude / Reasoning / General Awareness / Basic Computer knowledge

Q.81 जिसमें कोई उपयोगकर्ता एक पैकेट बनाता है जो देखने में कुछ और प्रतीत होता है उस अटैक को कहते है?
A. स्मर्फिंग
B. ट्रोजन
C. ई-मेल बॉम्बिंग
D. स्पूफिंग

Q.82 एक घंटे में, एक नाव धारा के अनुकूल 11 किमी या धारा के विपरीत 5 किमी चलती है। स्थिर जल में नाव की गति ज्ञात कीजिये।
A. 3 किमी/घंटा
B. 6 किमी/घंटा
C. 5 किमी/घंटा
D. 8 किमी/घंटा

Q.83 निम्न में से कौन एक प्रकार का इमेज स्कैनर है?
A. फ्लैट-हेल्ड
B. हैंड- लेड
C. फ्लैट-बेड
D. कॉम्पैक्ट

Q.84 किस केंद्रीय मंत्रालय ने नवंबर 2022 में 'भारतीय मातृभाषा सर्वेक्षण (MTSI)' आयोजित किया था?
A. शिक्षा मंत्रालय
B. गृह मंत्रालय
C. संस्कृति मंत्रालय
D. विदेश मंत्रालय

Q.85 किस एशियाई देश को 2023 आईबीए महिला विश्व मुक्केबाजी चैम्पियनशिप के मेजबान के रूप में नामित किया गया है?
A. श्रीलंका
B. पाकिस्तान
C. भारत
D. नेपाल

Q.86 यूनेस्को में किस शहर के संग्रहालय की जीर्णोद्धार परियोजना को 'उत्कृष्टता पुरस्कार' से सम्मानित किया गया है?
A. बेंगलुरु
B. मुंबई
C. कोच्चि
D. अहमदाबाद

Q.87 6000 रुपये पर 2 वर्ष के लिए 4% प्रति वर्ष की दर से चक्रवृद्धि ब्याज और साधारण ब्याज के बीच क्या अंतर है?
A. 14.40 रुपये
B. 19.20 रुपये
C. 9.60 रुपये
D. 19.60 रुपये

Q.88 डॉस में विभिन्न कार्यों को करने के लिए किस प्रकार के कमांड की आवश्यकता होती है?
A. इंटरनल कमांड
B. एक्सटर्नल कमांड
C. वैल्युएबल कमांड
D. प्राइमरी कमांड

Q.89 निर्देश: निम्न प्रश्न में प्रश्नवाचक चिन्ह (?) स्थान पर क्या मान आना चाहिए?

$53 \times 47 - 94 \times 86 + 26 \times 14 = ?$
A. -5329
B. -5029
C. -5229
D. -5169

Q.90 दो पाइप A और B मिलकर एक टैंक को 24 मिनट में भर सकते हैं, और टैंक में एक छिद्र होने के कारण टैंक को भरने में 6 मिनट अधिक लगते हैं। टैंक को खाली करने में अकेले छिद्र द्वारा लिया गया समय ज्ञात कीजिए।
A. 3 घंटे
B. 4 घंटे
C. 2.5 घंटे
D. 2 घंटे

Q.91 513, 1107 और 783 का महत्तम समापवर्तक (HCF) ज्ञात कीजिए।
A. 19
B. 22
C. 27
D. 21

Q.92 निर्देश: निम्नलिखित प्रश्न में, एक कथन और उसके बाद I और II से अंकित दो निष्कर्ष दिए गये हैं। आपको दिए गये कथनों को सत्य मानना है, भले ही वे ज्ञात तथ्यों से अलग प्रतीत होते हों। निर्णय कीजिए कि दिये गये निष्कर्षों में से कौन-सा निष्कर्ष कथन का तार्किक रूप से अनुसरण करता है।

कथन: बाजार में पेट्रोल की कीमतें बढ़ रही हैं।
निष्कर्ष:
I. पेट्रोल एक दुर्लभ वस्तु बन रहा है।
II. लोग पेट्रोल का उपयोग नहीं करते हैं।
A. निष्कर्ष I और II दोनों अनुसरण करते हैं।
B. केवल निष्कर्ष I अनुसरण करता है।
C. केवल निष्कर्ष II अनुसरण करता है।
D. न तो निष्कर्ष I न ही II अनुसरण करता है

Q.93 HTML भाषा का उपयोग वेब डिजाइनिंग में किया जाता है। संक्षिप्त रूप HTML का अर्थ है:
A. हाइपर टेक्स्ट मेकिंग लैंग्वेज
B. हाई टेक्स्ट मार्कअप लैंग्वेज
C. हाइपर टेक्स्ट मार्कअप लैंग्वेज
D. हाइपर टेक्स्ट मीडिया लैंग्वेज

Q.94 एक निश्चित कूट भाषा में, "HULK" को "56" के रूप में लिखा गया है और "STAR" को "62" के रूप में लिखा गया है। तो उस कोड भाषा में "FULL" को कैसे लिखा गया है?

A. 54   **B.** 55   **C.** 56   **D.** 50

Q.95 निम्नलिखित में से कौन एड्रेस बस से स्वतंत्र है?
A. सेकण्डरी मेमोरी   **B.** मेन मेमोरी
C. ऑन बोर्ड मेमोरी   **D.** कैश मेमोरी

Q.96 निर्देश: दिए गए कथन (कथनों) और निष्कर्षों को ध्यानपूर्वक पढ़िये और चयन कीजिए कि कौन से निष्कर्ष दिए गये कथनों का तार्किक रूप से अनुसरण करता है।

कथन:

कुछ विद्यालय, घर हैं।

कुछ कॉलेज, विद्यालय हैं।

निष्कर्ष:

I. कुछ कॉलेज, घर हैं।

II. कुछ कॉलेज, घर नहीं हैं।

A. केवल I अनुसरण करता है
B. केवल II अनुसरण करता है
C. या तो I या II अनुसरण करता है
D. न तो I और न ही II अनुसरण करता है

Q.97 भारत की सबसे पुरानी पर्वत श्रृंखला है:
A. विंध्य   **B.** अरावली   **C.** नीलगिरि   **D.** हिमालय

Q.98 पूना पैक्ट (1932) के बीच एक समझौता था:
A. नेहरू और अम्बेडकर   **B.** गांधी और अम्बेडकर
C. मालवीय और अम्बेडकर   **D.** गांधी और नेहरू

Q.99 दिए गए चार विकल्पों में से विषम को चुनें:
A. शहद   **B.** मोती   **C.** मूंगा   **D.** राल

Q.100 निर्देश: निम्नलिखित प्रश्न में दिए गए विकल्पों में से संबंधित शब्द/अक्षर/संख्या का चयन करें।

ABZY : CDXW : : EFVU : ?

A. IJRQ   **B.** KLPO   **C.** MNST   **D.** GHTS

// स्मार्ट उत्तर पुस्तिका //

| सही उत्तर | उन छात्रों का प्रतिशत जिन्होंने प्रश्नों का सही उत्तर दिया था। | छोड़ दिया | उन छात्रों का प्रतिशत जिन्होंने प्रश्नों को छोड़ दिया था। |

प्रश्न संख्या	उत्तर	सही उत्तर / छोड़ दिया	प्रश्न संख्या	उत्तर	सही उत्तर / छोड़ दिया	प्रश्न संख्या	उत्तर	सही उत्तर / छोड़ दिया	प्रश्न संख्या	उत्तर	सही उत्तर / छोड़ दिया	प्रश्न संख्या	उत्तर	सही उत्तर / छोड़ दिया	प्रश्न संख्या	उत्तर	सही उत्तर / छोड़ दिया
1	D	62.19 % / 1.17 %	18	D	64.44 % / 1.61 %	35	C	69.95 % / 1.5 %	52	C	58.67 % / 1.85 %	69	C	68.53 % / 1.48 %	86	B	61.14 % / 1.75 %
2	D	47.98 % / 1.73 %	19	A	68.25 % / 1.5 %	36	A	63.95 % / 1.25 %	53	C	40.08 % / 1.21 %	70	D	49.34 % / 1.54 %	87	C	46.35 % / 1.55 %
3	A	62.35 % / 1.36 %	20	B	65.8 % / 1.55 %	37	C	56.72 % / 1.84 %	54	D	22.1 % / 3.1 %	71	A	53.32 % / 1.56 %	88	B	66.53 % / 1.46 %
4	C	48.7 % / 1.94 %	21	C	41.33 % / 1.2 %	38	B	55.03 % / 1.64 %	55	B	44.22 % / 1.1 %	72	C	42.3 % / 1.01 %	89	C	54.88 % / 1.77 %
5	B	44.02 % / 1.28 %	22	C	52.97 % / 1.64 %	39	D	59.28 % / 1.73 %	56	D	67.2 % / 1.8 %	73	B	64.77 % / 1.21 %	90	D	43.23 % / 1.39 %
6	A	66.57 % / 1.88 %	23	D	11.78 % / 4.68 %	40	C	42.55 % / 1.16 %	57	B	51.65 % / 1.57 %	74	A	47.01 % / 1.29 %	91	C	40.51 % / 1.42 %
7	B	56.76 % / 1.6 %	24	A	41.0 % / 1.44 %	41	D	57.29 % / 1.57 %	58	B	44.9 % / 1.32 %	75	D	58.8 % / 1.31 %	92	D	81.11 % / 0.0 %
8	D	45.68 % / 1.84 %	25	B	61.7 % / 1.38 %	42	D	64.52 % / 1.91 %	59	B	80.2 % / 0.0 %	76	D	68.83 % / 1.07 %	93	C	40.01 % / 1.22 %
9	A	85.75 % / 0.0 %	26	A	62.2 % / 1.84 %	43	D	55.44 % / 1.85 %	60	A	62.26 % / 1.06 %	77	A	67.04 % / 1.47 %	94	B	65.92 % / 1.24 %
10	A	54.57 % / 1.17 %	27	D	48.73 % / 1.91 %	44	B	45.88 % / 1.41 %	61	A	44.59 % / 1.79 %	78	B	53.98 % / 1.54 %	95	A	48.91 % / 1.65 %
11	B	44.32 % / 1.74 %	28	A	41.51 % / 1.69 %	45	C	53.69 % / 1.75 %	62	B	53.16 % / 1.38 %	79	D	53.72 % / 1.58 %	96	D	56.06 % / 1.22 %
12	A	40.47 % / 1.38 %	29	A	57.99 % / 1.24 %	46	A	63.4 % / 1.94 %	63	B	48.17 % / 1.77 %	80	A	65.53 % / 1.78 %	97	B	55.09 % / 1.67 %
13	C	63.87 % / 1.34 %	30	B	49.01 % / 1.69 %	47	B	43.28 % / 1.23 %	64	A	66.51 % / 1.86 %	81	D	47.74 % / 1.04 %	98	B	59.67 % / 1.27 %
14	A	65.66 % / 1.53 %	31	A	67.99 % / 1.8 %	48	B	42.85 % / 1.6 %	65	B	24.88 % / 3.38 %	82	D	42.86 % / 1.5 %	99	D	69.86 % / 1.54 %
15	C	77.11 % / 0.0 %	32	C	86.88 % / 0.0 %	49	D	50.24 % / 1.84 %	66	C	52.27 % / 1.98 %	83	C	87.08 % / 0.0 %	100	D	66.59 % / 1.41 %
16	D	62.58 % / 1.4 %	33	C	19.23 % / 3.32 %	50	D	78.6 % / 0.0 %	67	B	61.66 % / 1.17 %	84	B	47.79 % / 1.94 %			
17	A	55.5 % / 1.24 %	34	A	40.89 % / 1.54 %	51	A	45.11 % / 1.92 %	68	B	59.85 % / 1.39 %	85	C	48.64 % / 1.03 %			

//संकेत और समाधान//

1. प्लेटलेट कोशिकाएं WBC नहीं होती हैं।

- बी - लिम्फोसाइट्स और मोनोसाइट्स एग्रानुलर डब्ल्यूबीसी या ल्यूकोसाइट्स हैं, जबकि बासोफिल एक दानेदार ल्यूकोसाइट या डब्ल्यूबीसी है।

- प्लेटलेट्स परमाणु युक्त प्लाज्मा घटक होते हैं जो घाव या चोट के दौरान थक्के बनाते हैं।

अतः विकल्प (D) सही है।

2. सामान्य रक्त में तीन हीमोग्लोबिन होते हैं, सामान्य वयस्क Hb A (> 95%), भ्रूण हीमोग्लोबिन, Hb F और Hb A2। एरिथ्रोपोइटीन >90% गुर्दे द्वारा निर्मित होता है। एक रेटिकुलोसाइट में आरएनए होता है लेकिन डीएनए नहीं। लाल कोशिकाएं संचलन में लगभग 120 दिनों तक जीवित रहती हैं।

अतः विकल्प (D) सही है।

3. तीव्र जीवाणु संक्रमण में न्यूट्रोफिल की संख्या अधिक होती है।

आपके शरीर को सामान्य रूप से कार्य करने के लिए आपके शरीर में न्यूट्रोफिल की संख्या को एक विशिष्ट सीमा में रहने की आवश्यकता है। यदि आपका न्यूट्रोफिल संख्या बहुत अधिक या बहुत कम है, तो आप एक ऐसी स्थिति प्राप्त कर सकते हैं जो आपके न्यूट्रोफिल के सीमा से बाहर होने का परिणाम है।

अतः विकल्प (A) सही है।

4. रीसस फैक्टर आधार रक्त प्रकार वर्गीकृत है।

रीसस फैक्टर, जिसे एंटीजन डी के रूप में भी जाना जाता है, का उपयोग रक्त को सकारात्मक और नकारात्मक में वर्गीकृत करने के लिए किया जाता है। यदि आरएच कारक मौजूद है, तो इसे + वी रक्त प्रकार कहा जाता है। यदि आरएच कारक अनुपस्थित है, तो इसे -ve रक्त प्रकार कहा जाता है।

अतः विकल्प (C) सही है।

5. एंटीबॉडी का उत्पादन विशेष सफेद रक्त कोशिकाओं द्वारा किया जाता है जिन्हें बी लिम्फोसाइट्स / बी-कोशिकाएं कहा जाता है। जब एक प्रतिजन बी-कोशिका की सतह से जुड़ता है, तो यह बी-कोशिका को समान कोशिकाओं के एक समूह में विभाजित और परिपक होने के लिए उत्तेजित करता है जिसे क्लोन कहा जाता है। परिपक बी कोशिकाएं, जिन्हें प्लाज्मा कोशिकाएं कहा जाता है, रक्तप्रवाह और लसीका प्रणाली में लाखों एंटीबॉडी का स्राव करती हैं। इसलिए एंटीबॉडी लिम्फोसाइट्स से स्रावित होते हैं।

अतः विकल्प (B) सही है।

6. प्लेटलेट्स स्तनधारियों में रक्त के थक्के जमने में मदद करते हैं।

रक्त का थक्का जमना, एक गहत्वपूर्ण प्रक्रिया है जो रक्त वाटिका के घायल होने पर अत्यधिक रक्तस्राव को रोकता है।

अतः विकल्प (A) सही है।

7. WBCs के केन्द्रक का आकार अनियमित होता है। विभिन्न प्रकार के WBC के अलग-अलग आकार होते हैं। केन्द्रक दो पालियों वाले, त्रिपालीय, बहुखण्डीय, गुर्दे के आकार के या गोल हो सकते हैं, यह WBC पर निर्भर करता है।

अतः विकल्प (B) सही है।

8. थ्रोम्बोइम्बोलिज्म, डीवीटी, पीएडी सभी घातक विकार रक्त परिसंचरण में क्लॉट/थ्रोम्बस गठन से उत्पन्न होते हैं।

थ्रोम्बोएम्बोलिज्म: रक्त के थक्के द्वारा रक्त वाहिका में रुकावट जो संचलन में किसी अन्य स्थान से निकल गई हो।

डीप वेन थ्रोम्बोसिस (DVT) तब होता है जब शरीर में एक या एक से अधिक गहरी नसों में रक्त का थक्का (थ्रोम्बस) बनता है, आमतौर पर पैरों में होता है।

पैरों या निचले छोरों में परिधीय धमनी रोग (PAD) उन वाहिकाओं का संकुचन या रुकावट है जो हृदय से पैरों तक रक्त ले जाती हैं।

अतः विकल्प (D) सही है।

9. एरिथ्रोसाइट्स या लाल रक्त कोशिकाएं (RBC) रक्त में सभी कोशिकाओं में सबसे प्रचुर मात्रा में होती हैं। एक स्वस्थ वयस्क व्यक्ति के रक्त में औसतन 5 मिलियन से 5.5 मिलियन RBC प्रति घन मिमी होते हैं। वयस्कों में लाल अस्थिमज्जा में आरबीसी का निर्माण होता है। अधिकांश स्तनधारियों में आरबीसी केन्द्रक विहीन होते हैं और उभयातल आकार के होते हैं। उनके पास एक लाल रंग का, लौह युक्त जटिल प्रोटीन है जिसे हीमोग्लोबिन कहा जाता है।

अतः विकल्प (A) सही है।

10. श्वेत रक्त कोशिकाएं या डब्ल्यूबीसी प्रतिरक्षा प्रणाली की कोशिकाएं हैं, जो शरीर को संक्रमण से बचाने में शामिल हैं। विभिन्न प्रकार के डब्ल्यूबीसी हैं जैसे ईोसिनोफिल, न्यूट्रोफिल, लिम्फोसाइट्स, मोनोसाइट्स आदि।

- यहां, मोनोसाइट्स जैसी कुछ कोशिकाएं फागोसाइटोसिस की प्रक्रिया में शामिल होती हैं।

- लाल रक्त कोशिकाएं या आरबीसी वे कोशिकाएं हैं जो ऑक्सीजन पहुंचाने का प्रमुख साधन हैं।

अतः विकल्प (A) सही है।

11. पॉलीसिथिमिया एक रोग अवस्था है जिसमें रक्त की मात्रा का अनुपात जो लाल रक्त कोशिकाओं द्वारा कब्जा कर लिया जाता है, बढ़ जाता है। रक्त की मात्रा के अनुपात को हेमेटोक्रिट स्तर के रूप में मापा जा सकता है। यह लाल रक्त कोशिकाओं की संख्या में वृद्धि या प्लाज्मा की मात्रा में कमी के कारण हो सकता है।

अतः विकल्प (B) सही है।

12. डब्ल्यूबीसी या श्वेत रक्त कोशिकाएं 5 प्रमुख प्रकार की होती हैं। ये न्यूट्रोफिल, ईोसिनोफिल, बेसोफिल, मोनोसाइट्स और लिम्फोसाइट्स हैं।

- न्यूट्रोफिल सबसे प्रचुर मात्रा में WBC हैं। ये प्रकृति में फैगोसाइटिक हैं।

- इयोस्नोफिल्स एलर्जी प्रतिक्रियाओं में शामिल हैं।

- बेसोफिल सूजन प्रतिक्रियाओं में शामिल हैं। वे हेपरिन और हिस्टामाइन की सांद्रता बढ़ाते हैं।

- मोनोसाइट्स सबसे बड़े डब्ल्यूबीसी हैं। वे प्रकृति में फैगोसाइटिक हैं। लिम्फोसाइट्स विशिष्ट एंटीजन के खिलाफ एंटीबॉडी के उत्पादन के लिए जिम्मेदार होते हैं।

अतः विकल्प (A) सही है।

13. डब्ल्यूबीसी आकार में अमीबीय होते हैं जिसके कारण वे डायपेडिसिस नामक प्रक्रिया द्वारा चोट के स्थान पर केशिकाओं की दीवारों के माध्यम से आसानी से निचोड़ सकते हैं और फागोसाइटोसिस द्वारा क्षतिग्रस्त कोशिकाओं को निगल सकते हैं। वे केंद्रीकृत कोशिकाएं हैं और WBC की अधिकता से कैंसर होता है जिसे ल्यूकेमिया कहा जाता है।

अतः विकल्प (C) सही है।

14. प्लेटलेट्स की क्रिटिकल काउंट 40,000/mm³ है। प्लेटलेट्स, जिन्हें थ्रोम्बोसाइट्स भी कहा जाता है, रक्त कोशिकाएं हैं जिनका कार्य रक्तस्राव को रोकना है। प्लेटलेट्स में कोई नाभिक नहीं होता है: वे साइटोप्लाज्म के टुकड़े होते हैं, जो अस्थि मज्जा के मेगाकार्योसाइट्स से प्राप्त होते हैं, और फिर संचलन में प्रवेश करते हैं। ये निष्क्रिय प्लेटलेट्स उभयोत्तल चक्राकार संरचनाएं हैं। रक्त में प्लेटलेट्स की सामान्य संख्या 150,000 - 400,000 प्लेटलेट्स प्रति माइक्रोलीटर (mcL) होती है। एक कम प्लेटलेट काउंट 150,000 से नीचे है।

यदि प्लेटलेट काउंट 50,000 से कम है, तो रक्तस्राव का खतरा बहुत अधिक होता है।

अतः विकल्प (A) सही है।

15. लाल रक्त कोशिकाएं, अधिकांश श्वेत रक्त कोशिकाएं और प्लेटलेट्स अस्थि मज्जा में उत्पन्न होते हैं; अस्थि मज्जा, अस्थि गुहाओं के अंदर नरम वसायुक्त ऊतक होता है। दो प्रकार की श्वेत रक्त कोशिकाएं, टी और बी कोशिकाएं (लिम्फोसाइट्स), लिम्फ नोड्स और प्लीहा में भी उत्पन्न होती हैं, और टी कोशिकाएं थाइमस ग्रंथि में उत्पन्न और परिपक्व होती हैं।

अतः विकल्प (C) सही है।

16. रक्त समूह AB के लोग चार रक्त समूहों में से किसी के लोगों से रक्त का आधान प्राप्त कर सकते हैं, जिन्हें सार्वभौमिक प्राप्तकर्ता कहा जाता है।

अतः विकल्प (D) सही है।

17. मनुष्यों में ABO रक्त समूह 'I' जीन द्वारा नियंत्रित होता है, जिसमें तीन एलील I^A, I^B और i) होते हैं।

- प्रत्येक व्यक्ति को अपने माता-पिता से दो एलील विरासत में मिलते हैं। 1^A और I^B, i पर सह-प्रभुत्व दिखाते हैं।
- एक व्यक्ति के रक्त समूह को 'O' के रूप में वर्गीकृत किया जाता है यदि एलील आई व्यक्त किया जाता है (समयुग्मक अप्रभावी स्थिति)।
- इसके अलावा, जब I^A और I^B मौजूद होते हैं, तो दोनों युग्मविकल्पी व्यक्त होते हैं, और रक्त समूह AB होता है।
- यदि बच्चे का रक्त समूह 'O' है, तो माता-पिता दोनों में कम से कम एक एलील होना चाहिए।

इसलिए 'AB' और 'O' ब्लड ग्रुप वाले माता-पिता के 'O' ब्लड ग्रुप वाले बच्चे नहीं हो सकते।

अतः विकल्प (A) सही है।

18. एक विशेष रक्त समूह अपने समान रक्त समूह से ही रक्त दान और प्राप्त कर सकता है और एक विशेष रक्त समूह समूह O से रक्त प्राप्त कर सकता है क्योंकि इसे सार्वभौमिक दाता माना जाता है। इस प्रकार, रक्त समूह O सर्वदाता है और रक्त समूह AB सार्वभौम प्राप्तकर्ता है अर्थात यह अपने समान रक्त समूह के अलावा किसी भी रक्त समूह से रक्त ले सकता है।

अतः विकल्प (D) सही है।

19. रक्त समूह A वाले व्यक्तियों में RBC सतह पर एंटीजन A और प्लाज्मा में एंटी B एंटीबॉडी होता है।

एंटीजन एक मार्कर है जो आपकी प्रतिरक्षा प्रणाली को बताता है कि आपके शरीर में कुछ हानिकारक है या नहीं। एंटीजन आपके शरीर के वायरस, बैक्टीरिया, ट्यूमर और सामान्य कोशिकाओं पर पाए जाते हैं।

एंटीबॉडी प्रोटीन होते हैं जो आपकी रक्षा करते हैं जब कोई अवांछित पदार्थ आपके शरीर में प्रवेश करता है। आपकी प्रतिरक्षा प्रणाली द्वारा उत्पादित, एंटीबॉडी इन अवांछित पदार्थों को आपके सिस्टम से खत्म करने के लिए बांधते हैं।

अतः विकल्प (A) सही है।

20. O रक्त समूह वाले व्यक्तियों में RBC सतह पर कोई एंटीजन नहीं होता है लेकिन उनके प्लाज्मा में एंटीबॉडी a और b दोनों होते हैं, साथ ही कुछ विशेष "एंटी-A, B" एंटीबॉडी। ब्लड ग्रुप AB में A और B दोनों एंटीजन होते हैं, लेकिन एंटीबॉडी नहीं होते हैं।

अतः विकल्प (B) सही है।

21. CPDA में 35 दिनों तक रक्त संग्रहित किया जा सकता है।

एडेनिन (CPDA) के साथ साइट्रेट-फॉस्फेट-डेक्सट्रोज समाधान रक्त के भंडारण के लिए एक थक्कारोधी और परिरक्षक है। यह लाल रक्त कोशिका भंडारण जीवन को 35 दिनों तक बढ़ा सकता है। यह प्लेटलेट की जीवन क्षमता बनाए रखता है। CPDA का उपयोग पोस्ट-आधान दृश्यता में सुधार करता है और रक्त में ग्लूकोज और ATP के स्तर में सुधार करता है।

अतः विकल्प (C) सही है।

22. रक्त प्रकार O वाले व्यक्ति में न तो A और न ही B एलील है। जीनोटाइप ii होना चाहिए।

एक जीनोटाइप जीनोम में किसी दिए गए स्थान (यानी, एक स्थान) पर मौजूद वेरिएंट के प्रकार का स्कोरिंग है। इसे प्रतीकों द्वारा दर्शाया जा सकता है। उदाहरण के लिए, BB, Bb, bb का उपयोग किसी जीन में दिए गए संस्करण का प्रतिनिधित्व करने के लिए किया जा सकता है।

अतः विकल्प (C) सही है।

23. $B +$ रक्त ग्रुप में एंटीबॉडी A और टाइप B एंटीजन मौजूद होते हैं।

समान एंटीजन प्रकार की उपस्थिति के परिणामस्वरूप, $B +$ रक्त समूह वाले व्यक्ति को केवल $B -$ से प्राप्त होता है। $B +$ रक्त समूह O रक्त समूह को भी स्वीकार करता है क्योंकि इस रक्त समूह में कोई एंटीजन नहीं होता है।

अतः विकल्प (D) सही है।

24. ब्लड ग्रुप B वाले व्यक्ति में एंटीजन B और एंटी A एंटीबॉडी होता है। AB ब्लड समूह वाले व्यक्तियों में कोई प्रतिरक्षी नहीं होती है। इसलिए, ब्लड समूह B वाला व्यक्ति A और AB समूहों को दान कर सकता है, समूह B से प्राप्त कर सकता है लेकिन समूह AB नहीं, क्योंकि एंटी A एंटीबॉडी AB समूह से एंटीजन A के साथ प्रतिक्रिया करेगा।

अतः विकल्प (A) सही है।

25. रक्त समूह A में प्लाज्मा में एंटी-B एंटीबॉडी वाले लाल रक्त कोशिकाओं पर A-एंटीजन होते हैं। एंटीजन और एंटीबॉडी का यह संयोजन निर्धारित करता है कि चिकित्सा प्रयोजनों के लिए किस रक्त प्रकार को सुरक्षित रूप से स्थानांतरित किया जा सकता है।

अतः विकल्प (B) सही है।

26. ABO रक्त समूह प्रणाली में 4 प्रकार के रक्त समूह होते हैं - A, B, AB और O और यह मुख्य रूप से RBC पर एंटीजन और प्लाज्मा में एंटीबॉडी की उपस्थिति या अनुपस्थिति पर आधारित है। RBC पर एंटीजन A और प्लाज्मा में एंटी B एंटीबॉडी वाला व्यक्ति रक्त समूह A से संबंधित है।

अतः विकल्प (A) सही है।

27. रक्त समूह O- सर्वदाता है क्योंकि इसमें न तो रक्त समूह के लिए प्रतिजन होता है और न ही इसमें Rh कारक के लिए प्रतिजन होता है। इसलिए, यह किसी भी इम्युनोजेनिक प्रतिक्रिया का आह्वान नहीं करेगा। AB+ सार्वभौमिक स्वीकर्ता है क्योंकि इसमें एंटी-A और एंटी-B दोनों एंटीबॉडी और Rh एंटीजन दोनों हैं।

अतः विकल्प (D) सही है।

28. O रक्त समूह में प्रतिजन अनुपस्थित होता है।

ब्लड ग्रुप	प्रतिजन	एंटीबॉडी	जीनोटाइप
A	A-एंटीजन	एंटी-B	A
B	B-एंटीजन	एंटी-A	B
AB	A-एंटीजन और B-एंटीजन	शून्य	AB
O	शून्य	एंटी-A और एंटी-B	O

अतः विकल्प (A) सही है।

29. मनुष्यों में रक्त समूह उनके आनुवंशिक संविधान द्वारा तय किए जाते हैं। रक्त समूहन लाल रक्त कोशिकाओं में विरासत में मिले प्रतिजनों की उपस्थिति या अनुपस्थिति के आधार पर रक्त को वर्गीकृत करने की एक प्रणाली है। समूह के आधार पर, ये प्रतिजन प्रोटीन, कार्बोहाइड्रेट, ग्लाइकोप्रोटीन या ग्लाइकोलिपिड हो सकते हैं। किसी व्यक्ति का रक्त प्रकार वंशानुगत होता है और यह माता-पिता दोनों का योगदान होता है।

अतः विकल्प (A) सही है।

30. ABO रक्त समूह प्रणाली लाल रक्त कोशिकाओं की सतह पर एंटीबॉडी और विरासत में मिली एंटीजेनिक पदार्थों की उपस्थिति और अनुपस्थिति पर आधारित है। एंटीजन RBC पर और एंटीबॉडी सीरम में मौजूद होते हैं। एक व्यक्ति का रक्त समूह AB है, यह दर्शाता है कि उसके RBC पर एंटीजन A और एंटीजन B है और सीरम में कोई एंटीबॉडी नहीं है। चूंकि एक AB रोगी के सीरम में कोई एंटीबॉडी नहीं है, यह किसी भी प्रकार का रक्त प्राप्त कर सकता है, और इसलिए एक सार्वभौमिक प्राप्तकर्ता है।

अतः विकल्प (B) सही है।

31. एक एंटीबॉडी (Ab) या इम्यूनोग्लोबुलिन (Ig), मुख्य रूप से प्लाज्मा कोशिकाओं द्वारा उत्पादित एक बड़ा, वाई-आकार का प्रोटीन है जो रोगजनक बैक्टीरिया और वायरस जैसे रोगजनकों को बेअसर करने के लिए प्रतिरक्षा प्रणाली द्वारा उपयोग किया जाता है।

- मनुष्यों में, एंटीबॉडी को 5 प्रकारों में वर्गीकृत किया जाता है। वे हैं $IgG(75\%)$, $IgM(10\%)$, $IgA(15\%)$, $IgE(0.002\%)$, and $IgD(0.2\%)$.
- IgE एंटीबॉडी केवल स्तनधारियों में पाए जाते हैं।
- इसलिए मानव रक्त में सभी एंटीबॉडी का IgE का प्रतिशत $\geq 0.001\%$ है।

अतः विकल्प (A) सही है।

32. IgA सीरम इम्युनोग्लोबिन का $15 - 20\%$ प्रतिनिधित्व करता है और दूसरा सबसे प्रचुर मात्रा में Ig है।

- IgE बेसोफिल और मस्तूल कोशिकाओं की सतह झिल्ली पर पाया जाता है।
- IgG रक्त और शरीर के अन्य तरल पदार्थों में सबसे प्रचुर मात्रा में Ig है और बैक्टीरिया और वायरल संक्रमणों से बचाता है।
- IgM सबसे बड़ा Ig है और कुल Igs का $5 - 10\%$ बनता है।

अतः विकल्प (C) सही है।

33. IgM सबसे बड़ा एंटीबॉडी है, और यह पहला एंटीबॉडी है जो किसी एंटीजन के शुरुआती संपर्क की प्रतिक्रिया में प्रकट होता है। IgM पांच या छह इकाइयों से निर्मित होता है (अर्थात ज्यादातर पेंटामर्स के रूप में लेकिन हेक्सागर्स भी होते हैं) जिनमें से प्रत्येक में दो भारी-श्रृंखलाएं (म्यू-चेन) और दो प्रकाश श्रृंखलाएं होती हैं, जो एक साथ डाइसल्फ़ाइड बांड और एक तथाकथित J-श्रृंखला से बंधी होती हैं। . बड़े आकार के कारण, IgG प्लेसेंटा को पार करने में असमर्थ है, हालांकि यह मानव भ्रूण में उत्पादित पहला एंटीबॉडी है, जबकि आईजीजी आकार में छोटा है और प्लेसेंटा को पार कर सकता है और भ्रूण को विकसित करने के लिए मां की प्रतिरक्षा प्रदान करता है।

अतः विकल्प (C) सही है।

34. इम्युनोग्लोबुलिन G(IgG) एक प्रकार का एंटीबॉडी है जो मनुष्यों में लगभग 75% सीरम एंटीबॉडी का प्रतिनिधित्व करता है। IgG एंटीबॉडी बड़े अणु होते हैं, जिनका आणविक भार लगभग 150,000 डाल्टन होता है, जो दो अलग-अलग प्रकार की पॉलीपेप्टाइड श्रृंखला से बना होता है। लगभग 50,000 डाल्टन में से एक को भारी या H श्रृंखला कहा जाता है, और दूसरे को, 25,000 डाल्टन को प्रकाश या L श्रृंखला कहा जाता है।

अतः विकल्प (A) सही है।

35. सीरम में IgG एंटीबॉडीज मौजूद होते हैं। इसकी दो बाध्यकारी साइटें हैं। वे प्लेसेंटा को पास कर सकते हैं और भ्रूण को निष्क्रिय प्रतिरक्षा प्रदान कर सकते हैं। वे रक्त वाहिकाओं की दीवारों को भी पार कर सकते हैं और ऊतक द्रव में प्रवेश कर सकते हैं। ये बैक्टीरिया और वायरस से बंध सकते हैं और उनके द्वारा स्रावित विषाक्त पदार्थों को बेअसर कर सकते हैं।

अतः विकल्प (C) सही है।

36. एंटीबॉडी एंटीजन को पहचानते हैं।

एंटीबॉडी छोटे प्रोटीनयुक्त पदार्थ होते हैं जो प्रतिरक्षा कोशिकाओं द्वारा बनाए जाते हैं। एंटीबॉडीज शरीर में प्रोटीन और अन्य रसायनों से जुड़ते हैं, जिन्हें वे शरीर में सामान्य रूप से नहीं पाए जाने ('विदेशी') के रूप में पहचानते हैं। बाहरी प्रोटीन और रसायन जो एंटीबॉडीज से जुड़ते हैं उन्हें एंटीजन कहा जाता है।

अतः विकल्प (A) सही है।

37. ओरल पोलिगो ड्रॉप्स गें क्षीण रोगजनक होते हैं।

ओपीवी में तीन सेरोटाइप में से प्रत्येक के लाइव एटेन्यूएटेड पोलियोवायरस स्टेन का मिश्रण होता है, जिसे वाइल्ड पोलियोवायरस के साथ संक्रमण के बाद प्रतिरक्षा प्रतिक्रिया की नकल करने की उनकी क्षमता के आधार पर चुना जाता है, लेकिन केंद्रीय तंत्रिका तंत्र में फैलने की घटनाओं में काफी कमी आती है।

अतः विकल्प (C) सही है।

38. एंटीबॉडी को H_2L_2 के रूप में दर्शाया जाता है क्योंकि इसमें दो भारी श्रृंखलाएं होती हैं (H_2) और दो प्रकाश श्रृंखला (L_2). इसकी y आकार की संरचना है।

अतः विकल्प (B) सही है।

39. एंटीबॉडी इम्युनोग्लोबुलिन या गामा ग्लोब्युलिन हैं जो बड़े, Y-आकार के प्रोटीन होते हैं, जो प्लाज्मा कोशिकाओं द्वारा निर्मित होते हैं, जिनका उपयोग प्रतिरक्षा प्रणाली द्वारा बैक्टीरिया और वायरस जैसे रोगजनकों की पहचान करने और उन्हें बेअसर करने के लिए किया जाता है। ये प्रतिजन की प्रतिक्रिया में उत्पन्न होते हैं।

हालांकि सभी एंटीबॉडी की सामान्य संरचना बहुत समान है, प्रोटीन की नोक पर एक छोटा सा क्षेत्र अत्यंत परिवर्तनशील है। यह चर क्षेत्र दोनों प्रकाश श्रृंखलाओं और दोनों भारी श्रृंखलाओं के अंत में मौजूद होता है, जिससे प्रत्येक एंटीबॉडी में 4 ऐसे चर क्षेत्र मिलते हैं।

अतः विकल्प (D) सही है।

40. एंटीबॉडी बी लिम्फोसाइटों द्वारा उत्पादित गामा ग्लोबुलिन हैं और ये एंटीबॉडी एंटीबॉडी गठन और प्रतिरक्षा उत्पादन में शामिल हैं। ये एंटीबॉडीज एक प्रकार के WBC (श्वेत रक्त कोशिकाओं) द्वारा स्रावित होते हैं, जिन्हें प्लाज्मा सेल कहा जाता है और गह रक्त प्लाज्ना गें मौजूद होते हैं।

अतः विकल्प (C) सही है।

41. IgM - यह एक एंटीजन के जवाब में स्रावित होने वाला पहला इम्युनोग्लोबुलिन है। यह अस्थायी है और दिनों या हफ्तों के भीतर गायब हो जाता है।

IgG - यह IgM के बाद प्रकट होता है और आमतौर पर लंबे समय तक बना रहता है, कुछ उदाहरणों में, जीवन भर।

IgE - यह अस्थमा जैसी एलर्जी प्रतिक्रिया से जुड़ा है।

IgA - यह आंतों जैसे आंतरिक अंगों की श्लैष्मिक परत में मौजूद होता है।

अतः विकल्प (D) सही है।

42. थाइमस प्रतिरक्षा प्रणाली का एक विशेष प्राथमिक लिम्फोइड अंग है। टी-कोशिकाओं का निर्माण अस्थिमज्जा से होता है। थाइमस के भीतर, टी कोशिकाएं परिपक होती हैं। अनुकूली प्रतिरक्षा प्रणाली के लिए टी कोशिकाएं महत्वपूर्ण हैं, जहां शरीर विशेष रूप से विदेशी आक्रमणकारियों के लिए अनुकूल होता है। थाइमस नवजात और पूर्व-किशोरावस्था के दौरान सबसे बड़ा और सबसे सक्रिय है।

अतः विकल्प (D) सही है।

43. A T सेल, या T लिम्फोसाइट, एक प्रकार का लिम्फोसाइट (श्वेत रक्त कोशिका का एक उपप्रकार) है जो कोशिका-मध्यस्थ प्रतिरक्षा में एक केंद्रीय भूमिका निभाता है। सेल की सतह पर T-सेल रिसेप्टर की उपस्थिति से T कोशिकाओं को अन्य लिम्फोसाइटों से अलग किया जा सकता है, जैसे V कोशिकाओं और प्राकृतिक हत्यारा कोशिकाओं। T-कोशिकाएं अस्थि मज्जा से उत्पन्न होती हैं और थाइमस ग्रंथि में परिपक होती हैं।

स्तनधारियों में 3 मुख्य प्रकार की T-कोशिकाएँ होती हैं। वे हैं - साइटोटॉक्सिक कोशिकाएं (वायरस-संक्रमित कोशिकाओं और ट्यूमर कोशिकाओं को नष्ट करती हैं), सहायक कोशिकाएं (B कोशिकाओं की प्लाज्मा कोशिकाओं और मेमोरी B कोशिकाओं में परिपकता सहित इम्यूनोलॉजिक प्रक्रियाओं में अन्य WBC की सहायता करती हैं, और साइटोटॉक्सिक T कोशिकाओं और मैक्रोफेज और दमनकारी कोशिकाओं की सक्रियता (प्रतिरक्षा प्रतिक्रिया के अंत की ओर T सेल-मध्यस्थ प्रतिरक्षा को रोकें)।

अतः विकल्प (D) सही है।

44. लसीकाभ अंग दो प्रकार के होते हैं। वे प्राथमिक लिम्फोइड अंग और माध्यमिक लिम्फोइड अंग हैं।

प्राथमिक लिम्फोइड अंग लिम्फोइड अंग होते हैं जिनमें लिम्फोसाइट्स उत्पन्न होते हैं और विकास से गुजरते हैं और फिर उन्हें द्वितीयक लिम्फोइड अंगों में आपूर्ति की जाती है। उदाहरण के लिए, अस्थि मज्जा और थाइमस ग्रंथि।

माध्यमिक लिम्फोइड अंग लिम्फोइड अंग होते हैं जिनमें विशिष्ट प्रतिरक्षा प्रतिक्रिया में भाग लेने के लिए लिम्फोसाइट्स सक्रिय होते हैं। उदाहरण के लिए, अपेंडिक्स, टॉन्सिल, प्लीहा, छोटी आंत के पीयर के पैच आदि।

इसलिए, थाइमस ग्रंथि द्वितीयक लिम्फोइड अंग का उदाहरण नहीं है।

अतः विकल्प (B) सही है।

45. T-कोशिकाओं के प्रकार घातक कोशिकाएं (साइटोटोक्सिक कोशिकाएं) हैं जो वायरस से संक्रमित कोशिकाओं और ट्यूमर कोशिकाओं को नष्ट कर देती हैं, और प्रत्यारोपण अस्वीकृति, सहायक T-कोशिकाओं में भी फंस जाती हैं, जो B कोशिकाओं की परिपकता सहित इम्यूनोलॉजिक प्रक्रियाओं में अन्य श्वेत रक्त कोशिकाओं की सहायता करती हैं। प्लाज्मा कोशिकाओं और मेमोरी B कोशिकाओं में, और साइटोटॉक्सिक T कोशिकाओं और मैक्रोफेज और सुप्रेसर यंत्र T-कोशिकाओं की सक्रियता जो प्रतिरक्षात्मक सहिष्णुता के रखरखाव के लिए महत्वपूर्ण हैं।

अतः विकल्प (C) सही है।

46. क्षय रोग एक जीवाणु माइकोबैक्टीरियम ट्यूबरकुलाई के कारण होने वाली बीमारी है। लक्षणों में शरीर के वजन में कमी, बलगम और खून के साथ खांसी शामिल है और थूक का रंग पीला या हरा हो जाता है। छींकने और खांसने के दौरान हवा की बूंदों से यह बीमारी फैलती है।

अतः विकल्प (A) सही है।

47. पीलिया रक्त में बिलीरुबिन के उच्च स्तर के कारण होता है। उच्च बिलीरुबिन का स्तर पित्त नली में रुकावट के कारण हो सकता है जो बिलीरुबिन युक्त पित्त के जल निकासी को बाधित करेगा या जीर्ण यकृत रोग (हेपाटो-बिलियरी) जो यकृत की चयापचय और बिलीरुबिन को बाहर निकालने की क्षमता को कम करता है। एनीमिया रक्त में बिलीरुबिन के उत्सर्जन में वृद्धि और बाद में RBC की संख्या में कमी की ओर जाता है। अग्न्याशय और गैस्ट्रिक जूस के असामान्य स्राव का बिलीरुबिन के स्तर से कोई लेना-देना नहीं है, इसलिए पीलिया के रोगियों में पाए जाने वाले लक्षण नहीं हैं।

अतः विकल्प (B) सही है।

48. मलेरिया परजीवी एक प्लाज्मोडियम है जो एक प्रोटोजोआ है। यह एक संक्रमित एनोफिलीज मच्छर के काटने से फैलता है। प्रोटोजोआ एकल-कोशिका वाले यूकेरियोटिक जीव हैं, या तो मुक्त-जीवित या परजीवी हैं।

अतः विकल्प (B) सही है।

49. मलेरिया प्लाज्मोडियम परजीवी के दो परपोषी जीवन चक्र होते हैं, पहला वाहक (मच्छर) में और दूसरा मानव परपोषी में। चक्र तब शुरू होता है जब मादा मच्छर इंसान को काटती है। परजीवी को मच्छर की लार के माध्यम से मानव मेजबान में स्थानांतरित किया जाता है। संक्रमित करने के बाद, स्पोरोज़ोइट्स में परजीवी रक्त प्रवाह के माध्यम से यकृत में जाते हैं और यकृत कोशिकाओं पर आक्रमण करते हैं। बाद में, स्पोरोज़ोइट्स बढ़ते हैं, विभाजित होते हैं और प्रति लिवर सेल हजारों मेरोज़ोइट्स का उत्पादन करते हैं। मेरोज़ोइट्स यकृत को छोड़ देते हैं और रक्त प्रवाह में फिर से प्रवेश करते हैं जहां वे हीमोग्लोबिन पर फ़ीड करने के लिए लाल रक्त कोशिकाओं पर आक्रमण करते हैं। मेरोजोइट्स लाल रक्त कोशिकाओं के अंदर गुणा करते हैं। लाल रक्त कोशिकाएं अंततः खुल जाती हैं और मेरोजोइट अधिक लाल रक्त कोशिकाओं को प्रभावित करते हैं। गंभीर मामलों में, संक्रमित रक्त गुर्दे में जाता है और गुर्दे को प्रभावित करता है और इसके परिणामस्वरूप गुर्दे की विफलता हो सकती है।

अतः विकल्प (D) सही है।

50. फेफड़े की सूजन के लिए गंभीर, झागदार थूक विशिष्ट है।

फेफड़े की सूजन या फुफ्फुसीय सूजन एक ऐसी स्थिति है जो फेफड़ों में बहुत अधिक तरल पदार्थ के कारण होती है। यह द्रव फेफड़ों में हवा की कई थैलियों में इकट्ठा हो जाता है, जिससे सांस लेना मुश्किल हो जाता है। ज्यादातर मामलों में, हृदय की समस्याएं पल्मोनरी सूजन का कारण बनती हैं।

अतः विकल्प (D) सही है।

51. ब्रोन्कियल अस्थमा के मामले में थूक श्लेष्मा, गाढ़ा, स्पष्ट होता है।

ब्रोन्कियल अस्थमा वायुमार्ग की एक पुरानी सूजन बीमारी है जो ब्रोन्कियल अतिसक्रियता और वायुमार्ग अवरोध की एक चर डिग्री की विशेषता है।

अतः विकल्प (A) सही है।

52. लंग ऑब्सेस होने पर आमतौर पर सुबह के समय मुंह में बलगम भर जाने वाली खांसी पाई जाती है।

प्रस्तुति पर लक्षणों में शामिल हो सकते हैं:

- उत्पादक खांसी ± हेमोप्टीसिस।
- सांस फूलना।
- बुखार।
- रात को पसीना आना।
- दुर्गंधयुक्त थूक या पीपयुक्त फुफ्फुस द्रव।
- जीर्ण संक्रमण की गैर-विशिष्ट विशेषताएं (एनीमिया, वजन घटाने, अस्वस्थता)

अतः विकल्प (C) सही है।

53. जंग के रंग का बलगम आमतौर पर लोबर निमोनिया में देखा जाता है।

लोबर निमोनिया एक गंभीर संक्रमण है जिसमें हवा की थैलियां मवाद और अन्य तरल से भर जाती हैं। लोबर निमोनिया फेफड़ों के एक या एक से अधिक भाग (पालि) को प्रभावित करता है। ब्रोन्कियल निमोनिया (जिसे ब्रोन्कोन्यूमोनिया और श्वसनीफुफ्फुसशोथ भी कहा जाता है) दोनों फेफड़ों में पैच को प्रभावित करता है।

अतः विकल्प (C) सही है।

54. ब्रोन्किइक्टेसिस में त्रिस्तरीय बलगम पाया जाता है।

ब्रोन्किइक्टेसिस एक दीर्घकालिक स्थिति है जहां फेफड़ों के वायुमार्ग चौड़े हो जाते हैं, जिससे अतिरिक्त बलगम का निर्माण होता है जो फेफड़ों को संक्रमण के प्रति अधिक संवेदनशील बना सकता है। सांस की तकलीफ और लगातार खांसी खांसी ब्रोन्किइक्टेसिस के सबसे आम लक्षणों में शामिल हैं ।

अतः विकल्प (D) सही है।

55. मलेरिया में, प्लाज्मोडियम के जीवन चक्र को दो अलग-अलग चरणों में विभाजित किया जा सकता है, यानी मनुष्यों में अलैंगिक चक्र और मच्छरों में यौन चक्र। मनुष्यों में अलैंगिक चक्र शुरू करने के लिए, एक संक्रमित मादा एनोफेलीज मच्छर स्पोरोज़ोइट्स को नए मानव मेजबान में इंजेक्ट करती है और यकृत (एक्सो-एरिथ्रोसाइटिक चक्र) में प्रवेश करती है। एक्सो-एरिथ्रोसाइटिक चक्र के बाद, मेरोज़ोइट्स लाल रक्त कोशिकाओं पर आक्रमण करते हैं जहां वे एक अन्य अलैंगिक चक्र से गुजरते हैं जिसे एरिथ्रोसाइटिक स्किज़ोगोनी कहा जाता है। यह ध्यान रखना महत्वपूर्ण है कि इस स्तर पर मलेरिया के नैदानिक लक्षण (बुखार, ठंड लगना) विकसित होते हैं।

अतः विकल्प (B) सही है।

56. मैलिग्रेंट टर्शियन मलेरिया प्लाज्मोडियम फाल्सीपेरम कारण होता है।

मैलिग्रेंट टर्टियन मलेरिया मनुष्यों में मलेरिया रोग का एक गंभीर रूप है। रोग के लक्षण हर 48 घंटे में प्रकट होते हैं और तीव्र मस्तिष्क, गुर्दे, या गैस्ट्रोइंटेस्टाइनल खराब होने का कारण बनते हैं। यह प्लाज्मोडियम फाल्सीपेरम नामक प्लाज्मोडियम की प्रजातियों में से एक के कारण होता है।

अतः विकल्प (D) सही है।

57. हेमोलिटिक पीलिया एरिथ्रोसाइट्स या लाल रक्त कोशिकाओं के तेजी से विनाश के कारण होता है, जिससे रक्त में बड़ी मात्रा में बिलीरुबिन निकलता है।

पीलिया आमतौर पर एक अंतर्निहित विकार के कारण होता है जो या तो बहुत अधिक बिलीरुबिन के उत्पादन का कारण बनता है या यकृत को इसे खत्म करने से रोकता है।

अतः विकल्प (B) सही है।

58. जलजनित रोगजनक हेपेटाइटिस A और E वायरस हैं।

- रोगजनकों में वायरस, बैक्टीरिया, कवक और परजीवी शामिल हैं जो शरीर पर आक्रमण करते हैं और स्वास्थ्य संबंधी समस्याएं पैदा कर सकते हैं। एंथ्रेक्स, एचआईवी, एपस्टीन-बार वायरस, और ज़िका वायरस, कई अन्य रोगजनकों के उदाहरण हैं जो गंभीर बीमारियों का कारण बनते हैं।

अतः विकल्प (B) सही है।

59 पीलिया त्वचा का एक पीला रंजकता है, उच्च रक्त बिलीरुबिन स्तरों के कारण श्वेतपटल और अन्य श्लेष्मा झिल्ली पर संयुग्मन झिल्ली। पीलिया पैदा करने वाली स्थितियों में शामिल हैं।

वायरस (हेपेटाइटिस A, हेपेटाइटिस B, हेपेटाइटिस C, हेपेटाइटिस D और हेपेटाइटिस E) या परजीवी से लीवर का संक्रमण।

अतः विकल्प (B) सही है।

60. मलेरिया परजीवी (प्लास्मोडियम एसपीपी।) हीमोग्लोबिन को पचाते हैं और उच्च मात्रा में मुक्त हीम छोड़ते हैं, जो हीमोग्लोबिन का गैर-प्रोटीन घटक है। एक हीम एक कृत्रिम समूह है जिसमें पोर्फिरिन रिंग के केंद्र में एक लोहे का परमाणु होता है। मुक्त हीम कोशिकाओं के लिए विषैला होता है, इसलिए परजीवी इसे अघुलनशील क्रिस्टलीय रूप में परिवर्तित कर देते हैं जिसे हेमोज़ोइन कहा जाता है। मलेरिया परजीवियों में, हेमोज़ोइन को मलेरिया वर्णक के रूप में संदर्भित किया जाता है। हेमोज़ोइन आरबीसी के टूटने के दौरान रक्त परिसंचरण में जारी किया जाता है, जो शरीर के फागोसाइट्स द्वारा निगले जाने पर इंटरल्यूकिन की रिहाई का कारण बनता है जो मलेरिया की विशेषता बुखार का कारण बनता है।

अतः विकल्प (A) सही है।

61. मृत आरबीसी प्लीहा और यकृत में चयापचय होते हैं और हीम बिलीरुबिन में टूट जाता है जो पीले रंग का वर्णक होता है।

अतः विकल्प (B) सही है।

62. माइकोलिक एसिड की एक मोटी परत एसिड फास्ट बैक्टीरिया की परिभाषित विशेषता है।

उनके पास एक मोमी कोट होता है जिससे दाग लगना मुश्किल हो जाता है, और एक बार जब यह अंदर आ जाता है, तो इसे वापस निकालना मुश्किल हो जाता है।

अतः विकल्प (B) सही है।

63. 145 से कम सोडियम स्तर वाले रोगी को हाइपरनाट्रेमिक माना जाता है।

हाइपरनाट्रेमिक को 145 mEq/L से अधिक सीरम सोडियम सांद्रता के रूप में परिभाषित किया गया है (सामान्य सीरम सोडियम सांद्रता 135-145 mEq/L की सीमा में)। गंभीर हाइपरनाट्रेमिया को विभिन्न रूप से >152 mEq/L, >155 mEq/L, या >160 mEq/L की सीरम सोडियम सांद्रता के रूप में परिभाषित किया गया है।

अतः विकल्प (B) सही है।

64. एक मरीज का सोडियम स्तर 130 होता है। इस स्थिति को हाइपोनेट्रेमिया कहा जाता है।

हाइपोनेट्रेमिया तब होता है जब आपके रक्त में सोडियम की मात्रा असामान्य रूप से कम हो जाती है। सोडियम एक इलेक्ट्रोलाइट है, और यह आपकी कोशिकाओं में और उसके आसपास पानी की मात्रा को नियंत्रित करने में मदद करता है।

अतः विकल्प (A) सही है।

65. अतिकैल्शियमरक्तता के सबसे सामान्य कारण कैंसर और हाइपरपैराथायरायडिज्म हैं।

हाइपरपैराथायरायडिज्म एक ऐसी स्थिति है जिसमें आपकी एक या अधिक पैराथायराइड ग्रंथियां अति सक्रिय हो जाती हैं और बहुत अधिक पैराथाइरॉइड हार्मोन (PTH) छोड़ती हैं। इससे आपके रक्त में कैल्शियम का स्तर बढ़ जाता है, इस स्थिति को हाइपरकैल्सीमिया कहा जाता है।

अतः विकल्प (B) सही है।

66. सोडियम का स्तर 170 से अधिक होना मधुमेह इन्सिपिडस से पीड़ित रोगी का संकेत है।

- 170 mEq/L से अधिक का सीरम सोडियम स्तर आमतौर पर डायबेट्स इन्सिपिडस (DI) सीरम सोडियम स्तर या 150-1/0 mEq/L आमतौर पर एनायरेशन का संकेत देता है।
- डायग्रिबीटीज इन्सिपिटरा एक असामान्य विकार है जो शरीर में तरल पदार्थों के असंतुलन का कारण बनता है।

अतः विकल्प (C) सही है।

67. एक रोगी का सोडियम स्तर 123 होता है और वह भ्रम की स्थिति में होता है। डॉक्टर रोगी को अनुपयुक्त एंटीडाययूरेटिक हार्मोन स्राव (SIADH) के सिंड्रोम के साथ निदान करता है। यह यूवोलेमिक हाइपोनेट्रेमिया है।

अतः विकल्प (B) सही है।

68. 112 के सोडियम स्तर वाला रोगी लिथियम ले रहा है। विषाक्तता के जोखिम के कारण लिथियम दवा स्तर की निगरानी करें।

- सोडियम प्रतिबंध लिथियम (20) के वृक्क ट्यूबलर पुन: अवशोषण को बढ़ाता है, इस प्रकार लिथियम के संभावित विषाक्त सीरम स्तरों के लिए अग्रणी होता है।

- यह अनुशंसा की जाती है कि प्रारंभिक स्थिरीकरण अवधि के दौरान और पूरे उपचार के दौरान, लिथियम लेने वाले मरीज़ लगातार आहार सोडियम खपत और पर्याप्त तरल पदार्थ का सेवन बनाए रखें।

अतः विकल्प (B) सही है।

69. द्रव अधिभार क्रोनिक किडनी रोग में सीरम क्रिएटिनिन एकाग्रता को प्रभावित नहीं करता है। आपके शरीर में बहुत अधिक पानी होने को द्रव अधिभार या हाइपरवोल्मिया कहा जाता है। गुर्दे के मुख्य कार्यों में से एक शरीर में तरल पदार्थ को संतुलित करना है। यदि आपके शरीर में बहुत अधिक द्रव का निर्माण होता है, तो यह आपके स्वास्थ्य पर हानिकारक प्रभाव डाल सकता है।

अतः विकल्प (C) सही है।

70. जब नेफ्रॉन के साथ निस्यंद के प्रवाह की दर धीमी हो जाती है, तो यह यूरिया-टू-क्रिएटिनिन अनुपात के बढ़ने की संभावना के कारण हो सकता है।

क्रिएटिनिन आपके रक्त में एक अपशिष्ट उत्पाद है जो मांसपेशियों की गतिविधि से आता है। यह सामान्य रूप से आपके गुर्दे द्वारा आपके रक्त से निकाल दिया जाता है, लेकिन जब गुर्दे का कार्य धीमा हो जाता है, तो क्रिएटिनिन का स्तर बढ़ जाता है।

अतः विकल्प (D) सही है।

71. एकपक्षीय नेफरेक्टोमी के बाद, एक नए संतुलन तक पहुंचने के लिए सीरम क्रिएटिनिन एकाग्रता में 6 घंटे लगते हैं।

एकतरफा नेफरेक्टोमी के बाद 6 घंटे के भीतर, यानी जीएफआर में 50% की कमी, एसडीएमए 0.571 ± 0.120 से बढ़कर 0.659 ± 0.135 µmol/L (P <0.001) हो गया।

अतः विकल्प (A) सही है।

72. एक वयस्क पुरुष जिसके पास सामान्य रूप से 120 micromol/L (1.4 mg/dL) का सीरम क्रिएटिनिन होता है, अस्पताल में 320 micromol/L (3.6 mg/dL) के सीरम क्रिएटिनिन के साथ प्रस्तुत करता है। किडनी डिजीज इम्प्रूविंग ग्लोबल आउटकम्स (केडीआईजीओ) के अनुसार। एक्यूट किडनी इंजरी का स्टेज 3 पहुंच गया है।

अतः विकल्प (C) सही है।

73. हाइपोवॉलेमिक हाइपोनेट्रेमिया वाले 3% खारा मरीजों को हाइपरटोनिक सॉल्यूशन पर शुरू किया जाता है (संचार तंत्र निर्जलित होता है और कोशिकाएं सूज जाती हैं इसलिए एक हाइपरटोनिक सॉल्यूशन कोशिकाओं को सिकोड़ देगा और द्रव की मात्रा बढ़ा देगा) और 3% खारा केवल हाइपरटोनिक समाधान है अन्य विकल्प या तो हाइपोटोनिक या आइसोटोनिक हैं।

अतः विकल्प (B) सही है।

74. मल का भूरा रंग बिलीरुबिन के कारण होता है, यह सच नहीं है।

मल का रंग आम तौर पर आपके द्वारा खाए जाने वाले पित्त की मात्रा से प्रभावित होता है - एक पीला-हरा द्रव जो वसा को पचाता है - आपके मल में। चूंकि पित्त वर्णक आपके जठरांत्र संबंधी मार्ग से यात्रा करते हैं, वे रासायनिक रूप से एंजाइमों द्वारा बदल दिए जाते हैं, वर्णक को हरे से भूरे रंग में बदलते हैं।

अतः विकल्प (A) सही है।

75. हाइपोवॉलेमिक हाइपोनेट्रेमिया या तो गुर्दे से तरल पदार्थ के नुकसान का परिणाम है (आमतौर पर आयट्रोजेनिक ओवरड्यूरेसिस के कारण) या गैस्ट्रोइंटेस्टाइनल ट्रैक्ट (यानी, दस्त) से।

नासोगैस्ट्रिक ट्यूब सक्शन वाले रोगी को डायरिया का अनुभव होने पर हाइपोवोलेमिक हाइपोनेट्रेमिया का अनुभव होने का खतरा होता है।

अतः विकल्प (D) सही है।

76. बिलीरुबिन का मुख्य स्रोत जीर्ण लाल रक्त कोशिकाओं से जारी हीमोग्लोबिन है, और यकृत इसके चयापचय और उत्सर्जन के प्राथमिक स्थल के रूप में कार्य करता है।

बिलीरुबिन-डिग्लुकुरोनाइड, यूरोबिलिनोजेन और स्टर्कोबिलिनोजेन सभी बिलीरुबिन चयापचय और उत्सर्जन के मध्यवर्ती हैं।

अतः विकल्प (D) सही है।

77. हाइपरटोनिक तब होता है जब शरीर से पानी की कमी सोडियम की हानि की तुलना में अधिक होती है।

दूसरे शब्दों में, एक हाइपरटोनिक विलयन वह होता है जिसमें एक झिल्ली के बाहर उसके अंदर की तुलना में अधिक सांद्रता या विलेय कणों की संख्या होती है।

अतः विकल्प (A) सही है।

78. यकृत में बिलीरूबिन का संयुग्मन एंडोप्लाज्मिक रेटिकुलम में होता है।

बिलीरुबिन के जल-घुलनशील रूप में संयुग्मन में हाइड्रोजन बंधों का विघटन शामिल है, जो यकृत और गुर्दे द्वारा इसके उन्मूलन के लिए एक आवश्यक प्रक्रिया है। यह बिलीरुबिन के प्रोपियोनिक एसिड साइड चेन के ग्लूकोरोनिक एसिड संयुग्मन द्वारा प्राप्त किया जाता है।

अतः विकल्प (B) सही है।

79. पित्त वर्णक यकृत से उत्पन्न होते हैं, जो मल को भूरा रंग देते हैं। पित्त वर्णक बिलीरुबिन का स्राव करते हैं जो यूरोबिलिनोजेन और स्टर्कोबिलिनोजेन को कमजोर कर देता है। यूरोबिलिनोजेन बिलीरुबिन कमी का एक रंगहीन उप-उत्पाद है। मल का सफेद-भूरे रंग स्टर्कोबिलिनोजेन के कारण होता है। यकृत की खराबी के कारण स्टर्कोबिलिनोजेन का उत्पादन कम होता है। तो, इसीलिए किसी व्यक्ति के मल में सफेद-भूरे रंग होता है।

अतः विकल्प (D) सही है।

80. लीवर में बिलीरुबिन लिगांडिन इंट्रासेल्युलर प्रोटीन से बंधता है।

लिगांडिन एक ग्लूटाथियोन एस-ट्रांसफरेज़ है जो विभिन्न प्रकार के अंतर्जात सबस्ट्रेट्स और जेनोबायोटिक्स के साथ कम ग्लूटाथियोन के संयुग्मन को उत्प्रेरित करता है जिसमें पोर्फिरीन और कोर्टिसोल, बीएसपी, और इंडोसायनिन ग्रीन सहित कुछ स्टेरॉयड हार्मोन शामिल हैं।

अतः विकल्प (A) सही है।

81. स्पूफिंग अटैक तब होता है जब कोई उपयोगकर्ता एक पैकेट बनाता है जो कुछ और या किसी और का प्रतीत होता है।

सूचना सुरक्षा और विशेष रूप से नेटवर्क सुरक्षा के संदर्भ में, एक स्पूफिंग हमला एक ऐसी स्थिति है जिसमें एक व्यक्ति या कार्यक्रम एक अवैध लाभ प्राप्त करने के लिए डेटा को गलत साबित करके सफलतापूर्वक दूसरे के रूप में पहचान करता है।

अतः सही विकल्प (D) है।

82. दिया है:

अनुकूल में तय की गई दूरी = 11 किमी

धारा के प्रतिकूल में तय की गई दूरी = 5 किमी

नाव द्वारा लिया गया कुल समय = 1 घंटा

माना कि नाव और धारा की गति, x किमी/घंटा और y किमी/घंटा है।

धारा के अनुकूल गति = (x + y) किमी/घंटा

धारा के प्रतिकूल गति = (x - y) किमी/घंटा

प्रश्नानुसार,

(x + y) = 11 किमी/घंटा   ---- (i)

(x - y) = 5 किमी/घंटा   ---- (ii)

समीकरण (i) और (ii) को जोड़ने पर,

2x = 16

⇒ x = 8

∴ स्थिर जल में नाव की गति 8 किमी/घंटा है।

अतः विकल्प (D) सही है।

83. फ्लैट-बेड एक प्रकार का इमेज स्कैनर है। इमेज स्कैनर्स इनपुट डिवाइस हैं जो कंप्यूटर में स्टोरेज के लिए पेपर डॉक्यूमेंट को इलेक्ट्रॉनिक फॉर्मेट में ट्रांसलेट करते हैं। स्टोर्ड इमेज को इमेज -प्रोसेसिंग सॉफ्टवेयर के साथ बदला या मैनिपुलेट किया जा सकता है।

अतः विकल्प (C) सही है।

84. नवंबर 2022 में, गृह मंत्रालय (एमएचए) ने 576 भाषाओं की फील्ड वीडियोग्राफी के साथ भारतीय मातृभाषा सर्वेक्षण (MTSI) का आयोजन किया था।

गृह मंत्रालय द्वारा 576 भाषाओं का सर्वेक्षण, राष्ट्रीय सूचना विज्ञान केंद्र (एनआईसी) में एक वेब-संग्रह है, ताकि प्रत्येक मातृभाषा के मूल महत्व को संरक्षित संरक्षित किया जा सके। 2018 में 2011 की भाषाई जनगणना के आंकड़ों के विश्लेषण के अनुसार, भारत में मातृभाषा के रूप में 19,500 से अधिक भाषाएँ या बोलियाँ बोली जाती हैं।

अतः विकल्प (B) सही है।

85. भारत को 2023 आईबीए महिला विश्व मुक्केबाजी चैम्पियनशिप के लिए मेजबान देश के रूप में नामित किया गया है।

इस आयोजन के संबंध में समझौता ज्ञापन (MoU) पर अंतर्राष्ट्रीय मुक्केबाजी संघ (IBA) और भारतीय मुक्केबाजी महासंघ (BFI) के बीच हस्ताक्षर किए गए थे। यह भारत में आयोजित होने वाली तीसरी महिला विश्व चैंपियनशिप होगी और छह साल के भीतर दूसरी प्रतियोगिता होगी।

अतः विकल्प (C) सही है।

86. 26 नवंबर, 2022 को मुंबई के छत्रपति शिवाजी महाराज वास्तु संग्रहालय (CSMVS) को सांस्कृतिक विरासत संरक्षण -2022 के लिए संयुक्त राष्ट्र शैक्षिक, वैज्ञानिक और सांस्कृतिक संगठन (यूनेस्को) एशिया-प्रशांत पुरस्कारों में 'उत्कृष्टता पुरस्कार' से सम्मानित किया गया।

सांस्कृतिक विरासत संरक्षण के लिए यूनेस्को एशिया-पैसिफिक अवार्ड्स 2021 से गूनेस्को और एनजी टेंग फोंग चैरिटेबल फाउंडेशन के बीच एक साझेदारी द्वारा समर्थित है।

अतः विकल्प (B) सही है।

87. दिया है-

मूलधन $P = 6000$ रुपये

समय $T = 2$ वर्ष

दर $R = 4\%$ प्रति वर्ष

सूत्र के अनुसार-

$$d = \frac{P \times R^2}{10000}$$

जहां d चक्रवृद्धि ब्याज और साधारण ब्याज के बीच का अंतर है

$$\Rightarrow d = \frac{6000 \times 4^2}{10000}$$

$$\Rightarrow d = 9.60 \text{ रुपये}$$

अतः विकल्प (C) सही है।

88. डॉस में विभिन्न कार्यों को करने के लिए एक्सटर्नल कमांड की आवश्यकता होती है।

एक्सटर्नल कमांड शक्तिशाली हैं। वे समस्याओं को ठीक करने, प्रदर्शन में सुधार करने और अन्य कार्यों को करने में भी मदद करते हैं। एक्सटर्नल कमांड में आमतौर पर इंटरनल कमांड की तुलना में अधिक रिसोर्स रिक्वायरमेंट्स होती हैं। उन्हें इंटरनल कमांड से अलग अलग फाइलों में रखने से विंडोज़ पर लोड कम करने में मदद मिलती है। एक्सटर्नल कमांड की फाइल को कंप्यूटर पर कॉपी करके जरूरत पड़ने पर उन्हें विंडोज में भी एड किया जा सकता है।

अतः विकल्प (B) सही है।

89. दिया है:

? = 53 × 47 - 94 × 86 + 26 × 14

हल करने पर हमें प्राप्त होता है,

= (50 + 3) × (50 - 3) - (90 + 4) × (90 - 4) + (20 + 6) × (20 - 6)

= (50² - 3²) - (90² - 4²) + (20² - 6²)

= 2491 - 8084 + 364

= -5229

इसलिए, ? = -5229

अतः विकल्प (C) सही है।

90. दिया है,

दो इनलेट पाइप A तथा B, 24 मिनट में एक साथ एक टैंक भर सकते हैं।

दो इनलेट पाइप A तथा B एक साथ (रिसाव के साथ) एक टैंक को 30 मिनट में भर सकते हैं।

माना टैंक को खाली करने के लिए अकेले रिसाव द्वारा लिया गया समय = 't' मिनट

अभी,

$$\frac{1}{a} + \frac{1}{b} = \frac{1}{24} \quad - (1)$$

$$\frac{1}{a} + \frac{1}{b} - \frac{1}{t} = \frac{1}{24+6} = \frac{1}{30} \quad - (2)$$

(1) और (2) से:

$$\frac{1}{24} - \frac{1}{t} = \frac{1}{30}$$

$$\Rightarrow \frac{1}{t} = \frac{1}{24} - \frac{1}{30}$$

$$t = 120 \text{ मिनट} = 2 \text{ घंटे}$$

अतः विकल्प (D) सही है।

91. 513 = (3 × 3 × 3) × 19

1107 = (3 × 3 × 3) × 41

783 = (3 × 3 × 3) × 29

∴ 513, 1107 और 783 का महत्तम समापवर्तक (HCF) 27 है।

अतः विकल्प (C) सही है।

92. निष्कर्ष:

पेट्रोल एक दुर्लभ वस्तु बन रहा है। → असत्य (हम उस पर टिप्पणी नहीं कर सकते क्योंकि यह कथन में उल्लिखित नहीं है।)

लोग पेट्रोल का उपयोग नहीं करते हैं। → असत्य (हम उस पर टिप्पणी नहीं कर सकते क्योंकि यह कथन में उल्लिखित नहीं है।)

इसलिए, न तो निष्कर्ष I, न ही II अनुसरण करता है।

अतः विकल्प (D) सही है।

93. HTML का अर्थ हाइपर टेक्स्ट मार्कअप लैंग्वेज है।

पहली बार 1990 में टिम बर्नर्स-ली द्वारा विकसित है, हाइपरटेक्स्ट मार्कअप लैंग्वेज HTML के लिए संक्षिप्त रूप है। HTML का उपयोग इलेक्ट्रॉनिक दस्तावेज़ (पृष्ठ कहा जाता है) बनाने के लिए किया जाता है जो वर्ल्ड वाइड वेब पर प्रदर्शित होते हैं। यह एक वेबपेज विकसित करने के लिए सोर्स कोड लिखने के लिए उपयोग की जाने वाली भाषा है, इसमें सामग्री और अन्य घटक सम्मिलित हैं। HTML एक मार्कअप भाषा है क्योंकि इसका उपयोग टेक्स्ट से HTML तत्वों को अलग करने के लिए किया जाता है।

अतः विकल्प (C) सही है।

94. दिया है:

'HULK' को '56' और 'STAR' को '62 'लिखा जाता है।

हम जानते हैं:

(H + U + L + K) + 4 = (8 + 21 + 12 + 11) + 4 = 56

और, (S + T + A + R) + 4 = (19 + 20 + 1 + 18) + 4 = 62

इस प्रकार, (F + U + L + L) + 4 = (6 + 21 + 12 + 12) + 4 = 55

इसलिए, 'FULL' को '55' के रूप में लिखा गया है।

अतः विकल्प (B) सही है।

95. सेकेंडरी मेमोरी एड्रेस बस से स्वतंत्र होती है। यह स्टोरेज स्पेस को बढ़ाता है। इसे मैग्नेटिक स्टोरेज डिवाइस के रूप में कार्यान्वित किया जाता है। इसके उदाहरण है - हार्ड डिस्क और सॉलिड-स्टेट ड्राइव आदि।

अतः विकल्प (A) सही है।

96. दिए गए कथनों के लिए न्यूनतम संभावित वेन आरेख इस प्रकार होगा:

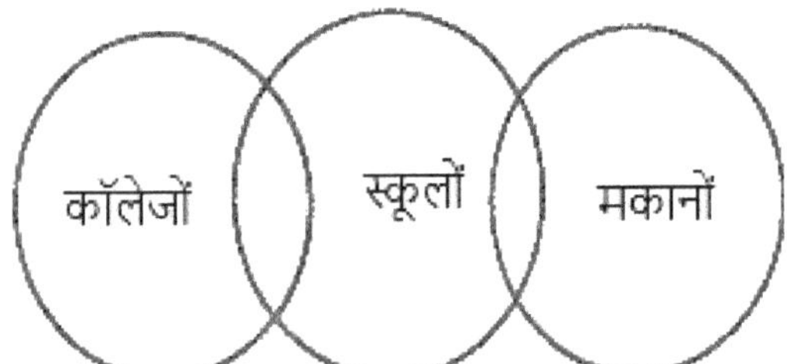

I. कुछ कॉलेज, घर हैं → असत्य (कॉलेजों और घरों के बीच कोई सीधा संबंध नहीं है इसलिए यह संभव हो सकता है लेकिन निश्चित नहीं है, इसलिए, गलत।)

II. कुछ कॉलेज, घर नहीं होते हैं → असत्य (कॉलेजों और घरों के बीच कोई सीधा संबंध नहीं है इसलिए यह संभव हो सकता है लेकिन निश्चित नहीं है, इसलिए, गलत।)

इसलिए, न तो I और न ही II अनुसरण करता है।

अतः विकल्प (D) सही है।

97. अरावली भारत की सबसे पुरानी पर्वत श्रृंखला है।

अरावली श्रृंखला:

- अरावली दुनिया के सबसे पुराने वलित पर्वतों में से एक है जो दिल्ली से गुजरात के पालमपुर तक उत्तर-पूर्व से दक्षिण-पूर्व दिशा में विस्तारित है।
- यह 3 राज्यों (राजस्थान, हरियाणा, गुजरात) और एक केंद्र शासित प्रदेश (नई-दिल्ली) में विस्तारित है।
- यह वलित पर्वत का उदाहरण है।
- गुरु शिखर अरावली की सबसे ऊँची चोटी है।

अतः विकल्प (B) सही है।

98. पूना पैक्ट (1932) डॉ. बाबासाहेब अम्बेडकर और महात्मा गांधी के बीच एक समझौता था। 84 साल पहले 24 सितंबर, 1932 को इस पर हस्ताक्षर किए गए थे।महात्मा गांधी के आमरण अनशन को तोड़ने के लिए पुणे की यरवदा सेंट्रल जेल में पंडित मदन मोहन मालवीय और डॉ. बी.आर. अम्बेडकर और कुछ दलित नेताओं द्वारा समझौते पर हस्ताक्षर किए गए थे।

अतः विकल्प (B) सही है।

99. आइए दिए गए विकल्पों का पता लगाएं:

- शहद मधुमक्खियों और कुछ संबंधित कीड़ों द्वारा बनाया गया एक मीठा, चिपचिपा खाद्य पदार्थ है।
- एक मोती एक कठोर, चमकदार वस्तु है जो जीवित खोल वाले मोलस्क या किसी अन्य जानवर के नरम ऊतक (विशेष रूप से मेंटल) के भीतर उत्पन्न होती है।
- कोरल समुद्री अकशेरूकीय हैं जो फाइलम निडारिया के एंथोजोआ वर्ग के भीतर हैं। वे आम तौर पर कई समान व्यक्तिगत पॉलीप्स की कॉम्पैक्ट कॉलोनियों में रहते हैं।
- राल पौधे या सिंथेटिक मूल का एक ठोस या अत्यधिक चिपचिपा पदार्थ है जो आमतौर पर पॉलिमर में परिवर्तनीय होता है। रेजिन पौधों में विशेष राल कोशिकाओं में उत्पन्न होते हैं और पौधे को चोट लगने पर भी उत्पन्न होते हैं।
- उपरोक्त व्याख्या से हम कह सकते हैं कि 'रेसिन' समूह का एकमात्र उत्पाद है जो पेड़ों से प्राप्त होता है।

अतः विकल्प (D) सही है।

100. यहाँ पैटर्न है:

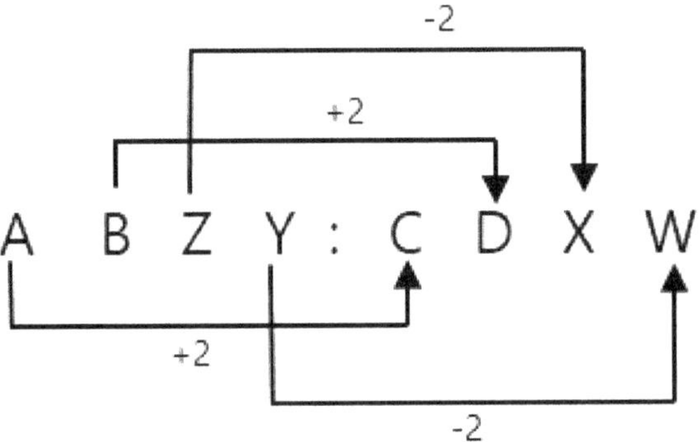

इसी तरह,

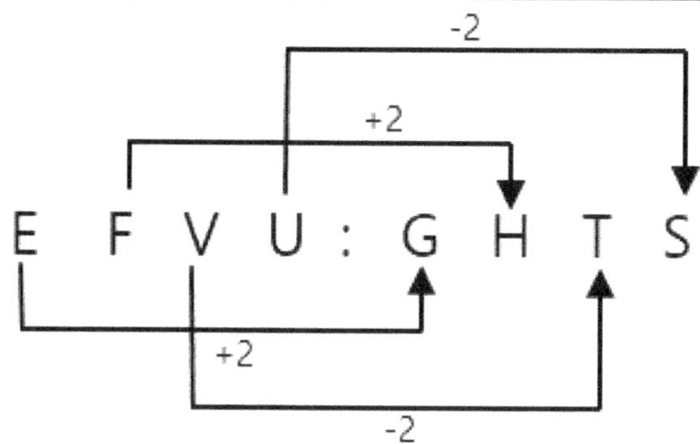

इस प्रकार EFVU, GHTS से संबंधित है।

अतः विकल्प (D) सही है।

// टिप्पणियाँ //

// टिप्पणियाँ //

// टिप्पणियाँ //